Franz Mon **Sprache lebenslänglich**

Gesammelte Essays

Herausgegeben von
Michael Lentz

S. FISCHER

Erschienen bei S. FISCHER

© 2016 S. Fischer Verlag GmbH,
Hedderichstr. 114, D-60596 Frankfurt am Main

Satz: Dörlemann Satz, Lemförde
Druck und Bindung: CPI books GmbH, Leck
Printed in Germany
ISBN 978-3-10-002449-7

Inhalt

9 Vorwort

1 Ränder

12 Das Glück der Wörter 2009
13 Lesen ist schön 1997
17 Lehrmeister Arno Holz 2006
26 Stichworte bei meiner Lektüre: Raymond Roussel
   ›Locus Solus‹ 1968
29 Texte in den Zwischenräumen 1961
32 Beispiele 1965
53 Text als Prozess 1966
70 An eine Säge denken 1968
78 Überlegungen zu einer Theorie der modernen Künste 1959

2 Experimentelle Poesie nach 1945

96 Meine 50er Jahre 1979
114 Die Poesie wird konkret. Die Anfänge des experimentellen
    Schreibens in den fünfziger Jahren 2009
139 Über konkrete Poesie 1969
146 Helmut Heißenbüttel: Entwurf neuer
    Realitätszusammenhänge 2012
150 »eine Art von Erinnerung hatte sich erhalten« –
    Zu ›Deutschland 1944‹ von Helmut Heißenbüttel 1980
157 »von einen sprachen«. Über Ernsts Jandls
    »heruntergekommene Sprache« 2005

167 »die krimgotische Schleuse sich entfächern zu lassen« 1996
176 Dieses undefinierbare Etwas von Sprache.
    Über Hartmut Geerkens ›kant‹ 1999/2000
186 Durchblick und Draufblick. Über das Bielefelder Colloquium
    Neue Poesie 1978–1997 1997

3 Schreibwerkstatt

208 Der nie begonnene Beginn ca. 1959
209 Artikulation 1958
214 Gruppe und Reihe ca. 1959
216 Die zwei Ebenen des Gedichts 1957
221 Zur Poesie der Fläche 1963
224 Werkstattnotizen ca. 1956/57
231 Lyrik heute 1960
254 Über den Zufall 1991
259 Zu dem Text ›perkussion‹ 1992
262 Der Eigensinn der Wörter 1985

4 Sprache wird Schrift – Schrift wird Bild – Bild wird Text

266 Schrift als Sprache 1963
289 Text wird Bild wird Text 1986
303 Die Buchstaben beim Wort genommen 1987
329 Wort Worte Wörter 2008/15
331 Collagetexte und Sprachcollagen 1968
353 »Es gibt also Löcher in meinem Gedächtnis«. Bilder und Wörter:
    Das Prinzip Collage in zwei Büchern Ror Wolfs 2001/02
374 Claus lesen 2004/05
392 Quadratur als Ideogramm. Zu einer Arbeit von
    Eugen Gomringer 1997

5 Akustische Literatur

398 Literatur zwischen den Stühlen 1985/86
425 Literatur im Schallraum. Zur Entwicklung der phonetischen Poesie 1966/67
441 Hörspiele werden gemacht 1974
456 Über radiophone Poesie 1977
459 Auf Stimmenfang. Ein Bericht 2000
472 Hörspiel ist Sprechspiel 2009

Hörspielpraxis

478 Vorspann zu ›wer ist dran‹ 1962
481 Bemerkungen nachträglich zum Hörspiel
›das gras wies wächst‹ 1983
484 Hörspielkonzepte ›blaiberg funeral‹ und
›bringen um zu kommen‹ 1970
487 Vorspann zu ›pinco pallino in verletzlicher umwelt‹ 1972/73
490 Vortext zu dem Hörspiel ›da du der bist‹ 1973
496 Anmerkungen zu dem Hörspiel
›hören und sehen vergehen‹ 1977
501 Vorspann zu dem Hörspiel
›Wenn einer allein in einem Raum ist‹ 1982
503 Vorspann zu dem Hörspiel
›Lachst du wie ein Hund‹ 1985
504 Vorspann zu ›Montagnacht‹ 1987
505 Vorspann zu dem Hörspiel
›Von den Fahrplänen braucht man nicht zu reden‹ 1996
506 Vorspann zu dem Hörspiel ›Käm ein Vogel geflogen‹ 2005
507 Vorspann zu dem Hörspiel ›ausgeartetes auspunkten‹ 2006
510 Vorspann zu dem Hörspiel ›Es, im Zustand wie gesehen‹ 2010
511 Vorspann zu dem Hörspiel ›Woher kennen wir den?‹ 2011
511 »Das Lachen vollzieht sich im Innern der Kapsel«. Über Ernst Jandls Hörspiel ›das röcheln der mona lisa‹ 1990
520 »Auf die Sprache ist Verlass, während oder wenn ich schon verlassen bin«. Die vokale Literatur von Michael Lentz 2015
538 Haus des Ohres. Eine Utopie mit Anker 2008

6 Bilder denken

546 Diese Toten haben ihre eigene Welt. Über die späten Bilder Alexej von Jawlenskys 1988
550 Der Bilddenker. Dietrich Mahlows kunstkuratorisches Lebenswerk 2015
573 »um Anonymes und Überraschendes ins Bild zu locken«. Zum hundertsten Geburtstag von Karl Otto Götz am 22. Februar 2014 2013

7 Kadenz

612 Vom Ding und vom Unding des Schönen 2004

Anhang

632 Michael Lentz: »Wir haben Sprache, und sie hat uns«
650 Quellenverzeichnis
654 Personenregister

Vorwort

Dieser Band enthält die reflektierenden, konzeptionellen, poetologischen Texte, die seit den 50er Jahren im Komplex meiner poetischen Arbeiten entstanden sind und bewusst in dem 2013 erschienenen Lesebuch ›Zuflucht bei Fliegen‹ ausgespart wurden. Sie gehören zu deren Basis und vermitteln sowohl die geschichtlichen Hintergrundbezüge wie die Aspekte, Motive und strukturellen Momente der poetischen Erfindungen. Die Anlage des Bandes folgt der durchaus nicht selbstverständlichen Überzeugung, dass Literatur in ihrer medialen Fassung dreisträngig ist und sich substantiell in scriptural-literalen, akustisch-phonetischen und ideographischen Formierungen realisiert.

Die akustisch-phonetische Seite, die in dem Lesebuch nicht zur Geltung kommen konnte, findet hier ihre angemessene Beachtung. Dem dient auch der Aufsatz über die Hörspielkonzeptionen von Michael Lentz, der gegen dessen Bedenken aufgenommen wurde, weil sie in optimaler Weise in einer konsequenten Reihe die sprachliterale Qualität von Hörspielen bezeugen.

Der autobiographische Parameter zieht sich unterschwellig und offenkundig durch das ganze Buch. Das hängt auch damit zusammen, dass mein Jahrgang – 1926 – und die ihm benachbarten Jahrgänge in einer solitären Weise in die ruppige Zeitgeschichte verflochten sind. Was sich nach dem Nulljahr 1945 mit einer gewissen Verzögerung in der Genese der mit den Stichworten ›experimentell‹ und ›konkret‹ bezeichneten Poesie bemerkbar macht. Deren Frühgeschichte, an der auch meine Arbeiten beteiligt sind, ist perspektivisch in ihren Facettierungen dargestellt. Gegenwart ist, was leicht vergessen wird, immer auch Präsenz von Vergangenheit, auf dass sie auch in ihrer Besonderheit zukunftsfähig wird.

FRANZ MON

1
Ränder

Das Glück der Wörter

2009

Das Goethe-Institut hat vor einiger Zeit einen »internationalen Wettbewerb«: »Das schönste deutsche Wort« ausgeschrieben. Ein Buch versammelte 2005 eine Auswahl der mit Begründungen versehenen Einsendungen. Als ich für mich die Suche nach meinem ›Lieblingswort‹ unternahm, besaß jedes erwogene diese Qualität in dem Moment, als es auf der Zunge lag.

Vor vielen Jahren ist mir bei aufmerksam artikulierendem Sprechen die eigentümliche Kontur jedes Wortes bewusst geworden. Ich bemerkte, dass die Verschränkung von Konsonanten und Vokalen in der Bewegungsfolge der Sprechorgane zwischen Lippen und Gaumen den Wörtern eine Gestik vermittelt, die diesseits des Mitgeteilten verstehbar ist, ja deren leibsinnliche Realität die Aussage in einer Weise imprägniert, die beim stummen Lesen nicht wirksam wird. Im Spiel ist die Balance zwischen den antagonistischen Elementen der atemgetragenen Vokale und der körpernahen Konsonanten, die die deutsche Sprache auszeichnet.

Die praktische Fähigkeit des Deutschen, neue Inhalte mit Hilfe von Komposita zu verantworten, reicht über das Einfangen von Sachverhalten des Alltags, der Wissenschaften, der Technik, des Denkens und Fühlens hinaus ins Erfinden von Wörterverbindungen, die nicht von einem gegebenen Sachverhalt bewirkt werden, sondern sich der Neugier auf die Kohabitation zweier Wortkörper verdankt. Dabei können Lieblingswörter ebenso wie Reizwörter oder Wortraritäten zu Ingredienzien werden. Solche Hybridwörter werden nie im Duden stehen. Doch da ihre Teile semantisch geladene, gegebene Wörter sind, gewinnen auch sie eine schwebend-schwankend-schwingende Referenz bis hin zum entdeckenden Anleuchten unvermuteter inhaltlicher Bezüge. Sie verweisen auf die semantische Gelenkigkeit des Deutschen, die auf der Mehrfachbezüglichkeit der Wörter und ihrer unbegrenzten Kombinierbarkeit beruht und uns ins Offene reichende Spielräume des Sagens erschließt. Dazu wäre nun noch vieles zu sagen.

Lesen ist schön

1997

> Die Redakteurin der zehnseitigen Beilage »Neue Jugend-Literatur« der Frankfurter Rundschau vom 18. März 1998 erbat sich als Auftakt von mir einen Beitrag über meine Erinnerungen an frühe Leseerfahrungen.

Zurücktastend nach der frühesten Leseerfahrung werde ich zwischen den lichten, beweglichen Erinnerungsschatten aller Art nicht fündig. Zwar sehe ich die Fibel mit ihrem verbrämenden Titel *Der fröhliche Anfang* noch vor mir und erinnere mich des großen, bunten Hahns, der auf einem ›i‹ thronte und sein ›kikeriki‹ suggerieren sollte; auch haben sich die Qualen des buchstabierenden Aneignens der Schriftzeichen (»LEO O LEO«) unvergesslich eingebrannt, doch finde ich keine Spur eines früh-, gar vorzeitig erwachten Lesedrangs, wie er von aufgeweckten Kindern berichtet wird. Vermutlich hat es Bilderbücher mit kleinen Sätzen gegeben, aber sie sind wie nicht gewesen. Schattenhaft und ohne Glanz auch der *Heiner im Storchennest* (von Wilhelm Scharrelmann, wie ich heute weiß), mit dem wir nach der Fibel zum Lesen gebracht werden sollten. Von bildergesättigten Gefühlen durchzogene Nachwehen von Leselüsten, die ich mir selbst weitab von der Schule in den Sommerferien bei den Großeltern leistete, als ich in einer Schublade abgelegte Jugendbücher meines Onkels zwischen allerlei Krimskram aufstöberte und zum Schmökern mit ins Bett nahm, erreichen mich dagegen heute noch. Das muss mich fasziniert haben: der Anhauch des Abgetanen, Geschichten aus dem vorigen Jahrhundert, in altmodischer Fraktur gedruckt und mit Holzstichen illustriert.

Dass meine Karl-May-Sucht bis in die Grundschulzeit reicht, sagt mir die Begier, mit der wir Leseneulinge die Serien der Karl-May-Bilder sammelten und untereinander tauschten. Einige der älteren Serien waren zu Raritäten geworden, und wer sie besaß, hatte sie gut zu hüten. Meine erste Karl-May-Lektüre war der Band *Unter Geiern*, den mir meine Eltern geschenkt hatten, sicher nicht ahnend, welche Lesekaskade sie damit auslösten. Unvergesslich darin der Todeszug der Auswanderer durch den Llano estacado, wo Banditen die Wegzeichen in die Irre führend umgesteckt hatten, sodass der Wagenzug der Ahnungslosen ihre Beute hätte werden müssen, hätte Old Shatterhand nicht rechtzeitig eingegriffen. Es gab in den 30er Jahren einen ersten Karl-May-Film: *Durch die Wüste*, den ich mir natürlich ansah, obwohl für uns Kinobesuche zu den Ausnahmen gehörten. Die Enttäuschung war maßlos – viele Einzelheiten waren nach meinem Urteil unzutreffend, und die Gestalten von Kara Ben Nemsi und Hadschi Halef Omar hatten mit den mir bekannten keine Ähnlichkeit; auch brach der Film mitten im Buch ab. Er konnte mit diesem nicht konkurrieren.

Mein Lesebedarf schwoll an, als ich 1936 als Sextaner des Lessing-Gymnasiums in einem Flur in einem großen Schrank hinter gläsernen Schiebetüren die Schülerbücherei entdeckte. Jede Ausleihe wurde in einer Liste hinter dem Schülernamen vermerkt, und es dauerte nicht lange, da war die von mir bewirkte Ausleihezeile quer über die Seite gewachsen, allen anderen weit voraus. Die Buchbestände stammten wohl überwiegend aus den 20er und 10er Jahren. Neben den vielfach begehrten Karl-May-Bänden, die ich mir Stück für Stück einverleibte – irgendwann wies meine Leseliste 28 Titel auf –, waren es vor allem Forscher- und Abenteurerbücher, wie Friedrich Gerstäckers *Die Flußpiraten des Mississippi*, Charles Sealsfields *Die Prärie am Jacinto*, Sven Hedins *Von Pol zu Pol*, Wilhelm Filchners *Om mani padme hum*; *Mit Blitzlicht und Büchse* hieß ein Afrikabuch, dessen Autor mir entfallen ist. Populäre historische Romane, wie *Die letzten Tage von Pompeji* von Bulwer-Lytton oder *Ein Kampf um Rom* von Dahn, gehörten ebenso wie Kriegsbücher aus dem Ersten Weltkrieg dazu. Die Mischung war bunt und heterogen. Nicht zuletzt hatten es mir die Jugendbücher des Franz-Schneider-Verlags angetan (eines hieß *Das rote U*, eine Jungengeschichte). Deren Lektüre wirbelten die Phantasie des Zwölf- und Dreizehnjährigen derart auf, dass er sich selber solche Geschichten auszudenken begann. Nicht nur die Erzählmuster und das sprachliche Gehabe waren den gedruckten Vorbildern abgeguckt, auch die äußere Form meiner in sauberer Sütterlinschrift geschriebenen Hefte ahmte Verlagserzeugnisse – einschließlich des Impressums – nach. Doch zogen sich, vom Aufsatzschreiben in der Grundschule eingeübt, eigene jungenhafte Erfahrungsschlieren hindurch.

Zur Lesemelange dieser Jahre gehörten auch die Heftchen der wöchentlich neu erscheinenden Detektivgeschichten von Tom Shark, von John Kling und anderen, die für 20 Pfennig billig an den Kiosken zu haben waren. Auch sie halfen die Blasen von Phantasiewelten zu bilden, die mit dem von der Schule auf der einen, HJ-Appellen auf der anderen Seite gekerbten Alltag nichts zu tun hatten. Irgendwann habe ich den ganzen Stapel bei einem Freund (wenn ich mich recht erinnere) gegen eine Schreckschusspistole eingetauscht.

Irgendwann stieß ich damals auf die Volksbücherei in der Burgstraße, die meinen Lesefundus beträchtlich erweiterte. Es war noch kein Freihandsystem, sondern die gefragten Bücher wurden mit Hilfe von Karteikarten für die Interessenten zusammengestellt. Dazu brauchte man Hilfskräfte. Da ich als bücherkundig aufgefallen war, bot man mir gegen einen Stundenlohn von 41 Pfennig diesen Posten an. Von den zahllosen Büchern ist mir vor allem Droysens *Geschichte Alexanders des Großen* im Gedächtnis geblieben, da sie mich veranlasste, auf zwanzig Heftseiten eine mit Karten versehene Geschichtstheorie über »Blüte und Verfall« großer Reiche im »Wandel der Jahrhunderte« zu verfassen. Die historischen Bezüge endeten zwar mit Napoleon, doch schlug der damals virulente Vorstellungshorizont von den ›geopolitischen Großräumen‹ der Erde am Ende als Denkmuster durch, ohne dass allerdings die aktuelle Situation – man schrieb den Juli 1941 – angesprochen wurde.

Diese Art des Vorbeisehens an den herrschenden ns-ideologischen und kriegspolitischen Gegebenheiten bestimmte weithin den Unterricht, den die Lehrer des Lessing-Gymnasiums damals praktizierten. Der Geschichtsunterricht, dominiert von einem Buch mit dem ominösen Titel *Volk und Führer*, erreichte nie die Gegenwart, und der Deutschlehrer tastete im 9. oder 10. Schuljahr den möglichen Spielraum mit zwei diametralen Lektüren ab: Hans Grimms Erzählung *Der Zug des Hauptmanns Erckert*, einer Episode aus Grimms völkisch-imperial gepoltem Roman *Volk ohne Raum* (1926), der Stichworte der NS-Zeit präludierte, und im Kontrast dazu Ernst Wiecherts *Hirtennovelle*, die 1935 noch erscheinen konnte und deren Held Michael wie in einem Gegenbild zu Hitlers martialischen Forderungen an die deutsche Jugend Züge des biblischen David und des christlichen Guten Hirten vereinte. Was ich erinnere, ist ein wahrnehmendes, nicht ausdeutendes und schon gar nicht –

in welchem Sinne auch immer – explizit hinterfragendes Lesen. Beide Büchlein habe ich, vergilbt und verkommen, in einem alten Karton wiedergefunden.

Als ich zum Bücherkäufer werden konnte, war der Krieg ausgebrochen und das Angebot der Buchhandlungen aufs Kümmerlichste geschrumpft. Doch es gab die Antiquariate, die bis zu den Ausbombungen noch mancherlei Literaturfunde bargen. In der Weißadlergasse (wenn ich mich recht erinnere) existierte zwischen Bücherhaufen und beladenen Regalen ein Antiquar, der mich seine Vorräte ungeniert durchstöbern ließ. Vermutlich wusste er selber nicht so genau, was er da hatte. Dort und im Antiquariat der Frankfurter Bücherstube am Roßmarkt, das sich in mehreren hohen Räumen des ersten Stocks befand, habe ich bei vielen Besuchen allmählich meine kleine Bibliothek zusammengekauft, immer abhängig von Zufallsfunden. Ein Bombenvolltreffer riss sie am 4. Februar 1944 in den Abgrund; einiges davon konnte aus dem Schutt geborgen werden. Dank der komplizierten Registrierungen, mit denen ich meine Erwerbungen auf der letzten Seite gekennzeichnet habe, kann ich sie heute noch von den späteren unterscheiden. In Ausgaben der 20er und 10er Jahre und des 19. Jahrhunderts finden sich da Klopstock und Uhland, Lenau und C. F. Meyer, Dickens und Wilde, Hamsun und Lagerlöf, Friedrich und Ricarda Huch, Dehmel und Wedekind, Carl Hauptmann und Paul Ernst und manche andere zusammen. Von August Strindbergs »Deutscher Gesamtausgabe« im Verlag Georg Müller habe ich mir im Laufe der Zeit acht Bände zusammenklauben können. Ein Fund, der mich noch heute beglückt, war ein schmales Bändchen mit ausgewählten Phantasus-Gedichten von Arno Holz. Von den Autoren allerdings, die die Nazis verfemt hatten, fand sich in den Regalen der Antiquariate so gut wie nichts. Die ›Gegenwartsliteratur‹ war für den Schüler, der ich damals war, nur gefiltert in den broschierten Bändchen, die verschiedene Verlage als »Feldpostausgaben« herausbrachten, in den Buchhandlungen zugänglich. Reclam, Eugen Diederichs, Langen-Müller, Insel boten in diesen Reihen ein buntes Spektrum von Autoren an, die in das offiziell geöffnete Literaturfenster passten. Die durch die schwarzen Listen der Nazis erzwungenen Ausblendungen der Moderne wurden peinlich beachtet, und so musste meine Generation ihre frühen Lektüreerfahrungen im provinziellen, erschreckend belanglosen Horizont machen. 1945 riss ein Vorhang auf, als die Tabus fielen. Bei meinem Antiquar in der Weißadlergasse konnte ich unmittelbar nach der »Währung« für vierzig neue Deutsche Mark die zwei Bände des *Ulysses* von Joyce in der Übersetzung von Goyert erwerben.

Den buchrückenübersäten Regalwänden der Bücherstube bin ich in späteren Jahren immer wieder im Traum begegnet wie einem Wunschbild ungestörten, unverstellten Zugangs zu aberwitzigen Entdeckungen.

Lehrmeister Arno Holz

2006

In der deutschsprachigen Literatur des vergangenen Jahrhunderts liegt ein sperriges lyrisches Großgebilde in Gestalt des *Phantasus* von Arno Holz. Ihn hat man zwar noch kurz vor seinem Tod für nobelpreiswürdig gehalten. Doch die Reihe, in der ihn unmittelbar nach dem letzten Krieg Alfred Döblin, Freund aus den Berliner Tagen, wieder vorgestellt hat, war den »Verschollenen und Vergessenen« gewidmet.[1] Diese Zuordnung hat auch die große Werkausgabe von 1962/64[2] letztlich nicht aufheben können. Diese Ausgabe letzter Hand ist vergriffen, deren *Phantasus*-Fassung nurmehr in Bibliotheken oder Antiquariaten zu bekommen. Die in einem Reclambändchen noch zugängliche faksimilierte Urfassung des *Phantasus* von 1898[3] vermittelt zwar den Nukleus des Werkes, wirkt aber wie die Basisspitze einer darüber in die Höhe und Breite errichteten Pyramide (s. auch S. 47 ff.).

Das Desinteresse, das Arno Holz erfahren hat, haben vor allem zwei Momente bewirkt. Literaturoffiziell werden seine Dichtungen als Zeugnisse eines originären Naturalismus geortet, der im Schatten von Expressionismus und Dadaismus jedoch verdämmert. Zum anderen ist die poetische Konzeption des *Phantasus*-Projekts in sich gespalten. Der innovativen poetologischen Kehre zur Dominanz der Rhythmik im Zeilenverlauf und der strukturierenden Mittelachse der Verse, die ein ruppiger Kehraus so gut wie aller traditionellen poetischen Mittel und

Formen begleitet, steht eine, vermutlich von der Nietzscherezeption beflügelte, hypertrophe Rolle des eigenen Ich gegenüber. In der Einleitung zur ersten Ausgabe des erweiterten *Phantasus* von 1916 klingt das so:

> Allein schon aus dem Vorhandenen erhellt: als Grundstruktur die in denkbar weitestem Ausmaße abgesteckte »Autobiographie einer Seele«! Des »Schaffenden«, des »Dichtenden«, des »Künstlers«, der, wie namentlich aus dem großen, resümierenden Schlußstück hervorgeht, als der letzte, gesteigertste Menschheitstyp hingestellt wird, durch den, in irgend einer »Beziehung«, in irgend einem »Betracht«, mit gleicher Intensität, »alles« geht: Alle Qual, alle Angst, alle Not, alle Klage, alle Plage, alle Wonnen, alle Verzücktheiten, alle Jubel, alle Beglücktheiten, alle Seligkeiten, alle Ekstasen, alle Entrücktheiten! Nicht nur seine eigenen, sondern die der ganzen Menschheit! In allen Formen, unter allen »Verkleidungen«, durch alle Zonen, aus allen Zeiten![4]

Aus dieser ins Menschheitliche schwingenden Ich-Mythisierung hat Holz zweifellos seine unermüdliche Arbeitskraft gewonnen. Sie hat sich ausgewirkt in der überdimensionalen Ausweitung und der manchmal bis ins Extrem getriebenen sprachlichen Verfeinerung der drei Gesamtausgaben von 1916, 1925 und 1962/64.

Es gehört zu den Rätseln des *Phantasus*, dass die krassen Zeitereignisse der Entstehungsjahre sich weder in den Stoffen noch im Vokabular spürbar niedergeschlagen haben, obwohl Holz doch unablässig neue, seltene Bezeichnungen und Ausdrücke aufgespürt hat. Seine Welt ist die Innenwelt mit ihren Halluzinationen, Phantasmen, Projektionen ins Exotische, Erotische, Machtlüsterne, auch ins verfügbare Vergangene, konterkariert immer wieder vom Bezug auf die Banalitäten des eigenen Alltags. Dabei ist die Lyrik des Ur-*Phantasus* von 1898 ins Epische mutiert, ohne dass die Wortautonomie des Lyrischen verlorengegangen wäre.

Die divergenten Lesehorizonte, die sich in den seither verstrichenen über 70 Jahren mit ihren unvorstellbaren Ichgeschichten, Verwerfungen, Verkehrungen und Verwüstungen, aber auch Erfindungen und Entscheidungen abgelöst haben, lassen die originäre Lesart, die Arno Holz im Sinn hatte, als obsolet erscheinen. Der heutige Leser des *Phantasus* ist entlastet von den quasisäkularreligiösen Wertungen und Aspekten, die

Holz in das Werk eingesponnen hat. Wie neu erfunden, tritt jetzt wieder das naturalistische Verhältnis zur Oberflächigkeit und Buchstabengenauigkeit des verbalen Materials hervor. Die Methode des Sekundenstils, die die naturalistischen Arbeiten mit ihrem haargenauen, minutiösen sprachlichen Zugriff auf das Gegebene kennzeichnete, ist im *Phantasus* zu spüren und bewirkt dessen verbale Raffinesse. Hier allerdings lässt der Autor seiner frühen Einsicht, dass »Kunst = Natur – x« ist, also nicht sklavisch abbildet, sondern notwendigerweise Abweichungen mit sich bringt, freies Spiel. Und er weitet es von Fassung zu Fassung aus, bis zu dem Punkt, dass die Realreferenz des Geschilderten in der Gegenwärtigkeit der Wörter, Silben, Laute und ihrer in sich selbst erfüllten, autonomen Bedeutung verschwindet. Wobei es zu Worterfindungen kommt, die in keinem Lexikon stehen. Der folgende Textauszug kann das veranschaulichen:

Die Hallelujawiese

Auf
seiner
lustigen, lachenden,
grünen,
auf
seiner
mutwillig, ausgelassen, tolltrunken
kühnen,
auf
seiner
lichtjauchzend, lichtjuchzend, lichtjuchend jubelnden, traumsonnig,
traumselig, traumüppig
trubelnden,
allkosmisch, eigensphärisch,
kaleidoskopisch
gigantischen,
diesirdisch, utopisch, jenweltlich
atlantischen,
faunisch, schalkslaunisch,

phrynisch bacchantischen, orgiastisch, phantastisch, zynisch
korybantischen,
verzwickt,
verzwackt, vertrackt
trutzigen, verwogen, verwegen, verbogen putzigen,
verlumpludert, verliedert, verduzbrudert
wuzigen,
frechfeschforsch, dreistkeck,
venusinisch
paphischen, epikuräisch, sybaritisch, schlemmerisch schlaraffischen,
unerhört,
unbändig, ungestüm,
ungeniert, unaffaktiert, undressiert,
undegeneriert
hyperanimalischen,
unverhohlen, unverstohlen, unbelehrbar, unbekehrbar,
unbeirrbar, unbekirrbar,
unverwirrbar
ultrainfernalischen,
unbekümmert,
unverkrüppelt, unverknüppelt,
unbeleckt, unbeschleckt, unverbrämt, unverschämt
amoralischen,
trotzdem,
überdies, außerdem, dessenungeachtet,
andererseits und hinwiederum,
aber
dennoch, zugleich auch noch,
durchaus,
überall, unerläßlich,
ganz
genau ebenso
(denn
links will rechts und rechts will links, so urorakelt schon die Sphinx,
das ist das Wesen jedes Dings, das merkt ein krückstockloser
Blinder, der taubstummdümmste Nachempfinder)

nicht knapper, nicht
kärglicher,
nicht mangelnder, nicht weniger, nicht
minder
(und
jetzt erst
meine lieben
Kinder, ihr anderen auch, verehrte Rinder,
der Mensch, der
Finder und Erfinder,
der
stets sich selber
Überwinder, vom Feuerländer bis zum Inder,
im Fez, im
Kolpak,
im
Zylinder,
ist schließlich doch, hol euch der
Schinder, nicht bloß ein simpler Bürstenbinder,
erst
jetzt, erst jetzt, erst jetzt, erst jetzt
rollt
mir mein
Blut
geschwinder)
in allen ausgesuchtesten, erlesensten, in allen auserwähltesten,
erkorensten, in allen
ausklamüsert,
ausspintisiert, aussimmiliert
feinsten, reinsten,
ätherischsten, legendärischsten, chimärischsten
Himmelsfarben,
prismatisch, jubilatisch, ekstatisch,
irisierend, regenbogenbunt,
hangend
schmachtenden,

mit allen erdenklichsten, ersinnlichsten, mit allen erfabeltsten,
erfindlichsten, mit allen
schmeichelndsten, streichelndsten,
arkadischsten, eldoradischsten, scheheresadischsten
Paradieswundern,
brimborisch,
phantasmagorisch, halluzinatorisch, märchenprunkflorisch,
hirnüberspannt,
prangend
prachtenden,
nach allen unerfaßbaren, unbegreifbaren, nach allen
unergründbaren, unvorstellbaren,
nach allen
labendsten, erhabensten,
seraphimsten, sublimsten, cherubimsten
Glorienzaubern,
fatamorganisch, panisch, titanisch, ambrosianisch,
seelenseherisch,
langend
trachtenden,
von Rotorange bis
Blauviolett, vom ersten A bis zum letzten Zett,
ganz und gar, mit Haut und Haar,
nebst ihrem gesamten
Inventar,
himmlich, teuflich, höllisch,
göttlich,
lobpreisend, feiernd, hohnlästernd,
spöttlich,
in
sich selbst
kontradiktorisch,
metaphorisch, allegorisch, zypriporisch, polychorisch
für
jeden Poeten beredten, für jeden Interpreten verdrehten,
vollständig

überkandidelten, vollkommen übergeschnappten,
total verrückten, total verzückten, total
hirnmusmeschuggenen
Hallelujawiese
duldet,
leidet, verstattet, erträgt,
zediert, akzeptiert,
privilegiert, ratifiziert, konzessioniert
mein
freies, mein frisches
mein
fröhlisches,
weltfrohes, weltfreudiges, weltfeueriges,
alles
eiendes, alles umfassendes, alles seihendes,
alles verprassendes, alles
verzeihendes,
nichts
verpassendes,
nimmer sattes, nimmer mattes, nimmer
müdes,
überschwellendes, überquellendes, überschnellendes
Herz
keine ... Schatten.[5]

(...)

In der Nahsicht auf die Textur der Zeilen, bei der das sinnentnehmende Lesen sich wandelt in ein wach mitgehendes, genaues Wahrnehmen der schriftlich dargebotenen, zugleich auch lautierbar mitvollziehbaren Artikulationen, kann das eigene probierende Wort-Lauterfinden anspringen. Es bewegt sich im Weichbild eines »automatischen« Formulierens, wobei das Bewusstsein unauffällig dabei ist, begleitend, nicht dirigierend. Was denn da zur Sprache kommt, mag sich hinterher herausstellen. Es spielt während des Formulierens keine Rolle. Diese Art zu schreiben ähnelt dem wachträumenden Hinübergleiten eines Lesenden vom scheinbar noch gegenwärtigen Inhalt ins somnambule, frei schwebende Sprachhaben. Die verbalen Hilfslinien, die im Text zu verfolgen sind, können beitragen, die eigene Wortfindung aus dem Karussell desselben sich immer wieder aus dem Hinterbewusstsein anbietenden, aufdrängenden Wörtervorrats hinausgleiten und zu nicht vorhersehbaren Bildungen, Erfindungen gelangen zu lassen. Sie können schriftlich oder akustisch verfasst und erfasst werden. Auch die orale Fassung wäre im Sinn von Arno Holz, der dem Laut- und Klangaspekt seiner Dichtung großes Gewicht beigemessen hat.

Die zitierte Passage aus der »Hallelujawiese« gibt einen Einblick in die spezifische Grammatikalität, die im *Phantasus* wirksam wurde. Das Satzskelett des umfangreichen Textes lautet schlicht: »Auf seiner (...) Hallelujawiese duldet (...) mein (...) Herz keine Schatten.« Die Präposition »auf« erreicht erst nach 126 Zeilen ihr Beziehungswort »Hallelujawiese«. Das Prädikat folgt zwar unverzüglich, doch auch dieses wird mit Varianten bedacht und trifft erst nach weiteren 17 Zeilen auf sein Subjekt. – Es lohnt sich, das Textstück bis zum Wort »Hallelujawiese« immer wieder aufmerksam zu lesen und dabei Bedeutungshof und Lautung jedes einzelnen Wortes anzuschmecken und auszukosten. Mit dem zweiten Lesen beginnt sich die »Hallelujawiese« als die vieldimensionale, mit allen denkbaren Antagonismen bestückte Halluzinationsebene zu entfalten. Ihre irreale Realität legitimiert im Nachhinein das Wörterkaleidoskop, dessen springende Momente einerseits ihre Qualitäten antippen, andererseits jede Denk- und Vorstellbarkeit desavouieren. Es zeigt sich die Holz'sche Leidenschaft für die attributiven Satzelemente, seine geradezu unersättliche Lust und Penibilität beim Aufrufen und Aufreihen adjektivischer und adverbialer Wortformen. Ihre aberwitzige Menge beherrscht weithin die *Phantasus*-Seiten und übertrifft bei weitem die der Substantiv- und Verbformen. Holz fasziniert ihre weiche grammatische Fungibilität. Sie teilen wie Nomina Inhaltliches mit, kommen jedoch ohne deren begriffliche Kernung aus. Im exzentrischen Wörterfluss erfindet Holz Wortkombinate wie »verlumpludert«, »märchenprunkflorisch«, »polychorisch«, »hirnmusmeschugge« als bedeutungslabile Unikate.

Es lohnt sich der Versuch, die eigene Hallelujawiese mit solcher Methode zu erfinden. Dabei aufscheinende Wunsch- und Traumflächen spielen mit, werden jedoch unterwegs von den selbstbeweglichen Vokabeln in der Neugier auf Unerwartetes, Nichtvorstellbares konterkariert. Bei der eigenen gewohnten Lektüre oder mit lexikalischer Hilfe lässt sich Wortmaterial so überschüssig anreichern, dass das Spiel von Aussuchen und Kombinieren beginnen kann. Konstellation und Abfolge werden im Abhorchen und Austasten der Bedeutungsvalenzen, von Sympathie und Diskrepanz der Wörter, ihres phonetischen Substrats und der sich anbietenden rhythmischen Variablen entschieden. Die Mittelachse, die Holz für die angemessene Organisation der Versrhythmik gefunden und empfohlen hat, könnte sich als fungible Form für die Austarierung und Präzisierung der Wortsequenz erweisen. Sie bildet im *Phantasus*, anders als die übliche Linksbündigkeit mit ihrem Schnitt zwischen Versende und -anfang, ein Mobile für das schwebende Nachbarschaftsverhältnis der Verse. Auch gewinnt der Text eine visuelle Gestalt mit einer eigenen Aussagegestik. Wofür sich beim Durchblättern das *Phantasus* überzeugende Beispiele finden lassen.

Anmerkungen
1 Alfred Döblin: Arno Holz. Die Revolution der Lyrik. Eine Einführung in sein Werk und eine Auswahl. Reihe »Verschollene und Vergessene«. Hg. Akademie der Wissenschaften und Literatur, Klasse der Literatur. Wiesbaden 1951
2 Arno Holz: Werke. Hg. Wilhelm Emrich und Anita Holz, Bd. 1–3: Phantasus. Neuwied, Berlin 1962–1964
3 Arno Holz: Phantasus. Verkleinerter Facsimiledruck der Erstfassung. Hg. Gerhard Schulz. Stuttgart 1984
4 Werke, Band 5, S. 89
5 Werke, Band 3, S. 345–349

Zur Sekundärlektüre:
Gerhard Schulz: Arno Holz. Dilemma eines bürgerlichen Dichterlebens. München 1974
Arno Holz, Reihe TEXT + KRITIK, Heft 121, Januar 1994

Stichworte bei meiner Lektüre:

Raymond Roussel ›Locus Solus‹

1968

Das Ereignis, dass aus einer fremden Literatur ein renommierter Autor auftaucht, der bei uns kaum dem Namen nach bekannt ist, überrascht uns immer wieder. Aus dem Vorrat der Versäumnisse hat im Frühjahr der Luchterhand-Verlag das bereits 1914 erschienene Buch *Locus Solus* des Franzosen Raymond Roussel hervorgezogen.[1] Es ist die erste Publikation Roussels in Deutschland. Trotz des umsichtigen Vorworts, das der Verlag vorweggestellt hat, besteht die Gefahr, dass das Buch uns wie ein Stein in den Garten fliegt. Die Gefahr ist umso aktueller, als Roussel keinerlei politisches oder soziales Engagement aufzuweisen hat. Der Verlag, der Lukács und Marcuse verlegt, leistet sich mit Roussel den Anti-Engagisten erster Klasse. Durch ererbten Reichtum unabhängig, einzig von dem Wunsch nach einem gigantischen Publikumserfolg im Stil Jules Vernes bewegt, lebte Roussel, indem er schrieb. Schreiben war seine Wirklichkeit: Aus der Realität seines und unseres Jahrhunderts benutzte er nur eben die Wörter. Kein politisches oder gesellschaftliches Faktum – und welche gab es zwischen 1897 und 1933, als seine Bücher erschienen! – hinterließ eine Spur bei ihm. »Locus Solus«: einsamer, abgeschiedener Ort – kennzeichnet zugleich Roussels Lebensort überhaupt, und in Canterel, dem Meister aller Naturwissenschaften und technischen Künste, entwirft Roussel sein ideales Selbstporträt. Roussel hat Jules Verne inbrünstig verehrt, die Utopie ist sein Ort: aber nicht – wie bei Jules Verne – als Vorgriff auf eine denkbare Zukunft, sondern als Nirgendwo einer nur auf Sprache gegründeten Imagination. Von den zahllosen Maschinen, die er mit rationaler Meisterschaft skizziert, ist keine realisierbar; die historischen Namen, Daten, Vorgänge, die im Hintergrund erscheinen, sind reine Fiktion. Die einzige Wirklichkeit, die standhält, ist die der Sprache – und dies, indem zugleich die Formen der überlieferten Literatur verheizt werden.

Betrachten wir zuerst diesen negativen Vorgang, wobei wir uns auf *Locus Solus* beziehen. Die Besucher des Parks Locus Solus erleben in sieben Stationen die wundersamen Schaustücke, die Canterel mit Hilfe raffinierter Apparate eingerichtet hat: Den Höhepunkt bilden in einem unterkühlten Glashaus künstlich wiedererweckte Tote, die ohne Ende die bedeutendste Szene ihres Lebens wiederholen. Zu jeder Episode berichtet Canterel die Hintergrundgeschichte. Manche dieser Berichte sind so ausgeführt, dass sie als selbständiges Erzählstück bestehen können und traditionelle Erzählmuster ausfüllen. Während die traditionellen Erzählformen ihre Leser aber zur Entschlüsselung ihres Sinngehalts auffordern, wird diese Blickrichtung von Roussel radikal abgeschnitten. Der Leser ist von den darauf bezogenen Schaubildern im Vordergrund bereits okkupiert und verbraucht die Hintergrundsgeschichte als deren Kommentar, der nicht nur Perspektive gibt, sondern das Rätselhafte, das Enigmatische dieser lebenden Bilder neutralisiert. Viele der seltsamen, künstlich arrangierten Szenen wirken wie allegorische Rätselbilder einer barocken Literatur, deren Hintersinn zwar verborgen, dennoch greifbar scheint – eine Vermutung, die alsbald zerfällt, da die Hintergrundgeschichte den allegorischen Eindruck auslöscht. Es bleibt nur der Ablauf einer programmierten Szene. Die Rätselhaftigkeit der Schaubilder ist so vordergründig und leer, wie die Hintergrundsgeschichten, die sich auf sie beziehen, irreal sind.

Über die Schalheit dieser leeren Irrealität kommt der Leser erst hinweg, wenn er dem komplizierten Gefüge der Spiegelungen, Wiederholungen, Analogien nachzugehen beginnt und ihre Veränderungen und Verfremdungen bemerkt, die sich in diesem Labyrinth einstellen. Die Analogiestruktur ist nicht auf die Beziehung zwischen Schaubild und Hintergrundgeschichte beschränkt, sie schlägt sich in zahllosen Einzelzügen nieder. In seiner Subtilität bildet das Ganze ein System, das in sich geschlossen, eine imaginative Endlosigkeit ohne Transzendenz darstellt, wie die Toten in ihrem Glashaus zur endlosen Wiederholung ihrer eigentümlichsten Lebensphase befähigt sind.

Die einzige Realität, auf die sich Roussel stützt, ist die der Wörter. Die Wörter und ihre lautlichen und semantischen Korrespondenzen miteinander sind das wahre Prinzipium, das Erste und Wesentliche in den Werken Roussels. In einem posthum veröffentlichten Essay mit dem

Titel *Comment j'ai écrit certains de mes livres*, »Wie ich gewisse meiner Bücher schrieb«, deckt Roussel selbst auf, wie er seine Bücher auf den verbalen Einfall und die analogischen Konstruktionen mit Homonymen gründet.[2] Er schrieb:
»Ich wählte zwei beinahe gleiche Wörter, z. B. billard und pillard (Billard und Räuber). Dann fügte ich ähnliche Wörter hinzu, jedoch mit jeweils zwei verschiedenen Bedeutungen, und ich erhielt so zwei beinahe identisch (lautende) Sätze. Nun ging es darum, eine Geschichte zu schreiben, die mit dem ersten der beiden Sätze begann und mit dem zweiten endete.« Dies geschah – in diesem Fall – in dem Buch *Impressions d'Afrique*, das vier Jahre vor *Locus Solus* erschien.

Roussel verfeinert die Methode noch, indem er ganze Sätze nimmt, wie sie sich zufällig anbieten, und ihre Lautung so lange umformt, bis sie einen völlig anderen Sinn ergeben. So wird z. B. »Napoléon premier empereur« zu: »Nappe ollé ombre miettes hampe air heure«. Diese neu gebildeten Sätze dienen als epische Kristallisationspunkte einer scheinbar kontinuierlich sich entwickelnden Erzählung. Das Erzählgeflecht hängt ab von zufälligem Sprachmaterial, das nichts mit ihm zu tun hat und das für den Leser nicht mehr erkennbar ist, nur noch durch die Verrenkungen des grotesk-skurrilen Erzählverlaufs wirkt. Es ist klar, dass der zeitgenössische Surrealismus Roussel zu seinen Vorläufern zählen musste.

Besessen von dem Drang, schreiben zu müssen, ohne eine Aussage zu machen, die das Schreiben wieder aus dem Blick rückt, ist Roussel das Beispiel einer extremen Möglichkeit künstlerischer Existenz in diesem Jahrhundert. Er produziert mit dem Katalysator der verfügbaren Wörter und der verfügbaren Sprachverläufe die vollkommene Imagination; die Sprache setzt die Phantasie frei und steuert sie, da sie Realität außerhalb der privaten Bilderwelt des Einzelnen ist, aus der Befangenheit in diese subjektiven Bilderschnittmuster hinaus: als der fremde Schatten gewissermaßen, der als der eigene gilt und doch übersprungen werden kann. Das Labyrinth aus Imaginationen und Bild- und Sprachkorrespondenzen bekommt seinen oft unheimlichen, immer rätselhaften Anstrich, der an die starren Bilder Chiricos, Dalis oder Max Ernsts erinnert, die Roussels Zeitgenossen waren, nur durch die Substruktur der geschilderten sprachlichen Methoden, die mit der geläufigen Realität auch die geläufigen Traumwelten abscheiden und das Unvorstellbare als selbstverständliches Vorkommen anbieten.

Anmerkungen
1 Raymond Roussel: Locus Solus. Neuwied und Berlin 1968
2 Raymond Roussel: Comment j'ai écrit certains de mes livres. Paris 1935

Texte in den Zwischenräumen

1961

Je weiter wir in dieses Jahrhundert geraten, desto selbstverständlicher gewöhnen wir uns an die eigentümliche Weise, unsere Gegenstände auf ein ihnen fremdes Bezugsfeld hin zu durchdringen: Wir betrachten sie und erkennen an oder in ihnen Bezüge, Ordnungen, Verläufe, die mit ihnen, unseren eingewohnten Begriffen nach, kaum etwas zu tun haben. Wir sehen sie, als sähen wir nicht nur sie. In dieser Auffassungsweise wirken die verschiedensten Verhaltensnötigungen nach, die uns die zitternd-irrsinnige Geschichte unseres Daseins in diesem Jahrhundert übergezogen hat. Keiner von uns ist um Beispiele verlegen. Das Eindeutige ist wie ein Witz, dessen Pointe noch nicht bemerkt ist. Manche Witze übrigens, die wir kennenlernen, schlitzen ihre Eindeutigkeit so weit auf, dass von ihrem Lachen eigentlich nur das Vibrieren noch übrig bleibt. Doch nicht davon soll die Rede sein.

Das Uneindeutige ist das Konkrete. Was identifiziert ist, ist auch bereits verschwunden. Die Beschreibung von Oberfläche mit Wörtern, die sich ihrer gar nicht erinnern, ist eine Methode, sie nicht zu verscheuchen. Doch wer macht das schon. Noch zuverlässiger ist die Methode, es gar nicht auf die Oberfläche abzusehen – nicht einmal in Gedanken und Heimlichkeit (: sie merkte es doch), sondern sie kommen zu lassen, ohne hinzusehen, ohne hinzudenken, indem man nur die Wörter (oder ihnen Äquivalentes) kommen lässt. Das Konkrete ist das, an das nicht gedacht wird.

Gedacht wird an das, was es nicht ist. Daran zu denken ist auch um des Konkreten willen unentbehrlich. Denn daran setzt es sich an, siebt es und bricht es sich; es sind die Fragen, an denen es sich krümmt, die Pläne seiner Zusammenrottungen. Sie haben wir leicht zur Hand, sie lassen sich ohne ausgiebige Mühe erfassen. An ihnen zeigt sich, was es alles gibt. Manches zeigt sich dabei auch, was es gar nicht geben kann. Immerhin, es zeigt sich. Eine Menge hat sich schon gezeigt.

Doch davon soll nicht die Rede sein. Es gibt noch so viel (zu viel), was sich nicht gezeigt hat. Wir sind unbelehrbar neugierig darauf. Wir verstehen unter Kunst die verschiedenen Methoden, das, was es noch nicht gibt, sich zeigen zu lassen. Wenn vorhin die Beschreibung als eine davon empfohlen wurde, dann nicht die, die nur beschreibt, was es schon gibt: Das kenne ich vermutlich schon, und wenn nicht ich, dann mein Nachbar oder ein Satz in der Zeitung eines Nachbarn, den ich kennen könnte und nur aus Umständen oder Zufällen (noch) nicht kenne, obwohl es doch da ist; nein, wenn schon, dann Feststellung von dem, was es noch nicht gibt: das es erst gibt, indem es festgestellt wird. Man entdeckt dabei die infinitesimale Beschaffenheit dieser Gegenstände, mit der sie unaufhörlich jede Art von eingerichteter Sprache desavouieren. Indem sie sich nur an den Sprachmedien zeigen, saugen sie diese in ihr Nochnichtgegebensein hinaus, ironisieren, was hervortritt, durch das Wissen, dass es überhaupt erst hervortritt und genausogut nicht hervorgetreten sein könnte, und jagen die Sprache in den Abgrund der winzigsten Artikulationen.

Mag man behaupten, es sei müßige Akrobatik. Weder müßig noch Akrobatik weisen in diesem Jahrhundert der schauerlichsten Industrien eine verächtliche Alternative nach, das Nutzloseste könnte sogar von höchster Nützlichkeit sein. Das eben noch stumpf Lesbare zittert in der Erwartung des Textes, der nicht vorgesehen war. Das Plakat ist plötzlich etwas Zerreißbares, es widersteht meinen Händen und singt plötzlich. Es antwortet auf Fragen, die ihm noch nie gestellt worden sind. Die Zeitung: Dünntrockenes mit feinen schwarzen Sprenkelungen, die ich kenne; sie öffnen sich vor der Schere, und ich erkenne sie dabei wieder, aber was ich jetzt lese, kannte ich eigentlich noch nicht, es kommt nur entlang diesem Schnitt vor. Ziffernfolgen stellen sich ein, die ich nicht mehr aussprechen, doch immer noch oder gar jetzt überhaupt erst lesen kann.

Daran unterscheiden wir uns: Wer darauf besteht, auch ›dies da‹ zu erfahren und nicht Ruhe gibt, bis es tatsächlich hervortritt, und wer ›sonst was‹ vermittelt haben möchte. ›Sonst was‹ beansprucht mich dauernd; ›dies da‹ gibt es fast nicht, oder besser: Ich bin nicht bei ihm, weil ich mich von dem ihm aufsitzenden ›sonst was‹ weglocken und abführen lasse. In allem, was mir begegnet, sind beide Momente da, am wirksamsten das ›sonst was‹ in den zu verweisenden Zeichen verkürzten Bildern und besonders den Schriftzeichen. Sie leisten ihre Sache am besten, wenn ihr ›dies da‹ völlig verschwunden ist vor dem ›sonst was‹, auf das abgezielt ist. Ein Buchstabe hat nichts mehr mit einem Bild zu tun. Niemand sieht mehr, dass *M* einmal ›Wasser‹ bedeutete. Wozu auch. Alles kann jetzt kommen, nicht nur das Angedeutete: Auch das, für das sich gar kein Bildzeichen einrichten ließe, wird erreichbar.

In dem Augenblick, da Schrift sich vom Bild absetzt und einer ins Begriffliche unabsehbar vordringenden Sprache verfügbar wird, gibt sie ihre elementare Sprachqualität auf. Ihre gestischen Bildzeichencharaktere fixieren sich an bestimmten Silben, schließlich an bestimmten Laute und büßen ihre Spontaneität ein. Schrift ist nunmehr bloßes Vehikel der Sprache, allerdings unersetzliches Vehikel für die aufschichtende geschichtliche Arbeit in der Sprache. Ihre Zeichen verändern sich nur noch äußerlich, auf ihrer eigenen Ebene geschieht nichts mehr.

Es ist nun ein Maß der Bewusstseinsanreicherung denkbar, bei dem das objektive Ausmaß der Inhalte und ihre Differenzierung die Fassungskraft des Einzelnen überschreitet und angesichts der universalen Verfügbarkeit und Gegenwärtigkeit der Inhalte sich das Verlangen nach ihren ›Zwischenräumen‹ meldet. Da diese sich nicht abermals als bestimmte Inhalte zeigen können, muss ich mich an den Prozess halten, der sie mir zugeführt hat, und in seine Ordnung eindringen. Die Hinsicht, in der ich Sprache und Schrift verwendet habe, wird gewendet. Die Sprache verschwindet unter der Schrift. Die Schriftzeichen bleiben einen Augenblick wie petrifizierte Gerüste, doch nur solange sie nicht beansprucht werden. Das *M* wird nie wieder ›Wasser‹, aber es ist auch plötzlich nicht mehr das eindeutig handhabbare *M* mit seiner festen Stellung im Lautsystem. Je nach dem, was ihm auf dem Weg zu einer neuen Textur, nämlich der ›Zwischenräume‹, zustößt, flimmert es in einer Bedeutsamkeit, die durch nichts anderes als es selbst an der gegenwärtigen Stelle wiederzugeben ist: Es ist jetzt Zeichen und Mitteilung zugleich.

In der Neugier auf die ›Zwischenräume‹ sind bei den Texten, die den *Plakattexten* zum Material gedient haben, die geläufigen Bedeutungen und die eingefleischte Syntax aufgedröselt: eine Neugier, die aufs Ganze geht, nicht nur auf die Fragmentierung der Lettern und ihre Neugruppierung entlang einer Schnittlinie, auch auf das Verhalten des Papieres, das Hervortreten etwa der Papierfasern in und zwischen den angerissenen Buchstaben, das Entblößen der bedeckten Fläche. Ist die Vereinbarung, Schrift sofort in Lautung und diese in Bedeutung verschwinden zu lassen, erst einmal außer Kurs gesetzt, gerät alles in den Sog der sich neu bildenden Gefüge: Eine Falte oder ein Riss gewinnt plötzlich in der Verquickung mit fragmentierten Lettern den Wert einer Interpunktion. Schnittlinien verbinden einander bisher fremde Zeichen zu Zentauren, sie üben wie der Raum und die Zwischenräume selbst syntaktische Funktionen aus.

Das Medium ist hier ausschließlich optisch, diese Sprache gilt nur dem Auge, wenngleich sie die Lautsprache und ihre ausgiebige Verwendung voraussetzt. Alle Signale bleiben gegenwärtig, das lesend wiederkehrende Erinnern springt auf ihrer Fläche. Ihre Simultaneität ist nicht nur das Beieinander des Gleichzeitigen, es sammelt sich vielmehr der ganze, an vielen Stellen schon gelesene Text in seinem Bild an. Im Lesen vermehrt sich unablässig der gegenwärtige Text durch den bereits gelesenen.

Beispiele

1965

Es hat sich herumgesprochen, dass der modernen Literatur, soweit sie experimentellen oder transitorischen Charakter hat, die handfesten Themen, charakterfesten Sujets, die überlieferten und sich unter den dauerhaften Prägungen wandelnden Motive und Formen abhandengekommen sind; dass vor allem der klassische, wenn auch immer labile

Formenkanon und das verlässliche System der Gattungen zerschlissen sind. Dass man es vorzieht, von Text, Struktur, Material zu reden, dass man sich zur Analyse am liebsten der Terminologie der Zeichentheorie oder der Textstatistik bedient. Wie einfach und einleuchtend war überhaupt einst das ganze Verhältnis von Werk, Autor und Publikum: Dort war die Welt, da war die Kunst, und hier saßen wir, das liebe Publikum, zur Linken am Rande den Autor greifbar, wenn eine Erläuterung nötig wurde oder ein biographisches Licht wünschenswert war, und ließen vor uns in interesselosem Wohlgefallen das Panorama der tieferen Bedeutungen im schönen Schein der Kunst abrollen. Man war sicher: Der Dichter wusste Bescheid über alles, was im gesetzten Horizont zu wissen war, und was er nicht wissen konnte, ließ er uns ahnen in dunkel ausgereiften Sinnbildern. Ab und zu mischte sich des Dichters Husten oder Lachen und manchmal ein murmelndes Selbstgespräch ins Spiel: Das störte nicht, im Gegenteil, es bewies auch den Realitätswert seiner Darstellungen. Gar nicht mehr zu überbieten war es, wenn Balzac von den Figuren seiner Fortsetzungsromane sprach wie von guten Bekannten, an deren Geschick in der nächsten Fortsetzung man beteiligt war. Auch wenn Zola seine Romane als soziologische Experimente, als Erkundungen dessen, was es mit seiner Gesellschaft eigentlich auf sich habe, ausgab, befand er sich noch in Frieden mit der Ordnung dieses säuberlichen Dreiecks von Werk, Autor und Publikum. So hoffen denn die beiden Letzteren, im Werk nicht nur ästhetischen Genuss zu finden, sondern durch seine Quasirealität Erfahrung mit dem Wirklichen sammeln, Einsicht in das wahre Wirkliche gewinnen zu können. Dieses klassische Dreieck ist nicht geschlossen, es ist an der Ecke, wo das Werk sich befindet, durchlässig, denn das Werk hat seinen Existenzgrund in seiner Vermittlerleistung. Es ist an sich selbst Zeichen, Schrift, die im lesenden Aufnehmen verschwinden soll, damit ihre Mitteilung hervortritt. Sei es, dass es die empirische Wirklichkeit von Natur oder Gesellschaft transparent macht, ihr Bild schärft, akzentuiert, bis verborgene Beziehungen sichtbar werden, wie im sogenannten Realismus. Wobei die Realität im Werk auf sich selbst gerichtet wird, damit sie endlich getroffen werden kann. Die beiden erwähnten Romanciers mögen als Beispiele dafür gelten.

    Es kann jedoch das Werk die empirische Wirklichkeit nur als Medium, als Zeichen und Chiffre gebrauchen, um sie von sich abzukehren und ihre Negation, ihr Ganz-Anderes erfassbar zu machen. Die allegorische und symbolistische Dichtung von den Zeiten der Troubadours an über die mystische und metaphysische Dichtung des 17. Jahrhunderts bis Mallarmé, Rilke oder Eliot ist so verfahren. Die bisher letzte und vielleicht extremste Welle ist der Surrealismus, der die Tiefenrealität des Un- und Unterbewussten mit seinen Traumstrukturen anzielt.

In beiden Konzeptionen ist Kunst in einem unabschließbaren Prozess befangen; in der ersten, der realistischen, weil das durch das Werk veränderte Bewusstsein von der Realität auf die Realität zurückwirkt, sie von Anfang an in der Weise versteht und bestimmt, wie das Medium des Werkes sie gezeigt hat. Die Erkenntnis verschwindet also in ihrem Gegenstand – und provoziert, darin eingesunken, aufs Neue die Anstrengung der Durchdringung, um dem drohenden Schematismus der Gewöhnung zu entgehen. So ist beispielsweise unsere Gewohnheit, die Dinge zu sehen und im Sehen zu formieren, von der unerhörten Differenzierung des Impressionismus, dann jedoch auch wieder durch die Kraft zur harten Akzentuierung des Expressionismus imprägniert.

Die zweite beschriebene Konzeption, die chiffrierend und dechiffrierend vorgeht, hat ihren imaginären, transzendierend angezielten Gegenstand nur, insofern sie ihn mit den bildnerischen oder sprachlichen Mitteln substantiiert. Es gibt ihn nicht jenseits des künstlerischen Gebildes, obwohl es so aussieht. Im äußersten Fall sind solche Formierungen Meditationsvorlagen, die die Identifizierung des Betrachtenden mit dem Betrachteten erwarten. Auch hier ist kein Ende des sich ablösenden Bildens abzusehen, solange der Wunsch danach überhaupt wach ist.

Beide Konzeptionen sind sehr alt, beide gibt es wohl in jeder differenzierten Kultur. Gemeinsam ist ihnen, dass sie das Ganze einer Welt, eines Kosmos, fassbar oder nicht, voraussetzen, um überhaupt gelingen zu können. Einheit und Ganzheit, wofür der Begriff des Kosmos im antiken Sinn verwendet werden kann, sind für diese Bilder und Gedichte konstitutiv, und in ihnen erfährt der Mensch auch seine Einheit und seine Fähigkeit, sich mit einer Welt zur Einheit zu verbinden, sodass er selbst sich als Mikrokosmos versteht, der den Makrokosmos, die große Welt zu spiegeln vermag. Eine geschlossene Bewegung läuft durch eine Hierarchie der Medien: der Kunst, des Denkens, der Kontemplation, um das geistige Individuum mit dem Ganzen seiner Welt in Austausch zu setzen.

Diese Dinge sind bekannt und oft genug auseinandergelegt. Doch die Sache stimmt nicht ganz, jedenfalls insofern es die Kunst und die Dichtung angeht. Es fehlt etwas. Sicher: Sie schmückt die Tempel, formuliert die Preisgesänge für Götter und Heroen, schlingt die vieldeutigen Zeichen, an denen die Meditation sich voranbewegt, sie macht die Natur durchlässig für ihren atemlos beängstigenden Grund: Aber sie ist ständig dabei, das eigene Gebilde anzukratzen, zu überholen, zu desavouieren. Nicht nur weil die Kunstfertigkeit, die künstlerische Technik fortschreitet, neue Sichtweisen, neue Sätze möglich werden, weil immer auch Artistik mit im Spiel ist, die aufs Steigern und Überholen aus ist. Auch nicht nur, weil der Eigensinn des Materials immer mit ins Werk dringt. Denn sein Material ist nicht zuerst für die Kunst bestimmt, die Sprache nicht, die Farbstoffe, Erden, Steine, Metalle nicht. Doch sieht man gerade an gelungenen Werken, dass die Widerspenstigkeit des Materials, seine Eigenbewegung der unterschwelligen Revolte entgegenkommt, die in dem Werk wirkt, und für sie ausgenutzt werden kann. Als drastisches Beispiel dafür mögen die Sklaventorsi Michelangelos erwähnt werden oder die Porträts von Frans Hals, in denen der gegen die Porträtikone aufsässige Strich deutlich abzulesen ist. Michelangelo lässt den Stein in seiner Formwidrigkeit mit anstehen, Hals verselbständigt das Farbmaterial und den Pinselduktus zum Zeichen, dass das Bild nicht nur Kosmos, hereingegebener Auftrag einer Gestalt im Ganzen, also nicht nur Vermittlung ist, sondern von den Vibrationen des Künstlers, seinen Lebenslinien durchschnitten wird. Die Großform, die den Kosmos vertritt, in der der Kosmos ins Bild tritt, wird bei ihm nicht, noch nicht bestritten. Die revoltierenden Momente, die ihrem eigenen Duktus folgen und die noch im 15. Jahrhundert undenkbar waren, schreiben sich autonom mit ein, durchlaufen fast unberührt das Ganze, als könnten beide Aspekte: das Ganze und das Detail des Striches im selben Bildrahmen selbständig nebeneinander bestehen.

Das 17. Jahrhundert, in dem die moderne Welt präformiert wird in vieler Hinsicht, glaubte versuchsweise, dass das sich Widersprechende in einer gespannten, problematischen Einheit bestehen könne. Es ist das große Thema auch der Literatur. Doch zeigt sich bereits, dass die Einheit nur mehr in der Form, in dem kühl formalisierten Schema des Ganzen besteht. Als Beispiel sei hier ein Figurengedicht der Zeit zitiert. Philip von Zesen hat es geschrieben. Es wurde 1645, auf dem Höhepunkt des literarischen Barock, gedruckt. Der Palmbaum, der ihm als Thema dient, liefert zugleich das große Schema, nach dem sich die Zeilen in ihrer Länge richten: d. h. die ersten 8 Zeilen sind länger, und zwar zuerst zunehmend, dann wieder abnehmend, die folgenden sind ganz kurz: jene figurieren als Wedel, diese als Stamm:

> übliche / liebliche
> früchte mus allezeit bringen
> des Palmen-baums ewige Zier/
> darunter auch fürsten selbst singen/
> lehren und mehren mit heisser begier
> die rechte der deutschen hoch-prächtigen Zungen/
> die sich mit ewigem preise geschwungen
> hoch über die anderen sprachen empor:
> wie fohr
> dis land
> mit hand/
> durch krieg/
> durch sieg/
> durch fleiss/
> mit schweis/
> den preis/
> das pfand/
> ent-wandt
> der Welt;
> wie aus der taht erhällt.

Die Großform, nämlich die Figur der Palme, hat allegorische Bedeutung, da sie sich auf eine der barocken Sprachgesellschaften bezieht. Sie wird dem Text übergestülpt und bleibt ihm als optische Form äußerlich, wenn ihre Zweiteilung in Krone und Stamm auch der Zweiteiligkeit des Textes entspricht. Zwei einander fremde künstlerische Disziplinen: Bild und Gedicht, werden hier vereinigt. Das gelingt im Barock nicht nur zufällig, sondern entspricht dem Programm der Epoche: das Heterogene zusammenzudenken. Die geistige Bewegung muss nun nicht mehr zwischen dem Ganzen eines von sich her kommenden, übermächtigen Kosmos und den einbezogenen Einzelnen verlaufen, ja sie ist in diesem Bezug schon zur bedrohlichen Spannung erstarrt. Vielmehr begegnen, noch sporadisch, Beispiele, bei denen die Bewegung sich aus dem Text hervorspinnt, ihm immanent ist und nur seine formalen Möglichkeiten

hervorholt. Auch dazu ein Beispiel, bemerkenswerterweise ohne jeden revoltierenden Anstrich.
Es ist die textliche Permutation eines religiösen Topos. Sein Autor, Johann Caspar Schade, war Prediger in Berlin:

GOTT, du bist mein GOTT.
bist du mein GOtt?
GOtt du bist mein.
Du GOtt bist mein.
mein GOTT bist Du.
DU GOtt bist mein GOtt.
mein GOtt, bist GOtt.
bist mein GOtt, GOtt.
GOtt, GOtt bist mein.
GOtt mein GOtt BIST.
BIST du GOtt, mein GOtt?
mein GOtt, du GOtt.
du mein GOtt, GOtt?
GOtt, du mein GOtt.
du GOtt, GOtt MEIN?...
(usw.)

Das ganze Gedicht kommt mit vier Wörtern aus. Wer genau hinhört, merkt, dass es nicht bloß formales Permutieren des gegebenen Materials ist: dass vielmehr die zweifache Frage eingeschrieben ist, die immer wieder von Bestätigung und Beteuerung abgelöst wird. Die Fragen stellen sich auch aufgrund des Systems ein, das zum Durchspielen der Zeilen und dem Durchlaufen aller Möglichkeiten angewandt wird. Sie sind jedoch zugleich auch vom Autor gesteuert: Es ist auch seine Bewegung, die sich damit äußern und zur Ruhe kommen will. Und die Antworten werden nicht dogmatisch reflektierend gegeben, sondern sie entspringen der Konsequenz des Textes. In den 25 Zeilen des Gedichts wird das Wort Gott 42-mal wiederholt: eine wortmagische Intensivierung, die durch die Schatten von Zweifel und seine Auflichtung hindurchgezogen wird.

Die starre Spannung zwischen dem Einzelnen und dem Ganzen, die das 17. Jh. noch ertragen hat trotz einzelner Lösungsversuche, weicht im weniger heroischen 18. allmählich. Die Welt als Ganzes wird aus einer metaphysischen Gewissheit zur Hypothese, die die Wissenschaft zu ihrer Arbeit nötig hat, im Übrigen aber an Interesse und an Verbindlichkeit zusehends verliert. Das Ganze, die vollkommene Welt wird – in der Utopie des Fortschrittsglaubens – eine Funktion der Zeit, nämlich als in der Zukunft stehendes Ziel der wissenschaftlichen Weltdurchdringung und auch als lichtes Ziel einer aufgeklärten gesellschaftlichen Entwicklung – man denke nur an Lessings »Erziehung des Menschengeschlechts« durch einen teleologischen Geschichtsgang. Die Utopie einer perfekten Gesellschaft treibt die Ideologie vom Fortschritt, auf die im Grunde alle Heilslehren sich stützen, die Europa in den letzten 200 Jahren aufs Reißbrett gezogen hat.

Ihre Voraussetzung ist, die Welt als Arbeit, also als vom Menschen machbar und veränderlich zu verstehen. Wissenschaft ist darin nicht mehr in erster Linie freie Erkenntnis, sondern Moment des Arbeitsprozesses, das aus seinen Erträgnissen betrieben und forciert wird. Vielleicht sogar das Entscheidende, das überhaupt die Kraft, auf den infinitesimalen Punkt in der Zukunft hinzuarbeiten, am Leben erhält. In den letzten hundert Jahren ist dieses utopische Fernziel zwar einige Male unter dem tatsächlichen gesichtslosen historischen Geschiebe zusammengeklappt, doch scheint sich tatsächlich keine Alternative zu der ideologisierten Arbeitswelt anzubieten. Wir müssen uns darauf einstellen, dass wir nur existieren können, wenn wir unverdrossen wie Sisyphus den Berg wieder hinabgehen, um die Sache abermals zu versuchen. Die Alternative könnte nur die Arbeitswelt als solche betreffen, ihre Heilsbotschaft der Produktionszahlen, der Vollbeschäftigung, des Durchprobierens aller Möglichkeiten, der permanenten Reflexion aller Existenzmomente undsoweiter. Sie ist heute nicht auszudenken, obwohl sie uns möglicherweise schon auf den Leib rückt. Unsere Frage heißt nun: Wie ist die Literatur von dieser Situation betroffen? Ist auch sie Moment in dem allumfassenden Arbeitsprozess? Sie könnte es etwa in der Weise sein, dass sie Sisyphus immer wieder den utopischen Punkt auf dem Berg verlockend macht, ja ihn vielleicht vergessen lässt, was mit seinem Stein los ist, indem sie die Hoffnung auf eine zureichendere Bewegungsmethode weckt. Diese Art von Literatur gibt es, und es ist klar, dass sie denen, die auf Arbeitsziele versessen sind, die liebste ist. –

Die Literatur könnte am Arbeitsprozess aber auch ganz schlicht beteiligt sein, indem sie das Panorama aufnimmt, Zustände, Stationen, Stimmungen, kritische Momente zur Sprache bringt, in ihrem Brennspiegel schärft, überscharf, wenn's sein muss, und so ein Bewusstsein von dem bildet, was eigentlich vor sich geht. Wir haben sie als die realistische Literatur bereits erwähnt. Beide Weisen gab es und gibt es, und es sieht nicht aus, als sollten sie, solange der geschilderte utopische Arbeitsprozess in Gang ist, absterben. Beide Formen dulden sich mehr oder weniger, wenn sie sich auch nicht gerade lieben.

Beiden Konzeptionen ist gemeinsam, dass sie im vorhin beschriebenen Dreiecksverhältnis von Autor, Werk und Publikum denken, in dem jeder seine bestimmte Position hat. Es wurde gezeigt, dass diese Konstellation bedingt ist durch die Beziehung des Werkes auf eine Hinter- oder Überwirklichkeit, in der das Ganze, das wahre Wirkliche, die erwartete vollzählige Welt anwesend ist oder doch wenigstens angedeutet ist, mag es theologisch oder ideologisch gefasst sein. Wir fanden diese Konzeption bereits an der Grenze zur modernen Welt im 17. Jahrhundert in Auflösung und sahen punktuell Alternativformen entstehen.

Die vielleicht erregendste Station auf dem Rückzug aus dem unerreichbaren Totalen von Welt ist das Werk von Mallarmé. Zugleich einer der Bahnbrecher der modernen Poesie, ist er noch gebannt von dem Versuch, das ungreifbare Ganze einer Welt im Irrealis ins Wort zu bringen. Wenn auch nur im Fragment, wie ihm bewusst war, so doch um »an einer Stelle wenigstens den Glanz der Echtheit aufschimmern zu lassen und die Herrlichkeit des Ganzen zu verkünden, für das ein Leben allein nicht genügt«, wie er sagt. Mallarmé setzt die allen geläufige Sprache außer Kurs, um sein poetisches Ziel, die weiße Transzendenz der Sprache, zu erreichen. Indem er sich ganz der Sprache und nur der Sprache in ihrem unabsehbaren Hof von Bedeutungen, Beziehungen, Erinnerungen, vibrierenden Facettierungen von Wort in Wort zuwendet, findet er zugleich die Wendung vom utopischen Totalen einer transzendenten Welt zum konkreten Text und seinen Dimensionen. Mallarmé trifft dabei – fast zwangsläufig – auf die Textfläche, die Fläche, auf der der Text steht, von der ihn das Auge abliest, als Moment des Gedichts in seinem *Coup de Dés*. Seitdem durchzieht die Vorstellung des absoluten Gedichts, das nichts ist als es selbst, die Literatur.

Das war 1897, als die Ideologien der Arbeitswelt auf die nächste Revolutionswelle zusteuerten. Inzwischen hatte Rimbaud die Halluzination der Worte entdeckt, die eine Wirklichkeit bilden, die es nicht gibt und die nur in der Sprache erreichbar ist, wie diese:

»Graue Kristallhimmel. Ein wunderliches Liniengewebe von Brücken, die einen gerade, die anderen gewölbt, wieder andere in schiefen Winkeln auf die ersten herabsteigend, wobei diese Figuren sich widerspiegeln in den anderen erleuchteten Figuren des Kanals, aber alle derartig leicht, daß die Ufer, beladen mit Domen, sich senken und verschwinden.«

Der Horizont wird imaginär. Er ist nicht mehr bestimmbar, es sei denn durch das traumhaft gezielte Ausstreuen von Bildern. Die Einheit wird vom Unterbewussten projiziert, falls es selbst Einheit ist – und es gibt Zeugnisse genug, die daran zweifeln lassen. Die Einheit ist der Augenblick, in dem der Text aufgefasst wird, in dem die Bilder sich gegenseitig aufrichten, blenden, durchdringen und ablösen. Es entstehen Texte, deren Bild-Augenblicke aus einem irrealen Hintergrund hervortreten, hell werden und vorüberziehen. Die von Sekunde zu Sekunde bestehen, mit verdämmernden Erinnerungen an die weiter zurückliegenden: Denn es stellen sich nur vage ineinanderpassende Sinnbezüge her, durch die das vergangene Gelesene ins gegenwärtige hereingeholt werden könnte. Guillaume Apollinaire ist der erste Meister dieser ineinandergeblendeten, hintereinander geschnittenen Bildverläufe – die technischen Ausdrücke der späteren Filmkunst sind hier bereits angebracht. »Traumdeutung« schreibt Apollinaire selbst über das folgende Stück:

»... ich wußte, wie verschieden die Ewigkeiten sind von Mann und Frau. Zwei Tiere ungleicher Art liebten sich. Doch einzig die Könige starben nicht an diesem Lachen, und zwanzig blinde Schneider kamen, einen Schleier zuzuschneiden und zu nähen, der den Karneel bedecken sollte. Ich dirigierte sie selbst, rückwärts gehend. Gegen Abend flogen die Bäume davon, die Affen wurden unbeweglich, und ich sah mich hundertfach. Ich war eine Herde, die sich am Ufer des Meeres niederließ. Am Horizont zogen große Schiffe aus Gold vorbei. Und als sich die Nacht vollendete, kamen hundert Flammen auf mich zu. Ich zeugte hundert Knaben, deren Ammen Mond und Hügel waren. Sie liebten die Könige ohne Knochen, die man auf den Balkonen schwenkte. Ich kam an das Ufer

eines Flusses, nahm ihn in beide Hände und schwang ihn. Dieser Degen stillte meinen Durst. Und die versiegende Quelle warnte mich: wenn ich die Sonne aufhielte, würde ich sie wahrhaftig viereckig sehen ...«
Was Apollinaire schreibt, ist für den Leser völlig verrätselt, wenn auch vielleicht noch deutsam und bedeutsam. Der Traumtext steckt voller Sinnbilder, die einem Dritten schwer oder gar nicht zu entschlüsseln sind. Die radikale Konsequenz ziehen die Dadaisten wenige Jahre später. Ihrer gespaltenen Methode gelingen reine, mit keinem Sinn befrachtete, oft lucide, groteske, alberne oder erschreckende Bilder, die aufscheinen, einen Moment stehen und dem nächsten weichen ohne irgendeinen Rest: Sie stehen in keinem größeren Rahmen, beziehen sich weder auf ein Ich noch auf eine Welt hinter oder über ihnen, wenngleich ihr Wortmaterial meist reale Gegenstände bezeichnet, sind nichts als Bildsekunde. Dazu ein Beispiel von Hans Arp aus seiner 1920 erschienenen Sammlung *Der Vogel selbdritt*:

»die edelfrau pumpt feierlich wolken in säcke aus leder und stein.
lautlos winden riesenkräne trillernde lerchen in den himmel.
die sandtürme sind mit wattepuppen verstopft.
in den schleusen stauen sich ammonshörner diskusse und mühlsteine.
die schiffe heißen hans und grete und fahren ahnungslos weiter.
der drache trägt die inschrift kunigundula und wird an der leine geführt.
den Städten sind die füße abgesägt den kirchtürmen nur volle
bewegungsfreiheit in den kellern gegeben darum sind wir auch
nicht verpflichtet die krallen hörner und wetterfahnen zu putzen.«

Aber nicht nur in der Lyrik – wenn man hier noch von Lyrik sprechen will – dringt eine eigentümliche Zeitstruktur ein. An zahlreichen Stellen der Literatur nach der Jahrhundertwende macht sich ein neues Verhältnis der drei klassischen Momente Autor, Werk und Publikum bemerkbar, zum Zeichen dafür, dass die alte Transparenz oder Transzendenz des Werkes aufgegeben worden ist.

1921 kam ein Stück auf die Bühne, in dem der Autor es ablehnt, sich auf seine deutlich vor Augen stehenden Figuren weiter einzulassen, Luigi Pirandellos bald weltberühmtes Drama »Sechs Personen suchen einen Autor«. Der Autor trennt sich nach der Erfindung von seinen Produkten und weigert sich, ihre Geschichte auszuführen. Sie sind ihm objektiv vorhanden wie je nur auf der traditionellen Bühne. Was er von ihnen sagt, gilt für über 200 Jahre Theaterwirklichkeit:

»Ich kann nur sagen, diese sechs Personen, die man jetzt auf der Bühne sieht, standen, ohne daß ich sie etwa gesucht hätte, vor mir so lebendig, daß ich sie berühren, dass ich sogar ihren Atem hören konnte. Und sie warteten förmlich darauf, jeder einzelne mit seinem Kummer und alle vereinigt durch den Ursprung und die Verworrenheit des gemeinsamen Erlebens, daß ich sie in die Welt der Kunst eintreten ließe, um aus ihren Gestalten, ihren Leiden und Schicksalen einen Roman, ein Drama oder wenigstens eine Novelle zu machen.«[1] Doch: »Als Geschöpfe meines Geistes lebten diese sechs bereits ihr eigenes Leben und nicht mehr das meine, ein Leben, das ihnen zu verweigern ich nicht mehr die Macht hatte.«[2]

Das Unerhörte geschieht, dass dieser Autor von seinen quasilebendigen Kindern nichts wissen will, ihnen die Ausführung ihrer Geschichte verweigert. Und doch – so die Fiktion des Spieles – existieren sie weiter und suchen eine Gelegenheit, ihre Geschichte doch noch im quasirealen Raum der Bühne zu realisieren. Sie geraten an einen Theaterdirektor und verlangen von ihm, gespielt zu werden. Der antwortet:

»Wir geben hier nur richtige Dramen und Komödien ... wo ist das Manuskript?«

Der Vater – eine der Personen –: »In uns, Herr Direktor ... Das Stück ist in uns, wir selber sind das Drama, und wir brennen leidenschaftlich darauf, es darzustellen.« Doch es wird – wie der Autor sich ausdrückt – ein »Drama ihres vergeblichen Versuchs«, sich darzustellen. Die Fiktion von Wirklichkeit schlägt mit einem Revolverschuss dazwischen, und es bleibt in der Schwebe, was in dem Ganzen Fiktion, was Realität ist. Zugleich demonstriert die Ohnmacht der anwesenden Schauspieler, denen zugemutet wird, in die Rollen der sechs Personen einzusteigen, wie aussichtslos die Erwartung des Zuschauers sein muss, die Realität, die wahre Geschichte der betroffenen Personen auf der Bühne wiederzufinden. Auch die Wirklichkeit der Kunst-Figuren ist nicht übertragbar, also nicht spielbar und als Spiel reproduzierbar. Was die sechs Personen mit konzentriertem Eifer vorführen – so behauptet Pirandello durch das Stück –, ist der einmalige Versuch, ihr Schicksal zu manifestieren, gebrochen durch die Vergeblichkeit ihres Bemühens. Die Figuren fungieren zugleich als ihre eigenen Interpreten und zwischendurch als kritische Zuschauer. Die bekannte Dreiheit von Werk, Autor – hier im Weiterproduzieren der Geschichte zu sehen – und Publikum ist zusammengezogen ins Spiel.

Brecht wird die reflexive Brechung des Schauspielers weiterführen, wenn auch mit entgegengesetzter Konsequenz: Er lässt seine Schauspieler unbekümmert aus den gespielten Figuren herausragen, er trennt Figur und Spieler. Damit erreicht er nicht nur die kritische Distanz mit der Aufforderung an den Zuschauer, selbst Stellung zu beziehen, ja innerlich das Spiel mit einer besseren Alternative weiterzuspielen; es setzt plötzlich auch das Spiel als Spiel frei mit einer Fülle von Möglichkeiten, die Brecht nicht aufgegriffen hat, die er vermutlich auch nicht akzeptiert hätte: Möglichkeiten eines autonomen Spiels allein aus den Mitteln der Bühne und der Körper, die sich auf ihr bewegen, mit oder ohne Reflex auf eine Geschichte.

Ebenfalls angelegt, aber nicht ausgenutzt ist hier die Möglichkeit, den Zuschauer das Dargestellte tatsächlich und nicht nur innerlich für sich mitspielen, alternativ umspielen zu lassen: indem er sich tatsächlich auf die Bühne begibt und den Figuren dort wie den Zuschauern unten seine Version darstellt und improvisierend von den Mitspielern aufgreifen lässt. Das Mitspiel des Zuschauers ist in Brechts Theatertheorie enthalten, wie sein immer noch aufregendes Beispiel von der »Straßenszene« als »Grundmodell des epischen Theaters« zeigt. Freilich bleibt bei Brecht der demonstrierende Spieler immer vom Zuschauer, mag dieser auch noch so sehr engagiert sein, getrennt; es kommt nie zum Überspielen dieser ehrwürdigen Grenze an der Rampe. Es mag dies seinen Grund in einem pädagogischen Impetus haben, der im Spiel nicht nur zeigen, sondern auch lehren – mag sein: auch demonstrieren will.

Erst eine Bühnenauffassung, die sich völlig frei gemacht hat von jeder belehrenden oder irgendwie mitteilenden Absicht zu Nutzen und Frommen des Zuschauers, ein Spiel, das einzig Spiel um des Spiels willen ist – worin genug unersetzliche Erfahrungen stecken können, die auf keinem anderen Weg vielleicht zugänglich sind –, erst ein solches unprätentiöses Spiel kann unbefangen zum Mitspiel werden. Sein Protagonist bei uns ist Claus Bremer. Er bringt die alte gute Gewohnheit der Improvisation wieder zu Ehren, die bei Pirandello nur vorgetäuscht war.

Pirandellos Stück ist Wort für Wort vom Autor festgelegt, Bremer braucht Stücke, die den Spieler durch szenische Anweisungen, Dialogpassagen, Requisiten, Rahmenhandlungen in Gang setzen, ihm ein mimetisches Programm geben, aber nicht zur bloßen Reproduktion verurteilen. Die vielmehr Luft lassen für Alternativwege. Zum Beispiel in dem Stück *Scherenschnitte* von Paul Pörtner, das in Ulm nicht etwa auf der Studiobühne, sondern vor dem Abonnementspublikum gespielt worden ist. Bremer berichtet darüber:
»die zuschauer erleben hier eine szene, die mit einem mord endet. alle beteiligten werden von der polizei verdächtigt. bei der üblichen rekonstruktion der tatbestände können die zuschauer abweichungen im spiel der darsteller, die der entlastung dienen sollen, als zeugen feststellen und korrigieren. darauf reagieren die darsteller und machen sich, im wechselspiel mit den zuschauern und den anderen darstellern, in den augen der zuschauer schuldig oder unschuldig, es hängt von ihrem zusammenspiel ab, wer als täter jeweils ergriffen wird.
... stichwortartig auf meine vorläufige formel gebracht: der autor weckt durch die darsteller in den zuschauern eine erwartung (das wiederholen der szene, die mit dem mord endet), von der er durch die darsteller, durch die zuschauer kontrollierbar, abweichen läßt (die darstellerin, die beim ersten mal z. b. gesagt hat, dass sie im ›kornhaussaal‹ gesungen hat, sagt bei der wiederholung, sie hat im ›schuhhaussaal‹ gesungen, worauf den zuschauern der eingriff erlaubt sein muß (›sie haben aber doch vorhin gesagt ...‹ etc), auf den die darsteller reagieren können (›da muß ich mich versprochen haben, ich habe immer schuhhaussaal gesagt‹ usw.), wodurch sie in den zuschauern eine erwartung wecken (die darstellerin ist mordverdächtig), von der der autor durch die darsteller, für die zuschauer kontrollierbar, abweichen läßt (ein anderer darsteller macht sich ebenfalls verdächtig), usw.«[3]
Welche Revolution gegenüber der klassischen Bühnenpraxis sich hier ankündigt, lassen die Äußerungen der beteiligten Schauspieler ahnen. Einer von ihnen sagt: »man darf sich nur nichts vornehmen. man muß den mut haben, einfach zuzuhören.« Und Claus Bremer bemerkt dazu: »er hat recht gehabt. improvisieren fängt mit dem mut zum zuhören an ... ich habe an diesen mitspielen gemerkt, daß sie einen anderen typ von Schauspieler als den klassischen brauchen. der ideale schau-

spieler des mitspiels ist nicht darauf angewiesen, alles auswendig zu lernen. er muß die übergänge vom auswendiggelernten zum improvisierten beherrschen. er muß eigen kombinieren können. er muß darüber hinaus auch zu seinen fehlern vertrauen haben. es darf ihm nichts ausmachen, wenn er sich bloßstellt. im gegenteil, er muß freude daran haben, sich bloßzustellen … ich brauche für das mitspiel den schauspieler, der sich zur schau stellt.«[4]

Darin zeichnet sich ein durch und durch offnes Drama ab, ein Drama, das zum ersten Mal nicht nur aus Dialogen besteht, sondern dialogisch verfährt, weil es dem Partner die Freiheit lässt, trotz dem gemeinsamen Handlungsrahmen das Unerwartete mit ins Spiel zu bringen. Keine Aufführung gleicht der andern, weil das Spiel jedes Mal als Prozess zwischen Individuen ausgetragen wird. Und der Zuschauer kann nicht nur verbal eingreifen, er kann sich auch auf die Bühne begeben und selbst agieren. Bremers Ideal ist daher die Bühne, die keine Rampe kennt, sondern in den Zuschauerraum übergeht, sodass der Wechsel aus dem einen in den anderen Bereich ohne Störung geschehen kann.

Durchleuchten wir einen weiteren Punkt des Umbruchs aus einer klassischen Form in die offene. Zwei Jahre nach Pirandellos Anti-Drama, 1923, veröffentlichte Kurt Schwitters eine Anti-Novelle, nämlich die grotesk-sinnlose Geschichte der *Auguste Bolte*. Während Pirandellos Stück die Bühnen ganz Europas eroberte, blieb Schwitters' schmales Heft fast unbekannt.

Schwitters erzählt die Geschichte eines ältlichen, vor Wissbegier vertrockneten Mädchens. Aus einer zufälligen Menschenansammlung auf der Straße schließt Auguste Bolte in ihrer unbefriedigten Neugier auf ein unerhörtes Ereignis, das man ihr verbergen will, und dem sie doch – um jeden Preis – auf den Grund gehen muss. Aber die ganze Geschichte, die sie bei der Jagd nach dem verborgenen Unerhörten erlebt, beweist nur, dass das Unerhörte sich nicht erjagen lässt – dass es nur in der Hoffnung eines vereinsamten Individuums, nicht jedoch in einer Welt existiert, deren Bewohner schließlich nichts Wichtigeres kennen, als hinter ihren Wohnungstüren ungeschoren zu bleiben. Die Jagd nach dem versteckten Unerhörten artet zur Groteske aus, als Auguste in Schallgeschwindigkeit zwischen zwei verdächtigen, in entgegengesetzten Richtungen sich entfernenden Personen hin- und herpendelt, bis sie sich für eine entscheiden muss. In ihrer bösen Hartnäckigkeit wird sie endlich selbst die Ursache eines gutbürgerlichen Skandals: ruft also, freilich ohne es zu merken, selbst den unerhörten Vorfall hervor, den zu erfahren sie begierig ist.

Schwitters erzählt seine Geschichte nicht in der gewohnten erzählerischen Distanz, sondern durchschießt sie mit Sprachfloskeln, leeren Redensarten, albernen Sprichwörtern. Er erzählt eigentlich nicht, sondern redet das Ganze schnoddrig, in bewusst verkorkster Sprache herunter. So geht Hand in Hand mit der Bezweiflung der Gattungsform Novelle die Auflösung der überkommenen Erzählhaltung, die einem Individuum entsprach, das noch ein Schicksal haben, dem Unerhörtes begegnen konnte. Die Sprache dieses Stückes wird zum bloßen Vehikel von Realitätsscherben, Versatzstücken, auch Funktionsmaterialien, die die Geschichte weiter transportieren. Im schizoiden Kurzschluss ihrer Selbstgespräche verheddert sich die seltsame Heldin immer wieder in Reime, die ihr nur dazu dienen, die Richtigkeit ihres Tuns zu bestätigen, verfängt sich in Sackgassen, weil sie Redensarten wörtlich nimmt.

Das Stück endet in Verneinungen auf der ganzen Linie: Es ereignet sich nichts, Auguste erfährt nichts, sie landet schließlich »mitten auf einem riesigen Truppenübungsplatz« – »vielleicht denkt der Leser, hier würde (sie) verhungern, aber sie verhungert hier nicht. Vielleicht denkt der Leser, (sie) würde nach Hause finden wie eine Katze; aber sie findet nicht. Der Leser glaubt, ein Recht darauf zu haben (zu erfahren), wer oder was los wäre«, »aber der Leser hat kein Recht, jedenfalls nicht das Recht, im Kunstwerk irgend etwas zu erfahren ... Die Geschichte ist aus, einfach aus, so leid es mir auch tut, so brutal es auch klingen mag, ich kann nicht anders. Ich als Autor erkläre hier, daß dieses der Schluß meines Versuches ist, dem Volke eine Auguste Bolte zu schenken.«

Die Geschichte muß also mit bösem Grinsen totgeschlagen werden, weil in ihr kein Ausgang angelegt ist: thematisch nicht, denn sie hat nur das eine Thema zu zeigen, dass es kein Thema gibt; und sprachlich nicht, weil der unverbindliche Redefluss endlos weiterrinnen könnte.

Die Geschichte von der Auguste Bolte ist nicht nur eine – dem Autor vielleicht gar nicht bewusste – Parodie auf die Novellentheorie des 19. Jahrhunderts. Sie ist auch nicht bloße Satire auf ein verqueres Verhältnis zur Wirklichkeit: nämlich eines von abstrakten Vorstellungen geplagten Individuums, dessen Idealismus ins Leere rennt. Schwitters räumt das Gelände für einen neuen, unklassischen Textbegriff: eines Sprachwerkes, das sich von Moment zu Moment weiterbewegt, von thematischen Zusammenhängen nur provisorisch gesteuert, sie immer wieder aufhebend, damit die Einzelheit und ihre Nachbarschaften, der im Fluss stehende Augenblick gelte.

Es stellt sich sofort die Frage: was denn nun das Ganze formiere, wovon die Großkomposition bestimmt werde? Welches Ordnungsprinzip kann das abgelöste ersetzen? Diese Frage wird immer wieder neu gestellt werden müssen, und sie wird immer wieder anders beantwortet. Schwitters sättigt den Bewegungsablauf, den er verfolgt, durch Anreicherung mit Assoziationen, Versatzstücken, die verändert wiederkehren, er wendet eine Art Collage-Technik an wie auf seinen gleichzeitigen Bildern.

Den Text als ein momenthaftes und zugleich unabschließbares Gebilde hat zuerst Arno Holz mit seinem Mammutgedicht *Phantasus* in die deutsche Literatur eingeführt. Die erste Fassung des *Phantasus* erschien bereits 1898, eine Generation vor Schwitters und vor den handgreiflichen Erfahrungen einer sich selbst auflösenden und fressenden Gesellschaft. Was zunächst als jugendstilige Marotte wirkt, vorgetragen mit dem zweifelhaften Anspruch, eine Revolution in die Lyrik zu bringen, entwickelt Holz in 25-jähriger, verbissener Arbeit zum Spielraum des Wortes, wie man ihn bis dahin nicht gekannt hatte. Seine Satzkaskaden lassen die ihnen einwohnende Syntax vergessen und zeigen die reine Permutation des Vokabulars, wie in folgendem Beispiel:

»Um / einen / in jeder Beziehung / zentralen, / um einen ebenholzglitzig, um einen ebenholzblitzig, um einen / ebenholzstämmig / nuptialen, / um / einen / gigantisch, einen ragend, einen himmelhoch / kolossalen, / monumentalen, phänomenalen, / querdurch / dunkele, querdurch funkele, / querdurch / granatapfelrosig, pimpernußkosig, / pompelmusig, mammaobusig, / blaufeigendrusig / fruchtlaubumwundene, goldbandbebundene, / schaukelnd schwebende, schwingend bebende, / sich immer höher, sich immer schwindelnder, sich immer enger / webende / zirkelnde, zwickelnde, schnirkelnde, schnickelnde, / wirkelnde, wickelnde / Kranzkreise, / Kranzringe und Kranzreifen / majestätisch, machtvoll, triumphierend, prachtvoll, / siegerisch, kraftvoll, / steil / sich stoßend / transversalen, / ultranormalen, suprasakralen, antitrivialen, / urerzfeudalen / mit hunderttausend / nach / betreffendem Klettern mit gestrafften Katterlettern, / auf / minimalstes / Gelange, Mensch, sei nicht bange, folg' deinem Drange, / sofort, augenblicklich, im Nu und auf der Stelle, / ohne weiteres / eßbaren, / unverzüglich verzehrbaren, aus der Klaue / freßbaren, / in allen Farben, in allen Nummern, man sieht sie baumeln, man hört sie bummern, / deliziös, / lockend, labend, lecker, / einladend / marzipanernen, nicht porzellanernen, / röschen, / rischen, knurschen, knischen, / zieren, / zarten, zwieselig smarten ...«[5] undsoweiter.

Der Leser erfährt eigentlich nicht, worum es geht und worauf sich das anfängliche »um einen ...« bezieht. Selbst wenn das Beziehungswort im weiteren Verlauf des Textes noch auftaucht, ist es nach diesem Ätzbad der divergierenden Bedeutungen völlig denaturiert und auch nichts weiter als ein Vokabelelement unter vielen anderen. Die zitierte Stelle ist eine der extremsten im *Phantasus*, und ihre Wirkung entspricht zunächst nicht der Absicht des Autors, dem es ursprünglich um die formentsprechende Darstellung seiner Motive ging. Das Riesengedicht des *Phantasus* folgt hier jedoch dem eigenen Schwergewicht und ändert unbekümmert um das Bewusstsein des Dichters die Funktion der Sprache: Das Thema geht unter, hervor tritt das Wort, das anderen Worten benachbart ist und sich von ihnen bestimmen lässt, indem es sie etwa spiegelt und verwandelt, Assoziationen anschießen lässt, immer wieder aus dem thematischen Bezug mit einem Seitensprung ausbricht, nicht darstellt, sondern sich weiterbewegt. In diesem Prozess entspringen Wörter, die die konventionelle Sprache nicht kennt und die nur hier an Ort und Stelle eine Funktion haben, doch nicht übertragbar sind. Während die gewohnte Sprache ihre Leistung vollbringt, indem sie selbst in der Mitteilung verschwindet und keine Beachtung auf sich zieht, gehen hier gerade die Inhalte unter, und es bleiben allein die Wörter vor Augen. Die Funktion der Sprache wird umgestülpt.

Arno Holz glaubte, mit dem *Phantasus* die Lyrik zu revolutionieren. Doch hat sein Riesenpoem gerade in der Lyrik kaum Folgen gehabt. Der eben gehörte Text zeigt jedoch, dass die Unterscheidung zwischen Lyrik und Prosa ihren Sinn zu verlieren beginnt. Holz führt zwar eine freie

Verseinteilung ein, betont also das wichtige lyrische Merkmal der Zeile, gliedert sie aber zugleich allein nach dem textimmanenten Rhythmus, wie es jede Prosa auch tut. Aber auch der Begriff Prosa hat hier kein Recht. Die alten Bezeichnungen treffen daneben, wenn es darum geht, bestimmte Bewegungscharaktere des Sprachmaterials zu beschreiben.

Dazu ein weiteres, nicht sehr bekanntes Beispiel, wieder von Kurt Schwitters. In seinem Bändchen *Die Blume Anna* steht ein Gedicht, das nur aus Zahlen, rhythmisch angeordneten Zahlen besteht. Sein Reiz liegt in der abstrakten Zu- und Abnahme der Zahlwerte, den Regel- und Unregelmäßigkeiten, die dabei wahrgenommen werden, und der rhythmischen Wiederholung der Zahlworte:

$$
\begin{array}{c}
25 \\
25, 25, 26 \\
26, 26, 27 \\
27, 27, 28 \\
28, 28, 29 \\
31, 33, 35, 37, 39 \\
42, 44, 46, 48, 52 \\
53 \\
9, 9, 9 \\
54 \\
8, 8, 8 \\
55 \\
7, 7, 7 \\
56 \\
6, 6, 6 \\
^3/_4\, 6 \\
57 \\
5, 5, 5 \\
^2/_3\, 5 \\
58 \\
4, 4, 4 \\
^1/_2\, 4 \\
59 \\
4, 4, 4
\end{array}
$$

$^1\!/_2$ 4
25
4, 4, 4
$^1\!/_2$ 4
4, 4, 4
$^1\!/_2$ 4
4, 4
4
4
4

Aus dem indifferenten Material der Zahlen gebildet, ist dieses Gedicht nichts als die rhythmische Folge abstrakter Worte, die sich nur auf ihr eigenes System beziehen, also ein Gedicht senkrecht zu jeder Tradition.[6]

Bei Schwitters begegnet uns auch die Tendenz zu einer Grenzaufhebung, deren Konsequenzen noch immer nicht abzusehen sind: nämlich der zwischen Kunst und Realität. Sie wurde zum ersten Mal im Kubismus versucht, als zum Beispiel ein reales Stück Tapete als Tapete ins Bild geklebt wurde. Die Realität ist im Bild handgreiflich da, aber befremdend und verfremdet, weil sie aus ihrem Zusammenhang in eine eigene Kunst-Welt versetzt worden ist. Radikaler geht wenige Jahre später Duchamp vor: Er setzt den banalen Gegenstand selbst, etwa einen Flaschenständer als Kunstwerk, indem er ihn im Ganzen aus seinen unansehnlichen realen Beziehungen löst. Er geht damit auch über Kurt Schwitters hinaus, der bei der Montage seiner aus aufgelesenen Fundstücken gefertigten Bilder immer noch das Bewusstsein des komponierenden Künstlers hat. Schwitters klebt nun nicht nur Textteile, Zeitungsfetzen, Trambahnbillets, Reste von Verpackungen, ins Bild, er montiert auch aufgeschnappte Redensarten, Reklamesprüche und ähnliches kleinkariertes Sprachgut in seine Texte. Wenn er nicht gar erlauschte Rede im Ganzen protokolliert, wie die Geschichte vom Sterben des Papageien Schako, die er in der Eisenbahn aufgefangen hat. Die eigene Zutat schrumpft dabei auf die Arbeit des genauen Hinhörens zusammen: Es zeigt sich, dass im plappernden Selbstgespräch eines verwitweten Frauchens, die den Papagei zu versorgen hatte, genügend formale Elemente stecken, die das Sprachstück organisieren und spannend machen.

Nach dem 2. Weltkrieg tritt die Grenzaufhebung zwischen Kunst und Realität aufs Neue wieder auf. Realität meint dabei immer zivilisatorische Realität, die Produkte des sekundären Systems, wie es Hans Freyer genannt hat. Es sei nur auf zwei Beispiele hingewiesen. 1960 errichtete Jean Tinguely im Museum of Modern Art in New York ein acht Meter hohes umfangreiches Arrangement von sich bewegenden, ratternden, qualmenden Apparaten, Motoren, Gestängen – unter anderem waren ein Klavier und ein lärmender Radioapparat eingebaut. Der Radioapparat spielte, bis er von einer Motorsäge im Lebensnerv getroffen war. Das ganze System destruierte sich bei der Aufführung langsam mit mechanischer Gewalt und mit Feuer unter Entwicklung von Rauch und Gestank.

Zur selben Zeit etwa entsprang die Welle der Happenings, die, von Amerika ausgehend, von der fluxus-Gruppe, Wolf Vostell und anderen auch bei uns eingeführt wurden. Happening heißt »Geschehnis« und will wörtlich verstanden werden: als bloßes landläufiges Geschehnis. Die besten Happenings sind vielleicht die, die im gewöhnlichen zivilisatorischen Getriebe vorkommen. Wobei sofort klar wird, dass es auf den Zuschauer ankommt, einen Vorfall, einen Vorgang als Happening zu sehen und zu verstehen. (An sich gibt es das Happening so wenig wie jedes Kunstwerk.) Die Happenings, die die fluxus-Gruppe aufführte, waren banale alltägliche Handlungen: ein Klavier mit einem Lappen und einem Besen sehr sorgfältig reinigen, am Klavier sitzen und ein Stück Brot verzehren. Sie konnten aber auch bösartiger werden: zum Beispiel wenn ein Klavier dadurch zum Tönen gebracht wird, dass man es mit allen möglichen Werkzeugen einschließlich eines Elektrobohrers angreift und dabei zerstört. Eine solche Aufführung ist in jedem Sinne einmalig: im simpelsten, weil das Instrument kein zweites Mal zu gebrauchen ist, im gehobenen Sinn, weil es sich um eine Manifestation handelt, die exemplarisch ein für alle Mal vollzogen und ins Bewusstsein genommen wird. Es ist seitdem nicht mehr nötig, abermals eine solche Destruktion zu demonstrieren. Jedes Happening ist grundsätzlich unwiederholbar; seine Reproduktion könnte nur als Kopie gelten. In der Einmaligkeit liegt sein spezifisches Kennzeichen, das es mit dem Kunstwerk gemeinsam hat. Jedes Happening wird mit seinem Vollzug sofort historisch. Während die Serien der realen Ereignisse, des ständig sich verschiebenden Realitätsgeflechtes, in dem wir existieren, uns für gewöhnlich nur unterlaufen, im Wortsinn »passieren« und verschwinden, stellt sich im Happening banales, ganz geläufiges Geschehen quer zum Erlebenden, erscheint plötzlich herausgeschnitten aus dem kontinuierlichen Funktionengeschiebe, ohne dessen Mimikry, ohne dessen zerstreuende Beweglichkeit: als Szene vor Augen, ein Spektakel, in dem die beiläufige Banalitat plötzlich faszinierend oder erschreckend, oft genug faszinierend-erschreckend erscheint. Die eingewälzte Realität wird zum Theater, wie in dem konsequent durchgeführten Happening Vostells *In Ulm um Ulm und um Ulm herum*. Die Alltagslokalitäten, wie Tiefgarage, Schlachthof, Autowaschanlage, Rollfeld, kehren ihre Schauseite hervor. Auf dem Hintergrund ihrer allbekannten Funktionen, die dem Zuschauer gegenwärtig sind, wird ihre Realität auf unterschwellige, nicht immer ganz harmlose Erlebniserwartungen gerichtet; sie wird plötzlich durchlässig für Existenzbedrohungen, die jeder fühlt, aber keiner zu manifestieren wagt. Die Ambivalenz von Bedrohung und Befreiung von der Bedrohung im stellvertretenden, hautnahen Vollzug des Spiels erregt und schüttelt die Teilnehmer, als wären sie Besucher vom Mars – es ist Spektakel und Menetekel in einem; und es bleibt – weil keine Sinnbezüge mitgeliefert werden – dem Einzelnen überlassen, ob und welche Einsichten er daraus gewinnt. Der Zuschauer behält die absolute Interpretationsfreiheit; es ist seine Sache, die Vorzeichen zu bestimmen. Den Äußerungen der Teilnehmer lässt sich bereits während des Vollzugs entnehmen, dass jeder irgendwie damit beschäftigt ist.

Wie beim bereits beschriebenen Mitspiel können sich auch bei diesen Happenings die Zuschauer unter die Akteure mischen, wie zwischendurch die Akteure sich zuschauend verhalten. Der persönliche Mitvollzug verändert auch die Perspektive auf das Geschehen und das Sinnverständnis. Der in das Geschehen eintretende Zuschauer erfährt handgreiflich, wie Realität und Bedeutung, Spiel und Wirklichkeit ineinanderstecken. Dass er sich in einer dem Menschen völlig handhabbaren Welt, die von ihm hervorgebracht wird, von der er abhängig ist, wie sie nur auf ihn bezogen einen Sinn hat, eigentlich nur behaupten kann, wenn er immer wieder das Spielmoment in ihr entdeckt. Gewohnt ist er durch die gängige Erziehung, aber auch durch die überdimensional bedrohlichen Aspekte der zivilisatorischen Welt, nur ihren

Arbeitscharakter zu sehen, sie also permanent als Ernstfall zu verstehen. Doch in der äußersten Konsequenz dieses Ernstfalles, der Materialschlacht des Ersten Weltkrieges, zeigte sich zugleich die Absurdität einer nur als Ernstfall verstandenen technischen Zivilisation. 1916, als um Verdun die Maschinen tobten, entstand der Dadaismus, und er proklamierte die Realität als Spielfall. Was in dieser Entdeckung steckt, ist heute noch nicht abzusehen.

Anmerkungen
1 L. Pirandello: Sechs Personen suchen einen Autor. Frankfurt/M. 1964, S. 8
2 a. a. O., S. 9
3 in: sonde 3–4/1964, S. 118
4 in: sonde 3–4/1964, S. 118
5 A. Holz: Phantasus. Berlin 1925, Band III, S. 1182 f.
6 siehe auch die Buchstabengedichte von Kurt Schwitters, S. 312–314.

Text als Prozess

1966

Zur Vorbereitung des Themas, das den literarischen Text als Prozess bezeichnet, sollen zwei herkömmliche poetologische Begriffe durchleuchtet werden, auf die sich jahrhundertelang die Dichtungstheorie vor allem stützte: die Begriffe des künstlerischen Einfalls und der künstlerischen Idee. Sie liefern den nötigen Widerstand, um die eigene Auffassung hervorzutreiben. Beide Begriffe bilden auch heute noch das Rückgrat einer bestimmten literarischen Polemik.

Der Begriff ›Einfall‹ ist vermutlich von der psychologisierenden Ästhetik des 19. Jahrhunderts aktiviert worden; er hat den älteren Begriff der ›Eingebung‹ abgelöst: ›Eingebung‹ eines dichterischen Gedankens durch eine höhere, numinose Instanz, die damit zugleich einen Teil der Verantwortung für das daraus entspringende Werk übernahm. Goethe ist einer der Letzten, die hier als Zeugen dienen können. Sein Tasso sagt: »Und wenn der Mensch in seiner Qual verstummt, gab mir ein Gott zu sagen, wie ich leide.« (V. 5)

Inzwischen hatte das genialische Individuum des Sturm und Drang die göttliche Instanz, welche Eingebungen zu vergeben hatte, längst an sich gezogen: Das dichterische Subjekt identifizierte sich mit jeder möglichen Schöpferkraft, das damals aufkommende Bild vom ›Kuss der Musen‹ deckt noch eine Zeitlang die Lücke, die die abgetane ›Eingebung‹ gelassen hatte: Die Musen teilen keine Gedanken und Ideen mehr mit, sie sprechen nicht mehr, sie begnügen sich verlegen mit einem Kuss auf die Dichterstirn. Das macht sich auf jeden Fall gut. Das 19. Jahrhundert hat fleißig mit diesem Bild operiert, das einen Rest von höherer Weihe versprach und zu nichts verpflichtete, weil es nichts besagte. Für die ästhetische Theorie war der Begriff des ›Einfalls‹ brauchbarer. Rein psychologischer Herkunft, enthält er keinerlei Beziehung mehr auf etwas Transsubjektives. Das Wort selbst stammt aus der Mystikersprache und meint dort ›zufälliger Gedanke‹.

Wir bezeichnen damit die subjektive Erfahrung, die jeder kennt, wenn ihm z. B. zu einem Problem, mit dem er sich lange vergeblich abgequält hat, plötzlich die Lösung ›einfällt‹, und zwar eine Lösung, die auf deduktivem, logisch herleitendem Wege nicht hätte gefunden werden können: Vielmehr hat sich plötzlich eine Beziehung zwischen einer bekannten und einer unbekannten Vorstellung hergestellt, die zunächst nichts miteinander zu tun hatten, durch die spontane geistige Leistung aber, die wir als Einfall bezeichnen, in einer plausiblen Verbindung erscheinen, die eigentlich gar nicht anders hätte sein können. Diese Weise der geistigen Schaltleistung steht von vornherein neben der des logischen Ableitens und auch neben der des Schauens, der imaginativen Einsicht in einen anders nicht zugänglichen Sachverhalt oder der Voraus-Sicht einer sonst nicht oder noch nicht existenten Wirklichkeit. Sie ist also eine elementare geistige Leistung des Menschen, und ihre Spontaneität kann so wenig wie die Imagination oder die logische Operation beim ästhetischen Tun entbehrt werden. Brenzlig wird es erst, wenn diesem Begriff mehr zugemutet wird, als er tragen kann. Und dies ist in der herkömmlichen ästhetischen Theorie geschehen, als er an die Stelle der ›Eingebung‹ treten musste. In dieser Theorie behauptet er die Dominanz der freien subjektiven Spontaneität über die logische Analyse, die genaue Konsequenz im Plan eines Werkes. Der psychologische Terminus, der definiert seinen guten Platz hat, ist im Geschiebe der geschichtlichen Umlagerung der ästhetischen Theorie mit dem Erbe und dem Anspruch des subjektiv-genialischen Schöpfertums amalgamiert worden, das sich inzwischen längst totgelaufen hat. Wir können daher den Begriff ›Einfall‹ nur als einen unter anderen und möglicherweise wichtigeren gebrauchen, nicht als Schlüsselbegriff einer ästhetischen Theorie.

Zur vorläufigen Durchleuchtung des Feldes, auf dem wir uns bewegen, sei auch auf den Begriff der Idee ein Blick geworfen. Der Einfachheit halber und um die Verständigung zu beschleunigen, sei zitiert, was die *Grundbegriffe der Literatur* von Bantel über die Idee als Moment der Literatur sagt: Sie wird dort als der »Grundgedanke eines Werkes« bezeichnet, »welcher auch die Struktur bestimmen kann. Die Idee in Goethes *Iphigenie* ist die Humanität, in Schillers *Spaziergang* der Geschichtspessimismus, in Büchners *Woyzeck* das Leid der vom Schicksal und den Mitmenschen getretenen Kreatur. Über die künstlerische Form ist damit noch nichts gesagt. Daher ist es nicht zulässig, allein auf Grund der Idee eines Werkes über seinen Wert zu urteilen ...« Idee in diesem Sinne meint also das berühmt-berüchtigte ›Was der Dichter uns sagen will‹. Setzen wir daneben gleich Kurt Schwitters' apodiktische Absage an solche Erwartungen am Schluss seiner Groteske von der Auguste Bolte: Der Leser glaubt ein Recht darauf zu haben zu erfahren, »wer oder was los wäre«, »aber der Leser hat kein Recht, jedenfalls nicht das Recht, im Kunstwerk irgend etwas zu erfahren ...«. Damit und mit der ganzen irren Geschichte der Auguste Bolte, die den vergeblichen Versuch macht, das Unerhörte, das sie wittert, in Erfahrung zu bringen, würgt Schwitters für seinen Teil die Idee als Moment im literarischen Text ab. Es sei denn, man bezeichne als den Grundgedanken der *Auguste Bolte* zu demonstrieren, dass es keinen Grundgedanken geben könne. Wer den Text von Schwitters kennt, weiß, dass er nichtsdestoweniger eine konsequente, allerdings vielschichtige und immer wieder gebrochene Struktur aufweist. Er hat keine inhaltliche Idee – wenigstens nicht im herkömmlichen Sinn, wohl aber eine bestimmte textliche Struktur seiner Sprach- und Stilelemente. Deutlich ist die Idee aus dem Inhaltlich-Ideellen, wie es das Literarische Wörterbuch verstand, das wir zitiert haben, ins Formal-Sprachstrukturelle abgewandert. Es ist nicht zu bezweifeln, dass unter dem strukturellen Textverlauf bestimmte Formvorstellungen, formale Absichten liegen, die abgelesen werden können und den klassischen Grundgedanken analog sind. Denn auch die scheinbar bloß formale Struktur eines Textverlaufes hat – wenn man sie sich bewusst macht und sprachlich vergegenwärtigt – eine inhaltliche Seite, wie leicht einzusehen ist, wenn man sich die entsprechenden Begriffe wie Destruktion, Simultaneität, Überblendung, Verwerfung, Phasenverschiebung, Wiederholung, Einmaligkeit usw. ansieht: Sie beschreiben ontische Vorgänge, quasireale Verfassungen ihres Materials, nämlich der Texte und der Textsprache. Voraus geht allerdings die Entscheidung, Text und Textsprache die gleiche Konkretheit zuzugestehen wie der üblichen Wirklichkeit, die bis dahin allein als real anerkannt wurde, während die Sprache und ihre Formationen als Zeichenordnungen auf sie bezogen, ihr sekundär waren, in einem nicht immer eindeutigen Verhältnis des Abbildens und Repräsentierens.

Wir erreichen hier den Punkt, an dem sich die Geister scheiden. Da er für unsere weiteren Überlegungen wichtig ist, müssen wir ihn etwas genauer betrachten. Wie ein graphischer Punkt unterm Mikroskop verliert dabei auch der unsrige seine schlichte Kompaktheit und erscheint als aufgerissenes Feld. Niemand wird bestreiten, dass die Sprache ein Zeichensystem ist, sich auf eine ihr transzendente Realität bezieht, die mit ihren Zeichen, also den Wörtern, Sätzen usw., zu bezeichnen und Bedeutungen von einem Individuum zum anderen zu vermitteln hat. Die Bedeutungen stehen mit dem Zeichensubstrat, den Lauten und ihren Kombinationen, in keinem kausalen Zusammenhang; im Gegenteil, das Zeichen erfüllt seine Funktion am besten, wenn es selbst in der Vermittlung als eigene Form möglichst unbemerkt bleibt, in seiner Leistung untergeht. Die sprachliche Vermittlung würde ersticken, wenn wir statt ihr fix die Bedeutungen zu entnehmen, ihre Laute betrachten wollten.

Dem widerspricht auch nicht, dass wir zur Sprache auch die Ausdrucksleistungen etwa des Wehgeschreis rechnen, die unmittelbar durch ihre lautliche Beschaffenheit und ohne sich auf begriffliche, als Wörter gefasste Bedeutungen zu beziehen, verstanden werden. Auch dabei dient die Lautung nur als Zeichen für eine Bedeutung, mag sie von dem Subjekt, das sie äußert, auch nur im erleichternden Ausdruckszwang, nicht als Mitteilung an andere hervorgebracht werden.

So sehen wir zunächst einmal die Zeichennatur die ganze Breite des

Sprachlichen besetzen, sodass Sprache als Zeichen und nichts als Zeichen – sofern sie Sprache ist – erscheint. Die Modifikation setzt in zwei Hinsichten ein. Einmal im Hinblick auf die Plastizität von Sprache; dann im Hinblick auf die Realität, in der der Mensch mit seiner Sprache da ist, wobei wir die Formulierung »in der der Mensch da ist« noch einer Revision zu unterziehen haben.

Der uns geläufige Zeichencharakter der Sprache ist bedingt durch die drei Momente Sender – Mitteilung – Empfänger. Das Aufregende dabei ist, dass Sender und Empfänger, zwei selbständige und einander weithin fremde Individuen, bis in feinste Nuancen hinein das Zeichensystem der Sprache im gleichen Sinne benutzen und verstehen. Und ebenso aufregend ist es, dass die Sprache ihnen die Möglichkeit gibt, ungeheure Bedeutungsmengen so in Abkürzungen, nämlich zeichenhaften Abkürzungen, zu transportieren, dass sie handhabbar bleiben und die Kraft der Beteiligten nicht schon in der Übertragung erschöpfen. Die Wörter, als Zeichen, kondensieren mehr an potentiellen Bedeutungen, als beim singulären Gebrauch benötigt und bewusst wird, und halten diese potentiellen Bedeutungen in jedem Augenblick bereit. Sowohl in der allgemeinen Geschichte eines Wortes, seiner langen Überlieferung mit ihren Wandlungen und Verschiebungen, wie in der Geschichte des individuellen Gebrauchs eines Wortes durch einen bestimmten Menschen erlebt es Verformungen, Überschichtungen, Verlagerungen seiner Bedeutungspotenz, die es der Erfassung durch ein Lexikon eigentlich entziehen. So bringen auch die brauchbaren Wörterbücher neben den Wortgleichungen möglichst vielfältige Belege der Verwendung des betreffenden Wortes, aus denen der Benutzer des Lexikons seine Version destillieren kann. Erst in der konkreten Verwendung wird das Wort genau – es kann aber nur genau werden, weil es über den unabsehbaren Hof seiner Bedeutungspotenzen mit ihren geschichtlichen Facettierungen, mit den Erinnerungen an zahlreiche bereits geschehene Verwendungen abweichender Art verfügt. Die Genauigkeit der Wortbedeutung im konkreten Fall ist eine Funktion der Plastizität des Wortes und seiner Anreicherung durch die überlieferten Verwendungen.

Die Plastizität der Wörter ermöglicht nicht nur, sie in zahllosen Zusammenhängen und in immer neuer Hinsicht zu verwenden, sondern erlaubt auch, ihren primären Gegenstandsbezug zu lockern und sie als

Metaphern zur Darstellung von Sachverhalten zu benutzen, die ihren Gegenständen nur analog sind, mit ihnen irgendeine Ähnlichkeit gemeinsam haben. Als Beispiel erinnere ich nur an die Herkunft unseres Wortes ›Kopf‹ aus dem lateinischen Wort ›cuppa‹ – Becher. Im Mittelhochdeutschen heißt Kopf noch ›Trinkgefäß‹ und ›Hirnschale‹, im Englischen bezeichnet ›cup‹ heute noch die ›Tasse‹. Die neue mittelalterliche Metapher tritt mit dem älteren Wort ›Haupt‹ in Konkurrenz und drängt es schließlich auf den zweiten Platz. Das Beispiel belegt, dass die Wörter mit ihren Bedeutungen nicht für alle Zeiten verheiratet sind, sondern mit neuen Bedeutungen besetzt werden können, sei es, dass dabei die ältere Bedeutung auch erhalten bleibt, sei es, dass sie – wie in unserem Fall – nur eine Zeitlang noch mitläuft und schließlich ausgesondert wird.

Noch folgenreicher wirkt die Plastizität der Wörter aus der Symbolfindung. Ich verwende dabei den Begriff ›Symbol‹ im Sinne der Literaturwissenschaft, nicht der linguistischen Zeichentheorie. Dazu zunächst wieder die Definition des Literarischen Wörterbuchs: »Symbol ist ein anschauliches Zeichen, welches etwas vergegenwärtigt, was im Augenblick oder überhaupt nicht anschaulich zu machen ist ...«. Das Symbol im eigentlichen Sinn unterscheidet sich vom Bild dadurch, dass es etwas Unanschauliches vermittelt, was jedoch nur im Symbol sich zeigen, nicht selbst bildhaft erscheinen kann. Positivistisch formuliert, besagt das, Symbol bezieht sich auf etwas, was es nicht gibt, jedenfalls nicht gibt im Sinne einer exakten Nachweisbarkeit. Um klarzumachen, was ich meine, will ich ein extremes Beispiel zitieren, die ersten Zeilen aus Pierre Reverdys Gedicht *Sternen-Netz*:

In diesen weißen Felsen der einzige Schlüssel für den Himmel: der Adler / Wenn die eiserne Klinge die Woge spaltet / schreibt meine Hand deinen Namen auf den leeren Spiegel / Ein Schiff fährt unentschlossen auf meine Augen zu / Schwere Flechten so fallen am Saum des weißen Morgens / die Sonnenstrahlen herab / und auf dem feinen Sand drehen die Spuren / in ihrer Herzensangst in alle Winde ...

Die erste Zeile *in diesen weißen Felsen der einzige Schlüssel für den Himmel* setzt für alles Folgende die Symbolqualität. Alles, was gesagt wird, wird also bewusst transparent auf eine verschlüsselte Bedeutung gesagt, eine Bedeutung, die vermutlich dem Autor selbst beim Schreiben nicht völlig durchsichtig war, wie uns die Bedeutungen unserer Traumbilder nicht durchsichtig sind, obwohl sie in unserem psychischen Haushalt ihre Funktion haben, Konflikte signalisieren, Einsichten anbahnen, Spannungen auflösen.

Reverdys Gedicht zehrt von der absoluten Symbolverwendung des Symbolismus, dessen Vollender Mallarmé war: Hier tauchen die Wortsymbole in einem unbegrenzten, beweglichen Symbolhorizont auf, der alle Fixpunkte, alle Orientierungshilfen früherer Symbolhorizonte – mögen sie religiöser oder idealistischer Herkunft gewesen sein – aufgegeben hat. Die einzige Beziehung der Wortsymbole ist das Ich, das sie hervorbringt. Mallarmé schreibt darum: »Das ist das ganze Geheimnis des Symbols: nach und nach eine Erscheinung der Welt aufzurufen, um einen Zustand der Seele zu zeigen oder, umgekehrt, ein Ding auszuwählen und durch eine Reihe von Dechiffrierungen einen seelischen Zustand herauszulösen.«

In dieser späten Phase der Symbolverwendung ist das Symbolwort transparent und diffus zugleich: Es fasst einen Sinn, der nicht anders als in dieser symbolischen Unfassbarkeit manifest werden kann. Es ist nur konsequent, wenn Valéry, Meisterschüler Mallarmés, feststellt: »Es gibt keinen wirklichen Sinn eines Textes. Einmal publiziert, ist der Text wie eine Apparatur, deren sich jeder auf seine Weise und nach seinen Möglichkeiten bedienen kann ...«

Dieser radikale Symbolcharakter der Sprache ist nicht mehr aus der Wolle zu waschen. Die Einsichten der Psychoanalyse in die untergründige Besetztheit aller unserer Äußerungen mit nichtbewussten Bedeutungen und Beziehungen hat dies unterbaut und bestätigt. Für uns sind die Wörter in unerhört viel höherem Maße als für das Lexikon plastisch und labil. Sie haben dabei eine früher unbekannte Selbständigkeit gewonnen, weil sie nurmehr mit einem Aspekt auf ihre Gegenstände bezogen sind, mit hundert anderen aber auf mögliche Gegenstände blicken, die ihnen zugeordnet sein könnten, und weil sie die Analogien schon in sich spiegeln, zu denen sie dienen können oder denen sie gedient haben. Wörter sind für uns längst nicht mehr bloße Zeichen, die eine Mitteilung zu transportieren haben; es sind Kondensate, die sich jedem menschlichen Individuum neu und vermutlich anders auffüllen.

Humboldt bezeichnete die Sprache als eine »Zwischenwelt«, in der und durch die der Mensch Welt habe. Sprache ist in seinem Sinn das Prisma, das die Realität sichtbar und artikulierbar macht. In unserem Sinn ist sie darüber hinaus selbst ein Konzentrat von Realität, teils durchlässig und medial für eine Gegenstandswelt außerhalb ihrer, teils aber in sich selbst reflektierend auf ihre erinnerten und auf ihre projektierbaren Bezüge. An dieser Stelle ist sie ein autonomes, das heißt auf keinen transzendenten Gegenstand gerichtetes Zeichengebilde. Meine Behauptung ist, dass wir ohne diese partiell kondensierte, vielsinnige, erinnernde, diffus-kompakte Sprache nicht mehr existieren können. Dass sie, wie die Möglichkeit des Traumes, zu unserer Existenz gehört, wenn vielleicht auch erst zu der des heutigen Menschen.

Wir sind damit bereits in der Nähe des zweiten Momentes, das den naiven Begriff der Zeichennatur der Sprache modifiziert. Ich meine die Funktion zwischen dem Zeichen und der Realität, auf die es sich bezieht, die es zwischen dem Sender des Zeichens und seinem Empfänger zu vermitteln hat. In diesem vierteiligen Schema aus Sender, Zeichen, Objekt und Empfänger stehen sich Zeichen und Objekt der Bezeichnung äußerlich gegenüber. Es gibt zwar bestimmte Zeichenkategorien, deren Gestalt von ihrem Bezugsobjekt beeinflusst wird, nämlich wenn sie sie irgendwie imitierend bezeichnen. Denken wir nur an das Wort ›Kuckuck‹. Solche Beeinflussungen können sehr subtil sein, etwa wenn die Lautform eines Wortes das gemeinte Phänomen zu charakterisieren versucht oder zu charakterisieren scheint, z. B. im dunklen Vokal *U* die Qualität der Dunkelheit oder die hinweisende Geste im *I* vieler Demonstrativ-Pronomen. Wahrscheinlich schleift der Sprachgebrauch solche physiognomischen Bezüge auf den gemeinten Gegenstand im Laufe langer Verwendungen immer schärfer heraus. Uns interessiert hier aber die andere Richtung der Beziehung zwischen dem sprachlichen Zeichen und seinem Objekt, zwischen der Sprache und der Realität: Nämlich inwieweit ist die Sprache an der Formierung, ja an der Konstitution der Realität beteiligt?

Auch hier kommen wir zu einer differenzierten Beschreibung des Sachverhalts. Für das naive Erleben ist dort die Realität und hier die Sprache, die sich auf die gegebenen Dinge richtet und sie mitteilbar macht. Das entspricht dem vorhin erwähnten Schema der Zeichentheorie. Aber die Sprache macht Realität nicht nur mitteilbar, sondern auch verfügbar. Mit ihrer Hilfe wird Realität geordnet, werden ihre Zusammenhänge aufgedeckt und werden – hier beginnt sich das Verhältnis umzukehren – neue, bisher nicht bekannte, in der Natur nicht auffindbare Relationen, Kombinationen, Synthesen hergestellt. Das geschieht schon diesseits des wissenschaftlichen Bereichs. Denken wir nur an die sozialen Utopien seit Platons *Staat*: Die gesellschaftliche Realität wird – zunächst noch auf dem Reißbrett – nach Prinzipien umgebaut, und wir selbst haben genug Gelegenheit zu beobachten, wie wirksam solche Entwürfe sein können. Die Umkehrung im Verhältnis von Sprache und Realität vollendet sich mit dem Unternehmen der wissenschaftlichen Erklärung der Wirklichkeit, das mit dem philosophischen Elan zum Aufspüren der in der Wirklichkeit verborgenen Wahrheit angeworfen wurde und heute bei der Faszination, alles Mögliche wirklich werden zu lassen, gelandet ist. Im Bereich der Wissenschaften ist auf methodische Weise der gegebene Fall von Welt aus seiner konkreten Individualität in eine allgemeine Regelwirklichkeit übersetzt und in festgelegten Zeichensystemen dargestellt worden, welche jedoch nicht nur die Abbildung der gegebenen Naturstrukturen, sondern ihre operative Umwandlung erlauben und zum Ziel haben. Wissenschaft schlägt in Technik um. Historisch hat dies in den schlichten Werkstätten genialer Bastler begonnen und ist von bestimmten sozialen und ökonomischen Zwangssituationen vorangetrieben worden. Inzwischen aber hat es längst das Stadium pragmatischen Probierens verlassen und vollzieht sich in großem Maßstab mittels der mathematisierten Idiome der Naturwissenschaften. Die technisch produzierte Realität ist ein Ergebnis dieser Zeichensprachen; ihre Fortdauer wie ihre Ausbreitung hängt von der Beherrschung der neuen Idiome ab. Es ist müßig zu überlegen, ob wir noch imstande wären, ohne diese künstlich gebildete Realität zu existieren. Wir könnten es nicht, ohne unsere Identität einzubüßen, da es sich dabei schon nicht mehr nur um die äußerlichen Lebensbedingungen handelt, die durch andere ersetzt werden könnten, sondern um eine Realität, die dem Menschen bereits wieder zur ›Natur‹ geworden ist, auf deren Physiognomie er sich eingestellt hat. Sie ist nicht wie ein Unwetter über ihn gekommen, sondern als Konsequenz seiner Entscheidung, sich selbst zu bestimmen, und sie gibt ihm in immer höherem Maße dazu die Möglichkeit.

Die wissenschaftlichen Zeichenidiome sind nicht identisch mit der ›natürlichen‹ Sprache, aber sie sind doch in einem weiteren Sinn zum menschlichen Sprachbereich zu rechnen. Sie stehen in untrennbarer Verbindung mit unserer allgemeinen Sprache, die als Metasprache zu ihrer Ausarbeitung unentbehrlich war. Und sie erfüllen durch ihren Kommunikationscharakter wesentliche sprachliche Leistungen.

Umgekehrt haben auch diejenigen ihrer Zeichenmomente, die nur optisch ausgedrückt werden, ihre Entsprechung in bestimmten Spracherscheinungen, welche sich ausschließlich in der Schrift darstellen.

Worauf es uns in diesem Zusammenhang ankommt, ist, dass die Umkehrung im Verhältnis zur Realität – zumindest zu einem immer größeren Sektor der Realität – auch auf unser Verhältnis zur Sprache abgefärbt und übergegriffen hat. Realität ist uns zunehmend formulierte und reflektierbare Realität. Real ist, was formuliert ist, und der Schritt zur dialektischen Umkehrung: Was formuliert werden kann, ist auch realisierbar, liegt nahe, ist eigentlich schon vollzogen. Unsere Realität, und nicht nur die technische, auch die gesellschaftliche und die politische, im weitesten Sinn also die zivilisatorische, ist sprachlich durchkonstruiert oder muss es noch werden, damit sie in der neuen Realitätsverfassung Bestand haben kann. In einer infinitesimalen Bewegung wird Sprache real, konkretisiert sich in Institutionen, Organisationen, Funktionen, Produkten. Wenn man beobachtet, wie nun gerade das von der Subjektivität Gegründete dazu neigt, zu versteinern, sich der Verfügung der Subjekte zu entziehen – man denke nur an das simple Beispiel der nahezu unmöglichen Reform der Krankenversicherung –, dann wird klar, dass auch diese sekundäre Wirklichkeit der ständigen Analyse und kritischen Aufklärung bedarf, denn auch sie hat ihre verschlingenden Mythen in sich.

Dieser Punkt kann hier nur angedeutet werden als äußerste Marke dessen, womit wir uns beschäftigen müssen. Literatur bewegt sich in dem skizzierten Feld. Ihr Thema ist die Sprache, die in Realität umgeschlagen ist, und die Realität, die auf Sprache gegründet ist. Sie schwingt, wenn man es vereinfacht sagt, um zwei Extreme: den Prozess des aktuellen, immer neuen, überraschenden, experimentierenden Formulierens, wobei sie nicht den Prozess der Naturwissenschaften nachahmen will in einer Art modernistischem Realismus, sondern es nur mit dem

Medium, dem Instrumentarium der Sprache in fluidem Aggregatzustand zu tun hat – und mit dem Problem (und das ist das andere Extrem) der Verfestigung, der Standardisierung, Schematisierung, Funktionalisierung der Sprachprodukte, mit dem Geschiebe der Pattern, der ideologisierenden Redensarten, der spruchbandartigen, inkrustierten falschen Weisheiten, die an irgendeiner Stelle einmal ihre Wahrheit hatten. Die beiden Pole bezeichnen also den Prozess der Sprache in ihrer unablässigen Innovation und Kritik ihrer Gebilde, wie sie überall aufzustöbern sind, in allen gesellschaftlichen, politischen, kulturellen und was weiß ich für welchen Bereichen. Die beiden Momente sind aufeinander bezogen: Das prozesshafte, bewegliche, experimentierende Arbeiten mit der Sprachsubstanz gelingt nur im kritisch-distanzierten Querstellen und in einem Bewusstsein, das von allen Gefährdungen weiß; und die Kritik vollzieht sich im destruktiven Angriff auf das aufgestöberte Material nach Methoden des Sprachprozesses. Das Wort ›Prozess‹ bietet dieser Doppelgesichtigkeit seine beiden Bedeutungen an: Vorgang und Gericht. Wenn wir vom Prozess der Literatur sprechen, so meinen wir immer diese doppelte Bedeutung, die den beiden Extremen von Bewegung und Kritik entspricht. So zu sprechen hat nur einen Sinn, wenn der Sprache die gleiche Dignität wie der Realität zugestanden wird, wenn sie als ebenso konkret wie diese gilt.

Sieht man genauer zu, so bemerkt man, dass die beiden Seiten des Prozesses, Vorgang und Kritik, sehr eng aufeinander bezogen sind, ja dass sie ineinanderwirken. Das Prinzip des ersten Momentes ist die Innovation, die Verneinung, die Aufhebung des verfestigten Standards, übrigens nicht nur der Mitteilungssprache, sondern auch des poetischen Experiments.

Es sei an dieser Stelle die Bemerkung eingeblendet, dass wir mit der Unterscheidung zwischen Mitteilungssprache als Inbegriff der standardisierten Sprache und poetischer Sprache als Inbegriff der ständig in Bewegung begriffenen, sich immer neu aktualisierenden Sprache nicht weit kommen. Auch die Mitteilungssprache ist nur erträglich, weil sie ihre Schübe, ihre Einfälle, Erfindungen, ihre Innovationen hat und immer wieder versteinerte Komplexe abstößt. Selbst auf dem rauhen Feld der Reklame entdeckt man plötzlich überraschende Erfindungen, die ihren poetischen Reiz haben. So erinnere ich mich einer VW-Anzeige, die 49 Möglichkeiten aufzählte, lange Arme und lange Beine bzw. kurze Arme und kurze Beine zu kombinieren, mit der Absicht, die Bequemlichkeit dieses Autos zu demonstrieren – zugleich aber auch mit einem Lustgewinn selbst für den, der dieses Auto gar nicht braucht.

Auch die syntaktisch reduzierte Sprache, die die VW-Anzeigen vor einiger Zeit aufgebracht haben, hat Innovationscharakter – außer ihrer praktischen Leistung, den Leser anzuziehen und bei der Stange zu halten. Formal gesehen, ist dieser syntaktischen Erfindung dasselbe passiert wie der poetischen Diktion Rilkes: Sie wurde begierig von Leuten aufgeschnappt, denen selbst nichts einfiel, und in ganz kurzer Zeit völlig verbraucht. So wirkt diese syntaktische Methode bereits als ein Brechmittel, ebenso wie epigonale poetische Sprachattituden. Ein anderes Beispiel einer ständig sich erneuernden Sprache sind die gesellschaftlich nicht anerkannten Slang-, Teenager- und Twensprachen. Diese Sprachen erfinden unablässig neue Ausdrücke, überraschende Metaphern, die der Außenstehende nicht durchschaut und die ebenso schnell wieder aufgegeben werden, wie sie aufgekommen sind.

Der poetische Text unterscheidet sich von solchen Mitteilungssprachen, dass er an jeder Stelle bei sich selbst ist. Er vermittelt nichts als sich selbst, auch wenn er irgendwelche Inhalte darzustellen scheint. Was damit gemeint ist, soll das Beispiel des *Phantasus* von Arno Holz klarmachen. Arno Holz wollte mit diesem Werk eine Art von phantastischer Kosmologie geben. Zu diesem Zweck zieht er unabsehbare Stoffmassen heran. Dem Leser aber passiert, dass er dieses kosmologische Gemälde nur nebenbei wahrnimmt, dass es ihn gar nicht interessiert, weil er mit dem Text als solchem, als texturalem Gebilde völlig beschäftigt ist. Die Sätze kehren sich nämlich gegen ihre Aussage und zeigen statt einer Mitteilung ihr vokabuläres Fleisch.

In dem bisher skizzierten Horizont können wir nun versuchen, die Frage nach Einfall und Idee zu Boden zu bringen. Sie spezifiziert sich für unser Interesse zu der Frage: Wie kommt ein poetischer Text zustande, und welche Rolle spielen dabei Spontaneität – als Quelle von Einfällen – und Konstruktion – als Medium für Ideen oder Grundgedanken? Wir sind dabei, das haben wohl die bisherigen Überlegungen ergeben, auf die Sprache in ihrer Realitätswertigkeit angewiesen. Sprache vermittelt nicht nur irgendetwas Reales, ihr Transzendentes und im Grunde

Gleichgültiges, sondern sie ist die Sache selbst. Ihre Struktur gibt Hinweise, in welcher Weise neue Texte gewonnen, bestehende verändert, umgestoßen, als Material verwendet werden können.

Es können hier nur zwei Strukturhinsichten herangezogen werden: die diachronische, also geschichtliche Struktur jeder Sprachform und Sprachäußerung und die des parametrischen Aufbaus von Sprache aus verschiedenen Schichten, wie Lautung, Silben, Wörtern, Sätzen, Satzmelodie und Satzrhythmus, Betonung, Pause usw. Die geschichtliche Hinsicht wurde bereits erwähnt, als von der Plastizität der Wörter die Rede war. Sie bedingt die Möglichkeit der Innovation von Sprache und Sprachtext als Negation geschehener Sprache: Produkte fremden Geistes oder auch zurückliegende unseres eigenen Geistes, von denen wir uns entfernt haben, reizen sowohl zum Einfühlen und Nachvollziehen wie zum Negieren, Aufheben, Zerstören, zur Gegenformierung. Hier ist vielleicht die wichtigste Stelle für die Spontaneität gegeben: Der Rand, an dem das Bekannte abbricht und das Leere voller Möglichkeiten beginnt – ein Leeres, das jedoch Haken, Krallen, Reizmomente hat durch die Negation des Bekannten; ja das unterschwellig bereits von dem, was negiert wird, vorbestimmt ist. Möglicherweise hat die Spontaneität nur den geringen Spielraum des Treffens und Verfehlens, nämlich der noch ausgesparten, aber vorbedingten Gegenform, die zugleich Negativbild der aufgehobenen ist. Gerade an ganz krassen Stilumbrüchen, wie dem zwischen Naturalismus und Expressionismus, können wir nachfahrenden Beobachter diese dialektische Bezogenheit des scheinbar sich Ausschließenden am besten ablesen.

Wird diese Dialektik experimentell genutzt, so heißt dies, dass die freie Spontaneität eine – wie auch immer gewonnene – intime Vertrautheit und Kenntnis dessen, was ihre Negativform ist, voraussetzt. Das darf nicht zu eng verstanden werden. Es gibt für jeden, der sich darauf einlässt, Herden von Negativformen. Denn nicht nur die unmittelbar vorangehenden, sondern auch ältere und älteste Fälle können dazu gehören, ja sind zur Differenzierung dessen, was geschehen soll, eigentlich unentbehrlich. Damit wird nicht weniger als die unentbehrliche historische Beschlagenheit gerade des Experimentierenden behauptet. Diese Beschlagenheit braucht nicht auf philologisch-wissenschaftlichem Wege gewonnen zu sein. Sie wird sogar in den meisten Fällen auf abseitigen, vagabundierenden Wegen erreicht, die sich bereits nach dem spezifischen Suchinteresse krümmen, also keineswegs vollständig im Sinne einer Allgemeinbildung sind. Oberflächlich betrachtet, ist es eine Form des Lernens und der aneignenden Auseinandersetzung; tatsächlich schleifen sich dabei allmählich die Negativformen, die Abbruchkanten des eigenen Tuns heraus.

Spontaneität selbst freilich ist nicht lernbar, sie ist ein Habitus, der mit der Geschichte des einzelnen Individuums zusammenhängt. Sie in Gang zu setzen, gibt es jedoch eine ganze Reihe methodischer Mittel, die sich aus der experimentellen Fragestellung ergeben. Von der Beobachtung der unerhörten Plastizität der Wörter bin ich z. B. zu der These gekommen, dass bereits ein einzelnes, isoliertes Wort ein Gedicht sein kann: Es kann zum Gedicht werden, wenn es in einen Bewusstseinshof gerät, der auf es anspricht und reich genug an Erinnerungen, an Spracherinnerungen ist, sodass dieses Wort seine Korrespondenzen findet. Konsequent war es dann, dieses Ein-Wort-Gedicht zu komplizieren, indem ihm ein zweites Wortmolekül zugesellt wurde und ein drittes undsoweiter.

Aus beliebigen gegebenen Texten wurden Wörter herausgesucht, die geeignet erschienen. Einzelne Wörter aus dieser Wortlauge traten zueinander, bildeten eine Art Konstellation. Das gelingt nur in starker Konzentration auf die Wortkörper und ihre Bedeutungshöfe. Als syntaktisches Prinzip bot sich die Anordnung auf der leeren Fläche an: Es zeigte sich, dass es optimale Entfernungen zwischen solchen Wortmolekülen gibt und dass ein Wörterensemble die verschiedenen Entfernungen zwischen seinen Gliedern zurechtrückt. Entscheidend war, dass zu dieser räumlichen Ordnung in der Fläche ein dialektisches Prinzip in Spannung trat, das ich als das Prinzip der »paradoxen Entfernung« bezeichne: nämlich die eigentümliche Tatsache, dass oftmals die Anziehung, die innere Sympathie zwischen solchen Wörtern am stärksten ist, die ihrer Sachbedeutung nach kaum oder gar nichts miteinander zu tun haben. Es ist die Entdeckung Lautréamonts, dass von der Begegnung eines Regenschirmes und einer Nähmaschine auf einem Seziertisch ein unwiderstehlicher poetischer Reiz ausgeht. In meiner Konstellation war dieser Reiz nicht an Vorstellungen und Bilder, sondern an Wörter und ihre Artikulationsform gebunden. Denn auch diese spielt dabei eine wesentliche Rolle. Sie bestimmt auf ihrer Ebene abermals Nähe und Ferne, Homogeneität und Diskrepanz.

Diese Art von Konstellationen beruht fast ausschließlich auf der freien Spontaneität des Individuums, das sie anlegt. Sie ist darum sehr prekär und oft nicht weiter mitteilbar. Doch glaube ich, dass sie eine ausgezeichnete Einübung in den Umgang mit Sprache, eine Elementarschule der Worterfahrung ist, die jeder, der mit Sprache mehr als reproduktiv umgeht, erproben sollte. Sie hat eine gewisse Verwandtschaft mit den automatischen Texten des Surrealismus. Während diese jedoch auf somnambulen Assoziationsketten beruhen und umso besser gelingen, je weniger das Wachbewusstsein beteiligt ist, vollzieht sich die Konstellation gerade im Spannungsfeld von konzentrierter Wachheit, genauer Umsicht und Beobachtung des gegebenen Textbereiches und dem assoziativen Anschießenlassen von Bedeutungen, Beziehungen und Übertragungen. Der automatische Text ist vielmehr an die unterschwellige Eigenwelt des betreffenden Individuums gebunden und gerät leicht in den Zirkel der Wiederholungen, wogegen die Konstellation mit Hilfe der fast autonomen Vokabeln ständig den bekannten Raum übersteigen, neue Reizmomente einführen und sich auswirken lassen kann. Die Konstellation hat damit typische Merkmale einer Textmontage.

Mit der Montage ist bereits die zweite erwähnte Strukturhinsicht der Sprache erreicht: die der parametrischen Sprachschichten. Die sprachformale Fragestellung dringt zwangsläufig zu den einzelnen Sprachparametern vor und isoliert sie, um zu Ergebnissen zu kommen. So ist z. B. im Ganzen der Sprache die Lautschicht ebenso real wie die der Bedeutungen, welche für gewöhnlich mit der Sprache identifiziert wird. Es ist faszinierend zu beobachten, wie in konsequent artikulatorisch angelegten Sprachsträngen punktuell Wortbedeutungen anschießen und wie durch allmähliche parametrische Differenzierung, etwa indem eine Intonationskurve eingezogen oder die Stimme emotional besetzt wird, eine Gestik sich bildet, die bereits bedeutungshaft ist, ehe noch bestimmte Wortbedeutungen auftauchen. Das Hörspiel findet hier noch ungenutzte Möglichkeiten, die ihm dazu verhelfen könnten, seinen Namen tatsächlich zu verdienen.

Ebenso bietet sich aber die Ebene des Satzes, also die der konventionellen Syntax, zum Experiment an. Es wurde die Methode von Arno Holz schon erwähnt, die Syntax durch vokabuläres Material so zu zerdehnen, dass sie nicht mehr wahrgenommen wird, aber dennoch als formale Klammer des Textes wirkt.

Auf eine letzte Ebene des isolierenden Textexperiments will ich noch hinweisen, weil sie in jüngster Zeit besonders hervorgetreten ist: die der Schrift oder besser der optischen Manifestation von Sprache. Man hat die konkrete Poesie manchmal mit diesen Schriftzeichentexten identifiziert, was wohl nicht zulässig ist, da die konkrete Poesie nach unserer Definition der Konkretheit von Sprache umfassender ist. Auch die Schriftbilder, Textscheiben, Plakattexte, poème objets oder wie sie heißen, verdanken ihre Existenz dem Rückgriff auf eine isolierte Ebene der Sprache, nämlich der optischen.

In unseren Buchstabenschriften hat sich von Anfang an ein Element der Autonomie der optischen Zeichen und ihrer Formmöglichkeiten gehalten. Die Schriftzeichen sollten eigentlich nichts weiter als Funktionsträger sein und mit der Erfüllung ihrer Funktion verschwinden. Ein Blick auf die Schriftgeschichte zeigt, dass sie sich daran nicht gehalten haben, sondern dass sie dieselbe Negation des Verfestigten kennt, wie wir sie vorhin für die Sprache und für die Literatur festgestellt haben. Es gibt Stellen, wo die Schrift geradezu ihre Funktion außer Kurs gesetzt und sich souverän nach rein optischen Momenten organisiert hat, wie etwa in der merowingischen Gitterschrift oder in den manieristischen Schreibzügen der Schreibmeister des 16. und 17. Jahrhunderts. Diese sind klassische Beispiele für das Zusammenwirken von Spontaneität und Präzision, von Erfindung und Konstruktion. Ihre freie Phantastik ist alles andere als willkürlich oder als bloßer Ausdruck psychischer Befindlichkeit.

Was uns heute vor allem im Experiment mit der Schrift interessiert, ist die Möglichkeit einer synthetischen Schrift, die vor dem Erinnerungsfond der konventionellen Schrift lesbar wird, aber sich nicht ihrer Zeichen bedient, vielmehr nach eigenen Prinzipien neue Zeichen bildet.

Daneben aber gibt es auch den konstruktiven Weg zu einer synthetischen Schrift, der fast ohne die Spontaneität des schweifenden, probierenden Einfalls auszukommen scheint, wie ihn Wolfgang Schmidt in seiner Serie der *Zeichenfelder* demonstriert hat.[1] Er geht von der Analyse der konventionellen Schrift aus, dass sie nämlich aus Quadrat und Kreis und deren Elementen und Segmenten gebaut ist, zumindest in ihrer Urform, der griechischen Lapidarschrift, unserer heutigen Versalschrift. Schmidt bildet eine Matrix für die beabsichtigten Zeichenfelder, indem er zwischen Quadrat und Kreis eine Reihe von Übergangselementen ansetzt. Aus dieser Matrix gewinnt er durch Drehung der Elemente und ihre Vervielfältigung ein erstes Feld, das eine Vielzahl von Formanten enthält und selber nun zum Element der folgenden Schritte wird. Durch Übereinanderlegen, Verschieben, Drehen des Ausgangsfeldes wird eine Differenzierung und Komplizierung erreicht, in der eine Unzahl neuer Zeichenkombinationen synthetisch gewonnen wird. Unter diesen Kombinationen befinden sich auch unsere bekannten Buchstabenformen, zugleich jedoch auch eine Fülle neuer Zeichenformen, die teils noch an bekannte anklingen, teils autonom nur noch auf sich bezogen sind.

Dieses Beispiel scheint mir symptomatisch für eine Auffassung des künstlerischen Experiments, die ohne den üblichen Einfall auskommt und die Idee nur in der Konsequenz der formalen Fragestellung gelten lässt. Die Spontaneität ist hier reduziert auf die auswählende Festlegung der Arbeitsschritte. Das Überraschungsmoment des Einfalls wird repräsentiert durch das partielle Zufallsergebnis der Zeichenformen, die nicht vorhersehbar sind, sondern sich im Rahmen des streng durchkonstruierten Arbeitsablaufes beliebig einstellen. Es ist damit nur ein bestimmtes, extremes und jedenfalls vorübergehendes Verhältnis zur Spontaneität beschrieben. Nichts wäre verkehrter, als es absolut zu setzen und kein anderes mehr zuzulassen. Der Surrealismus hat mit seinen Arbeitstechniken das gegenteilige Verhältnis hervorgekehrt, nämlich sich nur der Spontaneität des unterschwelligen, buchstäblich den Einfällen von überraschenden, faszinierenden Bildern auszuliefern. Wie in den *Zeichenfeldern* von Wolfgang Schmidt unübersehbar und unentbehrlich der Zufall als Form der Spontaneität mitwirkt, so in den surrealen Texten eine zwanghafte Bestimmtheit durch die psychische Verfassung des Subjekts, das sich äußert, also eine Begrenztheit der absoluten Freiheit, die das surrealistische Programm fordert. Auch die extremen Verhältnisse enthalten notwendig ihre Antipoden als Wirkungsmomente, wenn sie überhaupt etwas erbringen sollen. Hoffnungslos scheint nur das dilettantische Warten auf den Einfall, als gäbe es noch irgendeine Art des Musenkusses, des Geschenks der Götter, des Einfalls als einer Art Eingebung. Diese Möglichkeit ist abgeschnitten durch die Umkehrung im Verhältnis der Sprache zur Realität, die dargelegt wurde. Die Autonomie, die die Substanz der modernen Welt ausmacht, sitzt auch im ästhetischen Tun. Aber es ist eine Autonomie, die an ihre Konsequenzen gebunden ist, damit sie überhaupt bestehen kann. In diesem Sinn ist auch das ästhetische Tun an seine Konsequenzen gebunden, d. h., seine Einfälle entspringen dem Prozess, in dem es sich befindet.

Nur weil dieser für das einzelne Individuum im Ganzen unübersehbar und immer nur ausschnitthaft zugänglich ist, erscheinen seine notwendigen Schritte auch als Einfälle, als freie Entscheidungen in einem riesigen Geflecht bereits vollzogener Entscheidungen.

Anmerkung
1 Wolfgang Schmidt: Zeichenfelder. Frankfurt/M. 1965; Anke Jaaks (Hrsg.): Worte und Bilder. Wolfgang Schmidt. Mainz 1992, S. 25

An eine Säge denken

1968

> Wir hingegen denken, dass die Sprache vor allem Sprache zu sein hat, und wenn sie schon an irgend etwas erinnern soll, dann am ehesten an eine Säge oder an den vergifteten Pfeil des Wilden.
>
> A. Kručenych – V. Chlebnikov

Sprache ist ein transitorisches Phänomen: Sie erfüllt ihre Funktion am besten, wenn dabei ihr Zeichenbestand so wenig wie möglich bewusst wird. Nicht nur die Lautfolgen, auch die Wörter, Wortgruppen, die syntaktischen Ordnungen fallen, indem sie ihre Bedeutungen in den Aufbau eines Sinnes geben, durchs Bewusstsein. Die Sprache ist dann am eindeutigsten Sprache, wenn sie in ihrer Funktion verschwindet.

Poesie ist die Anstrengung, diesen Funktionsvorgang zu durchbrechen und aufzuheben, die Sprache in ihrem Vollzug durch das Subjekt auf sich selbst zu beziehen, ihren Zeichenkörper – Laute, Silben, Wörter, Satzformen usw. – hervortreten und dabei möglicherweise Sinnhinsichten zu erschließen, die anders nicht erreichbar sind, da sie nicht in den konventionellen Bedeutungen und Sinnschemata erfasst sind. Sprache verhält sich zu sich selbst, ohne von ihren zivilisatorischen Funktionen gehetzt zu werden. Vom pragmatischen Gebrauch her erscheint Poesie als verfremdender Eingriff in den glatten Sprachverlauf. Metrum, Reim, Alliteration, Metaphern, Inversionen usw. bremsen den flinken Durchgang der Sprachzeichen, erschweren Hören und Lesen, verhindern das voreilige Verstehen, lassen den Sprachzeichenkörper selbst wahrnehmbar werden. Die Geschichte der Poesie besteht aus den Erfindungen, mit denen sie Sprache der selbstverständlichen, achtlosen Vernutzung im zivilisatorischen Getriebe entzieht und in eine Autonomie versetzt, die ihr alle Welt nicht müde wird zu bestreiten. Eine Autonomie, die nur von Fall zu Fall besteht, die wie die des menschlichen Wesens, von der sie sich herleitet, nur im Protest gegen ihre Beraubung existiert und die unlösbar an ihre ›Entfremdung‹ im zivilisatorischen Funktionieren gebunden ist. Dennoch ist zu vermuten, dass Sprache ohne die unermüdliche Verdunkelung, Verspannung, Infragestellung ihrer funktionellen Hinfälligkeit durch die poetische Negation nicht imstande wäre, ihrer scheinbar so selbstverständlichen Aufgabe der Differenzierung der zivilisatorischen Kommunikation zu entsprechen. Sie ist vermutlich nur darum den wachsenden Ansprüchen gewachsen, weil sie ständig gegen den Strich gekämmt, in sich reflektiert, differenziert und potenziert wird. Die Beispiele sind Legion, dass poetische Spracherfindungen in die Funktionssprache übertreten und deren Leistungsfähigkeit auffrischen.

Die poetische Negation der funktionellen Spracherblindung ist eine potenzierte Stufe der andauernden sprachgeschichtlichen Aufhebung der aktuellen Sprachverfassung, wie sie sich in der Aufspaltung in Dialekte, in Lautveränderungen und -verschmelzungen, aber auch im Kommen und Gehen von Sondersprachen bis hin zur Twensprache darstellt. So stabil die grammatischen Strukturen erscheinen, so labil sind Lautbestand und Semantik. Wo Sprache am funktionabelsten ist, ist sie zugleich am plastischsten. Die Wörter z. B. sind nichts weniger als zuverlässige Bedeutungsgleichungen. Um ihre Aufgabe, große Bedeutungsmengen mit möglichst geringem Aufwand an Sprachzeichen zu übermitteln, erfüllen zu können, kondensieren sie wesentlich mehr an potentiellen Bedeutungen, als jeweils bei der Übermittlung bewusst wird, sodass der Empfänger sie nach Erfordernis des Sinnzusammenhangs aktualisieren kann. Erst in der bestimmmten Verwendung wird ein Wort genau. Seine allgemeine Ungenauigkeit, die sich in der langen Geschichte seiner Verwendungen gebildet hat, erlaubt auch unvorhersehbare Nuancierungen in einem noch nicht dagewesenen Kontext. Die Plastizität der Wörter ermöglicht nicht nur, sie in immer neuen Hinsichten zu verwenden, sondern auch, sie als Metaphern zur Darstellung von Sachverhalten zu benutzen, die ihrem primären Gegenstandsbezug nur analog sind.

Das Metapherngeschiebe einer Sprache ist Teil eines unablässigen Prozesses, den nicht nur die praktischen Bedürfnisse, für neue Gegenstände neue Bezeichnungen zu gewinnen, in Gang hält, sondern auch die Notwendigkeit, die Konstitution der Gegenstandswelt zu überprüfen, zu revidieren im nie ganz erfüllbaren Wunsch nach ihrer (wahren) Gestalt. Darum auch sind Redeweisen, Sprichwörter, verbale Versatzstücke, mit denen ganze Gespräche bestritten, mit denen Handlungen und Haltungen gerechtfertigt werden, die oft keiner Rechtfertigung mehr zugänglich sind (»wo gehobelt wird, fallen Späne ...«), darum ist die ganze fixierte Redewelt Material poetischer Negation, die vom decouvrierenden Zitat über die ironische Verkehrung bis zur verbalen und phonetischen Destruktion reichen kann. Durch die Petrifizierung im zivilisatorischen Gebrauch, wie sie sich in den von einer Gesellschaft sanktifizierten, gegen die kritische Reflexion nahezu immunen Schlagworten am deutlichsten darstellt, wird Sprache ›material‹ und damit zum bloßen widerstehenden Objekt für den poetisch destruierenden Angriff. Dabei tritt der doppelte Sinn von Prozess als Kritik und Hervorbringung, als ›Verhör‹, Infragestellung, Beim-Wort-Nehmen zutage. Kritik vollzieht sich hier nur beiläufig als reflektierende Beschäftigung mit dem Material und als poetische Destruktion und ist sinnvoll nur als Phase der Hervorbringung. Sie wird von der Innovation aufgehoben, verzehrt und dem künftigen Empfänger zugleich vermittelt. Die Negation, in der sie wirkt, arbeitet die Bruchkante heraus, an der sich eine neue, ›unerhörte‹ Sprachfassung konturiert. Diese Bruchkante gibt es nur im destruierend-konstruktiven Prozess, nicht als kartographischen Befund einer Sprachlandschaft. Sie bedeutet die Chance der Innovation, den Moment von Spontaneität, Erfindung, Einfall – also die unkontrollierbare Phase des poetischen Vorgangs, die das Negierte als Zitat verbraucht, aufhebt, aber nicht dialektisch als dessen Umschlag, Antithese oder als Alternative erklärt werden kann.

Die zwei Thesen dieser Poetik: Poesie ist Sprache, die sich zu sich selbst verhält, und Poesie ist ein Prozess sprachlicher Negation und Position, Destruktion und Innovation, diese zwei Grundsätze schneiden sich in dem Begriffsbündel des poetischen Machens, des Sprachhandelns, des aktuellen Vollzugs von Sprache, des Äußerns als Leistung und als Produkt. Es ist in der griechischen Wortbedeutung von ›Poesie‹ bereits angelegt. Historische Gelegenheiten gab es für den hymnischen, dithyrambischen Vollzug von Poesie. Für uns ist kein Adressat für solches Äußern mehr denkbar. Zum Grundhabitus ist der konzentrierte, auf die verschiedenen Sprachhinsichten aufmerksame Vollzug geworden, in dem das sprachfähige, durch seine Sprache definierbare menschliche Wesen sich in seiner Sprache auf den eigenen Daseinsvollzug richtet, ja sein Dasein erst im Sprachvollzug hat. Von vornherein sind darin alle seine Kräfte einbezogen, Spontaneität wie Reflexion, Emotion und Vision, Traum und Bewusstheit. Die Innovation ist gar nicht anders zu erreichen als durch das Zusammenwirken der einander scheinbar ausschließenden Fähigkeiten und ihrer Methoden.

Humboldt bezeichnete Sprache als die Zwischenwelt, in der und durch die der Mensch Welt hat. Sprache ist für ihn das Prisma, das uns Realität erfassbar und artikulierbar macht. Im Sinn der hier dargelegten Poetik ist Sprache darüber hinaus ein autonomes Medium, durch das der Mensch sich nicht nur auf sich und seine Welt bezieht, sondern das ihm, imprägniert von Wirklichkeit und diese unabsehbar reflektierend, als konkretes Gebilde gegenübertritt. Da Sprache von Grund her sein eigenes Produkt ist, in dem er sich äußert und in dem er sich entäußert hat, trifft er in ihr auf eine Realität, von der er weiß, dass sie die seine ist, ohne dass er dieses Wissen realisieren könnte – es sei denn im konkreten poetischen Vollzug. Von welcher Mächtigkeit und wie ungeheuer zugleich die Entfremdung von ihr erscheint, wird klar, wenn man sich Rechenschaft darüber gibt, in welchem Ausmaß unsere Realität sprachbedingt, ja sprachgegründet ist – dass unsere eigene Existenz z. B. von der zureichenden Beherrschung wissenschaftlicher Idiome mehr abhängt als vom Ausfall der diesjährigen Ernte, ein Verhältnis, das noch vor wenigen Generationen absurd erschienen wäre. Dass die sprachbedingte zivilisatorische Realität ebenso versteinern kann wie die natürliche, zeigen Institutionen wie die der Krankenversicherung oder des Schulsystems, deren Reform schwieriger als die Besetzung des Mondes ist, obwohl alle ihre Elemente von uns selbst hervorgebracht und formuliert worden sind. Sprache beweist da ihre Fähigkeit, zum steinernen Denkmal zu werden. Sie tritt in solchen Realitätsklumpen aber auch als massiv konkretes Phänomen unter anderen auf, wird registriert, benutzt, verbraucht wie andere Vorkommen auch.

Die Vergegenständlichung, die sich darin anzeigt, bestimmt auch eine Poetik, die die Sprache zum Thema hat, und sie wird davon bis zur äußersten Konsequenz getrieben. In einer Situation, wo Sprachgebilde so sehr institutionalisiert werden konnten, dass ihr Gefüge sprachlich nicht mehr erreichbar ist; in der zugleich eine ungeheure verbale Produktion stattfindet, die bei weitem die individuelle Aufnahmefähigkeit übersteigt und daher zum großen Teil für zufällige, das heißt uninteressierte oder für keine Empfänger mehr hervortritt, nur weil ihre Institutionen so installiert sind, dass sie auf jeden Fall produzieren müssen; in dieser Situation wird eine Poetik aktuell, die Sprache als pures mundanes Phänomen ohne Hinsicht auf irgendeinen Funktionszusammenhang außer dem der bloßen wahrnehmenden Betrachtung entwirft. So wird poetisches Sprachmaterial analogen formalen Fragestellungen unterzogen wie das der Musik oder der Malerei, wenn auch mit seiner Eigenart entsprechenden Varianten.

Der poetische Materialbegriff umfasst nicht nur das wahrnehmbare, tönende oder sichtbare Zeichensubstrat, er umfasst alle an der Sprache beteiligten Schichten vom phonetischen Stoff über die artikulatorische, verbale, syntaktische bis zur semantischen Struktur. Er impliziert ebenso die diachronische Hinsicht, wie unsere Überlegungen zur poetischen Negation belegen. Die experimentelle Fragestellung gilt sowohl den Schichten (Parametern), aus denen Sprachgebilde bestehen – z. B. Melodie, Tonhöhe, Tonstärke, Tempo eines Sprechverlaufs –, wie den kleinsten möglichen Elementen, wie den kompositorischen Großformen bzw. den Kompositionsprinzipien, mit denen Texte, welchen Umfangs auch immer, gebildet werden können.

Da die klassische literarische Idee als Konstituante ihre Rolle ausgespielt hat, ist die Großstruktur eines Textes innerlich gebunden an seine Feinstruktur. Im einfachsten Falle ist das Ganze ein additives Ensemble kleinster Elemente, die nach einem Prinzip zusammenhängen. Das Ganze kann sich auch in Gruppen gliedern, die eine Kleinstruktur jeweils abwandeln und in ihrer Folge deren mögliche Variationsbreite ablesen lassen. Denkbar ist die Demonstration eines Satzes in allen Stadien seiner semantischen Kohärenz, vom bloßen Vokabelaggregat über rudimentäre syntaktische Einsprengsel und formal einwandfreie, doch semantisch undeutliche Satzfügungen bis zum Klartext. Möglich ist das komplizierte kompositorische Zusammenspiel zahlreicher Kleinstrukturen verschiedenartiger Beschaffenheit samt ihren Permutationen, Spiegelungen, Verschiebungen usw.

Ein Problem ist die Großform, die nicht mehr in einem zusammenhängenden Leseakt aufgenommen werden kann, die also eine Leseleistung verlangt wie etwa der herkömmliche Roman. Die strenge Beziehung der Groß- auf die Kleinform hängt ab von der Lesekapazität des Lesers; sie muss im Lesen nachvollziehbar bleiben, sonst sinkt der Text zur Ansammlung bloßer Wiederholungen ab. Doch ist die Lesekapazität sehr beschränkt, wenn sie sich nur auf verbale Feinstrukturen stützen kann, d. h., es gelingen nur kürzere Texte. Es sind jedoch Themen denkbar, die dem Leser eine ›großförmige‹ Orientierung geben, obwohl sie sich erst unterwegs allmählich einstellen, etwa im Abbau redensartlichen Materials; athematische Themen, die nie ganz eindeutig formulierbar werden, mehr Sprach- und Wort-Felder mit der Implikation ihrer Geschichte, der zeitgenössischen Verwendungen, den bösartigen, frappierenden, grotesken Assoziationen. Athematische Sprachfelder, die die Manipulation herausfordern, um zu ihrer Wahrheit zu kommen: wie Plakate die Decollage provozieren und dabei ihre faszinierende Fassung finden.

Es empfiehlt sich, den Gattungsbegriff, der der gewohnten Poetik schon Schmerzen bereitete, links liegenzulassen. Die Unterscheidung von Prosa und Poesie und ganz und gar die von Lyrischem, Epischem und Dramatischem hat ihren Sinn verloren, wenn die Texte sich nicht mehr nach Haltungen von Ich, Du, Gesellschaft und Welt zu sich und zueinander charakterisieren, sondern nach ihren experimentellen Fragestellungen. Die Gattungseinteilung wird vollends zu Schrott, wenn man die intermedialen Textphänomene in den Blick nimmt, die eine immer wichtigere Rolle spielen: Texte, die in den Grenzbereichen zur Musik (sound poetry, phonetische Poesie, Lautgedichte usw.) oder zur bildenden Kunst (poème objet, Schriftbilder, konkrete Poesie) erscheinen und mit den Begriffen dieser Disziplinen oft ebenso beschrieben werden können wie mit denen der Poetik.

Seinen Grund hat das Phänomen der intermedialen Texte einmal darin, dass die jahrtausendealte Vorherrschaft der geschriebenen Sprache als des eigentlichen Mediums der Poesie aufgelöst worden ist und die durch das sekundäre Zeichensystem der Schrift gefilterte Sprache keinen höheren literarischen Rang mehr hat als die gesprochene; zum andern in der beschriebenen Vergegenständlichung der Sprache und ihrer Emanzipation von der zivilisatorischen Sinnfunktion. Hinzu kommt eine Verfeinerung des Zeichen- und Symbolbegriffs. Durch Symbolismus und Surrealismus, unterstützt von den Einsichten der Psychoanalyse, ist die Symbolfähigkeit jedes Wortes je nach dem Bewusstseinshorizont, in dem es erscheint, erkannt worden. Da jeder adäquate Bewusstseinshorizont unabschließbar und die Korrespondenz jeden (verbalen) Phänomens mit jedem offenbar ist, hat das einzelne Symbolzeichen eine offene Bedeutungsqualität (vgl. Valéry: »Es gibt keinen wirklichen Sinn eines Textes ... Einmal publiziert, ist der Text wie eine Apparatur, deren sich jeder auf seine Weise und nach seinen Möglichkeiten bedienen kann.«).

Als Text wird daher jede geordnete Gruppierung von Sprachzeichen, seien es Laute oder Buchstaben, bezeichnet. Für die ältere Poetik beschränkte sich die Wirkung der gesprochenen Sprache außerhalb der Musik auf die Rezitation, da es für ihre spezifischen Qualitäten – Tonhöhe, -stärke, -dauer, Tempo – mit ihrer nichtquantifizierbaren Unregelmäßigkeit keine zulängliche Notation gab. Sie festzuhalten, zu unterscheiden und mit ihnen zu arbeiten ist heute dank der technischen Hilfsmittel kein Problem mehr. Die tönende Sprache erlaubt daher

Kompositionen von faszinierender Reichweite. Zum ersten Mal ist der Zeitverlauf von gesprochener Sprache dem poetischen Experiment zugängich geworden außerhalb der strengen musikalischen Zeitmessung. Zum ersten Mal ist die emotionelle Qualitat einer Stimme außerhalb einer bestimmten Bühnenaufführung und unabhängig vom semantischen Wert verfügbar geworden. Die Möglichkeiten eines wahrhaft zeitgenössischen Hör-Spiels lassen sich nur vermuten.

Die Loslösung von der literarischen Idee hat aber auch die schriftsprachliche Poesie erweitert – genauer: hat die formale, gestische Qualität der Schrift wieder auftauchen lassen. Nicht nur kann ein Text mit seiner Fläche in einen Funktionszusammenhang treten und auf ihr eine gestische Bewegung entfalten, er kann auch zum ›Bild‹ werden. Die Worte können an einer textbedingten Reduktion oder Destruktion teilnehmen; sie sind lesbar genau in dem Grad, der jeweils zulässig oder erwünscht ist. Vielleicht sind mehrere Lesarten zugelassen. Erst der mit seiner Fläche funktional verbundene Text kann dem Phänomen der Plakatwelt begegnen (das in seiner formal wirksamen Art seinerseits Derivat der experimentellen Künste ist). Syntaktische Beziehungen diesseits der gewohnten Grammatik werden möglich. Es gibt Textfiguren, reduziert auf wenige Elemente, bestimmt für den meditativen Leser, nicht für den Stoffhuber. Es gibt das Textgespinst, dessen Schriftfragmente, Wortandeutungen, silbische Indizes eine ganze Sprachverfassung spiegeln, ohne dies zu beabsichtigen. Es gibt das Bild eines einzigen Buchstabens, in dem Sprache lautlos tönend da ist: Schicksale von Lauten, von Laut-Formen, von einmal ertönten Lautschreien, von verwischten Lautpersonen vergegenwärtigt.

Zu solchen Textphänomenen gehört diese Poetik. Sie ist deren Funktion, und sie ändert sich mit deren Änderungen. Eine normativ zeitlose Poetik ist heute noch weniger denkbar als früher. In einer Poetik kondensieren und akzentuieren sich die Grundsätze, nach denen jeweils mit der Sprache umgegangen werden kann. Sie ist abhängig von der Verfassung der zeitgenössischen Sprache, allerdings nicht im Sinne eines Spiegelverhältnisses. Sie formuliert das theoretische Fundament, ohne das kein Text mehr entworfen werden kann, wenn es auch im Hervorgang des Textes untergeht. Sie ist unentbehrlich und hinfällig zugleich.

Überlegungen zu einer
Theorie der modernen Künste

1959

I.

Das Thema der »Dunkelheit in der modernen Dichtung« ist durch die Bücher von Hugo Friedrich[1] und Gustav René Hocke[2] wieder ins allgemeine Bewusstsein gerückt. Hockes Verdienst, aus obskuren Winkeln ein überquellendes Material zusammengetragen zu haben, ist gar nicht hoch genug einzuschätzen. Dieses Material zur europäischen »manieristischen« Kunst und Literatur veranlasst zumindest, die modernen künstlerischen Gebilde als nicht beliebige Phase des europäischen Geistes zu sehen und den Grund ihrer Unverständlichkeit nicht mehr allein in der privaten Entartung einiger Individuen zu suchen, sondern sich der Mühe der historischen Reflexion zu unterziehen. Hocke selbst freilich kommt über eine im Grunde ahistorische Typologie des Klassischen und Gegenklassischen nicht hinaus, wobei ihm zudem noch der Widerwille gegen die gegenwärtige Phase des Gegenklassischen überall anzumerken ist. Sein fundamentaler Mangel in der historischen Methode wird durch die an Pascal exemplifizierte und für unsere eigene Zukunft erwartete oder erwünschte »Reintegration« der Gegensätze zwar entschuldigt, aber nicht gerechtfertigt. Was Hocke dagegen, vielleicht nicht bewusst genug, aufzuspüren beginnt, ist die Erfordernis einer Theorie der modernen Künste, die ja notwendig die pure Historizität überschreiten und nach den fundamentalen Beziehungen fahnden muss. Das kann allerdings nur geschehen, indem das Moment der Geschichtlichkeit, welches alle Äußerungen des »objektiven Geistes« und die der Sprache und der Künste zuallererst durch und durch bestimmt, mit in die Theorie einbezogen wird. Es ist nicht nur die übliche Rede von der Dunkelheit, der Unverständlichkeit, der Sinnlosigkeit der modernen Künste, was den Versuch einer solchen grundlegenden Durchdringung nahelegt, sondern vor allem die eminente Beteiligung des Bewusstseins, des entwerfenden, kontrollierenden und negierenden Bewusstseins an den künstlerischen Äußerungen, die dazu nötigt. Die Beschäftigung mit den künstlerischen Gebilden bleibt unvollständig, wenn sie nicht diese Anstrengung des Gedankens mit umgreift, gleichgültig, ob sie zum Ziel kommt, ja ob sie der Sache nach überhaupt zum Ziel kommen kann und nicht vielmehr als bloßes regulatives, auf- und auslösendes Element in den allgemeinen Arbeitsprozess mit eingeht und von seiner größeren, vom Unbekannten gestoßenen Bewegung verzehrt wird.

Im Folgenden kann zunächst nichts weiter geschehen, als Fluchtlinien in einem unübersichtlichen Gelände auszuziehen.

Vor allem wird noch auszumachen sein, wie umfangreich die Vermittlungen zu gesellschaftlichen, politischen und allgemeinen zivilisatorischen Vorgängen sein müssen, damit das Gefüge bestehen kann. Diese Gesichtspunkte fallen bei Hocke und Friedrich weithin aus. Auf jeden Fall wird man das Phänomen »Sprache« als den Angelpunkt setzen müssen, wobei freilich vorausgesetzt wird, dass »Sprache« nicht nur die Lautsprache umfasst, die sich erst in einem recht späten Stadium abgehoben hat, sondern alle artikulierten Äußerungen, die auch im größten Unbestimmtheitshof einen präzisen, identifizierbaren und wiederholbaren Mitteilungskern haben. Kunst gründet auf dem Phänomen Sprache – dabei mag zunächst offenbleiben, ob beide gleichursprünglich sind oder die Kunst eine vom konventionellen Sprachfond abgehobene, eigentümliche Maßnahme von Sprache in ihrer dialektisch bewegten Geschichte mit der Wirklichkeit von Welt ist. Unseren Überlegungen voraus liegen die Einsichten, die Ernst Cassirer in seiner *Philosophie der symbolischen Formen* niedergelegt hat. Er erweist dort »Welt« als eine von sprachförmigen Zeichen gegründete Ordnung, die sich mit den Impulsen und Motiven des Sprachdenkens bewegt und weiterentwickelt – wenn man will, von sich her, weil physiognomisch und gestisch in der winzigsten Erscheinung schon sprachbereit. Als Sprache gilt von vornherein nicht nur die durch Laute vermittelte, sondern auch die der Gebärden, die der in den Sand gekritzelten Zeichen, die insgesamt eine komplexe gestische Sprache bilden, bis sich die mit dem flüchtigsten Medium, der Luft, arbeitende Lautsprache darüber erhebt, weil sie die größeren, wiederholbaren Differenzierungen und den größeren Abstand von den Phänomenen zulässt. Sie macht die Hochkulturen mit ihren Herrschaftsorganisationen und ihren religiösen Systemen möglich, indem sie Inhalte vom konkreten Moment abgelöst zu kumulieren und durch die bloße Operation mit ihren Zeichen, fern der Sache selbst, zu manipulieren erlaubt. Ihr Indiz ist die Metapher, wie das der Gebärdensprache die unmittelbare physiognomische Artikulation war. Die Metapher identifiziert das Unbekannte durch das Bekannte, überbrückt die geistigen Entfernungen, befreit den Geist von der Bindung ans Augenblickliche und Lokale. Ihre intuitiv begriffsbildende Leistung bereitet die Wissenschaft vor.

Weil die Lautsprache oberhalb ihres lautgestischen Substrates metaphorisch bleibt, verharrt sie in einem ambivalenten Verhältnis zum Unbekannten, zur Unbestimmbarkeit der Wirklichkeit. Das sichert ihr einen hohen Rang, solange die Unbestimmbarkeit und Mehrdeutigkeit der Dinge als sinnvoll ertragen wird. Sie fällt im Kurs, wenn die Wahrheitsfrage neu gefasst wird und das Subjekt, das Sprache hat, sich in einer Situation findet, die nach Eindeutigkeit verlangt. Die sich neubegründenden exakten Wissenschaften benutzen sie als Metasprache nur noch zur Einrichtung ihrer mathematischen und logischen Idiome. Descartes' Wahrheitskriterien der Klarheit und Deutlichkeit weisen ihr die Knechtsstellung zu; sie werden von einem Ich aufgestellt, das die Realität zu konstruieren statt nur aufzuzeigen beginnt. In der mathematischen Sprache der Naturwissenschaften entwickelt sich ein Instrument, das die gleitende Unbestimmbarkeit der Phänomene anzuhalten und genau datierbare Unterschiedsmomente zu fassen erlaubt. Dabei dramatisiert sich das Verhältnis von Sprache und Realität: Im Sog zur einen umfassenden Weltformel besteht die Substanz der Dinge schließlich nur noch in den von den Formeln aufgewiesenen und nur in ihnen darstellbaren Invarianten und Relationen der Ereigniswelt. Diese Sprache gibt ihre Beziehung zur Anschauung, zur Verbildlichung der Lautsprache auf und konzentriert sich auf selbstgesetzte, in ihrer Geltung genau umschriebene Zeichen für eine Realität, die nur noch mit ihrer Hilfe bestimmbar ist. Es entsteht zum ersten Mal eine Sprache, die alle Unbestimmbarkeit abgetan hat und die reine, eindeutige Darstellung einer Realität liefert, die sie selbst erst begründet hat.

2.

Der Punkt, an dem sich eine absolut eindeutige, die mathematische Sprache von der mehrdeutig-metaphorischen zu lösen beginnt, um auf ihrem Grund eine bisher unerhörte und unvorstellbare Realität zu entwerfen, berührt das Gefüge der menschlichen Sprache überhaupt und muss sich auch auf die Idiome der Künste auswirken, wenn anders die verschiedenen Sprachtypen, die wir ausgebildet haben, sich in der Arbeit an der Wirklichkeit treffen. Um die Situation zu durchdringen, sollen *Erinnerung* und *Erwartung* als die Grunddimensionen von Sprache beobachtet werden.

Von der Sprache her gesehen, ist die Erinnerung das eigentliche Opfer der modernen mathematischen Realitätsformulierung. Sie wird geopfert, weil in ihr sich die Elemente festsetzen und in den Sprachvollzug wirken, die der Verfügung des Subjekts entzogen sind, seien es Bilder und Imperative, die überhaupt älter sind als das Subjekt, seien es geschichtliche Erfahrungen, Handlungen, Entscheidungen, von denen es sich entlastet, die es verdrängt hat. Solange Wirklichkeit bevorzugt von der Lautsprache und ihrer Metaphorik gegründet werden konnte, blieb »Ich« an die Erinnerungsdimension gebunden, bewegte es sich zwischen ihren Bildern als Figur unter Figuren mit einem metaphysischen Stellenwert, an dem es zwar mitschuldig war, den es jedoch nicht abstreifen konnte. Die Zukunft, das zu Erwartende war durch diese Dimension je schon bestimmt; wohl ließ sich eine andere Anordnung, nicht aber eine andere nichtikonische Welt- und Seelenordnung denken.

Unreflektiert wohnte auch dieser Figurenordnung die Auflehnung schon inne, lebte sie doch von Gnaden einer Sprache, die das »Ich« bereits als reinen Beziehungspunkt ihrer Geflechte zu verwenden vermochte. Es war darum auch nie völlig an seine Figur preisgegeben, es hatte schon die winzige Distanz, die die Welt umzukehren ermöglichte, sobald Zweifel an der Zuverlässigkeit und Zuträglichkeit ihrer metaphorisch-ikonischen Fassung auftauchten. Die Meditationen des Descartes signalisieren dieses geistesgeschichtliche Ereignis. Ein Trend zur Freisetzung des Ichs als reines intentionales Gegenüber der Realität, d.h. aber auch zur Entlastung von den Verpflichtungen und Bedrückungen, die der ikonischen Ordnung sinnvoll innegewohnt hatten, setzt ein. Herrschaftsformen, gesellschaftliche Schematismen, das Unterwerfungsverhältnis zur Natur werden suspekt. Ein gewaltiger ethnischer Impuls beginnt, auf Änderung zu drängen. Die Erwartung einer Zukunft, die nicht von der Erinnerung her dirigiert ist, sondern in Entwurf, Experiment und Realisation ganz diesem Subjekt, das sich dieser Realität durchaus gegenüber situiert, zugekehrt ist, die Erwartung *seiner* Zukunft ist die eigentliche neue Dimension. Die eindeutige Realitätsformulierung kann auf die Erinnerung verzichten, weil sie die eigenen überwundenen Stadien jeweils in der neuen Formulierung aufhebt. Die neue mathematische Sprache vergisst nichts. Ihrem Speicher geht nichts, was für das Ganze wichtig ist, verloren. Sie tritt vielmehr in die Realität über, objektiviert ihre Daten zur sekundären Wirklichkeit (Freyer). Das theoretische Ich, das denkend dies vollbringt, ist selbst zwar eminent geschichtlich vermittelt, hat jedoch kein geschichtliches Bewusstsein. Dies wird ihm von der sich objektivierenden sekundären Realität, die es selbst hervorgebracht hat, abgenommen: Sie verwertet nicht nur alle gedächtniswürdigen, weil realitätsgerechten Daten, sondern bildet eine umfangreiche systematische Informationsapparatur aus, die die aktuellen Werte an die späten menschlichen Individuen liefert, welche selbst nicht mehr imstande wären, den ganzen und notwendigen Umfang der Informationen im Gedächtnis zu behalten.

Die neue sekundäre Realität, um der Gewissheit und Freiheit willen gegründet, behält den Grund des Hypothetischen und Problematischen, der dem theoretischen Prozess der Wissenschaften einwohnt, dem sie entsprungen ist. Sie zeigt sich als durch und durch futurisch, auf die eigene Überholung abgestellt und bringt unablässig mit den sich ablösenden und sich differenzierenden Apparaturen auch neue Probleme hervor. Die Probleme mit dem größten Widerstandsgrad treten nicht in dem theoretisch-praktischen Prozess zwischen Wissenschaft und Realität auf, sondern entspringen dem *Atavismus* der lebendigen menschlichen Individuen, deren Existenz inzwischen völlig von den Einrichtungen und Verläufen der sekundären Realität getragen wird, deren leiblich-geistige Verfassung jedoch nur annäherungsweise sich den neuen Bedingungen anzupassen vermag. Dieser Atavismus besteht einmal in der biologischen Organisation mit ihrem Unbestimmtheitsspielraum, dann in der existentiellen Zeitbewegung mit ihrer Dreidimensionalität in jedem Augenblick und dem ambivalenten Verhältnis zum Tod, welches nicht notwendig der Intention des theoretischen Bewusstseins und seinem auf Gewissheit abgestellten Realitätsentwurf gleichgerichtet ist, sondern den Umschlag von Lust und Angst kennt und das Spiel mit der eigenen Existenz eben um der Existenz willen. Am wichtigsten dabei ist vielleicht die abweichende Beziehung zur *Erinnerung*, die das konkrete Individuum aus allen sich ablösenden und einander aufhebenden Phasen seines Lebens bildet, ohne den Willen und die Möglichkeit, sie um der puren futurischen Erwartung willen auszusetzen. Denn es ist nicht imstande, sie angemessen zu formulieren und formulierend von sich wegzurücken, liegt doch unter der individuellen Erinnerung als Substrat die der Allgemeinheit, der Tradition, welche durch die Sprache (und durch die Sprache vermittelte Zeichengefüge wie Kleidung, Wohnform, Verkehrsform usw.) überliefert wird. Eben dieser Sprache müsste das Individuum sich zu ihrer Destruktion bedienen. Dieser Prozess ist tatsächlich im Gang, und zwar etwa seitdem auch die Formulierungsarbeit des theoretisch-mathematischen Bewusstseins läuft. Das *kritische historische Bewusstsein* hat als Gegenstand die Analyse der Tradition in ihrer sprachlich verschlüsselten und vergessenen Gestalt. Auch hierbei wirkt das Motiv der Gewissheit – scheinbar der objektiven historischen Verläufe, tatsächlich aber der Gewissheit der eigenen geschichtlichen Position. Die Tradition wird kritisch durchformuliert, um die Formel für den eigenen Ort auszumachen, wobei die unbestimmbare Selbstbewegung des Historikers seine Mühe der des Sisyphus vergleichbar macht und die Ergebnisse in Frage stellt, wenn sie gelungen zu sein scheinen. Zweifellos stecken im Motivbündel der historischen Wissenschaft auch die Entlastungen von nur traditionell geübten Herrschaftsordnungen verschiedenster Art. Darauf brauchen wir hier nicht einzugehen.

3.

Jedes neue menschliche Individuum sieht sich nun der Forderung nach angemessener Orientierung in dieser umfänglich vermittelten Welt, nach dem adäquaten Bewusstsein seiner Lage, gegenüber. Dies wäre dadurch auszubilden, dass es die theoretisch-naturwissenschaftliche und die historische Analyse aufnimmt. Das konkrete Bewusstsein ist jedoch nicht imstande, beiden Dimensionen gerecht zu werden, vermag es doch nur in den seltensten Fällen, auch nur eine zureichend aufzufassen. Hinzu kommt noch, dass die Inhalte beider Wissenschaften nicht Sache des theoretischen Bewusstseins geblieben, sondern in die Realität umgeschlagen sind (auch die historische Analyse) und in der Objektivation Züge ausgebildet, ein Gesicht gewonnen haben, die theoretisch nicht formuliert und nicht abzusehen waren. Diese fremde, asubjektive Physiognomie beansprucht, da sie auf Totalität hin entworfen, vom Subjekt selbst entworfen worden ist, das konkrete Individuum durch und durch. Es findet sich einer Wirklichkeit eingeordnet, die auf dem Grund der Subjektivität entsprungen ist und nur durch deren ständige angespannte Tätigkeit aufrechterhalten werden kann, die also auch Sache dieses konkreten Individuums, seine Erfindung ist, sich jedoch nicht als solche zu erkennen gibt. Die zivilisatorische Realität läuft ab, als hätte sie kein Gedächtnis für ihren Ursprung. Sie hat die ursprünglichen Motive der völligen Gewissheit, der Sicherheit, der Entlastung objektiviert und treibt sie ihrer optimalen Geltung zu. Doch ist dabei nicht auszumachen, ob die gerade aus diesem Prozess massiv hervortretenden Negationen des Programms noch notwendige Phasen des Programms sind und der ursprüngliche Impuls sich gerade durch die Anfechtung durchsetzen wird oder ob durch die Objektivierung und das Anwachsen der Dimensionen die ursprünglichen Motive sich inzwischen zu unbekannten, vielleicht wieder ambivalenten Charakteren verkehren mussten. Darauf keine Antwort geben zu können und darum die wichtigste Auskunft für die eigene Entscheidung seiner Wirklichkeit gegenüber zu entbehren, ist Situation des modernen Individuums. So ist ihm das adäquate Bewusstsein gerade durch die Konsequenz des ursprünglichen Ausgangspunktes verwehrt. In seinem Verhalten zur Wirklichkeit bleibt ihm nur die Simultaneität von *Akzeptieren und Protestieren*. Keine der beiden Haltungen ist ohne die andere denkbar, sie sind, wenn sie wirksam sind, zusammen wirksam. Das bedingungslose und unentwegte Akzeptieren würde so sicher zur Minderung und schließlich zum Verschwinden, vielleicht sogar zur handfesten Erledigung des Individuums führen, wie das charakterfest durchgehaltene Protestieren, das nicht in die faktische Auseinandersetzung übergehen, zur Entscheidung treiben und in irgendeine Form des Akzeptierens münden kann, das Individuum aufreibt. Die Geschichte schärft sich zu, wenn man sich klarmacht, dass das Protestieren nicht ohne intakte Erinnerung auskommt, die zu vergleichen, werten und entwerfen erlaubt, und das Akzeptieren sich nicht auf eine blanke Gegenwart richtet, sondern zugleich die gewisse Zukunft erwartet, also ebenfalls, wenn auch aus zweiter Hand, an fortdauernder Erinnerung als Fond von Erwartung interessiert ist. Angesichts der Gleichgültigkeit des theoretisch-praktischen zivilisatorischen Prozesses gegenüber der Erinnerung einerseits und der inneren Verquickung von Erinnerung und Protestieren andererseits, stellt sich die Frage, ob mit der Fähigkeit des Protestes, der begründenden Negation nicht auch die Fähigkeit zum Problembewusstsein überhaupt erlöschen würde. Man versteht die Tragweite der Frage, wenn man bedenkt, dass von dem Problembewusstsein die Aufrechterhaltung der technischen Wissenschaften wie der theoretischen und also der Bestand der zivilisatorischen Realität selbst abhängt.

4.

Wir glauben nun, in der europäischen Sprachökonomie ungefähr gleichzeitig mit der Wendung zur modernen theoretischen Subjektivität und der Entwicklung einer exakten mathematischen Sprache für die Realitätsformulierung Idiome hervortreten zu sehen, die in bisher unbekannter Weise auf die Artikulation der dreidimensionalen konkreten Zeit, der Erfahrung ihrer eigentümlichen Wechselvollzüge, Wiederholungen, Verhandlungen, Überraschungen, aus sind.

Nicht zufällig finden sich unseren Beobachtungen nach die frühesten Spuren der Ambivalenz von Protestieren und Akzeptieren, d. h. aber auch des Einzelnen zum Ganzen, in jenen »Sprachen«, die sich unmittelbar auf Raum, Zeit, Bewegung, Intensität, also den Substraten, die auch der modernen Realitätsformulierung zugrunde liegen, beziehen können: Malerei und Musik. Der Schematismus der mechanistischen Realitätsmodelle bedient sich derselben Geometrie, die den Kunstgebilden des späten 15. und des 16. Jahrhunderts universalen Bezug hatte geben sollen. Der Gewinnung der Perspektive im 15. Jahrhundert liegt noch die klassische Harmonieerwartung zugrunde: Repräsentation des Ganzen durch einen Ausschnitt, der die Prinzipien und Eigenschaften des nichterscheinenden Ganzen aufweist. Der Ichpunkt ist die ideale Stelle, wo sich Makrokosmos und Mikrokosmos begegnen – wo jener auf der Retina des Auges tatsächlich wiederholt wird.

Die Renaissanceperspektive wird von einer Perspektivität überholt, die dem Ich durch die cartesianische Analyse zuwächst. Sie zeigt sich in der endlosen Perspektive französischer zeitgenössischer Alleen, die zugleich die Zeit und den sich bewegenden Ort des Betrachters mit ins Spiel bringt, oder in der bewusst angelegten Folge überraschender Blickpunkte in den Gärten, die man durchlaufen, also im Ablauf erfahren muss, wenn man ihrer ganz innewerden will. Die geometrischen Muster der Gesamtanlage liegen unbeteiligt über diesem Bewegungsplan, längst nicht mehr einsinnig mit der kosmischen Harmonie, sondern Darstellung einer säkularen, alles beanspruchenden und organisierenden gesellschaftlichen Gewalt.

Leuchtet man nun unter die ikonographischen Muster, welche die Bildkompositionen der Zeit bestimmen und vielleicht gerade jetzt entschiedener gelten als zuvor, so springt eine Aktivierung der Kleinarbeit ins Auge, die über die bloße Dynamisierung der großen Perspektivräume hinausreicht und darunter eine eigene, nichtikonische Thematik hervorbringt. Unterhalb der Erregungen durch die metaphysischen Beziehungen des Bildthemas selbst folgen Schichten der künstlerischen Wirksamkeit der Wandlung, die in den Raum-Zeit-Bewegungssubstraten selbst zu spüren sind. Nicht nur, dass dem Perspektivraum eine Zeitdimension zuwächst und die statische Perspektive sich als Darstellung von Augenblick enthüllt, die Gegenüberstellung des Subjekts selbst wird zweideutig: Sie besteht zwar, wie unmittelbar gewiss ist, und ist doch in dem Augenblick, da das Ich sich auf dies Konkrete vor ihm einlässt, nicht mehr völlig auszumachen: Sein Material selbst weist eine Erinnerungsdimension vor, ist nicht mehr der bloße formlose Stoff. Bisher haftet die Erinnerungsdimension, die geschichtliche Vermitteltheit, nur den ikonographischen Formen an, dem hl. Petrus, der Jungfrau Maria, dem Bürgermeister X. Nicht die Negation einer schon vollzogenen Phase, der Eintritt des Neuen überrascht, sondern dies, dass es sich an präsemantische Elemente heftet, neben der Bedeutung auch den

Bedeutungsträger erreicht. Der Einzelstrich selbst individualisiert sich und tritt in denselben Prozess der Nichtwiederholbarkeit und der Bestimmtheit durch zeitliche und räumliche Nachbarformen ein wie die großen kompositorischen Elemente. Der Strich wird phasenhaft, er hat nicht mehr nur seine genaue Stelle in der Fläche, er kann jetzt auch einen Stellenwert im Ablauf einer vorläufig noch thematisch geführten Handlung gewinnen. Das Bild beginnt zu geschehen, und es kann nun erlöschen, wenn seine Handlungsspanne verbraucht ist, wie es vielleicht in Rembrandts *Segen Jakobs* in Kassel der Fall ist.

Man muss sich hüten, hier von bloßem Psychogramm zu reden, wie es manche gutgemeinten Demonstrationen zur »Handschrift der Künstler« nahelegen. Die Subjektivität ist auf beiden Seiten: Auch das »Material«, das artikuliert wird, »weiß« was es will. Ein Rot ist eines Tages nicht mehr möglich: nicht weil man sich daran sattgesehen hat oder die Mode wechselt, sondern weil es in der aktualen Konstellation sich nicht mehr bewegen, in der kommenden Phase sich nicht mehr neu zeigen kann. Was nicht ausschließt, dass es nicht irgendwann einen Farbplan, der ohne es auszukommen schien, aus den Angeln hebt, weil es in dieser Konstellation plötzlich wieder möglich ist. Subjektivität und Objektivität sind austauschbar geworden.

Die Dialektik zwischen Ganzem und Einzelnem, Groß- und Kleinordnung zeichnet sich in jedes nichtklassische Werk ein. Artikulieren, also die Kleinarbeit an Ort und Stelle, und Lesen, welches nur im Hinblick auf den Horizont des Ganzen, mit seinen Direktiven geschehen kann, treten zu besonderen Phasen des Arbeitsganges auseinander. Das Artikulieren empfängt zwar gewisse Ordern und Impulse von den vorgegebenen oder erwarteten großen kompositorischen Formen, muss darunter aber doch völlig dem eigenen Trend folgen, sich von Position zu Position wenden, konsequent von Einstellung zu Einstellung, wenn es die Hoffnung erfüllt sehen will, ein unbekanntes »Ganzes« aus seinem Gang hervorzutreiben. Dabei ist der Begriff der Notwendigkeit in der winzigen Dramatik zwischen den Partikeln, zwischen den Partikelgruppen und zwischen den Gruppen und den Einzelelementen nicht zutreffender als der des Zufalls, dem eine unerwartete Konstellation entspringt. Die beiden Kategorien entsprechen den Dimensionen Erinnerung und Erwartung: Jene wirkt steuernd in den Artikulationsgang hinein, diese stößt das Geschiebe des schon Bekannten ab und öffnet die Bahn für das Unvorhersehbare: welches doch irgendwie bekannt sein muss, damit es in diesem Zusammenhang erkannt werden und in dies Gefüge eintreten kann – Erinnerung, die, aus der Zukunft kommend, nie in einem Bewusstsein war. Es sind unterschwellig legitimierte Zufälle, die das Bedeutungsgeflecht öffnen und durch die bloße Kumulation der Zeichengruppen einen unerhörten und nur auf diesem Wege erreichbaren Grund hervorscheinen lassen. Das Gedicht, das Bild ist gelungen, wenn dieser neue »Grund« des Ganzen sich zeigt.

Die Psychoanalyse hat uns den Blick dafür geschärft, jedes scheinbar belanglose Detail, das in einem Symbolgeflecht vorkommt, als bedeutsam zu werten. Das Symbolgeflecht erstreckt sich für die genaue Analyse nicht nur auf den offensichtlich symbolhaft imprägnierten Vorstellungshof, sondern bezieht auch reale Handlungen, Ereignisse, Dinge, wenn sie in der Blickrichtung des Symbolgeschehens liegen, mit ein. Wirklichkeit und Symbolwelt schieben sich übereinander. Und umgekehrt zeigt sich, dass Symbolvollzug schon Existenzvollzug sein kann – nicht nur dessen Ersatz, sondern gültige Ausführung.

5.

Dieses Gewicht der »Sache selbst« bleibt nun erhalten, auch wenn in das Vollzugsspiel das Ich mit intensivem und nicht nur einem traumperipheren Bewusstsein eintritt, also auch die unabstreifbare Intention auf einen »Gegenstand« mitbringt. Hier kann es nur der Gegenstand des *adäquaten Bewusstseins* sein, von dem wir doch früher sagten, dass das konkrete Individuum ihn nicht zu bewältigen vermag, obwohl er ihm aufgegeben ist. Das intensive Bewusstsein, das in der vollen Spannung zwischen Wachen und Schlafen lebt, hat nur diesen Gegenstand, es weicht ihm nicht mehr aus, es will nicht mehr ausweichen. Weil Symbolsubstanz und Realitätsordnung übereinanderliegen, besteht die Hoffnung, dass es sich ihm *artikulierend* nähern kann. Wenn es aus dem Artikulationsprozess hervorgehen soll, muss dieser ihm irgendwie angemessen, ihm analog sein. Der Gegenstand selbst, nämlich das Ganze seiner Wirklichkeit, ist dem Subjekt transzendent, aber er ist doch von der Qualität des Subjekts oder dies ist von seiner, wenn diese Verwandtschaft am Grunde auch nicht mehr bewusst und in bitteren Ereignissen abhandengekommen ist. Als theoretische Erkenntnis ist das Ganze, der Gegenstand des adäquaten Bewusstseins, nicht erreichbar, wie wir sahen, aufgrund dieser Verwandtschaft aber könnte er im konkreten Vollzug erfahren und vollziehend erfasst werden. Der Zeichen- und zugleich Existenzcharakter des künstlerischen Artikulierens ermöglicht die Annäherung. Das Spiel zwischen Klein- und Großformen, zwischen Artikulation und Komposition ist den Realitätsordnungen als Modell verpflichtet. Aber es ist nicht identisch mit ihnen – und darf es nicht sein: denn dieser Vollzug macht das Ganze erst vollständig, war der Realität doch die dreidimensionale Zeit und vor allem die Dimension der Erinnerung gleichgültig geworden. Dies aber bringt nun das artikulierende Spiel von sich her mit, und zwar in einer Weise, die dem gegenwärtigen Realitätscharakter angemessen ist, sodass entfremdete Wirklichkeit und voll artikulierte Zeitdimension sich in einem homogenen Feld treffen können. Indem so das ganze unverkürzte Bewusstsein mit in den Prozess eintritt, tritt der Grund auch der entfremdeten sekundären Realität selbst mit auf. Im Modellvollzug des undurchdringlichen, zivilisatorischen Gegenstandes verhält es sich nicht nur ihm, sondern auch sich angemessen: Es behandelt ihn auf dem Fond von Erwarten und Erinnern, auf das Unerwartete hinblickend, das in der zivilisatorischen Realität zur bloßen Neuheit abgesackt war – und erfindet seine Freiheit, welche zugleich auch die Fortdauer der sekundären Realität garantiert.

Im Analogiecharakter der ästhetischen Versuche, im Aufnehmen der Wirklichkeitsstrukturen, im Nachspielen und Durchprobieren ihrer fremden, uneinsichtigen Härte und Verschwiegenheit zeichnet sich wieder das Akzeptieren, das Anpassen ans Gegebene, die Bejahung des Mächtigen ab – indem das Subjekt aber die Konformität in einem von der Realität abgesetzten Sprachmedium vollzieht, unterwirft es sich ihr nicht völlig, sondern kann zugleich das ursprüngliche Austauschverhältnis zwischen Objektivität und Subjektivität im Spiel wiederherstellen. Ins Sprachmedium überführt, fallen die fremden Strukturen – Montage, Reduktionsformen wie Rasterung, Spiegelung, statistische Anordnungen usw. – der phasenhaften, geschichtlichen Verfassung des Subjekts anheim, das unausbleiblich ihre Gleichgültigkeit gegen die Zeit und ihre Unwiederholbarkeit als Schein entlarvt und ihnen die

Bewegung wiedergibt, die sie einst im rein theoretischen Bewusstsein schon hatten. Die Analogie wird gründlich gestört, statt Wiederholungen und bloßen Spiegelungen entstehen in der Arbeit der Negation Gebilde, die als unerwartet-erwartet, als negative Erinnerung auf die vorhandenen und bekannten zukommen und deren fatale Notwendigkeit desavouieren.

Diese Kunstgebilde, einer so komplizierten Herkunft entstammend, erweisen ihre Realität, indem sie sich nicht in der zivilisatorischen verwerten lassen, der konformistischen Gesellschaft die Anpassung verweigern und, obwohl sie selbst die Anpassung als Phase in sich haben, die Möglichkeit des Protestes, des Andersseins, der Nichtzwangsläufigkeit, der plötzlich aufspringenden Überraschung, der Gefährlichkeit des Spiels zwischen Erwartung und Erinnerung anzeigen, welches Letztere freilich immer auf dem Sprung liegt, sich der Realität selbst als Medium zu bedienen, statt sie im Modellvollzug zu distanzieren. Alle Revolutionen treiben, von der Sprache her gesehen, aus dieser Wendung hervor. Die Unversöhnlichkeit zwischen experimenteller Kunst und einer Gesellschaft, die im Ganzen konformistisch sein muss, weil der zivilisatorische Existenzapparat nur so in Gang bleibt (und also auch die Existenz des Protestierenden garantiert), beruht nicht auf unzureichender Belehrung, die durch pädagogische Maßnahmen behoben werden könnte; sie ist konstitutiv und stellt sich gerade dann unwiderstehlich wieder her, wenn die zivilisatorische Realität eine Phase der experimentellen Kunst akzeptiert hat. Denn eine solche Aufnahme geschieht immer nur beiläufig, der tatsächliche theoretisch-praktische Realitätsvorgang verläuft in seinem eigenen Problemgefüge. Eine unmittelbare Beeinflussung findet weder von der Kunst auf diese Realität noch umgekehrt statt. Die Kunst hat keinesfalls die Kraft, die zivilisatorische Entfremdung selbst aufzuheben. Es genügt, dass sie jene Existenzform des volldimensionierten Subjekts am Leben erhält und durch die Analogiebezüge hindurch der zivilisatorischen Physiognomie das unerwartete und doch begründete Gesicht der Freiheit, des Spiels, des neuen »Ganzen« zeigt und vermutlich dadurch, dass sie die Fähigkeit der Negation, des Protestes übt, an der Fortdauer des Problembewusstseins, auf dem der Bestand der zivilisatorischen Welt beruht, beteiligt ist.

Eine »Kunst fürs Volk«, wie sie angeblich der kleine Mann auf der

Straße ersehnt, und die von all den Gruppen propagiert wird, denen das freie Vagabundieren des Protestes, der Negation nicht ins Konzept passt, eine Kunst fürs Ganze in Bausch und Bogen kann es nicht geben, weil auch der Leser, Hörer und Empfänger wieder die Spontaneität des Augenblicks und die ganze Kraft des Einzelnen zu erwarten und zu erinnern und die innere Lockerheit, das Unerhörte anzunehmen, wenn es hier geschehen sollte, aufbringen muss – Eigenschaften und Bedingungen, die im Gesellschaftsganzen und im Einzelnen, insofern er sich von diesem imprägnieren lässt, nicht vorkommen können (und dürfen).

Solange die beschriebene Polarität von Akzeptieren und Protestieren in unserem zivilisatorischen Dasein besteht – und es gibt nicht einmal dort, wo man sie programmatisch zu beseitigen unternimmt, Anzeichen dafür, dass sie tatsächlich zu erledigen ist –, wird die künstlerische Artikulation unvermeidlich die Strukturen des Allgemeinen anreißen und den Trend zur Gewissheit, zur Sicherheit, zur Erwartungserfüllung (d. h. Eintreffen des erwarteten Erwarteten, nicht des unerwarteten Erwarteten, mit dem es der künstlerische Vorgang zu tun hat), welcher das zivilisatorische Verhalten bestimmt, eben durch die Nuance beleidigen, die ihre Errungenschaft ausmacht. Sie steht genau in der Gegenposition einer »Kunst für alle«, die ja nichts weiter als die erreichte oder demnächst zu erreichende Verfassung spiegeln bzw. vorspiegeln kann, jedenfalls nicht das allgemeine zivilisatorische Daseinsgefüge, und sei es auch nur im Modellvollzug, anschlagen darf.

Wenn die experimentelle Kunst eine Alternative hat, dann nicht etwa im »sozialistischen Realismus«, sondern in den Comicstrips, den Gangsterfilmen, der Mord- und Todesseite der Tageszeitung, d. h. in Darstellungen, die auf ihre Weise dem zivilisatorischen Zwang, dem Sicherheits- und Entlastungsmotiv widersprechen, Manifestationen der diesem Prozess unterliegenden Atavismen, freilich hier nun in einer Form erfahren, die einigermaßen ungefährlich ist und also doch dem zivilisatorischen Vorgang nicht widersteht.

Diese künstlichen Belastungsvollzüge reichen bis in die Kunst und Literatur hinein. Es wäre eine reizvolle Sache, ihre Wechselbezüge zu durchleuchten. Es ist denkbar, dass hier eine Hassliebe aufzudecken wäre, die daran erinnert, dass die Kunst selbst mit ihrer Erinnerungsdimension Atavistisches verarbeitend aufbewahrt und in Gang hält. Was jene Gebilde von denen der Kunst gründlich unterscheidet, ist ihre beliebige Wiederholbarkeit, ihr Schematismus, der nur deshalb nicht unerträglich wird, weil es für ihn kein Gedächtnis gibt. Diese Gebilde sind ungeschichtlich wie die zivilisatorische Realität, an der sie entstehen, und fördern daher im Grunde ihre Sache, da sie die Äußerungen des tatsächlichen Atavismus ersetzen oder hintanhalten. Das winzige Symptom, dass die unzähligen Toten der Belastungsliteratur nicht den eigenen Tod zu erinnern vermögen, dass in diesem Horizont die Vorstellung des der eigenen Lebensgeschichte einwohnenden Todes nicht auftreten kann und nur von außen das Ende reflektiert wird, charakterisiert das Verhältnis.

6.

Ein letzter Punkt soll noch angeschnitten werden: Das ist das Verhältnis zwischen der Informationsmenge, die einer Gesellschaft zur Verfügung steht, und den in ihr entstehenden künstlerischen Gebilden. Noch im 19. Jh. waren Kunst und Literatur, denken wir nur an den Roman, an der Vermehrung und Aufbereitung des Informationsmaterials beteiligt, insofern sie als Sprache an der Formulierung und Formierung der Wirklichkeit mitwirkten. Dies geschah in einer Gesellschaft, deren Erinnerungs-Erwartensspannung wenigstens teilweise intakt war – ein Buch wie Tolstois *Krieg und Frieden* ist ohne das gar nicht denkbar. Vor der vollen Differenzierung der historischen, soziologischen und psychologischen Wissenschaften besaß die in den Künsten und der Literatur gehandhabte Sprache noch einen beträchtlichen Anteil an der Realitätsbildung und -durchdringung. Wenn sich seitdem der Trend zur sekundären Realität mit ihrem Verzicht auf die Erinnerungs-Erwartungsspannung unerhört durchgesetzt hat und zugleich die Informationsmenge über alle Schichten unserer Existenz ins Unüberschaubare gewachsen ist, sodass jedes Individuum, das diesem Bestand gerecht werden und auf seinem Niveau mit der traditionellen Sprache an der Wirklichkeitsformulierung arbeiten will, überfordert ist, so muss dies natürlich auf den Sprachtyp der Künste zurückwirken. Ein Roman, der nach Tolstois Vorbild den Zweiten Weltkrieg oder nur ein Konzentrationslager bewältigen will, ohne sich der mikrostrukturellen Sprachmittel zu bedienen, die angesichts so beschaffener Realität entwickelt worden sind, wäre von vornherein schon von den Fakten dementiert. Erlebnisberichte im Stil von Plivier sind möglich, wenn sie ihre Grenzen kennen. Sie können eine wichtige Rolle in der allgemeinen Bewusstseinsbildung spielen, aber das tatsächliche unabsehbar verflochtene und vermittelte, der bloßen Subjektivität unzugängliche Geschehen nicht mehr fassen, ganz abgesehen davon, dass das Individuum nun auch durchaus sprachabgewandten Verfassungen ausgeliefert ist. Ein Buch wie Jens Rehns *Nichts in Sicht* belegt, wie wenig mit dem traditionellen Sprachtyp noch gesagt werden kann, in welchem Maße die Realität, die doch fast gewaltsam angegangen wird, ausbleibt.

Und noch eins: Wir haben in unserer Generation unter der Nötigung zum adäquaten Bewusstsein, von der die Rede war, Dinge ins Bewusstsein genommen, die sich jedem Versuch unmittelbarer Darstellung entziehen. Und jedes zukünftige Bewusstsein, das mitspielen will, wird bestimmte Dinge in einer Fassung enthalten müssen, die nur dokumentarisch gewonnen werden kann und der Phantasie grundsätzlich abgekehrt ist. Es gibt daher in unserem Sprachhof Zonen des Schweigens, des Nichtaussprechens, des puren Wissens diesseits von Sprache, die unser Verhalten zur Sprache überhaupt beeinflussen und an der Entwicklung von Idiomen mitschuldig sind, die die Sprachlosigkeit in ihrer Syntax berücksichtigen.

Auch taucht hier eine Form von Erinnerung auf, die ohne Erwartung auskommt, eine Erinnerung des puren Innehabens, welche als Gegenfassung zur bloßen Erwartung ohne Erinnerung, wie sie die sekundäre zivilisatorische Realität anbietet, betrachtet werden kann: ein dialektisches Gegenstück von der finsteren Seite, das nicht vorgesehen war. Heute ist es so, dass eine bestimmte Informationsmenge von den zivilisatorischen Ereignissen und Gegenereignissen, einschliesslich ihrer sprachlichen Erscheinungen, im Bewusstsein sein muss, ehe die Beschäftigung mit den Künsten überhaupt sinnvoll ist – Informationen, die zwar an der Gestalt der künstlerischen Gebilde mitbeteiligt sind, aber in ihrem ganzen konkreten Umfang nicht aus ihnen abzulesen sind. Sie können es nicht sein, weil sie nicht zur Phase in einem künstlerischen Vorgang, nicht zum Gegenstand des Spiels und der metamorphotischen Erwartung werden können. Diese Kunst und Literatur setzen ein Bewusstsein voraus, das sich schon von sich her auf dem Weg befindet, der Situation und Verflochtenheit des Individuums adäquat zu werden – und das eben aus diesem Grunde auch das Spiel des Artikulierens und Formulierens beginnt.

Anmerkungen
1 Hugo Friedrich: Die Struktur der modernen Lyrik. Von Baudelaire bis zur Gegenwart. Hamburg 1956
2 Gustav René Hocke: Manierismus in der Literatur. Sprachalchemie und esoterische Kombinationskunst. Hamburg 1959

2
Experimentelle Poesie nach 1945

Meine 50er Jahre

1979

Tabula rasa voller Brocken

Nach meiner Erinnerung bekam ich im Mai 1945 in der Lagerzeitung eines PoW-Lagers[1] in Belgien die ersten expressionistischen Bilder meines Lebens zu Gesicht. Es waren Bilder von Schmidt-Rottluff, Kirchner, Pechstein ... Ich erinnere mich ferner, dass einer meiner Klassenkameraden ein Album mit Zigarettenbildern besessen hat, von denen eines den *Turm der blauen Pferde* von Franz Marc zeigte. Und der einzige expressionistische Autor, den ich als Schüler gelesen habe, war der damals wie heute nahezu vergessene Reinhard Johannes Sorge. Das war in den vierziger Jahren. Die Nazis hatten die »Entartete Kunst« mit einer Perfektion ausgetrieben, von der man sich heute im Zeitalter der grenzüberschreitenden Massenmedien keine Vorstellung macht. Nicht nur waren die Museen gereinigt, die Bibliotheken gefilzt, die Lesebücher »entjudet«, auch in den Buchhandlungen und nicht einmal in den Antiquariaten, die ich damals häufig aufsuchte, war etwas vom Verpönten zu finden. Wer keine privaten Quellen hatte – und die meisten, und so auch ich, hatten sie nicht –, war abgeschnitten von der relevanten Kunst und Literatur dieses Jahrhunderts. Wobei solche Ungereimtheiten, dass Gerhart Hauptmann gefeiert wurde und Barlach verfemt war, nichts besserten. Auch Hauptmann war nicht in seinem authentischen Zusammenhang zu erkennen, sondern der deutschen Seele einverleibt und also amorph. Selbst Pound und Marinetti, die sich dem verbündeten Faschismus an die Brust geworfen hatten, waren bei uns keine Namen. Zu der Schülergeneration der vierziger Jahre drangen nicht einmal die Namen von Kandinsky, Klee, Braque, Joyce, Arp, um nur ein paar der Standbilder der Moderne zu nennen.

1945 bestand daher ein qualitativer Unterschied im Bewusstsein derjenigen, die die Nazijahre als Schüler durchlebt, und derjenigen, deren Erinnerung in die Zeit vor 1933 zurückreichte. Die Generation der Eich, Huchel, Weyrauch, Krolow, Schwitzke ..., die auch erst in den fünfziger Jahren zur Entfaltung kam, hatte zwar die Verdrängung der Moderne in Deutschland erlebt und darunter gelitten, aber sie wusste, was geschehen war, und sie wusste, um welche Autoren, Werke, Tendenzen es sich gehandelt hat. Für die Jahrgänge etwa ab 1925 dagegen, denen die produktive Auseinandersetzung mit der aggressiven Moderne fehlte und bei denen die außerprivate Gegenwart nur die Gefühle von Abwehr, Ohnmacht, Ausgeliefertsein, schließlich Abscheu und Wut hervorbrachte, blieb als Orientierungshilfe nur der Rückgriff auf die ältere und älteste Vergangenheit. Die blieb zugänglich, trotz der Bemühung der Nazis, auch sie aufzuspalten in den Teil, der zur deutschen Seele gehörte, und den anderen, der zur Fratze verzerrt wurde.

Meine wichtigsten Leseerfahrungen waren in jenen Jahren Hölderlins *Empedokles* und *Hyperion* und Nietzsches Schrift *Über die Geburt der Tragödie aus dem Geist der Musik*. Mit diesem Bewusstsein saß der 19-Jährige 1945 mit zwanzig Leidensgenossen auf einer Teerpappe im PoW-Zelt und schrieb mit einem Bleistiftstummel auf graues Klopapier oder Stücke von Papiersäcken melancholisch-ideale Geschichten seiner Innenwelt auf – eine hemmungslose Flucht nach innen vor den zusammenstürzenden Brocken dessen, was man Deutschland genannt hatte. In den Träumen hockte die Wahrheit, und jahrelang noch verfolgten mich im Traum die Zwangsvorstellungen, mich den Appellterminen des Nazisystems stellen zu müssen, obwohl im Traum zugleich das Bewusstsein wirkte, dass es das alles nicht mehr gab.

Glücksfälle zur Auswahl

Die Älteren, die Väter und Großväter, holten hervor, was sich in den fatalen zwölf Jahren hatte verstecken müssen, was nicht existent gewesen war. Plötzlich blühten tausend Blumen. Ich erinnere mich, dass um 1947 die kleinbürgerliche Tageszeitung *Neue Presse* die ganze zweite Seite als Feuilleton gestaltete und dort Gedichte verfemter und verdrängter Autoren abdruckte. Noch vor der Währungsreform erschienen Zeitschriften, wie die *Aussaat* und *Das Kunstwerk*, die das vernebelte Panorama der Moderne hervorzauberten. Leopold Zahn, der langjährige Herausgeber des *Kunstwerks*, war einer der kundigsten Vermittler. Er machte seine Zeitschrift zu einem Archiv der modernen Kunst und gab eine Bestandsaufnahme dessen, was verloren und was geblieben war. Für uns, die wir nichts davon wussten, war zum Beispiel der lexikonartige Überblick über die abstrakte Kunst im Jahrgang 1950, Heft 8/9 äußerst hilfreich.

Ein paar Glücksfälle halfen mir, mein Defizit zu verringern und brauchbare Spuren zu finden. Dazu gehörte der Zugang zu zwei Privatbibliotheken aus den zwanziger Jahren, welche die Bomben überlebt und Wichtiges aufbewahrt hatten, darunter Kandinskys Schrift *Über das Geistige in der Kunst* von 1911, die für mich zum Theorieschlüssel wurde. Ein Glücksfall war auch die Einrichtung der Zimmergalerie Franck seit 1949 in Frankfurt und die dort angeknüpfte Freundschaft mit dem Maler Karl Otto Götz und seiner Frau. Götz, Jahrgang 1914, hatte – im Gegensatz zu mir – konturierte und im eigenen Werk ausgewiesene ästhetische Vorstellungen, er wusste, was in der bildenden Kunst vorging, er war mit der Generation der zwanziger Jahre, u.a. mit Willi Baumeister und Herbert Read, durch Freundschaften verbunden, er hatte damals bereits persönliche Kontakte zu Malern und Literaten im Ausland. Er war dort anerkannt, sodass man ihn in die Gruppe »Cobra« (Abkürzungen von Copenhagen, Brüssel, Amsterdam) aufgenommen und ihm die Herausgabe einer deutschen Nummer der Gruppenzeitschrift anvertraut hatte, die gerade 1950 erschienen war und der Anknüpfungspunkt unserer Freundschaft wurde. Götz beeinflusste im Sinn der jüngsten westeuropäischen Avantgarde das Ausstellungsprogramm von Franck. Die »Cobra«-Maler dürften dank seiner Initiative in den fünfziger Jahren alle bei Franck ausgestellt haben. Ihn interessierte aber auch die Literatur, und zwar bevorzugt die aus dem Surrealismus hervorgegangene, unter dem Pseudonym André Tamm sind surrealistische Texte von Götz erschienen. Er und seine Frau, die unter ihrem Mädchennamen Anneliese Hager veröffentlichte, übersetzten in Deutschland völlig unbekannte Texte der französischen Surrealisten. Anneliese Hager hat sich vor allem um Lautréamont bemüht. Von der Existenz dieser ganzen Literatur, ihrer Geschichte, ihren Verzweigungen und ihren Querelen erfuhr ich zum ersten Mal bei Götz.

Götz schätzte auch Schwitters. Er hatte Kontakt mit dem schwierigen Schwitterssohn Ernst aufgenommen, der tatsächlich eines Tages auf der Durchreise zu Besuch kam und Götz bei dieser Gelegenheit einen Packen ungedruckter Manuskripte des Vaters zum Abschreiben überließ. Einer der Texte, *Der Schürm*, wurde dann in *movens* gedruckt.

Verbreitert wurde die Kenntnis von Schwitters' Werk durch den Maler und Schwittersfreund Carl Buchheister, der in der Zimmergalerie Franck ausstellte und den ich bewegen konnte, mir Texte von Schwitters, darunter die *Ursonate*, auf Band zu sprechen. Dabei bemühte er sich, aus der Erinnerung die Intonation von Kurt Schwitters wiederzugeben. Groteske Anekdoten aus Schwitters' Leben und vor allem von seinen öffentlichen Auftritten erzählte auch Ella Bergmann-Michels, die mit Schwitters befreundet gewesen war und die in der Zimmergalerie verkehrte. Sie vermittelte mir übrigens die Abschrift der Schwitters-Erzählung *Auguste Bolte*, deren Struktur mich faszinierte und zu deren Abdruck in den *Akzenten* ich Höllerer später bewegen konnte. An Schwitters kommt man nicht vorbei. Das war mir damals klar, und es gilt noch immer. Erst später begriff ich, dass Schwitters einer – vielleicht sogar der Entdecker des Intermediums in der Kunst ist. Die *Ursonate* hat er als Musikstück aus Sprachlauten komponiert; in den Merzsäulen verband er plastische, malerische und architektonische Elemente; in den Collagen kamen Objekte, Farben, Texte zusammen.

Wir – d. h. Götz und ich – haben uns damals auch eingehend mit Raoul Hausmann befasst, den Götz in Paris kennengelernt hatte. Götz berichtete von dem Eindruck der Hausmann'schen Lautgedichte, und es ergab sich ein Briefwechsel mit Hausmann, in dem dieser auch seinen Prioritätenstreit mit Schwitters hinsichtlich der Erfindung der Lautpoesie fortsetzte und von seiner Erfindung eines Optophoniums sprach, das die Synthese von akustischen und optischen ästhetischen Materialien ermöglichen sollte.

Hausmann schickte Götz das opulente Manuskript seines autobiographischen Romans *Hyle*, für den wir vergeblich – trotz Höllerers Befürwortung – einen Verleger zu interessieren versuchten. Horst Bingel hat in den sechziger Jahren einen Teil des Romans im Heine-Verlag veröffentlicht. Höllerer gelang es Ende der fünfziger Jahre, von Hausmann ein Exemplar der privat geschnittenen Schallplatte mit dessen Lautgedichten zu erhalten. Auch in Hausmann kam ich mit einem Künstler in Berührung, für den es zwischen den Künsten keine scharfen Grenzen gab.

Die erste Generation der Kleinverleger

Die etablierte literarische Öffentlichkeit der Verlage, Kritiker, Medien hat bis Ende der fünfziger Jahre – von wenigen Ausnahmen abgesehen – so gut wie keine Notiz von dem, was man plakativ experimentelle Literatur nennt, genommen. Es bildete sich daher eine eigene Publikationslandschaft, die von Einzelinitiativen und immer neuen Improvisationen lebte. Vor allem entstand eine ganze Reihe von Zeitschriften. Sie brachten es meistens nur zu wenigen Heften.

Bei Götz hatte ich, wie schon erwähnt, 1950 die Hefte der Zeitschrift *Cobra* vorgefunden, deren deutsche Ausgabe gerade erschienen war. Die Gruppe vereinigte jüngere westeuropäische und skandinavische Maler und Autoren, denen gemeinsam die Imprägnierung durch den Surrealismus war. Von diesem hatten sie die Freisetzung archetypischer mythischer Figuren, den enthemmten Umgang mit dem künstlerischen Material, die alogische Kombination und Korrespondenz von Sprach- oder Bildelementen, die Wertschätzung des Zufalls, die Methode des Automatismus übernommen. Für ihr Verständnis war damit der Affront gegen die wieder etablierte Nachkriegsgesellschaft verbunden. Bis 1951 erschienen von der *Cobra* zehn Nummern. – An ihre Stelle trat seit 1954 die in Paris von Edouard Jaguer redigierte Zeitschrift *Phases*, die in stärkerem Maße als *Cobra* auch französische Künstler einbezog und daher noch deutlicher die Spuren des Surrealismus zeigte. Auch die *Phases* dokumentierten Literatur und bildende Kunst gleichermaßen und brachten daneben kritische und theoretische Beiträge. Die kleinere Schwester von *Cobra* war die von Götz seit 1949 publizierte Zeitschrift *Metamorphose*, von der 3. Nummer an *META*. Ihr Zweck war es, in Deutschland jüngere und jüngste Maler und Autoren aus dem Ausland, aber auch aus Deutschland vorzustellen. Von *META* wurden 700 Exemplare je Heft gedruckt, doch es meldeten sich nur wenig über 100 Abonnenten, obwohl Götz durch den Versand von Probeheften wichtige Leute und Institute dafür zu interessieren versuchte. Als typisch kann die Reaktion der städtischen Kunstsammlungen Bonn gelten, die schrieben: »Anbei senden wir Ihnen die uns freundlicherweise übersandten Hefte *META* 7 und *META* 8 wieder zurück, da wir keine Gelegenheit sehen, diese dünnen, flugblattähnlichen Schriften sinngemäß in unsere Handbibliothek einzubauen.«

Diese Einstellung erschien umso betrüblicher, als in META 7 (November 1951) mein erstes Gedicht gedruckt wurde (*Die Lüge ist der Paß unsres Grenzübertritts / Land des Lächelns Infame / Straßenbahn Wanderung durch die / Kioske der unverkäuflichen Gespräche* ...). Man konnte es sich offensichtlich leisten, nicht nur darauf, sondern auch auf die, wenn auch spärlichen, Informationen über *Maler und Poeten in Paris* (META 4), in England (META 5), in Holland (META 6), in Deutschland (META 7), in Österreich und Dänemark (META 8), in Mexiko (META 9) zu verzichten, die alle 1951/52 angeboten wurden. Eine internationale Nummer 10 beschloß im März 1953 die Reihe.

1950 erschien Max Hölzer auf der Durchreise in Frankfurt. Er war in Österreich als Staatsanwalt tätig gewesen, hatte aber die Robe an den Nagel gehängt und schüttelte sich, wenn von seinem früheren Beruf die Rede war. Er brachte das erste Heft seiner Zeitschrift *Surrealistische Publikationen* mit, dem 1954 ein weiteres folgte. Hölzer versuchte, einen authentischen Surrealismus – soweit es das überhaupt geben kann – zu vermitteln. Es erschienen bei uns noch nicht bekannte Texte von Breton – aus dessen frühen Manifesten –, Lautréamont, Artaud, Césaire, Péret, Arp, Gracq, ferner von deutschen Autoren, die eine entsprechende Diktion schrieben, und Hölzers eigene. Der Maler Edgar Jené zeichnete als Mitherausgeber, und so war auch die surrealistische Malerei mit Max Ernst, Yves Tanguy und anderen vertreten. Wieder ein Beispiel für die selbstverständliche Symbiose der Künste.

Einen Traumtext von Hölzer habe ich mir damals in dem Heft 1 der *Surrealistischen Publikationen* angestrichen, da er mich beeindruckte. Er lautet:

»Ich kam bei einem einstöckigen Haus vorbei. An einem Fenster des ersten Stockes saß ein Knabe, der eine schwarze Schnur abwickelte und auf die Straße herunterließ. Er sagte mir: Wenn die schwarze Schnur sich auf der Straße genügend anhäuft, wird ein Fahrzeug kommen, das mich mitnimmt. Sein Gesicht war wie aus Federn, und ich hatte Angst, es könnte bald aus Wasser sein und mir auf die Hände tropfen.«

Zwischen 1952 und 1955 publizierte Rudolph Wittkopf in Heidelberg die Zeitschrift *Profile*, von der mir zehn Nummern vorliegen. Nach wenigen Heften konzentrierte sich das Programm dieser Zeitschrift auf die

Vermittlung von Texten aus dem Umkreis des Surrealismus. Zu nennen sind vor allem die Berliner Lyriker und Übersetzer Johannes Hübner, Lothar Klünner und der jüngere Joachim Uhlmann, deren anerkannter Meister René Char war. Von diesen erschienen Übersetzungen, ferner kamen Texte von Arp – begleitet von einem Originalholzschnitt –, Michaux, Hölzer, Celan, Guttenbrunner, Dupin, Garnier und anderen. Für mich war es die zweite Gelegenheit, eigene Texte gedruckt zu sehen. Um die Verbreitung surrealistischer und nachsurrealistischer Literatur hat sich auch die Zeitschrift *DAS LOT* verdient gemacht, die von Bosquet und Roditi herausgegeben wurde. 1951 ergab sich der Kontakt zu Rainer M. Gerhardt in Freiburg, der damals gerade seine hektographierten *Fragmente, Blätter für Freunde* zu einer gedruckten Zeitschrift auszugestalten im Begriff war. Die Adresse erhielt ich von einem Freiburger Buchhändler, bei dem ich mit *META* 3 hausieren ging. Von den *Fragmenten* erschien 1952 eine zweite und letzte Nummer. Gerhardts besonderes Interesse galt der Vermittlung der amerikanischen experimentellen Literatur. Er übersetzte selbst Ezra Pound, Charles Olson, Robert Creeley. Ferner brachte er u. a. Michaux, Saint-John Perse, Claus Bremer und eigene Texte.

Götz, Wittkopf und Gerhardt haben neben den Zeitschriften auch Bücher und Broschüren verlegt. Ihre Programme waren umfangreicher als die Mittel, und so ist manches Plan geblieben. Götz, der Gedichte von René Char (*Das bräutliche Antlitz*) und Hans Arp (*Behaarte Herzen und Könige vor der Sintflut*) herausbrachte, musste das Vorhaben, *Die Gesänge des Maldoror* von Lautréamont in Lieferungen zu verlegen, aufgeben. Anneliese Hager und Max Hölzer hatten weite Passagen bereits übersetzt. Das Werk erschien – einsamer weißer Rabe – von Rè Soupault übersetzt, 1954 bei Wolfgang Rothe in Heidelberg und wurde nicht beachtet. – Der Profile-Verlag von Rudolf Wittkopf brachte Gedichtbände von René Char, Johannes Hübner und Joachim Uhlmann heraus. – Das umfangreichste und aufregendste Programm hatte Rainer M. Gerhardt entworfen. Ich bewahre noch den Leporelloprospekt, den der Verlag der »Fragmente« zusammen mit der Galerie Ubu – vermutlich 1952 – drucken ließ. Er kündigte neben einer Reihe von Taschenbüchern, für die als Autoren Confucius (Band l!), Weyrauch, Claire Goll, Pound, Artaud, Breton, Marquis de Sade, Archibald Macleish, Yvan Goll, Apollinaire, R. M. Gerhardt selbst und andere vorgesehen waren, das Gesamtwerk von Hans Arp in vier Bänden, bibliophile Ausgaben von Max Ernst (*Paramythen*), Yvan und Claire Goll und manches andere an. Ein solches Programm hatte damals kein deutscher Verlag vorzuweisen. Gerhardt nahm sich 1954 das Leben. Erschienen sind in seinem Verlag Gedichtbändchen von Claire Goll, Claus Bremer und ihm selbst.

1951 drang ein Heft der hektographierten Zeitschrift *Publikationen* aus Wien nach Frankfurt durch. Es war bereits die Nummer 4, die sich im Vorwort als Nachfolgerin der Zeitschrift *Neue Wege* vorstellte, welche »dem ständig zunehmenden Druck aus Kreisen des Unterrichts nachgegeben und die Tätigkeit ... praktisch abgestellt« hatte, wie es hieß. Okopenko war Herausgeber. Die Namen von Artmann, Bayer, Mayröcker, Jandl tauchten für uns hier zum ersten Mal auf. Die Zeitschrift dürfte bis 1957 existiert haben.

Zu erwähnen ist auch die Zeitschrift *Alpha*, die Hanns Weissenborn in Wien herausgab.

Ein Teil der während der fünfziger Jahre von Artmann, Bayer, Rühm geschriebenen Texte sind auf Initiative Konrad Bayers in den Heften der *Edition 62* (1962), also Jahre nach ihrem Entstehen, gedruckt worden – »Kommissionsverlag und Druck: Ferd. Kleinmayr, Klagenfurt«. Artmann, der Sprecher der »Wiener Gruppe« (die es seiner Meinung nach gar nicht gegeben hat), artikulierte die triste Situation 1953 ironisch in einer *Acht-Punkte-Proklamation des poetischen Actes:*

> »... 1 / Der poetische Act ist jene Dichtung, die jede Wiedergabe aus zweiter Hand ablehnt, das heißt, jede Vermittlung durch Sprache, Musik oder Schrift. 2 / Der poetische Act ist ... reine Dichtung und frei von aller Ambition nach Anerkennung, Lob oder Kritik. 3 / Ein poetischer Act wird vielleicht nur durch Zufall der Öffentlichkeit überliefert werden ... Er darf aus Rücksicht auf seine Schönheit und Lauterkeit erst gar nicht in der Absicht geschehen, publik zu werden, denn er ist ein Act des Herzens und der heidnischen Bescheidenheit... 7 / Der poetische Act ist materiell vollkommen wertlos und birgt deshalb von vornherein nie den Bazillus der Prostitution. Seine lautere Vollbringung ist schlechthin edel. 8 / Der vollzogene poetische Act, in unserer Erinnerung aufgezeichnet, ist einer der wenigen Reichtümer, die wir tatsächlich unentreißbar mit uns tragen können.«

1955 erweiterte Max Bense seine Aktivität in Sachen ästhetische Theorie durch den Start einer eigenen Zeitschrift mit dem Titel *Augenblick*, die er zusammen mit Elisabeth Walther herausgab. Im Vorspann schrieb er damals:

> »… Polemik, Widerstand, Opposition können durch anderes Sein, durch andere Tendenz, durch bewußte Destruktion, durch Intoleranz zum Ausdruck gebracht werden. Experimente: wir halten sie für notwendig, wo es um ein neues Sein geht. Destruktion: wir halten sie für legitim, aber selbstverständlich gibt es Zustände, deren Zerstörung schon nicht mehr lohnt. Toleranz: wir halten sie für relativ, aber selbstverständlich wollen wir nicht, dass ihr Wesen von den Dunkelmännern beschädigt werde, die mit dem Hinweis auf sie ihre Anstrengungen rechtfertigen.«

Tendenz, Theorie und Experiment lauteten die Stichworte der Herausgeber, die sie durch den Abdruck auch von strukturell Unvereinbarem mit Substanz zu füllen suchten. Max Bense erschien gesellschaftspolitisches Engagement keineswegs unvereinbar mit dem Verfechten einer puristischen ästhetischen Theorie.

Der *Augenblick* hat 1958 den Verlag gewechselt und eine zweite Folge erlebt, die meines Wissens auch nur einen, allerdings intensiven Jahrgang gezeitigt hat. Die Fortsetzung auf anderer Ebene und nun konsequent auf Experiment und Theorie bezogen geschah dann seit 1960 in der »Reihe Rot«. Von ihr sind mir 44 Hefte bekannt.

Ende der fünfziger Jahre entstanden zwei weitere Reihen, die sich mit der konkreten Poesie befassten. Eugen Gomringer, der schon in den frühen fünfziger Jahren die Zeitschrift *Spirale* als Dokumentation konkreter Poesie gestaltet hatte, belegte mit einer Heftfolge seit 1960 den Stand der konkreten Poesie: Gomringer selbst, Heißenbüttel, Rühm, Jandl, Bremer, Belloli, Morgan, Achleitner sind die wichtigsten Autoren.

Ausdrücklich auf die Programmatik Gomringers bezog sich Daniel Spoerri bei der Vorstellung seiner seit 1959 erscheinenden Zeitschrift *material*, die zunächst in Darmstadt, später in Paris verlegt wurde. Mir sind 5 Nummern bekannt. Diter Rot, Emmet Williams und Pol Bury haben Einzelnummern in der Reihe gefüllt. *material* diente auch als Materialgeber für *movens*.

Mit einer Bestandsaufnahme der konkreten Poesie startete im Mai 1959 die in München von v. Graevenitz und Morschel herausgegebene Zeitschrift *nota*. Auch hier wurden Literatur und bildende Kunst gleichermaßen berücksichtigt und als verschiedene Ausprägungen experimenteller Fragestellungen betrachtet.

Die Auflistung der Einmannverlage bliebe unvollständig ohne die Erwähnung von V. O. Stomps und seiner *Eremitenpresse*, obwohl Stomps selbst keine Beziehung zur experimentellen Literatur hatte. Er akzeptierte, was irgend interessant war, und sammelte wie ein Walfisch alles, was auf ihn zuschwamm. Dutzenden von Autoren hat er zur ersten Publikation verholfen, experimentellen wie konventionellen. Selten hat er einen Autor mehrmals gedruckt. Viele sind wieder vergessen. Die professionellen Verleger betrachteten die *Eremitenpresse* als Probierfeld für neue Autoren und suchten sich das Beste heraus.

Kooperation mit Walter Höllerer

Eine punktuelle Ausweitung der Publikationsmöglichkeit kam durch Walter Höllerer. Wir hatten uns 1954 im Seminar von Kurt May, als dessen Assistent Höllerer nach Frankfurt gekommen war, kennengelernt. Seine literarische Position, die in manchem von der meinen abwich, war an seinem Gedichtband *Der andere Gast* (1952) und an der Herausgeberkonzeption der *Akzente* abzulesen. In zahlreichen Gesprächen näherten wir uns gemeinsamen Vorstellungen von einer Literatur als einem Ding in Bewegung, als einem offenen Prozess. Wir fassten den Plan, eine neue Poetik zu entwerfen, in der der poetische Materialbegriff geklärt und Methoden des Textverfertigens dargestellt werden sollten. Als vorbereitendes und die Materialbasis klärendes Medium sollte ein Jahrbuch erscheinen. Das Vorhaben der Poetik ist über Notizen nicht hinausgediehen. Das Jahrbuch dagegen gelang in Gestalt des 1960 im Limes-Verlag erschienenen Bandes *movens*. Allerdings ist es dann bei diesem einen Band geblieben.

movens ist eine Kollektivarbeit im besten Sinn. Wesentlich beteiligt war Manfred de la Motte, der etwa seit 1958 mit Jean Pierre Wilhelm in Düsseldorf die »Galerie 22« betrieb und seine Kontakte zu Malern und Musikern für das Buch mobilisierte. Bazon Brock, der kurz vorher nach

Frankfurt gekommen war, stellte die Verbindung zu Spoerri und dessen gerade entstehender Reihe *material* her. Bernard Schultze, langjähriger, intensiver Gesprächspartner und selbst in *movens* vertreten, hatte auf Carlfriedrich Claus in Annaberg/DDR hingewiesen, mit dem er in Korrespondenz stand. Erstmals konnte in *movens* ein mikroskopisch-kalligraphischer Text von Claus publiziert werden. Kurt Leonhard, nach Beiträgern befragt, empfahl den noch unbekannten Peter Weiß, und so wurde ein umfangreicher Auszug aus dem Manuskript *Der Schatten des Körpers des Kutschers* aufgenommen, das Peter Suhrkamp Jahre vorher abgelehnt hatte. Günter Bock und Ulrich Conrads gaben Gesichtspunkte für das Konzept einer offenen, mobilen Architektur. Götz wurde veranlasst, seine Gedanken einer elektronischen Malerei als adäquater Kunstform für den Fernsehschirm zu fixieren. Höllerer brachte die amerikanischen Autoren ins Ensemble. So entstand ein Geflecht der verschiedensten Bestrebungen und Tendenzen, die wir abtasteten auf ihren kategorialen Hintergrund mit der Absicht, in der Bewegung zwischen Experiment und Reflexion, Dokument und Theorie, Beobachtung und Analyse ein Instrumentarium für die Diskussion über experimentelle Kunst und Literatur und Methoden ihrer Fortentwicklung zu ermitteln.

movens ist damals als Verlagsprodukt eine Ausnahme geblieben, wie auch sein Verleger Max Niedermayer eine Ausnahmeerscheinung unter den Verlegern blieb. Wie schwiewig das Einfädeln experimenteller Literatur ins etablierte Verlagswesen war, konnte an dem Entstehen der Anthologie *Transit* beobachtet werden, welche Höllerer als *Anthologie der Jahrhundertmitte* für Suhrkamp zusammenstellte. Höllerer war es 1955/56 klar, dass dies nicht mehr ohne die in kleinen Zeitschriften oder überhaupt nicht publizierten experimentellen Texte denkbar war. Die »unverständlichsten« Texte hielt Höllerer zurück, als er das Manuskript zu seinem Verleger trug, und fügte sie erst nachträglich in die Satzvorlage ein. Was er vorzeigte, ging immer noch so gegen den Strich, dass Suhrkamps Lektor Friedrich Podszus darüber in Streit mit seinem Arbeitgeber geriet, der allerdings Höllerers Votum das größere Gewicht beimaß.

Auch die *Akzente* öffneten sich etwa seit 1957 hin und wieder der Art von Literatur, die wir in unseren *movens*-Gesprächen zu definieren versuchten. Höllerer verdanke ich es schließlich, dass Günter Neske in seiner Lyrikreihe 1959 auch meinen ersten Band *artikulationen* verlegte. Wenn überhaupt, waren es eher die kleinen Verlage, die sich auf unsere Texte einließen. Zu ihnen gehörte auch der Bechtle-Verlag in Esslingen, der (beraten von Kurt Leonhard u. a.) Heißenbüttels *Kombinationen* und *Topographien* auflegte.

Was heißt experimentell?

Karl Otto Götz bezeichnete META als »Zeitschrift für experimentelle Kunst und Poesie«. Er schloss sich damit einer Programmatik an, die bereits die Zeitschriften seiner westeuropäischen Freunde – *Rixes* und *Cobra* – bestimmt hatte. *Cobra* trug den Untertitel »Revue international de l'art experimental«. Die Zeitschrift *Phases* nannte sich dann »Cahiers internationaux de recherches littéraires et plastiques«. Damit wurde die Ablehnung jeder Art von Indoktrination und Dogmatismus und die Offenheit gegenüber dem Neuen ausgedrückt. Mich überraschte damals die unbekümmerte Selbstverständlichkeit, mit der von ›Poesie‹ gesprochen und ein scheinbar im Kitsch verlorener Begriff mit dem Ziel rehabilitiert wurde, die Freiheit und Autonomie ästhetischer Sprachprodukte gegenüber einer Praxis wiederherzustellen und zu behaupten, die Literatur in ideologische Dienste genommen hatte. In solcher Auffassung trafen sich die zwei theoretischen Tendenzen, welche in den fünfziger Jahren die experimentelle Literatur bestimmten: die surrealistische (»durch psychischen Automatismus und Paroxysmus das Wunder beim Schopfe packen«) und die der konkreten Poesie, deren Programm auf dem Hintergrund der ästhetischen Theorie von Max Bill Gomringer seit 1954 in verschiedenen Ansätzen formulierte und Max Bense systematisch zu fundieren strebte.

Die surrealistischen Verfahren waren deshalb so faszinierend, weil sie auf alogische Bildlichkeit aus waren und Inhalte hervorzubringen erlaubten, die, von der Methode verantwortet, aus dem Unbekannten hervortraten und nicht von irgendeiner Instanz vorgegeben, gar oktroyiert wurden. Man muss die Allergie gegen Inhalte begreifen, wenn man die Entscheidung für bestimmte Schreibhaltungen in jenen Jahren verstehen will. Die Methoden boten gewissermaßen die Oberflächenstruktur einer Inhaltlichkeit, die von keiner fremden Instanz festgelegt wurde.

Für den Leser wäre auch der Autor selbst als fremde, oktroyierende Instanz erschienen.

Wenn eines in der ersten Welle von Kunst und Literatur nach dem Kollaps des Nazismus gewiss war, so war es die Ablehnung, der Ekel vor jeder Art von Indoktrinierung. Uns schien damals keine Instanz, welcher Art auch immer, und schon gar keine politisch-gesellschaftlich-staatliche Instanz denkbar, der zugestanden werden konnte, dass sie Werte aufs Neue oktroyierte. Denn die Erfahrungen, die diese Generation mit der Wirkung von Werten gemacht hatte, betraf nicht nur das Bewusstsein und die Gesinnung, sondern traf direkt die eigene physische Existenz. In den Extremfällen, die hunderttausendfach vorkamen und daher schon fast Normalcharakter annahmen, waren die Werte nur winzige Elemente in einem riesigen Prozess, der die Opfer erfasste, von ihnen selbst jedoch nicht erfasst werden konnte. Aus der Distanz aber entdeckt man, dass die Werte nicht winzige, gar überflüssige Partikel waren, sondern die eigentlichen Knüppel, mit denen ge- und erschlagen wurde.

Ich skizziere diesen Sachverhalt nur metaphorisch abkürzend. Er ist aber unentbehrlich zum Verständnis der Allergie, welche die Generation der fünfziger Jahre mindestens partiell gegen die sogenannten Inhalte hatte. Es waren aber nicht die Inhalte, es waren die Werte, um die der Bogen gemacht wurde.

Wenn in den fünfziger Jahren in der Literatur und in der Kunst der Begriff ›experimentell‹ eine Rolle spielte, so deshalb, weil er das Primat der Methode beim Entstehen von Texten gegenüber den inhaltlichen Festlegungen, den ideologiebestimmten Wertsetzungen ausdrückte. Es ging darum, dass potentielles Material befragt, dass dem Leser eine offene Struktur angeboten werden sollte, aus der er zu seinen Ergebnissen gelangte, statt dass ihm eine vorab existierende Weisheit ästhetisch eingekleidet wie eine verzuckerte Pille gereicht wurde.

Eine solche Haltung war in den fünfziger Jahren nicht selbstverständlich, im Gegenteil, sie war die einer Minorität. Das konnte man an den Wellen der Rehabilitierungen und Wiederentdeckungen ablesen, die an den Künstlern und Autoren vorbeigingen, die vor 1933 experimentell gearbeitet hatten, wie Schwitters, Holz, Arp, Max Ernst und viele andere. Diese blieben *Poètes à l'Ecart* – Dichter im Abseits, wie eine wichtige Anthologie hieß, die Carola Giedion-Welcker 1946 in der Schweiz herausgab. Diese Leute boten kaum etwas für die Regeneration der geborstenen deutschen Seele, sie waren für keine Art von Restauration zu gebrauchen. In den sechziger Jahren ging dann die allmähliche Aufnahme der experimentellen und konkreten Kunst und Literatur Hand in Hand mit der Wiederentdeckung und Aufwertung der Vorgänger aus den zwanziger Jahren. Der Musterfall ist Kurt Schwitters, von dem lange Jahre der einzige gedruckt zugängliche Text *Der Schürm* in *movens* blieb.[2]

Ein Hindernis bei der allgemeinen Rezeption der experimentellen Literatur war wohl auch ihre intermediale Tendenz. Schon die Künstler und Autoren des Dadaismus und des Surrealismus hatten die strikte Trennung zwischen Wort- und Bildkunst aufgegeben. Arp, Schwitters, Hausmann, Ernst und viele andere haben Texte wie Bilder produziert. Literatur und bildende Kunst sind bei ihnen durchlässig, ergänzen sich, entstammen analogen künstlerischen Verfahren. Die oben erwähnten Zeitschriften boten selbstverständlich beide Aspekte, den verbalen wie den bildnerischen. 1956 veranstaltete die Galerie Parnass-Jährling in Wuppertal eine Ausstellung »poème-objet«, in der Blätter gezeigt wurden, die in Koproduktion von Malern und Dichtern entstanden waren. Ihr war 1955 eine Ausstellung in Paris mit dem sprechenden Titel »paroles visibles« vorausgegangen. Bei der Eröffnung der Wuppertaler Ausstellung gab der französische Kunstkritiker Pierre Restany die folgende Begründung:

> »Das Aufkommen der abstrakten Kunst hat, weil sie die Hierarchie der Beziehungen umstürzte, die zwischen den einzelnen Kunstgattungen vorausgesetzt worden waren, die Schaffung einer neuen Sprache begünstigt, die zwischen der bildnerischen und der literarischen Sphäre liegt. Die hier gezeigten Arbeiten haben teil an diesem Grenzgebiet, an einer von den Grundelementen des Kunstwerks ausgehenden Bemühung um Kommunikation. Und gerade hier, in der Schicht des Elementaren (Wort, Strich, Linie und Farbe), vollzieht sich die Verschmelzung, und zwar durch die Grenzüberschreitung zweier Schriften ...«

Der intermediale Gesichtspunkt spielte in der akzeptierten Literatur der fünfziger Jahre keine Rolle. Walter Höllerer hatte einen Sinn dafür, als wir an unserer Poetik zimmerten, und unser Jahrbuch sollte – ehe es *movens* hieß – den Titel *Quadriga* erhalten, um auszudrücken, dass Literatur, Kunst, Musik und Architektur an ihm beteiligt waren. Die intermediale Auffassung hat sich dann in den sechziger Jahren in der Breite ausgewirkt in der scripturalen Malerei, im Happening, in den graphischen Notationen von Komponisten, in den optischen Texten, im Prinzip Collage usw. Vorgedacht und in Prototypen ausgeführt wurde sie jedoch bereits während des vorangehenden Jahrzehnts.

Die eigenen Linien

Die Situation des Schreibens war paradox in diesem Jahrzehnt: immer auf der Fährte nach den vermuteten, andeutungsweise bekannten Vorgängern, nach den aufregenden Mustern, die dieser verschatteten, disparaten Existenz in einer diffusen, ausgebrannten, von Schein, Illusion, Hoffnung und Gewalt besetzten Gesellschaft adäquat sein könnten, immer wieder überrascht von Funden – und zugleich von dem Bewusstsein bewegt, dass Unbekanntes auf uns wartet, dem die Sprache nicht gewachsen ist, das mit neuen Befragungen, neuen Verfahren anzugehen sei. Es war die Überzeugung wirksam, dass das Vergangene, auch wenn es aktuell verdrängt würde, nicht verschwinden würde ins Nichts, sondern unter der Hand präsent bliebe – und was für Vergangenes war dabei! Und die andere Überzeugung: dass in diesem zivilisatorischen Prozess, den wir beobachten konnten, das Unwahrscheinliche gerade das Wahrscheinliche sein konnte. Daraus ergab sich die, wenn auch utopische Forderung an den Schreibenden nach einem Bewusstsein, das diesem Prozess adäquat sei. Wobei von vornherein die diesem Prozess leicht abzugewinnende Einsicht in die prinzipielle Unerreichbarkeit eines adäquaten Bewusstseins bestand. Es handelte sich also um ein regulatives Moment, das immer wieder die Sicherheit des Wissens stören und als dogmatisch ausweisen musste und das dafür sorgte, dass auch bei der Konzentration auf das scheinbar so naheliegende Material der Sprache deren Verwendungen und mit diesen die geschichtliche und politische Praxis im Spiel blieb. Je mehr in diesen Jahren offenkundig wurde, was sich in den zurückliegenden Jahrzehnten abgespielt hatte, umso stärker wurde die Nötigung zur Differenzierung im schwingenden Vorgang des Einlassens und Abrückens. Angesichts der Erfahrungen mit dogmatischen Fanatikern, denen viele von uns noch eben und vielleicht nur zufällig durch die Finger geglitten waren, war der Schreibende definitiv von den Machern, die ja wissen, wo's langgeht, getrennt – und zugleich mit einem Vermögen zur utopischen Erwartung begabt, das vielleicht die eigentliche gesellschaftliche Leistung seines Tuns ist.

In dieser Richtung etwa bewegten sich, oft noch ungenau und sehr vorläufig, unsere Gespräche über eine neue Poetik in der Mitte des Jahrzehnts. Was an Reflexion damals möglich war, wurde in den entsprechenden Passagen von *movens* festgehalten, das 1960 erschienen ist.[3] 1959 sammelte ich in dem Band *artikulationen* Typen experimenteller Texte, die mir damals relevant erschienen. Ein paar Prosatexte hatten die *Akzente* bereits gedruckt; eine längere Prosaarbeit – als »Kurzroman« bezeichnet –, die viele Stadien durchlaufen hatte, fand zwar im Manuskript Leser, aber keinen Verleger und wurde dann abgelegt unter dem Druck eines Konzeptes, das mich seit 1951 beschäftigt, für das mir jedoch noch die Zugriffe fehlten. Eine damalige Tagebuchnotiz, die sich darauf bezieht, lautet:

»Man muß den Roman schreiben, der keinen Anfang und kein Ende hat. Der auch keinen leitenden Gedanken hat. Der kein Ganzes ist. Der keine Gestalt hat. Der eine Totalität ist: balancierend montiert aus den zufällig zusammengeschossenen Momenten, deren Gegenteiligkeit die Schwebe erhält. Einzig dein Interesse muß dasein.«

Im Blick auf die *artikulationen* und *movens* erscheinen mir heute die folgenden Gesichtspunkte am wichtigsten. Sie haben sich teils in experimentellen Texten, teils in theoretischen Entwürfen niedergeschlagen:

- die Schärfung des Blickes für die Parameter eines Textes analog denen einer Partitur: die Fläche, auf der er sich befindet, die Konstellation der Textelemente auf der Fläche und zueinander, die Bewegungsführung des Auges, die Größe und Type der Schrift usw;
- die Ausweitung des Schriftbegriffs auf alles, was Zeichencharakter hat, also in irgendeiner Weise der Vermittlung von Bedeutung und Sinn dient; dadurch wurde der Transfer vom Text zum Bild und umgekehrt möglich;
- die Reduktion auf die Artikulation der gesprochenen Sprache, die Konzentration auf die Abfolge der Bewegungen der Artikulations-

organe ohne Rücksicht auf den sprachlichen Sinn; dadurch Zugang
zur phonetischen Poesie;
- als Korrektiv ein Materialbegriff der Sprache, der die Totalität der
Verwendungszusammenhänge, den geschichtlichen Zustand der
Wörter, Redensarten, Formulierungen einbezieht; also die Erinnerung, die der Einzelne und die Gesellschaft mit den Wörtern usw.
verbindet, als Materialdimension;
- die Diskrepanz zwischen Ausdruck und Geäußertem, zwischen
der Innen- und Außenansicht von Gesprochenem; die Entfernung
des Ausgedrückten in die objektivierte, fixierbare, kontrollierbare,
kritisierbare gesellschaftliche Sprachhandlung;
- damit zusammenhängend die Verdinglichung von Sprache, die
Verhärtung von subjektivem Ausdruck, persönlichem Impuls,
privater Meinung zum Klischee, ja zum beliebig verwendbaren,
manipulierbaren Versatzstück; also der Collageaspekt von Sprache;
- das Querstellen des Lesers, das damit nun wieder zusammenhängt;
der Leser als Entzifferer des Spurensystems Sprache; und der Leser
als der Erfinder seines eigenen, aus dem angebotenen strukturierten
Material entstehenden Textes;
- die Unmöglichkeit des absoluten Anfangs, ›der nie begonnene Beginn‹ eines jeden Textes; also der mit der menschlichen Existenz und
mit der Geschichtlichkeit des Gesellschaftsprodukts Sprache in Gang
befindliche Prozess, in den sich jede neue Sprachhandlung, jeder
neue Text einfädeln muss.

Wenn ich die *artikulationen* heute nach 20 Jahren durchblättere, so fallen deutlich die Stellen ins Auge, an denen die Distanzierung von den
Anregern und Mustern versucht wurde. Eine Distanzierung, die zwar
nötig, aber zugleich auch schwierig war, weil die Aneignung noch immer im Gang war, noch längst nicht abgeschlossen sein konnte. Der Hiatus der Nazijahre zwang zum Nachholen im Eilverfahren. Ich habe erwähnt, wie wichtig für viele, die um 1950 zu schreiben begannen, die
Verwendung von Schreibmethoden war, die die Surrealisten erfunden
hatten – die Verwendung alogischer Metaphern-Konstruktionen, das
freie, traumanaloge Spiel mit Bildern und Bedeutungen, das Einbeziehen des Zufalls und anderes mehr.
Eine mühelos und beliebig anwendbare Methode aber wird zur Ma-

nier, und unbetroffene Kritiker haben damals oft darüber gehöhnt. Es wurde spürbar, dass das somnambule Umgehen mit den Sprachbildern dazu führte, dass man sich in die eigene und nur eigene Bilderwelt einsperrte. Die Lösung aus dieser Befangenheit schien mir möglich durch die Konzentration auf das isolierte Wort und weiter auf die kleinste sprachliche Einheit und durch den Versuch, daraus methodisch Texte aufzubauen, die in irgendeinem – und nicht unbedingt sprachlich-rationalem Sinn – ›lesbar‹ waren. Mir schien es ferner notwendig, mich auf das Gegenteil von Privatheit, auf durch und durch öffentliches Material zu beziehen, und dazu bot sich die Zeitung an. Ich zerschnitt z.B. Zeitungstexte senkrecht zu den Zeilen in schmale Streifen und gruppierte diese neu. Dabei blieben Reste von Lesbarem, und es tauchten Buchstabenpartikel, Wortkerne, Silbenstücke, Satzansätze auf, die sich zu einer unbekannten Textur verhaken. Was in der Zeitung geschieht, nämlich die Zerbröselung der realen Zusammenhänge durch die journalistische Schreibe, wird potenziert und zugleich in einem künstlichen, ästhetisch organisierten Gebilde aufgehoben. Es waren dies Ansätze und Überlegungen, die dann in den sechziger Jahren zur Produktion von Textcollagen, optischen Texten usw. führten.

Ich habe einige Linien nachgezogen, die mit meiner Erfahrung der fünfziger Jahre zusammenhängen. Sie berühren nur gelegentlich die etablierte Literaturszene, im Wesentlichen dort, wo ich mit Walter Höllerer zusammenarbeitete. Die *artikulationen* und *movens* blieben am Rande. *movens* hatte eine Auflage von 2000 Ex., von denen anfangs der siebziger Jahre immer noch 200 Stück übrig waren.[4] Die Anreger und Vorbilder, die mich beschäftigten, waren in den fünfziger Jahren nicht ›in‹. Von Arno Holz z.B. gab es nur eine schmale Publikation in der Reihe »Verschollene und Vergessene« des Steiner-Verlages. Sehr zögernd kamen die Expressionisten wieder zutage. Van Hoddis, Alfred Lichtenstein, Albert Ehrenstein waren unbekannte Wesen. Gottfried Benn verdankt es dem Außenseiter unter den Verlegern, Max Niedermayer, dass er so früh wieder aufgelegt und ins Bewusstsein gebracht wurde. Wobei auch noch die fatale Legende entstand, Benns bekannte Marburger Rede von 1951 hätte für die Entstehung einer neuen experimentellen Literatur irgendetwas bedeutet.

Meine Erfahrung war, dass sich diejenigen, die bei uns die Literatur machten, nicht für das interessierten, was mich bewegte. Ich fand das, was sich in der bildenden Kunst und in der Musik tat, wesentlich aufregender als die damals gegenwärtige Literatur. Die Transferschwelle zwischen Bildern und Texten, zwischen Kompositionen und Bildern, zwischen Texten und Kompositionen schien mir viel niedriger zu liegen, als man es allgemein wahrhaben wollte. Ich lernte bei den Malern mehr als bei den Literaten. So geschah es, dass damals die Galerien mehr für die Literatur dieser Art taten als die Verlage. Dass die Seminare der Universitäten blind waren, überrascht danach nicht mehr. Sie sind es zum größten Teil noch heute. Doch da die Eule der Athena erst nachts fliegt, sehe ich darin ein Zeichen, dass für die experimentelle Literatur noch längst nicht aller Tage Abend ist.

Anmerkungen
1 PoW – Prisoner of War: Kriegsgefangener
2 Zu ergänzen ist der oben erwähnte Abdruck der Erzählung *Auguste Bolte* in Heft 1/63 der *Akzente*.
3 Gemeint ist der 1984 in dem Band *Es liegt noch näher* unter dem Titel *Der General* abgedruckte Text.
4 – und durch Initiative von Klaus Ramm, in Broschur gebunden, vom Luchterhand-Vertrieb im Handumdrehen unter die Leute gebracht wurden.

Die Poesie wird konkret.

Die Anfänge des experimentellen Schreibens in den fünfziger Jahren

2009

> Zu ihrem 50-jährigen Jubiläum plante die »Deutsche Akademie für Sprache und Dichtung« eine Publikation über die Besonderheiten ihrer Anfangsjahre – »das literarische Leben in Deutschland nach 1945« – und erbat von mir einen Beitrag dazu. Die Gründerväter waren ein oder zwei Generationen älter als die meine. So konzentrierte sich mein Thema auf die 50er Jahre, fokussiert auf die abseits des Literaturbetriebs entstehende experimentelle Poesie.

1. Die dritte der drei Generationen

Der 8. Mai 1945, an dem die Zwangsisolation aller Kulturbereiche von der internationalen Moderne beendet wird, hat für die drei Generationen, die ihn erleben konnten, sehr verschiedene Qualität. Die ältere Generation, etwa der Jahrgänge bis 1905/1910, wurde von der Machtergreifung der Nazis 1933 in ihrer Lebens- und Schaffensmitte getroffen. Ihre Vertreter haben die Kulturwelt der Zwischenkriegszeit unverkürzt mitbekommen, und sie haben die kulturellen und kulturpolitischen Medien und Institutionen von 1945 bis in die 60er Jahre hinein in hohem Maße beeinflusst und dominiert. Die mittlere Generation der Jahrgänge seit dem Jahrhundertbeginn bis etwa 1920 konnte sich großenteils literarisch und künstlerisch noch in den 20er und 30er Jahren orientieren. Dazu gehörte die Abwendung von den radikalen Ismen der 10er Jahre. Sie hatte die Hauptlast der aktiven Kriegsgeschehnisse zu tragen und zu erleiden. Literarisch drängte sie zu einem schonungslosen Realismus, der sein Stichwort im »Kahlschlag« Weyrauchs fand und der in den Veranstaltungen der Gruppe 47 artikuliert wurde. Bei der jüngsten Generation der Jahrgänge zwischen 1925 und 1932 ist die kulturelle Abschottung nahezu perfekt gelungen, wobei die Situation im 1938 »heimgeholten« Österreich um einige Grade günstiger war. Sie war der Indoktrination und Manipulation von Kindesbeinen an ausgesetzt, soweit es in den Familien und ihrem Umkreis, in der Schule, in den Kirchen keine Gegenwirkung gab. Aktiv in die Kriegsereignisse wurde sie erst in der Spätphase seit 1943 als letztes Aufgebot der Sechzehn- und Siebzehnjährigen – der »Flakhelfergeneration« – einbezogen. Mit wenigen Ausnahmen gehörten zu dieser Altersgruppe die Autoren, die in den späten 40er und den beginnenden 50er Jahren so weit waren, für ihr Schreiben nach dem Horizont einer »anderen« als der ihnen geläufig gemachten Literatur zu fahnden.

Augenöffner und Impulsgeber wurden oftmals Zufällen und unvermuteten Entdeckungen verdankt, wie etwa Carola Giedion-Welckers 1946 in Bern erschienener und alsbald auch bei uns zugänglicher Sammlung *Poètes à l'Ecart/Anthologie der Abseitigen*. Deren internationale Auswahl vermittelte jeweils in der Originalsprache vergessene Texte der 20er und 30er Jahre mit einer Vorstellung der Autoren, darunter Arp, Ball, van Hoddis, Jarry, Prévert, Stramm, Schwitters, Tzara u. a. »Aus dem

Bürgertum kommend, sind diese Geister alle aus ethischen und ästhetischen Gründen Revolutionäre geworden, [...] was sich bei der Mehrzahl [...] auch in einem kühnen Vordringen in sprachliches Neuland und Experiment offenbart.« So die Herausgeberin über die Maßgabe ihrer Wahlentscheidungen. Auch in den seit 1946 neu gegründeten Zeitschriften wie der *Fähre*, die im 1. Jahrgang ein Stück aus *Finnegans Wake* in Goyerts Übersetzung abdruckte, gab es hin und wieder Funde. Eine emphatisch andere Literaturwelt zeigte sich, auch meist nur durch Zufallsentdeckungen, in den von der Goebbelspropaganda perhorreszierten Bewegungen des Expressionismus, Dadaismus und Surrealismus, während die Futuristen noch weithin unbekannt blieben. Gerhard Rühm reiht rückblickend die Namen auf und fügt hinzu: »für uns repräsentierten sie die aufgefundene, eigentliche tradition, der sich unsere bestrebungen organisch anschlossen. wo soll es weitergehen, wenn nicht sinngemäß bei den ›endpunkten‹?«[1]

Die Vergewisserungen reichten, nicht nur bei den Wienern, tief in die Tradition. »auf anregung artmanns«, erinnert sich Rühm weiter, »begannen wir uns (in der nationalbibliothek) mit barockliteratur zu befassen. die Studien griffen um sich. wir entdeckten die deutsche literatur neu, verfolgten eine von der schule unterschlagene oder diskriminierte ›zweite‹, unsere eigentliche tradition nun zurück durch die gesamte literaturgeschichte.«[2]

Ein Einzelner buckelte sich ein herkulisches Paket auf: Rainer Maria Gerhardt, der seit 1948 in Freiburg eine Gruppe Literatur- und Kunstbegeisterter versammelt und deren Poeme in hektographierten Heften zu verbreiten versucht hatte. Er konzipierte einen *verlag der fragmente* mit dem Ziel, international bedeutende Dichter in Deutschland bekannt zu machen, von Arp, Artaud und Apollinaire über Breton, Max Ernst, Iwan Goll, Jarry, Michaux bis Pound und dazu eine Anthologie amerikanischer Dichtung von Whitman bis zur Gegenwart – so der Prospekt von 1954. Es wäre die Parforce-Füllung einer gähnenden Leere geworden, blieb jedoch mangels realer Fundierung eine Fata Morgana.

Aus heutiger Perspektive könnte man vermuten, dass in den Jahren des Vergewisserns und Probierens *Gottfried Benns* Gedichte mit ihrer ungehemmten Enttabuisierung, dem Zugriff auf exklusive Wortschätze, der asyntaktisch montierten Zeilenführung, den riskantesten

Endreimen, der Sensibilität für Buchstabenbedeutungen Anstöße und Modelle für das eigene Formulieren hätten bieten können, zumal Benn sich nach dem »Führer«-Fauxpas von 1933/34 in die »innere Emigration« begeben und 1938 Schreibverbot erhalten hatte. Bekannt gemacht hatte der Limes Verlag seine Lyrik schon seit 1949. Auch sein bemerkenswerter Vortrag in Marburg vom 1.8.1951 wurde noch im gleichen Jahr gedruckt. Doch nur von Ludwig Harig ist bekannt, dass Benns »Südwörter« sein eigenes Schreiben beflügelt haben. Benns Poetik blieb mit ihrer ichredundanten Emphatik und dem verschatteten Pathos der Dichterwelt des »ergriffenen Daseins« verschwägert – Einstellungen, die der nüchternen Vorliebe für die Materialität der Wörter, dem Abschmelzen der Sinneuphorien und der Ichthematik zuwiderliefen.

2. Ein Ismus, der überlebt hat

Im Gegensatz zu anderen Ismen der 10er und 20er Jahre hatte der *Surrealismus* trotz seiner Alterungssymptome die Zwischenkriegszeit überdauert und fand auch noch in den 40er und 50er Jahren an vielen Orten Europas und in den USA seine Anhänger. In Deutschland war er nach 1933 zumindest auf der sichtbaren Seite ausgeblendet worden. Doch auch hier gab es bei der mittleren Generation eine ganze Reihe von Künstlern und Autoren, die im Abseits an den arationalen Bild- und Schreibstrategien festhielten und nach 1945 alsbald wieder öffentlich damit hervortraten. Um dem Informationsdefizit abzuhelfen, veröffentlichen *Edgar Jené* und *Max Hölzer*, ein Maler und ein Dichter, 1950 und 1954 in Klagenfurt zwei Hefte *Surrealistische Publikationen* mit für jüngere Leser rundum unbekannten Texten, insbesondere der surrealen Klassiker. Im ersten Heft waren sechs Gedichte *Paul Celans* dabei, dessen frühe Verwobenheit mit surrealer Sprachhaltung sich hier abzeichnet, wie in dem folgenden:[3]

WER SEIN HERZ AUS DER BRUST REISST ZUR NACHT

Wer sein Herz aus der Brust reißt zur Nacht, der langt nach der Rose.
Sein ist ihr Blatt und ihr Dorn,
ihm legt sie das Licht auf den Teller,

ihm füllt sie die Gläser mit Hauch,
ihm rauschen die Schatten der Liebe.

Wer sein Herz aus der Brust reißt zur Nacht und schleudert es hoch,
der trifft nicht fehl,
der steinigt den Stein,
dem läutet das Blut aus der Uhr,
dem schlägt seine Stunde die Zeit aus der Hand:
er darf spielen mit schöneren Bällen
und reden von dir und von mir.

Der Maler *Karl Otto Götz* brachte seit 1948 im Einmannverlag eine kleine Zeitschrift *Metamorphose*, vom dritten Heft an META, heraus, in deren zehn Nummern er Bilder und Gedichte aktueller internationaler Künstler und Autoren vereinte, gemäß der Auffassung der Surrealisten, dass Bild und Wort zwei gleichrangige Zugänge zur Überrealität sind. Götz selbst ist dieser Einsicht gefolgt, indem er neben dem bildnerischen Hauptwerk über die Jahrzehnte hin in surreal gestimmten Gedichten Lebensmomente transformiert hat.

Im Buchhandel allgemein zugänglich war die von Alain Bosquet besorgte Anthologie *Surrealismus 1924–1949*, 1950 im Henssel-Verlag in Berlin erschienen. Vorausgegangen war seit 1947 die Zeitschrift *Das Lot* im selben Verlag. Bemerkenswert darin war der umfangreiche Auszug aus Lautréamonts Roman *Die Gesänge des Maldoror*, einem Kultbuch der Surrealisten, das mangels deutscher Übersetzung hierzulande so gut wie unbekannt geblieben war.

Der Kreis deutscher Autoren, die sich konsequent der surreal bestimmten Schreibweise gewidmet haben, ist überschaubar. In der offiziellen Literaturszenerie blieben sie bis heute nahezu unbeachtet.[4]

Eine ausgefallene Rolle fiel der Berliner Autorin *Unica Zürn* zu. Angeregt von ihrem Künstlerfreund Hans Bellmer, experimentierte sie seit 1953 mit dem Schreiben von Anagrammen und entwickelte ein eigenes Verfahren, mit dem sie den komplexen Transformationsprozess einer Neuverwortung des Letternbestandes Zeile für Zeile ohne Normverzichte bewältigen konnte. Zu den Anagrammen entwarf sie schließlich, wieder von Bellmer inspiriert, sensibel phantasmische Federzeichnungen, in die sie die Texte einschrieb. *Hexentexte* hieß die erste kleine Veröffentlichung 1954 durch die Galerie Springer in Berlin.

Mit Bellmer war sie 1953 nach Paris gezogen, wo sie von den Surrealisten beachtet und geschätzt wurde. So konnte sie 1959 an der internationalen Surrealistenausstellung in Paris teilnehmen. Ihre Gedichte werden in den 80er Jahren als Vorläufer und Anreger für die sich entfaltende Anagrammpoesie entdeckt, wie sie insbesondere Oskar Pastior entwickelt hat.

Surreale Schreibverfahren finden sich seit Beginn der 50er Jahre auch bei Autoren, die im Übrigen abweichende poetische Konzepte verfolgen. Neben Paul Celan zählen H. C. Artmann, Friederike Mayröcker, Konrad Bayer, Franz Mon und Ror Wolf dazu. *Friederike Mayröcker* äußerte sich im Rückblick 1975: »Wenn ich nach bohrender Selbstbefragung mich recht verstehen will, sehe ich mich zuzeiten eingekeilt zwischen den beiden Monstern Dadaismus und Surrealismus und in einer Art Doppelbeziehung zu ihnen stehend aus welcher, der eigenen Figürlichkeit zu Liebe, allerhand zum Sprossen kommt.«[5] In ihren 50er Jahren schrieb sie das Gedicht:[6]

ETWAS WIE KÜSTEN KLEEFARBEN
UND GEWAHRSAM DER MEERE
etwas wie Möven stirnnah und schreiend wie ertragenes Schicksal
etwas wie historische Nacht klösterlich braun und ausgebrannt in
                                                den Mulden der Insel
etwas wie Hanf wogender Kniefall mitten in schönen Pfauen
                                                (Schalmeien)
etwas wie Luftschwingen Traumhecken Schaum-Gestrüpp
etwas wie gläserne Küsse Nachtauge schwärmende Trauervögel
                                                (Mohn)
etwas wie schütterer Morgen im frühen November
etwas wie Regen an traurig bekränzten Fischen (Rauch)
etwas wie Asche ängstlich und windhoch gewirbelt (mürbe Schlote)
etwas wie Samt bläulich und rund Grüsze mäandernd auf Gräbern
etwas wie Stein zärtliches Kissen für Tote (Sand auf Sand)
etwas wie Haut (honigwarme Pupille)
etwas wie Süsze im Anblick der tausend Meere

3. Die Wiener: Sprache von allen Seiten

Das Ausmaß der Verinselung der Anfängerautoren in den frühen 50er Jahren auf ihrer Suche nach der anderen Literatur ist heute angesichts der multiplen Kommunikationswege kaum mehr nachvollziehbar. An weit auseinanderliegenden Orten waren sie zu Hause: in Wien, Hamburg, Frankfurt, in Bern, Ulm, Freiburg, Paris und Stuttgart, sogar im abgelegenen Sulzbach und dem erzgebirgischen Annaberg der DDR, ohne voneinander mehr zu wissen als allenfalls den Namen. Es ist bezeichnend für die wacklige Kommunikationslage, dass noch 1956 in dem auf Vollzähligkeit gerade der experimentierenden Autoren bedachten *Lyrikbuch der Jahrhundertmitte Transit* von Walter Höllerer die Wiener Autoren nur mit Artmann vertreten waren. Die übrigen waren bei der Auswahlsuche schlicht nicht bekannt.

Die Situationen vor Ort waren dagegen differenzierter. Die Großstädte boten schon in den 40er Jahren Gelegenheiten zum Kennenlernen und Austausch, wobei die neu gegründeten Galerien, Film- und Jazzclubs wichtig waren. In besonderem Maße begünstigt war in dieser Hinsicht Wien. Gerhard Rühm hat in seinem bereits erwähnten Rückblick die Genese der später sogenannten Wiener Gruppe und ihr gemeinsames literarisches Magnetfeld geschildert. Zu *Hans Carl Artmann* und *Gerhard Rühm* gesellten sich *Konrad Bayer, Friedrich Achleitner* und *Oswald Wiener*. Sie diskutierten sprachtheoretische Aspekte und die »entwicklung des ›methodischen inventionismus‹. [...] das sprachliche material sollte, aus einem kausalen begriffszusammenhang gelöst, in einen semantischen schwebezustand geraten, auf ›mechanischem‹ wege überraschende wortfolgen und bilder erzeugen. in gewissem sinne handelte es sich hier um eine art systematisierung der alogischen begriffsfolgen des konsequenten surrealismus.«[7]

Rühm und Achleitner bevorzugten das Einzelwort für ihre reihenförmig oder permutativ strukturierten Texte, die mit Eugen Gomringers gleichzeitig entstandenen *Konstellationen* Gemeinsamkeiten haben. Dem Prinzip des »inventionismus« entsprechend erprobte Rühm ganz unterschiedliche Schreibmedien. Er erfindet Textbilder für die Schreibmaschine und mit seiner Handschrift, die als Einwortideogramme zu lesen sind. Die Variationsbreite reicht bis zur Papiercollage aus Fotos oder Zeitungsfragmenten. Die Schreibmaschine war das präzise Werkzeug der experimentellen Autoren, wie das Textbild Rühms zeigt:[8]

```
viel                                          leicht
 viel                                        leicht
  viel                                      leicht
   viel                                    leicht
    viel                                  leicht
     viel                                leicht
      viel                              leicht
       viel                            leicht
        viel                          leicht
         viel                        leicht
          viel                      leicht
           viel                    leicht
            viel                  leicht
             viel                leicht
              viel              leicht
               viel            leicht
                viel          leicht
                 viel        leicht
                  viel      leicht
                   viel    leicht
                    viel  leicht
                     viel leicht
                      viel leicht
                       viel leicht
                        viel leicht
                         viel leicht
                          viel leicht
                           viel leicht
                            vielleicht
```

Bayer hingegen praktizierte den »Kahlschlag« des sinnigen poetischen Sagens, indem er in surrealer Enthemmung Wortgruppen und Satzfragmente so zusammenführte, dass auf Daseinsmomente gerichtete, existentielle Aussagen zu lesen sind wie in den Anfangszeilen dieses längeren Montagetextes von 1956:[9]

> irgendwo geboren werden
> zur arbeit geboren werden
> sich an die wand lehnen
> sich nach geld sehnen
> im wasser baden

mit dem netz fangen
auf dem seil tanzen
mit dem kinn auf die mauer reichen
von furcht ergriffen
im bett liegen
zu füssen fallen
vor jemandem hergehen
wenn jemand vor einem hergeht
vor kälte starr sein
für tapfer gehalten sein wollen
gegen den wind stehen
in der hand raum haben
auf die erde fallen
verstehen was man sagt
nach norden hin liegen
etwas ins wasser tauchen
klein von gestalt
gegen einander treiben
sich ins wasser tauchen
sich nass machen
sich am feuer wärmen
sich für gott halten
sich in die luft schwingen
mit einem kämpfen
im meer ertrinken
ins meer tauchen
allen sichtbar
gegen den himmel fliegen (...)

Der ganze Text läuft über 127 Zeilen, könnte aber auch weitergehen, da er kein formales oder inhaltliches Ziel hat, das ihn auffängt. Die Frage, wie lange Texte sich mit experimentellen Methoden erstellen lassen, hat Bayer nicht losgelassen. Bereits 1952 beginnt er einen Zyklus der *sechsundzwanzig namen* in alphabetischer, also begrenzter Abfolge. 1957/58 unternimmt er in *der vogel singt* eine »dichtungsmaschine in 571 bestandteilen«, die sich thematisch an den vier Elementen abarbeitet und sich immerhin über 20 Seiten hinzieht. Mit der Collagemethode erreicht Bayer schließlich romanförmige Texte. Zunächst mit dem 1960 abgeschlossenen *der kopf des vitus bering*, der den Lebenslauf dieses russischen Forschers als Rahmen benutzt. Direkt als »roman« wird anschließend *der sechste sinn* bezeichnet, dessen 80 Seiten aus über 200 Textbestandteilen collagiert sind. Die von einem zum anderen Sprechmoment springende Schreibmethode hat surreale Qualität. Spürbar sind die eigenen Lebensbezüge Bayers, der sich in der Hauptfigur des Goldenberg reflektiert. Das reicht bis in die Phantasie vom Spiel mit dem Gastod, den Bayer sich dann noch vor Vollendung des Manuskripts am 10. Oktober 1964 angetan hat:

> als goldenberg wieder in seinem zimmer war, öffnete er beide hähne, schloss das fenster und machte es sich auf dem sofa bequem. der geruch war nicht unangenehm und er wartete auf schlaf. er sah sein leben nicht vor sich abrollen und überlegte ob er die hähne wieder schliessen solle, als er bereit war aufzustehen und den hähnen den atem zu nehmen, änderte er seine meinung wieder und blieb auf dem sofa, als er sich entschlossen hatte auf dem sofa liegen zu bleiben, entschloss er sich aufzustehen und als er dessen sicher war, entschloss er sich auf dem sofa zu bleiben. der geruch war nicht unangenehm und goldenberg atmete das leuchtgas mühelos. schon wollte er das sofa verlassen, er hatte sich seiner 6 sinne erinnert, da schlief er ein, ohne sein leben vor sich abrollen gesehen zu haben.
> als er erwachte schien die sonne durch das fenster. goldenberg öffnete es und schloss die beiden gashähne. als sein nachbar, ein gewisser wilcek, an die tür klopfte und um ein stück brot bat, es war sonntag, hatte goldenberg seinen lachkrampf. gegen 11 uhr kam nina mit 2 überseekoffern und tat als ob nichts gewesen wäre. sie hatte, so sagte sie, ihre eltern für immer verlassen.[10]

Bei der Tagung der Gruppe 47 1963 in Saulgau hatte Bayer Gelegenheit, Passagen aus dem entstehenden Werk zu lesen. Ernst Bloch soll dazu in der Diskussion gesagt haben: »Also eine Form von Heimatlosigkeit auf der Welt und Sprengung des Verabredeten ist hier, und zwar bezeichnenderweise mit Witz. Der Witz und das Grauen hängen hier eng zusammen.«[11] Ledig-Rowohlt nahm ihn unter Vertrag. Er hat das Manuskript 1966 in der von Rühm redigierten Endfassung veröffentlicht.

Zur gleichen Zeit arbeitete *Ror Wolf* seit 1958 an einem analog strukturierten Manuskript, das 1964 als *Fortsetzung des Berichts* erschien. Auch dieses gliedert sich in zahlreiche kurze Abschnitte, die von einem konturschwachen Erzähler-Ich zwar verknüpft werden, doch schwebt jeder für sich, sodass eine Wortbildlichkeit entsteht, die kein Handlungsziel benötigt, sondern am Ende in den Anfang zurückläuft. Das verbale surreale Substrat dieses Buches findet in dem auf Max Ernsts Schultern balancierenden Collagenwerk Ror Wolfs sein Pendant.

4. Lautgedicht, Sprechgedicht

Was die Dadaisten Ball, Hausmann, Schwitters und andere vorgeführt haben: Sprache ist immer auch Stimme, wurde von *H. C. Artmann* lyrisch-melodisch, von *Gerhard Rühm* methodisch-musikalisch differenziert aufgenommen, obwohl sie in den frühen 50er Jahren deren Lautgedichte nur als Texte oder vom Hörensagen kannten. Mit seiner Spürnase für das Abseitige-Ungewöhnliche entdeckte Artmann um 1954 das lyrische Potential, das sich dem Wiener Dialekt entlocken lässt, und wurde damit Anreger für Rühm und Achleitner. Was eigentlich gehört werden müsste, liest sich in Artmanns Schreibweise so:[12]

WOS AN WEANA OLAS EN S GMIAD GED:

a faschimpöde fuasbrotesn
a finga dea wos en fleischhoka en woef kuma is
drei wochleid und a drafik
a giatlkafee met dischbost
a schas med qastln
a eadepfösolod
da rudoef koal en da gatehosn
de schdrossnbaunilustriade
a schachtal dreia en an bisoaa
a söbstbinda zun aufhenkn
a zqetschta rola en an autoküla

de muzznbocha med an nosnraumö oes lesezeichn
a schrewagatal en otagring
a foeschs gebis en da basena
a zbrochns nochtgschia
a r ogschöde buanwuascht
a daunauschdrom zun fiassbodn
a gashau zun aufdran
a kindafazara wossaleichn foxln
wimmalagentn radeschöla kinokoatn
a saffalade zun umhenkn
de frau nowak
en hean leitna sei schwoga
en mozat sei notnschdenda
qagln en essechundöö
es genseheiffö
a rodlbadii met dode
es gschbeiwlad fua r ana schdeeweinhalle
und en hintagrund auf iedn foe:

da liawe oede schdeffö!

Rühm verwendete den dialektsprachlichen Tonfall als Materialmoment seiner Lautgedichte. In letzter Konsequenz entstehen bei ihm aus notierbaren Sprechlauten Sequenzen, die, mit musikalischen Parametern geführt, einen gestisch-narrativen Dreh gewinnen können, wie in den *expressionen* (1952/53) oder der *hymne an lesbierinnen* (1956).[13] Rühm hat sie bei Veranstaltungen der Gruppe in Wien wiederholt vorgetragen. Mangels Aufnahmetechnik sind sie im Original von damals nicht erhalten, gehören inzwischen jedoch zum auditiven Bestand der internationalen akustischen Poesie.
 Zur gleichen Zeit konzipierte *Ernst Jandl* in Wien seine »Sprechgedichte«. Sie spielen durch das ganze Spektrum möglicher Formierungen, erreichen ihre poetische Präsenz jedoch erst durch die Stimme des Autors, wie sich bei den zahllosen Lesungen Jandls immer wieder erwiesen hat. Eines der bekanntesten Stücke ist das folgende von 1957:[14]

schtzngrmm
schtzngrmm
t-t-t-t
t-t-t-t
grrrmmmmm
t-t-t-t
s—c—h
tzngrmm
tzngrmm
tzngrmm
grrrmmmmm
schtzn
schtzn
t-t-t-t
t-t-t-t
schtzngrmm
schtzngrmm
tsssssssssssssssssssss
grrt
grrrrrt
grrrrrrrrrt
scht
scht
t-t-t-t-t-t-t-t-t
scht
tzngrmm
tzngrmm
t-t-t-t-t-t-t-t-t
scht
scht
scht
scht
scht
grrrrrrrrrrrrrrrrrrrrrrrrrrrrr
t-tt

Sprache in allen ihren Varietäten, auch der Mundart, ist Jandls Thema. Doch hat er das averbale Lautgedicht, obwohl es ihm nahelag, vermieden, da sich immer wieder semantische Momente ins Spiel brachten. Der Band *Laut und Luise* sammelt die experimentellen Texte der 50er Jahre. Symptom der Zeit war es, dass seine Beschaffenheit 1966, als er im Walter-Verlag erschien, dort einen internen Skandal auslöste mit der Konsequenz, dass der verantwortliche Junior mit einer Autorengruppe den Verlag verließ.

5. Konkrete Poesie und Weltverdoppelung

Es ist eine historische Wasserscheide, die den Werdegang des Schweizers *Eugen Gomringer*, Jahrgang 1925, von dem der anderen deutschsprachigen Autoren seiner Generation trennt. Ihm ist die Tradition der klassischen Moderne selbstverständlich. Die formmaterial gestalteten Werke der Zürcher »konkreten« Kunst haben seine Poetik beeinflusst, die auf einer disziplinierten, abstrakten Strukturierung des sprachlichen Potentials basiert. Das Einzelwort mit seinem konnotativen Spielraum, in seiner Buchstäblichkeit fern von Symbolik und Metaphorik, ist sein bevorzugtes Element. In Absprache mit den brasilianischen Poeten der Noigandres-Gruppe spricht er von »konkreter poesie« und wird seine Gedichte von der ersten Publikation 1953 an *konstellationen* nennen. Mit den dominanten Inhaltswörtern der Substantive, Adjektive und Verben bildet er Formationen der Reihung, der Permutation und der Variation, deren Eindringlichkeit durch die Reduktion der Verbformen auf die Infinitive oder die 3. Person Präsens bewirkt wird. Dabei lässt er die umgangssprachlichen Bedeutungen und die Orthographie unangetastet, was bei anderen experimentellen Autoren nicht so selbstverständlich ist. In dem frühen Band steht das folgende Gedicht:[15]

>   der grüne baum
>   der silberne baum
>   der gelbe baum
>   der rote baum
>   der schwarze baum

der weisse baum
der zarte baum

Die nicht in Zeilen, sondern figurativ auf der Fläche gestalteten *ideogramme* sind die andere beliebte Gedichtform Gomringers. Das Leserauge bewegt sich zwischen dem Ganzen und den einzelnen verbalen Bestandteilen, wie in dem folgenden:[16]

```
           o                        o
          now                      won
       now won now             won now won
   now won won won nowon now now now won
       now won now             won now won
          now                      won
           o                        o
```

Gomringer ist überzeugt, mit seinem Konzept der konkreten Poesie dem kulturellen und mentalen Bedürfnis der modernen Gesellschaft zu entsprechen, im Gegensatz zu den überkommenen Dichtungsformen. In einem Artikel für die *Neue Zürcher Zeitung* schrieb er 1954:

> zweck der neuen dichtung ist, der dichtung wieder eine organische funktion in der gesellschaft zu geben und damit den platz des dichters zu seinem nutzen und zum nutzen der gesellschaft neu zu bestimmen. da dabei an die formale vereinfachung unserer sprachen und den zeichencharakter der schrift zu denken ist, kann von einer organischen funktion der dichtung nur dann gesprochen werden, wenn sie sich in das allgemeine sprachgeschehen einschaltet. das neue gedicht ist als ganzes und in den teilen einfach und überschaubar, es wird zum seh- und gebrauchsgegenstand: denkgegenstand – denkspiel.[17]

Gomringers konkrete Poesie besitzt eine eigentümliche Ambivalenz insofern, als ihre Poeme als »denkgegenstand« Vorlagen für ein meditatives Verweilen am Textbild sind, jedoch durch ihre Konzentration auf das greifbare Sprachelementare jede Art von Hermetik, den möglichen Bezug auf sprachlich Unzugängliches, Unsägliches ausblenden. Allerdings gewinnen seine Texte dabei einen anderen Vorteil. Die Fokussierung auf das Einzelwort erlaubt es, Wort für Wort, unbeschadet der abweichenden semantischen Grenzen, durch das lexikalische Pendant einer anderen Sprache zu ersetzen. Gomringer führt dies durch französische, englische und spanische Varianten seiner Konstellationen aus. Die Internationalität ist nicht nur dem Schweizer willkommen, sie ist erwünschtes Signum konkreter Poesie.

Den gebürtigen Schweizer *Claus Bremer* hat Gomringer als einen der wenigen Poeten geschätzt, die der konkreten Poesie neue Aspekte hinzugewonnen haben. Bremer, der Freiburger fragmente-Gruppe Rainer M. Gerhardts von Anbeginn an verbunden, orientierte sich zunächst an dessen nüchtern bis karg übersetzten Versdichtungen zeitnaher amerikanischer Autoren, bildete jedoch alsbald durch neue Textformierungen seine eigene Spielart der konkreten Poesie:[18]

```
erde            ruhe
eder            rhe  u
eerd            re  uh
eedf            me  hu
efed            mue  h
edfe            mhue
fede            umhe
deef            hme u
eefd            e muh
eeuf            e moh
feeu            ome h
uefe            hmoe
efeu            e omh
ueef            he mo
fuee            ohme
ufel            rome
fleu            oe mr
luef            e rmo
lfue            e orm
ulfe            re om
fule            ore m
uflt            rostm
```

```
flut        ostrm
luft        strom
```

Den poetischen Nerv *Helmut Heißenbüttels* haben Gomringers Konstellationen an seiner empfindlichsten Stelle getroffen. 1954 fiel ihm deren erste, gerade erschienene Publikation in die Hände. »Ihr sinnlicher Reiz war für mich stärker als alles andere, was ich zu der Zeit an Literatur kannte«, schrieb er zwanzig Jahre später in der Einleitung zu einer Reclam-Ausgabe von Gomringers *konstellationen.* »Was mich beeindruckte, war auch eine Methode, die mir bis dahin unbekannt war. (...) Der Akt der Befreiung, der für mich in den Konstellationen Gomringers erkennbar wurde, bedeutete, daß ich machen konnte, was ich wollte. Ich konnte alles ausprobieren.«[19]

Der Umsprung lässt sich von seinem ersten Gedichtband *Kombinationen* von 1954 zum zweiten der *Topographien* von 1956 feststellen, nicht als Nachahmung von Mustern, sondern durch die auch von Gomringer geübte Reduktion der syntaktischen Gewohnheiten zur Montage in Zeilen gefasster einfacher Sätze oder Satzfragmente; collageartig wird real nicht Zusammengehöriges miteinander verzahnt. Dabei zeichnet sich die Schreibgestik der Gertrude Stein, die Heißenbüttel ebenfalls hoch wertete, im Impuls des Wiederholens von Wiederholtem ein, der seine Schreibweise seitdem durchzieht. In einem 1958/59 entstandenen Gedicht *Achterbahn* aus 13 Strophen liest sich die 7. Strophe so:[20]

[1] Kastanien vom letzten Herbst kastanienrot in Wällen abebbend
[2] gebogenes Haar gebogener Hals gebogener Blick in Wällen abebbend
[3] ich bin es nicht der exaltiert oder wie sagt man [4] polyglott vielzüngig doppelzüngig einsetzend aussetzend [5] auf schraubenförmigem Weg zurückgekehrter Geruch [6] ich bin es nicht einsetzend aussetzend
[7] ich bin es nicht [8] ich bin es nicht der sich selber oder wie sagt man

Mit der Nummerierung der poetischen Kleinteile statt der Zeilenform wird bewusst das gewohnte lyrische Bild gelöscht. Es sind filmische Schnitte in einem durchkomponierten Sprachverlauf.

In den *Frankfurter Vorlesungen über Poetik 1963* resümiert Heißenbüttel seine methodischen Einsichten und zeichnet die Aspekte einer zeitgemäßen Literatur, die in der »sprachlichen Weltverdoppelung (...)

auf die volle Autonomie ihres Sprachraums dringt«. Maßstabsetzend ist für ihn, »wie weit antigrammatische sprachreproduzierende und sprachverändernde Prinzipien wirksam sind«.[21] Auch für ihn gilt wie für Gomringer, dass das dekompositorische Prinzip die semantischen und die orthographischen Normierungen auf sich beruhen lässt. Die »Weltverdoppelung« hat jedoch nichts mit Realitätsbeschreibung in irgendeiner vorgefassten Hinsicht zu tun, vielmehr ist sie amalgamiert durch das Sprach- und Traumpotential des Subjekts, das sie herstellt. Heißenbüttel behilft sich zur Verdeutlichung mit dem metaphorisch eingesetzten Begriff der »sprachlichen Halluzinatorik«.[22]

6. Mein Teil: von META bis zu *movens*

Eine eigentümliche Nähe zwischen bildender Kunst und Literatur hat sich in dem bombenverwüsteten Frankfurt jener Jahre eingestellt. Hanna Becker vom Rath hatte kurz nach dem Krieg ihr »Frankfurter Kunstkabinett« eröffnet, das sich insbesondere auch den verfemten Künstlern widmete. Klaus Franck, Jahrgang 1906, Versicherungsangestellter und selbst einmal Maler, sah, was außen vor blieb: Künstler, deren Werke im Schatten geblieben waren, und vor allem die jüngeren und jungen, die ins Offene tasteten. Andernorts gab es, der Not gehorchend, »Zimmertheater«, er riskierte eine »Zimmergalerie« in den Wohnzimmern seiner Etagenwohnung in der Böhmerstraße. Er machte die Wände für die ausgestellten Bilder frei. Seit dem 29. Juni 1949 zeigte er im Laufe der nächsten zehn Jahre rund 1900 Arbeiten von 127 Künstlern aus der Bundesrepublik, Europa und Amerika. Von ihnen war nahezu die Hälfte unter 30 Jahre alt. Der wöchentliche Jour fixe war Magnet auch für Durchreisende, so für Paul Celan, der nach einem nicht gerade erfolgreichen Auftritt bei der Gruppe 47 hier aus seinen Gedichten las, für die er nach einem Verlag suchte.

Die Internationalität der Galerie bekam einen Schub, als der Maler *Karl Otto Götz* 1950 nach Frankfurt zog und bei Franck nicht nur ausstellte, sondern ihn bei der Auswahl der Künstler beriet und Kontakte vermittelte (s. auch S. 583 ff.). Dabei machte sich seine Handschrift insofern bemerkbar, als surrealistisch arbeitende Künstler im Vordergrund standen. Die Besucher der Galerie konnten indes verfolgen, wie sich die farbgestische Malweise allmählich durchsetzte im Einklang mit der internationalen Tendenz zum Informel. An dieser Tendenz war auch die Künstlergruppe COBRA beteiligt, als deren deutsches Mitglied Götz 1950 die Nummer 5 ihrer Zeitschrift herausgegeben hatte. Darin standen Bildreproduktionen und Gedichte als Ausdrucksmedien surrealen Gestaltens nebeneinander. Mich, der ich kaum eine Ahnung von derartiger Schreibweise hatte, faszinierten diese Texte auf Anhieb. Es folgten über Jahre hin lange Gespräche mit Götz. Durch ihn lernte ich die surrealistische Literatur von innen kennen. Götz hat in seiner bereits erwähnten Zeitschrift META 1951 und 1953 zwei meiner Gedichte veröffentlicht – meine ersten Publikationen. In META 7/1951 stand:

> *Die Lüge ist der Paß unsres Grenzübertritts*
> *Land des Lächelns Infame*
> *Straßenbahn Wanderung durch die*
> *Kioske der unverkäuflichen Gespräche.*
>
> *Leiser als der Biß der Schwalbe*
> *sind die Klopfsignale die deine*
> *feuchten Finger an die Tonne des Mittags*
> *heften. Bitterer*
> *als das kalte Magnesium*
> *schmeckt deine ovale Fußspur*
> *in den bestaubten Hörsälen meines Gerichts.*
>
> *Wann wird das Urteil gesprochen*
> *wegen des versäumten Inzests Wann*
> *wird der Pfeilkopf unsere Hinrichtung*
> *flüstern der verschrobene Sänger*
> *aus den Dachkammern der Dienstmädchen.*
>
> *Beharrlich umgreift der Papagei den*
> *kurzen Sitzstab die ständige Drehung*
> *des fröhlichen Defizits.*

Die surreal gestimmte Schreibweise konterkarierte schon 1952 eine, die mit distanzierendem Bewusstsein ihr Wortmaterial aufsuchte und in Zeilen oder bevorzugt konstellativ auf der Fläche ordnete. Eine Anregung war beim Studium der Grammatik des barocken Justus Georg Schottel angesichts deren exemplarischer Wörterlisten gekommen. Die Abfolge der Wörter für sich las sich als poetisches Konzentrat. Die Texte, die dabei entstanden, waren »konkrete Poesie«, auch wenn mir damals Gomringers Gedichte und der Begriff noch unbekannt waren.

Eine zweite Quelle, die zur Montagemethode führte, war die Wahrnehmung von Zeitungsseiten als Textkombinate, deren Realitätsreferenzen nach kurzer Zeit »absolut«, aus dem Gegenwartsnetz gelöst zum poetischen Potential werden.

In Paris hatte Götz Raoul Hausmanns gestisch artikulierten Vortrag seiner Lautpoesie ›live‹ erlebt und berichtete davon. Carl Buchheister war da, einstiger Malerfreund von Schwitters, und sprach mir die vollständige *Sonate in Urlauten* auf Tonband. Hausmann hatte eine kleine Schallplatte besprochen, die mir zugänglich wurde. Hausmann wie Schwitters wurden mir damals zu Impulsgebern für die in den 50er Jahren vorgedachte Artikulation von verbalen und averbalen Lautsequenzen. Silben mit ihren Bedeutungsanflügen wurden zum Substrat der Stimmgestik, wie in dem folgenden, visuell verfassten Stück:[23]

aus was du wirst

rakon	tsiste	himil	kokard	reche	chrest	sukzess	arb
hakon	tris	umir	kott	ädre	rest	kukt	abe
acre	dress	umsens	gorf	eder	kest	schuga	
kran	drett	rums	gror	dree	kir	sus	
krakä	dreis	rirn	grett	erd	rich		
kras	erk	ir	egs	rnd	re		
kars	ese	rir		rd	r		
hare	ids	urnd		hn			
arr	drie	odt	runn				
tror		unds					
tar		usd					
drustar							

Walter Höllerer ist in diesem Zusammenhang die andere wichtige Person. Er war Assistent bei dem Germanisten Kurt May an der Frankfurter

Universität, in dessen Umkreis wir uns kennenlernten. Höllerer war mit seinem *Lyrikbuch der Jahrhundertmitte Transit* beschäftigt, und ich war ihm behilflich beim Auffinden weiterer sprachexperimentierender Autoren. Für mich war *Transit* mit acht meiner Gedichte 1956 die erste »offizielle« Veröffentlichung. Wir planten ein Jahrbuch der Poetik, um unseren Vorstellungen Kontur und Wirkung zu geben. In langen Gesprächen klärten wir die Theorielinien. Es wurde und war uns klar, dass Poetik aktuell nur intermedial im Kontext der anderen Künste bis hin zur elektronischen Bildgebung zu fassen ist. Den Konvergenzpunkt markierte der Begriff »Bewegung«, woraus sich der Titel *movens* ergab. Der 1960 endlich bei Limes erschienene Band enthielt auch eine ganze Reihe für uns als exemplarisch gewerteter deutscher Erstveröffentlichungen, so von Schwitters, Gertrude Stein, Gerhard Rühm, Konrad Bayer, Robert Creeley, Gregory Corso, Carlfriedrich Claus. Wie die Umstände waren, blieb es dann bei diesem einen Jahrbuch.

Carlfriedrich Claus, Jahrgang 1930 und wohnhaft im erzgebirgischen Annaberg, ist ein extremes Beispiel für die Verinselung experimenteller Autoren in ihren Anfangsjahren. Er war in der DDR der Einzige, der, abseits des offiziellen Literaturgeheges, mit der ästhetischen Materialität von Wortfügungen, Letternkonstellationen, handschriftlicher Schreibgestik und Stimmexperimenten arbeitete. Im Verlauf der 50er Jahre begann er, seine Texte mit seiner Handschrift in gestische Zeichennetze zu transfigurieren. Daraus entstanden durch die Jahrzehnte hindurch in strikter Beharrlichkeit rund tausend Blätter, die er als *Sprachblätter* bezeichnete, um ihre literarisch-sprachliche Zuordnung zu verdeutlichen – visuelle Poesie in reinster Form.[24]

7. Die Stuttgarter Schule

Die Reflexion auf das, was beim Schreiben experimenteller Texte vor sich geht, erhielt zusätzliche Impulse von unerwarteter Seite. *Max Bense*, der sich – Jahrgang 1910 – seit den frühen 30er Jahren, an den Zeitumständen vorbei, durch wissenschaftstheoretische und philosophische Publikationen ausgewiesen hatte, konzentrierte sich seit seiner *Aesthetica (I). Metaphysische Beobachtungen des Schönen* von 1954 auf die Erarbeitung einer Informationsästhetik. In deren Rahmen erarbeitete

Bense eine auf internationalen Forschungen beruhende Texttheorie, mit deren Kategorien der Blick auf die Materialität der sprachlichen Komponenten vom Laut über die Silbe zum Wort, zum Satz und zum Text geschärft und so die Poetik der konkreten Poesie ausgebaut wurde. »Nichts zu sagen, als was sich sagen lässt«, lautet das Motto der kleinen Publikation, in der er anhand ausgewählter Texte experimenteller Autoren seine analytischen Kategorien und Texttypen erläutert. Damit würden »nicht nur neue mathematisch orientierte Beschreibungen ermöglicht, sondern auch neue Formen und Schreibweisen, die erprobt werden müssen«.[25]

Mit eigenen poetischen Texten hat Bense die Spielräume experimenteller Texte auszutasten unternommen, am konsequentesten wohl in dem Stück VIELLEICHT ZUNÄCHST WIRKLICH NUR, Monolog der Terry Jo im Mercy Hospital.[26] Darin wird das von Zeitungen berichtete Komaerlebnis eines Mädchens in einer Abfolge von Textformen nachvollzogen, die von monotonen Konstellationen zu immer komplexeren Prosamontagen führen.

Der Verbreitung seiner Literatur- und Kunstästhetik diente die Zeitschrift *augenblick*, die Bense von 1955 bis 1961 herausgab, und vor allem die Reihe *rot*, in der er seit 1960 zahlreiche theoretische und poetische Arbeiten ihm verbundener Autoren vorstellte. Im Blick auf seine Ausstrahlung hat man geradezu von einer »Stuttgarter Schule« gesprochen.

Dazu gehörte in freundschaftlicher Nähe *Ludwig Harig*. Er ist in der Autorengruppe, von der hier die Rede ist, der seltene Fall, dass Gottfried Benns Gedichte, die er 1952 in der gerade bei Limes erschienenen Ausgabe der *Trunkenen Flut* zu lesen bekam, einen lyrischen Quantensprung bewirkten. »Von Petrarca und der ausschweifenden deutschen Barocklyrik herkommend, steigerte sich mein allgemeiner Wörterrausch in den Rausch seiner Südwörter.«[27] Doch die zwischen »Sternenfieber« und »Tristesse« schwingende Poesie Benns hat seine Gedichte dieser Jahre nicht wirklich durchtränkt, sondern nur auf den Tonfall und die exquisite Wortwahl abgefärbt.

Als Harig 1955 in den ersten Heften des *Augenblick* (damals noch so) eine völlig anders grundierte Poetik kennenlernt, sucht er das Gespräch mit Bense und beginnt seine Texte neu zu justieren. Eines der ersten Beispiele ist *Gorgonischer Sommer*, das Bense, davon angetan, schon im

Heft 4'58 des *augenblick* veröffentlicht. Das Stück besteht aus zwölf in sich zweigeteilten Abschnitten, die wie im Schnitt zertrennt und gefügt sind: einerseits Prosa reflektierend und erzählend, andererseits eine Passage mit lyrischem, momentan surreal anmutendem Fluss der Wörter, der Wortgruppen, nahezu ohne Verben. Die Diktionen berühren sich nicht, also muss der Leser die unterschwelligen Beziehungen selbst herausfinden, erfinden, wobei die Erlebnisnähe, wie es Harig liegt, sich in beide Stränge einschmiegt.

In dem zu gleicher Zeit entstehenden neunteiligen »Haiku Hiroshima« verschmelzen die Gattungen zu einer durchgehenden vokabulären Struktur, deren Prinzip die Collage aus Einzelwörtern, Wortgruppen, Floskeln, Wiederholungen, Permutationen, Reihungen von Motivwörtern ist. Ein nicht festgelegter, beweglicher Rhythmus durchzieht ohne ordnende Satzzeichen das Ganze. Das im Titel signalisierte Thema verdeutlicht und wandelt sich unterwegs. Harig bemerkt dazu bei einer späteren Gelegenheit:

»In meinem Text gibt es keine Erklärung, keine Auslegung, keine Botschaft. Fortwährend ineinandergreifende Wortketten beschwören die zunehmende Zerstückelung des Menschen, sie bewegen sich, streng kombinatorisch verknüpft, in das offen bleibende Satzgefüge einer Montage aus Zitaten von Politikern und Dichtern, Werbetexten und Bibelstellen. Es gibt keinen Hinweis, diesen Text als Ahnung oder gar als Offenbarung zu verstehen.«[28] Eine Vorstellung davon vermittelt der folgende, etwa in der Mitte der Sequenz befindliche siebte Abschnitt:

sähe sie Nachtvögel Sturmvögel Totenvögel Tage voraus die Wespe
zweihundertfünfzig mal tausend weiße Asche nur Moose und Pilze
lebendig verfaulen die Masse Fleisch zahnloses Loch ohne Lippe Röhren
Metall gedoppelte Leitung nicht Nase zu riechen harzig und fruchtig die
Lotos im Teich nicht mehr Finger die Kralle Nachtvögel Tage voraus und
augen- und haarlos zweihundertfünfzig mal tausend Höhle und Röhren
Metall gebastelt der neue Kalender nach Eatherlys säender Wespe
Schläuche und Beutel fehlen die Muskel zu halten zu schließen die
zweihundertfünfzig mal tausend Ampullen mit Samen verschließen
bewahren vor Strahlen und Asche Zahnfleisch zerfetzt und die rote
Lache im Stuhl im Harn lebendig verfaulen schälen die schwarze Hülle
Haut Pergamente von Knochen gerötelt gestempelt gebrandmarkt die

Reihe Schafe zur Schlachtbank auf wüsten Gebirgen die drängenden
Tiere in Streifen geschnitten geschält gehäutet der rohe Purpur die
schwarzen Wülste verkohlt gebraten gegrillt am Haken Orion aus
Jägern der Jäger zweihundertfünfzig mal tausend auf der Asphodelos-
wiese gescheucht in die Öfen und weiße Asche die Werke die Wesen
klägliche Reste zu klagen die Stimme erstickt und kein Gebein zu ver-
wesen Asche und Asche die Kinder die Greise rote zu schwarzen zu
weißen zerfallen Ampullen mit Samen vor Strahlen und Asche verschlossen bewahrt aus den Urnen Amphoren verschüttete Worte
verstummt in der Asche aus Asche in ausgezirkelten Zonen zweihundertfünfzig mal tausend gemahlene Asche zerrinnen die Kinder
die Greise zwischen den Fingern den Fängen der Vögel unverwesliche
Flügel Metalle gespannt über nicht mehr lange jetzt noch Ranken bald
und bald keine mehr sähe sie Tage voraus.[29]

Bezeichnend nicht nur für diesen Text, sondern für das ganze Feld experimenteller Texte ist das Potpourri der Kritikerurteile, das Harig mitteilt. Es reicht vom »Wuchern in strengen Ordnungen« über »das Kau-
derwelsch des Atheisten« bis zum Stoßseufzer, »dass der Dadaismus
unseligen Angedenkens dagegen noch klassisch war«.[30] Was will man
mehr?

8. Das Hörspiel, das es noch nicht gibt

Obwohl experimentelle Literatur von ihrem Ansatz her, sich auf alle
sprachlichen Bereiche, nicht zuletzt auch die auditiven, zu beziehen,
schon in den 50er Jahren hörspielpotent war, wurden Angebote ihrer
Autoren von den Hörspielabteilungen der Rundfunkanstalten abgewie-
sen. Die von Heinz Schwitzke als deren Wortführer favorisierte raum-
lose Bühne des radiophonen Hörens mit ihren verbalen Innenlandschaften lag quer zu der Sprachmaterialität eines neuen Hörspiels.
Randerscheinungen anfangs der 60er Jahre, wie Mons *herzzero* – nicht
vom Hörspiel, sondern vom »Kulturellen Wort« des Hessischen Rundfunks – 1962 oder Konrad Bayers *der kopf des vitus bering* beim Sender
Freies Berlin 1964 produziert, signalisieren noch keine Öffnung der Hör-
spielseite. Sie wurde erst Mitte der 60er Jahre möglich, als die Masse der
Zuhörer zum Fernsehen konvertierte. Nun war es möglich, dass Lud-

wig Harig Benses Text *Monolog der Terry Jo* als radiophone Stereofassung 1968 für den Saarländischen Rundfunk bearbeiten konnte.

In welchem beträchtlichen Maß experimentelle Literatur akustische Qualität erreichen kann, erwies sich, als jüngere Hörspieldramaturgen diese für ihr Medium entdeckten. Unter dem Sigel »Neues Hörspiel« ist ein guter Teil der in dieser Darstellung besprochenen Autoren im Kunstradio tätig geworden.

Anmerkungen

1 Gerhard Rühm: »Vorwort«. In: Die Wiener Gruppe, Achleitner Artmann Bayer Rühm Wiener. Hg. von Gerhard Rühm. Reinbek bei Hamburg 1967, S. 9
2 Gerhard Rühm: »Vorwort«. In: Die Wiener Gruppe. A.a.O., S. 16
3 Paul Celan: Mohn und Gedächtnis. Stuttgart 1952. S. 49; wiedergegeben nach Surrealistischen Publikationen. Klagenfurt 1950, S. 67
4 Bernhard Albers (Hg.): Aus zerstäubten Steinen. Texte deutscher Surrealisten. Aachen 1995
5 Nach: Gisela Lindemann: »Friederike Mayröcker«. In: Kritisches Lexikon zur deutschen Gegenwartsliteratur. Band 8. Hg. von Heinz Ludwig Arnold
6 Friederike Mayröcker: Tod durch Musen. Poetische Texte. Reinbek bei Hamburg 1966, S. 47
7 Gerhard Rühm: »Vorwort«. In: Die Wiener Gruppe. A.a.O., S. 14
8 Gerhard Rühm: Gesammelte Gedichte und visuelle Texte. Reinbek bei Hamburg 1970, S. 235
9 Konrad Bayer: Das Gesamtwerk. Hg. von Gerhard Rühm. Reinbek bei Hamburg 1977, S. 49
10 Konrad Bayer: Das Gesamtwerk. A.a.O., S. 347
11 Michael Töteberg: »Konrad Bayer«. In: Kritisches Lexikon zur deutschen Gegenwartsliteratur. Band 1. Hg. von Heinz Ludwig Arnold
12 friedrich achleitner/h. c. artmann/gerhard rühm: hosn rosn baa. Wien 1959, S. 49
13 Michael Lentz: Lautpoesie/-musik nach 1945. Eine kritisch-dokumentarische Bestandsaufnahme. Band 2. Wien 2000, S. 781–786
14 Ernst Jandl: Laut und Luise. Olten und Freiburg i. Br. 1966, S. 47
15 Eugen Gomringer: die konstellationen les constellations las constelaciones. frauenfeld (1963). nicht paginiert
16 Eugen Gomringer: die konstellationen les constellations las constelaciones. A.a.O., nicht paginiert
17 Eugen Gomringer: theorie der konkreten poesie. band II. texte und manifeste 1954–1997. Wien 1997, S. 15
18 Claus Bremer: »erde/ruhe«. In: movens. Dokumente und Analysen zur Dichtung, bildenden Kunst, Musik, Architektur. Hg. von Franz Mon. Wiesbaden 1960, S. 112

19   Helmut Heißenbüttel: »Einführung«. In: Eugen Gomringer: konstellationen ideogramme stundenbuch. Stuttgart 1977, S. 8 und 10
20   Helmut Heißenbüttel: Textbuch 1. Olten und Freiburg i. Br. 1960, S. 25
21   Helmut Heißenbüttel: Über Literatur. Olten und Freiburg i. Br. 1966, S. 202 und S. 155
22   Helmut Heißenbüttel: Über Literatur. A.a.O., S. 204
23   Vgl. Franz Mon: artikulationen. Pfullingen 1959, S. 29
24   Carlfriedrich Claus: Erwachen am Augenblick. Sprachblätter. Hg. von den Städt. Museen Karl-Marx-Stadt und dem Westfälischen Landesmuseum Münster. 1990/91. Sprachblatt (ohne Titel) Z 133, S. 172
25   Max Bense: Modelle. Reihe rot, Text 6. Stuttgart o.J. (1961), nicht paginiert
26   Max Bense: vielleicht zunächst wirklich nur. Monolog der Terry Jo im Mercury Hospital. Reihe rot, Text 11. Stuttgart o.J. (1963)
27   Ludwig Harig: Im Rausch der Südwörter. Warmbronn 2007, S. 5
28   Ludwig Harig: Die Stäbe der Nachtigall. In: Das erste Buch. Schriftsteller über ihr literarisches Debüt. Frankfurt/M. 2007. S. 65
29   Ludwig Harig: Logbuch eines Luftkutschers. Stuttgart 1981, S. 22–23
30   Ludwig Harig: Die Stäbe der Nachtigall. A.a.O., S. 65 und 66

Über konkrete Poesie

1969

Das erste »konkrete« Gedicht schrieb Carlo Belloli 1943. Seitdem hat sich die konkrete Poesie langsam, aber konsequent zu einer kaum mehr überschaubaren Vielfalt von Textformen entwickelt. An ihr sind Autoren aus allen Ländern, in denen es überhaupt moderne Literatur gibt, beteiligt. Wer sich einen Überblick verschaffen will, greift am besten zu der *Anthology of concrete poetry*, die Emmett Williams in der Something Else Press, New York 1967, herausgegeben hat. Ihr Vorwort enthält die einfachste Definition der konkreten Poesie:

> »It was poetry far beyond paraphrase, a poetry that often asked to be completed or activated by the reader, a poetry of direct presentation – the word, not words, words, words or expressionistic squiggles – using the semantic, visual and phonetic elements of language as raw materials in a way seldom used by the poets of the past.«

Wer diese Ausstellung[1] betrachtet, bemerkt, dass das Wort, das isolierte Wort, das primäre Element der konkreten Texte ist und nicht der Satz, wie in aller anderen Literatur, mag sie traditionell oder modern sein. Eines der frühesten konkreten Gedichte von Eugen Gomringer, der die konkrete Poesie durch seine *konstellationen* und Manifeste zu einem Begriff gemacht hat, besteht nur aus dem Wort ›schweigen‹ (›silencio‹), das 14-mal wiederholt und in drei Kolumnen angeordnet wird, deren mittlere eine Leerstelle aufweist: Dadurch wird die ganze ›Konstellation‹ zum Ideogramm von ›Schweigen‹. Der intendierte Sinn wird nicht nur gesagt, sondern auch dargestellt.

Die frühesten konkreten Texte erscheinen karg, auf Nomina reduziert, ohne die gewohnten syntaktischen Verbindungen, aus wenigen Wörtern konstruiert. Theoretisch stützen sich ihre Autoren auf entsprechende Entwicklungen in der bildenden Kunst, vor allem beim »Stijl«, bei Theo van Doesburg und Max Bill. Vorausgegangen ist die optische Transformation von Texten, zuerst in Mallarmés *Un coup de dés* (1897), dann vor allem durch die Futuristen, programmatisch in Marinettis *Parole in libertà* (1912). Hier werden typographische Elemente so intensiv in die Textstruktur eingewoben, dass sie nicht mehr herauszulösen sind. Sie machen die Fläche, auf der der Text steht, zum wichtigsten syntaktischen Mittel, das die gewohnte grammatische Syntax zu verdrängen und zu ersetzen in der Lage ist. Die Reduktion auf das isolierte und dadurch intensivierte Wort hat zuerst Kandinsky in seinem Buch *Über das Geistige in der Kunst* (1912) beschrieben; die Futuristen und Dadaisten haben sie praktiziert. Zu den Voraussetzungen der konkreten Poesie gehört auch die Metaphernalchemie des Surrealismus nach dem Modell: »meine Frau mit den Schenkeln des Sandsteins« (Breton). Die konventionelle Semantik der Wörter wird dabei zugunsten einer ›überrealen‹ Bildsynthetik außer Kurs gesetzt, die Autonomie des Einzelwortes gestärkt und ein assoziatives Lesen geübt. Allerdings trennt die konkrete Poesie eine Welt von der Mystik des Surrealismus wie dem grotesken Nonsens des Dadaismus oder dem technophilen Enthusiasmus des Futurismus. In ihren Sprachspielen mischt sich eine linguistische Rationalität mit der Lust an der unwahrscheinlichen Kombination. In der konkreten Poesie ist das Wort als Wort, mit allem was ihm zustoßen kann, das einzige Ereignis, das zählt.

Die konkrete Poesie behauptet jedoch nicht, dass es das total isolierbare Wort gibt. Im Gegenteil hat sie unter extremen Bedingungen ein linguistisches Grundgesetz erhärtet: dass das isolierte Wort, das ›absolute‹, aus allen Zusammenhängen gelöste Wort nicht einmal im Lexikon existiert. Sobald ein Sprachzeichen in einem praktischen Zusammenhang wahrgenommen wird, gerät es in ein Beziehungsfeld, das es über sich hinausführt und dadurch zugleich auf sich selbst zurückverweist. Es kommt überhaupt erst zu sich selbst, indem es in syntaktische und semantische Beziehungen tritt. Deren einfachste Form ist die eines einzelnen Wortes auf einer Fläche, wobei die syntaktische Relation durch die Position auf der Fläche hergestellt wird, die semantische Relation durch die Wertigkeit aller beteiligten Momente – der Wortbedeutung, der Schriftgröße, der Lage usw. – gegeben ist. Jedes weitere hinzutretende Moment differenziert den Sachverhalt.

Diese syntaktisch-semantische Kombinatorik ist grundsätzlich unabschließbar und von labiler Dynamik. Ihre Konsequenz treibt die konkrete Poesie zu ihren extremen Verfassungen: einerseits durch Reduktion der Beziehungen die unterste Grenze sprachlicher Information zu erreichen, andererseits die Elemente so zu differenzieren und zu komplizieren, dass dem entstehenden Zeichenkomplex keine Wahrnehmung mehr gewachsen ist. Auf dem ersten Weg erscheinen Texte aus zerstörten Wörtern, aus Lettern, Letternfragmenten, nicht mehr identifizierbaren Zeichenresten. Der andere Weg führt zu immer größerem Zeichenaufwand, zur Überlagerung ganzer Texte durch andere, zur Kombination von Texten mit fremden Medien, Bildern, Objekten, Räumen. Der Betrachter muss auswählen und durch die Auswahl seinen Text herstellen.

In der konkreten Poesie sind – wenn auch in Grenzen – Schrift und Lautform eines Textes konvertibel, das heißt, ein Text kann gelesen und gesprochen werden, da sein Material verbaler Natur ist. Auf dem Weg in die extremen Textverfassungen geht diese Konvertibilität verloren: Die Texte sind nur noch visuell oder nur noch akustisch wahrnehmbar. Es erscheinen visuelle oder phonetische Texte, die sich nicht mehr ineinander überführen lassen. Sie bezeichnen die Grenzpositionen der konkreten Poesie, wo die intermedialen Zonen zur Musik oder zur bildenden Kunst oder zur Architektur beginnen.

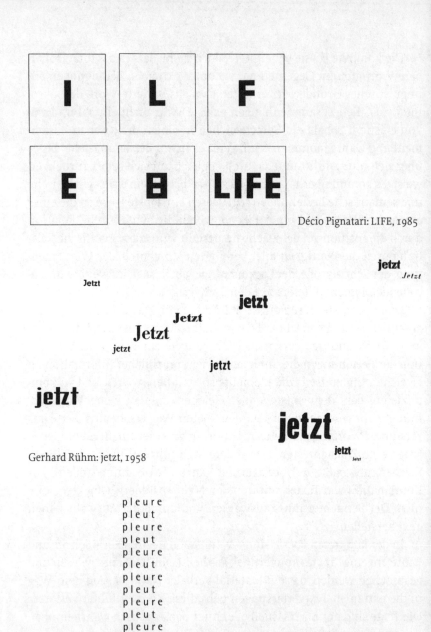

Décio Pignatari: LIFE, 1985

Gerhard Rühm: jetzt, 1958

```
p l e u r e
p l e u t
p l e u r e
p l e u t
p l e u r e
p l e u t
p l e u r e
p l e u t
p l e u r e
p l e u t
p l e u r e
p l e u t
p l e u r e
+
p a r a -
p l u i e
```
Ian Hamilton Finlay: pleure, 1963

Carlo Belloli: un sorriso, 1943

    sind   (sind)

~~sind~~

"sind"

Heinz Gappmayr: sind, 1964

worte sind schatten
schatten werden worte

worte sind spiele
spiele werden worte

sind schatten worte
werden worte spiele

sind spiele worte
werden worte schatten

sind worte schatten
werden spiele worte

sind worte spiele
werden schatten worte

Eugen Gomringer:
worte sind schatten, 1956

colocaramas
caracolocar
amas**caracol**
ocaramas**car
acol**ocarama
s**caracol**oca
ramas**caraco
l**ocaramas**ca
racol**ocaram
as**caracol**oc
aramas**carac
ol**ocaramasc
aracolocara
mas**caracol**o
caramas**cara**

Augusto de Campos:
colocaramas, 1960

```
               pomander
            open pomander
          open poem and her
          open poem and him
         o p e n poem and hymn
        hymn and hymen leander
         high man pen meander
         o pen poem me and her
         pen me poem me and him
           om mane padme hum
          pad me home panda hand
        o pen up o holy panhandler
       ample panda pen or bamboo pond
      ponder a bonny poem pomander opener
     open banned peon penman hum and banter
   open hymn and pompom band and panda hamper
        o i am a pen open man or happener
           i am open manner happener
              happy are we open
                poem and a pom
               poem and a panda
                poem and aplomb
```

Edwin Morgan: pomander, 1964

```
)ı
)rí
)ra
)ra:
)raı
)ran
)ranς
)rancς
)rancl
)rancu
)rancu
rancu.
rancu.
rancus
rancus
rancus
rancus
rancus
rancus
rancus
rancus
rancus
rancus
rancus
rancus
rancus
rancus
rancus
rancus
rancus
rancus
rancu
rancu
rancu
rancu
ranc
ranc
ranc
ranc
ranc
ran
can
car
car
car
ca
ca
r
r
r
r
re
brancusi
brancusi
brancusi
brancusi
brancusi
```

Jiří Kolář: Brancusi, 1959

Wenn man das Feld der konkreten Poesie auf Texte aus verbalem Material eingrenzt, lassen sich im Wesentlichen die folgenden Kompositionsmuster beobachten:
1. die Position eines einzelnen Sprachzeichens auf einer Fläche. Dies ist zwar nicht die früheste, aber die radikalste Form konkreter Poesie. Beispiel: Pignatari *I/L/F/E/LIFE*
2. die Position mehrerer Sprachzeichen auf einer Fläche, etwa in Streulage. Zur Wertigkeit der Lage auf der Fläche und der Schriftgröße kommt die gegenseitige Konstellation hinzu. Auch kann die semantische Entfernung, die Nähe oder Ferne der verschiedenen Wortbedeutungen voneinander eine wichtige Rolle spielen. Beispiel: Rühm *jetzt*
3. die asyntaktische Reihung mehrerer Sprachzeichen in Zeilen oder Kolumnen, wobei oft dieselben Elemente wiederholt werden. Beispiel: Finlay *pleure/pleut*
4. die Multiplikation derselben Elemente zur Intensivierung, Extensivierung, Kontrastierung usw. einer Information. Die Möglichkeiten der Redundanz lassen sich darstellen. Beispiel: Belloli *un sorriso*
5. die Häufung einer (eventuell unbestimmten) Menge von Sprachzeichen auf einer Fläche. Ihre Verteilung kann von wechselnder Dichte sein, sodass Überlagerungen und Übergänge von Lesbarkeit zu Unleserlichkeit erscheinen. Beispiel: Gappmayr *sind*
6. die Permutation eines Sprachmaterials durch alle Möglichkeiten, die eine gewählte Regel zulässt. Beispiel: Gomringer *worte sind schatten*
7. die Kontamination verbaler Elemente: Wörter oder Wortteile gehen ineinander über. Die Bedeutungen wechseln und mischen sich; unerwartete Bedeutungen werden an Ausschnitten der Struktur entdeckt. Beispiel: A. de Campos *colocaramas/caracolar*
8. die phonetisch-assoziative Variation von Sprachzeichen. Eine phonetische Form löst eine ähnliche aus, jedoch mit fremder Bedeutung. Beispiel: Morgan *pomander/open pomander/open poem and her...*
9. die Figuration eines Sprachmaterials
   a) nach einem äußerlichen Schema (Beispiel: Kriwets Scheiben),
   b) als Visualisation des Textes Beispiel: Kolář, *Brancusi*
   Grenze zum visuellen Gedicht.[2]

Wenn moderne Literatur vor allem durch die Anstrengung gekennzeichnet ist, die Sprache zur Sprache zu bringen, dann ist die konkrete Poesie eine ihrer konsequentesten und aufschlussreichsten Phasen. Vielleicht haben sich heute ihre Möglichkeiten erschöpft; ihre Erfindungen jedenfalls gehen ein in die neuen intermedialen Versuche mit Text-Räumen und Hör-Spielen.

Dem Verzicht auf die Krücken der konventionellen Syntax verdankt die konkrete Poesie die Simplizität ihrer Texte. Sie erscheint nur so lange karg und reduziert, bis ihre eigentümlichen neuen syntaktisch-semantischen Dimensionen erkannt sind, die den Betrachter instand setzen, eine Fülle von versteckten Beziehungen herzustellen und die Intensität des Einfachen zu erfahren. So gelesen, wirken diese Texte als Alternative zum zeitgenössischen Sprachschwall, als unaufdringliche, aber radikale Kritik an der Masse von Gerede, dessen Hervorbringer nicht wissen, dass sie mit Tausenden fertiger Versatzstücke hantieren.

Anmerkungen
1 »Mostra di poesia concreta« im Zusammenhang der Biennale in Venedig 1969
2 Alle Beispiele aus: An Anthology of concrete poetry. Hg. von Emmett Williams. New York 1967

Helmut Heißenbüttel: Entwurf neuer Realitätszusammenhänge

2012

1.

Am Anfang seiner *Frankfurter Poetikvorlesungen* 1963 stellt Helmut Heißenbüttel fest: »Grundsätzlich gilt keine Voraussetzung außer der einen, dass wir noch immer nicht genau wissen, welche Welt es ist, in der wir leben, und dass wir infolgedessen ebensowenig wissen, was das für eine Art von Literatur ist, die wir vor uns haben, die wir lesen und nicht lesen.«[1]

Als wir uns um 1970 auf das Ansinnen des Carl Hanser Verlages eingelassen hatten, eine zeitgemäße Alternative zu der im Deutschunterricht bevorzugten Gedichtsammlung des Echtermeyer zusammenzustellen, war unser Vorhaben schließlich an der Frage, wie die ausgesuchten Gedichtbündel zu organisieren seien, festgefahren, sodass Heißenbüttel in einem Brief zu dem Schluss kam: »(...) ich würde für meinen Teil da auch den reinen Zufall vorziehen (d. h. Würfel oder Kopf oder Adler usw.).« Wir entschieden uns, statt einer konventionellen Einteilung ein nichtliterarisches Verfahren zu wählen, nämlich die Gedichte »nach der Zahl ihrer Wörter« anzuordnen, wie es unsere *Antianthologie* vorführt.[2] Heißenbüttel hatte für seine Poetik schon früh ein nichtliterarisches auf der Zahl 13 beruhendes Strukturprinzip gefunden, das er bis in die späten Textbücher anwendet. Unbesehen vermittelt diese im gesellschaftlichen Ambiente gemiedene Primzahl Abseitiges, Widerständiges, Widerwärtiges. Die Affinität, die Heißenbüttel zu ihr hatte, lässt sich in ihrer emotionalen, biographischen Qualität kaum ermessen, wohl aber in ihrer poetologischen. Im *Textbuch 5* wird sie das ganze Textensemble der *3 × 13 mehr oder weniger Geschichten* organisieren[3] und konsequenter noch im *Textbuch 6*, dessen sieben Stücke jeweils aus 13 Strophen zu je 13 Zeilen bestehen.[4]

2.

Der Spielraum des sprachlichen Materials ist im *Textbuch 6* weitgespannt. Basal sind schon im ersten Text mit dem Titel *quasiautobiographisch*[5] Existentialien des eigenen Lebens mit seinen Alltäglichkeiten, Wahrnehmungen, Gefühlen. In der Regel reihen sich die Wörter prosamäßig und sätzefragmentierend zu dreizehnzeiligen Strophen ohne Rücksicht auf den Kontext. Die letzte Passage lautet:

(...)
Oberlippe geschlitzt Ziegeldachstimmen
Geräusch der Ziegeldachstimmen Echo
der Ziegeldachstimmengeräusche zu re-
petierende Situation mit dem Rücken
zur Wand gegenüber auf dem Rücken

> liegend allein überhaupt vis-à-vis verwickelt in Sichtweite Abstand mitten in seiner Familie und sich entfernend aus einer größeren Menge vor dem Sturm rückwärts bewegte Möve unmittelbar nach der Katastrophe aber keine Erinnerung daran unauffällig unterwegs Zweithandanschauung Anschauung zweiten Grades Kanal&Blumengelände Blumenfarben Farbenkanäle kanaluferfarben Farben der Blumenuferkanäle in diesem[6]

Eine gewichtige Materialquelle sind Fremdzitate, im *Textbuch 6* in Reinkultur vorgestellt in dem nervenzerreißenden Konglomerat *Deutschland 1944*, das ausschließlich aus höchst divergenten politischen, militärischen, ideologischen, poetischen, biographischen Formulierungsfragmenten vor allem aus dem deutschen Katastrophenjahr 1944 besteht.[7] Auf die pure verbale Materialität greift das Stück *vokabulär* zu, das eines der eher seltenen Beispiele konkreter Poesie ist.[8] Wie mit einem Klettverschluss wird Wort an Wort geheftet, indem die Grundwörter der Komposita und deren Abwandlung wiederholt werden. Das liest sich so:

> einsetzen Einsatz / Aufsatz Vorsatz / vorsätzlich Satz / der Satz vom / Grunde Grund- / satz grundsätz- / lich Grundsatz- / referat gründlich / grundlegend / Grund gründen / auf begründen / Gründergenera- / tion Gründerzeit /

Eine Strophe aus 13 Zeilen im Blocksatz. Die Kettenbildung wird stellenweise unterbrochen und die Wahrnehmung irritiert, etwa wenn es heißt:

> Tisch setzen am / gleichen Tisch / sitzen im gleichen & Boot sitzen im / Bild bleiben den / Rahmen sprengen / sich ein Bild ma- / chen den An- / schein wahren / bildlich gespro- / chen Bild Vorbild / Urbild Abbild / Zerrbild bebildern /

Es gibt weder Subjekt noch Prädikat. Die Verben kommen im Infinitiv oder als Partizip. Personen kommen nicht vor. Dennoch wird die flache

Beiläufigkeit zwischendrin unterlaufen von aktuellen Begriffen (*Grundsatzreferat*). Es addieren sich Skizzen einer prekären Daseinswelt; man nimmt Notizen zur Kenntnis, ohne sie orten zu können. Im Nachhinein weiß man, dass Heißenbüttel 1967 die Reihe der Textbücher abschließen und eine neue Projektserie ansetzen wollte. Statt eines Textbuches 7 erschien 1970 *Projekt 1 D'Alemberts Ende*, als dessen Fingerübung *vokabulär* nun gelesen werden könnte.

3.

D'Alemberts Ende hat mit seinen 388 Seiten das Volumen eines Romans.[9] Das Stichwort Roman taucht bereits 1961 im *Textbuch 3* auf, wenn dort dreizehn *Variationen über den Anfang eines Romans* angeboten werden und kurz darauf unter dem Titel *Roman* Reflexionen über das Ich-Substrat »der einzige(n) wahre(n) und wirkliche(n) Geschichte« durchgespielt werden.[10] Klaus Ramm hat im Nachhinein das ganze Ensemble des *Textbuches 2* geradezu als »Quasiroman« bezeichnet.[11] Mit dem also geschärften Blick liest man nun auch das *Textbuch 5* als narrative Abfolge seiner Stücke, gefasst im Gerüst Parodien, Protokolle, Pornopamphlete, Grotesken, Parabeln, die tentakelhaft in die Lebenswelt des 20. Jahrhundert, welche ja – Jahrgang 1921 – durch und durch die des Autors ist, hineingreifen, wobei der von Heißenbüttel schon früh favorisierte »halluzinatorische« Erzählmodus durchschlägt.

Es bleibt bei den fünf »Projekten«. Die in den 80er Jahren entstehenden Texte sammelt Heißenbüttel größtenteils wieder in der bewährten Form der Textbücher.[12] Seine Hoffnung, sie bis zu einem 13. fortführen zu können, erfüllt sich leider nicht. *Textbuch 9* weist wieder die strenge Dreizehnerordnung auf: drei Gruppen mit jeweils 13 Texten aus jeweils 13 Sätzen. Was da verfasst ist, liest sich wie die Repetition eines gelenkigen Wörterweges und enthält auch das Resümee einer lebenslangen Befassung mit der poetischen Realität. Im vorletzten Stück *Der Fortgang der Entdeckung des Verborgenen* lautet der vorletzte Satz, eine Frage:

> 12 Das völlig Unentwirrbare, Unentzifferbare, Unidentifizierbare, wiederholt, zu entdecken als das Versteckte in seinem Versteck?[13]

Anmerkungen
1 H. Heißenbüttel: Über Literatur, Olten 1966, S. 124
2 Antianthologie: Gedichte in deutscher Sprache nach der Zahl ihrer Wörter geordnet von Franz Mon und Helmut Heißenbüttel. München 1973
3 H. Heißenbüttel: Textbuch 5. Olten 1965
4 H. Heißenbüttel: Textbuch 6. Olten 1967
5 ebenda, S. 5
6 ebenda, S. 9
7 ebenda, S. 29 ff.
8 ebenda, S. 11 ff.
9 H. Heißenbüttel: Projekt Nr. 1 D'Alemberts Ende. Neuwied und Berlin 1970
10 H. Heißenbüttel: Textbuch 2, S. 20 ff., S. 26 f.
11 H. Heißenbüttel: Das Textbuch. Neuwied und Berlin 1970, S. 9
12 H. Heißenbüttel: Eichendorffs Untergang und andere Märchen Projekt 3/1. Stuttgart 1978
   H. Heißenbüttel: Wenn Adolf Hitler den Krieg nicht gewonnen hätte. Historische Novellen und wahre Begebenheiten Projekt 3/2. Stuttgart 1979
   H. Heißenbüttel: Das Ende der Alternative. Einfache Geschichten Projekt 3/3. Stuttgart 1980
13 H. Heißenbüttel: Textbuch 9 3 × 13 × 13 Sätze 1981–1984. Stuttgart 1986, S. 72

»eine Art von Erinnerung hatte sich erhalten«

Zu ›Deutschland 1944‹ von Helmut Heißenbüttel

1980

man zerschneide und arrangiere die Stücke zu jeder beliebigen Kombination und was in Wahrheit gesagt werden kann, drückt sich hiemit so aus, dass das Sein des Geistes ein Knochen ist.

Textbuch 6

Textbuch 6, das letzte in der Serie, besteht als einziges der Reihe nur aus Collagetexten. Sechs der Texte sind offensichtlich völlig aus Fremdmaterial, aus Zitaten zusammengesetzt, einer – *vokabulär* –, verwendet Redensarten, Versatzstücke der Alltagssprache in kettenartiger Verschlingung. Eine weitere Bündelung collagierter Texte finde ich nur noch in

Textbuch 4, nämlich die Gruppe *Zusammensetzungen;* auch diese enthalten ausschließlich Fremdzitate. In diesem Fall hat Heißenbüttel die Autoren, von denen die Zitate stammen, vorab genannt. Im ganzen *Textbuch 6* gibt es nur einen Hinweis auf einen der Zitatspender (*über einen Satz von Sigmund Freud*). Alle anderen Zitate bleiben anonym, und ihre Zuordnung ist also dem Spürsinn des Lesers überlassen. Bei keinem der Texte ist das Interesse an der Aufdeckung der Zitatherkünfte so dringend wie in dem Stück *Deutschland 1944* (s. S. 343 ff.). Nach der Spielregel dieses Textes stammen alle seine Elemente aus im Jahr 1944 Geschriebenem, Verlautbartem, Publiziertem. In ihnen bildet sich die politische Landschaft der Deutschen in dem Augenblick ab, da die Brocken der Nation in zeitlupenhafter Explosion auseinanderzufliegen beginnen. Je tiefer man in den Text eindringt, desto trockener wird einem der Mund, denn er lässt ablesen, dass tatsächlich tausend Jahre zu Ende gehen. Von der Hitze hochgetrieben, flockt die Asche einer verheizten Kulturnation. Heißenbüttel, nach der Herkunft der Zitate befragt, nennt einige Quellen auf Anhieb, einige mit Fragezeichen. Über die zentralen Zitate gibt es keine Zweifel: Himmler, Hitler, Goebbels haben sie im Mund gehabt, Schriftliches stammt von Ernst und Friedrich Georg Jünger, Kunrat von Hammerstein, Gottfried Benn, Josef Weinheber, auch Heribert Menzel und Hans Baumann scheinen beteiligt. Hinzu kommen die anonymen Autoren eines Wehrmachtsberichtes und der »Nachrichten aus dem Reich«. Nur Deutsche also kommen zu Wort, die Welt draußen erscheint nur in Gestalt der Feinde, von denen gesprochen wird; keine fremde Äußerung dringt ein; wir sind unter uns. Die Zurückhaltung der Namen im Textzusammenhang ist ebenso richtig wie ihre allmähliche Aufdeckung. Lesend merkt man: Sie alle, die hier noch Worte finden, sind Masken, ihre Subjektivität ist – auf diese oder jene Weise – ausgekernt, sie sind an einer Sache beteiligt, die sie verzehrt. *Wie ich alles das so hinschreibe erfaßt mich dermaßen die Ungeheuerlichkeit dieser Dinge daß ich meine ich müsse aus einem bösen Traum erwachen.* Gerade diejenigen der Zitierten, die sich beobachtend-reflektierend mit ihrem Ich melden, registrieren auch die säkulare Katastrophensituation, in der Individuen, und das bedeuten ja Namen, im Übergang zu Schall und Rauch begriffen sind. Dennoch spielt es für den späteren Leser eine Rolle zu wissen, wer das war, der da spricht. Posthum, in der historischen Perspektive, gerinnen die schon Verdunsteten wieder zu Gestalten.

Alle Texte im *Textbuch 6* sind in gleicher Weise organisiert: in jeweils 13 Strophen zu je 13 Zeilen, wobei die Stropheneinteilung mechanisch über die Rhythmen der Montage gelegt ist und diese an zufälligen Stellen durchschneidet. Abrupt, zufallsbestimmt erscheinen auch einige der Textschlüsse. Ahnungslos zum Weiterlesen bereit, umblätternd findet man plötzlich eine leere Seite. Diese leeren Seiten sind Schnitte, wie sie auch die Collagetexte durchziehen. Vor allem in *Deutschland 1944* werden sie kaum gemildert, indem etwa ein Zitat gleitend ins andere hinübergeführt wird. Hier stoßen sich die Inhalte hart (... *süß ist des Leibes Musik/ Geschlechtsverkehr der Leibstandarte* ...), scheppern die Rhythmen der Textbrocken gegeneinander: Bruchstücke aus Gedichten, Reden, Tagebüchern, einem Wehrmachtsbericht, Protokollen reihen sich nach der immer wieder überraschend gültigen Regel, dass gerade das Disparate zusammengehört, und begnügen sich mit dem Jahr ihrer Entstehung – 1944 – als einzigem gemeinsamen Nenner. Der Gestus der Texte springt von Pathetik zu Lakonik, von lyrischem Schmelz zu dürrem Bericht, von Betroffenheit zu mordsüchtigem Gebell. So setzt der erste 13-Zeilen-Block mit intensiv hochgespannten Daktylen, emotional aufladend ein (*hängt ihr am Leben sie geben es brünstig für Höheres niemand zwang sie dazu denn ihres Herzens Schlag ihrer Seele Gebot* ...), fährt fort mit einer prosaischen Feststellung (der »Nachrichten aus dem Reich«: *die lange Dauer des Krieges hat zu einer allgemeinen Lockerung* ...), diese wiederum wird aufgesogen von (daktylisch) lyrischem Pathos (*Blut du lauf um nun verjüngt* ...), darauf dröhnt Hitlers Drohung (*man muß diese gemeinsten Kreaturen*), und schließlich teilt sich ein Beobachter (Ernst Jünger) mit, dessen Sprache rhythmisch-ästhetisch stilisiert (*ich stand teils am Fenster teils auf der Wiese um mir bald diesen bald jenen Eindruck*...), dessen Standort distanziert ist. Wobei das letzte Zitat bereits in den zweiten strophischen Block hinüberläuft.

In der Struktur von Collage liegt es, dass jedes Partikel isolierbar ist und nach seiner Herkunft aus einem außerhalb des Textes liegenden Zusammenhang befragt werden kann, wobei jeder Leser mit den eigenen Erfahrungs- und Erinnerungsreflexen beteiligt ist, sodass sich beim Lesen eine nicht bestimmbare individuelle Tiefendimension ergibt (die auch sehr flach sein kann). Zugleich jedoch ist die textliche Nachbarschaft, die unmittelbare und die weitere, mit ihren Verkettungen für die Lesart und die Gestik des Textes maßgebend. Das materiale Interesse des Lesers richtet sich auf die Tiefendimension; es wird von Aussagen gefüttert, die die Gefühlsskala vom Banalen bis zum Schauderhaften abtasten; wobei auch die bloße Neugier auf den Stoff gefühlsbestimmt ist. Durch die hart angeschnittenen Nachbarschaften der Bruchstücke geraten die divergierenden Stimmungen jedoch übereinander, mischen sich, büßen ihre Eindeutigkeit ein. Etwa wenn Friedrich Georg Jüngers harmlose, reimgarnierte Gedichtzeilen *Charons schwarzer Nachen kann nicht nach dem andern Ufer finden ohne dass die lichten Horen hier ein Rosensträußchen winden* zwischen dem Wehrmachtsbericht vom 20. Juli 1944 mit seinen Katastrophen und dem (leitmotivisch wiederkehrenden) Satz seines Bruders Ernst *sie hörte wie der Todesschweiß plätscherte* und nur durch diesen von dem historischen Zitat aus der Rede Himmlers über den Entschluss zur Ausrottung des jüdischen Volkes getrennt steht. – Ein anderes Beispiel: *Blut du lauf um nun verjüngt durch immer blühendere Leiber süß ist des Leibes Musik Geschlechtsverkehr bei der Leibstandarte mit andersrassigen Frauen sei sehr häufig* – Leiber, Leibes, Leibstandarte scheppern aneinander, die ideologisch gespreizte Erotik des ersten Textes kehrt ihr garstiges Hinterteil im zweiten hervor – beide zusammen zeigen erst die Wahrheit.

Zitate aus Gedichten jenes Jahres sind wichtige Bestandteile des ganzen Textes. Heißenbüttel macht durch diese Beimischung den Satz Adornos über die Unmöglichkeit, nach Auschwitz noch Gedichte zu schreiben, begreiflich. So was wirkt wie ein Gas, das die schauerlichen Masken aufbläht und ihre Todesfalten vertuschen hilft. *zur Erd gesenkt den Schild und zerhaun das Schwert nackt* – Hölderlins später Duktus bezirzt. *wir pflanzen Korn und Lilien in die Asche und Efeu in den Schatten unsrer Schwerter wir sammeln Märzgewölk ob alten Brachen* – der Nibelungen Heldengespenster scheinen über dem Morast dieses Jahres zu geistern. Die Sprache ist es: Mit ihrer Hilfe ziehen die Teilnehmer und Täter einen schillernden Film über das, was passiert. Als bloße Handlanger hasten dabei die Dichter am Rande mit. Die zentralen Akteure beherrschen auch diese Sache direkt. Was sie von sich geben, entblößt drastischer als die Lyrik das glitschige Verhältnis von Wörtern und Taten, die abgründig verankerte Teilhabe der Sprache am Schauerlichen. Himmler: »man darf die Dinge nicht unter kleinen ichbezogenen Gesichtspunkten betrachten, sondern muß das Gesamtgermanentum ins Auge fassen, das ja auch sein Karma hat«: rein verbale Rechtfertigung für das Auslöschen von Menschen durch Benennung eines Phantoms (›Gesamtgermanentum‹) aus uralten Zeiten, die Beschwörung einer Hohlwelt, in der ein Wort (›Karma‹) als Quasi-Seele flattert. – Goebbels: »hier kämpft eine Nation um ihr Leben und wie das Leben des Einzelnen vom Ausgang des Krieges in seinem Sein oder nicht Sein abhängt so muß er auch mit allen seinen Kräften für diesen Kampf zum Einsatz gebracht werden (...) wir werden unter allen Umständen diesen Kampf solange führen, bis, wie Friedrich der Große gesagt hat, einer unsrer verfluchten Gegner müde wird weiterzukämpfen« –

Hoffnung nur noch verbal in Gestalt einer historischen Analogie (Rettung Friedrichs durch den unerwarteten Tod der Zarin), die gehört wird und geglaubt werden muss. Syntaktisch fungiert Friedrich der Große bloß als Vergleich, den Beteiligten an solcher ›Sprachhandlung‹ ist dieser Name jedoch die Substanz der Botschaft. Die Realität beider Äußerungen ist die Ankündigung der drohenden Negierung des Einzelnen, die jeder auch als ihn betreffende Todesdrohung verstanden hat.

Am extremsten wirkt vielleicht das Himmler-Diktum: *jeder guten Anlage in jedem Volksgenossen die ungehemmte Entfaltung und jeglicher Leistung ihren vollen Lohn zu sichern denn am Ende könne nur auf diese Weise der Bolschewismus und Kommunismus überwunden werden und das erhalten werden wovon das Abendland abhänge nämlich der Einzelne als Persönlichkeit.* Die Wörter bewegen sich in solchem Munde wie Roboter, über ihre Bedeutung befindet allein der Redner – gute Anlage, Leistung, voller Lohn, Abendland, Persönlichkeit zucken über die Zuhörer hin wie eine Lightshow, illuminieren und zerhacken das von Millionen Leichen gebuckelte Environment.

Karl Kraus hat in *Die letzten Tage der Menschheit* anhand von Material aus dem Ersten Weltkrieg den Sachverhalt, dass das Schauerliche nicht ohne das Lügenpotential von Sprache möglich ist, ein für alle Mal drastisch demonstriert. Auch er damals mit den Mitteln der Collage. Heißenbüttel schreibt, gewollt oder nicht, auf diesem Hintergrund, und es genügen statt der vielen hundert Zitate runde 30, um *Deutschland 1944* zu orten. Es entfaltet sich auch keine figurenbesetzte, rhetorische Szenerie, sondern kompakt drückt Satz an Satz, geäußert von zunächst jedenfalls anonymen Stimmen.

Deutschland 1944 kumuliert in einem Redezitat Heinrich Himmlers, das insgesamt viermal auftaucht und schon dadurch von den anderen Bruchstücken des Textes abgehoben wird: *ich habe mich entschlossen auch hier eine ganz klare Antwort zu finden ich hielt mich nämlich nicht für berechtigt die Männer auszurotten sprich also umzubringen oder umbringen zu lassen und die Rächer in Gestalt der Kinder für unsere Söhne und Enkel groß werden zu lassen es mußte der schwere Entschluß gefaßt werden dieses Volk von der Erde verschwinden zu lassen. Es geht um die Vernichtung des jüdischen Volkes.*

Erstmals erscheint das Zitat im 4. Textblock, eingefasst von einem Rahmen aus Tagebuchnotizen widerstehender Autoren, der distanzierend und zugleich verschärfend wirkt; dann in rascher Repetition im 10., 12. und 13. Textblock, wodurch alle benachbarten Elemente dominiert und überdröhnt werden. Ist es Zufall, ist es Absicht, dass an den einzigen Stellen, wo Zitate nicht über die Textblöcke hinausgreifen, der Schnitt des Textblocks und des Zitats also zusammentreffen, dieses Textstück erscheint, sodass es auch dadurch noch herausgeschnitten wird (am Anfang des 10. und am Ende des 12. Textblocks). Wie ein Echo aus der Todeswüste tönt um das Himmler-Diktum in vierfacher Wiederholung ein Satz von Ernst Jünger, der aus einer Traumerzählung dieses Jahres stammt und vermutlich im Zusammenhang mit dem tragischen Ende seines Sohnes steht: *sie hörte wie der Todesschweiß plätscherte.*

Der Charakter des Dokumentarischen, der zur Collage ebenso gehört wie die schwebende Interferenz der Elemente, welche gerade die Eindeutigkeit des Dokumentierten in Frage stellt, verliert sich, wenn das Material nurmehr wiederholt und wenig oder nichts Neues mehr hinzukommt, wie es vom 10. Textblock an immer stärker der Fall ist. So bestehen der 12. und 13. Textblock dann nur noch aus repetierten Teilen, darunter, wie gesagt, noch einmal das Himmler-Zitat und dreimal der Satz von Ernst Jünger (im 13. Textblock). Die Wiederkehr des Gleichen in dem letzten Viertel des Textes setzt die Neugier außer Kraft, die Fragmente beginnen zu kreisen in einem Strudel, der eine Innenseite bildet. Es ändern sich nur noch die Konstellationen der Teilstücke untereinander, es ergeben sich wechselnde Kontexte. Dasselbe wird in anderer Nachbarschaft jeweils anders lesbar. Der Leser findet sich einem Kaleidoskop veränderlicher Abfolgen gegenüber, die an einer beliebigen Stelle abbrechen werden, doch eigentlich kein Ende erkennen lassen. Er kann auf den Abbruch nach dem 13. Textblock verschiedenartig reagieren: Er kann die Sache fallenlassen oder, indem er die Wiederholung aufnimmt, zu früheren Passagen zurückkehren und sie in die Leseerfahrung des letzten Teils einbeziehen, weil ihn die Unabschließbarkeit des Ganzen nicht in Ruhe lässt.

Dies gilt offenbar auch für den Autor. Heißenbüttel hat *Deutschland 1944* zu einer Hörcollage ausgearbeitet (Westdeutscher Rundfunk 1979). Diese Fassung benutzt zum Teil Überlagerungen der verschiedenen Bruchstücke, und der Text ist zu dem Zweck beträchtlich erweitert worden um längere zusammenhängende Passagen. Deren Überlagerung bewirkt, dass die Aussagen ihre Verständlichkeit einbüßen, die Äußerungen der Texte akustisch verwischt, zerstört werden, sodass nur Fetzen verständlich bleiben. Während der Leser sich dem Text gegenüber wiederlesend und in der Wiederholung meditativ verhalten kann, ist der Hörer dem Ablauf des Stückes mit seiner Unwiederbringlichkeit ausgeliefert – er muss daher seine Erfahrung unmittelbar im Moment des Hörens machen und an Ort und Stelle wahrnehmen, worum es geht.

Deutschland 1944 ist lakonische Zeitaufnahme und Klage gegen Sprache als Mittäter. Die Geschehnisse, die zur Sprache kommen, sind geschehen, weil Sprache als Medium mithandelnd verfügbar war. Sie hat alibisiert, phantomisiert, desorganisiert. Natürlich ist ›die Sprache‹ keine Täterin, sie zu subjektivieren, gibt keinen Sinn. Aber sie ist auch kein neutrales, indifferentes Mittel, das so reinlich wieder hervortritt, wie es eingegeben wurde. Die Farbe dessen, was sie mitbewirkt hat, bleibt ihr anhaften. Sie ist ein geschichtliches Etwas, dessen Valenz ständiger Veränderung unterliegt, das nicht festlegbar ist und deshalb in höchstem Maße politische Relevanz besitzt. Ablesbar ist dies in dem Text nicht nur für Deutschland 1944, sondern auch für Deutschland 1984.

»von einen sprachen«

Über Ernsts Jandls »heruntergekommene Sprache«

2005

I.

In diesem Juni erscheint ein Heft der Zeitschrift *Akzente*, das dem Thema der Schönheit gewidmet ist. In meinem Beitrag darin dient Jandls Hörspiel *Das Röcheln der Mona Lisa* (s. S. 511 f.) als Beispiel für das schillernd-ambivalente Verhältnis, das ein zeitgenössischer Autor zum Phänomen der Schönen haben kann. Mein letzter Satz lautet, auch als ein Reflex auf das *Röcheln der Mona Lisa*: »Nicht nur das Schöne ist schön.« Als ich nun sein Gedicht *von leuchten*[1] wieder las, wusste ich: Das ist genau das, was mein Satz sagt. Jandl hat es am 26. Oktober 1977 geschrieben. So lautet sein Text:

von leuchten

wenn du haben verloren den selbst dich vertrauenen als einen
schreibenen; wenn du haben verloren den vertrauenen in den eigenen
kreativitäten; wenn du haben verloren den methoden, den techniken
zu richten den lebendigen und den toten; wenn du haben verloren
den zusammensetzen von worten zu satzen; wenn du haben verloren
den worten überhaupten, sämtlichen worten, du haben
nicht einen einzigen worten mehr: dann du vielleicht
werden anfangen leuchten, zeigen in nachten den pfaden
denen hyänenen, du fosforeszierenen aasen!

Für meinen durchgewalkten poetischen Sinn ist dies ein Fall definitiv gelungener Schönheit, wie sie auf dem Hinter- und Untergrund unseres Jahrhunderts noch möglich ist. Schauen wir genauer hin.

Das Gedicht besteht aus einem neun Zeilen langen Konditionalsatz: »wenn du haben verloren ..., dann ...« Fünfmal setzt der Wenn-Satz aufs Neue an, und bei jedem Mal werden weitere Verluste an poetischer Potenz aufgezählt, die das angesprochene Du betroffen haben könnten.

Es ist ein rhetorisches Du, das der Autor auf sich selbst richtet. Es deutet aber, unbeschadet dieses Selbstbezugs, einen Spalt an, der die Aussage unauffällig in der Schwebe hält. Die Summe der fünf Wenn-Sätze würde das Aus einer dichterischen Existenz bedeuten: »wenn du haben verloren / den worten überhaupten, sämtlichen worten, / du haben nicht einen einzigen worten mehr: dann ...«, heißt es im letzten Teilsatz. Die Negativität ist komplett. Der Leser kann nun voller Teilnahme mit dem armen, entkernten Poeten dies als eine Art klinischer Befundbeschreibung nehmen und fragen, ob eine Abhilfe, eine Therapie noch möglich wäre. Oder aber: der Spalt zwischen dem diagnostizierten Du und dem redenden Ich hat uns vorsichtig gemacht, sodass wir wohl die sprachlichen Normendefekte bemerken, sie jedoch nicht so schwer nehmen, da die sinnproduktiven Leistungen dabei durchaus noch funktionieren. Ist ein Moment von Hysterie mit im Spiel? Denn die desperate Diagnose wird von dem gelungenen Text selbst aufgehoben. Rücken wir noch ein Stück weiter ab und stellen uns quer zu dem, was da steht, so sehen wir uns gespannt der Satzserpentine folgen, die eine Spannung auf jenes Dann erzeugt, das dem Wenn unabweisbar folgen wird. Die Serpentine hat der Herr des Textes mustergültig mit einem zügigen Versrhythmus gezogen. Trochäen im Verbund mit Daktylen bewirken das ungestörte Fließen der Wörter. Das Auftakt-Wenn wird jedes Mal – durch einen Trochäus – auf der ersten Silbe der Zeile betont; seine Eventualitätsrolle also hervorgehoben, sodass die Möglichkeit, es könne auch anders sein, nicht vernagelt wird. Zum Kunstweg wird die Serpentine aber erst durch ein irritierendes Moment auf der Inhaltsebene. Als unkontrolliert eingedrungenes Fragment verwirrt die Formulierung in der 4. Zeile: »zu richten die lebendigen und die toten« für einen Augenblick die Harmonie des Negativen. Doch der Versrhythmus führt es mühelos mit. Dieses Zitat aus dem apostolischen Glaubensbekenntnis bezieht sich auf den endzeitlich erwarteten Christus und stammt offensichtlich aus Jandls Erinnerungsfundus. Es gelangt als unvermuteter Einfall aus einer anderen Welt ins Gefüge.

Die, normativ gesehen, defektiven Wort- und Satzformen, insbesondere die häufige Verwandlung der Verb- und Substantivendungen in homophone en-Lautungen, unterstützen den eben rhythmischen Verlauf und bewirken das Abschmelzen des lautlichen Profils. Mit diesem

Kunstgriff wird die Monotonie hergestellt, die zu der Atemlosigkeit des fünffachen Ansatzes beim Aufreihen der Verluste gehört und ihre ins Extreme zielende Dynamik noch verflüssigt. Dieser letzte Satz: »und du haben nicht einen einzigen worten mehr« klingt wie die definitive Ankündigung des Endes.

Erst in der späten 7. Zeile erscheint, lange hinausgezögert, das Dann als Komplementär des Konditionalsatzes. Wie das Wenn trägt auch das Dann den heraushebenden Akzent [hier eines Daktylus], und es verbindet sich alliterierend noch dichter mit dem Du. Hier wird der Möglichkeitsspielraum durch das »vielleicht« offen sanktioniert: Es könnte, aber es muss nicht geschehen, nämlich die Verwandlung des depravierten Dichter-Dus in ein »leuchten«, das anders ist als ein bloßes Licht, von undefinierbarer Qualität. Die Parenthese am Schluss wird die Erscheinung in die jeder Auflösung entzogene Metapher »du fosforeszierenen aasen« kleiden. Dessen Leuchten zeigt nächtlicherweise den Hyänen, den Aasfressern, den Weg zu ihrem Fraß, dem abgeschiedenen Du des Dichters. Der Rhythmus des Vordersatzes formt auch den Nachsatz. Der Kunstweg wird fortgesetzt, ja erreicht erst jetzt seine Vollendung. Denn auch die vokalische Abstinenz, die den Vordersatz mit dem O-Laut nur karg markierte, weicht nun einer vokalischen Vielfalt. Diese, darunter sechsmal das A, illuminiert geradezu die Szenerie, und sie verwandelt dabei ihren makabren Inhalt in ein unheimlich »leuchtendes«, phantasmisches Bild. Das Ausrufezeichen hinter dem »aasen«, leicht zu übersehen, gibt diesem Wortkörper eine verrückte Emphase.

Doppelsinnig dürfte sie sein. Denn sie bestätigt die Endgültigkeit des Kollapses im Vordersatz, und zugleich feiert sie den verendeten Dichter durch die auftrumpfende Metamorphose seines Kadavers in einer gloriosen Wortlauterfindung: »denen hyänen, du fosforeszierenden aasen«. Das einheitschleifende -en in den Endsilben enthebt diese Wortwesen um ein Stück ihres kruden Realbezugs. Dieses so dunkelnd heraufgeführte Gedicht bringt durch eine Volte, die der Jandl'schen Poetik durchaus geläufig ist, ein eigentümliches Stück Schönheit zutage.

2.

An jenem 26. Oktober 1977 hat Jandl drei Gedichte geschrieben, was nicht so oft bei ihm vorkommt. Er befand sich selbst also keineswegs in der Zwickmühle des Verstummens, die er in dem Gedicht »ein leuchten« aufgestellt hat. Es war das dritte an diesem Tag. Das mittlere hat den Titel »von einen sprachen«[2] und ist für unseren Zusammenhang fundamental, da es, soweit ich sehe, das einzige Gedicht ist, in dem Jandl seine sogenannte »heruntergekommene Sprache« zum Thema macht. Es geht auch hier um die Schreibarbeit des Autors – und was für eine! Hören wir es uns an:

> von einen sprachen
>
> schreiben und reden in einen heruntergekommenen sprachen
> sein ein demonstrieren, sein ein es zeigen, wie weit
> es gekommen sein mit einen solchenen: seinen mistigen
> leben er nun nehmen auf den schaufeln von worten
> und es demonstrieren als einen den stinkigen haufen
> denen es seien, es nicht mehr geben einen beschönigen
> nichts mehr verstellungen. oder sein worten, auch stinkigen
> auch heruntergekommenen sprachen-worten in jedeen fallen
> einen masken vor den wahren gesichten denen zerfressenen
> haben den aussatz. das sein ein fragen, einen töten.

Der Autor tritt in der Er-Form auf, noch distanzierter als im Du des vorigen Gedichts. Die verwendeten Wörter der »heruntergekommenen sprache« sind in ihrer eigenen »stinkigen« Qualität sowohl symptomatisch für die »stinkige« Beschaffenheit seines Daseins wie aber auch das geradezu passende Werkzeug, mit dem dieses präsentiert werden kann, ohne zu beschönigen oder zu verstellen, wie es ausdrücklich heißt. Auch hier enthält die 7. Zeile einen Sprung in Gestalt eines fragestellenden »oder«. Der anstehende Satzinhalt wird durch die defektiven grammatischen Formen verwischt; auch fehlt dem Fragesatz das zugehörige Satzzeichen am Schluss. Im Klartext steht dort: ›Oder sind Wörter, auch stinkige, auch in heruntergekommener Sprache gefaßte Wörter in jedem Fall eine Maske vor dem wahren Gesicht, das der Aussatz zerfressen hat?‹ Die Frage wirft einen Zweifel an der Leistung der Wörter im Hinblick auf ihren Gegenstand auf. Leisten sie tatsächlich die unterstellte, nicht beschönigende Präsentation des wahren, verwüsteten Daseins eines »solchenen«, dieses Menschen da? Oder maskieren sie nicht doch bloß dessen Realität? Wie quälend die Frage ist, besagt der Schlusssatz: »das sein ein fragen, einen tötenen«, – ein tötendes. Das Dilemma ruft das Wort ›Maske‹ herauf, das sich vor das zunächst zuhandene, handlich naheliegende der ›Schaufel‹ schiebt. Es droht die Totalität der Destruktion, die mimetische Identität von Werkzeug und Leben zu stören. Der Zweifel stützt sich auf das in die Frage eingefügte »in jeden fallen«. Es kann ›immer‹ bedeuten, muss es aber nicht. Es lässt auch die Lesart ›von Fall zu Fall‹ zu, sodass zumindest die Möglichkeit der wesentlichen Identität von Sprachzeichen und seinem Referenten besteht.

3.

Jandl wägt mit der Maskenversion die ikonische Übereinstimmung von Sprachzeichen und Objekt – Muster ›Kuckuck‹ – ab gegen die arbiträre, die beliebig-gelenkige Verbindung zwischen Wortkörper und Bedeutung. Diese macht in der Lebenspraxis die Sprache universell brauchbar, und sie öffnet unabsehbare Spielräume für poetische Erfindungen. Die hat Jandl sein Leben lang in vielen Variationen genutzt. Wenn man seine poetische Biographie durchgeht, findet man auf Schritt und Tritt das Spiel zwischen Wortlaut und Bedeutung. Das beginnt mit seiner Entscheidung für die experimentelle Arbeitsweise Mitte der 50er Jahre, deren frühe Ergebnisse in dem Band *laut und luise* gesammelt sind – etwa die *etüde auff*, in der alle W-Laute durch den F-Laut ersetzt werden: »eile mit feile / auf den fellen weiter meere«. Es folgen die *sprechblasen* von 1968 mit dem Potpourri verschiedenster Spracherfindungen und -verdrehungen in dem Gedicht *kneiernzuck*, dann der Band *Der künstliche Baum* – 1970 – mit der phonemischen Eskalation im Gedicht *fortschreitende räude*. Die Beispiele ließen sich beliebig vermehren. Die von Jandl als »heruntergekommene Sprache« bezeichnete Variante fügt sich nahtlos daran an. Dass sie Ausdrucksmedium neben anderen ist, zeigt sich schon an der Soloverwendung des Konjunktivs in der Sprechoper

»Aus der Fremde« als normwidriges poetisches Mittel. Dies geschah in den 70er Jahren zeitgleich mit der Praxis der »heruntergekommenen Sprache«.

Während die Transformation der Satzaussage aus dem Infinitiv in den Konjunktiv nur die Modalität des Satzes und damit dessen Realitätsbezug antastet, greift die »heruntergekommene Sprache« die Wortendungen und das Satzgefüge an. Die morphologischen und syntaktischen Simplifizierungen und Verschleifungen bewirken an vielen Stellen des Textes eine semantische Unschärfe, sei es als Diffusion der Bedeutungen, sei es als Zweifel am Aussagesinn. Das reicht bis zur Verrätselung der Wortfassung. Die Anregung zu dieser normzersetzenden Ausdrucksweise kam Jandl zufolge von der »sprache von leuten, die deutsch zu reden genötigt sind, ohne es je systematisch erlernt zu haben«.[3] Dass es sich dabei nicht um die Imitation des sogenannten Gastarbeiterdeutschs handelt, wie bequemlichkeitshalber immer wieder zu lesen ist, erkennt man schon daran, dass die Normverletzungen in sich reguliert und, im Gegensatz zur Labilität eines nur oralen Idioms, stabil sind, also einer selbstgesetzten Normgebung folgen. Hin und wieder mögen Aspekte einer holprig unzureichenden Umgangssprache durchschimmern; was Jandl erfunden hat, ist jedoch eine artifiziell konzipierte Kunstsprache und dies im doppelten Wortsinn: als künstlich gebildetes Idiom, dessen sich gelegentlich auch Dritte in spielerischer Nachahmung bedienen könnten, und als ein poetologisch gefasstes Verfahren, mit dem literale Kunst, Sprachkunst erzeugt werden kann.

4.

Exemplarisch in diesem Sinn ist das Gedicht *gemiedenen*.[4] Es ist am 16. Februar 1978, also im Horizont der »heruntergekommenen Sprache« relativ spät entstanden. Darin nutzt Jandl die ganze Skala sprachlicher Transformationen, vom phonemischen Solopartikel bis zur Sinnverrätselung, die den Verstehensverlauf hemmt. Das Gedicht lautet:

gemiedenen

sehn ich so jung dein gesicht, und dornenbusch
ich rufen dornenbusch, mit ein spitz-messer-dolch-dorn, ein
dorn-scheren, zweikling, fürn jeden der beidigen augen.
beleidigen, beleidigen schöpf, schöpflöff den schöfen-akt,
schöffen, töff-töff. und der sehensucht sein ein des
donnerbusch, ein flug-runt-rutsch, ein platsch
von einen boeing. sein zu sicheren doch DU
metallen-vockel, ein brütz, ts--c--h ts--c--h,
einen gewühl, pro domo klumperen. ich und mein
fertsch-tand. nach noch bein ich sichtig/süch
dünn-dick. sünn
düch-dick. ein sonn
onnentag, ein pro pro pro pro
uganda uganda minenten
einen vertro/trie
traben haben schlapf, ein kapf, wappe.
tu den zweig nicht einbiegen du tun
ein der türen trau drauf den der schaum schäm sippil,
ein druuwi druuwi, blääääää
tschlll.
aber sein ein vattern und bemorgen
einen an juckend, juckendl, ich-keit,
vor mooren sein ein schlafen-turunk,
ein ich nichti-nichti
nimmer-meere
so augenlose ich solle ich sein. Oi-
dübuuus...
KLUMM!

Kaum verhüllt deutet der Titel das Motiv an: »gemiedenen«, also: ›gemiedener‹, ein, der Gemiedene. Die Auftaktzeilen enthalten die Exposition:

»sehn ich so jung dein gesicht, und dornenbusch
ich rufen dornenbusch, mit ein spitz-messer-dolch-dorn, ein ...«

»sehn« ist nicht nur ›sehen‹, es schwingt auch ›sehnen‹ darin mit – Ausdruck eines Glücksmoments, das von »dornenbusch« jäh abgefangen wird. Dessen Widerständigkeit und abweisendes Wesen zeichnen sich schon im trochäischen, auf der ersten Silbe pochenden Akzent ab. Der Aufschrei in der Wiederholung des »dornenbuschs« zieht in eine böse Assoziationskette: »ein / dorn-scheren, zweikling, fürn jeden der beidigen augen«. Es ist der ›gemiedene‹, der diese verzweifelte Absicht hervorstößt, seine Augen zu zerstören und mit diesen, ungesagt, das Sehen-Sehnen der Liebesanwehung. Diese Doppelbedeutung blüht in der Wortbildung »sehensucht« der 5. Zeile noch einmal auf, jetzt im Widerspiel zum »donnerbusch«, zu dem der »dornenbusch« mutiert ist. Die akustische und die semantische Veränderung sind Anzeichen einer bedrohlichen Entwicklung. Sie tritt zutage in der nächsten jandltypischen Lautverwortung, hier des tiefliegenden Vokals U in dem direkt anschließenden Dreiteiler: »ein flug-runt-rutsch, ein platsch / von einen boeing«. Es ist dieselbe artifizielle Lautwortkonstruktion wie zuvor die aus dem Vierteiler »spitz-messer-dolch-dorn« gefertigte. Die semantische Ader bestimmt dabei jeweils die Selektion der Wortkerne ebenso wie deren lautlich-artikulatorischer Magnetismus. Beide Momente flechten gemeinsam die phonische Kohärenz und die Zielgenauigkeit der Bedeutungen. In den Ablauf einer Flugzeugkalamität, die in Zeile 6 ansetzt, wird das – versal gewichtete – »DU« eingeblendet und dabei zur Flugzeugmetapher verfremdet und unberührbar gemacht: »DU/metallen-vockel« (Zeile 7/8). Das imaginierte Desaster mit seiner Geräuschkulisse mischt imitatorisch Lautsilbisches mit Wortsoli der Art wie das verständlich-unverständliche: »pro domo klumperen«. Mit einem Schnitt wird unmittelbar daran gesetzt: »ich und mein / fertsch-tand« (Zeile 9/10). Das »ich« trägt dabei den harten Akzent, der vom Vorangehenden trennt. Der zerquetschte Zustand des Wortes »fertsch-tand« – man muss beim Lesen die phonetische Deformation auf die Zunge nehmen – präludiert die verbale Zerfledderung der nachfolgenden Bewusstseinsinhalte.

Der ganze Text kennt nur hin und wieder komplette Sätze. Zum überwiegenden Teil wird auch der semantische Nerv von silbisch gekappten Wortkernen gebildet. Dank ihrer gleichen oder ähnlichen Lautung entspringt einer aus dem anderen. Auslösend wirken inhaltliche Momente wie »sichtig/süch«, »dünn-dick«, »sünn/düch-dick«. Ihre lautliche Skulpturierung tritt an die Stelle der Satzorganisation und bewirkt den Zusammenhang. In der fragilen Folge der Sinnflecken tauchen auch Wörter oder Wortphantome auf – wie »uganda uganda minenten« in Zeile 14 –, deren Bedeutung belanglos ist. Sie schlagen wie Meteore als Fremdkörper ins Textensemble ein und sollen als solche wahrgenommen werden. Lautliche Assonanz und semantische Dissonanz lassen auf ein desorientiert herumtastendes Bewusstsein schließen. Diese Art »heruntergekommener Sprache« zieht sich bis ans Textende durch.

Dass diese Lautkörperfolge nicht lose im Wind hängt, verhindern die wie Bojen mehrfach auftauchenden Ich- und Du-Nennungen. Sie werden immer nur angetippt und vergehen alsbald wieder im phonemisch-silbischen Fließen und Springen. Doch sie genügen, auf das, was sich unterschwellig mitteilt, aufmerksam zu machen.

Auch dieses Gedicht hat die typische Zäsur vor dem letzten Drittel oder Viertel des Textes. Nach einem Exzess asemantischer Lautemanationen – »ein druuwi druuwi, blääääää/tschlll« – setzt sich (in Zeile 21) ein artikuliertes Aber mit seinem langen A-Laut scharf ab. Es folgt ein phonemisch dicht geknüpftes Netz von Wortkörpern, deren Bedeutungen übereinanderliegend verrutschen, sodass Divergentes im selben Blick ins Auge tritt. Das Ichwesen versucht, sich darin zu fassen. Dazu wird die Ich-Silbe aus dem Kontext gelöst und im Nichtich formatiert, mit einem lautsilbisch entspringenden Echo in der nächsten Zeile: »ein ich nichti-nichti/nimmer-meere«. Das »nimmer-meere« gehört auch schon zur folgenden Äußerung: »So augenlose ich solle ich sein«. Der desperate Impuls des »gemiedenen« aus dem Anfang des Gedichts, das eigene Augenlicht auszulöschen, wird beklommen erinnert. Wie ein Stoßseufzer hängt daran die eindringlich gedehnte, mythische Chiffre: »Oi-/dübuuus ...« Der beschworene Name des Ödipus verleiht dem Zustand des Gemiedenen eine Aura, wenn auch eine verschattete, negative. Die drei Punkte dahinter sorgen für die Entgrenzung ins Weite, Vage. Damit könnte das Gedicht enden. Es endet aber erst mit dem »KLUMM!« der 28. Zeile. Die Gewichtigkeit dieses Ausrufpartikels schafft erst die Versalschreibung und das Ausrufezeichen dahinter. Im Nachvollziehen seines artikulatorischen Verlaufs vom gaumenschließenden K über das dental, also vorne geortete L das dumpf tönende U bis zum Lippenverschluss des M, das als Dauerlaut nachsummt, wird das Schließen des Gedichts praktiziert. Zugleich wirkt es auch als Geste des Aufatmens und Abwinkens. Es ist genug der Sinnqualen. Das derangierte Ich kann sich endlich fallen lassen, und dem Leser wird bedeutet, dass diese verrückte poetische Sequenz auch einen Erlebniswert hat und zum Genuss freigegeben ist.

5.

Genau besehen, ist *gemiedenen* ein akustischer Text. Zwar drängt das erste Lesen zur Entschlüsselung der Szenik, die in den Anfangszeilen verbal verrätselt, in Gang gesetzt wird. Indem sich der Leser durch die miteinander verklammerten Ranken der Wortlaute, Lautwörter und Silbenlaute hindurchzwängt, gelingt es ihm, zu einer Deutung durchzudringen. Doch dabei konzentriert sich die Aufmerksamkeit und das Leseinteresse unvermeidlich auf die inhaltlichen, semantischen Aspekte, in denen die Sinninkubation vermutet wird, und zwar zu Lasten des Lautcharakters. Die gestisch-expressiven Aussagen der Lautierungen kommen zu kurz. Die visuelle Textur, gewohnheitsmäßig die sinntragende, überlagert nicht nur, sie knipst die phonetische geradezu aus. Dabei ist es im Grunde die sensibel und hochdifferenziert durchgeführte Rhythmik der Lautsilben, die die wenigen satzsyntaktischen Ansätze des Textes trägt. Substrat dieser rhythmischen Artikulationen ist die Lautsprachlichkeit der Solosilben und der Wortlautkörper. Sie verlangen, dass die Sprachzeichen, die sie vermitteln, die Buchstaben, nicht nur visuell gelesen, sondern auch oral realisiert, hörbar werden. Damit wird nicht nur eine andere Erlebnisebene, es wird auch eine anders gestimmte Verstehensebene erschlossen. Sie kann die literal-visuelle ergänzen und vervollständigen – das wäre der Normalfall; sie kann sich jedoch auch, dank ihrer mikrosensorisch-semantischen Einschlüsse, autonom entfalten. So gesehen, wird der vor Augen liegende Text zur Partitur einer oralen Realisation.

Die Schwierigkeit der Sinnfindung beim Lesen eines solchen Textes, wie sie sich vor allem aus der Partikelreihung, aber auch aus den collagehaften Einsprengseln von Wortfremdkörpern ergibt, schwindet, sobald der sprechend erzeugte Rhythmus mit seiner akzentsetzenden Konturierung bestimmter Textorte und der Unaufhaltsamkeit seines Zeitverlaufs die Regie übernimmt.

Die orale Präsentation seiner Gedichte hatte für Jandl immer eine besondere Relevanz (s. S. 434). Dies nicht nur, weil sie aus dem stillen Decodierer einer Zeichentextur, der Schrift, die nur mittelbar mit Sprache zu tun hat, einen Hörer macht, der seiner eigenen Sprachsprechhaftigkeit begegnet, sondern weil die gesprochene Sprache selbst verleibhaftigt ist. Deren mediale Ausdrucksbereiche ertasten ganz andere emotionale, voluntative, spirituelle Dimensionen als die des Schrifttextes. Im oralen poetischen Ereignis kann ihre ganze spontane wie kalkulierte artistische Reichweite ausgespielt werden. Jandls lautsprachlich unterfüttertes Gedicht *gemiedenen* ist geeignet, diese zutiefst humane Qualität von Sprache im Sprechen und Hören zum Erlebnis werden zu lassen.

Anmerkungen
1 Ernst Jandl: die bearbeitung der mütze. Darmstadt und Neuwied 1978, S. 148
2 a.a.O., S. 147
3 Ernst Jandl: der gelbe hund. Darmstadt und Neuwied 1980, S. 16
4 a.a.O., S. 22

»die krimgotische Schleuse sich entfächern zu lassen«

1996

für Oskar Pastior:
zum Randphänomen seines Siebzigsten

»Warum nicht einmal – genauer gesagt: Anfang bis Mitte der Siebziger Jahre – die Schiene der Einsprachigkeit durchbrechen? Warum eigentlich nicht bedenkenlos und ohne Rücksicht auf die Philologen diese eingefahrene und, weil man doch mehr im Kopf hat, immer auch zensierende literarische Gewohnheit lyrisch beiseiteschieben und alle biographisch angeschwemmten Brocken und Kenntnisse anderer Sprachen, und seien es auch nur Spurenelemente, einmal quasi gleichzeitig herauslassen?«[1]

Das »Randphänomen«, das dabei zustande kam, nannte Pastior »Krimgotisch«[2] und sammelte die dazugehörigen Texte in dem Bändchen *Der krimgotische Fächer. Lieder und Balladen*, das 1978 bei Renner in Erlangen erschien.

Behandelt man das Wort »Randphänomen« »pastiorisch«, so findet man nicht nur den Bezug auf randständig gelagertes Phänomen von poetischer Sprache, sondern – wie beim Umsprung eines Vexierbildes – auch den Bezug auf Rand, der Sprache umrandet. Ist diese doch in Felder eingelassen, die sie sowohl ein- wie ausschließen, zum Beispiel die des Geschreis, des Singsangs, des Stöhnens, des Lallens, Lachens und aller möglichen emotional besetzter Mundgeräusche. Die Langue definiert, grenzt also Ränder ab; die Parole aber verschiebt sie unablässig, deicht tönende Mundphänomene – um nur beim Phonischen zu bleiben – phonemisch und im gleichen Atemzug schon semisemantisch ein, sodass sich aus der sonst nicht fassbaren Gleitmasse gestisch-tönender Leibesäußerungen Brocken absetzen, die sich bereits im lexikalischen Weichbild befinden. Irgendwann gehört ein qualitativer Sprung dazu, gewiss, doch davor gibt es Fassungen von Quasiverbalitäten, die vielleicht nur Einzelnen, einer kleinen, eventuell nur momentanen Gruppe gehören und alsbald wieder zerfallen können. Anmutungen, Annäherungen, Ähnlichkeiten, Projektionssplitter. Rand hinter Rändern, und es lässt sich ablesen, dass auch der konventionierte Rand nur Rand vor weiteren Rändern ist. Pastior schreibt: »Das Randphänomen, sobald es in den Blickwinkel gerät, läuft Gefahr sich einzubüßen. (...) Es ist die Fassungslosigkeit selbst.«[3]

Man kann die »krimgotischen« Texte der 70er Jahre als Ergebnisse des bewussten Auf-die-Probe-Stellens sprachlicher Randständigkeiten sehen. Nimmt man sie wahr – lesend, noch besser hörend[4] –, wird man in den Prozess der Bedeutungsgenerierung hineingezogen. Was zunächst peripher anmutet, wandert ins Zentrum, wird im allmählichen Auflaufen der verbalen Partikel semantisch aufgeladen und in optimalen Fällen, etwa durch die wiederholte Verwendung, zum ›echten‹ (die Paradoxie sei gestattet) Wortsimulat, das sich, würde man verweilen können, für eine lexikalisch legitime Definition bereithielte. Sie wird natürlich nicht vorgenommen, denn das Gebilde ist singulär, Bestandteil ausschließlich dieses Textes, und zerfällt mit dem Vorübergehen des Textes (»Einmalige kleine Sprechsysteme, also keine«[5]).

Pastior hat alle Sorgfalt darauf verwandt, den Verdacht purer Beliebigkeit der Partikelarrangements einerseits und der sprachlichen Ränderungen andererseits abzuwehren. Liest man beim Hören eines Stückes die Druckfassung mit, so bemerkt man seine minutiöse Literalisierung, also die Bindung des Gehörten an die Buchstaben. Pastior artikuliert äußerst präzise. Weder gibt es spontane Lautäußerungen, noch verschleift er die Phoneme. Seine Oralität ist durch die Buchstäblichkeit gebändigt. Was doch alles andere als selbstverständlich ist, denn die literale Fassung von Sprache kanalisiert, ja reduziert jedenfalls die vokalische Potenz. Es gibt allerdings Stellen, an denen die phonemische Lautung von Wortgebilden sich nicht mit dem graphemischen Schriftbild deckt: man liest etwa »zorgfelixt« und hört ›sorgfältigst‹[6] oder »perückende« = ›berückende‹[7], »Trazparet« = ›Transparent‹[8]. Einem »müpherlikerseits« (›mütterlicherseits‹) geht ein »öterlikerseits« voraus, das im Nachhinein als ›väterlicherseits‹ verstehbar wäre, und es folgt mit »Giloikerlikerseits« eine offenbar ganz freie Analogiebildung ohne semantische Implikation[9]. Was vom Ohr unmittelbar verstanden oder doch zu Verständlichem zurechtgehört wird, zeigt sich dem (mit)lesenden Auge in orthographischer Verstellung, ja Verrätselung, die es allein nicht oder nur mit Mühe aufzudröseln vermöchte. Auch die Orthographie ritzt ihre Ränder.

Durch die Art, wie Pastior intonatorisch verfährt, werden die den Texten innewohnenden Satzgefüge und -folgen plastisch. Seine eindringliche, ruhige bis getragene Stimme simuliert Satzsinn, auch wo das Leseauge keinen zu finden vermag. Der Simulation von Syntax dienen – wenn auch nicht in allen Stücken – die Satzzeichen (reichlich z. B. in der *Ballade der Mary Merdjahn im Anblick ihres enigmatischen Hunes (Lidel Wuj Ganges)*[10], wo die ganze Palette vom Komma bis zum Anführungszeichen eingesetzt wird) ebenso wie die Verwendung normsprachlicher Partikel (Artikel, Pronomen, Konjunktionen, Präpositionen), die Großschreibung mit ihrer Pointierung von Worthierarchie und vor allem das immer wieder wirksame Schema von Subjekt, Prädikat, Objekt, das durchschlägt, auch wenn der Satzsinn verschlossen bleibt. Es gibt keinen Zweifel: Es handelt sich um sprachkonforme Texturen. Selbst noch ein Stück wie *Rach Reglob*, das beim bloßen Lesen syntaktisch zu verschwimmen scheint, weist beim Hören seine Syntax vor. Ausfälle von normierter Syntax bewegen sich generell im Spielraum gewohnter freier prosodischer Attituden.

Über das, was als Quelle des Wörtermaterials dient, hat sich Pastior verschiedentlich geäußert. Am deutlichsten im Anschluss an das oben anfänglich Zitierte:

»Konkret, wie ich zu sagen pflege: die siebenbürgisch-sächsische Mundart der Großeltern; das leicht archaische Neuhochdeutsch der Eltern; das Rumänisch der Straße und der Behörden; ein bissel Ungarisch; primitives Lagerrussisch; Reste von Schullatein, Pharmagriechisch, Uni-, Mittel- und Althochdeutsch; angelesenes Französisch, Englisch ... alles vor einem mittleren indoeuropäischen Ohr ... und, alles in allem, ein mich mitausmachendes Randphänomen.«[11]

Damit spricht er die »Gemengelage« seiner »Mehrsprachigkeit« an, der er »die Schärfung des Bewußtseins für die eigene Schreibmöglichkeiten und -positionen« und »die Aufweichung des normativen Denkens« verdanke[12]. Aus ihr kristallisiert sich seine »Privatsprache«: »Sie ist für mich die einzige Chance«, bemerkt er lapidar. »Sie erlaubt mir (...) eine tendenziell maximale Bedeutungsdichte anzupeilen *und* zu erreichen.«[13] In den »krimgotischen« Texten lassen sich zahlreiche eigen- und fremdsprachliche lexikalische Bezüge und Anklänge auffinden, und über das lexikalisch Identifizierbare hinaus glaubt man, beim Hören intonatorische Entsprechungen zu mancherlei Sprachen – skandinavische, jiddisch, schwyzerdütsch, englisch, französisch u. a. – zu vernehmen. »Die Sprachen sind in mir inkompatibel gemengt, Wasser und Fett, eine Art Emulsion, bis zur Verseifung.«[14]

Doch bezieht ohren- und augenscheinlich die Partikelbildung ihr Material auch aus einem offenbar mit solcher Sprachemulsion nur sehr weitläufig vermittelten Generierungspool. Es fallen auch im Formierungsgeschiebe asemantische Artikulationen an, die in das mitlaufende, löchrige Bedeutungsgeflecht mit seinen Annäherungen und Anspielungen eingesponnen werden. In solchem Kontakt gewinnen asemantische Lautfolgen einen Hauch von Bedeutsamkeit, wie sie umgekehrt nachbarlich bestehende Eindeutigkeiten zu verrätseln vermögen. Noch genauer besehen, zeigen solche mit sich selbst identische oralsprachliche

Reihenbildungen sich fähig, unterwegs Bedeutungsknötchen und Sinntentakeln allererst entstehen zu lassen, sodass hier die fraglose Prävalenz des semantischen Magnetfeldes mit seiner direktivisch-strikten Durchsetzungsbegier außer Kurs gerät.

Pastior vermeidet jedoch sorgfältig die Schwelle zur nur gestisch-emotionalen, aus untergründigen Impulsen gespeisten Lautprotuberanz, die zensurfrei alle Mundgeräusche gebraucht, wie es etwa François Dufrêne in seinen Cri-rythmen praktiziert. Pastiors Artikulationen sind konsequent an den Phonemen, also den standardisierten Lauten seiner Wortsprache, geeicht, und es schwingt sich durch die Reihung seiner Lautgruppenbildungen seine Stimme als Sinndeterminator, der Satzverläufe und Bedeutungsvalenzen sicherstellt, auch wo normsprachlich betrachtet keine zu finden sind. »Tun, als ob man rede. Das Reden imitieren. Darum auch die bewußte Intonation, wenn ich laut vorlese: Staunen, Frage, Antwort, Zögern, Zweifel, Einverständnis – die ganze Regie, die es dann ›tiefsinnig‹ erscheinen läßt. (...) Ich lese die Dinge so selbstverständlich, weil sie mir total plausibel sind, ohne sie ›übersetzen‹ zu wollen.«[15]

In hohem Maße hilfreich beim »krimgotischen« Artikulieren ist das »Randphänomen« der Namen. Ein Name bezeichnet eine Einzelheit und individualisiert sie in Abgrenzung von allen anderen Einzelheiten einer gemeinsamen Gattung, Familie, Gruppe usw. (Wobei auch diese selbst wieder Einzelheiten sein und Namen tragen können ... Das Randphänomen bleibt in Gang.) Ein Name bewegt sich, da er sich auf eine Singularität bezieht, diesseits des Begriffs und entzieht sich der Implantation in ein übergreifendes System und damit der Definierbarkeit. Namen sind von sich her ›bedeutungslos‹. Sie eignen sich als Elementarmaterial für »krimgotische« Texturen, da sie im Textgeflecht eine Position besetzen, ohne einen Inhalt vertreten zu müssen. Die Stücke im *Krimgotischen Fächer* nutzen diesen sprachlichen Sachverhalt weidlich aus. Selten werden konkrete Namen verwendet; um so vielfältiger werden Namen mit offenen Referenzen erfunden – von imaginären Personen, Wesen, Orten. Doch es mischen sich auch ›Namen‹ für nicht-definierbare Gegenstände darunter, welche die Sprache üblicherweise mit Begriffen bedenken würde. Ein Beispiel für »krimgotisches« Namengetümmel ist das folgende Stück[16]:

ONTARIO!

Blake d'Krak
wa hyrrschall Greck Ödi Peck?
Großaufnahme

Lyhn grigge die Fneh
Khanin traz Üdergeen
white Modnes Lib –
Rauzone

Wawe gynt / Lofkati Schnoh/
Hele rox Ettersen die Shell/
und Yänndy McPiers / neer an Eskin
die Hockn / Nöges Alu har wuhl –
ab die Vierunddreißigste!

O Klape du lac
o Dämon d'Hurst
o Zuper-Snofs Milton d'Cri
o Niles Feuer und Kork

White Naxö Nazur
Broz Kies Offenbarungsgewalt –
Orton-Erie!

Brägg Blodnes paip Zirbel Mikry
okrak
Löck Öi-Pinpinz Blinke du Clic
okrak
Bull d'Ozero Ewelod Skai
okrak

Arkti Folks Anorak

Ta Wickedibou – Take-truc
Ta Snockediwaw – Sturion
Ta Video'ptyzin – Ovid

Üdergeen
Üdergeen ...

Felle bor Helleon
Kanu di Gnac

Einige wenige reale Namen – Ontario, Milton, Shell, Ovid, vielleicht auch »Greck Ödi Peck« – Gregory Peck (?) – sowie Wörter wie »Großaufnahme«, »die Vierunddreißigste«, »Offenbarungsgewalt«, spannen ein Referenznetz (Filmaufnahmen?) aus winzigen, isolierten Zuverlässigkeiten, die ihrerseits jedoch in dem vorherrschenden fremdvokabulären Ablauf befremdlich wirken, auch wenn sie sich als Fixpunkte aufführen. Namen erweisen sich so im »krimgotischen« poetischen Horizont als optimale »Randphänomene«, da sie ohne weiteres Begriffs- und Referenzgrenzen durchdringen, ohne dass die Qualität von Sprache in Frage gestellt würde.

Pastior ist auch nach dem *Krimgotischen Fächer* der poetischen Valenz von Namen auf der Spur geblieben. Ein Kabinettstück ist der Text *Zugspitze* von 1983[17]. Gegenstandswörter, im Gebrauch oder fiktiv, verwandelt er dank loser Klanganalogien in ›Namen‹ von erdachten Stämmen einer Völkerwanderungszeit. Es entsteht ein Wörterstrom, auf dem kuriose, monströse, banale, hybride Vorstellungsgebilde tänzeln. Ein weiteres, sehr konzentriertes Textbeispiel, in dem Namen und Gegenstandsbegriffe umeinander pendeln, ist *Eber Schlegel Dimmer*[18].

Auf einem ganz anderen Blatt steht der Zwang, der der Methode des Anagrammschreibens innewohnt, der Pastior nach dem *Krimgotischen Fächer* einen Arbeitsschwerpunkt gewidmet hat. Diese Methode treibt in der Nötigung des Regelmechanismus immer wieder zu asemantischen Letterngruppen, die sich in der Rolle als ›Namen‹ von ihrer Begriffslosigkeit exculpieren können. Als Beispiel sei *List gegen List*[19] genannt. Vor allem bei Anagrammgedichten, die eine kurze Ausgangszeile haben, kommt die artikulatorische Gelenkigkeit, die in den silbischen Lautfolgen der »krimgotischen« Texte trainiert wurde, wieder mit ins Spiel; nun jedoch als phantasmisches Ausgreifen in den vorgegebenen rigiden Letternstrudel, der sich präzise wie ein Kaleidoskop transformieren lassen soll. Die Zeilen eines Anagrammgedichts sind eingespannt zwischen der jeweils neuen Singularität der Letternordnung und der Tautologie ihres Repertoires. Ihr Modell der beweglichen Unbeweglichkeit steht dem der »krimgotischen« Stücke diametral entgegen, da diese zwar auch die Singularität der Partikelordnungen zur Auflösung der sprachlichen Identitäten nutzen, zugleich aber jede partikulare Lautkonstellation alle vorangehenden hinter sich lässt und in ein Anderes, auch material Neues treibt. Dieser fugitiven Tendenz sind retardierende, stauende, rückkoppelnde Mittel in den Weg gestellt in Form von Wiederholungsstrukturen, Variationen, Permutationen, dank derer jedoch die alteritäre Verfasstheit der Wort- und Partikelfolgen eher noch greller erscheint.

Nur auf den ersten Blick widerspricht dem die Bemerkung, dass es unter den im Titel als »Balladen« bezeichneten »krimgotischen« Texten einige gibt, die narrative Züge aufweisen, etwa *Ballade vom defekten Kabel*[20] oder die bereits erwähnte umfangreiche *Ballade der Mary Merdjahn im Anblick ihres enigmatischen Hunes (Lidel Wuy Ganges)*[21]. Nur der erstgenannten »Ballade« lässt sich, schon vom Titel beflügelt, so etwas wie eine erzählerische Konsequenz entnehmen. Die *Ballade der Mary Merdjahn* dagegen enthält zwar dramatische Signale in Gestalt von Ausrufen, Fragen, direkter Rede, Versalschrift u. a. Doch es bleibt bei momentanen Anmutungen. Jede Wörter- und Partikelgruppe, in Zeilen gefasst, ist in sich so kohärent, dass sie als Minimalform auch für sich bestehen könnte, und es bedarf der erwähnten stilistischen Mittel der Wiederholung und Variation und der Pastior'schen stimmlichen Sinndeterminationen, um den – täuschenden – Eindruck durchwandernder Fabelmomente zu vermitteln. Solche Texte treten als Vexierbilder auf, die eine versteckte Figur suggerieren, obwohl es keine gibt.

Pastior gelingt eine poetische Strategie, mit der er Satz- und Textsinn vermeidet, ohne vom Grund her – wie es andere gleichzeitig arbeitende Autoren der phonetischen Poesie tun – den Sinnparameter abzuweisen. Mit dem, was er schreibt, bewegt er sich genau an einem Rand entlang, an dem, für die Dauer solcher Texte, die Sprache vor dem peinlichen Déjà vu bewahrt und ihre Auslieferung an den Handel mit Stereotypien vermieden wird. Darin rumort die Einsicht, dass Sprache in Gebrauch immer auch Second-hand-Sprache ist und ihre bedeutungsvalenten Bausteine sich in der Form zahlloser kontingenter semantischer Schichten angelagert haben. Diese Gebilde sind in hohem Maße labil und lassen sich als Puzzleelemente von unglaublicher Elastizität in beliebige Konfigurationen einpassen. Pastior spielt diesen so heillosen wie chancenreichen metaphorischen Aggregatzustand gebrauchter Sprache in vielfältigen poetischen Strategien aus. In seinem Konzept der »krimgotischen« »Privatsprache« steckt, kaum versteckt, sowohl die Weigerung, über die dubiose metaphorische Diffusität von Sprache hinwegzusehen, als wäre diese von adamitischer oder sollte man sagen mathematischer Eindeutigkeit und Klarheit, als auch die Lust auf einen Spielraum für Nochnicht-, das meint: Nochniegesagtes im Randphänomen eines hybriden »krimgotischen« Zungenschlags.

Anmerkungen
Die Zitate stammen aus folgenden Veröffentlichungen:
(1) Oskar Pastior: Der krimgotische Fächer/Lieder und Balladen. Erlangen 1978
(2) Oskar Pastior: Anagrammgedichte. München 1985
(3) Oskar Pastior: Jalousien aufgemacht. Ein Lesebuch. Herausgegeben von Klaus Ramm. München 1987
(4) Oskar Pastior: Das Unding an sich. Frankfurter Vorlesungen. Frankfurt/M. 1994
(5) Oskar Pastior: Der krimgotische Fächer. Lieder und Balladen. Cassette gesprochen von O. Pastior. Düsseldorf u. München 1979. (Weitere »krimgotische« Texte, von Pastior gesprochen, enthält die Langspielplatte »Lautpoesie. Eine Anthologie«. Herausgegeben von Christian Scholz. Obermichelbach 1987; mit Textheft.)

1 Pastior: Unding, S. 66
2 Pastior: Unding, S. 66
3 Pastior: Fächer, S. 103
4 Pastior: Fächer (Cassette)
5 Pastior: Unding, S. 67
6 Pastior: Fächer, S. 45, Z. 4
7 Pastior: Fächer, S. 49, Z. 13
8 Pastior: Fächer, S. 49, Z. 22
9 Pastior: Fächer, S. 53, Z. 13, 3, 17
10 Pastior: Fächer, S. 39 ff.
11 Pastior: Unding, S. 67
12 Pastior: Unding, S. 104
13 Pastior: Unding, S. 103
14 Pastior: Jalousien, S. 23
15 Pastior: Jalousien, Randbemerkung S. 36

16 Pastior: Fächer, S. 57 f.
17 Pastior: Jalousien, S. 92 f.
18 Pastior: Jalousien, S. 181 f.
19 Pastior: Anagrammgedichte, S. 55
20 Pastior: Fächer, S. 13
21 Pastior: Fächer, S. 39

Dieses undefinierbare Etwas von Sprache

Über Hartmut Geerkens ›kant‹

1999/2000

Da ist ganz in der Nähe der Schreibhand dieses undefinierbare Etwas von Sprache. Ich weiß sie ganz die meine, mit der ich auf engem Raum zusammenlebe und die sich dabei als sperrig, widerständig, taubstumm, leblos erweisen kann. Sie kommt ›von drüben‹ her, wird vorgefunden wie ein fremdes Vehikel, das mich eine Weile mitnimmt, oder auch wie der Fluss selbst, in dessen reißender, stehender Masse ich mich vorfinde, eine Blechbüchse, eine Wasserratte, ein Ziegelstein, glatt, wehrlos. Manchmal auch das Stehen am Ufer, unsicher ob, unsicher wie hineinkommen, und ein unvermittelt auftauchendes Wort hilft, mit einem Stoß ins Gehirn, und der Uferrand ist weg.

Womit haben wir es zu tun? Ganz oberflächig betrachtet: mit einer Explosion, einer ebenso langsamen wie rasenden Explosion von Textmaterie, also Wörtermaterial, die unser Jahrhundert, unser letztes Halbjahrhundert kennzeichnet. So viel Wörter waren nie. Während Adelungs Wörterbuch (1774–86) in seinen fünf Bänden rund 55 000 und Campes ebenfalls fünfbändiges (1807–11) schon 141 000 Wörter versammelten, schätzt der Brockhaus von 1988 den heutigen Wortschatz, ohne den der Fachsprachen und Mundarten, auf 300–500 000 Einheiten. Von denen macht das große Duden-Wörterbuch etwa 200 000 lexikalisch verfügbar. Ein Vielfaches davon beherbergen die Fachsprachenlexika, die fortwährend schleichend Masse an die Alltagssprache abgeben. Jedes beteiligte Individuum sucht im Laufe seiner Sprachbiographie aus diesen, von Dialekten und Sondersprachen noch angereicherten Vorräten sein eigenes mentales Lexikon zusammen. Auch dieses ist labil, beweglich, nimmt Neues auf und verliert verschattete Bestandteile. Man könnte von einer Schnittzone sprechen, in der das individuelle Sprach- und Sprechpotential und das in der Gesellschaft verfügbare und praktizierte ineinanderlaufen und voneinander getrennt sind. Keines der Wörter und keines der sprachlichen Strukturverfahren, die ich benutze, sind, von winzigen Ausnahmen abgesehen, meine Erfindung, und dennoch sind sie mein – mentales – Eigentum. Ist es aktiviert, steht mein Sprachinnen auch schon im allgemeinen Kontinuum, unter den Vibrationen virulenter oder geparkter, geläufiger oder exzentrischer Textierungen der Sprachgesellschaft, und was es nach draußen gibt, wird von dieser aufs eigene Konto gebucht und so von jedem Dritten als Sprachaußen erfahren.

Dieser Ambivalenz kann man sich nicht entziehen. Aus dämmerndem Halbschlaf aufmerkend, entdecke ich, dass ich unter einem Bewusstsein voller Wörter stecke, an denen Sätze zusammenschießen, deren Aussage ich wie ein Außenstehender vorbeihörend mitbekomme. Ich lasse sie jedoch als die meinen gelten.

Was mache ich, zum Schreiben bereit, vor der Bedrängnis des leeren ersten Blattes. Wenn es gutgeht, erwische ich einen Zipfel von jenen Wörterkondensaten, die mir so unbekannt vorkommen, und ziehe ihn, wie einen schon im Boden verschwindenden Regenwurm, hervor, aufs Papier. Geht es weiterhin gut, dann befinde ich mich, eine helle Strecke weit, wie Alice auf der anderen Seite des Spiegels; wo nun alle Wörter, die auftauchen oder die zum Auftauchen zu bringen mir gelingt, sich in einem Zustand des Als-ob und nicht mehr, wie vor dem Spiegelglas, im Geflecht ihrer Definierbarkeiten verzurrt befinden. So kann sich ihre Fähigkeit entpuppen, bislang ungedachte, gar undenkbare Liaisons mit anderen Wörtern einzugehen. Es ergeben sich heterogene, hybride Gebilde, die abweisen und dennoch, wenn sich ein zuträglicher Bezugshorizont aufgebaut hat, frappierend ergiebig zu lesen sind.

Der Frage: Wer schreibt, wenn ich schreibe? korrespondiert die andere: Was schreibe ich, wenn ich was schreibe? Ich muss registrieren, dass meine Texte vollstehen mit längst vorhandenen, fremd durchgefärbten Sprachquanten, die mir willkommen zur Hand sind, unvermittelt, so scheint es, diesseits meiner Schnittkante, als ob sie schon immer da gewesen wären. Wenn ich es wissen will, weiß ich, es sind Leihgaben von der anderen Seite, und ich hoffe nur, dass das Magnetfeld, in dem sie Figur werden, zusammen mit der Figur wenigstens mein eigen ist. Sobald ein Dritter – Leser, Hörer, Betrachter – meinen Text wahrnimmt, wird mir vermittelt, dass der auch eine mir abgewandte Physiognomie hat; dass er mit der dort gezeitigten Lesart schon auf der anderen Seite ist. Unaufhaltsam stellt sich seine Mehrgesichtigkeit her, und die Lesart, die ich von ihm habe, ist nurmehr eine neben anderen.

+

1998 ist ein Buch erschienen, das in einem akzentuierten Sinn als exemplarisch für das Verhalten eines derzeit aktiven Autors im Spannungsbereich seiner Schnittzone gelten kann: Hartmut Geerkens Buch *kant*, das Klaus Ramm in seinem Verlag herausgebracht hat. Der voluminöse Band ist das Ergebnis von zehn Jahren Schreibarbeit.

Das Buch verträgt keine eindeutige Gattungsbezeichnung. Es weist eine poetisch-artistische Struktur und in den Textverlauf eingelassene imaginative Erfindungen, vielfältige Wörter- und Satzspiele, »listengedichte«, Bedeutungsmelangen auf, hat also deutliche fiktionale Aspekte. Materialisiert wird dies jedoch in beträchtlichem Ausmaß durch nichtfiktionale Textsorten, Autobiographisches, Erinnerungen, Tagebuchnotate, Traumberichte, Beschreibungen, Reflexionen, Schimpf- und Schmähreden, Sentenzen und anderes. Die Register am Ende des Bandes – zu Personen, Orten und Sachverhalten – lassen keinen Zweifel daran, dass, trotz ironischer Vorbehalte, die Referenzen zum Nennwert zu nehmen sind. So werden etwa die Personen unverhüllt beim Namen genannt, obwohl manche einer heiklen Beleuchtung ausgesetzt sind. Der Autor beutet seinen Vorrat an Erlebnissen, Erfahrungen, Erinnerungen, Reflexionen und Lektürefunden ungehemmt aus und breitet beim Schreiben die augenblicklichen Emotionen zensurfrei aus. Die Autarkie, die Geerken für sich beansprucht, schlägt sich in seiner hier ausgreifenden, da minutiösen Sprachgestik, der harschen Montagetechnik, in souverän mutierten Spracheinfällen und nicht zuletzt in der zäh durchgehaltenen Schreibdisziplin nieder.

Seine Autarkie gewinnt ihre Reichweite jedoch durch die Weise, wie er seine Schnittkante zu fremden Sprachpotentialen wahrnimmt und bei der Textarbeit nutzt. Um sich herum hält er beim Schreiben ein Patchwork von Literatur der verschiedensten Provenienz zur Hand (vgl. S. 611 f.), und er hat sich ein Leseverfahren zurechtgelegt, mit dem er mentales Fremdgut in den eigenen Schreibprozess einfüttern kann. Am Ende des Buches wird der genutzte Fundus bibliographisch aufgelistet. »ich (gr.) greife ein volumen nach dem andern schlage auf bzw gehe systematisch vor & finde konstellationen die auf mich bzw meinen text zutreffen ohne dass ich danach gesucht hätte bzw erfinde ich mir konjuktionen (so!) an beliebigen stellen & schliesse an was sich gerade bietet bzw was schon seit längerer zeit daliegt auf einem haufen von sorgfältig gedruckten büchern was daliegt in form von sorglos abgerissenen zetteln« (S. 466 f.).

In diesem Zusammenhang wird auch reflektiert, was sich an der Schnittstelle abspielt, sodass der Transfer gelingt und sich nicht die Beliebigkeit einstellt angesichts der harrenden Textmassen: »die wichtigste voraussetzung brauchbare sentenzen zu ergattern ist allerdings ein zustand den zu bezeichnen mir im augenblick das wort fehlt es wäre ein zustand der leere & absichtslosigkeit mit dem ich in das zentrum jeglicher existenz treffen kann« (S. 467). Und er kennt auch die methodischen Verhaltensweisen, die den angestrebten Zustand herbeiführen können.

Die Schnittkante zwischen der Eigensprache und den noch nicht einverdauten Sprach- und Textsubstanzen durchzieht alle Seiten. Im Erschreiben der Wörter und Sätze wird sie manifest – und im Gegenlauf immer wieder außer Kraft gesetzt, aufgelöst, indem fremde, angeworbene Sätze mit den eigenen verfugt, wenn nicht ganz und gar verquickt werden, wobei die Autorsubjekte verwischt werden; Getrenntsein und Bezogenheit sind gleich gültig. Ermöglicht wird dies durch die Schnitttechnik, die für die gesamte Textierung konstitutiv ist. Sie wird legitimiert durch das doppelgesichtige Wissen, dass die eigene Sprache und Schreibe »aus nichts anderem als aus zitaten«, »als im niederschreiben von sätzen die es bereits gibt« besteht (S. 596); dass aber ebenso die gegenwendige, jene ins Schwingen bringende Feststellung gilt: »was auch immer ich lese ich lese immer auch gleichzeitig meinen text« (S. 764).

Beide Formulierungen finden sich im ersten Viertel der Schreibegeschichte, können also zur Basispoetik des Buches gerechnet werden.

Eine eigentümliche Rolle fällt Kant zu, dem Titelgeber. Vom Autor hochgeschätzt (»kant ist ein dämonischer denker & die kritik der reinen vernunft ist das leidenschaftlichste buch der weltliteratur«, S. 634), gar verehrt und an einer Stelle sogar hypothetisch mit der eigenen Existenz verdröselt (S. 688), wird seine Figur mit Hilfe der greifbaren biographischen Literatur in zahlreichen Szenen und Anekdoten erzählerisch vergegenwärtigt, auch ins Geerken eigene Ambiente verflochten und dabei zu einem Inbild skurrilen, in seiner Gebrechlichkeit doch unanfechtbaren Daseins verdichtet. Abseits davon wird das Wort »kant« (auch als »cunt«) als Montagepartikel unvorhergesehen mit diffus-bestimmten Erinnerungswerten in heterogenen Kontexten verwendet.

Wer in den Kapiteln nach einem roten Faden fahndet, scheitert zumeist an ihrer Athematik. Sie wird bewirkt durch die kompilierende Satz- und Wortmontage, die sehr kleinteilig und kontextverwirrend geschnitten sein kann. In Analogie dazu hat Geerken die schreibchronologische Entstehungsfolge der 468 Kapitel durch eine penibel herbeigeführte Zufallsverwirbelung in eine beliebige neue, nicht weiter begründbare Ordnung überführt. Angestrebt wird die radikale Diskontinuität. »je perfekter die mischung desto grösser die schönheit« (S. 676) heißt es daher im – chronologisch – letzten Kapitel. So wird jede Aussicht auf eine dem Ganzen einwohnende sinnstiftende Aussage verstellt. Die Komposition könnte auch eine ganz andere sein. Ihre Linearität beinhaltet keine Dramaturgie zwischen Anfang und Ende. Stattdessen wird beim Leser der Sinn für das Stöbern im Labyrinth oder für das Erproben einer eigenen Fassung, etwa entlang an einem der angebotenen Registerstichwörter, wie »feuer«, »boxen«, »furz«, »gong«, »traum« oder »königsberg« (auf den Spuren Kants), geweckt. Da die Register jedoch nicht die Seite, sondern nur die Kapitelnummer angeben, das Gesuchte daher als ein Element unter manchmal zahllosen anderen aufzuspüren ist, ergibt sich listigerweise und dem Leitfossil zum Trotz auch dabei eine Zufallskomposition. Erst wenn die thematischen Flecken sich mental in einem Komplex verschwistert haben, gewinnt man das gesuchte thematische Bedeutungsbündel.

Während die Großkomposition die Kapitel als manipulierbare Versatzstücke handhabt, schlägt in den Kapiteln selbst eine Schreibdynamik durch, deren Strömung und Stauungen von den oftmals rasch aufeinanderfolgenden, fragmentierenden Schnitten, den assoziativen Bezügen, den hemmungslosen Wortfolgen, dem Fehlen aller Satzzeichen bestimmt werden. Dabei ist der Verzicht auf die Interpunktion ambivalent. Er verstärkt die Unaufhaltsamkeit des Textflusses, kann aber auch, wenn in längeren Satzfolgen Sinnkomplexe zu erfassen sind, bewirken, dass die Aufmerksamkeit sich an die Textdetails hakt und das Voranlesen wegen der mangelnden Zeichenhilfe gehemmt wird. Fluktuieren, Vorantreiben, suchendes Anhalten, Innehalten, Stehen des Auges lösen sich ab.

Das Textkonvolut mit seiner phantomischen Erstreckung hat trotz der Beliebigkeitsordnung etwas Statuarisches, Massives, zumal wenn man die der Kapitelzahl – 468 – zugrundeliegende Regularität, nämlich genau der Seitenzahl des vorangehenden Buches von Geerken *mappa* zu entsprechen, bedenkt. Im Innern des Labyrinths wird, je länger man am Lesen ist, das Ganze umso unerreichbarer. Das Auge lässt sich, wie von einem Focus geleitet, auf die Myriaden an Einzelheiten ein, fasziniert, befremdet, gelangweilt, überrascht oder beglückt. Es ist immer vor Ort, so als wäre eben dies Kapitel das einzige, und so auch bei jedem nächsten. Die Kapitelanfänge erscheinen wie aus der Luft gegriffen, die Schlüsse laufen in der Regel ins Offene, sodass der Leser dort süchtig an den nächsten Anfang gerät. »keines meiner kapitel möchte ich vollenden jedes versandete von allein (...) japst nach dem nächsten« (S. 751). Eine Leseprobe ist fällig – Kapitel 37 (S. 72 f.) liest sich so:

das war was ich mir wünschte & jetzt habe ich es ohne mein zutun ist fast alles gekommen ein besonders glücklicher zufall machte mir das wissen zuwider planlos mache ich mich an meinen plan nichts erklärt mein seltsames davonfliegen es legt sich das koreanische gekröse auf die griechischen kutteln & wir sagen sandwich dazu das hat nichts mit dem thema zu tun also bin ich auf dem richtigen weg an den grund des abgruntz tatsächlich fliegt der urin nicht von selbst aus der blase in dein haar vergeblich versuche ich alles indem ich meinen gesichtswinkel verändere dann wieder rudere ich im leeren aber um mich irgendwohin zu bringen muß ein luftstrom vorhanden sein aber unsere bewegungen sind fast immer gut aufeinander abgestimmt ich verziere meine beine

> unter deinem bauch ich mache mich platt & füge mich dieser kotkugel
> ein bilde sozusagen einen teil von ihr das ist stark & das ist schwach
> beides gleichzeitig auf gut glück über die kontinente hin aber die große
> schwierigkeit beim drehen & wenden ist dies hin & her deshalb beharre
> ich auf dem punkt der leere & des winds der mich nach art eines pendels
> hin & herschwingt & mich in einen leeren raum trägt weht der wind
> stärker kürzt sich das unternehmen ab wenn haare weit herunterfallen
> wenn haare sich aufbauschen & nicht zu dünn zum fesseln wieso wird
> da die hitze rostfarben & langsam langweilig mahas vater schrieb einen
> essay oder ein buch oder eine abhandlung oder eine dokumentation
> über einen ägyptischen clown sein name tut nichts zur sache haupt-
> sache dass ja dass ein witz von lou rawls & einer von ranta die wörter
> müde & mündung gehören seltsamerweise linguistisch nicht zu-
> sammen je länger ich fliege desto größer wird das durcheinander mit
> den jahreszeiten die leute dieses landes haben ein ungestörtes verhältnis
> zu ihren rotzglocken & zu den sommergewittern kannst du dir in einem
> bambuswald pralle brüste vorstellen ich nicht

Den hier beiläufig eingeflochtenen Satz »die wörter müde und mündung gehören seltsamerweise linguistisch nicht zusammen« überliest man leicht. Doch das Querstellen (»seltsamerweise«) kann auch ein Herauslösen und Abschmecken dieser Wörter bewirken, sodass auf dem Grund der phonemischen Ähnlichkeit die zueinander zunächst indifferenten Bedeutungen zu einem merkwürdigen, überraschenden Spannungsbogen konvergieren. Geerken versteht die Wortkörper als Nukleen, deren phonetisch-semantische Dualität schreibmethodisch in ihre Aspekte zerlegt und so eigensprachlich manipuliert werden kann. Sie können spontan aufscheinende Impulsgeber sein (»warten bis ein wort kommt«, erster Satz im Kapitel 395). Sie können durch ihre Sonderbarkeit einen Kontext (ver)stören. Sie entfalten sich zu eigenen, eingeblendeten Reihen mit einer spezifischen phonemischen, semantischen oder grammatischen Kohäsion:

> »pilze aus dem eigenen garten sind ganz unterschiedliche welten wie
> klima & kleid oder körper & kühl oder kaiser & kali oder karl & kartoffel
> oder kern & kessel oder köpf & komet oder knüpf & kloster oder klang &
> knapp oder kind & knie oder kalt & kehr oder kellner & klapp oder koch

& kolb oder klag & klein oder komm & keit oder kaet & knil oder koil & knaib oder klaik & kent oder knall & kampf« (S. 210).

Die Wörterpaare springen wie Pingpongbälle zwischen lexikalischer Korrektheit und im Moment geformter Artikulation, die jeder Bedeutung voraus ist, aus deren Gebilde der Leser dann jedoch Bedeutung hervorsprießen lassen kann. Groteske Körperbildungen erscheinen, wenn lexikalisch Korrektes zu alexikalischen Superwörtern zusammengesetzt wird, wie es in der folgenden Reihe, mit zwei Ausnahmen (typisch Geerken'sche Lädierung einer selbst gewählten Regel), geschieht. Sie eröffnet wie im Sprung das Kapitel 326:

»schon vom anschauen sind wir außer atem die fingerspitzenzunge der zahnfleischhoden das fußsohlenauge der handflächenschenkel der scheitelvorhof die venusbergwurzel das anuskinn das schnauzbärschamhaar die ohrmuschelbraue der lockenprong das brillenfutteral die brustfrisur die haftschalenbüste this is not a sick joke das ist einzig & allein diese nordamerikanische schreischeiße mit geblähten nasenflügeln ein kniekinn ein junterlippendaumen eine nasenvagina ein kehlkopfschmeichel ein fontanellenschlitz« (S. 602 f.).

Die vor- und eingeblendeten Sätze suggerieren einen erzählerischen Zusammenhang, den der Leser auszutarieren versucht, der jedoch alsbald davonfliegt.

Geerken'sche Eigensprache ist hier in vollem Gang, an dieser Stelle getrieben von der prononcierten Körperhaftigkeit, die das Buch durchherrscht. Der Sachverhalt ist bewusst, etwa wenn es heißt: »kättern ist ein nie geschriebenes wort« (S. 111) – bis zu diesem Moment, da es von Geerken zum ersten Mal artikuliert und aufgeschrieben wird. Im absichtlichen Stehenlassen von orthographischen Fehlschreibungen wird eigenwillig, eigensinnig, die Schnittkante zwischen der eigenbesessenen und der fremdregulierten Sprache umspielt (»zum beispiel die bomben im krieg & der fehlsblock auf dem weg vom salang herunter«, S. 57). Dass nicht nur auf der Satz-, sondern auch auf der Wörterebene jene Ambivalenz von Eigen- und ›Fremd‹sprache wirksam ist, wird mit dem ein Kapitel abschließenden Satz registriert: »von fremden wörtern schlagen schatten in meine eigenen« (S. 309).

Die in vielen Kapiteln des Buches eingesetzten satzfreien Wörter und Wörterkomplexe, die sehr verschieden strukturiert sein können als Agglomerate, thematische Listen, pseudonarrative Folgen, als lexikalische Leihgaben und Funde oder als asemantische Artikulationen, greifen einerseits die Schnittfolgen von Texten, gelegentlich bis zur Zerdröselung in Silben und Lettern, an; andererseits treiben sie jedoch das Prinzip der Montage, welches das Buch beherrscht und das bis an den kleinen und kleinsten sprachlichen Baustein heranwill, bis in seine äußerste Konsequenz. Sie bringen darüber hinaus die doppelgesichtige Beschaffenheit von Wörtern, die beim üblichen syntaktischen Gebrauch zumeist verschwimmt, zur Geltung: ihre Opakheit, in der sich ihr von ›drüben‹ hergeleiteter Eigen- wenn nicht gar Fremdsinn manifestiert und die vielerlei changierende Bedeutungsspiele verträgt, und ihre mundnahe, mundgerechte Formbarkeit, die der Sprecher als mit den eigenen Impulsen homogen erlebt und aus der sich am Rande so etwas wie Privatsprache herleiten ließe.

Beim Schreiben beobachtet und reflektiert Geerken wie anderes alltägliches Tun auch die Methoden und Erfahrungen, die er dabei macht, und passt auch diese Metatexte fragmentiert ins Fließkontinuum der Kapitel ein. Das Sachregister verzeichnet die meisten davon unter dem Stichwort »schreiben«. Auf dieser Spur entdeckt man hin und wieder Aussagen, die einen Horizont nichtverfügbarer Texierung ansinnen. »unberührbare texte sind mein fernziel« (S. 96) heißt es an relativ früher Stelle. Die Methode automatischen Schreibens (»ich muß meine handschrift so beschleunigen daß sie der geist nicht einholt«, S. 754; »wie ich zu den sätzen komme weiß ich nicht ich hüpfe einfach los«, S. 224) wird als Grenztreiberin ausprobiert. Wenn es weiter heißt: »die sprache muß soweit eingeebnet werden daß mit nichts praktisch alles gesagt werden kann« (S. 754), so wird der Leser zu einer Gedankenpirouette verführt, als deren Achse die Negation von Texierung überhaupt erscheint.

Negation, viel vordergründiger, doch von drastischer Eindrücklichkeit, geschieht, wenn Geerken getilgte Passagen im Manuskript nach dem Ausixen noch schwärzt. »wie ein habicht fliege ich über die zeilen & suche mir zum xten mal die stelle zum schwärzen je weniger desto frustrierender mein höhepunkt wäre eine ganze seite zum schwärzen das wäre die eleganteste seite meiner literatur ich wüsste da ist nur schwarz & schwarz ist kein risiko obwohl ich risiken wünsche wie sonst nix« (S. 533).

Die Druckfassung hat die Schwarzpassagen ausgespart. Sie berichtet nur davon. Das Schwärzen, selber Negation, bringt eine Negation – das Ausixen missbilligter Stellen – zum Verschwinden und erzeugt zugleich, mit einer »eleganten« Geste eine Position: die der schwarzen Leere. Da sich für den Leser diese Vorgänge nur in der Vorstellung abspielen, bleibt es offen, ob sich darin der schweigende Gegenpol der unabsehbaren Wörtermassen, das Ruhen in der Nichtschrift als methodisches Moment im Schreibverlauf darstellt oder ob eine neue Schnittkante jenseits aller anderen anvisiert wird, deren anderes nicht mehr artikuliert wird. Es könnte auch beides zutreffen.

Eine Grenze anderer Art ist im Sinn, wenn es im weiteren Zusammenhang mit Aussagen zur Schreibpraxis einmal heißt: »jeder unverständliche satz macht mich glücklich« (S. 501). Dabei birst das Buch von verständlichen Sätzen. In den Geerken'schen Schreibverläufen zeigen sich immer wieder Bruchkanten, an denen Wörterlaute sich ihrem eigenen Dreh überlassen oder Wortkörper ihre Bedeutungen wie Masken verspielt herumtragen und ausprobieren. Da bröckelt Wörter- und Satzmaterial ins Leere; es können jedoch auch Aussagen kondensieren, deren Korrelationen riskant, unerkennbar sind. Im Moment, da sie wahrgenommen werden, ist es völlig offen, ob sich nicht doch noch ein Koordinatenkreuz herstellen lässt, in dem sie auf einmal plausibel erscheinen, oder aber ob diese Satzfigur allein schon ihr Sinn, für sich, ist. Solche Sätze finden sich in dem Buch verstreut – Glücksspender für ihren Erfinder. Die emphatische Färbung jenes zitierten Satzes spricht gegen seine Beiläufigkeit; sie lässt vielmehr vermuten, dass hier eine verborgene Kompassnadel zittert.

Am Schluss des Buches, im 468. Kapitel, findet sich ein Beispiel. Zufälligerweise tritt dort noch einmal Kant auf, und es wird ihm zum Ende ein durchaus unverständlicher Satz zugeschrieben: »er sprach sehr uneigentlich aber bei aller unvollkommenheit des ausdrucks war doch eine ganz eigene ähnlichkeit zwischen dem worte & der damit bezeichneten sache kant sagte es sei zu viel meer auf seinem teller & es fehle an festem land« (S. 840).

Durchblick und Draufblick

Über das Bielefelder Colloquium Neue Poesie 1978–1997

1997

> Das ›Bielefelder Colloquium Neue Poesie‹ war nach der ›Gruppe 47‹, die mit der Tagung 1968 endete, die einzige Gruppierung von Autoren im deutschen Sprachraum, die regelmäßig zusammenkam. Das 20. Treffen wurde mit einem Dokumentatsband, den der folgende Bericht einleitet, und einer Ausstellung begangen. Nach reiflichen Überlegungen wurde das Colloquium mit dem 25. Treffen 2003 beendet.

Das Bielefelder Colloquium Neue Poesie ist ein unwahrscheinliches Ereignis. 1997 wird es zum zwanzigsten Male stattfinden, doch von den neunzehn vorangegangenen sind kaum Spuren geblieben[1]. Die überregionalen Medien haben sich, über die Jahre verstreut, nur sporadisch darauf eingelassen. Die regionale Presse platzierte die Berichte, insbesondere über die öffentlichen Lesungen, die von Anbeginn an unerwartet großen Erfolg hatten, im Lokalteil, und auch diese Spuren sind längst verweht. Das gilt, dem Medium entsprechend, auch für die Einstundensendungen, die der WDR aus den Lesungen zusammengestellt hat. Zwar kam im Laufe der Jahre immer mal wieder in der Autorengruppe der Gedanke auf, die Tätigkeiten des Colloquiums zu dokumentieren oder eine Anthologie mit den Arbeiten der Teilnehmer zu publizieren, doch er wurde jedes Mal verworfen, vielleicht aus Abneigung gegen Verklumpung durch die eigene Historie, vielleicht auch in der Gewissheit, dass die mentalen Prozesse in ihrer Momentaneität die Sache sind, um die es geht, deren Erträgnisse von jedem Einzelnen zu nutzen oder zu vergessen sind. Jedenfalls sind weder die verwendeten Texte und Materialien archiviert noch die Diskussionen protokolliert, so lesenswert und über den Augenblick hinaus aufschlussreich manche auch gewesen sind. Es existieren nicht einmal einigermaßen vollständige und zutreffende Teilnehmerlisten aller Tagungen.

Die einzige Ausnahme bildet ein Heft der Zeitschrift *zweitschrift*, deren Nummer 6 im Herbst 1979 unter dem Titel »how to write in

Bielefeld und anderswo« Mitschnitte von Diskussionen des 2. Colloquiums 1979, Interviews mit einzelnen Autoren, am Rande der Tagung wie auch nachträglich noch erstellte, und verbale und visuelle Arbeiten nahezu aller anwesenden Autoren veröffentlichte. Die beiden Herausgeber, Uta Erlhoff-Brandes und Michael Erlhoff, die als Gäste an den internen Gesprächen teilnahmen, waren sich dessen bewusst, wie prekär ihr Vorhaben war. Im Vorspann des Heftes schrieben sie daher: »Die Herausgeber mühen sich, gleichsam im retrospektiven Nachvollzug, Prozesse, Brüche, Kontroversen ein Stück weit auf dem Papier zu dokumentieren, Fragmente und Abfallprodukte auch unterhalb des offiziellen Geschehens zu zeigen. Wir haben nicht geglättet, Widersprüchliches, Unabgeschlossenes blieb bestehen.«[2] Damit ist schon einiges über das tastend-probierende Procedere der Gruppe gesagt.

Der Initiator der ersten Tagung war Siegfried J. Schmidt. Er benutzte ein psychologisches Forschungsvorhaben im »Zentrum für interdisziplinäre Forschung« an der Universität Bielefeld, gewissermaßen im Huckepackverfahren zwanzig Autoren einzuladen, die für ihn zum Kernbestand der »experimentellen Literatur« zählten. Wer von den auf einer »vorläufigen Teilnehmerliste« Genannten tatsächlich dabei war, lässt sich heute mit Sicherheit nicht mehr sagen. Anwesend waren jedenfalls: Chris Bezzel, Pierre Garnier, Jochen Gerz, Eugen Gomringer, Lily Greenham, Bohumila Grögerová, Helmut Heißenbüttel, Ernst Jandl, Friederike Mayröcker, Franz Mon, Oskar Pastior, Gerhard Rühm, Konrad Balder Schäuffelen, Siegfried J. Schmidt, Timm Ulrichs, Oswald Wiener. Diese vermutlich nicht vollständige Liste enthält im Wesentlichen die konstanten Teilnehmer der folgenden Jahre.

Zuwahlen wurden, nachdem sich striktere Verfahren als nicht handhabbar erwiesen hatten, formlos, gewissermaßen auf Zuruf vorgenommen und letztlich den Organisatoren anheimgegeben. Von den 61 auf einer jüngst erstellten Liste Genannten[3] sind manche nur hin und wieder, einige ganz selten, andere nur in den frühen Jahren erschienen. Die Liste wäre noch um einiges länger, wenn auch der probehalber Eingeladenen gedacht würde, die in den Folgejahren jedoch nicht mehr berücksichtigt wurden oder von sich aus desinteressiert waren. Beträchtlichen Gewinn hatten und haben die internen wie die öffentlichen Veranstaltungen durch die Autoren, die aus nichtdeutschsprachigen Literaturen hinzugebeten wurden. Bereits zum 1. Colloquium kamen Pierre Garnier aus Frankreich, Lily Greenham aus England und Bohumila Grögerová aus der Tschechoslowakei (andere eingeladene Tschechen hatten keine Ausreiseerlaubnis erhalten). Die Franzosen verstärkten sich in den folgenden Jahren durch Ilse Garnier, Henri Chopin, Bernard Heidsieck und Christian Prigent. Jeremy Adler (England), Robert Lax (USA/Griechenland), Jan Faktor (Tschechoslowakei/DDR), Valeri Scherstjanoi (UdSSR/DDR), Harry Mathews (USA) und Inger Christensen (Dänemark) erweiterten und erweitern das poetische Spektrum. Die Absicht, Autoren aus der DDR zu gewinnen, hat nur in beschränktem Umfang Erfolg gehabt. Man kann Scherstjanoi und Faktor auch hier nennen; sie wie auch Olaf Nicolai sind geblieben. Carlfriedrich Claus, Ruth Wolf-Rehfeldt und Elke Erb waren nur einmal anwesend, aus unterschiedlichen Gründen.

Als während des ersten Colloquiums 1978 Wunsch und Gedanke aufkamen, das Begonnene fortzusetzen, stellte sich damit auch die Frage nach dem geeigneten Rahmen. Ernst Jandl trug aus einem vorbereiteten Diskussionspapier, unerwartet für die anderen, den Vorschlag vor, eine »Internationale Gesellschaft für neue Poesie mit Sitz in West-Berlin« zu gründen. »Zweck der Gesellschaft«, so Jandl, »ist die konsequente und kontinuierliche Förderung der Produktion, Publikation und Distribution sowie der kritischen und wissenschaftlichen Reflexion der neuen Poesie in allen Teilen der Welt.«[4] Die Reaktion der Anwesenden war gemischt und eher bedenklich als zustimmend, stellte ihnen Jandl doch eine Herkulesarbeit vor Augen, deren Zielrichtung betont literaturpolitischer und marktstrategischer Art war, während man eigentlich im Sinn hatte, sich bevorzugt mit der eigenen Produktion und ihren Problemen zu beschäftigen, was in Jandls Zweckbestimmung nur unter anderem vorkam. Die Vorstellung der institutionellen, organisatorischen und nicht zuletzt finanziellen Erfordernisse der gedachten überregionalen Vereinigung muss ebenso abgeschreckt haben wie die Aussicht auf Mitgliederrolle und Vereinsmeierei.

In nüchterner Einschätzung der Möglichkeiten wie der waltenden Tendenzen, doch auch aus der eigenen Mentalität heraus, regte Helmut Heißenbüttel als Reaktion auf Jandls Idee an, nichts zu gründen, sondern eine »fluktuierende« Autorenversammlung einzurichten, die sich bei einem Minimum an äußerem Aufwand einmal jährlich treffen könnte.[5] Wohl in bewusstem Gegensatz zur Praxis der Gruppe 47 dachte er an text- und problemzentrierte Dialoge in der Gruppe, deren gewollt heterogene Zusammensetzung die erwünschte Offenheit und Spannweite der Aspekte und Kriterien sichern würde. »Wofür ich spreche«, hatte Heißenbüttel in seinen schriftlich vorliegenden »Thesen zum Kolloquium Literaturentwicklung und Literaturanalyse« geschrieben, »ist das Nichtfestlegen auf irgend etwas, ist das Offenhalten des Offenen als Selbstzweck, ist das Risiko als Gradmesser für das, was mir unbekannt ist und was ich erst, indem ich riskiere, erhellen kann«.[6] Heißenbüttels Impuls, möglichst wenig festzulegen und keine einzwängenden Strukturen zu errichten, hat weithin die Colloquien bestimmt.

Die Textorientierung stand nicht am Anfang des Colloquiums. S. J. Schmidt hatte bei seiner Einladung 1978 als Thematik vorgegeben: »Literaturentwicklung und Literaturanalyse: Entwicklungstendenzen und Beschreibungsmöglichkeiten experimenteller Literaturen« und zur Verdeutlichung sechs Themenbereiche zur Diskussion angeboten. Sie zielten überwiegend auf die Beschäftigung mit dem externen Umfeld der Literaturproduktion, nicht auf die Aspekte der eigenen Arbeitsmethoden und -ergebnisse. Ernst Jandl war wohl der Einzige, der sich aus Überzeugung die Blickrichtung von S. J. Schmidt zu eigen gemacht hatte. In dem bereits erwähnten Papier versuchte er, die aufgegebenen Themenkomplexe zu füllen, bis zu jener Konsequenz der Gründung einer internationalen Gesellschaft. Trotz gegenläufiger Tendenzen in der Gruppe plädierte Jandl in der Schlussdiskussion des 2. Colloquiums 1979 erneut: »Gerade das, was draußen geschieht, geht uns etwas an, und diese ganze Aktion Bielefeld müßte nach außen gerichtet sein, nämlich auf die Situation der deutschsprachigen Literatur heute.«[7] Ihm schwebt offensichtlich eine auf die Öffentlichkeit einwirkende Mittler- und Werbeaktivität durch das Colloquium vor. Doch sie auch nur in bescheidenem Maße auszuführen, fehlten alle Voraussetzungen, wie Geschäftsführung, Sekretariat und Budget. Sie dagegen bloß im Inneren vorzunehmen, hätte bedeutet, es zu einem Forum, einem Kontakthof für Verleger, Kritiker, Medienleute zu machen. Nicht zuletzt die Befürchtung, dass durch solche Teilnehmer die Unbefangenheit des internen Austauschs und der Auseinandersetzung, die bis zur schonungslosen Offenheit sollte reichen können, beeinträchtigt werden und die Kollegialität angesichts einflussreicher Personen in Konkurrenz umschlagen könnte, bewirkte, dass diese ganze Flanke ausgeblendet wurde. Die wenigen Literaturwissenschaftler, Kritiker, Journalisten, die eingeladen oder zugelassen wurden, waren handverlesen und in der Runde als Beiträger, nicht als Vermittler und Vermarkter willkommen.

In einem Bericht über das erste Treffen hat Jörg Drews aus seiner beteiligten Distanz den Lebensnerv aufgewiesen, der sich durch die Auseinandersetzungen gezogen hatte: »Wenn nach den vier Tagen eines Colloquiums über ›Literaturentwicklung und Literaturanalyse‹ 20 Teilnehmer dasitzen, alle Fragen offen, ja zum Teil überhaupt erst formulierbar scheinen und dennoch die Runde über den Verlauf ihrer Gespräche recht glücklich ist, so mag das paradox scheinen. Aber diese Zufriedenheit war keineswegs Selbstzufriedenheit: sie ist vielmehr der Reflex einer Mangelerscheinung. Es fehlt, so könnte man sagen, gerade auch für die Literatur, die man inzwischen ungenau aber mit vager Selbstverständlichkeit die ›experimentelle‹ nennt oder auch die ›avantgardistische‹ (und innerhalb derer die ›Konkrete Poesie‹ wiederum ein Teilbereich ist), ein Forum des Nachdenkens über sich selbst, die Möglichkeit der Standortbestimmung, die Chance der Rechenschaft darüber, was sie erreicht, wie sie sich verwandelt, verhärtet oder geöffnet hat.«[8]

Bei allem guten Willen war es nicht zu vermeiden, dass in einer Versammlung, die weder Statuten noch verbindliche Richtlinien, noch eine zu verbindlichen Direktiven befugte Hierarchie kannte (und sie auch nicht kennen wollte) und einzig von dem Interesse jedes Einzelnen an dieser Sache zusammengehalten wurde, die Verfahren, wie denn nun vorzugehen, was denn zu behandeln sei, nur in einem allmählichen, ruckenden, oft frustrierenden Prozess geklärt und verabredet werden konnten. Das hat durch die Colloquien hindurch viele Stunden gekostet. Die aus- und durcheinanderlaufenden Tendenzen wie auch die Bemühungen aller, gangbare und annehmbare Wege zu finden, lassen sich am Beispiel des Abschlußgesprächs des 2. Colloquiums nachlesen.[9]

Über entsprechende Beobachtungen beim 3. Colloquium ein Jahr später berichtete Gisela Lindemann, Redakteurin im Norddeutschen

Rundfunk, die als Gast an den Sitzungen teilgenommen hat, in einer Radiosendung:

»Tagung einmal im Jahr, mit einer öffentlichen Lesung samt Filmvorführungen, Kunstaktionen und Verwandtem, zweieinhalb Tage Workshops mit Autorenberichten über ihre Arbeit, Lesung und Diskussion von Texten und natürlich, wie bei einer so heterogenen Gruppe von lauter kreativen, sensiblen, auch narzißtischen Autoren unvermeidlich, einem gerüttelten Maß von Zeitaufwendung für Verfahrensfragen, die streckenweise für den auf Effektivität getrimmten und also ungeduldigen Beobachter (ich meine mich) etwas Lähmendes hatten. Versöhnt war ich damit eigentlich erst, als am letzten, dem geselligen Abend die heimliche Königin der Wiener Autorengruppe, Friederike Mayröcker, mir in der ihr eigenen Geduld eines Lammes sehr vorsichtig darlegte, wie sich bei einer solchen Tagung mit so vielen verschiedenen Autoren doch erst allmählich die Nerven aufeinander richteten. Und aus dem Nachhinein betrachtet, stimmte das genau: denn von dem Augenblick an, als einer der Autoren in die Bresche sprang und etwas von sich herzeigte, einen Text nämlich, über den dann im Plenum geredet wurde, wurden die Workshops dann so intensiv, daß man darüber staunen konnte, wieviel in vergleichsweise wenigen Stunden bei solcher Arbeit herauskommen kann. (...) Da wurden auch Schwierigkeiten mit der eigenen Arbeit nicht ausgelassen, wurde von Sackgassen berichtet, aber auch von der Weiterentwicklung der jetzigen Arbeit aus der früheren etc. Zwei der vier Autoren mußten sich harte Kritik aus dem Plenum gefallen lassen, deren Schärfe umgekehrt proportional zu der Vorsicht zu stehen kam, in der sie vorgetragen wurde: hier kannte wirklich jeder genau seine eigenen Idiosynkrasien und seine Kränkbarkeit und äußerte sich entsprechend behutsam zu den Arbeiten anderer, so daß manche Voten fast Kunstwerke waren, aber auch mit deren Anspruch: gemogelt darf nicht werden, weder aus falsch verstandener Höflichkeit noch aus gruppendynamisch erklärlicher Scheu oder Bequemlichkeit.«[10]

Triebfeder für die bevorzugte Beschäftigung mit den eigenen Texten war, vor allem in den frühen Jahren, das Bedürfnis, in und angesichts einer literaturpolitisch indifferenten und abweisenden bis feindseligen Medienumwelt die eigenen Konzeptverläufe und deren Ergebnisse bei den Freunden und Kollegen zu testen, ihre Tragfähigkeit auszuprobie-

11. Bielefelder Colloquium Neue Poesie im Ratssaal, 1988: Ernst Jandl am Lesetisch

11. Bielefelder Colloquium Neue Poesie im Ratssaal, 1988. Von links: Heinz Gappmayr, Pierre Garnier, Ferdinand Schmatz (dahinter: Klaus Podak), Franz Josef Czernin, Ralf Thenior, Renate Kühn, Helmut Heißenbüttel

ren und vor allem auch Spielräume ganz divergenter Positionen mit ihren Erfindungspotentialen wahrzunehmen. Zwar erreicht die Heterogenität, die die Zusammensetzung der Gruppe aufweist, immer wieder den kritischen Punkt, wo Verständigung ausbleibt oder sogar desavouiert wird, doch so merkwürdig es klingt, dadurch, dass auch Teilnehmer mit extrem auseinanderliegenden Begriffen beteiligt sind, stellt sich immer wieder eine paradoxe antagonistische Kohärenz her.

Gegenüber der Textarbeit rückte die Beschäftigung mit übergreifenden Themen in den Hintergrund. Wenn sie auftauchten, dann oftmals im Zusammenhang mit Fragen, die bei der Besprechung der Texte aufkamen. Den jährlichen Einladungen ist jedes Mal die Aufforderung angefügt, Themen für die Diskussion zu nennen. Werden welche vorgeschlagen, so gelten sie, im Gegensatz zu der Blickrichtung der Anfangsjahre, inzwischen vorwiegend literaturpsychologischen oder -soziologischen Fragen. Dass auch sie dann nicht aufgegriffen wurden, lag zum Teil daran, dass – mit seltenen Ausnahmen – die Vorschlagenden die inhaltliche Ausfüllung weder als Papier noch als Referat erbrachten, vielmehr der Diskussionsdynamik mehr zutrauten, als sie zu leisten vermochte. Hinzu kam offensichtlich eine allgemeine Abneigung, sich auf Akademisch-Theoretisches ohne unmittelbare Verflechtung mit den Fragestellungen der eigenen Textarbeit einzulassen. Wurde der poetologische Nerv gereizt, so kam es immer wieder auch zu Erörterungen übergreifender Phänomene und Probleme. Beispielhaft dafür war etwa ein Gespräch vor einigen Jahren, an dem die ganze Runde sich lebhaft beteiligte. Ausgelöst wurde es von einem Referat Georg Jappes über die langfristig drohende Gefährdung schriftlicher, also auch literarischer Produktionen durch die chemische Hinfälligkeit industriell gefertigter Papiere (es war dabei bewusst, dass Entsprechendes auch für die elektronisch gespeicherten akustischen oder visuellen Texte gelten dürfte). Da verhakte sich die poetisch-mentale mit der praktischen Dimension, hielt doch das Problem mit seinen Implikationen jeden an, sein und seiner Erzeugnisse Verhältnis zum Phänomen der Zeit zu bedenken: ob er auf Maßnahmen zur materiellen Dauerhaftigkeit seiner Texte sinnen sollte, um durch Generationen überdauernde Zeugnisse seine kleine Ewigkeit zu erlangen, oder ob er das Transitorische als seinem Arbeitsbegriff prinzipiell innewohnendes Moment hinnehmen, gar begrüßen wollte. Es wurden beide Positionen vertreten; dabei konnte Jappe den Anhängern der ›kleinen Ewigkeit‹ nur empfehlen, bei den Verlegern darauf zu dringen, dass ihre Texte auf holzfreiem, chemisch unbedenklichem Papier, am besten auf Bütten, gedruckt würden.

Es versteht sich von selbst, dass eine solche prekäre Mischung von Autoren nur mit aller Behutsamkeit existent gehalten werden kann. Dazu gehört auch, dass Etikettierungen vermieden und Empfindlichkeiten gegenüber jeder Art von Schulbildung oder Gruppenidentifikation berücksichtigt werden. Mit der neutralen und allgemein konsensfähigen Bezeichnung »Neue Poesie« für das Colloquium wurden ältere und zunächst naheliegende Formeln, wie ›konkrete‹ oder ›experimentelle‹ Poesie, die durchaus dem Selbstverständnis der meisten der anfangs beteiligten Autoren entsprochen hätten, jedoch für andere und vor allem jüngere wegen ihrer historischen Besetztheit nicht mehr brauchbar erschienen, umgangen und der Blick auf noch unbekannte, noch gar nicht existente poetische Arbeitsweisen offengehalten. Dass damit nicht Hinz und Kunz die Tür aufstand, hat Klaus Ramm – zusammen mit Jörg Drews alternierend Mentor und Organisator der Colloquien[11] – klargemacht, wenn er den umgreifenden poetologischen Horizont des Colloquiums bei verschiedenen Gelegenheiten zu umreißen unternommen hat. So äußerte er sich gelegentlich eines Interviews für den Westdeutschen Rundfunk 1981: »(...) Die Autoren, die hier sind in Bielefeld, haben alle gemeinsam, daß sie nicht (...) in der Sprache, sondern direkt mit der Sprache arbeiten. Sie beziehen die Sprache, die Wörter, die Satzzeichen, die Syntax, die Grammatik, mit in ihre Arbeit ein. Sie glauben, daß, wenn man auf veränderte Zeitverhältnisse reagiert, (...) sich auch die Schreibtechniken ändern müssen, und daher haben sie eine ganze Reihe verschiedener solcher Schreibtechniken entwickelt. Das geht hin bis zum Bildgedicht oder Plakatgedicht, es geht hin bis zum Lautgedicht, es geht rüber zur Musik. Einige haben sogar Plastiken aus Buchstaben und Wörtern gemacht, andere machen wieder Gedichte, machen wieder Erzählungen, die zwar aussehen wie traditionelle Erzählungen, in Wirklichkeit aber dadurch, daß man die Sprache direkt beim Wort nimmt, sowas wie Handlung im traditionellen Sinne gar nicht mehr haben.«[12]

In dem oben erwähnten Papier »Thesen zum Colloquium« von 1978 hat Helmut Heißenbüttel das von Ramm angesprochene Reagieren auf veränderte Zeitverhältnisse als poetologischen Nervpunkt angesprochen. Im Hinblick auf seinen Begriff einer ›offenen‹ Literatur skizziert er die ambivalenten Beziehungen zwischen der Gebrauchssprache, in der sich die gängige gesellschaftliche Praxis artikuliert, und der poetischen Sprache, die mit ihr experimentiert. Ich weiß nicht mehr, ob dieses Papier damals in der Runde diskutiert worden ist. Seine Aussagen konnten, jedenfalls zum damaligen Zeitpunkt, als Orientierungsmomente eines Selbstverständnisses dieser Autorenversammlung nützlich sein. Seine Erörterung führt Heißenbüttel zu der Folgerung: »Dem Kriterium der Störfunktion (sc. der experimentellen Poesie) und der Maxime zur unbedingten Tuchfühlung mit dem, ich will einmal sagen, Zeitgeist, müßte als ein weiteres und absolut zu nehmendes Kriterium hinzutreten das des Risikos im jeweils neuen, jeweils veränderten, jeweils nicht abzuschätzenden Einsatz. (...) Der Rückgriff und das Eingehen auf das Phänomen der Sprache selbst zum Zweck neuen literarischen überschreitenden Sprachgebrauchs würde dann nicht eine Erneuerung und Purifizierung von Sprache bedeuten, eine allgemeine, ideologiefreie, von der Literatur ausgehende radikale Sprachreform. Sondern es müßten einbezogen werden auch alle komplexen historischen wie gesellschaftlichen Vorbildungen der Sprache, die historisch in dieser bestimmten konkreten Form übermittelten Inhalte wie Sonderformen. Die Rückgriffe der Restauration selbst müßten ins Licht der verändernden neuen literarischen Verfahrensweise mit hineingezogen werden. Nur so läßt sich dann die Restauration des Ideologischen durchschauen und abbauen. (...)«[13] »Die Frage, die sich heute stellt, müßte lauten, ob nicht diese Rückführung (sc. der konkreten Poesie auf ›Einwortgedichte‹ Gomringers) zuviel ausgelassen hat. Ob nicht gerade die Ambivalenzen in bestimmten Wortgruppierungen, in Satzverbindungen, ja in bestimmten Ausrichtungen von Redeweisen, Erzählweisen insgesamt, ebenso in den Grundcharakter des Phänomens Sprache zu rechnen sind wie die Bedeutungshöfe der Wörter und ihre gleichsam sprachchemischen Koppelungen, wie sie im deutschen Sprachbereich Friederike Mayröcker immer wieder versucht hat. (...) Die Frage lautet hier, wie weit das Gegenbild einer anderen, störenden Sprachverwendung reicht und wo es unmöglich wird, sich einzulassen mit dem, dem man sich entgegenstellt. (...)«[14] »Erst wenn ich den Ausschlag des Risikos spüre, habe ich die Vermutung, daß ich vielleicht richtig gehe. Gewiß weiß ich es weder, noch kann ich erkennen oder eine Regel liefern, wo das Risiko liegt. Gleichsam blind soll ich den Sehenden das wahre Land zeigen.«[15]

Mit diesem Schnitt durch die alltägliche wie die poetisch-experimentelle Sprachverwendung ist zwar nicht die Poetik des Colloquiums umrissen – eine solche Fixierung schließt die Schreibpraxis seiner Autoren aus; doch als eine Art poetologisches Lackmuspapier benutzt, färbt sich Heißenbüttels Thesenpapier bei der Berührung mit erstaunlich vielen Texten aus diesem Kreis.

Bezeichnend für das Colloquium ist es, dass ›Poesie‹ nicht mit Literatur und schon gar nicht mit Lyrik gleichgesetzt, vielmehr zu ihrer Definition ein umfassender Begriff von Sprache verwendet wird, der alle ihre Wirkungsformen im Blick hat: die verbalen, sonoren, gestischen, skripturalen, eidetischen. Es macht übrigens auch einen der Reize der öffentlichen Lesungen aus, dass sich Verbales, Akustisches und Bildliches ablösen, scheinbar unverbunden und doch in weitgespanntem Zusammenhang, der Analoges wahrnehmen lässt. Im internen Colloquium dominiert zwar, auch aus praktischen Gründen, die Beschäftigung mit verbal-sprachlichen Arbeiten, doch bringen Teilnehmer, wie Ilse Garnier, Heinz Gappmayr, Jochen Gerz oder Georg Jappe, bei Bedarf die bildnerischen Parameter mit ins Gespräch.

Auch den zuträglichen äußeren Rahmen für die Tagungen und Veranstaltungen zu finden, hat einige Zeit beansprucht. Die internen Sitzungen der beiden ersten Colloquien fanden jeweils im Februar in den Räumlichkeiten der Universität statt. Es erwies sich alsbald, dass weder die Örtlichkeiten noch die Jahreszeit für den Tagungsverlauf förderlich waren: die Atmosphäre der Massenuniversität, das etwas altertümliche und vom Sitzungsort aus schlecht erreichbare Quartier im Bielefelder Hof, das Kantinenessen, das oft garstige Wetter, die insgesamt wenig einladende Umgebung. Mit der seit dem 3. Colloquium geltenden Einladung in die außerhalb der Stadt gelegene Heimvolkshochschule Haus Neuland, wo Arbeiten und Wohnen unter einem Dach möglich sind, war eine Art Eremitage gefunden, die ohne Ablenkungen und Zeitverluste offizielle Sitzungen und informelles Zusammensein erlaubte.

Denn das vermutlich wirksamste Motiv, die Reise nach Bielefeld mit ihren unvermeidlichen Belastungen auf sich zu nehmen, war und ist noch immer die Begegnung mit den Freunden und Kollegen, die sonst oft für den unmittelbaren Kontakt unerreichbar bleiben. Was bei den Spaziergängen in den umgebenden Wäldern, bei Tisch oder an den Abenden angesponnen und ausgetauscht worden ist, lässt sich nur ahnen. Bei den zahllosen Begegnungen, die immer wieder anders gemischt waren, ist sehr viel an Vertrautheit, Zuwendung und Empathie entstanden.

Bereits das 1. Colloquium, das zunächst nur als interne Tagung angesetzt war, hat durch die spontan von Ramm, Drews und Schmidt organisierte öffentliche Lesung im Vortragssaal der Kunsthalle seine Außenseite gehabt. Die als »Fest für neuere Literatur« angekündigte Veranstaltung lockte mit der Ankündigung der »bekanntesten Vertreter der konkreten und experimentellen Poesie aus ganz Europa« rund 400 Zuhörer an, die nicht nur den Saal mit seinen 240 Plätzen, sondern anschließende Flure, Treppen und Foyer besetzten. Dass Rühm und Wiener jeweils unter dem Namen des anderen auftraten, ist nur ein Symptom für die Ungewissheit, wer von den Autoren denn dort tatsächlich gelesen hat. Hat sich doch mancher erst während der Veranstaltung zum Auftritt entschlossen, während einige der Angekündigten gar nicht erschienen waren. Anwesend war ein überwiegend seriöses, bürgerliches Publikum.

Als es ein Jahr später – 1979 – um die zweite Lesung ging, wurde eine drastische Alternative erprobt. Die Gesamtschule Schildesche öffnete ihre Räume – Pausenhalle, Wandelgänge, Klassenzimmer, Toilette u. Ä. – zu einem dezentralisierten, zweimaligen Lesedurchgang, an dem sich 21 Autoren beteiligten. Eine solche lockere Veranstaltungsform entsprach dem damaligen Annähern an die Vorstellung einer transitorischen, szenisch-beweglichen, momentbezogenen Literatur. Wegen der Doppelstruktur – nachmittags die eine und in den Abend hinein eine zweite Lesesequenz – dauerte das Ganze insgesamt sechs Stunden. Erreicht wurden, wie mit der Ortswahl beabsichtigt, vor allem auch jüngere Zuhörer, und diese Alterszusammensetzung hat sich bis heute erhalten. Die Lesung fand im Übrigen eines der wenigen überregionalen Presseechos des Colloquiums. Bernd Scheffer schrieb in der Frankfurter Rundschau: »Ein zunehmend größeres Publikum entdeckt die ›Neue

Poesie‹ für sich. Immer mehr Leute haben offenkundig Interesse und Spaß gerade auch an dem, was sie sich nicht sogleich erklären können. Der Wunsch, in gewohnter Weise abzuhaken, einzuordnen, schon auf der Stelle abschließende und ausschließende Wertungen vorzunehmen, scheint nun doch erfreulich geringer geworden zu sein. Und andererseits nehmen die Autoren dieser Literatur ihr Publikum verstärkt wahr: die Herausforderungen ihrer Texte, die vordem auf dem Weg zu den Zuhörern und Zuschauern nicht selten im Ansatz stecken blieben, kommen jetzt an. (...) Es geht um Schreibweisen, die das wacklige Verhältnis von Wahrnehmung und Sprache mit sperriger Genauigkeit oder spielerisch eingängiger Schlagartigkeit (...) erproben, es geht also um eine Literatur, die sich etwa aus dem Anlaß, daß die Bedeutung ihrer Wörter eben nicht mit dem Wörterbuch oder der akademischen Interpretation auszumessen ist, selber zum Thema macht, es geht um eine Literatur, die gleichermaßen willkommener wie unliebsamer Widerstand ist.«[16]

Die Schildesche-Lesung mit ihren leicht chaotischen Zügen wurde so nicht wiederholt. Doch der für die Lesungen solcher Autoren ungewöhnliche Besucherzuspruch – regelmäßig zwischen 400 und 500 Personen – und die extensive Dauer – jetzt zwischen drei und vier Stunden – blieben bestehen, auch als 1982 die Übung dadurch unterbrochen wurde, dass das Colloquium, einer Einladung des Goethe-Instituts folgend, in Athen stattfand und daher in Bielefeld ausfiel. Seit dem 8. Colloquium haben die öffentlichen Lesungen im Sitzungssaal des Neuen Rathauses mit seinem beträchtlichen Fassungsvermögen und seiner dennoch die Konzentration fördernden Atmosphäre eine optimale Örtlichkeit gefunden, obwohl es noch immer vorkommen kann, dass Gruppen von Zuhörern auf dem Boden Platz nehmen müssen. Es lesen jeweils zwischen 18 und 26 Autoren (so die bisherige Praxis), jeder – sieht man von einigen Ausreißern ab – 5 bis 8 Minuten. Für eine weitere Verbreitung sorgt der Westdeutsche Rundfunk durch eine Einstundensendung mit einer Auswahl aus der Lesung.

Der multimedialen Grundeinstellung des Colloquiums zufolge wechseln sich verbale, akustisch-szenische und visuelle Beiträge ab. Im Übrigen wählt jeder Beiträger seinen Platz in der Abfolge nach Gutdünken. Die geplante und zugleich zufallsbedingte Mischung der Medien, die Schwenks der Aufmerksamkeit, die dadurch bewirkt werden, sorgen

ebenso für die Erhaltung des enormen, langgezogenen Spannungsbogens wie die Sprünge zwischen den poetischen Konzeptionen. Ein unschätzbares Moment bringen die fremdsprachigen Autoren, vor allem auch im Bereich der poésie sonore (Chopin, Heidsieck, Prigent, Scherstjanoi), in das Textensemble ein.
  Die Zusammensetzung der Vortragenden ändert sich von Jahr zu Jahr. Zwar gibt es den stabilen Kern, doch erscheinen jeweils wieder neue Gesichter, auf Zeit oder auf Dauer. Von den 21 Autoren der Lesung anläßlich des 2. Colloquiums 1979 waren noch zehn an der des Jahres 1996 beteiligt; neun Autoren waren inzwischen dazugekommen. – Erwähnt werden soll an dieser Stelle, dass Helmut Heißenbüttel, dem das Colloquium seit seinem Beginn entscheidende inhaltliche und institutioneile Impulse verdankte, nahezu bis zum Erlöschen seiner Kräfte dabeigeblieben ist. In einem Bericht über die Lesung 1993 hieß es: »Helmut Heißenbüttel, einer der herausragenden Vertreter experimenteller Literatur, trug ›Erlebnisgedichte‹ vor. ›Alles aus Dreivierteihöhe‹ im Rollstuhl sitzend, an den der 72jährige nach mehreren Schlaganfällen gefesselt ist. Seine Selbstbeobachtung des eigenen leidenden Körpers war eindringlich, unerbitterlich, lakonisch, so ganz und gar nicht sentimental und vielleicht gerade deshalb außerordentlich bewegend.«[17] Während der Veranstaltung am 5. Mai 1995 las Heißenbüttel zum letzten Mal in der Öffentlichkeit.
  Welche Texte, Bildsequenzen, akustische Verlautbarungen während der zurückliegenden 19 Lesungen mit ihren weit über 400 Einzelbeiträgen zu hören und zu sehen waren, lässt sich, mangels jeder genaueren Dokumentation, im Nachhinein nur noch punktuell erinnern. Die aufmerksamen Berichterstatter, vor allem der ortsansässigen Zeitungen, haben vielerlei, oft sehr treffend, manchmal auch drastisch verkürzt, festgehalten. Dabei wurde nicht nur das Inhaltlich-Blinkende beachtet, sondern es wurden auch schon mal die verdeckten Arbeitsweisen angesprochen, und manchmal sind auch die Titel der Texte notiert worden. Als ein Beispiel für viele andere sei aus dem Bericht des Westfalen-Blattes über die Lesung zum 13. Colloquiums 1990 zitiert: »Dem so unpoetischen Phänomen Fußball nahm sich Ludwig Harig mit heiter geschliffen formulierten Alexandrinern und Terzinen an. Ferdinand Schmatz trug sechs lautmalend assoziative ›Speisegedichte‹ vor und

5. Bielefelder Colloquium Neue Poesie in Athen 1982. Von links: Ror Wolf, Timm Ulrichs, Schuldt, Robert Lax, Eugen Gomringer, Oskar Pastior, Franz Josef Czernin, Chris Bezzel, Georg Jappe und Siggi Hauff

setzte auch den Titel der Veranstaltung poetisch um. Auf wesentliche Wahrnehmungen konzentrierte Beobachtungen brachte Ralf Thenior ein. Wortkaskaden um die Silbe ›feig‹ und semantisch witzige Silbenpalindrome kamen von Oskar Pastior. Brutale und ordinäre Gesprächsfetzen aus seinem im Zuhälter- und Soldatenmilieu angesiedelten Theaterstück ›Fleischwolf‹ setzte dem Werner Fritsch entgegen. Alltägliche Alpträume in suggestiv wiederholten surrealistischen Bildern bot der Schweizer Urs Allemann. Sarkastische Wortreihungen als ›biophysikalischer Nationalgesang‹ trug Paul Wühr vor. Vier Variationen eines Satzgefüges mit jeweils ausgetauschtem Subjekt kamen von Helmut Eisendle. Philosophierende Wortspiele in Satzströmen sprach Bodo Hell. Reisesplitter aus Madrid in gegenübergestellten Sprachen brachte Chris Bezzel mit. Franz Mon variierte im dramatischen Vortrag auch seine Namenssilbe. Monotone Worthäufungen dagegen von Franz Josef Czernin. Mit einem Zähltext setzte Konrad Balder Schäuffelen den Schlußpunkt...«[18]

Da die Bezeichnung »Neue Poesie« auch den Begriff einer visuellen Sprache umfasst, gehören zu den Mitgliedern des Colloquiums von Anfang an auch solche, die überwiegend oder ausschließlich skripturale oder bildnerische Texte und Textobjekte herstellen. Sie bringen ihre Arbeiten mit Hilfe von Dias in die Abfolge der Lesungen ein. Ist jedoch die materiale Beschaffenheit der Textbilder, Bildtexte unabdingbar für die zureichende Wahrnehmung, hilft nur die Präsentation der Originale. Dazu haben sich im Laufe der Jahre immer wieder Gelegenheiten ergeben. Zum ersten Mal konnte die Bandbreite der visuell-sprachlichen Konzepte anlässlich des 5. Colloquiums in Athen 1982 in einer Ausstellung »Visuelle Poesie« gezeigt werden. Vierzehn Autoren waren daran – in zwei aufeinander folgenden Phasen – beteiligt. Seit 1984 gab es entsprechende Ausstellungen in der Kommunalen Galerie im Neuen Rathaus. Dank der räumlichen und zeitlichen Nähe zu den öffentlichen Lesungen wirkten sie unmittelbar als deren Vervollständigung. Einzelausstellungen, als die optimale Präsentationsform, die breitgefächerten Einblick in ein Werk geben konnte, wurden zunächst von der Kunsthalle (Franz Mon, 1988), dann vom Bielefelder Kunstverein im Museum Waldhof (Carlfriedrich Claus, 1991; Josef Bauer, 1994; Heinz Gappmayr, 1996) ausgerichtet. Sie waren jeweils mit öffentlichen Diskussionen verbunden.

Was Ernst Jandl 1978 als wichtigen Programmpunkt angemeldet hatte, für das Verständnis und die Kenntnis experimenteller Poesie in einer breiteren, überregionalen Öffentlichkeit tätig zu werden, haben die beiden Organisatoren Klaus Ramm und Jörg Drews im Laufe der Jahre unprogrammatisch und von Fall zu Fall durch eine ganze Reihe verschiedenartiger Veranstaltungen an anderen Orten, sich bietende Gelegenheiten nutzend oder sie auch mit Geschick herbeiführend, unter dem Label des Bielefelder Colloquiums wenigstens punktuell zu verwirklichen unternommen. Mit wechselnder Besetzung haben sie zwischen Kiel und Zürich Lesungen, szenische Aktionen, Vorträge, ja ganze, dem Thema der experimentellen Poesie gewidmete Tagungen veranstaltet. Der Extrempunkt war gewiss das 5. Colloquium 1982, das auf Initiative von Hartmut Geerken und vom ansässigen Goethe-Institut eingeladen, nach Athen wanderte. An der öffentlichen Veranstaltung waren auch griechische Autoren beteiligt. Zweifellos haben alle diese Ausgriffe an der Fama des Colloquiums, die sich, mehr oder weniger genau konturiert, inzwischen über den deutschen Literaturhorizont hinaus ausgebreitet hat, mitgewirkt.

*

Das Bielefelder Colloquium für Neue Poesie war von Anfang an eine durch und durch ›informelle‹ Einrichtung. Es hat keinen schützenden rechtlichen Mantel, ist nicht (was leicht zu machen wäre) als gemeinnütziges Gebilde eingetragen, in jedem Jahr müssen erneut in oftmals mühseligen Gesprächen die verhältnismäßig bescheidenen Finanzen verhandelt werden. Sein Zustandekommen hängt ab von der Überzeugung der beiden organisierenden Literaturprofessoren, dass es sich um eine der deutschen Literatur überaus dienliche, gar notwendige Sache handelt. Noch immer ist es ihnen gelungen, davon auch – und sie seien bewusst hier aufgeführt – das Kulturamt der Stadt Bielefeld, die Leitung von Haus Neuland, den Westdeutschen Rundfunk, die Westfälisch-Lippische Universitätsgesellschaft, das Österreichische und manchmal auch das Nordrhein-Westfälische Kultusministerium sowie neuerdings die Filmstiftung Nordrhein-Westfalen zu überzeugen, damit die Fortsetzung ermöglicht werden kann.

Doch auch das interne Spannungsfeld muss jedes Mal aufs Neue aufgeladen werden. Das ist nicht selbstverständlich, wie sich zeigt, wenn man die gegenwärtige offiziöse Liste mit rund 60 Autorennamen neben die der etwa dreißig tatsächlich und mit einer gewissen Kontinuität Beteiligten hält.[19] Die Gründe für die Absenzen halten den Motiven für die Beteiligungen die Waage. Unter Ersteren rangiert vermutlich ganz obenan die Abneigung gegen literarische Gruppenbildung und einfärbende Etikettierung, ein solitäres Bewusstsein also, noch vor der Scheu vor den Mühen, die nun einmal mit der Teilnahme verbunden sind. Diese Abneigung hat ihre Berechtigung und muss geachtet werden. Sie besteht moderat sicher auch bei vielen, die trotzdem zur Anreise motiviert sind. Das Bündel der positiven Impulse mag bei jedem anders gemischt sein. Das Bedürfnis, etwas gegen die Isolation zu tun, in der sich Autoren mit solchem Selbstverständnis im Handumdrehen vorfinden, spielt gewiss eine Rolle. So hat Heißenbüttel schon 1978 in seiner Besprechung des 1. Colloquiums festgestellt, eine »Weiterführung« dieser

Art von Literatur »in den ihr angemessenen Raum der Offenheit« sei zu finden »nur im Gespräch, in der Gruppe, in der Übereinkunft gegen die übermächtigen Zwänge des geschmacksrestaurativen und kommerziellen Konsensus«.[20] Doch hat dieses Bedürfnis nur einen relativen Stellenwert; es vermag das Colloquium nicht zu funktionalisieren, was – wie die frühe Diskussion gezeigt hat – nahegelegen hätte. Wirksamer sind die Impulse, die von der Innenseite der Gruppe ausgehen, wie die Neugier auf andere, fremde Arbeitsprozesse und -ergebnisse, die im selben oder einem analogen Horizont wie die eigenen angelegt sind, die Möglichkeit zu Gesprächen nebenbei, die sich auf die gemeinsamen ›Sachen‹ ebenso wie auf Persönliches beziehen, wobei die ›Sachen‹ unversehens ins Persönliche changieren dürfen; das Mit- und Weiterspinnen eines Literaturgewebes, an dem so viele ›Spinner‹ mit ihren Texturen wirken und gewirkt haben – inner- und außerhalb des aktuellen Kreises von Kollegen und Freunden; das Bewusstsein, damit an einem transitorischen, ungesicherten und zugleich faszinierenden Ereignis teilzuhaben, das – auf welche Weise auch immer, subtil oder markant – den Focus der eigenen Arbeit betrifft, anrührt, ausleuchtet und das doch nur in der Gegenwart der Anwesenden, also auch der meinigen, besteht.

Man verlässt das Colloquium jedes Mal mit der leisen Vibration, ob es nicht vielleicht das letzte gewesen ist, und dem unbestreitbaren Wunsch, dass das gerade abgebrochene nur unterbrochen sein möge.

Anmerkungen
1 Das 25. und letzte Colloquium fand 2003 im Haus Neuland statt.
2 Uta Brandes-Erlhoff/Michael Erlhoff (Hg.): Zweitschrift 6 how to write in Bielefeld und anderswo oder das Bielefelder Colloquium Neue Poesie oder Hundschupfen in Bielefeld. Hannover 1979, S. 5f.
3 Klaus Ramm: Methodischer Ernst und anarchischer Charme. Das Bielefelder Colloquium Neue Poesie. In: Andreas Beaugrand (Hg.): Stadtbuch Bielefeld. Tradition und Fortschritt in der ostwestfälischen Metropole. Bielefeld 1996, S. 365
4 Ernst Jandl: Diskussionsbeitrag für das Kolloquium ›Literaturentwicklung und Literaturanalyse‹ an der Universität Bielefeld vom 10. bis 13. Februar 1978. Als Manuskript vorgelegt. Ms S. 3
5 Helmut Heißenbüttel: Konkrete Poesie als Alternative? Ein Kolloquium an der Universität Bielefeld. In: Die Zeit, 24. 2. 1978
6 Helmut Heißenbüttel: Thesen zum Kolloquium Literaturentwicklung und Literaturanalyse Bielefeld 10.–13. 2. 1978. Als Manuskript vorgelegt; abgedruckt in:

Waldspaziergang bei Haus Neuland. Von links: Hartmut Geerken, Klaus Ramm, Gerhard Rühm und Klaus Podak beim 17. Bielefelder Colloquium Neue Poesie 1994

Klaus Schöning (Hg.): Spuren des Neuen Hörspiels. Frankfurt/M. 1982, S. 9ff. (mit Ergänzungen zum Hörspiel). Nachweise nach der Buchausgabe. Hier S. 16
7   Brandes-Erlhoff/Erlhoff (Hg.): zweitschrift 6, S. 10
8   Jörg Drews: Das Offene offenhalten. Zu einem ›Colloquium Neue Poesie‹ in Bielefeld. In: Süddeutsche Zeitung vom 24.2.1978
9   Brandes-Erlhoff/Erlhoff (Hg.): zweitschrift 6, S. 108ff.
10 Gisela Lindemann: 3. Bielefelder Colloquium Neue Poesie. In: Journal 3 für Kultur und Kritik. Norddeutscher Rundfunk 3. Programm 12.5.1980. Manuskript, S. 3f.
11 Siegfried J. Schmidt hat mit seinem Weggang aus Bielefeld seine organisatorische Mittäterschaft eingestellt.

12 Reinhold W. Vogt: Neue Poesie. In: Mosaik 2. Westdeutscher Rundfunk 3. Programm 18.5.81. Zitiert nach der Transkription, S. 2f.
13 Heißenbüttel: These, S. 14
14 Heißenbüttel: These, S. 15
15 Heißenbüttel: These, S. 16
16 Bernd Scheffer: Der Dichter überspringt das Absperrungsseil. Das 2. Colloquium ›Neue Poesie‹ in Bielefeld. In: Frankfurter Rundschau vom 27.2.1979
17 Alexandra Jacobson: Wo und was sein wird? Zum 16. Mal Colloquium Neue Poesie. In: Neue Westfälische Zeitung vom 10.5.1993
18 Heidi Wiese: Sprech-Sprach-Spiele. Die öffentliche Lesung des 13. Colloquiums Neue Poesie. In: Westfalen-Blatt vom 7.5.1990
19 Ramm: Methodischer Ernst, S. 365
20 Heißenbüttel: Konkrete Poesie als Alternative?

3
Schreibwerkstatt

Der nie begonnene Beginn

ca. 1959

> Dieser und die folgenden Texte einschließlich der »Werkstattnotizen« enthalten die in den 50er Jahren schubweise formulierte Basispoetik. Sie hat sich in den Poemen des 1959 veröffentlichten Bandes *artikulationen* ausgewirkt. Auch die ersten visuellen Texte gehören dazu.

Da Gedicht Vorgang, Geschehen, Ablauf winziger Dramatik ist, muss es immer schon begonnen haben. Niemand vermag sich seinen Beginn auszudenken. Man sagt: Er fällt einem ein. Besser hieße es: Man gerät, sich konzentrierend, in den Ablauf hinein – was so spezifisch sich als Anfang darbietet, ist die Verdichtung beim Übersprung aus Hinfälligem ins hochgespannte Fluidum, in dem sich der unabschließbare Prozess abspielt. Prozess im Sinn von Vorgang und Verhandlung. Mag er hinterm Milchglas vorgehen, wir wissen schon von ihm, wir murmeln ihn mit, wir kritzeln die Phasen auf, wir wissen: Was wir tun, ist schon getan und längst in der nächsten Instanz. Es ist nicht sonderlich schwer, den anderen Mund wahrzunehmen, der an der Peripherie spricht, am Rand des scharfen Bewusstseinsfocus.

Er spricht alles, was wir verlauten lassen, noch einmal; ja wir horchen, denn dann sind wir einverstanden mit seiner Wiederholung, die Übersetzung ist, Phasenverschiebung des Bekannten ins andere Bekannte, das dort erscheint wie ein Körper und nicht mehr als Wort hinter Wort, Laut von meinem Laut: Körper mit einer Physiognomie, in der – obwohl doch nichts von außen hat mitspielen können – nicht zu vermutende Spuren, Lesarten eingeritzt sind. Denn nicht ich habe die Artikulationen erfunden, ich benutze sie nur. Ich meinte dabei, ihre Schemata seien beliebig zur Hand, beliebig verwendbar. Diese Schemata (das sind sie, Worte, Silben, Buchstaben ..., weil beliebig wiederholbar und halbwegs neutral gegenüber dem Gebrauch), sie sind doch nichts als Spuren, die von jeder Berührung neue Spuren empfangen, sich so langsam verschieben, dass sie als stabil gelten, indes sie wie Dünen voranrieseln. Und sie verlieren nichts. Alles Geschehene ist in ihnen bewahrend ›vergessen‹, Spur von Vergessenem sind sie, die mir nicht erwartet entgegentritt, während es mir doch nur um das Nächstliegende zu tun war. ›Ich‹ bin vergesslich. ›Ich‹ sage nur das Nächstliegende. Mir ist wohl ganz nah am Nullpunkt der Rede. ›Ich‹ wende mich, kaum habe ich mich ins wachsende System der Mitteilungen hinausgewagt, wie ein Stein wieder in den Nullpunkt. Nur weil die Erinnerung ist (immer schon ist, merkwürdigerweise, darum kaum von mir allein aufgebracht sein kann), nur darum beginne ich immer wieder. Die Erinnerung an Geschehenes enthält die Erwartung von Geschehen. Der Text ist ein Versuch, der Erwartung recht zu geben, ohne die Erinnerung zu vermehren. Erinnerung ist das Material für Text: Text jenes lautlose Aufdröseln, Freispinnen, Abfeilen, Übersetzen von Erinnerung in eine Realität, die nicht mehr erinnerungsfähig ist. Der Vorgang soll sich dabei so völlig in Geste verwandeln, als Spur niederlassen, dass kein Gedächtnis seinem wieder- und wiedergesponnenen Gespinst mehr gewachsen ist, das Ereignis sich nur hier an Ort und Stelle, in diesen Artikulationsspuren erhalten kann. Jedem steht es frei, daran teilzunehmen, seine Erinnerung mit in Kauf zu geben, die Reichweite des eigenen Gedächtnisses daran zu erproben. Im Grunde aber ist so einer schon entbehrlich. Auf sich selbst reflektierend, merkt er, der Text weist auf ein unbewegliches Gedächtnis, das wie ein vieldimensionales Koordinatensystem allen Krümmungen voraus ist und auch das gegenwärtige Spurengebilde lesbar macht. Zwischen das Spurengebilde hier und das riesige, starre poetische Gedächtnis: gerät der Leser und Betrachter.

Artikulation

1958

I.

Die Ordnung von Sprache schwingt zwischen dem flüchtigen Wirbel des Artikulierens, dem Vertonen des im Augenblick gefassten Materials und dem Scherensystem von Bedeutungen, dessen Elemente konventionell festliegen, das mit Hilfe von Erinnerung und Erwartung das nun

Gemeinte identifiziert und es aus der vagen Allgemeinheit, in der sich alles Isolierte befindet, als Bestimmtes umso zwingender herausschneidet, je weiter sich die Glieder der Bedeutungsschere zurück und voraus erstrecken. Neues wird, man weiß es, nur mit Hilfe und aufgrund des Schonformulierten formuliert. Die Erscheinung der Metaphorik ist dafür der einleuchtende Beleg. Außerhalb der Kindersprachen hat noch niemand beim Erscheinen einer neuen Sache das Entstehen eines neuen Wortes beobachtet. So beruht die Verständigungs- und Mitteilungsmöglichkeit darauf, dass die sekundenhaften Artikulationswirbel als Momente eines wiederholbaren, vom Empfänger mit Recht in jedem Sprachvorgang erwarteten Systems von kategorialen Formen, syntaktischen Regeln und so weiter eingestellt werden. Die tönende Substanz selbst muss in diskontinuierlichen Charakteren auftreten, die sich wiederholen und wiedererkennen lassen. Und mit der Verschriftung erliegt die sekundenhafte Fassung, die einmalige Konstellation des Artikulierens »jetzt und nie wieder« völlig. Die Erinnerung soll wiederkommen. Eine abgegrenzte Ordnung von einander tragenden und ergänzenden Zeichen löst den Sog der Sekunde und opfert ihre blitzenden Gesten zugunsten einer Unabsehbarkeit fixierter und fixierbarer Mitteilungen.

2.

Dennoch, der Charakter dessen, was sich bedeutend im artikulierend-wiederholenden Ablauf einstellt, hängt ab vom Maß an Wiederholung, dem semantischen Wert der benutzten Elemente und der Geschwindigkeit, der Dichte des Ablaufs. Es ist dabei möglich, das Maß an Bedeutungswerten so weit herabzusetzen, dass sie von der Kraft und der Eigentümlichkeit des bloßen artikulatorischen Ablaufs vollends aufgesogen werden, dass dieser Ablauf selbst als Charakter, nämlich der sich ereignenden und darstellenden Zeit, hervortritt, während er sonst kaum bemerkt und erkannt wird, und gestischen Wert gewinnt. Abwandlung, Verschiebung, Spiegelung, Sprung des artikulatorischen Materials stellen sich spontan aus der je erreichten Konstellation des Sprechereignisses, aus dem gegenwärtigen Gewicht des Ablaufs ein. Die Artikulationsorgane wandern von sich her genötigt von Einstellung zu Einstellung.

Man kann beobachten, dass sich die motorische Intensität eines solchen Ablaufs jedoch sehr rasch verbraucht, wenn sie nicht von neuen Vokabelelementen, Bedeutungswerten, die nicht aus dem artikulatorischen Prozess selbst sprossen, aufgeladen wird.
Bei semantischer Reduktion ist eine prägnante Artikulationsgestalt darauf aus, sich selbst zu erhalten. Sie kann es, da mit der Reflexion auf Bedeutung auch die Erinnerung verschwindet und jeder Augenblick nur den benachbarten spiegelt, nur, indem sie sich selbst reproduziert, also »Reihe« bildet. Ihre Identität bewahrt die Artikulationsform unter diesen Bedingungen nicht durch starres Wiederholen, sondern durch Abwandeln des gerade Bekannten ins Ähnliche und so weiter. Wird so das Nichtidentische in den Vorgang eingelassen, so bleibt unterschwellig die Ausgangsform gegenwärtig, tritt vielleicht auch irgendwann wieder hervor und entwickelt sich zu dem, was man gestische Kurve nennen kann. Wird dagegen das Identische unnachgiebig behauptet, so erlahmt der immer noch vorhandene Bedeutungsbezug sehr schnell, der Lautkörper wird zum Katalysator beliebiger und völlig verfremdeter Assoziationen: Dem Nur-Identischen gesellt sich das durchaus Fremde.
Die gestische Kurve treibt mit in der Kraft des Exspirationsstromes, sei es, dass sie seinem Gefälle folgt, sei es, dass sie ihm zuwidersteigt und sein Absinken abbricht, um neu anzusetzen. In jedem Fall hängt sie ab von der Dichte der aufeinanderfolgenden Artikulationseinheiten. Echospannen, die unter anderen Umständen so wesentlich sind, dürfen die Folge nicht unterbrechen (Erinnerung und Besinnung bestimmen hier nichts), sonst zerfällt das Kontinuum der Reihe; sie sind nicht nötig, da das modifizierte Gleiche wiederkehrt und der gestische Charakter im Ablauf als Ganzem erst sich darstellt.

3.

Der eben beschriebenen Form des artikulatorischen Ablaufs steht eine Reihenentwicklung gegenüber, die nicht vom artikulierenden Augenblick und seiner sich wandelnden Wiederholung getragen wird, sondern einer vorgegebenen Entfaltungsregel folgt, deren Arbeit erst die Tragweite einer Einzelgestalt enthüllt. Nach einer bestimmten metamorphotischen Regel bewegt sich die Ausgangsgestalt durch alle vorgezeichneten Formen und bringt dabei ein Ganzes hervor, das den Grund seiner Vollständigkeit in sich trägt und vorweist. Der ursprüngliche Bedeutungswert, das ehedem Bekannte mag unterwegs verschwimmen und verschwinden beim Verschieben der Signalordnung und die semantische Ebene ins Schwingen geraten. Doch indes die bekannte Mitteilung diffus wird, bietet sich aus der verschobenen Zeichenordnung neue an, ist doch jede konsequente Ordnung, scheinbar nur formal bestimmt, immer auch schon wieder lesbar.

Wesentlich dabei ist, dass die metamorphotische Entwicklung im Ganzen zugegen ist, die Leserichtung also nicht festliegt, sondern sich Beziehungen nach allen Richtungen herstellen lassen. Das entwickelte Ganze wird notwendig zum »Muster«, zum simultan lesbaren Gebilde, das deswegen an die bildlich-schriftliche Vergegenwärtigung gebunden ist. Während die zuerst beschriebene Wiederholungsstruktur, vom Sprechvollzug hervorgebracht, den Empfänger in ihre Kurve sog, an ihre Kraft oder ihr Erlahmen band, gibt das Simultanmuster dem Betrachter die Zeit frei, die er insistierend und aufschlüsselnd daran wenden will: ja, das Gebilde entsteht überhaupt erst in seiner konzentrativen Anstrengung – das Notierte allein ist nur Plan, Anweisung aufs Nichtfixierbare und mag außerhalb des meditativen Stromes dürftig erscheinen. In dem nach einer Regel hervorgebrachten Ganzen sind die semantischen Werte der Ausgangsgestalt zu einem Beziehungsgeflecht reduziert, das wie eine homöopathische Substanz unerhörte Komplexe in Bewegung zu bringen vermag.

4.

Während hier die Partikel vom Ganzen aufgehoben und in der zuvor beschriebenen Wiederholungsstruktur das Ganze jeweils nur in den Partikeln aktuell wird, bleibt zu fragen, was geschieht, wenn das Ganze sich von keiner Regel objektivieren lässt oder das Kontinuum des Ablaufs aussetzt, also das integrierende Moment nicht von Anfang an zugegen ist. Das bloße Insistieren des Empfängers auf einer bestimmten Einzelform, die monomane Besinnung hebt diese Ordnungen auf: Das simultan zu Vernehmende oder das sukzessiv Hervortretende geraten aus dem Bewusstsein – dieses selbst mit seinem unabsehbaren Fonds tritt als das Ganze hervor, und die gegenwärtige Einzelform erweist sich als Exponent dieses riesigen Grundes genau bestimmt, wie sich zeigt, sobald eine zweite auftaucht: Sie sind sich sowohl ihrem semantischen wie ihrem artikulatorischen Charakter nach fern oder nah. Wobei man im semantischen von einer »paradoxen Entfernung« sprechen muss: Denn unter den jetzt geltenden Bedingungen entspringen die Sympathien der Vokabeln nicht aus ihrer Bedeutungsnachbarschaft; die Dichte ihrer Freundschaft wird von der Geschichte des Bewusstseinsgrundes bestimmt, über dem sie erscheinen. Seine Erinnerung legt die Konstellationen an, in denen die semantischen Nachbarschaften verschleiernd und abschwächend wirken.

Genau besehen ist an der Konsistenz der Vokabelkonstellationen auch die Artikulationsform wesentlich beteiligt. Die Entdeckung, das Aufladen einer Wortgestalt geschieht doch vornehmlich auf dem Wege des artikulatorischen Erprobens, Wahrnehmens, Innewerdens, wobei die Bedeutungswerte ins Schwingen geraten und unabsehbar Vergessenes durchscheinen lassen. Die Reproduktionsgeschwindigkeit ist dabei gering, im Gegensatz zu jenen Wiederholungsstrukturen. Die Echospanne vergrößert die artikulatorische Partikel und lässt, unter ihrem Bedeutungswert, die unmittelbare Gestik auch der winzigsten Sprechbewegungen und -einstellungen spürbar werden. Im Übergang von einem Artikulationscharakter zum nächsten und in der Erwartung des dritten aufgrund der eben erfolgten geschieht jetzt Sprache. Auf sich reflektierend, hat die artikulatorische Handlung in jeder Einstellung, die ja zugleich schon Suche, Übergang zur nächsten ist, wie sie selbst aus früheren ähnlich oder überraschend hervorgetreten war, bestimmten Charakter: stoßend, zerfasernd, explodierend, rollend, zuckend, insistierend, kleiner werdend, erlöschend, anschwellend, offen tönend, winzig tönend, springend, schaukelnd (p-k) und so weiter. Darauf beruht ihre Gestik. Ja, es liegt, einmal hier angelangt, nahe, die eingeübten Einstellungen zu unterlaufen, zu überspringen, zu zerfasern, sie anzusetzen und die Erwartung enttäuschend in der Schwebe zu lassen, also die Mikroartikulationen vernehmbar zu machen, die gewöhnlich nicht zu erfassen sind. Ansätze dazu glauben wir in den artikulatorischen Passagen von Raoul Hausmann zu finden.

Die artikulatorische Gestik, die allein im Mit- und Nachvollzug der

Organeinstellungen erfasst werden kann, und die Bedeutungswerte, die nie völlig verschwinden, arbeiten ineinander, jene als unmittelbares Sichzeigen, diese als Vergegenwärtigen aus dem Grund von Erinnerung. Beide zusammen wirken ein aktuelles Bedeutungsnetz, in dem auch das scheinbar Nur-Syntaktische, die Leerformen mit ihrer Monotonie oder Variabilität Bedeutungswert gewinnen und darum faszinieren. Denn auf der artikulatorischen Ebene gilt die Unterscheidung zwischen Bedeutung und Bedeutungsträger, die an diesem wieder nur-syntaktische Elemente unterscheiden ließ, nicht mehr. Jede Einstellung ist vielmehr in sich syntaktisch, da sie bereits auch Übergang zur nächsten ist, und semantisch, weil als Organgebärde physiognomisch zu nehmen.

Gruppe und Reihe

ca. 1959

Jede Rede hat ihre eigentümliche Geschwindigkeit. Ein Maß dafür gibt der Abstand und die Zahl der Wiederholungen: je spärlicher die Wiederholungen (auch die stellvertretenden), desto langsamer der Fluss der Rede, mag sie gesprochen sein oder nicht. Langsamer nicht nur in Rücksicht auf das Verständnis des Hörers, der mit wenigen Stützpunkten auskommen muss, sondern auch in Hinsicht auf die Rede- und Wortbewegung selbst: Artikulationen, die nichts identisch haben, dauern länger, Vokabeln, die wie Inseln kaum mehr assoziierbar sind, halten die Folge auf. Denn wo die horizontale Kette am Schwinden ist, taucht vertikal Grund unter Gründen aus dem Vokabelhof hervor und fesselt die Aufmerksamkeit. In der gegenwärtigen Vokabel spiegelt sich der unabsehbare Schwarm ihrer Verwendungen; nicht nur ihre historischen Bedeutungswanderungen – die vielleicht am wenigsten –, sondern auch die vielfältigen Verbindungen, Missbräuche, Gefechte, Gelage, Hochzeiten, die sie erfahren, die ihre wüste und leuchtende Physiognomie geprägt haben. Das Lesen selbst setzt aus, indem es der Form des geschehenden Geschehens angemessen wird; es schaukelt sich in der Artikulationsgestalt, vernimmt die vielen Echos. Lesend hört der Leser auf zu lesen, und

Vergessenes, das noch in keinem Bewusstsein war, weil es von der Qualität dieses Lesers in diesem Stadium seiner Lektüre abhängt, dringt auf ihn ein. Das Redekontinuum erlischt, die Vokabel hat keine Folge mehr, ist nur noch Anweisung zu artikulierender echofähiger Bewegung, insofern also immer noch sprachförmiges Kontinuum, Artikulationsgestalt, aber nun winziger Wirbel in einer unabsehbaren See von Beziehungen, Bedeutungen, Erinnerungen, die gleichzeitig, hintereinander, ineinander und sich verdrängend hervorkommen, eben von diesem Wirbel gerufen. Der Wirbel erhält sich, sorgfältig gekaut – und verändert das Geflecht der an ihm entstehenden Schatten: Die ersten kommen, weil sie bereits bewusst waren und sich nicht selbständig gegenwärtig halten konnten, der Wirbel dagegen derselbe bleibt, nicht genauso wieder, wenn sie überhaupt wiederzukommen vermögen.

Diese Vokabeln sind nichts, wenn nicht Gegenstand für Bewusstsein.

Wie sie sich zu erhalten trachten, springt das Bewusstsein, je mehr es sich auf ihren Focus konzentriert, desto unwiderstehlicher von ihrer Gestalt ab, von den Bedeutungswellen – nicht weitergetragen, aber doch langsam kumulierend auf eine neue, fremde Reizgestalt begierig gemacht, die der gegenwärtigen zwar fern und äußerlich ist, von deren nächstliegender Bedeutungsstelle aus auch nicht assoziierbar wäre, die das Bewusstseinsgeflecht jedoch zu einer Fortbewegung erwartend provoziert und augenblicklich erkennt, wenn sie erscheint. Je höher die Wachheit über dem Traum ist, desto sicherer gelingt die dichte Ordnung der beziehungslos aufeinander bezogenen Vokabelhöfe in der poetischen Gruppe.

Werden im Gegensatz zu dieser vertikalen Orientierung des Textes die Wiederholungen zahlreicher, so nimmt auch die Geschwindigkeit der Rede zu. Im äußersten Fall, wenn eine einzige Artikulationsform durch den ganzen Redeverlauf erhalten werden soll, schwinden die Pausen, schwingt eine Sprechsekunde an die andere, erfüllt von der kostbaren Lautgestalt. Dabei zeigt sichs jedoch, dass der semantische Wert sich gründlich verwandelt, wenn die zugeordnete Artikulationsform beharrlich durchgehalten wird. (Kandinsky hat als Erster darauf aufmerksam gemacht.) Soll darum der anfängliche semantische Wert mitgeführt werden, so muss die Artikulationsgestalt sich modifizieren im Ablauf des Sprechkontinuums, ja völlig darin verschwinden, sodass Strecken mit unvorhergesehenem semantischen Werte hervortreten. Dennoch bleibt sie als steuernde Form unverlierbar darin und taucht irgendwann mit dem unversehrten Wert wieder auf.

Die zwei Ebenen des Gedichts

1957

Erinnern wir uns der Selbstverständlichkeit, dass die Leseordnung poetischer Texte anders ist als die von Mitteilungstexten. Während diese ein nur schwach widerständiges Ineinanderschachteln der aufeinanderfolgenden Aussagegruppen zulassen und im, sei es auch zögernden, Fortgang des Lesens sich hinreichend darbieten, löst sich bei jenen zunächst einmal die Folge der Gruppen, prägt sich das Einzelbild, die Einzelgruppe hart isolierend hervor, stellt sich neben frühere und spätere und verlangt für sich, was dem ganzen Text natürlich gegönnt wird, zunächst nur als sie selbst wahrgenommen zu werden. Auch intellektuell stark durchgegliederte Texte reißen, wenn sie mehr bieten wollen, immer wieder ab wie Wassertropfen vom Rohr.

Wie groß kann oder muss eine poetische Gruppe sein? Ein Satz – gewiss. Manchmal aber schließt sich der Tropfen schon um ein, zwei Laute, die Wörter mit sich führen – genaue erregende Gebärde, die Lippen und Zunge miterleben während der Artikulation, ein Skelett im Treibsand des Vokabelsinnes, das mich plötzlich erinnert. Auf das allein es vielleicht ankommt. Schon die Geste einer kleinen Lautfolge kann genug sein, kann das Gedicht sein. Ein epigonaler Lettrismus vergaß nur, dass Gebärden sich nicht unvermittelt setzen lassen, dass sie Zusammenhang, einen Hintergrund nötig haben, damit ihre Formalität zur Leseart wird. Das kann, wie es Raoul Hausmann tut, durch begleitende Mimik geschehen. Das kann der Sinn der Vokabeln mitbringen, in denen die gestischen Laute stecken. Es kann durch den Bedeutungsstrom geschehen, der sich in uns erinnernd bewegt – zumeist kaum erreichbar, im Tagtraum plötzlich blendend an der Oberfläche. Wenn ihn ein mir bedeutsames poetisches Zeichen berührt, so dient er dem als Kontext; der

spiegel gespiegelt[2]

wind	wird	wind	wars	wann	ward	wüste	
punm	pɹɐʍ	puıʍ	pɹɐʍ	ǝʇsnʍ	pɹɐʍ	ǝʇsnʍ	
warf	den	warf	weil	warf	einer	wurf	ein
ɟɹnʍ	uǝuıǝs	ɟɹɐʍ	ɐp	ɟɹɐʍ	ɹǝuıǝ	ɟɹnʍ	uıǝ
winde	dich	wind	da	warf	einer	traf	ein
ǝpuıʍ	ɥɔıp	puıʍ	ɐp	ɟɹɐʍ	ɹǝuıǝ	ɟɐɹʇ	
	wars	aber	wars	nicht	warf	aber	wirst	doch
ɥɔop	ʇɹɐʍ	ɹǝqɐ	ʇɹıʍ	ʇɥɔıu	ʇsɹıʍ	np	ʇsɹıʍ	
	warte	es	war	es	wird	wo	wars	doch
	ʇǝʇɹɐʍɹǝ		ǝpɹnʍ	sǝ	ɹɐʍ	oʍ	sɹɐʍ	ɥɔop
	wartet	zuerst	einer	eh	einer	erd	einer	eins:
	ʇǝʇɹɐʍ		ɹǝuıǝ	ɥǝ	ɹǝuıǝ	pɹǝ	ɹǝuıǝ	:suıǝ
	oder	eins	oder	gibs	oder	gab	oder	trieb	oder treibts
	uǝbǝɓ	suıǝ	ɹǝpo	ʇqıb	ɹǝpo	qɐb	ɹǝpo	sqǝıɹʇ	ɹǝpo ʇqıǝɹʇ

riesige Stromkreis latenter Bedeutungen, den wir jahre- und jahrzehntelang aufgespeichert haben, schließt sich, und die Blinklichter leuchten ineinander. Die einzelne poetische Figur ist Katalysator jenes nie völlig ›vorhandenen‹ Ganzen, das wir vermuten, sobald wir uns bemühen, auf der Höhe zu sein.

Zunächst noch einmal zum Lesen: Die Poesie heute reflektiert die eigentümlichen Bedingtheiten der Sprache, des Sprechens selbst. Die Form der ›poetischen Gruppe‹ stellt sich ein, sobald man auf die Form des sprachlichen Augenblicks achthat. Die Zeitordnung der ausgeübten Sprache ist nicht das locker sich fortbewegende Kontinuum, wie man angesichts der geschriebenen, der vorbereiteten Aussage überhaupt meinen möchte, sondern Zusammenschluss weniger Elemente um die eine gedankliche Spur, die aus dem Gewirr vieler gewählt wurde. Sprechen geschieht wie die Wanderung eines Scheinwerfers: fleckenhaft und doch ununterbrochen. Die Fleckennatur des gewöhnlichen Sprechens folgt aus der konstitutiven Schwäche unseres Bewusstseins – es ist immer zugleich auch abwesend, abgesogen von im Untergrund hausendem Nichtbewältigtem, Nichthervorkehrbarem. Somnambul bedingt ist auch das Fleckenhafte der poetischen Sprache: Die ›kleine

Form‹, eines Wortes, einer Verbindung, fängt die Aufmerksamkeit ein – nicht weil sie ästhetisch reizt, sondern sie fasziniert, weil sich darin plötzlich mehr vorfindet, als im Kranz meines Bewusstseins vorhanden sein kann. Nichts scheint selbstverständlicher als meine Rede, und doch stürze ich in die dunkle Grube eines Wortes, das ich schon immer zu kennen glaubte. Ein Augenblick winzigen Schreckens bildet den poetischen Augenblick, ja man wird sagen können, die poetische Gruppe ist die sprachliche Fügung, die uns mit dem, was wir ›nicht wissen wollen‹ und was uns dennoch nächstens betrifft, in Rapport bringt.

Als Bewusstseinswesen haben wir die heteronomen Ordern, die ständig auf uns gerichtet sind und in Krankheit, Affekten, Tod sich von Fall zu Fall durchzusetzen wissen, verschalt. In den Pausen zwischen den Verwundungen aber können wir uns herumwenden und uns gerade in Anstrengung des Bewusstseins dem Heteronomen, das schon unserem Keim und jedem Atemzug beigemischt ist, ausliefern. Dies und die Vorbereitung fürs Gedicht ist derselbe Vorgang. Der Eintritt ins Unterschwellige (nennen wir es vorläufig so, mitgemeint ist alles ›jenseits der Grenze‹) geschieht nicht gegen, sondern mit dem Bewusstsein auf Wegen höchster Wachheit, einer Wachheit, die sich den Schlaf einverleibt hat. Von ihr hängt alles ab. Während sie eintritt, schmilzt die Konformität mit der Umwelt, die wir zum Leben brauchen, ab, ein Hohlspiegel bleibt, ein Ohr, welches endlich nur noch ein Punkt ist mit Namen Ich. Dieses Ich hat es nicht mehr nötig, sich abzusetzen, es ist mit den Figuren, die dort erreichbar werden, einverstanden, es bewegt sich in deren Gestik mit, ohne sich verlieren zu können.

Die Grenze gegen den Traum kann jedoch nicht scharf genug gezogen werden. Dieser überliefert das Ich dem Getriebe der heteronomen Ordern, setzt seine Selbständigkeit außer Kraft. Die Figuren drängen heran und hinweg, sammeln sich um den Ichpunkt und haben ihn doch nicht zum Zentrum. Was geschehen ist, ist auch schon wieder gelöscht, kaum einer Erinnerung fähig in dieser Luft, nur als Impuls, als Provokation an die folgenden Szenen weitergegeben. Der Traum ist reinste Sukzession, wie sie hinfälliger das Wachbewusstsein nicht erleben kann. Das Ich ist Mitspieler, aber einer der schwächsten, es kann nichts aufheben, nichts ansammeln, es ist nur noch ein Rest, alles andere ist ›draußen‹ in den Figuren der Szene. Dieser Ausverkauf hat nichts gemein mit

dem Abschmelzen, aus dem jene ›Wachheit‹ entsteht. Ein Reiz muss sie einstoßen, einen Einfall provozieren. Es braucht dazu wenig, ein Wort, eine Lautordnung. Nicht jedes Gebilde erweist sich eben als geeignet, die Sympathie ist plötzlich und unmotiviert – tatsächlich freilich auch aufgrund einer Antwort, wie im Traum die Figuren ›antworten‹.
An dieser Stelle wird die Sprache in ihrem Elementaren wieder hart, frisch, genießbar. Das Urwortstadium scheint zu wetterleuchten, und der Spaß an der bloßen und doch komplexen Vokabel mag dem des Grammatikers Schottel gleichen, der solche Reihen fand:»Raub, Tod, Sand, Scham, Fried, Schlaff ...« oder:»Leder, Luder, Messer, Ohr, Paar ...«. Die Wörter waren Gehäuse der Dinge, jetzt sind sie eine neue Art von Dingen selbst, ebenso innig wahrgenommen. Was sie einmal namhaft umfingen, ist mit darin, auch die metaphorische Verfassung, eine Weile abgründiges Entzücken, ist mit eingesunken wie eine der Stadtschichten Trojas. Die verzweigten Ereignisse der Begriffe, Vorstellungen, Metaphern, Assoziationen sind alle mit da, bewirken das Zugleich von Kontur und Diffusion. Davor aber tanzen Lippen, Zunge, Zähne im Artikulieren, vollbringen Gebärden, die erst angesichts jener Bedeutungsaura zu funkeln vermögen und sich doch so reichhaltig anfühlen, als brauchten sie nichts als ihre Sekunde. Und sie bringen aus der Kraft der gestischen Artikulation neuen Sinn auf, gelten plötzlich als Gebilde, als Gegenstände, von Mund und Gaumen getöpfert, die nahezu einer Bezeichnung fähig wären, die jedoch niemand bezeichnen wird, weil sie sich von ihrem Namen nicht unterscheiden lassen.
    Alte Freundschaft gilt wieder. Aber sie tönt auf einem Grund, der nicht mit ins Wort, in die Gebärde der Vokabeln tritt, den die Wachheit als ihren intimen, kurzfristigen Gewinn zeitigt. Gläsern und dunkel (wie ›Geist‹) fordert er dazu heraus, der sympathetischen Figur eine andere, eine durchaus andere zu gesellen, zu der hin offenbar keine Assoziationsbrücke zu schlagen ist: Und wenn sie zusammengeraten sind, zeigt sich's, dass nichts enger zusammengehört als das, was nichts miteinander zu tun hatte. Die Formel Lautréamonts »(...) beau (...) comme la rencontre fortuite sur une table de dissection d'une machine à coudre et d'un parapluie!«[1] fällt uns hier ein. Wir verstehen diese Erfahrung als Äußerung des ›Grundes‹, dessen Natur dem Tanz auf den Zehenspitzen günstig, zum Salto zwischen den Hörnern des Stiers, zum Versuch an

der Grenze lockt. Dessen Natur ›Grenze‹ ist und sich darin immer wieder darzustellen verlangt. Nur der eigene Versuch kann dich überzeugen, dass dort nicht wahllos alles mit allem verspannt werden kann, vielmehr genaue Sympathien bestehen, die aufzuspüren Sinn des Poems ist. Gewiss, es ist alles mit allem verflochten, und die Sprache ist ein riesiges Netz, von unabsehbaren Bild- und Sinnschüben verfilzt, doch die Konstellationen sind einmaliger, wenn auch vieldeutiger Art, nicht starr übrigens, sondern stillstehende Dramen, die auf das ›wache‹ Bewusstsein warten, um ihre Geschichte herzugeben (wie der königliche Hof unter den Dornen). Das Bewusstsein bringt seinen Begriff des Ganzen mit, der formend am Fond beteiligt ist; das Ereignis zwischen Entferntem jedoch bezeugt eine Wirklichkeit, die wir nicht zu erfinden vermöchten, obwohl wir mit ihr, ist sie erst einmal aufgewiesen, völlig einverstanden sind.

Alexandrinische Verhältnisse bestimmen unseren Tag, und den Dingen der Umwelt kam die Grenze, die Bruchfläche abhanden, durch die sie entzückten. Noch blieb, oder vielmehr jetzt finden wir die Konkretheit in der Sprache, dem flüchtigsten Wesen. Mit ihrer Hilfe erfahren wir Unmittelbarkeit und Vermittlungen eigener Art, wie jede Zeit die ihren.

Das homöopathische Gedicht genügt. Es wird, krasse Unterscheidung vom Traum, gekennzeichnet durch die Übersicht, das Zusammen- und Zugleichhaben der Elemente, wie es im Hin- und Herwandern entsteht, Grund intellektueller Heiterkeit. Überschüssiges schießt mit ein aus dem Hintergrund des Bedeutungsstromes, bis im Bewusstsein endlich das Gedicht in höherer Potenz da ist, als es die Figuren zuerst ahnen ließen. Die erste Stufe, deren Kristalle aufgezeichnet erscheinen, entstand vor der leeren Membran, über dem dunkel-gläsernen Grund. Hier hatte der Versuch sein Feld. Der Überschuss aber, das Zwischen steht nicht auf dem Papier, es lässt sich nicht mitteilen, entspringt vielmehr jeweils dem Spaß und der Übung des Geistes, Gelegenheit zu bisher nicht gewohnter Selbsttätigkeit des Lesers.

Anmerkungen
1 Comte de Lautréamont: Les Chants de Maldoror, Paris-Brüssel 1874, S. 289 f.
2 Aus: Franz Mon: artikulationen. Pfullingen 1959, S. 19

Zur Poesie der Fläche

1963

Mit Mallarmés *Un Coup de Dés* ist in die Literatur ein Phänomen zurückgekehrt, das ihr völlig entschwunden schien: die Fläche als konstitutives Element des Textes. Wir sind es selbstverständlich gewohnt, bei der Betrachtung eines Bildes die Negativformen der Figuren so wichtig zu nehmen wie diese selbst, also die gegliederte Fläche als Ganzes zu »lesen«. Doch Geschriebenes dient uns am besten, je weniger seine optische Dimension ins Auge tritt. Von seiner Anordnung auf der Fläche wird allenfalls harmonische Unbemerkbarkeit verlangt; die Fläche selbst aber spielt bei der Syntax des Textes keine Rolle. Ohne Schaden zu nehmen, kann der Text verlautbart, aus dem optischen ins akustische Medium gebracht werden, und ebenso schlägt sich das Nacheinander des Gesprochenen im Nacheinander der Zeilenverläufe nieder, ohne dass das Nebeneinander der fixierten Schriftzeichen etwas hinzugäbe. Wie die Fläche dem Text äußerlich ist, ist ihm die Schrift sekundär. Dass sie einmal bildhafter Natur war und ihre Bildcharaktere vielleicht über die Lautsprache hinausgehende Bedeutungen vermittelten, ist vergessen. Unsere Schrift ist zur bloßen Funktion des Lautes, also eines zeitlich Dimensionierten, geworden.

Dennoch besteht die Potenz einer räumlich statt zeitlich artikulierten Schrift-Sprache. Sie dringt dann durch, wenn die konventionelle und gesellschaftlich sanktionierte Sprache an ihre Grenze gerät oder aus irgendeinem Grunde nicht benutzt werden kann. Einen einfachen Fall stellt die Sprache der chemischen Formeln dar, die – etwa im Benzolring – die Fläche als syntaktische Dimension auswertet; einen höchst differenzierten zeigen die sensibel-psychologischen Schreibgesten an, die in der Malerei und Graphik seit dem 17. Jahrhundert immer wieder über die konventionellen Bildthemen laufen, um sie zu paraphrasieren oder zu negieren. Diese »Schriftsprachen« sind nur einem geschlossenen Leserkreis oder aber nur intuitiv zugänglich.

In der Lyrik ist die Fläche nie völlig außer Kurs geraten. Wenn die Tatsachen der Verschriftung, also der Übertragung aus dem gelenkigeren Medium des sprachlichen Artikulationsraums ins langsamere der

Schreibspur, eine Sprache bereits zu verändern vermag, bis in den Wortschatz und die Syntax hinein, dann muss sich die Verzögerung, die das Schreiben dem entstehenden Sprachstück antut, auf ein Gebilde, das in solchem Maß von der Spannung zwischen Stillstehen und Fließen abhängt wie ein Gedicht, umso nachhaltiger auswirken. Ein Symptom für diese Spannung ist die Rückkehr in die Ausgangslage des Verses, die sich durch das ganze Gedicht wiederholt; ein anderes die innere Korrespondenz zwischen leerer Fläche (des Schreibgrundes) und entspringendem Gedicht, wie sie vielfältig bezeugt ist: Das Gedicht tritt aus dem Voraussetzungslosen hervor; es ist sein eigener Grund oder es ist nicht Gedicht, und die Fläche ist seine Negation, an der sich die Positivität seiner Setzung zu beweisen vermag. Das Gedicht besteht nicht ohne die Isolation der leeren Fläche, dieses aus allen Zusammenhängen geschnittenen Spielraums, wenngleich es ihn mit der Setzung des ersten Wortes desavouiert und vergessen macht.

Im Grunde liegt nichts näher, als dieses Vergessen auszusetzen, die ursprüngliche Wirklichkeit und Wirksamkeit der Fläche im Text weitergelten zu lassen. Ein Gedicht, das sich der Schreibung einmal überlassen, dem dithyrambischen Strom des reinen Sprechens entzogen hat, verlangt die Haltung des Schweigens und Überschauens – ist im Wortsinn »mystisch« und »theoretisch« zugleich. Die Zeit, in der ein auf die Fläche gesetztes Wort existiert, »fließt« nicht mehr; sie schrumpft hinweg, und zugleich liegt sie auseinandergezogen in der Dauer des lesenden Blickes und bewegt sich in seiner Geschwindigkeit. Für den lesenden Blick sind alle Daten isoliert nur sie selbst und simultan Momente des insgesamt Erscheinenden. Das gilt für alles Schriftliche; es gilt in besonderem Maße für Verschriftungen, die die Fläche bewusst als Ordnungsmoment mit einbeziehen: Der ganze Text zeigt auf einen Blick seine Struktur, gliedert sichtbar seine Beziehungen aus (wie schon im Fall des Benzolrings), tritt unmittelbar ins Bild, statt sich erst in der Vorstellung des Lesers allmählich aus dem gelesenen Erinnerten aufzubauen.

Es ist klar, dass nicht jeder Text dazu geeignet ist. Die Fläche nötigt vielmehr dazu, den Text auch von ihr her zu denken, damit ihre Funktionen zur Geltung kommen können. Diese weisen dieselbe Art inhaltlicher Formalität auf wie die der konventionellen Grammatik. Ihre elementarsten sind Lage (des Wortmaterials auf der Fläche), Entfernung (der Textmomente voneinander) und Dichte (des Textfeldes). Die kleinste erscheinende Textpartikel macht die Fläche zum Textgrund, wenn sie nur einen ihrer Intention gemäßen Ort findet. Die Fläche wird dabei selbst zur Textkonstituante; sie bringt ihre Bedeutungsmomente, wie Zentrum, Rand, oben, unten, rechts, links, mit in den Lesezusammenhang, und die Textpartikel gewinnt in diesem Koordinatensystem Stellenwert und spezifische Reichweite.

Tritt eine zweite, unterschiedene Textpartikel auf, so tasten beide auf dem gegebenen Grund nach ihrem spezifischen Ort. In ihrem Abstand stellt sich zugleich ihre innere Entfernung dar, spiegelt sich die Bedeutungskonstellation. Zwei zueinander geratene Wörter stehen – von ihrem Bedeutungs- wie von ihrem Lautbestand her – in Spannung, ziehen sich an oder bleiben zueinander indifferent. In »paradoxer Entfernung« können sich Vokabeln, deren Bedeutungen inhaltlich kaum etwas miteinander zu tun haben, als höchst kohärent erweisen, während Bedeutungsnachbarn sich oft gleichgültig sind. Das Entfernteste ist im poetischen Feld plötzlich das Nächste (wobei die artikulatorische Analogie eine vermittelnde Rolle spielen kann). Diese Vokabelkonstellation lässt sich nur im Flächenbild zureichend darstellen, vor allem wenn die Gruppierung eine Vielzahl von Elementen umfasst.

Wie der Entfernung der Begriff der Konstellation entspricht, so der »Dichte« der des Vokabelrasters. Während die Konstellation aus Individuen mit prägnanter Bedeutung und abgehobener Lautform zusammenschießt, erscheint im Raster jeweils ein ganzes Vokabelfeld, in dem nicht genau festlegbar ist, ob Laute, Silben, Wörter, Sätze die tragenden Einheiten sind. Oft konkurrieren sie miteinander; oft aber ziehen auch die Mikroformen die Aufmerksamkeit auf sich, obwohl ganze Satzgebilde dem Feld eingegliedert sein mögen. In einer Konstellation kristallisiert sich im geduldigen Lesen aus Lautung und Bedeutung eine bei allem Offensein prägnante Figuration; im Raster erfasst der lesende Blick eine Vielzahl wechselnder Beziehungen und Andeutungen, ohne zu einem eindeutigen Ergebnis zu kommen.

Die Leere der ursprünglichen Fläche ist in der »Dichte« eines Rasters insofern aufgehoben, als seine »Anhaltspunkte« austauschbar scheinen und das Feld keine notwendige Grenze hat, vielmehr beliebig fortsetzbar gedacht werden kann. Sein Umfang muss nur eine repräsentative

Menge der für diesen Text charakteristischen Elemente aufnehmen können.

In der Zweidimensionalität der Fläche kann sich ein Teil der Gestik eines Textes darstellen: Expansion, Schachtelung, Reihung, Stauung, Fallenlassen und viele andere, oft nicht mehr beschreibbare gestische Bewegungen vermögen sich in der flächigen Textordnung niederzuschlagen, ohne den Text selbst thematisch zu belasten. Das Textbild vollzieht sie, statt dass von ihnen gehandelt wird. Die optische Gestik gesellt sich selbstverständlich zur phonetischen und zur semantischen – als Ergänzung, Erweiterung, Spannung, Negation.

Es ist auch ein Flächentext möglich, der die phonetische und die semantische Dimension aufgesogen hat; der zwar mit Letternrudimenten arbeitet, aber die Identifikation nicht mehr bis zum differenten Laut vordringen lässt, vielmehr die – lautlose – Imagination eines vielschichtigen, labilen Lautpotentials vermittelt; der keine abhebbare Mitteilung mehr enthält, jedoch eine Vielzahl von Mitteilungen als möglich vorstellt.

Werkstattnotizen

ca. 1956/57

> Die »Werkstattnotizen« stammen aus den Gesprächen, die Mon mit Walter Höllerer in den 50er Jahren über die Möglichkeit einer neuen, den intermedialen Aspekten der literalen, visuellen und akustischen Künste gemäßen Poetik miteinander geführt haben. Ihr Ergebnis war der 1960 erschienene Sammelband *movens*.

1.

Zeitungsmontage: Neugier aufs Vorhandene. Ironie und Naivität lassen alles Geformt-Formulierte gelten. Die poetische Voraussetzungslosigkeit: Wer hätte schon das Maß, nach dem er das Würdige vom Wertlosen trennte?! Diese Naivität resultiert aus der höchst differenzierten Situation, da ständig ehemals Wertiges entpuppt wird und Unwertiges aufsteigt. Die Frage nach dem »Stoff« wird beantwortet, indem alles zum Material wird.

Die Stelle, wo alles bereits zum Material (stofflich) geworden ist, ist die Zeitung. Das Prinzip der Zeitung selbst ist rein formal – nämlich die Gleichzeitigkeit; was unter sie fällt, ist damit schon würdig, verzeichnet und bemerkt zu werden. Die Gleichzeitigkeit ist das »Muster« der Zeitung; es besteht darüber hinaus (im Idealfall) eine inhaltlich-thematische Bezogenheit der Einzelheiten. Die Zutaten der Redaktion sind immer partikulär, bewältigen nie das Ganze. D. h. es gibt kein Ganzes in thematischer Hinsicht.

Darin aber besteht die große Stärke, die anonyme Gerechtigkeit des Journalismus, seine Rechtfertigung aus der Situation, da die Vielfalt der Parzellen des Einzelnen Vermögen, sie zusamt zu besitzen, überstiegen hat. Der Einzelne ist auf das Einzelne verwiesen; er gerät höchstens ins endlose Summieren.

Im Einzelnen, gerade weil es so isoliert ist, steckt jedoch das Ungeheuerste – bedrückend und berückend. Der alleinherrschenden Gleichzeitigkeit ist die Isolation, also das Fragment zugeordnet. Da ich mich selbst beim Lesen der Zeitung bald von der Ökonomie des zeit-formalen Prinzips überzeugen muss und Durchdringungsversuche bald als lächerlich bedingt (von meinem, des Berichters oder der Zeitung Kenntnis- und Bewusstseinskreis) aufgebe, entdecke ich die Gewalt, die von den Splittern ausgeht, und rette mich vor der Reizeuphorie, die von der Artikelfolge mit ihren Pseudoschlüssen ausgeht, ins Elementare; lege zugleich die Wahrheit und Rechtfertigung von »Zeitung« frei:

Die herausgelösten Partikel schießen ohne Schwierigkeit zu *kaleidoskopischer Ordnung* zusammen. Dabei wird das Grundphänomen der Kohärenz gerade des inhaltlich Fremden, der Zusammengehörigkeit gerade des Nichtzusammengehörenden sichtbar (Zitat Valéry). Die Diskontinuität, die aus dem formalen Prinzip der Gleichzeitigkeit folgte und in der Zeitung noch mühsam verhohlen ist, erweist sich als die Wirklichkeit gleißend auffrischender Zustand; sie erübrigt die verbrauchten Bindungen und Verflechtungen – auch die meinen als des Lesers – und reizt an, die automatische und sogleich als sehr richtig empfundene Beziehung des nun bruchstückhaft Zueinandergeratenen zu lesen.

Unser Geschichtsbewusstsein hat uns belehrt, alles Vorhandene als geworden und alles Gewordene als berechtigt, zudem alles Gewesene als vorhanden zu verstehen. Das sind die Züge unserer Wirklichkeit; daraus muss die universale Sympathie erwachsen. Ich tue nichts, als sie vom Entfernten zum Entferntesten aufzusuchen, weil das Fernste mir längst gleich dem Nächsten geworden ist.

2.

Das Experiment zum Prinzip der *Gleichzeitigkeit*, das sich oben als grundlegend ergeben hat, muss die Sukzession als Nichtumkehrbarkeit der Wort- und Zeilenfolge beseitigen. Also Beschränkung auf die partikelhafte Wortgruppe oder das Einzelwort. »Muster« des Spielraums, der sich aus den sympathetischen Gruppenkristallisationen herstellt. Sättigung der Gesamtkonstellation.

Dem entspricht ein Lese-Bewusstsein, das beliebig beginnt und sich die Gruppen labyrinthisch wandernd aneignet, solange bis sie im Vor und Zurück gleichzeitig *da* (bewusst) sind, und das ganze Feld überschaut, in gleichmäßiger Spannung steht. Wo im Augenblick das Auge lesend verweilt, punktet Zentrum an, um sogleich mitzuwandern. Mitte ist überall; dennoch oder gerade deswegen ist die Ordnung stabil und kein Partikel von seinem Ort zu rücken.

3.

Sonderexperiment *biographie*: Wiedereinführung der Sukzession. Die Gruppen in Abfolge. Es erweist sich jedoch, dass die primäre Wirkung eingegrenzt ist in die Einzelgruppe; auf deren Konstellation beruht. Der »Fortschritt« von einer zur anderen Gruppe ist umkehrbar – die Wirkung wieder an die Konstellation gebunden, nicht an das Gesamt.

Entdeckung des *Wortes* als der poetischen Materie: Spätestens die Zusammenstellung zweier Worte ergibt das Gedicht.

Die Lust am nackten Wort: Denn es bewahrt und bringt uns die Dichte des Wirklichen.

Diese Zusammenstellungen sind oberschichtig nach sprach-theoretisch-grammatikalischen Gesichtspunkten ausgeführt worden – unter-

1)

Tau	docht	blackfisch
verlangen.	durchmesser	wasserhose
ich erinnere mich.	entblößung	zerfleischt
rücken	bogen	vermischung
horn		der adler
	bauch	
flechtwerk	hüfte	könige
kalk.	~~apfel~~	verdorren
grube	block	
die frau		bleiweiß
	~~gut~~	alter.
becken	gehölz	feder
die sichel	sand	schuh
schlaflos	zittern	harpune
binse		im auge
	abstand	
becken	geschlossen.	
angel	schote	
ballast.	hohläugig	
	bronze	
kiesel		
~~schlaf~~	achse	
geschwader	doppelpunkt.	
~~enthüllung~~	bote	
durchsicht		
gestirn	huf	
hügel über	ihres leibes.	
absage	fruchthülse.	
	brander	
dach unter der	ingrediens	
~~fetisch~~		
~~der alkohol~~	drall	
trauer	kerker	
hecke auf	hode	
kern	meine freiheit	

biographie.   3.1.53

schichtig jedoch wirkt sich die Süchtigkeit nach der in den »Hauptworten« der »adamitischen Ursprache« gegründeten offenbaren Substanz des Seienden aus. Der Klangleib schwillt mächtig hervor, nimmt die Bedeutung, die sich seiner sonst souverän als Vehikel bedient und ihn leicht überhören lässt, in seinen Bauch zurück, sodass sie wohl noch mit da ist, aber nicht mehr als Mutter, sondern als eingeschmolzen-fungierendes Element unter anderen. Man spürt, obwohl die Bedeutungen keine Nähe zueinander haben, die zwingende Kohärenz in der Wortfolge. Gegründet wird sie vor allem durch die Lautverzahnungen: »schote / hohläugig / bronze«.

In dem Kontinuieren aus gleichen oder verwandten Lauten wirkt der Sprung »becken / die sichel« nicht auflösend, sondern festigend, bringt er doch die Kontinuität auf seiner Folie schärfer zu Bewusstsein; es setzt sich dann auf neuer Ebene fort.

Doch handelt es sich nicht um bloßes Lautspiel. Die Bedeutungen bleiben wach und rufen eine Vorstellungsfolge eigener Ordnung hervor. Mit dem Untergrund des Lautkonstruierens bewegen sie sich am zwingendsten, wenn keine inhaltliche Assoziation zwischen ihnen mehr besteht: »achse / doppelpunkt / bote«.

Das Ferne ist das Nahe. Die Isolation des Einzelnen aus seiner gewohnten Verflechtung befreit es zu seiner »Eigentlichkeit«; die Abstriche, die jeder sachlich einordnende Zusammenhang vornimmt, die Individuierung durch die bestimmte Situation, fallen weg – die Fülle aller möglichen Anwendungen ballt sich zum Vokabelgestirn zusammen. Der unerhörte Abstand zwischen den Nachbarworten sichert jedem seinen ganzen, in unabsehbarem Gebrauch erworbenen Bedeutungsreichtum, aus dessen unendlichem Vorrat Funken auch zu dem Nachbarwort überzuspringen vermögen. Prinzip also der möglichst geringen Bestimmtheit durch die Konstellation – die doch dank des symbol- und metapherngeschmeidigen Gebrauches nie zur Unbezüglichkeit wird. – Es ist klar, dass dies eine sehr langsame, geduldig-verweilende Art des Lesens verlangt – eine Übung im Widerrufen der Zeit als scharfer Folge, ständig wieder umkehrend, oft lange schaukelnd zwischen zwei Vokabelpolen. Eine Untertreibung, die durch die modernen Reizkaskaden schwierig und notwendig geworden ist.

Die Folge baut »Welt« aus den im Wort verleibten Wirklichkeitserinnerungen weiträumiger und deutlicher auf, als es unserer betrogenen und überrumpelten Wahrnehmung sonst noch möglich ist.

4.

Die *Montage*, in deren Bereich wir uns hier bewegen, wird poetologisch notwendig in jenem Stadium des automatischen bzw. halbautomatischen Arbeitens, da der Fundus sich nicht mehr aus dem Offenen ergänzen kann, sich der Symbolkosmos ausgestaltet und verfestigt hat und nun zwanghaft die gleichen Vokabelbilder immer wieder auftauchen: der Kreis des persönlich zugänglichen Bilderlebens sich schließt. Die Qual der Ich-selbst-Verfassung wird bewusst, den beglückenden Schock der Bilder vermag keine Routine mehr heraufzurufen.

Später wird es deutlich werden, dass die bloß automatische Technik ein Irrtum mangelnder Scharfsicht war und ihr immer schon die Selbstenteräußerung vorausging, wenn sie gelingen sollte: Sie bringt nichts von meinen Vorräten, sondern das Unwirkliche als die höhere Gewalt des Vorhandenen hervor. Das wieder Zurückfallen auf die falsch bewusste Technik führt zur Nötigung, die Technik zu wechseln, indem *unbewusst* das Ich-Selbst auf den inhaltlosen Beobachter, das prismatisch reine Medium beschränkt und ihm Inhalte vorgesetzt werden, die eindeutig außerhalb seiner bestehen und von ihm nur noch insofern abhängen, als er an ihnen seine letzte Eigenschaft, des sensibel erfassenden Beobachters, bewährt und sie aus den Zivilisationssedimenten hervorzieht.

Es gibt ergiebige und unergiebige Steinbrüche – was jedoch brauchbar ist, stellt sich erst an Ort und Stelle heraus: Grundsätzlich gibt es keine vorausarbeitende Wertung; jeder Text kann fündig sein, mag er ein fremdes Gedicht, ein Wirtschaftsbericht, ein Erdkundebuch, ein Modejournal, eine Annonce oder sonst was sein. Ich bin nur willenloser, gesammelter Wünschelrutengänger, neugierig und unparteiisch; hebe die dichten Stellen heraus und auch die Scherben, die vielleicht einmal in einer noch völlig unbekannten Ordnung wichtig werden könnten. In sich Bedeutsames mischt sich mit noch Bedeutungslosem zur Mutterlauge, aus der der wach-schlafende Beobachter die Partikel wählt, um sie einander prüfend anzunähern. Nur die komplex aufgebaute Anziehungskraft der Partikel selbst bringt die Kristallisation zustande. Das

Glück, ihrer über alle Entfernungen wirksamen Befreundung beiwohnen zu dürfen, belohnt das Ich-selbst und seine ent-äußerte Tätigkeit.

Lyrik heute

1960

> Auf dem Hintergrund der von ihm konzipierten und 1956 herausgegebenen Anthologie *Transit. Lyrikbuch der Jahrhundertmitte* veranstaltete Walter Höllerer 1960 unter dem Motto »Lyrik heute« in der Berliner Kongresshalle mit sieben Autoren ein öffentliches Symposion mit Lesungen und Diskussionsrunde. Das Publikum konnte sich an der Diskussion beteiligen. Höllerer hat das Ganze anschließend in der Zeitschrift *Akzente* veröffentlicht. Im Folgenden sind Höllerers Einleitung im Auszug, Mons Texte und die ihn betreffenden Passagen der Diskussion wiedergegeben.

Walter Höllerer
Einleitung des Symposions

Meine Damen, meine Herren,

ich eröffne das Diskussions-Forum ›Lyrik heute‹. Die deutsche Lyrik nach 1945 hebt sich ab von einem gemeinsamen Hintergrund; einem historischen und einem gegenwärtigen. Sie ist verschiedene Wege gegangen. Die verschiedenen Auffassungen haben Diskussionen zur Folge gehabt, die bis in eine breitere Öffentlichkeit gedrungen sind. Die Diskussionen haben gezeigt, dass die Gedichte es vermochten, die neuralgischen Punkte unseres Daseins zu treffen, gegenwärtige Verhältnisse, Möglichkeiten und Gefahren ins Bewusstsein zu rufen, die im Dumpfen, im Verborgenen schwelend vorhanden waren. Die Lyrik wurde deswegen gelobt und getadelt. Es wurde behauptet, dass sie die einzige literarische Form nach 1945 sei, die für die gegenwärtige Bewusstseinslage mitsamt ihren Hintergründen, d. h. für den zivilisatorischen Gesamtinhalt des menschlichen Bewusstseins, die angemessenen Ausdrucksmittel gefunden habe. Es wurde andererseits von ihr behauptet, dass sie sich gerade dieser Aufgabe entzogen habe; dass sie sich verflüchtigt habe in eine Region der dünnen Luft, in der sie Seil-Akrobatik betreibe.[1]

Es ist besser, sich an den Gedichten selbst zu orientieren als an Sekundärmeinungen, die, nach Lage der Dinge, immer nur einen Teilaspekt beschreiben, oft verabsolutierend polemisch beschreiben, während das Gedicht in einem unzertrennbaren durchsichtigen Guss die Bewegungen, die es durchschaut, auffängt, festhält, erkennen lässt. Wir haben deshalb in den Mittelpunkt dieses Symposions die *Gedichte* der Teilnehmer gestellt. Jeder der sieben Autoren liest zu Beginn zwei seiner Gedichte, die er selbst ausgewählt hat und die er für bezeichnend für seine Art, Gedichte zu schreiben, hält. Dann werden kurze Referate verlesen, die die Auffassung vom Thema ›Lyrik heute‹ der einzelnen Autoren widerspiegeln. Es schließt sich eine Podiumsdiskussion über die vorgelesenen Gedichte und Referate an, die dann in eine allgemeine Diskussion mit Ihnen, sehr verehrte Zuhörer, einmündet. Am Ende des Symposions lesen die Autoren noch einmal je ein Gedicht, das aus ihrer jüngsten Produktion stammt.

(...)

Franz Mon
An einer Stelle die Gleichgültigkeit durchbrechen

Uns ist bei der Einladung zu dem heutigen Symposion die Frage nach dem notwendigen Gedicht gestellt worden. Diese Frage klingt schlicht und knapp, doch sie lässt sich nicht ebenso knapp und präzis beantworten, seit die formalen Elemente der Lyrik nicht mehr vor jeder Frage gewiss sind, Zeile, Versmaße, Strophe, Gattungsformen –, sodass selbst Umsturzversuche sich an dem, was sie umkehren wollten, bestimmen konnten. Das Gedicht ist kein Vorhaben mehr, es ergibt sich allenfalls aus einer allen Gattungsunterscheidungen vorweglaufenden *Textarbeit*. Wenn die Arbeit an einem Sprachstück beginnt, lässt sich kaum vorhersagen, ob sie bei einem Gedicht, einem Dialog, einem Prosageflecht münden wird. Es können aus derselben Grundlage sogar verschiedene Gattungsgebilde nebeneinander oder ineinander erwachsen.

Bedingt ist dies durch das *Zusammenfallen von Material und Form.* Das Interesse an einem Stoff ist nichts anderes als die Faszination durch seine Struktur, die ihn überhaupt erst greifbar macht; und eine Struktur spiegelt, sobald sie prägnant hervortritt, analoge Ordnungen und schließt sich, ohne darin zu verschwinden, an ein riesiges allgemeines Geschehens- und Bedeutungsgeflecht an, sodass sie selbst zugleich inhaltlich ist.

Genauer besehen, bewegt sich ein Text zwischen zwei Momenten: einem strukturierenden *Plan*, einem Muster, das so offen formuliert ist, dass es dem in ihm sich ausgestaltenden Material erlaubt, seine Eigenbewegungen mit ins Spiel zu bringen. Das Muster in seiner Grobkörnigkeit ist dem zweiten Moment homogen: dem *Material*, etwa als prägnante Formel, als der winzige Fund einer Vokabel, eines eigentümlich artikulierten Satzes, einer Frage, eines Imperativs, einer Gedächtnisscherbe, eines Wortes, das es noch nicht gab, usw. Ihnen allen eignet die abrupte *Anfäng*lichkeit. Mit ihr stellt sich die Dynamik des Weiterfindens, des somnambul sicheren Hervorspinnens ein, die auch den Plan für das Ganze noch mithervorwirft oder, wenn er schon gegeben ist, ihn umzustülpen vermag. Das anfangende Hervorspringen kann sich vielfach erneuern, bis der Plan sich erfüllt hat und seine Strukturabsicht aufgehoben ist in dem zähen Geflecht, das die winzigen Sprachbewegungen zustande gebracht haben. Das Rätsel ist das Anfangen: Es entspringt dem Nullpunkt, so als gelte nichts als dieses Geschehnis; und doch hat das neue Sprachgebilde schon eine Erinnerung, es vermag sich das Fernste anzugliedern, wenn es darauf ankommt, es ist überall zu Hause. Die Frage nach dem Anfang ist eigentlich die nach dem *Subjekt*. Und das ist kaum zu identifizieren, wenn es überhaupt angedeutet wird. Und wird es genannt, so bringt die Sagedynamik vom winzigen Anfangspunkt her eine Bewegungs- und Beziehungslabilität mit, die in alles einspringen kann und aller Masken und Subjekte fähig und begierig ist. Auch das Subjekt ergibt sich erst unterwegs im Prozess zwischen Anfang und Muster.

Das *Sprachbewusstsein*, in dem sich die Textprozesse abspielen, ist durch zwei Tatsachen bestimmt. Zunächst durch seine unabsehbare Verspannung mit der *Erinnerung* an die Erfahrungen, Verschiebungen, Überlagerungen, Verwerfungen, an die Hochzeiten und Zusammenbrüche, die diese Sprache in ihren Vokabeln und Fügungen mitgemacht hat. Die Erinnerung nimmt mit der Durchdringung und Vergegenwärtigung der Sprach- und Literaturgeschichte zu. Viel folgenreicher aber ist der andere Punkt: dass nämlich die Wirklichkeit, mit der die Sprache es heute zu tun hat, als Realität nur besteht und anerkannt wird, insofern sie formulierbar ist. *Wirklich ist nur das Formulierte.* Auf diese knappe Formel lässt sich das, was Hans Freyer das sekundäre System genannt hat, zurückführen. Der unaufhörliche und unübersehbare Sage- und Redestrom, der unsere Welt durchdringt, das endlose Gemurmel der Wissenschaften, der Reklame und der Politik, der Informationsbüros, der Presse, des Funks, der Tagungen und Begegnungen hat darin seinen Grund.

Die Entscheidung, die Realität, die uns angeht, auf methodischem Wissen und auf der Reflexion zu errichten, ist gefallen, und ihr ist nicht mehr zu entgehen. Über die Folgen für die Sprache nachher noch einiges. Zunächst sei auf die Übung des *Querstellens* verwiesen, die das Ich sich aneignen muss, wenn es in dieser Rede-Realität bestehen will: die Übung, ein Moment zu isolieren, es aus seiner funktionalen Vermittlung zu lösen und es so zu nehmen, als wäre es bis zu diesem Augenblick noch nie erschienen. Auch hier wieder dieser eigentümliche Nullpunkt. Nur durch diese Übung bleibt die Fähigkeit erhalten, das Unbestimmbare dieser Realität, die der alten metaphysischen Wesenheiten enthoben ist, immer wieder fest-zustellen, was unablässig neu geschehen muss, da die Konventionen hinfällig und praktikabel sind.

Die Verfassung des Querstellens ist das *Schweigen*. »Ich« ist da, aber es behauptet nichts, es redet nichts, es lässt alles, was es von der Rede hat, und alles, was Rede ist, fahren. Es fällt auf sich zurück, von wo die entfallende Realität ja ausgegangen war. Es fällt auf sich zurück, ohne sich um sich zu kümmern. Etwas wird in seinen leeren Hof eintreten, an dem es wieder beginnen kann.

Diese Verfassung ist nicht beliebig. Die zur Rede stehende Realität treibt es von sich her schon dahin. Sie ist von einer Art, die einem die Sprache nimmt. Das *Entsetzliche* ist ihr Bestandteil von Anfang an, denn sie beruht auf dem Grundsatz, dass das, *was möglich ist, auch real ist und auszuführen ist.* Alles Mögliche drängt zur Wirklichkeit, entspringen doch der Entwurf des Möglichen und der Plan der Realität demselben methodisch vorgehenden Bewusstsein. Von dieser Realität her wird nun keine autonome Norm, keine Grenze, kein Tabu mehr gesetzt, die nicht

im Methodenbewusstsein gegeben wären – und dort gibt es keine außerhalb der methodischen Fragestellung und ihrer Verifikationswege. Alles Mögliche ist zu durchlaufen, ohne dass eine Vorsicht auf die Folgen einzuwirken vermöchte.
(Auf die Rolle des Utopischen kann hier nicht eingegangen werden. Man könnte es vielleicht als die Verfassung des Möglichen in der Erwartung aufgrund einer mythisierten Erinnerung, die abgestoßen oder aufs Neue gesucht wird, bestimmen.)
Das »Entsetzliche« ist dabei im Grunde eine unzulässige Kategorie. Von der beschriebenen Realität aus gesehen ist sie atavistisch. Sie läuft auch nicht mit der Rede, sie macht vielmehr sprachlos. Das Entsetzliche ist übrigens am entsetzlichsten, wenn es mit der zeitgenössisch gängigen Sprache dargestellt wird. Die Aufzeichnungen von Rudolf Höß sind dafür ein säkulares Beispiel.[2] Es bewältigen zu wollen, entspringt der Ahnungslosigkeit oder dem schlechten Gewissen. Es ist nicht zu bewältigen, da es sich der Sprache verweigert. Es ist nur ins Gedächtnis zu nehmen, sodass es in den »Prozess«, der einem selbst gemacht wird und der mit dem Tod endet, eingeht.

Wenn alles Mögliche wirklich wird, ist es im Grunde *gleichgültig, was* möglich ist. Das Ich, das in diesen Realitätsprozess eingespannt ist, gerät ihm damit, solange es noch bei sich ist, gegenüber, ohne doch eigentlich freigelassen zu werden, und findet seine Alternative: das reine *Leere*, in dem alles möglich ist, ohne dass es realisiert werden müsste. Es kann sich regen, wie es will: Es findet in allem diesen Fond des Leeren, und was es sich regen lässt, wird von diesem Leeren her bestimmt, aufgeladen, charakterisiert. Die puren Erstreckungen und Ausdehnungen, die reine Bewegung mit ihren Richtungen, Geschwindigkeiten, Veränderungen, jedes Wahrnehmungsdatum von Ton, Farbe, Bewegung, so bedeutungsleer sie von Haus aus sind, sind in diesem leeren Himmel qualifiziert; sie singen oder spielen ihre Geschichte, ihr Drama, sie »zeigen« sich als die Medien, die auch an jener Realität beteiligt sind, in der alles, auch das Entsetzlichste, möglich ist. Auch in ihrer Kunst-Welt ist alles Mögliche möglich: Je prägnanter sie formuliert sind als sie selbst, als diese Medien, Materialien, Formen, Vorgänge, desto reichhaltiger werden die möglichen Lesarten, die sie einem anbieten. Ihre prägnante Fassung ist gerade in ihrer Entschiedenheit nur die *Form*, die *ich*, der Leser, Hörer, Betrachter *ausfüllen* muss je nach meiner Lage, meiner Erfahrung, nach dem Stand meines unterschwelligen Prozesses, und dabei auch Hilfe, dieser Dimensionen in zureichender Weise habhaft zu werden.

Wir kommen noch einmal auf das *Verhältnis von Realität und Sprache*, Realwelt und Kunst-Welt, zurück, die in eigentümlicher *Analogie* zueinander stehen. Denn auch die Realwelt ist von uns erfunden, durch und durch künstlich, und es schrumpfen in ihr die ursprünglichen naturgegebenen Verhältnisse, denen der Mensch hilflos und verehrend gegenüberstand, immer weiter hinweg. Die alte Natur-Welt wandte sich der Sprache zu, wurde durch sie »Welt für uns«, wurde im Nennen erkennbar und verfügbar, hing jedoch im Wesen und Sein nicht von der Sprache ab: Denn die Sprache kam ebensosehr von ihr her, wie sie sich in sie hineintastete. Das klassische Naturgedicht, noch bei Trakl, lebte in diesem Wechselgang. In der Realität des sekundären Systems, und längst sind darin auch der Wald und der Fluss einbezogen, baut die Sprache an der realen Existenz, ja ist die Realität, wenn man den naturwissenschaftlichen Idiomen Sprachcharakter beimisst, von ihr hervorgebracht, ohne dass der alte Wechselgang im Spiel bliebe. Zugleich legt sich über das Sprache besitzende Ich ein riesiger *Bewusstseinsring*, in dem sein Name gleichgültig wird. Die wichtigste Aufgabe wird nun, ein der Realität *angemessenes Bewusstsein* zu erwerben und zu erhalten, damit die Realität erhalten werden kann und das Ich sich ihr gegenüber zu verhalten vermag. Die Forderung nach dem adäquaten Bewusstsein von dem, was man im Grunde selbst gemacht hat, ist zwingend – und inzwischen utopisch. Das adäquate Bewusstsein ist unerreichbar, weil das Ich, das es erwerben soll, ihm nicht angemessen, sondern endlich, perspektivisch, organismusgebunden, von partieller Blindheit ist und nicht zuletzt durch den Charakter der eigenen, uralten Sprache bedingt ist. Hier springt das *Spiel* mit den eigenen Erfindungen, ihren Formulierungen und ihrer Methodik, auch mit den perspektivisch verformten Details und den abermals durch die Sprache gemahlenen Erscheinungen ein. Dieses Spiel kennt ein Kriterium, das es ans Ziel bringt: die *Prägnanz*, die sich in *einem* Stadium seines Verlaufes einstellen muss. Und zwar nicht Prägnanz des Ausdrucks als Angemessenheit an den Gegenstand, denn der Gegenstand ist nicht gegeben, er besteht, wenn man will, in der

Totalität des Realitäts- oder Bewusstseinsgeflechtes, in dem der Ichpunkt hängt, und ist für den Einzelnen nicht zu fassen. Dennoch »gibt« es ihn, und es gibt auch eine *augenblickliche Totalität* für dies individuelle Ich, nicht objektiv, aber im Spiel: dort nämlich, wo es die Medien, Strukturen, Phänomene, die es ergriffen hat, in eine prägnante Verfassung bringt. Darin ist die Gleichgültigkeit alles Möglichen aufgeschnitten, steht eine Sekunde das ganze Geschiebe still, hat der Einzelne die Welt, die ihn hat, in eine Form gebracht, die er als die seine erkennt. Durch das Material und durch die Methoden vermittelt liegen künstliche Realität und Kunst-Welt einmal genau aufeinander und zeigen sich als Geist von seinem Geist. Das Kunst-Werk beweist ihm, dass auch die im Querstellen abgeschiedene Realität seine Welt ist und ihn hört, wenn er weiß, was er will. Nur diese Einsicht, diesen Glauben kann er hier ernten, nicht Inhaltliches darüber, wie er sich nun zu verhalten habe. Zugleich erneuert er die Erfahrung seiner Freiheit. Indem er an einer Stelle die Gleichgültigkeit durchbricht und der gewählten Materie ihre Sprache finden und zeigen lässt, wird seine eigene Situation individualisiert und wenigstens für einen Augenblick dem allgemeinen Funktionengeflecht enthoben, jetzt aber nicht mehr, wie im anfänglichen Querstellen, vor dem Leeren, sondern angesichts einer artikulierten Gestalt, zu der er selbst als Hervorbringender wie als Aufnehmender gehört und die durch seine Beteiligung erst erfüllt wird.

Die Diskussion
(Podiumsdiskussion und Publikumsdiskussion)

HÖLLERER: Es haben sich aus den Referaten und aus den Gedichtbeispielen sehr viele Möglichkeiten von Fragen ergeben. Wir wollen in der Diskussion nicht nur auf die Theorien zurückgreifen, sondern auch an die vorgelesenen Beispiele denken. Denn es ist nicht immer sicher, ob die Theorie mit dem Text übereinstimmt. Wir versuchen zuerst eine Podiumsdiskussion zu führen; und dann bitte ich Sie, möglichst viele von Ihnen, sich auch zu Wort zu melden.
    Für uns hier möchte ich zunächst eine Frage aufwerfen, die immer, wenn von Lyrik gesprochen wird, im Hintergrund lauert, und die auch in allen sieben Referaten zum Vorschein gekommen ist:

»Was ist die Rolle des Worts in einem lyrischen Gebilde?« Sie wurde vorhin verschieden beantwortet.

Vielleicht kann Herr Rühmkorf zunächst erklären, was *er* darunter versteht, unter seinem: »das Wort in seiner niedersten Funktion«; und dann vielleicht Herr Mon darauf antworten, was *er* unter dem Wort als einem »Bauelement« versteht.

RÜHMKORF: Als die niederste Funktion des Wortes habe ich etwas überspitzt seine Bedeutungsfunktion angesprochen, und ich glaube, dass ein Absehen und ein Abstrahieren von dieser Bedeutungsfunktion dem Wort das Entscheidende, »seinen Geist« nimmt.

Denn das Wort als Material ist zu wenig, es gibt als Klang und als Wortbild zu wenig her, um isoliert existieren zu können.

MON: Unter der Konkretion eines Wortes wird man gerade das Gegenteil von niederer Funktion oder von Reduktion, wie Sie es genannt haben, verstehen, sondern die absolute Fülle des Worts. Die Bedeutung gehört unbedingt dazu, wenn man ein Wort etwa als Material nimmt.

HEISSENBÜTTEL: Darf ich mich einschalten? Es ist ja noch etwas anderes dabei: Wenn man das Wort isoliert, nimmt man es in der einfachen Form, die im Wörterbuch steht. Jedes Wort hat aber viele Formen: Das Wort in unserer Sprache ist eben dadurch gekennzeichnet, dass es flexierbar ist.

MON: Nicht nur das, es hat auch im Wesen Erinnerung. Jedes Wort ist einige tausend Jahre alt. Selbst wir erleben es, wie die Vokabeln sich wandeln, wie sie sich andere Bedeutungsschichten aneignen. Alle diese Vorgänge gehören mit zur Materialität des Wortes dazu.

HEISSENBÜTTEL: Ich glaube, dieser Hintergrund, der hinter jedem Wort steht, hat immer schon mitgesprochen. Aber heute gibt es Einzelne, welche die Wörter isolieren wollen und sie herausnehmen wie Zeichen. Das Wort steht immer in einem Zusammenhang. Man kann nicht davon absehen, dass das Wort ohne Zusammenhang verwendet wird.

HÖLLERER: Wenn wir auf die vorgelesenen Beispiele eingehen – sagen wir auf ein Gedicht von Rühmkorf einerseits und auf ein Gedicht von Franz Mon andererseits –, dann ergibt sich doch, dass das Wort jeweils eine verschiedene Rolle spielt.

Mon: Ich würde sagen, bei mir wird auf dem Wort in seiner Totalität insistiert, während bei Rühmkorf das Wort in seiner uns gängigen Bedeutung und Funktion verwendet wird.
Höllerer: Können Sie vielleicht erklären, was Sie unter dem Ausdruck: »Wort in seiner Totalität« verstehen?
Mon: Ich habe schon eben gesagt, was ich dazu zähle: sowohl die Erinnerung oder die Geschichte, die eine Vokabel, ein Wort für mich und in dem Sprachgebrauch meines eigenen Daseins hat, auch in der Literatur, die mir zugängig geworden ist, in den Zeitungen, die ich gelesen habe, in den Reden, die ich gehört habe, in den Befehlen, die ich empfangen habe: Das alles ist in einem höheren Grad von Bewusstheit in einer Vokabel mit gegenwärtig. Ich reflektiere und ich meditiere darüber, was mit so einem Wort alles geschehen ist und alles geschehen sein kann – wenn ich z. B. in einem Text das Wort »aber« verwendet habe – ich überlege das, ich mache es mir ganz hart gegenwärtig. Und ich finde das in den Texten, die von Herrn Rühmkorf vorgelesen worden sind, eben nicht.
Höllerer: Herr Rühmkorf, was würden Sie darauf antworten?
Rühmkorf: Darauf ist schlecht antworten, weil für mich die Bezeichnung Totalität wenig sagt. Ich habe gerade festgestellt, dass bei vielen anderen Versuchen das Wort keineswegs in seiner ungeheuren Vielfältigkeit genommen wird, sondern nur noch ein reduzierter Stummel ist, der sowohl von seiner augenblicklichen, akuten Bedeutung als auch von seiner durch die Geschichte belasteten Bedeutung völlig abstrahiert. Ich nehme an, dass da einige Missverständnisse zwischen uns sind.
Mon: Der reduzierte Stummel zeigt sich nur für ein reduziertes Bewusstsein. In dem Augenblick, wo Sie einen entsprechenden Bewusstseinshof haben, fängt dieser Stummel an zu glühen und zu leuchten und bringt alles das mit, was in ihm drin ist. Ein Wort steht ja nicht bloß auf dem Papier, sondern ein Wort trägt die Verwendung in sich, die ich immer mit ihm gehabt habe. Nicht nur ich, sondern ich als Mitglied dieser Sprachgemeinschaft und als Erbverwalter dieser Sprachgemeinschaft.
Hartung: Herr Mon, man müsste vielleicht doch unterscheiden zwischen dem, was gegeben ist an Evokationskraft im Wort und im

Wortverband einerseits und zwischen dem, was der Aufnehmende aus legitimer oder illegitimer Freiheit dazugibt. Sie geben dem Leser unlimitierte Freiheit. Es gibt Untersuchungen, die sich genau mit der Abgrenzung der legitimen oder illegitimen Zutat beschäftigen.

MON: Ich gebe Ihnen recht, soweit es sich um *ein* Wort handelt, sobald ich ein leeres Papier nehme und nur *ein* Wort draufschreibe. Aber in dem Augenblick, wo ich ein Gefüge herstelle von zwei oder drei Worten, wird diese Freiheit bereits eingegrenzt, oder wenn ich von zehn oder zwanzig rede und über das Wort hinausgehe auf die Syntax, oder auf die typographische Anordnung – eine andere Form von Syntax ist das ja –, dann wird diese Freiheit doch ziemlich stark gesteuert. Es werden bestimmte Dinge induziert, und da werden allerdings Evokationsmomente eingesetzt, die jedoch nicht allein mehr von der Vokabel ausgehen.

HARTUNG: Ich wollte eben sagen, es waltete ein Missverständnis zwischen uns. Gewiss wird durch die Hinzufügung eines einzelnen Wortes oder durch die Entstehung eines Wortverbandes die Freiheit eingeschränkt. Ich sprach aber von der Freiheit, die der Leser gegenüber dem Text hat und von seinen erlaubten und nichterlaubten Zutaten. Es bietet sich da ein ganz wichtiges Beispiel aus der bildenden Kunst an: Ganz durchschnittliche Produkte können die Phantasie des Betrachters sehr anregen, weil die Objektivation lediglich geringe Widerstände entgegensetzt, beliebige oder relativ beliebige Wünsche in diese Leerfläche hineinzuprojizieren. Je höher strukturiert ein Gebilde ist, umso legitimer ist seine Vieldeutigkeit, aber diese setzt den beliebigen Zutaten des Lesers oder des Betrachters sehr deutliche Grenzen. Bei Beispielen dieser Art kann man dann legitimerweise unterscheiden zwischen dem, was der Leser hinzufügt, und zwischen dem, was er nicht hinzufügen darf.

GRASS: Ich habe das Gefühl, dass hier ein bekanntes Kinderspiel als Wissenschaft angepriesen wird. Wenn ich das Wort »Blumenkohl« fünfundzwanzigmal nacheinander sage, ist es vollkommen sinnentleert und besteht nur noch aus der Vokabel. Das reicht natürlich nicht ganz aus; es gehört ja zum Schreiben auch das Formulieren. In dem Augenblick, in dem ich drei Worte nebeneinanderstelle, formuliere ich auch schon. Wenn ich jetzt die Praxis anschaue, eben ein Gedicht

entwicklung einer frage[3]

    will wer will
        wer geht wer ging
            wer kam doch
wer kam – wer ging doch
        wer ging
        wer ging da aber war doch
            aber war denn
                zufall zufrüh zukam er
            war doch er ging
            er ging doch
            oder ging er
            oder ging oder ging oder kam
                oder ging oder war oder was

von Franz Mon *Entwicklung einer Frage*, dann entdecke ich, dass dieses Gedicht eigentlich im ganz konservativen Sinn geschrieben ist. Auch er gebraucht die Steigerung zum Schluss hin mit der letzten Doppelzeile:

        oder ging oder ging oder kam,
        oder ging oder war oder was.

Dabei fällt mir dann auf, dass der Essay des Herrn Mon, soweit ich ihn in seiner Kompliziertheit vom Zuhören verstehen konnte, ganz interessant sein mag, und wir werden das ja in den »Akzenten« nachlesen können. Aber die Realität dieses Gedichts, das interessiert mich in erster Linie. Das habe ich jetzt ja vor mir liegen. Und das reicht eben nicht hin, denn da wird es für mein Gefühl schlicht kunstgewerblich. Dem Gedicht fehlt das, was Rühmkorf Widerstand, Gegenstand als Widerstand nannte. Das fehlt hier vollkommen. Es strickt sich fort, muss aber zwangsläufig, weil es sich um ein Gedicht handelt, dann doch den Kunstkniff der Verdickung haben am Ende und ist ein Widerspruch in sich.

Mon: Ich habe diesen Text aus einem ganz bestimmten Grund gewählt. Zu Beginn meines kurzen Referats habe ich gesagt, dass das Gedicht kein Vorhaben ist, sondern dass es sich aus der Arbeit an dem Sprachgebilde ergeben kann. Wenn wir in die Diskussion über dieses Beispiel eintreten, müssten wir auch in die Diskussion über seinen Horizont, in dem es entstanden ist, und über das, was beabsichtigt war, eintreten. Ich habe es mitgebracht, damit wir darauf zu sprechen kommen. Aber es würde wegführen von dem, was Herr Höllerer angesetzt hat mit seiner Frage zum »Wort«. Wir würden da auf den Ablauf von Sprachartikulation zu sprechen kommen. Dieser Text ist entstanden aus der ersten Zeile:

will, wer will

und sehr schnell auf Tonband gesprochen, und er ist entwickelt als eine Sprachkurve, als ein ganz bewusstes Experiment, das auf der einen Seite zum Gedicht führen kann, auf der anderen Seite zu einer Art von Theater oder Sprechvorgang, dem wir erst noch neue Wege abgewinnen wollen. – Ich würde also diesen Text, Herr Grass, in den Zwischenraum stellen, den Sie misszuverstehen beliebten, um zu Ergebnissen zu kommen.

Höllerer: Ich glaube, damit haben wir eine Runde in der Diskussion gemacht. Franz Mon spricht von einem Artikulationszusammenhang und Artikulationshorizont, Grass spricht von Zusammenhängen, die auf Widerstände stoßen; vielleicht können wir hier fortfahren. Je nachdem man ein Wort verschieden gebraucht, ergibt sich natürlich auch ein verschiedenes Verhältnis zwischen Ich und Außen. Rühmkorf hat besonders darauf hingewiesen, dass es immer eine Distanz gäbe zwischen dem Ich und dem Außen, dass die Fruchtbarkeit der Lyrik darin liege, dass diese Distanz zwischen dem Wort und dem Ding, das bezeichnet werden soll, vorhanden sei, während andererseits die Rede davon war – ich glaube bei Herrn Heißenbüttel –, dass das Wort selbst zu einer Art von Ding wird, das eine gewisse Eigenbewegung entwickelt. Vielleicht äußert sich Grass zu dieser Frage! Warum gebraucht er so seltsame Wörter und so groteske Zusammenhänge wie etwa den Titel »Vorzüge der Windhühner«. Das sind ja nicht geläufige Zusammenhänge, sondern schon beinahe Mon'sche Experimente.

GRASS: Ich arbeite mit der Phantasie und mache dabei keine Experimente. Mir fällt eine Menge ein, manches lässt sich brauchen, manches nicht. Das prüfe ich sehr genau, und im Umgang mit der Sprache stellt sich heraus, ob sich ein rein phantastischer Einfall in der Sprache realisieren lässt oder nicht. Und diese ganze Phantasie erprobt sich eben an dem, was wir Realität nennen, zumeist an festen Gegenständen. Und die Askese, die ich mir heute auferlegen muss, liegt einfach darin, dass ich allem, was ich nicht anfassen kann, was ich nicht riechen kann, was ich nicht schmecke, allem, was mit Idee behangen ist, von vornherein misstrauisch gegenüberstehe und dass ich, solange mir nichts darauf einfällt, auch nicht darüber schreibe.

HÖLLERER: Ich werde den Verdacht nicht los, dass es sich bei beiden Vorgängen um Ähnliches handelt. Während der eine Vorgang – bei Mon – durchreflektiert ist, also eine rationale Grundlage hat, richtet sich der andere Vorgang – bei Grass – nach dem Auswahlprinzip »was ich für richtig halte, was ich nicht für richtig halte«, nach dem Fingerspitzengefühl. Im Endergebnis haben doch beide manches gemeinsam.

GRASS: Hier liegen doch Beispiele, wir haben zwei Fragengedichte. Ich habe mein Kinderlied vorgelesen, das ja sehr viel mit der Frage arbeitet, und Mon die »Entwicklung einer Frage«. Vielleicht kann man aus den Gegensätzen etwas lernen.

MON: Darf ich dazu mal etwas sagen? Diese Kontroverse zwischen Phantasie und Reflexion halte ich für völlig sinnlos, denn auch wenn wir heute in höherem Maße, als es noch vor zehn Jahren der Fall war, auf die Reflexion und auf die Besinnung, was überhaupt los ist und was mit uns los ist, abgestellt sind, dann gehen doch, rein geschichtlich betrachtet, Experimente, Versuche und Erfahrungen mit dem, was man Surrealismus oder Expressionismus nennt, durch, und vor allem wird die Phantasie im allerhöchsten Maße freigesetzt. Das kann ich auch für mich behaupten, dass die Phase, die vorangegangen ist, ganz enorm durch die Auffassung, dass man der Phantasie absolute Freiheit geben muss, bestimmt gewesen ist. Das Experiment mit dem reinen Bild und die Arbeit ...

GRASS: Ich sagte nicht absolute Freiheit der Phantasie.

Mon: Na ja, das ist jetzt Ihre Phase, aber »Vorzüge der Windhühner« ist eine typisch surrealistische Formulierung, ist ohne Surrealismus gar nicht zu denken, so wenig wie das ganze Gefüge Ihrer Sprache, Ihrer frappierenden Formulierungen, Ihrer grotesken Verzerrungen. Das sind alles typisch nachsurrealistische Formulierungen.
Grass: Ja? Also das weiß ich nicht.
Mon: Sie haben einen anderen Weg eingeschlagen, um mit dem Automatismus in diesen Dingen fertigzuwerden. Sie haben auch ein höheres Maß an Reflexion darin, wenn Sie es auch nicht zugeben wollen, trotz Erbsen und sauren Heringen.
Rühmkorf: Um den Gegensatz noch etwas nachzugravieren: Mon und Grass unterscheiden sich darin, dass der eine überhaupt nichts tut, Herr Mon nämlich, und dem Leser alles überlässt, dass Herr Grass sich die Freiheit nimmt, grotesk zu formulieren, und das zu Papier bringt, was er unter Freiheit, unter in Freiheit entstandener, in Freiheit formulierter Formulierung empfindet. Sie lassen ja dem Leser jeden Spielraum.
Höllerer: Was sagen Sie dazu, Mon?
Mon: Ich habe leider nicht genau zugehört.
Rühmkorf: Das merke ich. Ich sagte: Wenn ich mir diese Gedichte angucke, habe ich jede Art Spielraum.
Höllerer: Jede Art Spielraum würde bedeuten, dass überhaupt keine Zusammenhänge gegeben werden.
Rühmkorf: Ja, jedes Gedicht von Mon scheint mir in einem Stadium des Vorformulierten.
Mon: Ich habe doch vorhin erklärt, warum ich es mitgebracht habe. Wir befinden uns nicht im Stadium der Diskussion, wo man über Sprachverläufe, Sprachintensität, über die Energie, die in einem Sprachverlauf drin ist, diskutieren kann. Wir unterhalten uns hier über ganz andere Dinge.
Grass: Mit einem gewissen Anspruch der Bescheidenheit sagen Sie, dass Sie an der Sprache arbeiten und als Experimentator unterwegs sind. Nein, deswegen komme ich nicht hierher, und ich lasse schön zu Hause, was nicht fertig ist. Der Schriftsteller ist doch letzten Endes jemand, dessen Intelligenz nicht groß genug ist, um mit dem Schreiben aufhören zu können. Er schreibt also weiter, aus einer ganz exis-

tentiellen Frage, die mit der übrigen Welt gar nichts zu tun hat. Das ist reiner Egoismus: Er tut es in erster Linie für sich selber, und er ist immer auf dem Wege, sich selbst mit seinen Erzeugnissen zu überraschen, etwas für sich zu tun, und ist dadurch gezwungen, zu immer neuen artistischen Mitteln zu greifen – also mit dem, was heute Sprachmaterial genannt wird, in immer wechselnder Form umzugehen. Ein einzelnes Gedicht, das geschrieben ist, von dem er das Gefühl hat, es ist gelungen, zwingt ihn eigentlich schon wieder im Rahmen seines Möglichen zum Stilwechsel.

Mon: Dem würde ich völlig zustimmen, aber warum sollen wir uns hier nicht über Experimente, deren Notwendigkeit Sie ja auch zugeben, unterhalten. Das kapiere ich nicht. Symposion über die Notwendigkeit der modernen Lyrik: Warum wollen wir uns da nur mit den Resten beschäftigen, die am Schluss übrig bleiben.

Höllerer: Das sind zwei verschiedene Auffassungen, die werden wir auch nicht gut unter einen Hut bringen: ob Experimente gedruckt und vorgezeigt werden sollen, ob sie von Wert sind für diejenigen, die diese Experimente lesen, oder ob nur Endergebnisse von künstlerischen Vorgängen veröffentlicht und hier diskutiert werden sollen. Diese Auffassungen zeigen sich auch in den Texten, ja vielleicht besteht gerade darin die Verschiedenheit dieser Texte, bei manchen Übereinstimmungen, die es m. E. in der Art und Weise, solche Texte herzustellen, gibt. – Wir sind ausgegangen von Zusammenhängen aus Worten, und wie diese Zusammenhänge das Außen treffen. Es gab in dem Vortrag von Heißenbüttel Formulierungen, die sich unterscheiden von dem bisher Diskutierten. Ihre Beziehung zwischen Wort und Wirklichkeit, Wortgefüge und Wirklichkeit weicht doch von dem ab, was bisher gesagt wurde.

Heissenbüttel: Das ist sehr schwer zu sagen. Ich kann es sehr schwer feststellen, was die Wirklichkeit ist, solange ich nicht darüber etwas sagen kann. »Wirklich ist«... – ich weiß nicht, wo ich das notiert habe, ja, es stand bei Herrn Mon: »wirklich ist nur das, was formulierbar ist«.

Höllerer: Das könnte heißen, es gäbe gar kein Gegenüber einer Wirklichkeit, an die ich mich stoßen kann; denn die existiert nicht, bevor sie nicht formuliert ist.

HEISSENBÜTTEL: Sie existiert natürlich; aber sie existiert in meinem Bewusstsein in keinem anderen als in einem formulierbaren Sinn.

HARTUNG: Dann gibt es zumindest in Ihrem Bewusstsein verschiedene Stadien von Bewusstheit, während der Prozess des Formulierens ein fortschreitender ist, ein beginnender. Er beginnt mit einem kaum artikulierten und endet bei einem entwickelten Artikulationsvorgang. So entstehen Stadien der Wirklichkeit, die den Stadien der Sprachverfertigung dieser Wirklichkeit korrespondieren. Würden Sie das zugeben?

HEISSENBÜTTEL: Durchaus.

HÖLLERER: Besonders brennend wird die Frage dieses Gegenübers von Ich und Außen, sobald die Frage Individuum und Gesellschaft, Gedicht und Gesellschaft auftritt. In den Ausführungen von Fuchs kam deutlich heraus, dass er von dort seinen Absprung nimmt, von bestimmten Situationen, die er als ein Individuum innerhalb der gesellschaftlichen Gegebenheiten vorfindet. Die Lyrik von Fuchs besteht aus Gedichten, die sich motivisch mit den gesellschaftlichen Zuständen, ihren Abarten und Randsituationen befassen. Jetzt ist die Frage, liegt das im Artikulationsvorgang schon drin? Kommt es als Motiv hinzu? Oder bleibt diese Dimension überhaupt in den Gedichten heute zumeist ausgespart? Kümmert sich der Lyriker überhaupt nicht darum, was in seiner Gesellschaft passiert?

FUCHS: Ich finde, das ist doch eigentlich die Frage, die an denjenigen selbst gerichtet ist, sofern er irgendeiner Sache begegnet, die ihn rebellisch macht, die ihn auf die Palme bringt; denn in dem Augenblick kann es doch völlig klar sein, dass er mit seinen Mitteln kommentiert. Der andere, der das eben nicht tut, na ja, wird eben an diesen Dingen wohl auch Anteil nehmen, aber es nicht für nötig finden, das zu formulieren.

HEISSENBÜTTEL: Wenn man die Frage so stellt, dann würde ich sagen, wenn man darüber nichts sagen kann, soll man überhaupt nichts sagen. Das muss von allem Anfang an mit drinnen sein. Die Frage ist nur, wie man es formuliert.

FUCHS: Insofern sind das ja auch nichts weiter als Experimente.

HÖLLERER: Glauben Sie, dass in Artikulations-, ich will nicht sagen reinen Artikulationsgedichten, sondern solchen Artikulationsgedichten, wie sie Mon vorgelesen hat, eine Beschäftigung mit dem gesellschaftlichen Zustand vorhanden ist, obwohl keinerlei gesellschaftskritisches Motiv ausgesprochen wird?

HEISSENRÜTTEL: Das weiß ich nicht. Das ist meine Frage, was davon in der Arbeit, die Herr Mon macht, drinsteckt. Wenn es *nicht* drinsteckt, dann würde ich sagen, bleibt es doch beliebig.

HÖLLERER: Sie sagen also, es gehört zum Gedicht, dass es sich mit diesen Zuständen auseinandersetzt, auch mit den unformulierbaren, bisher noch unformulierbaren Gefahren, die auf dem Grund des Bewusstseins dieser Gesellschaft vorhanden sind. Halten Sie es für notwendig, dazu Stellung zu nehmen, Herr Mon?

MON: Ich möchte sogar behaupten, dass in meinem Text sehr reale Dinge drinstecken. Es ist nur die Frage, sie zu finden. Denken wir an das Gemurmel in der Straßenbahn oder an das, was uns in einem Büro passiert. Es kommt darauf an, was für eine Realität man vor sich hat. Ich lebe in der Großstadt und bin da in Verhältnisse verwickelt, die sich wesentlich von grünen Erbsen und sauren Heringen unterscheiden.

GRASS: Es taucht immer die Frage auf, die sich bei allen Literaturdiskussionen ergibt: Kann man, wenn man vorhat, Sinnentleerung oder Gemurmel in der Straßenbahn oder die Langeweile darzustellen, eben die Langeweile durch Langeweile und das Gemurmel in der Straßenbahn durch Gemurmel in der Straßenbahn darstellen. Das ist eine neue Art von Naturalismus.

MON: Es geht hier ums Darstellen.

GRASS: Natürlich, beim Schreiben geht es immer um die Darstellung. Sie reden über das Experiment, und ich rede über die Darstellung.

MON: Großer Irrtum! Es geht nicht um die Frage, ob eine Absicht da ist, jetzt das Gemurmel durch Gemurmel wiederzugeben oder die Langeweile durch Langeweile, sondern es geht darum, dass eine Erfahrung da ist, die man in der Straßenbahn macht oder irgendwo auf einem großen Platz, und dass man jetzt versucht, in den Sprachvorrat reinzuhören, den man selber hat, um etwas von dieser Erfahrung da hinüberzubringen.

HÖLLERER: Darf ich dazu als Diskussionsbeiträger, nicht als Diskussionsleiter, etwas sagen. Mir fällt auf, wenn ich Gedichte von Majakowski oder von Jessenin lese, dass dort oft ein gesellschaftskritisches oder jedenfalls gesellschaftliches Motiv ausgesprochen wird, und dass dies gleichzeitig mit dem höchsten Raffinement der »Formalisten« ausgesprochen wird. Es scheint mir, dass das eine das andere nicht unbedingt ausschließt. Ich meine, dass es möglich ist, diese gesellschaftliche Bezogenheit des Gedichts auch in dem Sinnzusammenhang erkennbar zu machen, auch wenn ich die Artikulation eng auf den gesellschaftlichen Vorgang beziehe. Das spricht weder gegen die eine noch gegen die andere Methode. Nur scheint es mir, wenn man mit solchen Gedichten *wirken* will, ist es leichter, wenn auch im Sinnzusammenhang in dieser Richtung etwas abzulesen ist. Ich bin schon davon überzeugt, dass ein Gedicht in seiner Art, einfach so, wie es da ist, ohne dass es von diesen gesellschaftlichen Zuständen redet, auch eine derartige Funktion haben kann. Aber Sie merken wahrscheinlich an der Reaktion, dass man nur in einem ganz kleinen Kreis damit *das* bewirkt, was mit einem solchen Gedicht bewirkt werden soll.

HARTUNG: Es ist doch wohl auch situationsbedingt, wenn man in einer Zeit so dichtet, wie heute Herr Mon, in einer Zeit, die erfüllt ist z. B. von faschistischen Vokabeln usw.; dann kann die Abstinenz von diesen Vokabeln und diesem Geschwafel ein politischer Akt sein, indem ich diese Vokabeln eben nicht mehr gebrauchen kann. In einer anderen Zeit verwandelt sich dieses a limine nicht gesellschaftsbezogene Sprechen von Herrn Mon in eine ... ich meine: welches Paroli wird da der Gesellschaft und der Zeit gegeben mit dieser Art. Sie nannten es »Arbeit an einem Sprachstück«, und diese Formulierung ist doch höchst aufschlussreich. Einerseits, wenn ich Sie recht verstehe, sind diese Arbeiten durchreflektiert, andererseits steckt doch der vielleicht nicht bewiesene und naive Glaube dahinter, dass in der Arbeit an einem Sprachstück zugleich gearbeitet wird an etwas, was nicht nur Sprache ist.

HEISSENBÜTTEL: Wenn Sie sagen, dass der Gesellschaft ein Paroli gegeben wird, das würde ja voraussetzen, dass Sie wissen, was das für eine Gesellschaft ist. Das halte ich für sehr schwierig.

HARTUNG: Selbstverständlich. Wir wollen aber nicht in den Fehler verfallen, dass wir über die Wirklichkeit und über die Gesellschaft nur im Gedicht sprechen, und dass die Wirklichkeit nur dann wirklich ist, wenn sie Sprache geworden ist.

HEISSENBÜTTEL: Ich wollte etwas anderes sagen. Wenn ich nicht genau sagen kann, was mir gegenübersteht, wenn ich den, dem ich ein Paroli geben will, nicht direkt ansprechen kann, muss ich es versuchen, in einem Gedicht sichtbar zu machen. Das kann man auch so machen, wie Herr Mon es gemacht hat.

MON: Vor allen Dingen möchte ich sagen, so ein Gedicht steht ja nie allein. Es besteht aus seiner eigenen Gesellschaft. Ein gutes Gedicht kann jeder mal machen. Ausweisen kann sich ein Gedicht erst aus der *Folge* von, sagen wir, Gedichten oder Texten oder Leistungen oder Fügungen, die entstanden sind. Ein einzelnes Gedicht ist zu geringfügig, um daraus die ganze Intention ablesen zu können.

GRASS: Das ist eine ziemlich prinzipielle Frage. Das hieße doch, dem einzelnen Gedicht die Chance zu sehr beschneiden, obgleich sie ganz gewiss nicht groß ist. Und das serielle Herstellen von Gedichten und auch Bildern, wie wir es heute haben – wir haben heute Kunstausstellungen ...

MON: Das ist etwas anderes. Ich habe nicht vom seriellen Herstellen von Gedichten gesprochen.

GRASS: Ich will aber den Vergleich brauchen.

MON: Das ist Ihr Privatvergnügen; es trifft nicht, was ich meine.

GRASS: Aber ich habe das Gefühl, dass man es vergleichen kann.

MON: Bitte!

GRASS: Wir können heute feststellen, dass in einer Ausstellung die Bilder wohl einen seriellen Zusammenhang haben, im Ganzen aufschlussreich sind, dass aber dem einzelnen Bild die Möglichkeit genommen ist, komplex zu sein. Ich beobachte seit einiger Zeit, nicht nur in Bezug auf Herrn Mon, die Tendenz auch bei Lyrikern, seriell zu arbeiten und mehrere Gedichte füreinander stehen zu lassen. Das artet dann sehr schnell ins Ornamentale aus, weil jedes Gedicht das andere entschuldigt. Wenn es in diesem Gedicht nicht drin ist, wird es im nächsten drin sein, wenn es in dem nicht drin ist, wird es in allen zusammen drin sein. Ich glaube, dass noch auf sehr lange Sicht das einzelne Gedicht eine große Chance hat, und dass bei einem Lyriker, der in seinem Leben vielleicht 2000 Gedichte geschrieben hat, die alle schlecht sind, und er schreibt ein einzelnes sehr gutes, sich selbst dieses einzelne Gedicht, das sehr gut ist, halten wird, oder dass man es wiederentdecken wird.

HÖLLERER: Die letzte Frage zu diesem Thema: »Individuum und Gesellschaft« und »Gedicht und Gesellschaft« möchte ich an Herrn Rühmkorf stellen. Er hat sich ja sehr stark auf gesellschaftskritische Lyrik und auf gesellschaftskritischen Essay eingestellt.

RÜHMKORF: Nein, ich habe mich keineswegs auf die Gesellschaft als Gegenstand und Widerstand für das Gedicht beschränkt, sondern ich habe immer gesagt: »naturale oder soziale Wirklichkeit«, der das Gedicht gegenübergesetzt ist. Das heißt aber praktisch, dass das Gedicht Stoff kriegt, dass es Fleisch kriegt. Es kann natürlich sein, dass es ein gesellschaftskritisches Gedicht ist, es kann sein, dass es ein Liebesgedicht ist. Und vor allen Dingen kommt es mir darauf an, dass das Gedicht ein Thema und einen Stoff bekommt, der nicht durch die Struktur und das rein Sprachliche von sich aus da ist, sondern dass es ein Objekt, ein Außen hat.

HÖLLERER: Damit möchte ich die Podiumsdiskussion abschließen und bitte um Wortmeldungen aus dem Publikum.

ERSTER SPRECHER *aus dem Publikum:* Herr Günter Grass machte es ganz deutlich, dass ihn die Zuhilfenahme des Gefühls als einen schlechten Theoretiker ausweist, aber das schadet ja nichts, wie er uns auch selbst gezeigt hat. Zum anderen sind Polemiken wirksam, aber unfruchtbar, und so hat auch Ihre Polemik mit den Hülsenfrüchten und den Erbsen – ich nehme an, Sie sind Vegetarier – eine unfruchtbare Unterscheidung gezeitigt, nämlich die Unterscheidung zwischen Gelegenheitsdichter und Labordichter. Sie selbst sind ein Gelegenheitsdichter, und die Labordichter sind für Sie Gelegenheitsmacher. Ich frage Sie, inwieweit nicht heute klargeworden ist, dass alle anderen Herren dort oben auf dem Podium eigentlich Gelegenheitsdichter sind, oder könnte sich irgendeiner der Herren als Labordichter bezeichnen? Könnten Sie, Herr Grass, nicht dafür ein Beispiel aufführen. Und zum anderen sprechen Sie gegen Sprachmaterial. Gibt es für den Dichter überhaupt etwas anderes als die Sprache als Material? Und Material hat Beziehung zu dem Wort Arbeit. Sie werden selbst zugeben, dass auch Sie an Ihren Gedichten arbeiten, eine gewisse Labortätigkeit also auch bei Ihnen gegeben ist. Sie wollen Ihre Jungen (d. h. die Gedichte. Die Red.) im Taxi zur Welt bringen, aber Sie können uns nicht weismachen, dass Sie sie nicht doch am Schreibtisch aufschreiben.

GRASS: Das habe ich ja gesagt, dass eine Niederschrift den Schreibtisch erfordert. Wenn ich mich gegen den Gebrauch des Wortes »Sprachmaterial« wandte, dann meinte ich das so: Es wird heute mit dem Sprachmaterial, mit den Strukturen, mit all diesen Worten so bedenkenlos umgegangen. Diese Worte sollen allein schon erklären. Es ist eine Art neues unterkühltes Pathos, und der Labordichter, wie ich ihn versuchte zu persiflieren, ist für mich die Umkehrung des Mannes mit dem Barett auf dem Kopf aus vergangenen Jahrhunderten, nur dass er sich modern kleidet, aber genau mit denselben Attitüden umgibt bis zur Priesterschaft und bis zum Gefolge, das dazugehört. Und deswegen kommt es dann zu Ballungen, wie wir es z. B. im »Movens« sehen, wo dann ein ganzer Chor von Kleinschreibern oder wie Sie es nennen wollen, auftritt. Sie lehnen es ja ab, das Wort Dichter zu gebrauchen, aus Angst, altmodisch zu wirken. Was mich ein bisschen daran ärgert, ist diese Art Unbescheidenheit, wie von vornherein mit dem unterkühlten Ton der Moderne gleichzeitig die alten Versatzstücke der Vorromantik, der Romantik und Pseudoromantik heraufbeschworen werden, und die Anmaßung, die bis ins Engagement geht. Wenn ich Labordichter sagte, dann meinte ich auch Herrn Mon dabei. Das ist für mich dann – Herr Mon sagt es ja selber – eine Art Auseinandersetzung. Wie sagten Sie? »Realität«... nein, das leugnen Sie ja, das gibt es gar nicht. – Wie? Leugnet nicht. – Ich kann mich ja nur auseinandersetzen mit dem Text, der vorliegt, den ich lesen kann und abermals lesen kann. Und meine Meinung zu dem Text habe ich gesagt.

ZWEITER SPRECHER *aus dem Publikum*: Es würde mich interessieren, was Herr Rühmkorf unter dem »Naturalen« versteht. Müsste er dann nicht heute weit mehr von der Wirklichkeit wissen als die Naturalisten. Es ist vielleicht sogar notwendig, etwa die Hollerith-Maschinen in ihrer Arbeitsweise zu kennen. In den Texten von Rühmkorf finde ich aber eine Realität, die aus der Literatur, aus Büchern bezogen ist.

Rühmkorf: Nun, ich bin kein Fachmann für Hollerith-Maschinen, aber ich glaube, dass Sie damit einen Spezialsektor ansprechen, der doch wohl den Begriff Natur sehr einengt. Natur ist für mich, wenn ich auf die Straße gehe, wenn ich eine Großstadtzivilisation sehe, wenn ich in sie hineintrete, und sie umgibt mich. Ich reflektiere mich an ihr, das ist für mich Naturerlebnis.
Zweiter Sprecher: Aber dieses Ihr Naturerlebnis, das zeigen Ihre Gedichte, ist doch vorgeformt und vorproduziert.
Rühmkorf: Na, das weiß ich nicht recht, bei *mir* nicht.
Dritter Sprecher *aus dem Publikum:* Ich habe den Eindruck, dass einige Angriffe gestartet worden sind, die nicht ganz in die Sache führen. Mir schien, dass die Herren Mon und Heißenbüttel mit ausgesprochener Bescheidenheit vorgetragen haben, und ich habe das als sehr sympathisch empfunden. Ich wollte noch sagen, dass die Situation, die wir dort auf dem Podium uns gegenüber haben, die Situation der modernen Lyrik aufs Genaueste widerspiegelt: Es sind zwei Richtungen, die zu unserer Zeit gehören, die sich miteinander stoßen, die einander widersprechen, und doch in einem innersten Grund zusammengehören. Die Vitalität des Herrn Grass gehört genauso zu uns wie die Spiritualität der Herren Heißenbüttel und Mon, und deswegen ging ich davon aus, dass diese emotionalen gegenseitigen Angriffe an der Sache vorbeiführen. Ich bin für diese Darstellung der Situation außerordentlich dankbar. – Ich wollte noch etwas sagen zu der Frage des Herrn Grass zum seriellen Dichten. Das Serielle gehört doch zusammen mit dem Zyklischen, und das Zyklische ist eine große Möglichkeit der Lyrik immer gewesen. Ich will doch meinen, dass Herr Mon insofern recht hat, dass ein Gedicht allein wohl leben kann, aber auch dann Züge nach rückwärts und vorwärts, in Vergangenheit und Umwelt besitzt. Und es sind große Leistungen vollbracht worden, Herr Grass, große Leistungen in der deutschen Lyrik sind serielle, zyklische. Insofern greift das Allermodernste damit auf eine gebräuchliche Tradition zurück und sollte nicht zugunsten des einzelnen Gedichts abgeriegelt werden. – Auch meine ich, dass ein Gedicht, das im Werdeprozess steht, ein Recht hat, bekanntgegeben zu werden, ein Recht hat, gehört zu werden, ein Recht hat, geprüft zu werden. Es ist ein falscher Perfektionismus, der bei Ihrer Vitalität

merkwürdig anmutet, Herr Grass, wenn Sie das ablehnen. Gerade zum Vitalisten gehört ja eigentlich, dass er den Werdeprozess bejaht. Den haben Sie aber Herrn Mon sozusagen abgestritten. Es liegt im System der Lyrik heute, dass Sie – alle, wie Sie da sitzen – wir kennen Ihre Bücher besser als Ihre Personen –, es liegt heute im System der Lyrik überhaupt, dass sie ein Werdeprozess ist, und dass wir vergeblich auf Vollendung rechnen dürfen. Da sehe ich die echte Möglichkeit Ihrer Partner, im tiefen Zweifel an der Möglichkeit der sprachlichen Bewältigung dessen, was uns auferlegt ist. Da konnte ich sehr weit mitgehen, obwohl ich mit den Ergebnissen als solchen im Einzelnen nicht immer übereinstimme. Aber es sollte von Menschen, die gemeinsam der Sprache dienen, gemeinsam getragen, verantwortet, gefühlt und einander abgenommen werden.

SPRECHERIN *aus dem Publikum:* Schöpferische Vorgänge kann man nicht zerpflücken, sie müssen den einzelnen schöpferisch begabten Menschen überlassen werden. Man kann keinem Menschen Vorschriften machen, wie und wo und was ein schöpferischer Mensch herstellen soll. Ich habe noch nie etwas hergestellt. Und ich bin erstaunt und empört zu sehen, auf welche Art man Dichtung herstellen kann. Ich habe immer geglaubt, eine Lyrikerin zu sein, aber ich nehme meinen Hut und meinen Mantel und gehe, entschuldigen Sie bitte.

HÖLLERER: Meine Damen und Herren, ich füge dem hinzu, dass ich mich sehr freue, dass nicht alle Reaktionen so ausfallen wie die letzte, sondern dass es auch Stimmen gibt wie die von vorhin, die feststellen, dass wir nicht hier sitzen, um einen »Vorgang zu zerpflücken« oder Vorschriften für das Dichten auszuarbeiten, gleichsam den poetischen Trichter von Harsdörfer in moderner Form wieder aufzulegen; sondern dass wir uns im Gegenteil unterhalten über das Vorliegende, das wir geschrieben haben, und darüber, warum wir es so geschrieben haben, über die Impulse und über die Fragwürdigkeiten. (...)

Anmerkungen
1 Höllerer bezieht sich mit diesen Aussagen auf seine eigene, mit der Herausgabe der Anthologie *Transit. Lyrikbuch der Jahrhundertmitte* getätigte Initiative für die Wahrnehmung der zeitgenössischen Lyrik.

2 Rudolf Höß: Obersturmbannführer der SS, war 1940–1943 Kommandant des Vernichtungslagers Auschwitz-Birkenau. Er wurde 1947 von einem polnischen Gericht zum Tode verurteilt. In seinen autobiographischen Aufzeichnungen hat er über sein Leben und seine Tätigkeiten in Auschwitz berichtet.
3 Aus: Franz Mon: sehgänge. Berlin 1964, S. 11

Über den Zufall

1991

> Die Beschäftigung mit dem Zufallsmoment gehört wesentlich zu Mons Werkstattpraxis. Der Anlass, dessen Aspekte zu formulieren, gab die Einladung zur Teilnahme an der im Ludwig-Hack-Museum Ludwigshafen geplanten Ausstellung *Zufall als Prinzip* 1992, an der Dietrich Mahlow konzeptionell beteiligt war. Im Katalog ist auf S. 342 nur ein Auszug des vorliegenden Textes abgedruckt.

Das Unwahrscheinliche ist das Wahrscheinliche.
Zufall: gibt es nicht – alles ist Zufall.
Ich bewege mich in einem Labyrinth.
In meinen Arbeiten spielen Zufallsmomente eine große Rolle.

Der ›Zufall‹ ist in der Seite, die mir Dinge, Vorfälle, Begegnungen mit Personen usw. zeigen, enthalten. Er tritt an den Schnittpunkten meiner Lebensmomente mit denen anderer Personen oder Gebilde auf. In sich mögen diese notwendig und konsequent entstanden sein, sich ›entwickelt‹ haben.

In meinen Arbeiten ist ›Zufall‹ so viel wie ›Zulass‹.

Ich bin, mehr oder weniger intensiv, ständig auf der Suche nach Wörtern, Bildern, Redeteilen, auch Gegenständen, Bedrucktem, die aus ihrem, mir nicht einsehbaren Weltwinkel herkommen. Ich sammle sie auf, betrachte sie, passe sie ein in mein Vorhandenes, bewahre, verarbeite sie und lasse sie wieder fallen, vergessen, verschwinden.

Das Zufällige, Zufallhafte an etwas ist immer befremdlich, trifft mich von der Seite, ist ja auch gerade das Nichterwartete. Alles, was existiert, sammelt während seines mundanen Daseins die Spuren dessen, was mit ihm geschehen ist, ihm angetan wurde, aber auch die Spuren der eigenen Tätigkeiten, des Gebrauchs, dem es oder er oder sie unterworfen waren, auch des Verbrauchs.

Zufall ist keine Beliebigkeit diesseits jeder Zwangsläufigkeit. Zufall ist immer der bzw. ein Charakter der Konstellation, in der ich mich befinde. Die Zufallsqualität wird erst von mir, dem in unabsehbare Zusammenhänge versetzten ›Ich‹ als solche erfasst, festgestellt, ja hervorgebracht, wenn nicht gar deklariert. Ja, ich werde wach erst im Erfahren, Erfassen, Bestimmen von Zufällen, die ich in ihrer Befremdlichkeit, mit ihrem Überraschungsmoment, in ihrer Halbleserlichkeit an mich heranlasse. Zufall ist daher – für mich – kein naturwissenschaftlicher, sondern ein existentialer Begriff.

In den visuellen Texten spielte der Zufall von Anfang an eine wesentliche Rolle. In den frühen Streifencollagen wurden Texte mit der Schere in Streifen zerschnitten, wobei die Buchstaben in Fragmente zerlegt wurden. Die entstehenden Letternfragmente waren ›zufällig‹. Sie wurden dann nach einer gewählten Regel neu zusammengesetzt zu einer Textur. An einer Stelle konnte die Kombination der Formteile festgelegt werden, alle anderen Kombinationen ergaben sich jedoch als Folge davon – die Zeichenkonfigurationen waren ›zufällig‹. Es zeigten sich nichtvorhersehbare, überraschende Gruppierungen und Figurationen.

Ein weiteres Verfahren nutzte die Zufallsschwankungen des Reißens. Je nach Faserlaufrichtung ergaben sich mehr oder weniger steuerbare Risslinien, immer jedoch mit Abweichungen von dem voraus vermuteten Verlauf. In den seit 1964 entstandenen zentrierten Collagen werden Risslinien konzentrisch über- bzw. nebeneinandergelegt, wobei die angerissenen Text- und Bildfragmente einen neuen, zufallsgenerierten Lesezusammenhang anbieten.

Bei den zugleich oder kurz zuvor entstandenen *Presstexten* ist nur noch eine vage, praktisch blinde ›Steuerung‹ des Arbeitsvorganges möglich. Ein Textplakat wird geknittert durch eine Walze gedreht. Durch die Knitterung des Papiers verformen sich die Buchstaben, schrumpfen, knicken, jeder Text wird aufgebrochen, seine erste Lesbarkeit weicht einer neuen, in der jetzt auch der Verarbeitungsvorgang sichtbar wird. Die Steuerung ist minimal, zumal nur die eine Hand das

Plakatpapier zurechtrücken kann, da die andere die Kurbel der Walze bewegt. Es wird akzeptiert, was an verformtem Text jenseits der Walze hervortritt.

Laut dem Grimm'schen *Wörterbuch* hat das Wort ›Zufall‹ einen langen Weg zurückgelegt bis zum heute dominierenden Bedeutungshof des Beliebigen, Unkontrollierbaren, Unberechenbaren. Zufall meinte im älteren Sprachgebrauch: Einfall, Anfall, Unfall, Vorfall. Das Wort ist also vielverflochten mit der Sprachpraxis. Es bezeichnet aspektreich das Zusammentreffen, Eintreffen, Eintreten, Zustoßen von Ereignissen, Konstellationen, Qualitäten, Zuständen. Dabei tönt oft das Moment des Unvorhersehbaren, sei es in negativer, sei es in glückhafter Beschaffenheit, an. Das Wort agiert inmitten menschlicher Lebenspraxis, ja es ist, genau betrachtet, eines ihrer Hauptwörter. Es beinhaltet auch die Momenthaftigkeit der lebenswirksamen Vorgänge und Ereignisse, und zwar nicht als der Moment in einer Reihe mit anderen, der sich im Be- zug auf die anderen bestimmt, sondern als singulärer, mit Überraschendem, Befremdendem, Belästigendem oder Hilfreichem imprägnierter Moment.

›Zufall‹ sei das Nichtnotwendige, wird gesagt. In meiner Erfahrung ist das Notwendige die Wahrheit des Zufalls, wie auf der anderen Seite das Notwendige immer von Zufall nicht nur begleitet und durchmischt, sondern von Zufall angestoßen, gezeugt, zur Erscheinung gebracht wird. Dem Zufall entspricht: der Fund, die Abweichung, die Fremdartigkeit, das ganz und gar Eigentümliche, die Wunde, die Spur, das Unerwartete, das Zusammentreffen der Nähmaschine mit dem Regenschirm auf dem Seziertisch; auch die Autonomie des ›Materials‹, die Eigensinnigkeit der Dinge (bis zur Tücke des Objekts); die Hervorkunft der Traumbilder, die für mich immer auch ›grundlos‹, nicht in einen neurotischen Hintergrund vermittelbar ist; der poetische Einfall, der plötzlich in meine Wörter einfällt. (Novalis: »Der Dichter betet den Zufall an.«)

Ich selbst bin zufallshaft. Meine Momentaneität besteht darin, wird erst möglich, weil ich nach vorne gespannt bin, erwartend, horchend, suchend. Zwar bin ich vollgepackt mit Determinationen, und sie zehren einen großen Teil meiner Lebenszeit auf; doch durch die Ritzen bricht ein, von der anderen, der fremden Seite, die ich nicht bin, was mir nicht homogen ist und daher fast wie ein Arkanum erwartet und verlangt wird.

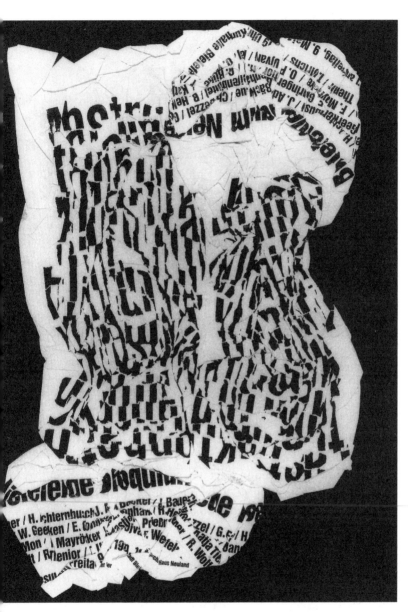

Presstext, 1981

Zu dem Text ›perkussion‹

1992

> Die Schulfunkredaktion des Bayrischen Rundfunks erbat sich für die Reihe »Zehn Minuten Lyrik« einen Beitrag. Dafür wurde das Gedicht *perkussion* gewählt und zusammen mit einer einführend-erläuternden Darstellung am 3. November 1992 gesendet.

perkussion

trittst aus dem haus nach rechts dich wendend da siehst du.
trittst aus dem haus nach links dich wendend da hörst du.
trittst aus dem haus dich umdrehend triffst du.
ahnungslos. schadhaft. wär so gut wie.
wäre genauso gut wie ganz und gar.
bis auf den finger. hör nicht drauf. laß davon.
und auch in keiner gefahr nicht.
um den kleinen finger. wickelkind.
ins ohr auch. auch ins herz.
geblasen. o du fröhlich. gib das pfötchen.
wer sich in gefahr. mein hauptgeschäft.
ist die braut. will nicht länger. blut und bier.
vom scheitel bis zur sohle.
geht er hin und singt und singt und singt.
so andernteils. doch du, du hörst nicht drauf. du omega.
des haares fülle schwillt und rinnt
und fällt in fäden weich vom scheitel. schädel.
wickelkind. so windelweich an haupt und gliedern.
willst du nicht mein krauter sein.
sollst nicht länger warten.
(1981)

Das Gedicht beginnt mit einer alltäglichen Situation: Jemand verlässt das Haus und tritt ins Freie. Er sieht etwas, er hört etwas, man erfährt aber nicht, wen oder was er sieht oder hört. Der Text eilt weiter zu einer dritten Möglichkeit: Im Moment, da du das Haus verlässt, wendest du dich um und triffst – wieder wird verschwiegen wen oder was. Die Stelle bleibt leer, es sei denn der Hörer oder Leser selber entscheidet, blitzschnell, worum es geht. Das »ahnungslos«, das dann folgt, lässt eine Überraschung vermuten. Du wendest dich um – und triffst dich selber?! So könnte es sein, und du, Leser, Hörer, bist der stille Zuschauer bei diesem Gespräch eines Du mit sich selbst. Da du danebenstehst, musst du ertragen, dass in dem Zwiegespräch auch dir unbekannte Sachverhalte angesprochen, nur angedeutet werden; dass blinde Flecken, für dich blinde Flecken vorkommen, deren Sinn du erraten und ergänzen musst.

Das klingt schlimmer, als es ist. Wie jede Rede hat auch diese Rede eine Innenansicht, die nur dem Sprechenden völlig vertraut ist, weil er es ist, der die Wörter, Sätze und Satzfolgen genauso wählt, fügt und färbt, wie es seinen Impulsen, seinen Zwecken und vor allem seinem Zumutesein entspricht. Die Innenansicht ist sein Geheimnis, und jeder Gesprächspartner, und auch du Zuhörer, bleibst im Ungewissen, wie viel davon durch die Äußerung zu dir durchdringt. Es wäre zum Verzweifeln, gäbe es nicht die Außenansicht der Wörter, Sätze, Texte, und die gehört niemandem oder allen bzw. jedem, der sie zu verwenden weiß. Jedes Sprachfetzchen wurde schon vieltausendfach gebraucht, und es werden unkontrollierbar Bedeutungstöne und Nebentöne mittransportiert, vor allem wenn wir Redensarten, feste Wortverbindungen, Sprichwörter und Zitate gebrauchen. Doch auch an jedem Wort können Erinnerungen an Schreckbilder, Glücksmomente, an Schatten, Gesichter, Vorfälle hervorblitzen, die sich darin im Laufe seiner Verwendungsgeschichte gespeichert haben.

Zur Besonderheit des Gedichts *perkussion* gehört, dass es voller solcher kleiner Sprachteile steckt. Ein paar sollen herausgehoben und verdeutlicht werden. Meist genügt schon ein Antippen, weil sie jeder kennt oder kennen könnte, so etwa bei den beiden volkstümlichen Liedern, die der Text anspricht: »O du fröhliche« heißt es einmal, und das Wortbröckchen ruft das Weihnachtslied herauf. Zwei Zeilen weiter steht: »ist die braut. will nicht länger.« Der Anfang ist weggelassen, doch jeder erkennt das Kinderlied »Unser Ännchen ist die Braut«. Zwillingsformeln, oft mit gleichem Wortanlaut, gibt es in unserer Sprache in Hülle und Fülle. Im Gedicht wird eine solche Formel erfunden, sie heißt »blut und bier« und wirft gespenstisch frühere Blutwortgruppen an die Wand, wie »Blut und Boden« – eine Naziparole mit fatalen Folgen –, »Blut und Tränen« – Churchills Perspektive zu Beginn des Zweiten Weltkriegs – oder Bismarcks »Eisen und Blut«.

In der darauffolgenden Zeile steht ein weiteres sprachliches Fertigteil. Es heißt »vom scheitel bis zur sohle«. Wir kennen es aus Redewendungen wie »ein Kavalier vom Scheitel bis zur Sohle«. Auch hier weiß man nicht, was alles dahintersteckt, bis man erfährt, dass die Floskel einem Vers des Alten Testaments entstammt und zu Zeiten, da den Menschen Bibelsprüche noch auf der Zunge lagen, in die Alltagssprache übernommen wurde. Der biblische Vers bedrohte Gesetzesbrecher mit bösen Geschwüren von der Sohle bis zum Scheitel. Den alten Sinn sieht man heute der Floskel nicht mehr an, und doch steckt er verborgen darin und lässt sich aufdecken. Scheinbar fugenlos schließt die nächste Zeile an und hebt damit oberflächlich den Bruch auf. Es klingt, als liefere sie in einem gemeinsamen Satz Prädikat und Subjekt, wenn es heißt: »geht er hin und singt und singt und singt«. Da hat man doch im Ohr die Formulierung: »Da geht er hin und singt nicht mehr«. Was bei uns heißt: Jemand macht sich nach einer erfolglosen Anstrengung enttäuscht und mutlos davon. Im Gedicht ist der negative Ton beseitigt. Er »singt und singt und singt« – dagegen kann doch keiner was haben. Über eine Einwendung hinweg – »doch du, du hörst nicht drauf« – geht es leicht und fließend weiter, übrigens mit dem einzigen vollständigen Satz im ganzen Text. Ich zitiere die Zeilen:

> des haares fülle schwillt und rinnt
> und fällt in fäden weich vom scheitel. schädel.
> wickelkind. so windelweich an haupt und gliedern.

Da herrschen helle, wohlklingende Vokale vor: ü – i – ä – ei, und sie werden von weichen, fließenden Konsonanten eingefasst. Zu schön, um wahr zu sein? Eine erste Warnung zuckt, wenn dem Scheitel, durch eine Assonanz verbunden, der Schädel folgt, in dessen Bedeutungshof doch auch das Todeszeichen, der Totenschädel sitzt. Das »wickelkind« gleich danach, also ein Lebenszeichen erster Güte, löscht das jedoch wieder und bewirkt vermutlich auch, dass der lautlose Bezug zu brutaler Gewaltanwendung in dem Wort »windelweich«, das doch so wickelkindgemäß klingt, dass dieser Gewaltbezug gar nicht erst registriert werden kann. Das geschieht erst hinterher, wenn man sich klarmacht, dass wir das gute deutsche Wort windelweich nur in einer einzigen Redewendung kennen, nämlich »jemanden windelweich schlagen« im Sinn von »jemand fürchterlich verhauen«. Fast offen zutage liegt der Drohton jedoch in der nächsten, der vorletzten Zeile. Durch den Satz »willst du nicht mein krauter sein« wird die Redensart »Und willst du nicht mein Bruder sein, so schlag ich dir den Schädel ein« angetippt – die vordere Satzhälfte reicht aus, die brutale Konsequenz zu vergegenwärtigen. Wie hinter einer Maske wird der »Bruder« hinter dem »krauter« versteckt, womit früher ein alter Sonderling bezeichnet wurde.

Mir kommt das ganze Gedicht vor wie eine Goldwaage, die imstande ist, winzige Bröckchen, Teilchen, ja Spurenteilchen von Sprache abzuwägen. Freundliche, lebenszugewandte Momente sammeln sich auf der einen Seite; die andere registriert bedrohliche, gewalthafte, todesnahe Elemente. Jede neue Wortgruppe bringt den Zeiger erneut ins Schwanken, und bis zur letzten Zeile kommt er nicht zu einem sicheren Ergebnis.

Die Sprache des Textes weist, mit einer Ausnahme, keinen vollständigen Satz auf. Sie springt aus einem Zusammenhang in den nächsten und in einen dritten. Die Welt dieser Sprache zeigt sich zerklüftet. Es ist, als wäre etwas in Gang, was nicht aufzuhalten ist, seit der Angesprochene das Haus verlassen hat; auf das er doch, und zwar ohne zu zögern, antworten sollte. Sind wir das? Ist das unsere Situation, unser Zustand? Es muss nicht – doch es könnte so sein.

Der Eigensinn der Wörter

Notizheft, 23.5.85

Was zu hören ist – Würmer aus gekneteten, tönend gefärbtem Atem, der aus der Mundhöhle und dem Schlund hervorquillt; die Reihenfolge der Laut-Stöße, Laut-Wirbel, Laut-Schleifen hat keine immanente Logik, solange sie Wörter materialisiert. Erst in der vorverbalen emotionalen Äußerung können Lautfolgen ihre immanente Logik entfalten. Die im Wort kondensierte Lautfolge weist, kaum dass sie vernehmbar wird, von sich weg auf das Gemeinte: sie verlässt damit die Zuverlässigkeit der Lautung und ihres emotional zugänglichen Ausdrucks und weist in das Labyrinth der Bedeutungen, die erst im Kontext und in der Verwendungssituation eindeutiger werden, sich konturieren und ihre Beziehungen hervorbringen.

+

Wörter sind (deshalb) mit großer Vorsicht zu gebrauchen. Sie transportieren für jeden Benutzer, jeden Empfänger andere Bedeutungszentren und daran hängende konnotative Gespinste.

1.6.85

Die Kühle des Textes: die Zunge friert fest.

+

Wo das optische Bild abreißt, quillt der Feuerlösch-Schaum hervor: Wörter in unvorstellbarer Menge.

+

Während ich mit dir spreche, entsteht eine Geschichte, die zahllose Hälften hat.

+

Es bleibt das Programm: alle überhaupt nur möglichen Wörter zu artikulieren und festzuhalten. Dazu gehören natürlich auch die unmöglichen

Wörter: sei es, dass sie keinen Sinn mehr haben; sei es, dass sie noch keinen Sinn haben. Die unmöglichen Wörter sind die Schattenbilder der möglichen. Erst durch sie bekommen die möglichen ihren Spielraum; erst mit ihrer stummen Hilfe entkommen die möglichen dem Lexikon.

+

Mit Hilfe der Wörtergespinste – der Sätze, der Text-Sätze – schwingen wir uns wie Spinnen durch die Zeit-Räume. Lösten sie sich plötzlich auf, stürzten wir ins Leere, das im Innern der Wörtergespinste längst vorhanden ist, uns bedrohen, jedoch nicht verschlingen kann. Wörtergespinste (: Reden, Statements, Gedichte, Gespräche, Predigten, Interviews, Witze, ...) haben ganz verschiedene Aggregatzustände: und entsprechend sind sie mehr oder weniger geeignet, unsere Existenzen zu tragen, in der Schwebe zu halten.

+

Unsere Sprache: der Mist – unsere Sprache: die Mistgabel.

+

Die Lüge, an die einer glaubt: ist sie auch für ihn Lüge? – Vielleicht *das* Sprachphänomen unseres Jahrhunderts. – Weil er ahnt, dass sein Geglaubtes nicht haltbar ist, muss er durch Handlungen (sich) beweisen, dass die Wahrheit, und das heißt hier immer: die historische Realität, auf seiner Seite ist. Daraus sind die absurden, überdimensionalen Katastrophen entstanden, und nicht erst in unserem Jahrhundert. Die selbstgemachten Debakel beweisen die Wahrheit von Lügen.

+

Der Schrank geht nicht zu. Satzwörter quillen heraus. Ich greife nach der Schere, um sie abzuschneiden. Doch ich finde nicht die Stelle, wo sie sich von der Schranktür unterscheiden.

+

Reden, Schreiben: immer nach dem Grundsatz: pecca fortiter.

+

Was passiert, wenn jedem täglich nur eine begrenzte Menge an Wörtern zum Gebrauch zugebilligt würde? Etwa zweihundert. Oder auch weniger. Hätte das eine sozio-therapeutische oder eine pathogene Wirkung? Ginge es uns besser oder schlechter?

+

Wörter zum Kauen, zum Lutschen, zum Gurgeln: sind nahezu außer Gebrauch gekommen.

+

Sprechend benutze ich meine Sprach-Säge: dabei, ob ich will oder nicht, ob ich es weiß oder nicht, den Ast absägend, auf dem ich sitze. Schweigen wäre also besser? Aber wie fände, wie fühlte ich dann den Ast, der mir Halt gibt.

+

Was ist mit den gebrauchten Wörtern los? Wie sie loswerden, wenn sie völlig ausgelatscht sind, wenn sie wirklich nichts mehr hergeben. Manche geraten über Nacht außer Kurs. Niemand hat sie mehr im Mund. Doch manchmal tauchen welche auf, die von vornherein total abgegriffen erscheinen.

4
Sprache wird Schrift – Schrift wird Bild – Bild wird Text

Schrift als Sprache

1963

> Der Aufsatz wurde im Zusammenhang mit der Konzipierung der von Dietrich Mahlow 1963 in der Staatlichen Kunsthalle Baden-Baden kuratierten Ausstellung »Schrift und Bild« für eine informierende Sendung des Hessischen Rundfunks im Januar 1964 geschrieben. Die im Text erwähnten Künstler sind mit Exponaten in der Ausstellung vertreten (s. S. 555 f.).

I. Schrift und Sprache

Jeder konsumiert täglich eine Menge Geschriebenes, von der Zeitung am Morgen bis zum Kinobillett am Abend, ohne den informierenden Buchstaben mehr Aufmerksamkeit zu schenken, als eben nötig ist. In lässiger Gewöhnung überfliegen wir ganze Satzgruppen, ohne uns bei den Worten oder gar bei den einzelnen Buchstaben aufzuhalten. Und die Schriftform tut ihren Dienst am besten, die sich selbst so wenig wie möglich ins Auge drängt, die vollständig in ihrer Mitteilung verschwindet.

Die Gewohnheit, die Schrift unbesehen in ihrer Funktion verschwinden zu lassen, zufrieden, dass man den Sinn erfasst hat, ist keineswegs selbstverständlich. Früheren Geschlechtern war es im Gegenteil viel selbstverständlicher, auf einer Buchseite verweilend zu lesen, die den schreibenden Mönch vielleicht Wochen minutiöser Feder- und Pinselarbeit gekostet hatte. Die monumentalen altägyptischen Hieroglyphen, die dem Granit abgefordert werden mussten, sollten gerade nicht beim Lesen verschwinden, sondern mit ihrer ganzen Gestalt wahrgenommen werden: Ihr Bild gibt der Mitteilung, der sie dienen, erst das volle Gewicht. Sie repräsentieren das Dauerhafte, sie widerstehen der Hinfälligkeit des bloßen Geschehens. Unsere Schrift hat den Bildcharakter, der das Auge zum Betrachten anhielt, längst verloren. Und die Tendenz zur Funktionalisierung der Schrift hat sich, seitdem die Drucktechnik ins Schreibwesen eingebrochen ist, völlig durchgesetzt. Trotzdem ist in der modernen zivilisatorischen Umwelt das Bild wieder zum Leseelement geworden. Unsere technisierte Realität weist zahlreiche Gelegenheiten auf, in denen ein Bild oder ein bildhaftes Zeichen besser funktioniert als ein geschriebener Text: Verkehrszeichen-Bilder teilen ihre Nachricht zuverlässiger und rascher mit, als wenn sie geschrieben wären. Ihre einfachen, einen Gegenstand oder eine Situation andeutenden Bildzeichen sind von derselben lapidaren Eindeutigkeit wie die archaischer Bilderschriften. Unsere Schriftökonomie ist porös geworden. Jenseits einer höchst leistungsfähigen Buchstabenschrift bilden sich für alle möglichen Gelegenheiten des täglichen Daseins neue Schreib- und Zeichenkonventionen heraus, in denen Buchstaben und Bilder oder Bilder und sonstige abstrakte Zeichen, Symbole, Signete zusammenwirken, sodass auch hier die Leistung von Schrift vollkommen erfüllt wird: eine Nachricht, eine Order, einen Impuls zu vermitteln. Die mit psychologischer Raffinesse angesetzten Farb-, Bild- und Schriftcocktails moderner Plakate imprägnieren ihre Mitteilungen mit Gefühlen und Vorstellungen, die der Sprache allein und ihrer verschrifteten Fassung schon gar nicht erreichbar wären. Im Dickicht der Großstädte hat sich eine Art praktikabler Bilderschrift entwickelt, die nicht nur den Werbefachleuten willkommen ist, weil bei ihr keine Analphabeten übrig bleiben. Und dem gedruckten Buch ist in den Comicstrips ein Rivale entstanden, der an die Bilderchroniken der Indianer erinnert, zugleich aber den Lesehabitus zukünftiger Generationen umzuspuren vermag.

Dieser Befund, der längst verschollen geglaubte Schriftpraktiken neben der modernen, rationalisierten Schrifttechnik zeigt, lässt uns einen Moment innehalten, um zu bestimmen, was unter Schrift überhaupt verstanden werden muss. Für den Europäer und den, der an seiner Schrifttradition teilnimmt, ist Schrift ein System optischer Zeichen für ein System akustischer Zeichen, das unserer Lautsprache. Bestimmten sprachlichen Artikulationsstellungen sind bestimmte Letternzeichen zugeordnet worden. Das wichtigste Moment, das sowohl Sprache wie Schrift allererst möglich macht, ist die Konstanz ihrer Zeichen bzw. Stellungen, die auf Tradition und Konvention beruht. Schrift meint Dauer, doch sie kann sie nur meinen, weil auch Sprache auf zuverlässige Fixierung, Formulierung, Vergegenständlichung einer fließenden Wirklichkeit aus ist. So tritt die Schrift sogar notwendig zur Sprache hinzu, weil sie einen ihrer Mängel, flüchtig und für viele Gelegenheiten zu flüchtig zu sein, aufhebt. In dauerhaften Stoff als den der Luftwellen gezeichnet, widersteht sie der Augenblicklichkeit der Sprache und setzt dem natürlichen, mit seinen Inhalten weiterhandelnden Gedächtnis des Menschen ein nichtveränderliches künstliches entgegen. Die Verschriftung der Sprache wirkt sogar auf die Stabilität der Sprachformen selbst zurück, sobald sie in einer Gesellschaft breit genug ausgeübt wird.

Ist zunächst die Sprache bestimmend für die Schrift, die sie zu einer Vielzahl von Zeichen nötigt, damit der Laut- oder Vorstellungsbestand zureichend wiedergegeben werde, so wird in späterem Stadium die Schrift auch bestimmend für die Sprache, übrigens auch in dem Sinn, dass sich eine besondere Konvention für die verschriftete Sprache bildet, deren Wortschatz und Satzbau Traditionen bewahren, die die gesprochene Sprache oft längst als geziert empfindet und aus ihrem Repertoire verloren hat. Es ist leicht festzustellen, dass dieses überlieferte Instrumentarium der Sprache erhalten bleibt, weil es für Abstraktion und Genauigkeit, um die es bei der Verschriftung geht, nicht entbehrt werden kann.

2. Bilder- und Gebärdenschrift[1]

Wir wissen heute, dass jede bekannte Schrift dem Stamm einer Bilderschrift entsprossen ist. Auch unsere Sprachlaute darstellende Schrift hat, ohne dass dies in allen Phasen noch nachzuweisen wäre, solchen Ursprung. Unser A z. B. entspricht dem altsemitischen ›Aleph‹, welches ›Rind‹ bedeutete: ein Zeichen, in dem der Querbalken des noch auf der

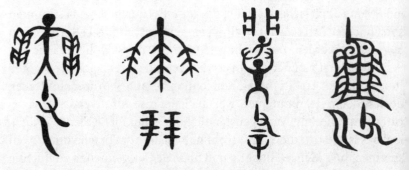

Chinesische Piktogramme von einer Bronzevase für rituelle Zwecke (ca. 1300 v. Chr.)

Seite liegenden A beiderseits durchgezogen, einem Rindergehörn glich. Und M hieß damals ›Mem‹, ›Wasser‹, und schon in altspanischen Höhlenmalereien findet sich die charakteristische Zickzacklinie des großen M als Wellensymbol.

An den ältesten chinesischen Piktographien lässt sich noch ablesen, dass die Körpergebärden, vor allem der Hand und des Arms, bei der Formierung frühester bildhafter Schemata Hilfestellung geleistet haben, ja schlicht abgebildet worden sind. Die vermittelnde Instanz ist bei den piktographischen Schrifttypen – zum mindesten bei denen, die eine Zukunft hatten – und bei den Gebärdensprachen jedoch nicht der faktische Gegenstand, das Ding da, sondern sein Begriff, das Gedankenbild, das verallgemeinernd und schematisierend von der verwirrenden Individualität der Einzeldinge abgerückt ist. Diese Verallgemeinerung ihrer Zeichen gibt den Piktographien und den Gebärdensprachen die faszinierende Prägnanz und macht sie allererst – im Gegensatz zum bloßen Bild – als Sprachzeichen brauchbar.

Ägyptische Hieroglyphen auf einem Annalentäfelchen des Königs Horus-Djer: »Empfang« der Großen Ober- und Unterägyptens

Tonscheibe mit Schriftzeichen, gefunden im Palast von Phaistos, Kreta (ca. 1700 v. Chr.), Seite A

Die Sprache selbst bedient sich weithin mimetischer Mittel, nicht nur der Lautung, sondern auch der Körpergebärde. So ist bei nordamerikanischen Indianern bis in die Gegenwart die Gebärdensprache als Alternative und Ergänzung der Lautsprache lebendig geblieben; ihr höheres Maß an Allgemeinverständlichkeit machte sie als Verkehrssprache zwischen den verschiedensprachigen Stämmen unentbehrlich. Eine ähnliche vermittelnde Leistung übt noch heute die chinesische Schrift aus, da sich ihre Zeichen in erster Linie nicht auf die Sprachlaute, sondern auf die Vorstellungen und Begriffe beziehen; jeder liest diese Zeichen in seiner ›Mundart‹ und versteht sie ohne Umweg über eine fremde, erst zu erlernende Sprache.

Die Schrift erscheint in solchem Zusammenhang als eine mögliche Ausformung und Auswertung einer ursprünglichen gestisch-gebärdenhaften Qualität von Sprache. Die Lautzeichen selbst, vermittelt durch die Organbewegungen des Mundes und seiner Werkzeuge und der Atembewegungen, haben eine gestische Dimension, die die lautliche imprägniert. Es lohnt sich, beim eigenen Sprechen wie beim Nachartikulieren fremder Sprachstücke auf diesen artikulatorischen Gebärdenverlauf zu achten. Er ist charakteristisch genug, um den Taubstummen als Sprachmittel zu dienen.

Dass schließlich die Lautzeichen die Oberhand behielten und wir heute Sprache bedenkenlos mit der Lautsprache identifizieren, liegt an ihrer funktionalen Überlegenheit über jede denkbare Gebärdensprache. Das funktionale Plus der Gebärdensprache ist ihre leichte Verständlichkeit für jedermann, auch für den, der die Landessprache – die immer parallel läuft – nicht beherrscht. Die Lautsprache ist ihr dagegen in der Ökonomie und Differenzierbarkeit des Zeichenmaterials weit überlegen: Das artikulierende Instrumentarium ist viel agiler, schneller in der Hergabe eines hochdifferenzierbaren Zeichenrepertoires. Der Vorteil der größeren Anschaulichkeit der Gebärdensprache wird zum Nachteil, wenn die Mitteilungen abstrakter werden und wenn es sich um komplizierte Sachverhalte handelt. In der Fortsetzung dieser Trends werden auch die anschaulichen piktographischen Schriftzeichen schubweise von ihrer gegenständlichen Basis abgezogen und auf Lautgruppen bezogen, bis sie zu völlig abstrakten Lautzeichen geworden sind, sodass nun jedes beliebige Wort festgehalten werden kann und nicht nur das, für welches ein eigenes Bildzeichen aufgestellt ist. Die Rationalität der Tempelverwalter, Königsschreiber, der Kaufleute und Diplomaten stürzt eine Revolution über die Bilderwelt – die aus den Zeichen blickenden Bilderinnerungen können mit völlig fremden Inhalten verbunden sein. Die Schrift allein malt nicht mehr, sie läuft mit der Sprache, und sie wird versuchen, immer genauer mit ihr gleichzulaufen, der Hand so wenig Widerstand entgegenzusetzen, dass die rasche Entwicklung der Rede sich unmittelbar im flinken Zug des Schreibers niederschlagen kann. Die Monumentalität der alten Hieroglyphen, der aus Hunderten, manchmal Tausenden von Bildzeichen errichteten feierlichen Inschriften, in denen Götter und Könige nebeneinanderstanden, wird im Gang der zivilisatorischen Differenzierung unvermeidlich von einer fungibleren Kursivschrift unterlaufen und allmählich außer Kurs gesetzt. Freilich waren auch schon die alten piktographischen Systeme, in Ägypten, in Sumer oder wo auch immer, von der Sprache her bedingt. Ihre Anordnung war schon in frühem Stadium nicht mehr an der der Gegenstände, sondern an der Abfolge der Vorstellungen orientiert, die zur Sprache kamen und festgehalten werden sollten: Sie erfolgte in Zeilen senkrecht oder waagerecht – entsprechend dem zeitlichen Redeablauf.

Je mehr die Erinnerung an den Bildwert der Lettern erlischt, desto deutlicher setzt sich bei schreibfreudigen Völkern die Neigung durch, die Vereinfachung der Formen bis zum Äußersten zu treiben und die Schriftzeichen schließlich aus bestimmten einfachen Elementen aufzubauen. Das gilt schon für die Keilschrift, deren bildhafter Ursprung bei den Sumerern noch handgreiflich ist; sie besteht schließlich nur noch aus den in verschiedenen Winkeln angeordneten Kombinationen der Griffelstriche. Die Zeitnot beim Schreiben, die Eigentümlichkeit des Schreibmaterials – feuchte Tontäfelchen und die offensichtliche Lust an der prägnanten Zeichenformation wirkten hier zusammen. Und noch offensichtlicher führen die Griechen mit einer nachvollziehbaren Freude an der lapidaren Zeichengestalt die von den Phöniziern übernommenen Buchstabenformen auf ihre einfachsten Elemente, Kreis und Gerade und ihre Verbindungen, zurück. Sie taten es wohl nicht nur, weil die Buchstaben dadurch für das Einmeißeln der öffentlichen Inschriften, vom Grabstein bis zum Gesetzestext und zur Siegesbotschaft, handlicher wurden; sie empfanden dabei sicher auch, dass sich der Schriftbereich nach seinem eigenen immanenten Prinzip aufzubauen hätte: Gerade weil er die Bildlichkeit und damit den unmittelbaren Bezug auf eine Gegenstandswelt verloren hatte und nur noch der Sprache, also als Zeichen für Zeichen diente, gewann er eine neue Freiheit eigener innerer Ordnung.

Ihrer Funktion nach wird die Schrift völlig der Sprache unterworfen. Sie sagt nichts mehr von sich, von ihrem Bild her aus, wie noch in den Hieroglyphenschriften Kretas, Mexikos oder Ägyptens; sie sagt alles, was man sie sagen lassen will, und ist nun das vollkommene Instrument der Könige und der Kaufleute, der Bürokraten und der Poeten.

Ihrer Form nach aber beginnt sie, einen autonomen Bereich zu gewinnen. Die Form tritt neben die Bedeutung, statt mit ihr identisch zu sein wie in den alten Repräsentationsschriften; der semantischen Information konkurriert die ästhetische. Auch die ägyptischen oder altkretischen Bildzeichen waren Meisterstücke der formalen Vereinfachung und des prägnanten, ästhetischen Ausdrucks. Doch nie ließ die Bedeutung des Mitgeteilten und auch der Zweck des ganzen Textes das Formale der Zeichenkörper frei, sondern es blieb ins Bild und damit an die bestimmte Aussage gebunden. Oft genug war die Bilderschrift selbst Teil einer umfassenden bildlichen Darstellung, die sie zu erläutern hatte und die ihr umgekehrt auch Relief und Gewicht gab.

3. Die Buchstabenschrift und die Schreibmeister

Die volle Bewegungsfreiheit gewinnt die Schrift in dem Augenblick, da sie sich mit der Individualität eines Schreibers verbinden kann. Überall dort, wo die Schrift zum täglichen Verkehrsmittel wird, bildet sich eine kursive Schreibform aus. Die monumentalen Großformen werden verschliffen, die Kompliziertheit der alten Zeichenkörper vereinfacht, Kürzel setzen sich durch, die heute oft das Entziffern der Texte erschweren. Rundungen ersetzen die Geraden und Ecken, die Ligaturen mehren sich.

Das Element der Handschrift ist die fließende Linie, nicht mehr die isolierte Letter: Das Kontinuum des Schreibvorgangs tritt an die Stelle der Reihung von Einzelformen. Dies entspricht der Ablösung des Bildzeichens durch das Lautzeichen: Das Ohr, als Organ der in der Zeit verto-

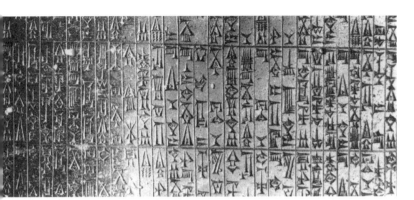
Babylonische Keilschrift von der Gesetzesstele Hammurabis (1800 v. Chr.)

Felsinschrift aus Thera (7. Jh. v. Chr.) Abdruck einer südarabischen Inschrift

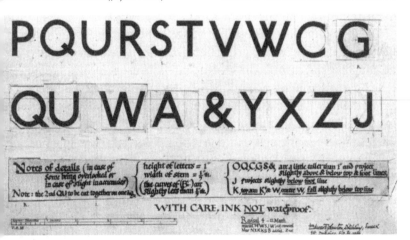
Entwurf einer Groteskschrift von Edward Johnston für die Londoner U-Bahn, 1916

nenden Rede, fungiert vor dem Auge, das im Raum nebeneinander bestehende Gestalten zu unterscheiden hat. Zwar bleiben die Buchschriften der Antike und des Mittelalters um der allgemeinen Lesbarkeit willen bei diskreten Einzellettern, doch spielen auch sie die Subjektivierung und Dynamisierung mit. Es ist Schritt für Schritt zu verfolgen, wie die Buchstabenschemata von den wechselnden Schreibergenerationen und -schulen abgewandelt, überspielt, verformt werden, bis sie schließlich, wenn man sie mit dem Ausgangsstadium vergleicht, geradezu ›unleserlich‹ geworden sind. Darin schlägt sich nicht nur die Stiltendenz einer Epoche nieder, wie die der Romanik in den runden karolingischen Minuskeln oder die der Gotik in der langgestreckten Textura; es wird dabei auch die Spannung und Intensität der Schriftformen selbst erhalten: Indem sie verändert und in Frage gestellt werden, sind sie zugleich aufs Neue zu erfinden. Die Druckschriften, die im 18. und 19. Jh. in Gebrauch kommen, beweisen, wie rasch die Formen ohne solche ständige Bezweiflung und Aufhebung degenerieren. Verändert werden die Kleinelemente der Buchstaben, die Unter- und Oberlängen, die Rundungen, die Strichstärke usw., nicht die Grundgestalt, die längst nicht mehr in Frage gestellt wird. Winzige Verschiebungen im Feinaufbau der Lettern kennzeichnen den Weg von der lateinischen monumentalen Lapidarschrift über die elegante Rustica und Unziale bis schließlich zur schmalen, gebrochenen gotischen Textura. Diese Spätform wäre für einen Römer kaum mehr zu entziffern.

Die Erfindung des Buchdrucks in der Mitte des 15. Jhs. unterbricht diesen lebendigen Prozess gründlich. Die ersten Drucker greifen zwar auf die Buchstabenform der besten Handschriften zurück, ja sie vollenden deren Formen und entfalten eine unübersehbare Fülle von Varianten. Doch die Lust am Formenspiel erstickt alsbald unter dem Zwang zur Rentabilität der technischen Investitionen. Der einfallsreiche Schreiber brachte neue Formen unmittelbar aus seiner Imagination aufs Pergament. Den Drucker nötigt die kostspielige Anschaffung der Bleilettern zur Beschränkung des Vorrats. Er wird sich überlegen, welche Schnitte seinen Zwecken am besten entsprechen, und es spricht für die Qualität der damaligen Schriftschneider, wenn die Typen der Garamond, Bodoni, Baskerville – um nur einige zu nennen – auch heute noch die Brotschriften der Setzereien abgeben.

Aber das Einfrieren des Schriftprozesses geht nicht ohne Widerstand und Revolten vor sich. Mäzenatische Bücherliebhaber rechnen die Druckerzeugnisse noch weit ins 16. Jh. hinein nicht für voll und geben für teures Honorar handgeschriebene Bücher in Auftrag. Ja wie von der Entwicklung provoziert, entstehen neue Schreibmeisterschulen. Sie bilden eine bewusste Handwerkslehre aus und überliefern den Schülern in Lehr- und Musterbüchern die Prinzipien der Schreibkunst. Die harte Konkurrenz der Drucker drängt sie, sich genau Rechenschaft darüber zu geben, was sie tun und wie sie ihre Kunst anzulegen haben. In Deutschland ist Nürnberg das hervorragende Zentrum, aber ihre Zunft erscheint in allen europäischen Ländern, in Italien und Spanien, wie in Holland und England. Und noch haben sie Spielraum genug. Nicht nur Privatleute lassen sich kostbare Familienchroniken schreiben, auch der diplomatische Schriftverkehr geht durch ihre Hände, Sendschreiben, Urkunden, Verträge. Erst mit dem Aufkommen der allgemeinen Schulpflicht im 19. Jh. verflacht ihre Kunst zur gefälligen Kurrentschrift des Kommis.

Dass sich diese Schreibmeister des frühen 16. Jhs. und der folgenden Jahrzehnte der Konkurrenz des Buchdrucks bewusst sind, sieht man schon daran, dass ihre Schriften eben die Präzision, die die Druckschriften auszeichnet, anstreben, wie umgekehrt die ersten Drucker der Gutenbergzeit sich die Buchstabenformen der besten Handschriften zum Vorbild genommen hatten. Die Schreibmeister verbinden jedoch die formale Präzision mit einer erfinderischen labyrinthischen Phantastik des Schriftzuges und behaupten damit die Freiheit der Schreibbewegung, die der Buchdruck geopfert hatte, bis an die äußerste Grenze, wo die Eindeutigkeit des Buchstabens in der artistischen Polyphonie der Schriftzüge unterzugehen scheint (s. S. 318f.). Die Neudörffer, Brechtel, Baurenfeind gründen ihre Lehrbücher auf die Analysen des Feinaufbaus der Lettern. Sie bringen ihren Schülern bei, die Buchstaben aus ihren kleinsten Elementen aufzubauen, und befähigen sie so zu einer souveränen Handhabung der Schrift, wie es nie zuvor möglich gewesen ist. Die Grundformen der Buchstaben, an denen ja nicht gerüttelt werden konnte, werden zum formalen Widerstand des Schreibvollzugs, denn das Interesse richtet sich in erster Linie auf Spannung und Harmonie der dominierenden und paraphrasierenden Schreibzüge (s. S. 305).

Und aus der Handwerkslehre tritt unversehens eine Kunsttheorie hervor, wenn Brechtel zu Beginn der 17. Jhs den Rat gibt: »Es mag auch einer, da er diesen Unterricht wohl gefasset, einen Hauptstrich«, der den eigentlichen Buchstaben repräsentierte, »den er etwas irr gezogen, mit einem Beistrich leichtlich helfen, daß er wieder ganz wohl stehe; denn es begibt sich oftmals, daß ein Hauptstrich mit Fleiß etwas abwegs von der rechten Stellung wegen der Beistriche, so man gedenkt zu gebrauchen, gezogen wird.« Hier spricht sich ungeniert eine Auffassung vom Schreiben und der Schrift aus, wie sie schon lange zu vermuten war, die bisher jedoch unter der Funktion verdeckt geblieben war. Der »Hauptstrich«, der die Grundform des Buchstabens wiedergibt, darf absichtlich, »mit Fleiß« aus der schematischen Ordnung rücken, damit das umfassendere Spiel zwischen Haupt- und Beistrichen geschehen kann. Schrift ist nicht mehr nur Zeichen für Laute, sondern Vollzug einer semantische und ästhetische Momente umgreifenden Schreibbewegung.

Das Schreiben nimmt eine Gestik in den Schriftzug, die weder aus dem Inhalt des Mitzuteilenden noch aus der Grundform der Buchstaben gerechtfertigt und begründet ist; die vielmehr ihrem eigenen Sinn folgt, Bewegung als Bewegung, die sich in den extremen Fällen so weit verselbständigen kann, dass die einbegriffene Buchstabenform nicht mehr eindeutig zu erkennen ist. Die Statik der klassischen Lapidarschrift der Antike, von der einst die ganze europäische Schriftentwicklung ausgegangen war, setzt sich völlig in die Dynamik des Schreibzuges um. Werner Doede beschreibt in seinem instruktiven Buch über die Schreibmeister diesen Vorgang bei Brechtel:

»Unter dem Anprall dieses erhöhten Tempos hat sich die ebenmäßige ›liebliche Windung‹ Neudörffischer Prägung kräftiger gespannt, sind die ehemals einfachen Kreisformen komplizierten Kurven gewichen, gerät nun freilich auch die Struktur des Buchstabens in die Gefahr, ernstlich ›deformiert‹ zu werden; indem jedoch diese erlaubte, angestrebte Deformierung des Hauptzuges durch den kontrapunktischen Einsatz ebenbürtiger sogenannter Beistriche aufgefangen wird..., gewinnt das Wirken der gegensätzlichen Kräfte den transitorischen Moment eines – wenn auch hochexplosiblen – Ausgleichs.«[2]

Eine bemerkenswerte Parallele findet die Verselbständigung des Schriftzuges gegenüber dem Buchstabenschema in der künstlerischen Graphik der Zeit, z. B. bei Rembrandt und seinen Schülern. Wie sich in der Schreibmeisterkalligraphie von einem bestimmten Moment an die Bewegung zu verselbständigen und in Spannung zum Schriftzeichen zu treten beginnt, so ist in der bildenden Kunst zu beobachten, wie sich der Einzelstrich aus dem Bildgegenstand zu lösen sucht. Er paraphrasiert ihn, umspielt, ja durchstreicht ihn. In die durch den Auftraggeber festgelegten Großformen des Bildes schreibt sich eine individuelle Handschrift ein. Während die Pinselführung im mittelalterlichen Meditationsbild willig in der Darstellung unterging und nur die beziehungsvoll angeordneten Gestalten erkennen lassen wollte, überspringt jetzt der Mal- und Zeichenduktus die Figur, um zugleich seine eigene Figur zu gewinnen, die jenseits des ikonographischen Schemas entstehen könnte. Die Maldynamik dringt von der Großkomposition des Bildes bis in die kleinsten Elemente. Die Pinselbewegungen tasten danach, bisher nicht gekannte spontane Gesten und Artikulationen zu entdecken. Die Bildgegenstände treten zwar genau hervor, aber für das genauere Auge zersplittern sie zu einer Bündelung neuer Strukturen. In den Porträts von Frans Hals scheint es manchmal, als richte sich eine verhaltene Aggression gegen die von außen aufgetragenen Bildthemen. Die Pinselstriche sind ebenso viele Peitschenschläge ins Gesicht des Dargestellten, das doch erst durch diese Exekution ins Dasein tritt.

In der bildenden Kunst liegt die Tendenz zur Revolte des Künstlers gegen eine oktroyierte Bildthematik deutlicher vor Augen als in den nahezu verschollenen Musterbüchern der Schreibmeister.

In der aus dem Mittelalter durch die Renaissance wandernden Metaphysik ist das, was – auch im Bild – wirklich werden kann, Abglanz des überhaupt Wirklichen, des Schöpfers, der göttlichen Natura – darin Epiphanie und Auslegung zugleich. Mit der Umwälzung des Weltbildes durch die aufkommende Naturwissenschaft wird jedoch das Wirkliche als Anwandlung des Möglichen verstanden, ein Versuch im Problematischen, dessen Qualität erst die Realisation ausweisen kann. Diese Umkehrung zeichnet sich deutlich in den beschriebenen bildnerischen und kalligraphischen Strukturen ab. Die Schreibmeister zerlegen ihre Letternformen bis in ihre kleinsten Bausteine, in kurze oder längere, dünne oder kräftigere Striche, und lehren ihre Schüler, aus diesen Elementen die Formen aufzubauen; sie lassen sie aber auch erfahren, dass aus diesem Ansatz labyrinthische Zeichen für eine Realität, die es nicht gibt, jedenfalls nicht im überlieferten Begriffshaushalt, entstehen können. Sie bleiben freilich an eine formale Kontrapunktik gebunden, wie sie sich dann in der Musik bei Bach in artifizieller Vollendung und Bewusstheit ausbilden wird; sie gelangen nicht und können sinnvoller Weise noch nicht zur völligen Freisetzung des Schriftzuges gelangen, weil das Individuum noch einen weiten Weg vor sich hat, bis es sich als realitätssetzendes Prinzip entdeckt. Auch in der bildenden Kunst bleibt die Revolte der Elemente, des Bildmaterials zunächst bloße Episode, und es kehrt das Sujet wieder auf seinen Thron zurück.

4. Buchdruckschriften und Handschrift

Während die Schreibmeister gegen die Erstarrung des Schreibens durch den Druck revoltieren, zeichnen sich zugleich an verschiedenen Stellen Tendenzen ab, die die Funktionalisierung der Schrift konsequent weiterzutreiben versuchen. Die Normierung des Schriftmaterials im Setzkasten ermuntert dazu, auch die Bleilettern selbst zu rationalisieren, ihre optimalen Formen durch geometrische Konstruktion zu ermitteln. Von Dürer kennen wir Entwürfe, im Geist der Renaissance die Buchstabenformen aus den Proportionen des Feldes, in denen sie stehen, beziehungsweise aus bestimmten Grundgrößen zu entwickeln. Und die französische Staatsdruckerei erhält im 17. Jh. den Auftrag, eine konsequent rational strukturierte Schrift herauszubringen. Mögen auch praktisch-technische Überlegungen dabei im Vordergrund gestanden haben, so steckt darin doch die Tendenz, auch diese Weise des Schreibens nach dem ihr immanenten Gesetz vollziehen zu können.

Dieser Versuch kommt zunächst nicht zum Ziel. Die mit großer Einfühlungsgabe entworfenen Typen der *Garamond, Bodoni, Baskerville* und wie sie alle heißen entsprechen den Notwendigkeiten des Lesens und dem Bedürfnis nach stilistischer Variation so sehr, dass ihnen erst im 19. Jh. auf ihrem Gebiet ein Konkurrent entsteht. Mit dem Plakatdruck kommt die serifenlose Groteskschrift auf. Sie ist die einzige Type, die in jüngerer Zeit neu geschnitten wurde und erfolgreich sich durchsetzen konnte. Die am Bauhaus aus den einfachen geometrischen Formen konstruierte Schrift ist ihre äußerste Konsequenz. Sie greift damit die uralte Tendenz zur elementaren Vereinfachung der Schriftzeichen wieder auf, wie wir sie schon bei den Griechen feststellen konnten.

Aber im 19. Jh. beginnt sich auch die individuelle Handschrift in bisher unbekanntem Maße aus den Schriftnormen zu lösen. Die Individualisierung, wie sie sich nach der Auflösung der Ständeordnung auf allen Lebensgebieten abzeichnet, findet im privaten Schreibduktus des Einzelnen vielleicht ihre krasseste Äußerungsform. War es früher erstrebenswert, eine allgemein lesbare Handschrift zu schreiben, so wird es jetzt schick, die eigene Persönlichkeit durch Besonderheiten der Handschrift auszuweisen. Der psychische Habitus kann sich ungenierter denn je in der Schreibbewegung niederschlagen, und offensichtlich nehmen auch die psychischen Komplikationen im Individuum, die solcherweise manifest werden können, zu.

Die große Zeit der Psychologie bricht an. Zur Analyse und Ausdeutung der individuellen Handschrift entwickelt sich in der Graphologie sogar eine eigene Wissenschaft. Sie dringt durch das Erscheinungsbild der Schrift zum geheimen Bild ihres Schreibers vor, unbekümmert darum, was er mit seiner Handschrift glaubt vorstellen oder verstellen zu können.

Die Linie, welche die schreibende Hand hinterlässt, wird, unabhängig von dem, was niedergeschrieben wird, diesseits der Buchstabenformen lesbar. Winzige Stimmungsschwankungen des Schreibers schlagen sich in ihr ebenso nieder wie seine feststehenden Charakterzüge. Die Graphologie hat Kriterien gefunden, mit deren Hilfe der Charakterzustand des Schreibers in seiner Komplexität und Widersprüchlichkeit beschrieben werden kann. Jenseits ihres charakterologischen Aussagewertes wird Schrift aus dem Reichtum oder der Manie des Schreibers heraus plötzlich zum selbständigen Gebilde.

Ernst Schneidler, der 1956 verstorbene bedeutende Schriftkünstler, hat in seinen zahlreichen Arbeiten Handschrift zur Schriftgraphik weitergetrieben. Von den älteren Schreibmeistern unterscheidet ihn, dass er den Durchgang durch das labile Labyrinth der individuellen Handschrift im Hintergrund hat, ja gerade die individuelle Verrätselung von Schrift den Formerfindungen seiner Blätter zugrunde legt. Die

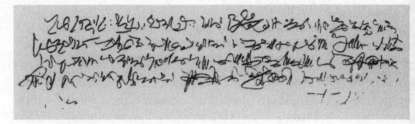

Paul Klee: Abstrakte Schrift

Max Ernst: Lettre pour Unica Zürn

Ernst Schneidler: Abstrakte Schrift

Schreibmeister des 16. und 17. Jhs. dagegen rankten sich um die gegebene Schrifttradition und überspielten, verfremdeten die Buchstabennormen. Schneidler versucht, einem Text die eigentümliche, angemessene Schriftfassung zu geben – aber er arbeitet auch Schreibstücke aus frei erfundener Schrift aus, die unbekannte Texte ahnen lassen. Ihr Bild ist nicht weniger prägnant als das der konventionelleren Blätter.

Als Schneidler seine abstrakten Schriften erfand, war die handschriftliche Linie schon längst als autonomes Element in die bildende Kunst eingedrungen. Der frühe Kandinsky ist hier zuerst zu nennen. Ihm wird die frei aus der Hand fließende Linie zum Mittel, unmittelbar gestische Mitteilungen niederzuschreiben. Sie kann auch für den fremd hinzutretenden Betrachter lesbar werden, weil jeder in der eigenen Handschrift den gestischen Duktus und die Bewegungsaussage der geschriebenen Linie, ihrer Krümmung, ihres An- und Abschwellens, des harten und des sanften Ansatzes usw., erfahren kann. Bei den barocken Meistern lief die Linie noch als Paraphrase, als Auslegung oder Widerspruch des gegebenen Themas durchs Bild. Jetzt ist sie selbst das Thema, mögen auch bei Kandinsky noch schemenhafte Andeutungen von Dingen, von Pferden, Kapellen, Bergen, mitschwimmen. Kandinskys Anstrengung richtet sich in der Folgezeit darauf, das Beliebige der psychographischen Notierungen zu überwinden und eine allgemeingültige Formenlehre der bildnerischen Mittel, auch der Linie, zu finden. Er bietet die einfachen geometrischen Formen auf gegen die Unberechenbarkeit und die Privatheit der bloß psychischen Äußerung. Freilich büßt er dabei gerade die winzige Nuance ein, die der freien Linie möglich war.

5. Schrift und Bild

Kandinsky selbst hielt seine frühe ›informelle‹ Schaffensphase für Episode und ließ ihre Ergebnisse mit dem Gesicht zur Wand stehen. Weitere Symptome weisen jedoch darauf hin, dass die Berührung, die Schrift und Bild bei ihm erfahren hatten, nicht ein vorübergehendes Ereignis im Werk eines Malers war. Die Kubisten, Braque, Picasso vorweg, hatten einzelne Buchstaben, Worte oder Wortfetzen in ihre Bilder gemalt oder geklebt. Es war Freude am Schock, aber es war auch mehr: Die

Buchstaben erschienen fremd im Bild, befrachteten das Bild mit dem, was sie mitteilten – mit dem Wort ›Café‹ etwa oder ›baß‹ und gaben ihm damit die Dimension einer Gegenständlichkeit, die nicht im Bild gegenwärtig ist; sie brachten zugleich die Letternkörper mit ins Bildgefüge und ließen sie dort ihre genaue Stelle finden: Die Buchstaben lösten sich in diesem Aspekt aus ihrer Funktion als Zeichen für Laute und erschienen als reine, abstrakte Formen, die ihre Rechtfertigung aus dem kompositorischen Zusammenhang dieses Bildes bezogen. Sie wirkten mit an der Konstitution eines neuen Gegenstandes, nämlich dieses bildnerischen Körpers, den es sonst nicht gab.

Bei den Kubisten wird Schrift ihrer Vermittlerrolle entfremdet; statt auf einen Lautzusammenhang zu verweisen, gerät sie in einen Bildzusammenhang. Zur gleichen Zeit wird ihr aber die optische Dimension als eigenes Darstellungsmittel hinzugewonnen. Das geschieht zuerst bei Mallarmé. Gründlicher dann bei den Futuristen.

Die programmatische Auflösung der herkömmlichen Syntax und des eingewohnten Bedeutungsgefüges kompensieren Marinetti und seine Freunde dadurch, dass sie die Worte des Gedichts in bestimmter Ordnung auf die Fläche setzen und durch typographische Mittel ihnen einen bestimmten Erscheinungswert geben. »Parole in libertà« – »Worte in Freiheit« lautet das Programm, das Marinetti ausgibt. Die eindeutige Aufeinanderfolge der Sprache und der ihr gehorsamen Schrift ist zugunsten eines Simultanbildes aufgegeben, in dem sich vielfältige Beziehungen knüpfen können, in dem es Schwerpunkte, Akzente, aber keinen Anfang und keinen Schluss gibt. Wie auf archaischen Piktographien tritt die Schreibfläche wieder als organisierendes Moment auf.

Schrift und Sprache rücken dicht aneinander – am dichtesten vielleicht in dem dadaistischen *i-Gedicht* von Kurt Schwitters. Dieses Gedicht besteht einzig aus dem kleinen Buchstaben *i* in der deutschen Sütterlinschreibweise und der Unterschrift *Lies: ›rauf, runter, rauf, Pünktchen drauf‹*. Der Laut *i* schrumpft in die geschriebene Buchstabengestalt und wird dabei noch durch die Beschreibung der Schreibbewegung in dem Merkvers des ABC-Unterrichts übertrumpft: Das Zweitrangige erscheint als das Gewichtige, das Zeichen wichtiger als das Bezeichnete; zugleich wird der ganze konventionelle Schreibvorgang bloßgestellt.

Und die Anzeichen mehren sich, dass Schrift sich von der Sprache, der Lautsprache trennt und einen eigenen Kontinent zu erreichen strebt. Der Surrealismus – zeitgenössisch mit dem *i-Gedicht* von Schwitters – bringt aus den Untergründen des Bewusstseins und der Geschichte verschollene Symbolschwärme mit herauf, wobei ihm die Psychoanalyse auf die Sprünge hilft. Älteste Zeichengestalten tauchen am Grund des modernen Individualbewusstseins auf. Es zieht die Maler zu den Schätzen der Folklore, Mirò zum Beispiel, zur spanischen. Das Ideogramm erscheint auf den Leinwänden, in neuer Form, neuer Färbung. Klee kann es so gut gebrauchen wie Baumeister und Bissier. Eine weitere unerhört ergiebige Quelle tut sich auf, als die ostasiatische und insbesondere die japanische Kalligraphie entdeckt wird. Marc Tobey, der Amerikaner an der Pazifikküste, ist einer der Vermittler.

Buddhistische Zen-Mönche Japans haben das Schreiben als Übung auf dem Weg zur Erkenntnis des Seins und des eigenen Selbst, als Meditationshilfe aufgegriffen. In ihrer Schreibkunst ist das Wesen des Dargestellten im bildhaften Schriftzeichen gegenwärtig, und zugleich öffnet sich dem Schreiber im Vollzug dieser Schriftzeichen der Weg zu Einsicht in das Wesen der Dinge und zum Einswerden mit dem Bedeuteten. So etwa, wenn der Zen-Meister Hakuin, der im 18. Jh. gelebt hat, in einem langgestreckten Zug das Zeichen für ›Bambus‹ schreibt und dabei zugleich Bambus bildhaft vergegenwärtigt: Die schlanke Kraft des Rohrs verbindet sich darin mit dem Aufsteigen, der Fragilität und mit dem freien Schweben der Spitze. Das Schriftzeichen ist völlig Bild geworden und auch für den, der diese Schrift nicht beherrscht, lesbar. Und umgekehrt enthält das Bild für den Kundigen das Schriftzeichen und damit die ganze Symboltradition, die es mit sich führt.

Die Japaner bezeichnen diese Kunst als »Sho«. Die Tradition des Sho ist in Japan nie abgerissen. Nach dem 2. Weltkrieg wandten sich viele Künstler der freien, von den überlieferten Ideogrammen losgelösten Kalligraphie zu. Dazu kamen ihnen aus der europäischen und amerikanischen informellen Malerei die Anregungen. Doch seit einigen Jahren greifen auch avantgardistische Schreibkünstler, wie etwa die Mitglieder der Bokubi-Gruppe, wieder auf den alten Zeichenschatz und die konventionellen Schriftformen als Anhaltspunkte ihrer Arbeiten zurück. Der Ausdrucksimpuls, die unverkennbare Handschrift dringt mit ins

Kalligramm – wenn auch nicht in expressiver Absicht; vielmehr soll auch jetzt im Schreibvollzug die meditative Einung von Ich, Bild und Welt geschehen.

Das Sho-Werk ist Moment in einem umfassenden Existenzvollzug, nicht autonomes Gebilde, wie für die westlichen Künstler, die sich nun ihrerseits wieder von der Schreibkunst Ostasiens haben anregen lassen. Die Zeichen Tobeys, Alechinskys oder Bissiers, um nur einige zu nennen, bleiben immer im Horizont ihres bestimmten Bildes; sie erstellen eine Wirklichkeit, die es abseits des Bildes nicht gibt. Dennoch sind sie durch die quasi ideographische Natur der Bildzeichen im unterirdischen Austausch mit überlieferten Zeichenvorräten. Sie zeigen mögliche Schriftbilder, mögliche Ideogramme und reflektieren zugleich etwas vom Naturell der wirklichen. Der Beschauer bewegt sich darum in einem Zwischenbereich zwischen der Erinnerung an Überliefertes und der Imagination von Neuem, Unerhörtem, vielleicht mit Hilfe dieser Zeichen zu Erschließendem. Diese Zeichen sind bedeutsam, jedoch nicht lesbar im üblichen Sinn. Vergessene Erfahrungen dringen durch ihre Spiegelung wieder ans Licht – vielleicht gar nicht als solche erfasst; irreale Erwartungen, Gefahren und Versprechungen, Einsichten und Drohungen zeichnen sich in ihren Feldern ab.

Wie bewusst die Beziehung des Bildnerischen zur Welt der Schrift aufgegriffen wird, belegt etwa Paul Klee mit Bildtiteln wie *Geheimschrift-Bild*, *Pflanzenschrift-Bild*, *Abstrakte Schrift*. Ein weiteres Bild ist betitelt *Im Anfang war das Wort*. Es ist zeilenweise aus abstrakten Zeichen, wellen-, girlanden- und kreuzförmigen, aufgebaut: Urelementen des Ornaments wie der Schrift. Einzelne Lettern tauchen – wie bei den Kubisten – auch bei Klee immer wieder als Momente der Bildkomposition auf. Andere Bilder aber bestehen ganz aus Buchstaben oder buchstabenähnlichen Formen, zum Beispiel das *Anfang eines Gedichts* betitelte von 1938: Das Blatt ist unregelmäßig mit Buchstaben überstreut, die sich teils zu Worten formieren, teils solche andeuten, teils isoliert im ganzen Verband schweben.

Was bedeutet diese doch nicht selbstverständliche Symbiose von Schrift und Bild? Es ist bemerkenswert, dass sie zugleich mit der modernen Kunst einsetzt, im Kubismus, und diese seitdem begleitet. Lebt in dieser Beziehung nur eine alte Freundschaft wieder auf, wie sie noch in den Inkunabeln der ersten Drucker oder in den prachtvollen Handschriften des Mittelalters oder in den Hieroglypheninschriften Ägyptens oder Kretas bestanden hatte? Doch die rasche Bejahung stockt, denn bei allen früheren Beispielen blieben Bild und Schrift getrennte Bereiche – auch die Ägypter illustrierten ihre Hieroglypheninschriften oft noch durch handlungsreiche Reliefs. Seit die Schrift das piktographische Stadium überwunden hat, erscheinen Schrift und Bild immer als getrennte Zeichensphären, mögen sie auch oft genug in höchster Meisterschaft ineinandergearbeitet sein. Schrift vermittelt sprachliche Mitteilungen und soll selbst dabei möglichst wenig ins Auge fallen – das Bild zeigt vor und ist im Grunde stumm, auch wenn eine erläuternde Inschrift dazugegeben ist.

In den Bildern und Schriftgraphiken moderner Künstler jedoch werden Techniken, die vom Schreiben hergeleitet sind, oder Zeichenformen, die aus der Schrift stammen oder auf eine mögliche Schrift hindeuten, verwendet. Sie verlangen nicht, gesprochen, wohl aber gelesen zu werden, und zwar mit dem Auge des Europäers, dessen Leben von Geschriebenem umstellt, ja der seine komplizierte Existenz in all ihren Schichten nur mit Hilfe von Geschriebenem der tausend Formeln, Gesetze, Rezepte, Fahrpläne, Karten, Uhren, Verträge, Zeitungen usw. in Gang hält. Schrift durchdringt unser ganzes Dasein, sie hat, wie nie zuvor, an dem Schicksal unserer zivilisatorischen Realität teil. Ist es verwunderlich, wenn sie auch in der Kunst auftaucht und ganze künstlerische Bereiche auf ihr aufbauen?

Aber Schrift ist nicht nur zum Bildmaterial und zur Bildthematik geworden; sie hat sich aus ihrer eigenen Überlieferung, aus ihrer Bindung an die Sprache, also aus ihrer eingewohnten Funktion gelöst und hat sich als eigenständiger Zeichenbereich konstituiert. Die Zeugnisse dafür sind so zahlreich wie vielfältig. Man muss sie zur Kenntnis nehmen und ihren Grund aufzuspüren versuchen. Betrachtet man diese Schrift-Bilder, etwa von Klee, Michaux, Baumeister, Mathieu, so erscheinen sie wie Formulierungen möglicher, vielleicht gerade sich nähernder Sachverhalte oder Bedeutungen. Vielleicht auch als Niederschlag von Erfahrungen, die nur im Vollzug dieser Niederschrift aufleben konnten und sich dem Außenstehenden nun verrätselt darstellen. Es ist ja nicht belanglos, dass sich Schrift und bildende Kunst verbunden haben – wobei es genügend Grenzfälle zur Literatur hin gibt. Das Kunstwerk bringt seine eigene Realität mit; sie ist in der Eigentümlichkeit des Farbe-Form-Kosmos und seiner Durchlässigkeit zu der Wirklichkeit, in der dieses Werk besteht, begründet. Die Schrift bewegt sich in diesem autonomen Werkhorizont; aber sie bringt aus ihrer eigenen Tradition, aus dem riesigen Erinnerungshof ihrer Verwendungen Schwärme von Bedeutungen, möglichen, vermutlichen und gewissen Bedeutungen und Bezügen mit. Bei den Kubisten war diese Symbiose zwischen autonomem Bild und fremd hereintretendem Schriftmaterial noch naiv direkt und leicht zu durchschauen. Undurchdringlicher schon sind etwa die Graphiken von Michaux, die als seismographische Niederschläge im Meskalinrausch entstanden sind: Aufzeichnungen aus der Erfahrung einer bebenden Irrealität von höchster Eindrücklichkeit – und zugleich für sich bestehende ästhetische Gebilde, die dem Unbeteiligten andere, seine – nicht Michaux' – Wirklichkeiten zu versinnlichen vermögen. Hier bestehen deutlich zwei Erfahrungswelten nebeneinander, die nur durch die Niederschrift in der Schreib-Graphik miteinander in Verbindung treten können, wobei die ursprüngliche, die der Erfahrungen im Meskalinrausch, nicht anders mitteilbar ist. Tatsächlich aber wird von diesen nur ein abstraktes Stenogramm vermittelt, das dem Außenstehenden Mitteilungen macht, die er nicht nachprüfen kann, soweit sie das ursprüngliche Erlebnis im Meskalinrausch betreffen. Sie sind dennoch nicht bedeutungs- und belanglos: Denn sie belangen den Betrachter in seiner eigenen Wirklichkeit, sofern sie nur prägnant und dicht genug gearbeitet sind. Die Erfahrungswelten sind gespalten, aber sie berühren sich in ihren Protokollen, in der scheinbar nur formalen, vermutlich jedoch höchst ›inhaltlichen‹ Qualität der Niederschriften. Vielleicht tauschen sie sich durch diese Medien sogar aus, induzieren, verändern sich. Die Sprache versagt bei der Vermittlung dieser Erfahrungen, bei Michaux und anderswo, jedenfalls soweit ihre überlieferten Mittel zur Rede stehen. Diese Erfahrungen sind sprachlos und suchen sich darum ein Medium, in dem sie sich niederschlagen, äußern und vor allem entäußern können.

6. Optische Zeichenschrift

Die bildende Kunst weist sich darin als eigenes Äußerungssystem in der Pluralität unserer Sprachen aus. Neben der Lautsprache besteht ja längst das System der mathematisch-naturwissenschaftlichen Zeichensprache. Sie setzt jene zwar voraus, ist jedoch autonom in sich gegründet. Ja die Lautsprache hat Schritt für Schritt ihr eigenes Terrain diesem jüngeren Sprachsystem räumen müssen. Noch im 17. Jh., als das methodische Denken der Naturwissenschaft noch in den Anfängen steckte, war die Auffassung möglich, in den Wörtern der Sprache die Substanz der Wirklichkeit zu besitzen und im mystischen Spiel der Buchstaben Einblick ins Geheimnis des göttlichen Wirkens gewinnen zu können. Und noch die Romantik versucht auf dieser Spur, die Natur als Zeichenschrift zu lesen. Mit der Entscheidung für die technische Anwendung der reinen Wissenschaften und mit dem grundsätzlichen Verzicht auf die Forderung, dass wissenschaftliche Formulierung anschaulich zu sein habe, sackt im 19. Jh. auch die Bedeutung der Sprache für die Erkenntnis und die Konstitution der Realität zusammen. Gerade die eigentümliche ›poetische‹ Leistung der Sprache, auch das nur vage zu Bezeichnende, das nur schwankend Bestimmbare anzuzielen und mit ins Gespräch zu ziehen, lässt sie als unzuverlässig erscheinen. Sie ist zu vieldeutig, zu weitmaschig in ihren Bedeutungen, zu unlogisch in ihrer Syntax, als dass sie dem Anspruch auf äußerste Exaktheit, wie ihn die Naturwissenschaften stellen, gewachsen scheint. Aber auch in anderen Bereichen, wie denen des Rechts oder der Politik, hat sie aus demselben Grund an Kredit verloren.

Es ist darum nicht überraschend, wenn die Schrift ihre Beziehungen zur Lautsprache lockert, wenigstens teilweise. Wir sahen anfangs, dass diese Verselbständigung des optischen Zeichens, zugleich in Stellvertretung des lautsprachlichen, bis in den Alltag hineinreicht. Die Schrift hat ja in der Gebärde und im Bildzeichen einen uralten Stamm, der von der Sprache unabhängig, ihr jedenfalls zunächst gleichwertig war. Das Phänomen der Gebärdensprache beweist zudem, dass statt der akustischen auch eine leistungsfähige optische Sprache möglich ist. So ist es nicht undenkbar, dass sich auf dem Hintergrund der überlieferten Schriftübungen und durch sie vermittelt ein sekundäres optisches Äußerungssystem mit eigenen Prinzipien herausbildet: als eine Sprach-Schrift von ›Gegenständen‹, die nur durch sie manifest werden, nur in ihrem Medium zu bestehen vermögen. Eine Äußerungsform, die noch stärker als die Lautsprache dem Unbestimmten, dem Uneindeutigen – und dennoch Wirklichen, weil Wirksamen – zugewandt ist, das das Unerhörte im genauen Sinne, das in keinem ihm transzendenten Gegenstand seine Entsprechung finden kann, aufzufassen vermag. Sie würde damit auf die aktuelle Verfassung unserer Realität antworten, die auf das unabsehbare und unabschließbare Risiko des »Fortschreitens« abgestellt ist. Ihre Unbestimmbarkeit entspräche den potentiellen Überraschungen, die ständig auf uns zutreten können und uns unablässig treffen. Ursprünglich wohnten in unserer Sprache die Fähigkeit, rationell zu formulieren, und diejenige, das Komplexe, nicht ganz Fassbare anzudeuten, zusammen. Die Entwicklung, die Differenzierung unserer Realität hat beide Fähigkeiten auseinandergetrieben, vor allem die der exakten Rationalität in das mathematisch-naturwissenschaftliche Sprachsystem. Die andere scheint sich erst in unserem Jahrhundert allmählich wieder zu finden. Ihre Differenzierung und Sensibilität müsste weit genug getrieben sein, dass sie einer Wirklichkeit, die durch und durch von der Raffinesse der ersteren bestimmt ist, Gegenpart zu halten vermöchte. Denn der Genauigkeit der einzelnen naturwissenschaftlichen oder technischen Formel entspricht die Unbestimmbarkeit dessen, was aus diesem Geschehen auf uns zukommt. Wir glauben, in dem, was sich zeigt, den Mut zu der Behauptung finden zu können, dass in der modernen Kunst – nicht nur der Malerei – sich ein Äußerungsvermögen ausbildet, das dieser Situation gewachsen sein könnte.

Anmerkungen
1 Ein umfassendes Handbuch zur »Visualisierung von Schriftsprache, Wörtern und Text« hat Klaus Peter Dencker, motiviert von seinen eigenen Arbeiten zur visuellen Poesie, in dem nahezu 1000 Seiten umfassenden Werk *Optische Poesie. Von den prähistorischen Schriftzeichen bis zu den digitalen Experimenten der Gegenwart* (Berlin, New York 2011) erstellt.
2 Werner Doede: Schön Schreiben, eine Kunst. München 1975, S. 75

Text wird Bild wird Text

1986

> Der Text wurde als Einführung für den Katalog der ersten retrospektiven Ausstellung zu Franz Mon verfasst, die Peter Weiermair vom 5.5.–1.6.1986 im Frankfurter Kunstverein organisierte. Sie wurde 1988 von der Kunsthalle Bielefeld übernommen.

I

Wir haben Sprache, und sie hat uns. Wir können uns nicht ohne sie denken, weil wir denkend schon mit Sprache behaftet sind. In dem Moment der ansetzenden Artikulierung ist uns Sprache noch ganz die innere, die sich gerade von uns hervorbringen lässt. Doch sobald unsere Impulse, unsere inneren Ausgriffe als Wörter verlautet und geäußert sind, zeigt es sich, dass wir keines von ihnen selbst erfunden haben und sich schon in fremdem Besitz befindet, was wir daran für unser Eigenstes halten. Was Laut wird, mischt sich mit den Geräuschen unseres Körpers, fällt den Atemstößen anheim, und unser Adressat liest sich auch schon seine Leseart zurecht, sodass auf seiner Seite ein Bedeutungsgefilde entsteht, das mit unserem möglicherweise nur in schrägem Zusammenhang steht.

Die Verlautung allein hat nie ausgereicht, die Impulse, die emotionalen Spannungen, die visionablen Blitze und noetischen Ausgriffe, die sprachkondensierend wirken, zureichend zu manifestieren. Mit jeder lautlichen Äußerung ist unwillkürlich Körpergebärde verbunden, die unter Umständen auch ohne Lautsprache verständlich ist. Es bietet sich an, das, was uns so leicht von der Hand geht – lautsprachliche Äußerungen gestisch oder graphisch zu unterstützen, zu ergänzen, gar zu ersetzen –, als Korrelat von Lautsprache nicht nur, sondern als einem eigenen Artikulationsbereich zugehörig anzusehen. Sodass neben dem lautgestaltenden von Mund, Nase, Rachen und Kehle der andere der Hand und des Armes erscheint, der auf seine Weise feinnervig und vielgliedrig angelegt und daher ebenso differenzierter Artikulation fähig ist wie der lautliche. Neben dem phonetisch-auditiven erscheint ein gestisch-graphisch-visuelles Artikulationszentrum.

Jedes hat gegenüber dem anderen seine besonderen Vorteile und Nachteile. So etwa ermöglicht das rasche Vertonen des Wortes im Moment erst die Wechselrede, das unverzügliche Mitteilen, den aktivierenden Zuruf, Äußerungsweisen, die gleich darauf nicht mehr aufzufinden sind – während die am Augenblick desinteressierte graphische Kundgabe sich speichern, transportieren, überprüfen, wiederholen lässt. Es ist zu vermuten, dass die Begrifflichkeit der Sprache nur mit Hilfe des Artikulationsbereiches der Hand ›manifest‹ werden konnte. – Einen ergänzenden Aspekt vermittelt die Logogrammschrift des Chinesischen. Wenngleich mit Lautzeichen durchsetzt, ist sie ein Beispiel dafür, dass ein von der Lautsprache unabhängiges, auf Bild- und Gebärdenzeichen aufruhendes Schriftsystem die Bedürfnisse einer Hochkultur befriedigen und als Verständigungsmedium, ›Sprache‹ also, über die Sprachgrenzen der an dieser Kultur beteiligten Völker hinweg wirken kann. Ähnliche Beispiele bieten die indianischen Gebärdensprachen.

Die Logogramm›sprache‹ befindet sich bereits im gesellschaftlichen Funktionsbereich. In der menschlichen Innendimension hängt Sprache einerseits mit dem Denken in einem bisher nicht aufgedeckten Zusammenhang, ist aber auch mit der Eigenwelt des Traums in einer von der Wachseite her nahezu undurchdringlichen Weise verbunden. Das visionable Traummaterial scheint mir schon im Moment des Hervortretens sprachunterlegt, sprachgesättigt zu sein. Sprachliches läuft durch das und mit dem Traumbild. Traumbildkerne könnten von sprachlicher Qualität vor sprachlicher Artikulation sein. Sollte es, wie unsere Traumbildformierungen nahelegen, eine bildlich-visionable Weise des Artikulierens geben, die die Bezeichnung ›Sprache‹ ebenso verdient wie die lautlich artikulierte, dann erschienen die Korrespondenzen nicht nur zwischen Bild-Sprache und Wort-Sprache, sondern auch zwischen bildlich-gestisch artikulierten und verbal artikulierten ›Texten‹, also zwischen Kunst und Literatur, in neuem Licht. Die durch die Jahrtausende hindurch unermüdliche Tätigkeit der optischen Künste lässt vermuten, dass sie nicht nur dem Dekor- und Repräsentationsbedürfnis ihrer Gesellschaften entsprechen, sondern ihnen – wie der Literatur – ein authentisches Äußerungsverlangen zugrunde liegt, das einen originären ›sprachlichen‹ Artikulationsbereich benutzt: Auch Bilder sind Texte.

2

Alle Schriften, die wir kennen, haben eine piktographische Vergangenheit, sind also aus Bildern entstanden. Völkerschaften mit einem sehr langsamen geschichtlichen Trend und schwachen zivilisatorischen Innovationswellen sind bis zum Zusammentreffen mit der westlichen Zivilisation mit Piktographien ausgekommen. Wo Bedürfnisse nach Steuerung, Kontrolle, Reglementierung, Informationsspeicherung usw. die zivilisatorische Spannung ansteigen ließen, haben sich die piktographischen zu ideographischen Systemen – Begriffsschriften – gemausert, die jedoch immer noch Tausende von Zeichen benötigten. Der Zeichenfundus wurde praktikabler, als raffinierte Schreiber auf die mnemotechnische Stütze des Gegenstandsbezugs verzichteten und im Lautrebusverfahren statt des Begriffs nur mehr den Lautwert ansteuerten. Die Zeichen dienten dem Transport von Silben, wozu immer noch Hunderte benötigt wurden, und schließlich der Wiedergabe von Einzellauten.

Man muss sich verdeutlichen, dass die Erfindung des Alphabets eine abstrakt-konstruktive Leistung ist. Unser Atem- und Sprechstrom kennt den Einzellaut nicht, sondern nur die Lautsequenz, deren jeweilige vorwegwirkende Konstellierung auf die Tönung des Sprechlautes abfärbt. Die im Alphabet manifeste Isolierung von Einzellauten entspricht nicht den beim Sprechen tatsächlich verwendeten Phonemen – ihre Zahl ist weit größer als die der Alphabetzeichen –, sie beruht vielmehr auf einer zeichenökonomischen Reduktion mit dem Ergebnis einer Art von Kurzschrift, die eben ausreicht, Texte wiedererkennbar zu fixieren.

Die Tendenz zur konstruktiven Vereinfachung lässt sich auch an der graphischen Gestaltung der Schriften ablesen. Die Schreiber der Keilschriften etwa verwendeten schließlich nur noch das minimalste Element zur Komposition der Zeichenkomplexe, den einfachen Stich des Griffels in den Ton. Die Griechen strukturierten ihr Alphabet aus den Formen von Quadrat, Dreieck, Kreis und deren Segmenten. – Schrift war vom ersten Erscheinen an begleitet von numinosem Erschauern derjenigen, die ihrer nicht kundig waren. Wie der Kosmos hat daher auch Schrift ihre Entstehungsmythen. Den Babyloniern schrieb Gott Nebo nicht nur die Menschenschicksale auf, er hat den Menschen auch die Schrift zum Geschenk gemacht; den Juden brachte Moses die Schrift;

im Islam offenbarte Gott dem Adam die Buchstaben. Die Alphabetreihe faszinierte, weil ihr minimales Zeichenrepertoire imstande war, den ganzen Kosmos zu erfassen. Die Buchstaben galten als seine Strukturzeichen. Insbesondere die Vokale – sieben im griechischen Alphabet – halfen bei mystischer Erfahrung und magischer Beschwörung. Alpha und Omega hat christliche Glaubenspraxis als göttliche Signatur gelesen. Permutative Reihenbildung mit Buchstaben, Palindrome, Wiederholungsmuster, graphisch-figurative Anordnungen und andere Verfahren des Umgangs mit den Einzellettern, die heute die konkrete Poesie verwendet, finden sich, auf völlig anderem Hintergrund, bereits in der Frühzeit der Alphabetgeschichte, und das ekstatische Zungenreden hat Entsprechungen in der phonetischen Poesie. Die Poeten der russischen »Zaum«-Poesie bezogen sich ausdrücklich auf vergleichbare Phänomene ihrer Zeit.

Durch die Konstruktion des Alphabets ist der Buchstabe zum Elementarteilchen nicht nur der Schrift, sondern auch der Literatur und der Poetik geworden. Als Wortpartikel ist er selber ohne Bedeutung, doch kann die Veränderung eines dieser Teilchen die Wortbedeutung verändern, gelegentlich sogar den Sinn eines Textes umkippen. Alle Literatur, die den Namen verdient – hergeleitet von littera: Buchstabe –, ging sorgfältig mit dem Buchstaben um. Erst die Alphabetschrift hat das Anhalten des Sprachflusses an beliebiger Stelle und damit den Reflex auf jeden Punkt des Textes möglich gemacht. Die Letter kann sich gegenüber den Sinn- und Bedeutungskorpuskeln der Worte, Wortgruppen, Sätze als eigenes konstitutives Moment der poetischen Arbeit durchsetzen. Mit der Konstellierung der Buchstaben, der Wahl ihrer Zuordnungen und Abfolge, ihrer Kontrastierung, Variation, Ähnlichkeit, Vertauschbarkeit usw. ist es möglich, den Text zu strukturieren:

> Ein Dunstvampir packt seinen Kuppenberg am Kragen:
> Der Tag muß zwischen Schwefelleichen schnell vergilben!
>
> Theodor Däubler

Die entscheidende Hinwendung zum Einzelbuchstaben und Einzellaut – geschrieben, gesprochen – kennzeichnet einen Angelpunkt der ›experimentellen‹ Poesie, die unser Jahrhundert durchzieht. Nahezu gleichzeitig, an verschiedenen Orten und mit durchaus divergierenden Intentionen, kamen Poeten auf die Buchstaben: Arno Holz, Marinetti und seine Freunde, die russischen Futuristen, die Dadaisten in Zürich. Es meldete sich Verweigerung der korrumpierten, in die Weltkatastrophe verwickelten Praxis der Gebrauchssprachen und der Versuch, einem neuen, utopischen Menschendasein eine ›neue‹ Sprache zu finden. »Die stummen geometrischen Zeichen (sc. der Buchstaben) werden die Vielzahl der Sprachen miteinander aussöhnen«, schreibt Velimir Chlebnikov damals voller Hoffnung.

3

Schrift im Dienst ihrer Funktionsleistung möglichst zu verflüssigen, unscheinbar werden zu lassen, führte schon im Altertum zur Verdrängung des geometrischen Designs zugunsten rasch verlaufender, kurrenter, gerundeter Buchstaben. Doch macht sich alsbald und auch schon in spätantiken christlichen Handschriften eine gegenläufige Initiative bemerkbar: optische Signale zu setzen, teils zur besseren Gliederung, teils auch um der visuellen Qualität willen. Initialen erscheinen am Textanfang; später dienen die klassischen Versalien der optischen Akzentuierung des laufenden Textes. Die Initialen werden kalligraphisch-ornamental ausgeschmückt und durch die Jahrhunderte hindurch bis zum Jugendstil von einer unerschöpflichen Erfindungslust vielfältig mit figurativen Motiven verbunden: Tier- und Menschengestalten, Gegenstände, Szenen begleiten, umrahmen, umranken die Initialbuchstaben oder werden sogar selbst buchstabengestaltig angelegt.

Die Entbildlichung der Lautzeichen wird dadurch nicht rückgängig gemacht. Es geht nicht um Versinnlichung oder Versinnbildlichung der verbalen Information; vielmehr tritt in den besten Fällen eine Spannung auf zwischen der abstrakten Lettern- und der konkreten Figurengestalt, zwischen den Anmutungen, welche Schrift für den Leser bereithält, und der bilder-sprachlichen Zeichenqualität. Es gibt Figurenalphabete, deren Sequenz auf figurativer Ebene ein Konzept von Welt- und Existenzbedeutung ablesen lässt. Da kann Bildliches im Kontext mit dem Buchstaben (wieder) Zeichenart erreichen, woran Reduktion und Stilisierung des Dargestellten zielstrebig mitwirken können. Der Buchstabe seinerseits wird im Kontext mit dem Bildzeichen ein Stück weit aus seiner Verlorenheit an die Funktion gelöst und seine ästhetisch-autonome Letternform vorgewiesen, die im Lesefluss sonst nicht wahrgenommen wird.

4

Zum Text gehört die Textur. Seit dem Hellenismus besteht eine Tradition, Texte auf der Fläche bildlich-figurativ zu organisieren. Figurengedichte dieser Art beziehen den Text auf ein vorgegebenes bildliches Schema: von Pyramide, Beil, Ei, Palmbaum, Kreuz usw., das seine eigene sinnbildliche Valenz aus der Tradition mitbringt. Der Ausspruch aus der Poetik des Horaz *ut pictura poesis* (wie ein Bild das Gedicht) diente zur Rechtfertigung des Übergriffes ins andere Medium – ein fruchtbares Missverständnis, das durch die Jahrhunderte hindurch ein offenbar unausrottbares poetisches Bedürfnis abgeschirmt hat: der sprachlichen Imagination visuelle Vergewisserung, wenn nicht gar Dimensionierung zu geben, wie andererseits die Figuration durch die sprachlichen Implantate aus ihrer schematischen Starre befreit und mit der Vision des verbalen Textes verbunden wird.

In den klassischen Figuren- und Gittergedichten bestimmt die optische Form der Figur die Zeilen- und Versordnung und induziert ihr Symbolgehalt die Aussage des Textes. Noch Guillaume Apollinaire schreibt seine *Calligrammes* in diesem Sinn, allerdings bereits mit einer über die eigene Produktion hinwegweisenden Intention und mit dem Bewusstsein, einen ganz neuen »lyrisme visuel« zu entfalten und die Synthese der Künste – Musik, Malerei und Poesie – in Gang zu setzen. Mit dem Sinn für Allegorese, Epigrammatik, Heraldik schwindet auch der Gebrauch der Figurengedichte im frühen 18. Jahrhundert. Lessing zertrennt im *Laokoon* die von Horaz übernommene Symbiose von Poesie und Bildnerei. Die Dichter von Klopstock bis Rimbaud schnüren den Symbolbegriff auf mit der Konsequenz, dass seine Unschärfe bis zur Auflösung zunimmt. Stéphane Mallarmé erreicht den Punkt, wo die völlige Freisetzung der Symbolbeziehungen zur autonomen Bewegung des poetischen Materials führt. Valéry berichtet, »dass Mallarmé viele seiner Gedichte begann, indem er da und dort Wörter auf das Papier warf, wie ein Maler ein Bild beginnt mit diskontinuierlichen Tupfern, und dass er erst nachher sich bemühte, zwischen diesen ersten Elementen Verbindung zu finden, die zu Sätzen und Poemen führen könnten.«[1]

Die Textfläche wird von Mallarmé erstmals als Textspielraum aufgefasst und als syntaktisches Ordnungsfeld benutzt. In dem Text *Un coup de dés* (1897 erschienen) erhalten die Textpartikel durch ihre Anordnung auf der Fläche und ihre typographische Gewichtung die Valenz, die erst der Leser in seiner je eigenen Leseart erschließt. Mallarmé beschreibt im Vorwort den neuartigen, die ganze Textseite einbeziehenden Lesevorgang:

> »Der literarische Vorteil, wenn ich so sagen darf, dieser Distanzschreibung, die ihrem Sinn nach Wortgruppen oder einzelne Wörter trennt, scheint der: dann und wann die Bewegung zu beschleunigen oder zu verlangsamen, sie skandierend, sie umfassend sogar zu einer simultanen Vision der ganzen Buchseite; diese als Einheit genommen, wie es anders der Vers ist oder die abgeschlossene Zeile.... Anzufügen wäre, daß aus dieser bis zum äußersten vorgetriebenen Anwendung des Denkens mit Zurücknahmen, Ausweitungen, Ausbrüchen, oder aus dem Schriftfeld für den, der laut lesen will, eine Partitur hervorgeht.«[2]

Schriftgröße, Schnitt der Lettern und ihre Position auf der Seite – Dinge, die sonst von einer gewissen Beliebigkeit, jedenfalls aber sekundär sind und den Textsinn nicht berühren – gehören seit Mallarmés *Un coup de dés* zur Sache selbst. Der Leser muss ihre Valenzen auffassen und ebenso in Wert setzen wie Wörter und Wortfolgen. Mallarmé spricht daher im Bezug auf die Buchseiten von einer Partitur: Ihre verbalen Elemente erschließen sich nur, wenn auch die nichtverbalen Parameter mitgelesen werden.

5

Was Sprache hervorbringt, ist eine Welt ›an sich‹: auf der anderen Seite von mir, befremdend, übermächtig, voller Wertungen und Vorwegnahmen, die wir allenfalls erkunden und einzuberechnen versuchen können, die wir jedoch nicht – jedenfalls nicht spürbar – zu beeinflussen vermögen. Dennoch oder gerade deswegen stehen wir, die wir Sprache haben und verwenden müssen, unter dem Druck, sie uns unablässig aufs Neue anzueignen, sodass sie auch Welt ›für mich‹ wird. Methoden aufzufinden, die dazu dienlich sind, ist eines der Momente poetischer Arbeit: ein befragendes, skeptisches, provozierendes, ausprobierendes Umgehen mit ihrem proteischen ›Material‹. Poetik ist in diesem Zusammenhang Ausziehen von Hilfslinien, die im Ergebnis wieder verschwinden. Die Skala der in unserem Jahrhundert – etwa seit 1912 – gefundenen Zugriffsweisen ist sehr breit: im einen Extrem asemantische, agrammatische Lautgedichte, auf dem anderen Extrem der Cut-up-Text, der vorgefundenes Material verwendet und bei dem der Autor nur an den Schnittlinien tätig ist.

Das Inhaltliche sitzt dabei tief im methodischen Verfahren der Sprachbefragung. Wir haben einsehen gelernt, dass unser Material – die Sprache – durch und durch geschichtlicher Natur ist. Zwar spiegeln Lexika und Grammatiken allerlei Stabilitäten vor, doch schon die Wörterbücher erweisen sich als Wanderdünen, wenn man aufs Detail schaut, und die Sprachpraxis ist ein Labyrinth. Dass es noch immer sein Untier beherbergt, hat die hemmungslose Ausnutzung der semantischen Plastizität und Labilität der Sprache durch die Nationalsozialisten erwiesen. Was Karl Kraus mit seinem Zitatendrama *Die letzten Tage der Menschheit* (seit 1915 entstanden) bewusst zu machen versuchte, haben die Nazis perfekt praktiziert: mit Hilfe der Sprache aus Phantasmen Realitäten und Realitäten zu Phantasmen zu machen.

Fasziniert von solchen Wörtern, bei denen Artikulationsgestalt und Bedeutung ineinanderstecken, und beeindruckt von der Lektüre des Barock-Grammatikers Justus Georg Schottel, kam ich seit den frühen 50er Jahren auf Konstellationen von Wörtern und Wortgruppen, deren Stelle auf der Fläche durch Austarieren ihrer gegenseitigen Spannung gefunden wird (Beispiele in *artikulationen*, 1959).

Gleichzeitig beschäftigten mich die Schwemmlandschaften der Zeitung. Ließ man das gewohnte rasche Durchfliegen, so waren Textpartikel aufzustöbern, die nukleide poetische Momente narrativer, lyrischer, absurder, trivialer Art enthielten. Ich schnitt eine große Menge solcher Textfragmente aus, und es zeigte sich, dass mit Hilfe von Kontrast und Analogie neue Textsequenzen zu bilden waren (Muster: *Blick auf das Reihenhaus der Zukunft*, 1952).

Der nächste Schritt bestand darin, von der Inhaltlichkeit der Zeitungstexte ganz abzusehen und sie als Textflächen zu betrachten. Mehrere Blätter wurden in senkrechte Streifen von etwa fünf Millimeter Breite zerschnitten, wobei Wörter und Buchstaben zertrennt, Bilder fragmentiert wurden. Indem dann die Streifen in gleichmäßigen Abständen über ein intaktes Blatt gelegt wurden, entstanden neue Leseverläufe: zwischen Textsplittern, zwischen Text- und Bildfragmenten und zwischen Bildmomenten verschiedener Herkunft.

Das Verfahren wurde verfeinert in den »zentrierten Collagen«, die seit 1964 – auch als Beiträge zu der Mappe *stadtplan statt plan*, mit Arbeiten Frankfurter Freunde zum bloomsday 1964 in der Galerie Loehr – entstanden. Ihr Material stammte aus Zeitschriften und Illustrierten. Die Textflächen wurden konzentrisch ausgerissen, und zwar so, dass von Blatt zu Blatt mehr von der Textfläche stehenblieb. Wurden die ausgerissenen Blätter in dieser Reihenfolge übereinandergelegt, ergaben sich über die Risslinien hinweg neue Kontexte aus Satzfragmenten, Buchstaben und Buchstabenfragmenten, Bildmomenten, Bild- und Schriftkontaminationen.

In den 60er Jahren beschäftigte mich vor allem die Segmentierung von Buchstabenformen und die Kombination neuer Zeichenkörper aus den Fragmenten und deren Fähigkeit, wieder Texte zu konstituieren. Damals habe ich verschiedene Verfahren beschrieben:

»Das rechte Drittel des Plakates wurde in Streifen geschnitten und in gleichmäßigen Abständen über den übrigen Text geklebt, sodass sich jetzt zwei Schriftverläufe durchdringen. Beim Aufkleben gibt es einen winzigen Spielraum, die neuen Kombinationen zu bestimmen. Die Reihenfolge der Streifen liegt jedoch fest, da die ursprüngliche Buchstabenfolge erhalten bleiben soll.«

»Die aufgebrachten Streifen sind schräg ausgeschnitten, sodass die obere Schriftebene diagonal in die untere einwächst, wobei sie sich allmählich in die Horizontale dreht. Winzige Letternfragmente fügen sich zu unbekannten Zeichen. Die Lesbarkeit ist gegenüber dem Grundtyp noch weiter herabgesetzt.« (*Streifentext* vom 16.4.61)

»Kleine Texte mit weißer Schrift auf Schwarz. Hier ist die Reihenfolge der aufgeklebten Streifen nicht vom ursprünglichen Text her festgelegt; sie richtet sich ganz nach dem Rhythmus des neuen Schriftbildes, das

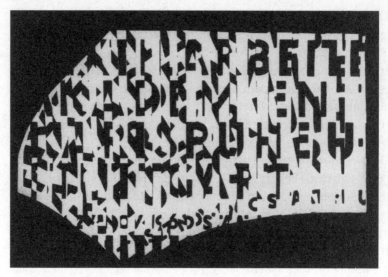

Franz Mon: Streifentext, 16.4.1961

Franz Mon: Streifentext, 12.5.1963

Franz Mon: Presstext, 1963

Franz Mon: Zentrierte Collage, ca. 1964

entstehen soll. Die Texte auf der unteren und oberen Ebene werden hinsichtlich ihrer Schriftdichte in Beziehung gesetzt. Das Material stammt von verschiedenen Texten.«
»Violette bzw. hellrote Schrift auf Weiß. Ein gegebener Text wird in gleichmäßige Abschnitte zerlegt, deren jeder in der Regel Anteil an zwei Lettern hat, und statistisch neu geordnet, indem die Abschnitte so sortiert werden, dass jeweils ein Buchstabe von links nach rechts allmählich durch die Abschnittsfelder einer Zeile wandert. In jeder Zeile dominiert eine Letter, die übrigen sind zufällig.« (*Statistische Umordnung von gegebenem Textmaterial*, 7.6.61)
»Ein Plakat wird geknüllt und gepresst. Knicklinien und Lettern ergeben eine neue Struktur von partieller Lesbarkeit.« (*Presstexte* 1963)
»Ein Plakat wird zerrissen, sodass die Buchstabenformen fragmentarisch als Material für eine neue Formierung zur Verfügung stehen. Das Zerreißen gehört ebenso zu dem Bildvorgang wie das Neuordnen der Fragmente. Es hebt die Unerträglichkeit der konventionell gewordenen Plakate auf und gibt den Weg zu einer unerwarteten, subtileren Lesbarkeit frei.«
»Eine Schriftzeile wird horizontal in mehrere Streifen zerschnitten. Diese Streifen vertauschen ihre Reihenfolge, sodass die Schriftfragmente isoliert erscheinen und Einblick geben in den Feinbau der Schrift. Zugleich ordnen sie sich über die Abstände hinweg zu einer neuen Zeichenkonfiguration.«

6

Zwar bleibt ›Lesen‹ die Art und Weise des Wahrnehmens, doch es wird ein gebremstes, aufgerauhtes Lesen. Zu Ergebnissen kommt es erst, wenn es sich, auf dem Fond der nie völlig verschwindenden Lesegewohnheiten, auf ungewohnte, erst zu erschließende Entzifferungswege einlässt. Dem konventionellen sitzt ein kombinatorisches Lesen auf, das die Fertigkeiten verschiedenster Herkunft nutzt. Damit stimmt zusammen, dass sich auch unsere alltäglichen Sehgewohnheiten angesichts der Erfordernis der zivilisatorischen Umwelt, massenweise Bildinformationen – kombiniert mit Text oder solo – behände entziffern zu können, zu ›Lese‹gewohnheiten und ›Lese‹leistungen ausweiten, sodass wir zeichenhaft Zugerüstetes und Abgegrenztes unwillkürlich bereits auf mögliche Bedeutungen hin aufschlüsseln, mag es Text oder Bild oder beides sein. Beim Bild-Lesen werden semantische Implikate entnommen, die sich ohne weiteres, wenn auch aufwendiger, versprachlichen lassen. Die Bildzeichen stecken voller Sprache, da sie Momente im zivilisatorischen Funktionengefüge sind und damit in einem von Grund auf sprachgegründeten Zusammenhang stehen.

›Visuelle Texte‹ besitzen ein schwankendes, labiles Gleichgewicht: Schrift zeigt sich da, als wäre sie (auch) Bild (und sie ist es, sobald sie als Moment der Textur im Ganzen erfasst wird – kubistische Bilder mit Schriftimplanten sind frühe Beispiele dafür), und Bild, als wäre es (auch) Text.

Scripturaler und bildlicher Zeichenbereich sind gleichwertig, wenn auch mit unterschiedlichen Potenzen am Aufbau des Bedeutungsgefüges beteiligt, das beim Lesen hervorgebracht wird. Bei der Schrift wirken neben den typographischen Parametern vor allem die Fragmentierungsgrade des Textes, wobei winzige, kaum zu ortende An-Deutungen ebenso wirksam sein können wie komplexe Zitate. So oszillieren auch die Bildstücke zwischen andeutend-weiterweisendem Fragment und abgeschlossener Figuration mit ideographischer bzw. piktographischer Eindeutigkeit.

7

Als Substrat visueller Texte kann offensichtlich jedes Material dienen. Es gibt mit dem Stift hingezeichnete, von Lettern, Figurationen, Lineaturen bedeckte Blätter; es gibt den mit Setzkastenmaterial oder mit Schablonen gedruckten Text; es gibt die aus gefundenem Material geklebte Text/Bildcollage; es gibt das »Dinggedicht« aus Gegenständen, die auf der Fläche angeordnet sind; es gibt den »Objekttext«, der in eine Keramikform eingebrannt ist; es gibt den Text in der Flasche und natürlich in jeder denkbaren Form von Buch. Vorstellbar wäre durchaus auch der Architektur-Text, dessen Bauteile Letternform hätten und deren Information sich mit Art und Tun der Bewohner oder Benutzer änderten. Die mögliche Beschaffenheit von Textsubstraten fällt zusammen mit der Beschaffenheit von Substraten überhaupt.

Ich bevorzuge Materialien, die aus anderen Verwendungszusammenhängen stammen und die deren Verweisungsindices und Gebrauchsspuren an sich tragen: Zeitungen, Plakate, Verpackungen, Fahrpläne, Anzeigen, Postkarten, Fotos, Makulatur, Bedrucktes aller Art, aber auch beiläufige Gegenstände des Alltags, sobald sie wegwerfreif sind. Meine Fensterbilder – seit 1980 – gehören in diesen Zusammenhang: ausrangierte Fensterflügel, die – Baujahr 1912 – fast 70 Jahre lang in ihrer Funktion unauffällig gewesen sind, werden Bildrahmen und Bildobjekte zugleich, indem sie sich mit Gegenständen ebenso wie mit Texten und Buchstaben füllen.

Handschriftliches spielt bei meinen Arbeiten nur gelegentlich eine Rolle. Dafür liebe ich die Schreibmaschine und habe für Texte, die in den 60er Jahren entstanden sind, ein ausgeleiertes Modell benutzt, dessen Typen – im Gegensatz zu den elektronischen der Gegenwart – keine genaue Justierung mehr besitzen. Die Lettern zittern auf dem Blatt und sammeln sich zu einem vibrierenden Text.

Alles das ist an dem zivilisatorischen Prozess beteiligt, der auch uns zwischen den Zähnen hat; von dem die Materialien Spuren an sich tragen zum Zeugnis für das, was mit ihnen und was mit uns in diesem Jahrhundert geschieht. Aus ihrem Gebrauchszusammenhang herausgefallen, haben sie ihre früheren Bezeichnungen eingebüßt und ihren Nutzwert verloren. Dafür treten in dem neuen, artifiziellen Kontext Anmutungen hervor, die der Betrachter erst in seine Sprache bringen muss, entsprechend dem Erfahrungshintergrund, vor dem er sich bewegt.

Anmerkungen
1 Jaques Scherer: Le »Livre« de Mallarmé. Paris 1957, S. 128
2 Stéphane Mallarmé: Ein Würfelwurf. Dt. v. Marie-Louise Erlenmeyer. Olten u. Freiburg 1966

Die Buchstaben beim Wort genommen

1987

>Der Aufsatz wurde, angeregt von der Retrospektive im Frankfurter Kunstverein (s. S. 289), von Franz Hebel für ein dem Thema Lyrik gewidmetes Heft der Zeitschrift *der Deutschunterricht* erbeten. Er schreibt im Vorspann: »Lyrik bietet nicht nur Autoren die Möglichkeit, ihr Verhältnis zur Sprache zu radikalisieren, sondern auch den Lesern.«

I

Literatur entzieht sich, je länger an ihr gearbeitet wird, desto entschiedener dem eindeutigen Begriff. Wir beziehen sie, der Wortbedeutung folgend – ›littera‹ – Buchstabe –, ohne langes Zögern auf schriftsprachlich Formuliertes: ›écriture‹, und nehmen dabei Randphänomene, wie phonologisch Notiertes aus Dialekten, Umgangs- und Gossensprache, tolerant in Kauf. Zwar wird Schrift für gewöhnlich gebraucht, als wäre sie nur Speichermethode für Lautsprache. Doch die Schriftsprache ist nicht stumm gewordene Sprache, vielmehr sind in der Schriftsprache Differenzierungen, Verfeinerungen, phantastische und utopische Erfindungen möglich geworden, die der oralen Sprache nicht erreichbar waren. Andererseits fallen die musikalischen Parameter der gesprochenen Sprache bei der Verschriftung weg. Intonation, Sprechmelodie, Sprechtempo, Pausengliederung, Lautstärke usw. kann die Alphabetschrift nicht erfassen; sie müssen vom Leser auf dem Hintergrund seiner sprachsinnlichen Erfahrung heraufgerufen werden. Auch die syntaktischen Strukturen und das lexikalische Potential differieren zum Teil drastisch im oralen und im schriftsprachlichen Gebrauch. Nur sehr oberflächlich gesehen, sind daher orale und verschriftete Sprache dasselbe.

Durch die Erfindung des Alphabets wurden die Hunderte von Schriftzeichen der alten silbenorientierten Systeme auf etwa zwei Dutzend reduziert und die Fülle der gebrauchssprachlichen Laute dennoch so kanalisiert, dass alle semantisch und syntaktisch notwendigen Informationen erfasst werden können. Schreiben und Lesen konnten dank dieser Vereinfachung aus einer Spezialistenkunst Verkehrs- und Verständigungsinstrument für viele, schließlich für die meisten Mitglieder einer Gesellschaft werden.

Abb. 1: Inschrift, einen Feldherrn betreffend, Kameiros, Rhodos

Das von den Griechen entwickelte typographische Grundschema der Alphabetschrift beruht auf den Elementen von Kreis, Dreieck und Rechteck (vgl. Abb. 1). Es ist in der Folgezeit vielfach abgewandelt und umspielt worden, insbesondere durch die Bedürfnisse einer flüssigen Handschrift, doch gilt es bis heute und hat sich über die Erde ausgebreitet. Im Verlauf immer neuer gesellschaftlicher Verwendungs- und Ausdrucksbedürfnisse wurden die scripturalen Parameter der Grundschemata, wie Strichstärke, Relationen der Ober-, Mittel- und Unterlängen, die Ansatz- und Endpunkte der Lettern, die Beziehungen zwischen Höhe und Breite usw., durch zahllose Spielarten bis in die Extreme getrieben und genutzt. Tendenzen der Lesevereinfachung, der Schreibbeschleunigung, der stilistischen Reduktion waren ebenso im Spiel wie die der gesellschaftlichen Repräsentanz, der artistischen Leseerschwernis, der individuellen Expressivität – Manifestationen der Sprache im Schriftbereich, die sich nicht verlauten, nur visuell aufnehmen lassen. Sie reichen von der merowingischen Gitterschrift über die bereits mit dem Buchdruck konkurrierenden kalligraphischen Etüden der Schreibmeister im 16., 17. und 18. Jahrhundert (vgl. Abb. 2) bis zu den Stilisierungen des Jugendstils und der Schreibgestik des Informel. Doch auch die Letternschneider des Buchdrucks, die ihre Erzeugnisse ursprünglich im direkten Wettbewerb mit der Schönschrift der Schreiber gestalteten,

Abb. 2: Urban Wyss, aus: *Ein neu Fundamentbuch*. Erstlich durch Urbanum Wyss zu Strassburg ausgegeben ... jetzonder aber durch Christian Schweytzer ... zu Zürich 1562; Holzschnitt
Im Mittelpunkt der Spirale beginnt der Text: »WEr will erfaren der welt wesen Der thuo disen reimen lesen, Darinnen wirt er finden geschwind, Wie die gantz welt ist geworden blind ...« am Ende: »... ist warlich war vnd nit erlogen –«

haben es verstanden, formale Erfindungen und Neuerungen mit den funktionalen und ökonomischen Zwängen zu vereinbaren, denen sie unterlagen.

2

Das Paradox, dass mit der kleinen Menge von etwa zwei Dutzend Alphabetzeichen alle verbalen Äußerungen und damit auch der darin artikulierte Kosmos erfasst und gebannt werden kann, hat schon in der Antike die vom Magischen motivierte Phantasie entbunden.[1] Die Elemente des Alphabets haben aber auch durch die Jahrhunderte unserer europäischen Kulturgeschichte eine Faszination bewirkt, in der sich religiöse oder quasireligiöse Aspekte mit artistischen mischten[2] (vgl. Abb. 3). Die Buchstaben können ihre pragmatische Funktion so perfekt erfüllen, weil sie keinen inhaltlichen Bezug zum Vermittelten haben. Diese semantische Neutralisierung macht sie auf der anderen Seite jedoch gerade geeignet, als Projektionsflächen für Imaginationen zu dienen.

Wie das zu verstehen ist, kann die folgende Äußerung Victor Hugos aus dem Jahr 1839 zeigen:

»Die menschliche Gesellschaft, die Welt, der Mensch selbst, alle sind sie im Alphabet enthalten. Baukunst, Astronomie, Philosophie, alle Wissenschaften haben hier ihren unsichtbaren, aber ganz realen Ursprung; und das muß so sein. Denn das Alphabet ist eine Quelle. Das *A* ist das Dach, der Giebel mit seinem Querbalken, der Brückenbogen, ›arx‹, oder es ist die Umarmung zweier Freunde, die sich gleichzeitig die Hände schütteln; *D* ist der Rücken; *B* ist das *D* auf dem *D*, der Rücken auf dem Rücken, der Buckel; *C* ist die Mondsichel, der Mond; *E* ist das Fundament, die Brüstung, die Konsole und der Architrav, die ganze Baukunst bis zur Decke hinauf in einem Buchstaben; *F* ist der Galgen, die Gabel, furca; *G* ist das Horn; *H* ist die Fassade eines Gebäudes mit seinen zwei Türmen; / ist die Wurfmaschine, die ein Geschoß schleudert (...) *X* ist das Kreuzen der Degen, der Kampf: Wer wird Sieger sein? Man weiß es nicht; deshalb haben die Hermetiker das *X* als Zeichen des Schicksals, und die Algebra hat es als Zeichen der unbekannten Größe; *Z* ist der Blitz, das ist Gott.
Also, zuerst das Haus des Menschen, sein Bau und seine Mißbildungen; dann die Justiz, die Musik, die Kirche; der Krieg, die Ernte, die Geometrie; das Gebirge, das Nomadenleben, das Klosterleben; die Astronomie; die Arbeit und die Ruhe; das Pferd und die Schlange; der Hammer und die Urne, die umgedreht und zusammengefügt Glocke und Klöppel bilden; die Bäume, die Flüsse, die Wege; schließlich das Schicksal und Gott – das alles enthält das Alphabet.«[3]

Hugo formuliert seine Buchstabendeutung zweifellos in Kenntnis und im Blick auf eine lange Tradition der Figurenalphabete[4] (vgl. Abb. 4). Buchstabenformen und bildliche oder ornamentale Elemente wurden in den Initialen der Handschriften, später auch des Buchdrucks variantenreich kombiniert oder amalgamiert. Die Buchstabengestalt konnte

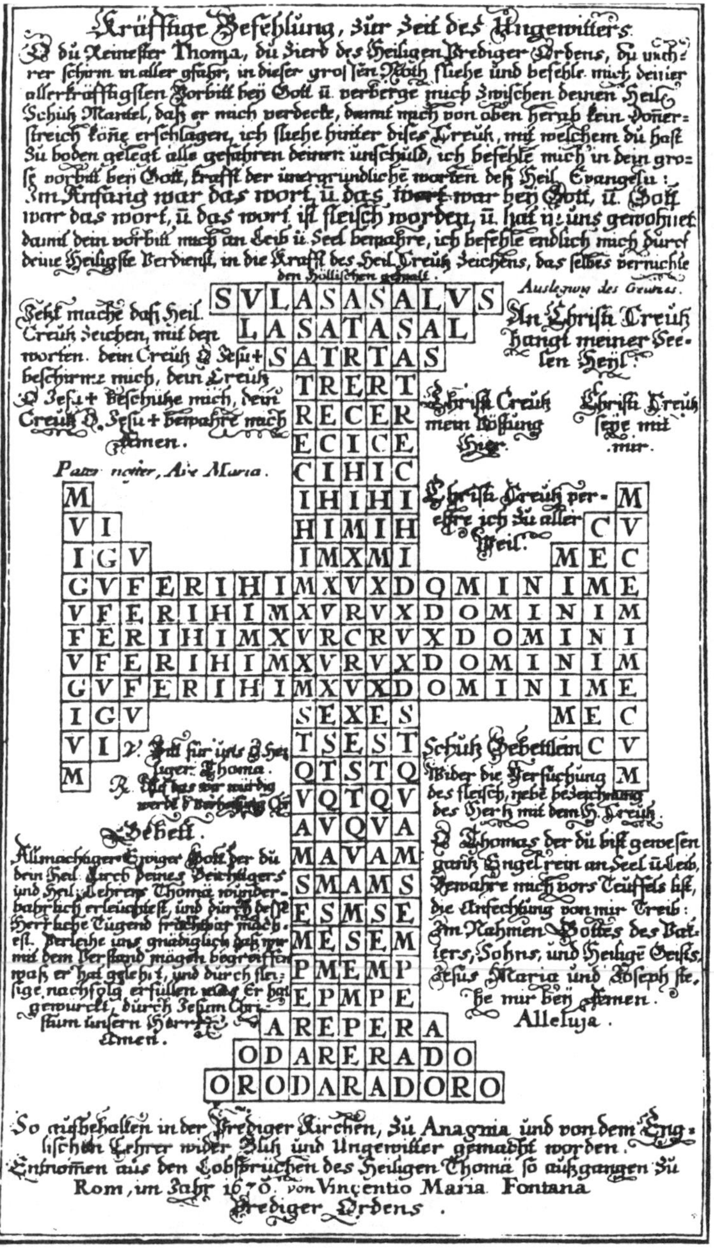

Kräfftige Befehlung, zur Zeit des Ungewitters.

O du Reinester Thoma, du Zierd des Heiligen Prediger-Ordens, du unüberer schirm in aller gfahr, in dieser grossen Noth fliehe und befehle mich deiner allerkräfftigsten Vorbitt bey Gott u. verberge mich zwischen deinen Heil. Schutz Mantel, daß er mich verdecke, damit mich von oben herab kein Donnerstreich könne erschlagen, ich fliehe hinter dises Creutz, mit welchem du hast zu boden gelegt alle gefahren deiner unschuld, ich befehle mich in dein grosse vorbitt bey Gott, krafft der unergrundlichē worten deß Heil. Evangelii: Im Anfang war das wort, u. das wort war bey Gott, u. Gott war das wort, u. das wort ist fleisch worden, u. hat in uns gewohnet damit dein vorbitt mich an Leib u. Seel bewahre, ich befehle endlich mich durch deine Heiligste Verdienst, in die Krafft des Heil. Creutz Zeichens, das selbes vernichte den Höllischen gewalt.

Auslegung des Creutzes.

SVLASASALVS
LASATASAL
SATRTAS
TRERT
RECER
ECICE
CIHIC
M IHIHI M
VI HIMIH CV
IGV IMXMI MEC
GVFERIHIMXVXDOMINIME
VFERIHIMXVRVXDOMINIM
FERIHIMXVRCRVXDOMINI
VFERIHIMXVRVXDOMINIM
GVFERIHIMXVXDOMINIME
IGV SEXES MEC
VI TSEST CV
M QTSTQ M
VQTQV
AVQVA
MAVAM
SMAMS
ESMSE
MESEM
PMEMP
EPMPE
AREPERA
ODARERADO
ORODARADORO

Jetzt mache daß Heil. Creutz Zeichen, mit den worten. dein Creutz O Jesu+ beschirme mich, dein Creutz O Jesu+ beschütze mich, dein Creutz O. Jesu + bewahre mich Amen.

An Christi Creutz hangt meiner Seelen Heyl.

Christi Creutz mein Hoffnung Hier.

Christi Creutz seye mit mir.

Pater noster, Ave Maria.

Christi Creutz verehre ich zu aller Zeit.

V. Bitt für uns H. Heiliger Thoma.
R. Daß wir würdig werden d. Verheissungen Christi.

Gebett.

Allmächtiger Ewiger Gott der du dein Heil. Kirch deines Heiligen und Heil. Lehrers Thomä wunderbarlich erleuchtest, und durch dessen Herrliche Tugend fruchtbar machest. Verleihe uns gnädiglich daß wir mit dem Verstand mögen begreiffen was er hat gelehrt, und durch fleissige nachfolg erfüllen was er hat gewürckt, durch Jesum Christum unsern Herrn Amen.

Schutz Gebettlein wider die Versuchung des fleisch, nebē bezeichnung des Hertz mit dem H. Creutz.

O Thomas der du bist gewesen gantz Engel rein an Seel u. Leib, Bewahre mich vors Teüffels list, die Anfechtung von mir treib: Im Nahmen Gottes des Vatters, Sohns, und Heiligē Geists, Jesus Maria und Joseph stehe mir bey Amen.
Alleluja.

So außbehalten in der Prediger Kirchen, zu Anagnia und von dem Englischen Lehrer wider Blitz und Ungewitter gemacht worden. Entnommen aus den Lobsprüchen des Heiligen Thomä so außgangen zu Rom, im Jahr 1670. von Vincentio Maria Fontana Prediger Ordens.

Abb. 3: Magisches Buchstabenrätsel als Wettersegen, Druck um 1700

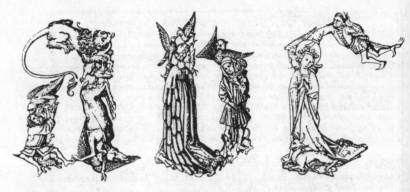

Abb. 4: Die Buchstaben *a*, *b* und *c* aus dem *Figurenalphabet in Kupferstich* des Meisters E. S. Süddeutschland, 1499

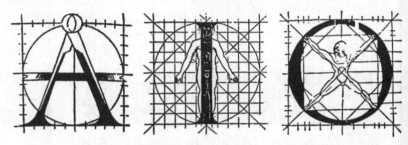

Abb. 5: Die Buchstaben *A*, *I* und *O* aus: Geoffroy Tory, *Champ fleury,* Au quel est contenu L'art & Science de la deue & vraye Proportion des Lettres Attiques, quon dit autrement Lettres Antiques, & vulgeraiment Lettres Romaines proportionees selon le Corps & Visage humain, Paris 1529

mit Pflanzen-, Tier- und Menschenfiguren, mit architektonischen Motiven oder anderem Gegenständlichen verbunden oder selbst in solche Gestalten gegossen werden, sodass Buchstabe Figur und Figur Buchstabe ist. Die Buchstabenform kann dabei auch völlig in die des Dargestellten zurückgenommen werden bis an den Rand des Verschwindens. Die funktionale Bandbreite der Figurenalphabete reicht von der Ornamentierung der Buchseite, der Hervorhebung von Textabschnitten bis zur Einblendung imaginativer Anmutungen eigener Relevanz. Doch hat in der Regel der figürlich mitgeteilte Inhalt der Initialen keine fassbare und deutbare Beziehung zum Textinhalt. Ihre Verwendung weist vielmehr einen Schwebezustand auf, in dem altes mystisches Buchstabenwissen, wie es etwa noch Clemens Brentano in den *Romanzen zum Rosenkranz* heranzieht, wenn er in der aus drei Strichen gebildeten Figur des *A* die göttliche Dreieinigkeit angedeutet sieht, ins offen Inventorische mündet, sodass Bildzeichen zustande kommen, die vordergründig einfach und klar erscheinen, jedoch vielfältigen Deutungen zugänglich sind.

Rimbauds Sonett *Voyelles* ist vielleicht das berühmteste Beispiel für die autonome Wertung von Alphabetzeichen, hier der Vokale. Zwar steht die 1. Zeile – *A noir, E blanc, I rouge, U vert, O bleu, voyelles* – noch im Zusammenhang mit den synästhetischen Theorien, die im 18. Jahrhundert aufkamen, von den Romantikern gehegt und von einer Reihe von Autoren des 19. Jahrhunderts – u. a. Baudelaire – aufgegriffen wurden. Die 1. Zeile von *Voyelles* suggeriert experimentell erhärtbare Gewissheit. Die Bildkaskaden jedoch, die in den folgenden Zeilen den Farbwerten der Vokale zugeordnet wurden, schießen nichtkontrolliert aus einem schreibend erschlossenen Fundus hervor. Sie lösen die anfängliche Gewissheit zugunsten von offenen, jeden Leser in seiner Weise berührenden Anmutungen auf.

3

Die Buchstaben sind nicht Rimbauds Thema, und er kommt nicht wieder auf sie zurück, soweit ich sehe. Das ändert sich entschieden in der Autorengeneration, die etwa seit 1910 die Sprache als Gegenstand des poetischen Schreibens entdeckt. Filippo Tommaso Marinetti, Gründer und Protagonist der italienischen Futuristengruppe, fordert im *Manifest der futuristischen Literatur* (1912) *Die Befreiung der Wörter* und entwirft ein Programm zur Erneuerung der Literatur von ihren sprachlichen Mitteln her. *Das Wort als solches* betiteln Kručenych und Chlebnikov 1913 ein Manifest, und 1922 schreibt Raoul Hausmann das *Manifest von der Gesetzmäßigkeit des Lautes*. »Es entwickelte sich das Wort als solches«, schreiben Kručenych und Chlebnikov. »Von nun an konnte ein Werk aus einem einzigen Wort bestehen, und nur durch seine sachkundige Abwandlung wurden Fülle und Ausdruckskraft der künstlerischen Form erreicht ... Ein Kunstwerk ist Wortkunst.«[5]

Für die russischen Futuristen ist das Wort der poetische Nukleus.

Sie erweitern in radikaler Weise den Fundus des poetischen Materials. Nichts sprachlich Hervorgebrachtes wird ausgelassen: Dialekte, Kinderverse, Umgangssprachliches, Interjektionen, Lallen, Ausrufe, Versprecher, Druckfehler – alles ist willkommen zur Aufrauhung der abgegriffenen, abgeblühten Gewohnheitssprache.

Velimir Chlebnikov ist vielleicht der erfindungsreichste und konsequenteste Autor dieser Generation. Aus seinem vielfältigen Werk gehört in unseren Zusammenhang vor allem seine Erforschung der Bedeutungshöfe, die seiner Beobachtung nach die einzelnen Buchstaben mit sich führen. Klang und Bedeutung hängen für ihn auf das Engste zusammen. Bedeutungsleere Laute gibt es nicht. Im Moment der Artikulation ist ein Laut auch schon bedeutungsbesetzt: einmal durch die semantischen Beziehungen zu ähnlich strukturierten lautlichen Gebilden, also zum lexikalischen Vorrat der Sprache, dann durch die unwillkürliche Beifügung von Bedeutungsschattierungen, die der Sprechende selbst hervorbringt. In intuitiver Annäherung beschreibt Chlebnikov die Lautgestik und die Lautsymbolik der Buchstaben. Dazu sucht er Wörter mit demselben Anfangslaut zusammen und induziert mit Bezug auf diesen Anfangslaut inhaltlich-strukturelle Gemeinsamkeiten. Eine solche synthetisierende Beschreibung liest sich so:

> »Wörter, die mit ein und demselben Mitlaut beginnen, vereinigen sich in ein und demselben Begriff und fliegen gleichsam von verschiedenen Seiten auf ein und denselben Punkt des Verstandes zu. Wenn man die Wörter ›Schale‹ und ›Schuh‹ nimmt, so regiert, befehligt beide Wörter der Laut *Sch*, wenn man die Wörter auf *Sch* sammelt: Schuh, Schlapfen, Schlorre, Schädel, Scheune, Schuppen, Schachtel, Scheide, Schiff, Schüssel und Schale, Schranze, Schurz, Schwindsucht, – so sehen wir, daß all diese Wörter sich im Punkt des folgenden Bildes treffen. Sei es Schuh oder Schale, in beiden Fällen füllt das Volumen des einen Körpers (Fuß oder Wasser) die Leere des anderen Körpers, der ihm als Oberfläche dient. Von hier – schalen, d. h. Schale sein für das Wasser der Zukunft. Auf diese Weise ist *Sch* nicht nur ein Laut, *Sch* ist ein Name, ein unteilbarer Körper der Sprache.«[6]

Chlebnikov hat ein Lexikon der »Sternensprache« im Sinn, das menschheitliche Brauchbarkeit haben sollte, da er die Hypothese wagte, den zentralen Lauten der Sprachen aller Völker eigne derselbe Bedeutungskern. Seine Utopie zielt auf eine aus der Sprachentiefe erneuerte, ›revolutionierte‹ Sprachfähigkeit, an der jedermann, gleich welcher Muttersprache, teilhaben würde.

Varianten einer solchen Utopie hatten alle die Autoren mehr oder weniger deutlich im Sinn, die in diesen Jahren die Sprache als Element und Gegenstand ihrer Poesie wählten. Chlebnikov unterschied sich von ihnen jedoch durch die linguistische Obsession seiner Arbeiten, und es ist nicht zufällig, dass Roman Jakobson – 1915 in Moskau Mitbegründer eines »linguistischen Kreises« – mit den russischen futuristischen Autoren und insbesondere mit Chlebnikov in engem, freundschaftlichem Kontakt stand. Jakobson hat 1919 eine erste Analyse der poetischen Verfahren Chlebnikovs verfasst. Der methodische Aspekt der Poesie rückt damit zur Sache selbst auf.

Vom Wort und seinen die Konvention überschreitenden Artikulationsspielräumen besessen war die Generation der expressionistischen Autoren; Stramm, Blümner, Schreyer und andere sprachen vom »Wortkunstwerk«, wenn sie ihre Dichtung meinten. Und auch noch die Klanggedichte Hugo Balls, aus freien Lautsequenzen gebildet, suggerieren Wortähnlichkeiten und – schon durch die Titelgebung – Erzählbares. Raoul Hausmann, im Berliner Dadaistenkreis aktiv, hob sich davon bewusst ab. In offensichtlicher Aversion gegen jede Art von Verkündigung, inhaltlicher Überbauung, im Affront gegen die Konventionen bürgerlicher Literaturgewöhnung benutzte er die inhaltsfreien kleinsten Elemente der Sprache, die Buchstaben, als Basis und versuchte, mit radikal antitraditionellen poetischen Verfahren, etwa durch Zufallsreihungen oder durch Montage nicht zusammengehöriger Fragmente, die ästhetische Toleranzgrenze und den Schmerzpunkt seiner Zeit zu treffen.[7]

Hausmanns experimentelles Spektrum reicht vom »Plakatgedicht« über »optophonetische Gedichte« (vgl. Abb. 6) bis zum gestisch-tänzerisch ausgestalteten Vortrag seiner Klanggedichte. Die Basis ist jeweils der Buchstabe bzw. der buchstabenorientierte Laut; doch weicht er, wie die erhaltenen Bandaufnahmen zeigen, im Vortrag insofern davon ab, als er auch spontane, emotional gefärbte Laute und Mundgeräusche einbezieht.

In den Buchstabengedichten führte Hausmann in gewisser Weise Mallarmés Verwendung typographischer Parameter fort. Auch kannte er die typographischen Vortragshilfen in Hugo Balls Gedicht *Karawane* und vermutlich auch Marinettis visuell ausgestaltete Typogramme. Indem er Größe, Stärke, Schriftart der Lettern variierte und ihre Streuung und Ausrichtung auf der Fläche steuerte, erhielt er eine Art von Lese-Partitur mit Anhaltspunkten für den Vortrag. Der Leser dieser »optophonetischen« Gedichte ist bei der Übertragung der visuellen Werte in akustische auf seine Phantasie und spielerische Erfindungsgabe angewiesen, da die typographischen Elemente von sich aus keine musikalischen Parameter vermitteln können. So ist auch Hausmanns Ansatz, typographische Momente zur Notation von akustischer Poesie zu verwenden, von wenigen Fällen abgesehen[8], nicht weiter aufgegriffen worden. Kurt Schwitters hat für seine zeitgleichen Buchstabengedichte, vor allem aber seine *Ursonate*, das bekannteste Beispiel akustischer Poesie der 20er Jahre, eine neutrale Typographie verwendet. Er hat sich auf verbale Anweisungen für den Vortrag der *Ursonate* beschränkt und die geäußerte Absicht, eine eigene Notation dafür zu entwickeln, nicht verwirklicht.

Im Gegensatz zu Hausmann, der sich beim Vortrag oralen, nichtnotierten Impulsen überlassen konnte und Sinn für Improvisation hatte, verhielt sich Schwitters beim Vortrag der *Ursonate* (wovon es ein Stück in authentischer Plattenaufnahme gibt[9]) strikt vorlagengetreu. Denn für ihn haben die Alphabetzeichen Notenwert. Allerdings ist die aufbauende Einheit nicht der Einzelbuchstabe, sondern die Buchstabengruppe, die als »Thema« bezeichnet wird. Wenn auch hin und wieder Assoziatives durchdringt – Anklänge an Vogelstimmen etwa –, so spielt die semantische Seite doch keine Rolle. Schwitters ist vielmehr völlig von der Idee beherrscht, mit elementaren sprachlichen Mitteln, den Alphabetlauten, ein musikalisches Werk zu schaffen: Sprache soll in Musik transformiert werden.

In der Folgezeit haben außer den Freunden, die seinen Vortrag abgelauscht und nachgestaltet haben, Interpreten aus dem Musikbereich die *Ursonate* immer wieder realisiert. Daraus lässt sich schließen, dass sie eine bis heute andauernde musikalische Faszination besitzt.

Im selben Jahr 1922, da er die *Ursonate* begann, setzte Schwitters mit

Abb. 6: Raoul Hausmann: kp'erioum
Optophonetisches Gedicht

einer radikalen Konsequenz, die nur im Nachhinein simpel erscheint, das Alphabet selbst als Text, m. W. das Erste einer langen Reihe von Alphabetgedichten.[10] Unbewusst vermutlich und nun auf rein poetischer Ebene rührt Schwitters an eine Praxis, die so alt wie das Alphabet selbst sein mag: sein Zeichenensemble, mit dem sich der ganze Kosmos und die göttlichen Wesenheiten fassen ließen, in magischer oder symbolischer Absicht zu verwenden.[11]

Die im Alphabetgedicht steckende Programmatik kehrte Schwitters, auch im Jahr 1922, mit dem *i-Gedicht*[12] (vgl. Abb. 7) noch deutlicher hervor. Er setzt das damals für den Schreibunterricht der Erstklässler normgerechte Sütterlin-*i* isoliert als ›Text‹ und fügt den jedem Schüler geläufigen Lernvers hinzu. Die Kernthese seiner Kunstauffassung legt Schwitters im Jahr darauf in einem Essay wie folgt dar:

»Dieses *i* ist der mittlere Vokal im deutschen Alphabet. Das Kind lernt ihn in der Schule als ersten Buchstaben. Der Klassenchor singt: ›Rauf,

[lies: »rauf, runter, rauf, Pünktchen drauf«]

Abb. 7: Kurt Schwitters:
Das i-Gedicht, 1922

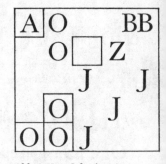

Abb. 8: Kurt Schwitters:
Gesetztes Bildgedicht, 1922

runter, rauf, Pünktchen drauf‹, *i* ist der erste Buchstabe, *i* ist der einfachste Buchstabe, *i* ist der einfältigste Buchstabe.
Ich habe diesen Buchstaben zur Bezeichnung einer spezialen Gattung von Kunstwerken gewählt, deren Gestaltung so einfach zu sein scheint, wie der einfältigste Buchstabe *i*. Diese Kunstwerke sind insofern konsequent, als sie im Künstler im Augenblick der künstlerischen Intuition entstehen. Intuition und Schöpfung des Kunstwerks sind hier dasselbe.
Der Künstler erkennt, daß in der ihn umgebenden Welt von Erscheinungsformen irgendeine Einzelheit nur begrenzt und aus ihrem Zusammenhang gerissen zu werden braucht, damit ein Kunstwerk entsteht, d. h. ein Rhythmus, der auch von anderen künstlerisch denkenden Menschen als Kunstwerk empfunden werden kann.«[13]

Seitdem spricht Schwitters von »i-Kunst«, wenn er Werke bezeichnet, die methodisch durch Isolierung von Elementen, Fragmenten, Bausteinen und deren Komposition nach ästhetischen Gesichtspunkten entstanden sind. Das programmatische Exempel wählt er, wohl nicht zufällig, aus dem Bereich von Schrift und Schreiben und der damit zusammenhängenden gesellschaftlichen Praxis. Fragmentierung von Sprache im Buchstaben als Grundleistung von Schrift wird an der Stelle vorgenommen, die jedermann hat passieren müssen: nämlich am Erstklässler-Sütterlin-*i*, dessen Lautwert ohne Sinnbezug man sich einzuprägen hatte – Fundstück aus dem gesellschaftlichen Erfahrungsraum mit den Imprägnierungen, die vom Alltagsgebrauch herrühren.

So ist das Sütterlin-*i* eine Art von Programmsymbol im Werk von Schwitters.

Ein weiteres frühes Beispiel visueller Poesie ist das *Gesetzte Bildgedicht*, ebenfalls aus dem Jahr 1922 (vgl. Abb. 8). 13 Versalbuchstaben aus dem Setzkasten und 5 aus Linienmaterial gefügte Quadrate werden nach typographisch-kompositorischen Gesichtspunkten ohne Bezug zur Semantik bzw. Syntax in einem quadratischen Rahmen angeordnet. Es entsteht ein schwebendes visuelles Gebilde, das zwar lesbar, nicht jedoch vortragbar ist. Der Leser nimmt die Buchstaben als graphische Gestalten mit ihren spezifischen typographischen Eigentümlichkeiten und in ihrer Konstellation auf der Fläche wahr.

Nahezu zeitgleich mit dem Beginn der *Ursonate* schrieb Otto Nebel einen Text mit dem Titel *Unfeig* (1923/24), in dem konsequent das Wort beim Buchstaben genommen wird.[14] Nebels Werk ist durch die widrigen Zeitumstände, die ihn 1933 zur Emigration in die Schweiz veranlassten, völlig an den Rand der literarischen Öffentlichkeit geraten. Die ungewöhnliche Methode seiner Texterstellung weist mit bestimmten Zügen auf die Verfahren der konkreten Poesie voraus, ohne dass doch ein historischer Zusammenhang bestünde. Der Hintergrund, auf dem er schreibt, ist zeitkritisch gestimmt, und Nebel hat sich darüber in Aufsätzen ausführlich geäußert.

»Der verbildete Mensch unserer Tage«, heißt es in einem Text aus dem Jahr 1931, »ist worttaub und bildblind. Was er liest, das hört er nicht. Was er schreibt, das sieht er nicht. Was er spricht, das weiß er nicht.«[15] Und in einem anderen Zusammenhang: »... erst nach dem Untergange der letzten Abendzeitung wird der zerdrückte Europäer fähig werden zu erleben, daß das befreite *A-Be-Ce* von *A* bis *Zett* eine geordnete Sammlung zeichnerischer Machtmittel ist, die ›Bewegung‹ des ›Sinnes‹ aus den Gebärden der Laute dem sehenden Auge eindeutig offenbar zu machen.«[16]

Nebel konzentriert das Buchstabenrepertoire, das in einem Text benutzt wird, auf eine bestimmte, intuitiv erkannte Auswahl. Dem Text *Unfeig* liegt der spontan gebildete Satz zugrunde: *Einer zeigt eine Runen-Fuge.* Es ist der Schlüsselsatz, aus dem der neue Text hervorgehen wird. Die neun in diesem Satz vorkommenden Buchstaben: *E, I, U, E, G, N, R,T, Z* – er

bezeichnet sie als Runen – stecken den artikulatorischen Spielraum ab.
Mit Hilfe des Wörterbuchs sucht er einen Fundus von Wörtern, die nur
aus diesen Buchstaben bestehen, zusammen, und dieser Fundus dient
ihm bei der Formulierung der Zeilen. Eine Probe aus *Unfeig* liest sich
so:[17]

> GEFEIT GEGEN IRRE
> Fünfzig Irre treten ein
> treffen nur Irre
> treten unter Irre
> treten ein in irre Unzeit
> treten Irrengitter ein
> Irre gittern Irre ein
> Retter gittern Irre nie in Gitter ein
> Retter entgittern
> Erretten irrt nie
> Retten ringt in Feuerfirnen
> Irre zerringen in Eigennetzen
> Retten entgittert Eigengrenzen
> Irre zergrenzen
> Retten erufert Runenufer
> Irre entufern in Unfug
> Retten greift ein zu geeigneter Zeit ...

Der knappe Buchstabenspielraum bewirkt, dass sich die Laute relativ
rasch wiederholen. Artikulatorische Sprünge und die damit verbundene lautliche Spannung sind ausgeschlossen: Die verfügbaren Vokale
(*E*, *I*, *U*) liegen zu nahe beieinander. Die syntaktischen Möglichkeiten
sind rigide beschnitten, da das Fehlen von *D* und *W* die bestimmten Artikel, wesentliche Teile der Pronomen und die Konjunktivbildungen
mit *würde* bzw. *wäre* ausschließt. Die zahlreichen artikellosen Nomen
vermitteln den Eindruck der Verallgemeinerung und reduzieren Individuelles, und die entindividualisierten Nomen prägen die meist präsentischen Verben zu zeitlosen Aussagen.

Handelnde sind in dem Text die Wörter selbst. Ihre Bedeutungen haben nur eine schwache Verweisungskraft, die zudem immer wieder abgefangen wird von der Aufmerksamkeit, welche das Buchstabengefüge beansprucht. Dieses ist wichtiger als die Bedeutungen, und erst durch die Vergewisserung über Anordnung, Abfolge, Korrespondenzen der Buchstaben findet der Leser zu den Korrespondenzen der Wörter. Eine Probe:[18]

> Tritt trutzig eine Neue ein
> Generette Frigitte zu Err
> Ritterin
> reitet nur Tiger
> Tigerin in Ritter-Treffen
> zeigt Zeugen gerne feine Ringfinger
> ereifert Erri Fuggern zu neuen Nieten
> nennt nur einen Nenner
> nennt nur Erri ...

Nicht nur die Mittelachse, auch die Dominanz der Wortkörperlichkeit über den Satzsinn lässt an den *Phantasus* von Arno Holz denken, dessen endgültige Fassung zeitlich in der Nähe des Entstehens von *Unfeig* liegt.

Als sein Hauptwerk hat Otto Nebel *Das Rad der Titanen* betrachtet, ein Werk, das er 1926 begonnen und erst 30 Jahre später, 1955/56, beendet hat. Das Verfahren der Textgewinnung ist dasselbe wie in *Unfeig*, doch wählt er jetzt 12 Buchstaben, also knapp das halbe Alphabet, darunter vier Vokale (*A, E, I, O*) und die als Synthese aus den zugelassenen Vokalen betrachten Umlaute *ä* und *ö*. Infolge des breiteren Buchstabenspielraums tritt ein viel reicheres Vokabular auf als in *Unfeig*, und es werden keine Wortarten von vornherein ausgeschlossen. Das nutzt dem erzählerischen Duktus, der Text vermittelt einen mythisch getönten Bericht von heillosen und rettungbringenden Geschehnissen. Auch er steht in einem Präsens, das sich auf keine historische Zeit beziehen lässt; auch er benötigt keine Konjunktive, wird vielmehr konstatierend appellierend, proklamierend vorgetragen. Esoterische Gewissheit weht durch das Ganze. Die Redeintention bewirkt die syntaktische Verknappung, nicht die Konzentration auf ein begrenztes Lautrepertoire. Der späte Text Otto Nebels rückt insofern weitab von dem frühen *Unfeig* und dessen Dominanz der Wörter, und er steht damit auch den zeitgleichen

Texten der konkreten Poesie aus den 50er Jahren viel ferner als der 30 Jahre ältere. Der verkünderische Ton, das Imaginäre von Zeit und Ort beziehen das Spätwerk eher zurück auf das »Wortkunstwerk« der Expressionisten, mit dem Nebel als Schauspielschüler Rudolf Blümners authentisch verbunden war.

4

Beim Blick auf die 20er und frühen 30er Jahre kommt man zu dem Urteil, dass die Impulse, die unter den Markierungen Futurismus, Expressionismus, Dadaismus seit 1910 wirksam geworden waren, die Wörter buchstäblich und die Buchstaben wörtlich zu nehmen, und im gleichen Atem auch die Vision einer revolutionär verjüngten Menschheitssprache obsolet geworden waren angesichts der bedrohlichen Symptome, die die Heraufkunft ganz neuer, nicht erwarteter Gewaltsysteme ankündigten. An dem Schicksal, das manche der Autoren hatten, lässt sich ablesen, was sich anbahnte: Chlebnikovs früher Tod, Balls »Flucht aus der Zeit«, Marinettis Bekenntnis zum Faschismus, Majakowskis Selbstmord, Nebels Emigration usw. Die surrealistischen Autoren, die auf anderer Wellenlänge das dadaistische Schockprogramm fortführten, setzten sich zwar experimentellen Spracherfahrungen aus, etwa in Form der »écriture automatique«, im Mittelpunkt ihrer Fragestellung stand jedoch nicht die Sprache, sondern der Zugang zu existentiellen Grenzbereichen. Verbales und Visionabeles überblenden sich in ihren Texten.

Von ungeahnter Aktualität wurde die kritische Befragung des politisch-gesellschaftlichen Sprachgebrauchs, als die neuartigen politischen Bewegungen, die aus den Blutschwemmen des Ersten Weltkriegs hervorgingen und die man unter dem Stichwort totalitär zusammengefasst hat, verbale Begründungs- und Rechtfertigungsgewebe für ein prinzipiell anomales Handeln zu entwickeln begannen. Gegenüber einer Bevölkerung, die noch an die Herrschaftssanktion der Monarchie bzw. des bürgerlichen Rechtsstaats gewöhnt war, genügten »Führerprinzip« oder »Parteilichkeit« als Ausweis der Machtpraxis (noch) nicht. Die auf einen radikalen, total enttabuisierten Aktionismus bauenden Bewegungen ersetzten durch die räumliche und zeitliche Allgegenwart der Rede-

und Textnetze allmählich die bürgerlich-monarchisch fundierte Legitimität bzw. Legalität. Die massenhafte mündliche und schriftliche Textproduktion und -verbreitung gewann einen unerhörten politischen Stellenwert. Die Okkupation und Sicherung des öffentlichen Rede- und Textmonopols war die konsequente Ergänzung des klassischen staatlichen Gewaltmonopols und Voraussetzung dafür, dass die parteibezogene Legitimation und die situationskonforme Legalisierung bei Bedarf ungestört möglich waren.

Die Literatur der 20er und 30er Jahre hat auf die Provokation durch die lügnerische Potenz solcher Text- und Redeproduktionen nur im Werk von Karl Kraus und Kurt Tucholsky sprachkritisch reagiert. Den Karl Kraus des Zweiten Weltkriegs hat es jedoch nicht gegeben; konnte es vermutlich auch nicht geben angesichts der ungeheuerlichen Text- und Redeausstöße, zumal deren zentrale, bis in die Abgründe decouvrierenden Dokumente erst allmählich und Jahre nach dem Desaster bekannt geworden sind. Die Diskrepanz zwischen der banalen und stereotypen alltäglichen Oberfläche und dem, was sich tatsächlich an Tiefengrauen begab, war so unermesslich, dass die Auseinandersetzung offensichtlich nur in Stichproben, nicht im großen Panorama, wie es Karl Kraus für den Ersten Weltkrieg aufzog, möglich war. Helmut Heißenbüttel hat eine solche Stichprobe versucht in dem Text *Deutschland 1944*, der 1967, also über 20 Jahre post festum, erschienen ist. In diesem Text kristallisiert sich die sprachgetragene Realität des Nazisystems in authentischer Weise, obwohl der Text (relativ) kurz ist. Er besteht nur aus originalen Sprachzitaten von sehr divergenter Herkunft, alle dem schon über dem Abgrund hängenden Jahr 1944 zugehörig. Die Arbeit des Autors beschränkte sich auf die Textsuche, das Ausschneiden und die Rhythmisierung der Montage.

Das Bewusstsein der Autoren, die in den späten 40er und den 50er Jahren zu schreiben begannen, bewegte sich zwangsläufig auf dem Hintergrund der geborstenen Sprach- und Textlandschaft, die das »Dritte Reich« hinterlassen hatte. Diese Autorengeneration hat ihre eigenen Erfahrungen mit der Sprachpraxis aktionistisch durchschlagender Politik und deren Sprachhandlungen, die sich in einer breiten Skala vom bloßen Umbenennen (»Sprachregelung«) bis zum Verfemen (mit oft letalem Ausgang für die Betroffenen) spannten.

Die Aversion gegen Indoktrinierung, auch wenn sie mit den besten Absichten einherkommt, war nicht mehr zu löschen, und aus ihr resultierte die Vorsicht gegenüber inhaltlichen Festschreibungen, ja die Weigerung gegenüber Aussagen, die Botschaften, Verkündigungen, Belehrendes beinhalten. Und in den Mitteln, auch den poetischen, die diesem, wie man nun will: präscriptorischen, prophetischen, verkündenden, zuletzt doch immer indoktrinierenden Verhältnis zur Sprache zur Hand waren, steckte der Schwamm. Es blieb eine offene, probierende (›experimentelle‹), den sprachlichen Mitteln aufmerksam und kritisch zugewandte Schreibart, die beim Autor wie beim Leser von einem Nichtwissen ausgeht, das mit Methoden und vorsichtig relativiert vielleicht ein Stück weit aufgehellt werden kann.

5

Was mit den Buchstaben geschieht, kann auch für die Erkundung ›experimenteller‹ Literatur nach '45 Stichworte liefern. »Lettrismus« nannte Isidore Isou 1946 die von ihm konzipierte poetische Bewegung: der Buchstabe als Thema im Programm. Allerdings ist nicht mehr nur der des Alphabets gemeint, sondern ein weiter gespanntes Repertoire mit 52 zusätzlichen neuen Zeichen, die nun alle Laute und Mundgeräusche notierbar machen sollten, deren der Mensch fähig ist. Mit diesem Konzept, auch über den engeren Alphabetrahmen hinaus Poesie notierbar zu machen, setzten die Lettristen bei den optophonetischen Gedichten Raoul Hausmanns an, verfehlten jedoch unvermeidlich die Parameter einer oralen Klangpoesie, die einst die Verschriftung ausgeschieden hatte. Das lettristische Zeichensystem erwies sich spätestens in dem Augenblick als überholt, da das Tonband – seit den frühen 50er Jahren kommerziell zugänglich – eine perfekte Notationsalternative zur schriftlichen erschloss.

François Dufrêne brach mit den Lettristen, als er den dynamischen, tönenden Atemstrom in elementar körpersprachlichen Äußerungen artikulierte (*crirythmen*, seit 1953), die sich der schriftlichen Notation entzogen und authentisch nur mit dem Tonband festgehalten werden konnten. Beim Hörer tritt, und das gilt für viele Stücke der phonetischen, sonoren Poesie, an die Stelle des verbal gestützten Verstehens der

Mitvollzug der vorantreibenden, rhythmisch-dynamischen Stimmbewegung. Die Zeiterfahrung des Hörers kann sich nicht mehr ausfächern mit Hilfe von verbal aufgerufenen Sinn- und Bildbezügen, sondern der Hörer springt und treibt mit den tönenden Artikulationsmomenten. Variation und Wiederholung sind dabei wichtige, häufig vorkommende Strukturkennzeichen. Die Wiederholung des Sichverändernden stabilisiert die Augenblicke. Der Hörer erfährt die Rapidität und Zerfallbarkeit der sprachlich artikulierten Momente und schließlich die Grenze, an der ihn die Fähigkeit, das, was ihn anrührt, definieren zu können, verlässt.

Die Elementarisierung im Verhältnis zur Sprache ist jedoch nur die eine Seite; sie wird ergänzt durch die artistische, reflektierte Behandlung des entdeckten, erschlossenen Materials mit Hilfe der elektronischen Apparatur. In der poésie sonore, vor allem der der französischen Autoren, wird Sprache in einer sehr differenzierten Weise verwandt, etwa indem phonetische Elemente mit verbalen kombiniert, verbale phonetisiert, gewonnene Fassungen überlagert, invertiert werden, sodass die schließlich erreichten Fassungen alles andere als primitiv und elementar sind, vielmehr ebenso elaboriert sein können wie die Werke der ›Écriture‹.[19]

Die akustische Poesie hat seit den späten 60er Jahren auch dem Hörspiel im deutschen Sprachraum wichtige Impulse gegeben. In der Variante des ›Neuen Hörspiels‹[20] wird Sprache so facettiert, dass alle ihre Aspekte und Brechungen wirksam werden können. Möglich wurde dies nur, weil die klassische Textfassung in das elektronische Speicher- und Bearbeitungsinstrumentarium einbezogen wurde, sodass sich eine Symbiose von schriftlicher und elektronischer Notation ergab.

Eine parallele Geschichte zur poésie sonore ereignete sich seit den ausgehenden 40er Jahren im visuellen Bereich. Wie die Stimme ihre eigene ›Sprache‹ findet, löst sich die graphisch bewegte Hand von Schemata aller Art, figurativen, geometrischen, scripturalen, und bewegt sich in einem autonomen, rhythmisch-dynamisch-gestisch geführten ›Schreib‹duktus. Dabei können, wie etwa bei Henri Michaux, ideographisch geschnittene Zeichen, ohne unmittelbare Semantisierung, erscheinen (vgl. Abb. 9), doch ebenso auch psychographisch verlaufende Schreibspuren hervortreten, die für einen einfühlenden Nachvollzug

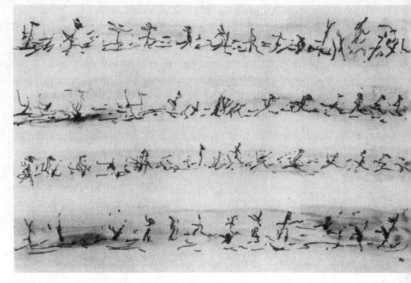

Abb. 9: Henri Michaux: Dessin, 1962

lesbar sind. Cy Twombly ist einer der Maler-›Autoren‹, die für diese Art Schreibgestus exemplarisch sind. Wie bei den Stücken der poésie sonore ist auch hier ganz wesentlich die Anmutung von Sprachlichkeit, die sich möglicherweise nahe an der Verlautung, vielleicht sogar nahe am Transfer in Verbales befindet, ohne dass es dieser Übersetzung doch bedarf. Die Schreibspuren, die scripturalen Gesten sind Manifestationen der empfindlich artikulierend bewegten Hand, und sie sind insofern vergleichbar den phonetischen Kundgaben der artikulierend sich bewegenden Stimmorgane.

Mit bis ins Äußerste getriebener Sensibilität umspielt der in Annaberg/DDR lebende Carlfriedrich Claus beim Niederschreiben seiner visuellen Texte die Grenze zwischen dem Schriftzug, der, wenn auch oft nur mit großer Mühe, im wörtlichen Sinn lesbar ist, und einer Schreibspur, in der sich die Vibration des Schreibers, die Brüchigkeit, die Verzögerungen, die Porosität der scripturalen Lineatur niederschlagen (vgl. Abb. 10). Das lesende Auge zögert immer wieder vor der Entscheidung für die eine oder die andere Lesehaltung. Die Unbestimmtheit ist bedingt durch die Minimalisierung der Zeichenelemente. Nun wei-

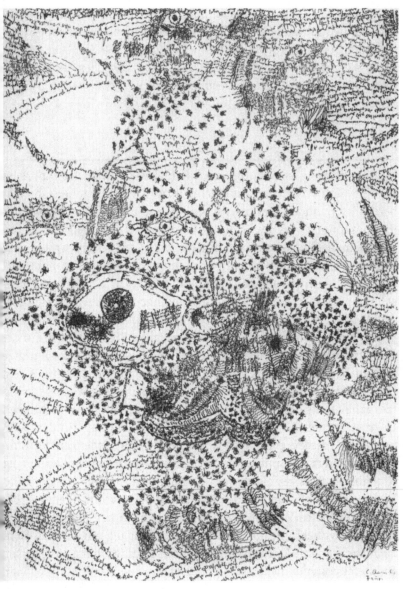

Abb. 10: Carlfriedrich Claus: Faun, 1963

sen viele Arbeiten von Claus Großfigurationen auf, die die winzigen Schreiblineaturen überlagernd organisieren. Solche Figurationen können auch gegenständliche Thematik haben. Das lesende Auge bewegt sich also in einem weiteren Zwischen: nämlich zwischen der figuralen Überform und der bis zur Auflösung getriebenen Feinlineatur der Einzelzeichen (s. S. 374 ff.).

6

Minimalisierung ist auch ein, wenn nicht das Stichwort der konkreten Poesie.[21] »Ein Werk kann aus einem einzigen Wort bestehen«, hieß es bereits in einem Manifest russischer Futuristen.[22] Im alltäglichen Mitteilungskontext verschwindet das Wort, indem es seine Funktion erfüllt. Sein Zeichensubstrat kann, ja darf nicht als es selbst erfasst werden; seine sinnliche Beschaffenheit muss, kaum wahrgenommen, auch schon wieder vergehen, damit der aus vielen semantischen Bausteinen gespeiste Verstehensvorgang gelingen kann. Das Verschwinden des Zeichensubstrats gilt bereits für die einzelnen Buchstaben im Wort; es gilt, wenn auch nicht in der gleichen Rigidität, auch für die das Wort bildende Buchstabengruppe. Poesie stellt sich seit eh und je quer zu diesem Vermittlungs- und Vertilgungsvorgang. Indem ein Text einen befremdenden, verzögernden, ›widersinnigen‹ Verstehensverlauf erhält, entsteht ein Spielraum für die semiotischen Aspekte: der Laute selbst, der Zeichen für Laute, deren Anordnung – in den Wörtern – und die übergreifenden sinnlichen Korrespondenzen der Wörter. In unserem Zusammenhang wurde dies vor allem am Beispiel der Alphabetzeichen verfolgt. Es gilt Analoges jedoch auch für die Wortkörper (im Hinblick auf Otto Nebels *Unfeig* war davon die Rede). Völlig bedeutungsfreies Wahrnehmen von Zeichen, so hat sich gezeigt, ist eine Grenzvorstellung, die im praktischen Umgang mit Zeichen nicht zu realisieren ist. Jedes irgendwie zeichenhafte Gebilde löst, sobald es Interesse findet, bedeutungssuchende und -setzende Projektionen aus.

Für die Autoren der konkreten Poesie ist das einzelne Wort der poetische Nukleus. Wird vom poetischen Material gesprochen, so ist damit immer auch der Bedeutungshof eines Wortes gemeint. Er ist, solange das Wort isoliert erscheint, diffus und vielbezüglich, und gerade in dieser Verfassung kann ein Wort seine poetische Leistung erbringen. Dabei sitzt der einzelne Buchstabe, weil die semantische Kohärenz des Wortes so niedrig ist, locker in seinem Verbund und kann umspringen, ersetzt werden, herausfallen. Ein bekanntes Beispiel für das kaleidoskopische Verhältnis der Zeichenpartikel im Wort ist Ernst Jandls Gedicht *lichtung* aus der frühen Sammlung *laut und luise* (1966). Durch den einfachen Positionentausch von *r* und *l* wird die Pervertierbarkeit der Bedeutungen von ›rechts‹ und ›links‹ sichtbar. Ein anderes Beispiel aus der Frühzeit der konkreten Poesie, das durch die Anthologien wandert, ist Décio Pignataris Text *beba coca cola* (1957): Aus den Lettern der Wörter *coca – caco – cola* mischt sich schließlich *cloaca*.[23]

Die klassische artistische Form für die kaleidoskopartige Beweglichkeit der Buchstaben im Wort und im Satz ist das Anagramm bzw. sein Sonderfall des Palindroms. Wie alle Buchstabenspiele haben auch diese eine weit zurückreichende Herkunft mit einst magischem und numinosem Hintergrund.[24] Schon einfache Wortanagramme können faszinierende Bedeutungssprünge bewirken und Nachdenklichkeit auslösen: AVE – EVA, ROMA – AMOR (beide sehr alt), LEBEN – NEBEL, TABU – TAUB, AMOK – KOMA, ... Viele Poeten, auch aus dem Umkreis der konkreten Poesie, haben Anagramme verfasst oder verwenden anagrammatische Elemente in ihren Texten. Am intensivsten, ausschweifendsten taten dies etwa Unica Zürn, André Thomkins, Oskar Pastior, Kurt Mautz.

Oskar Pastior bemerkt im Vorwort seiner Anagrammgedichte (1985):

»Das Anagramm umschreibt ein Staunen ohne Erstaunen, nicht mein Staunen, sondern das Staunen eines Überwechselns ohne Übergang. Im Anagramm verhält sich der Autor zur Zeile wie die Abwesenheit zum Leser – es ist eine ganz und gar nicht private Konstellation. Alles liegt offen. An dieser Öffentlichkeit beteiligt sich schlechthin jeder Text.«

Und so greift Pastior zu bekannten Textüberschriften, aus denen er die Anagrammgedichte entwickelt – im Fall der zitierten Sammlung zu solchen aus Johann Peter Hebels *Schatzkästlein*. Es liest sich z. B. so:

Wie man aus Barmherzigkeit rasiert wird.

Herr Maiwein sagt dies kaum. Wir Zierbart-
barrikadierer steigen (ha warum?) im Zwist.
Aber Zweige riskiert man im Haarwust dir.
Einzig, wer kraus marmiert, ist wahr dabei.
Zwar ist Reimbusigkeit warmer Haarneid –
aber ei was wird mit zu strengem Harakiri?
Aha: Musiker ab Maerz wird weiter stirnig;
wer Dias markiert, reibt Hauszwirnmagie.[25]

In den Anagrammgedichten treffen die konträren Momente von strikter Regelbindung und Zufallsspiel, von inventorischer Beweglichkeit und kontemplativer Konzentration zusammen, wie sie für die Poetik der konkreten Poesie generell bezeichnend sind. Das Autoren-Ich ist in einer paradoxen Weise beteiligt: frei in nicht erfasste, nicht artikulierte Bereiche ausgreifend – und im Arrangement der Zufallskomponenten, im Beobachten der Spiel-Regeln verschwindend. Eine Spannung wird spürbar, die zwischen dem beobachtenden, analysierenden, probierenden (›experimentellen‹) Einlassen auf das Sprachmaterial, das gesellschaftlich in Gebrauch ist, mit all seinen Implikationen und der Unbestimmbarkeit des poetischen Subjekts besteht. Dieses vertritt hier, in einer artistisch präparierten Funktion, die Individuen, die an dem zivilisatorischen Prozess teilhaben, der sich in der Sprache manifestiert, ja wesentlich durch Sprache in Gang bleibt.

7

Die anagrammatisch gebauten Texte sind regelgesteuerte Zufallsgebilde. Da die Sprünge der Buchstaben nicht voraussehbar sind, birgt jede Variante eine Überraschung. Die Zahl der möglichen Varianten lässt sich im Voraus nicht abschätzen; der Text bleibt offen. – Viele Texte der konkreten Poesie haben, auch wenn sie nicht anagrammatisch sind, eine analoge offene Struktur: Im Text fixiert wird nur ein Ausschnitt eines weiterlaufenden sprachlichen Prozesses, dessen Regeln sich an dem vor Augen liegenden Stück ablesen lassen. Dieses

Textstück genügt, den Leser zu befähigen, ins Nichtformulierte selbst vorzudringen.

Der Gegentyp dazu ist der ideographische Text. Er beginnt damit, dass er die verbalen Buchstabengruppen als Wortbilder sehen lässt. Als Beispiel wähle ich folgenden frühen Text von Heinz Gappmayr:[26]

licht

schatten

Indem die Buchstaben, die das Wort *licht* bezeichnen, mehrfach übereinander geschrieben werden, verändert sich die Lesequalität völlig. *licht* erscheint als diffus, verschattet, kompakt, die semiotischen Einzelheiten müssen erst identifiziert werden; *schatten* dagegen zeigt sich klar, licht, eindeutig, jedes Einzelzeichen gesondert darstellend. Die Visualisierung gibt den Wortbildern eine Bedeutungsprägung, die sie in der gewohnten verbalen Verwendung von sich aus nicht mitbringen, und sie werden in überraschender Weise aufeinander bezogen: der Schatten als Licht, das Licht als Schatten. Dies gelingt mit einem Minimum an Mitteln, weil in den Wortbildern verbale und visuelle Momente sich überlagern. Die Schriftzeichen werden bildnerisch behandelt und geordnet, sodass die Buchstaben nicht mehr, wie üblich, im Lesevorgang verschwinden, sondern mit ihren Einzelheiten vor dem lesenden Auge bleiben, da der Textsinn sich erst langsam im Abtasten der visuellen Momente einstellt.

8

Die Alphabetzeichen haben, solange es sie gibt, ein Doppelleben geführt. Zwar lassen sie sich im Hinblick auf ihre eigentliche Leistung bei der Fixierung der Sprachlaute eindeutig definieren. Doch was sie im Übrigen mittransportieren an symbolischen, magischen, zauberischen Qualitäten auf der einen Seite, an artifiziellen, bildnerischen, phantasmischen auf der anderen, lässt jeden Versuch, zu bestimmen, was das Alphabet für die menschliche Lebenspraxis bedeutet und bedeutet hat, scheitern. Bemerkenswert ist jedenfalls, dass sich die Alphabetzeichen den Konsequenzen, die sich aus dem funktionsbedingten Aufgehen im Lesevorgang anbieten, immer wieder entzogen haben. Vielleicht schreibt sich die widerständige Autonomie gerade von den Qualitäten her, durch die ihre Fungibilität als Schriftzeichen optimiert wurde: von der Minimalisierung des benötigten Zeichenrepertoires auf gut zwei Dutzend Elemente und von der geometrischen Reduktion ihrer Gestalten, die einst aus Dreieck, Kreis und Rechteck und deren Segmenten entworfen wurden. Das Einfache als Münze mit zwei Gesichtern.

Anmerkungen
1 Reichhaltige Belege dafür finden sich in Franz Dornseiff: Das Alphabet in Mystik und Magie. Leipzig 1925, 1985
2 Vgl. Robert Massin. La lettre et l'image. Du signe à la lettre et de la lettre au signe. Paris 1970; dt.: Buchstabenbilder und Bildalphabete. Ravensburg 1970
3 Zitiert nach Massin a. a. O., S. 87
4 Zur Entwicklung vgl. Dietmar Debes: Das Figurenalphabet. Leipzig 1968 Informatives Material enthält auch das erwähnte Werk von Massin.
5 Velimir Chlebnikov: Werke 2, Prosa, Schriften, Briefe. Hg. von P. Urban. Reinbek 1972, S. 115
6 Chlebnikov: Werke 2, a. a. O., S. 328 f.
7 Im Einzelnen dazu: Raoul Hausmann: Am Anfang war Dada. Steinbach/Gießen 1970; Michael Erlhoff: Raoul Hausmann. Dadasoph. Hannover 1982
8 Ein solcher Versuch ist Theo van Doesburgs Text Voorbijtrekkende Troep (1916), in dem Rhythmus und Lautstärke durch die Typographie angedeutet werden; abgedruckt in Klaus Peter Dencker: Text-Bilder. Visuelle Poesie international. Köln 1972, S. 67
9 Vgl. S. 440, Anmerkung 7
10 Kurt Schwitters: Das literarische Werk. Bd. 1 Lyrik. Hg. von Friedhelm Lach. Köln 1973, S. 205, 206, 208, jeweils mit Variationen. – Aus den 20er Jahren stammt ein *Suicide* betiteltes Alphabetgedicht von Louis Aragon, das die Buchstaben xyz in eigener Zeile mit Durchschuss von den anderen absetzt und zwischen ihnen jeweils eine Leerstelle lässt, als sei die Kadenz des Alphabets besonders gewichtig – mit Bezug auf den Titel? – Abgedruckt in Christina Weiß: Seh-Texte. Zirndorf 1984, S. 33
11 Vgl. F. Dornseiff, a. a. O., S. 69 ff.
12 Kurt Schwitters: Das literarische Werk. Bd. 1 Lyrik, a. a. O., S. 206
13 Kurt Schwitters: Das literarische Werk. Band 5, a. a. O., S. 138 f.
14 Das verstreute Lebenswerk Otto Nebels ist jetzt zusammengetragen in: Otto Nebel: Das dichterische Werk. Bd. 1–3. Hg. von René Radrizzani. München 1979 (Frühe Texte der Moderne). Unfeig in Bd. 1, S. 183 ff.

15 Das dichterische Werk, Bd. 3, a.a.O., S. 7
16 Das dichterische Werk, Bd. 3, a.a.O., S. 126
17 Das dichterische Werk, Bd. 1, a.a.O., S. 200
18 Das dichterische Werk, Bd. 1, a.a.O., S. 203
19 Einen historischen Abriss der akustischen Poesie und Porträts der in der Nachkriegszeit tätigen Autoren enthält: Henri Chopin: Poésie sonore international. Paris 1979
20 Vgl. Klaus Schöning (Hg.): Hörspielmacher. Königstein 1983
21 Über die geschichtlichen Zusammenhänge der konkreten Poesie, ihre Poetik, Autoren und Texte: Christina Weiss: Seh-Texte. Zirndorf 1984; Dieter Kessler: Untersuchungen zur Konkreten Dichtung, Vorformen – Theorien – Texte. Meisenheim 1976; Klaus Peter Dencker: Text-Bilder. Visuelle Poesie international. Köln 1972. Die noch immer maßgebliche Anthologie: Emmett Williams: An Anthology of concrete poetry. New York-Stuttgart 1967.
22 S. Anm. 5
23 Der Text ist abgedruckt in: Emmett Williams: An Anthology of concrete poetry, a.a.O.
24 Vgl. Franz Dornseiff, a.a.O. S. 63, 177
25 Oskar Pastior: Anagrammgedichte. München 1985, S. 70
26 Heinz Gappmayr: Texte. München 1978

Wort Worte Wörter

2008/2015

> Die Fokussierung auf die Partikel der Schreibpraxis verdeutlichte sich 2004 in dem Buch *Freiflug für Fangfragen* mit 123 Alphabetgedichten und 26 Versalcollagen. Diesem synthetischen Verfahren folgte seit 2008 ein analytisches, bei dem die Strichelemente voneinander gelöst und zu einer autonomen Komposition formiert wurden.

Das Wort ist der Nukleus, der Fruchtkern der Poesie. Ich kann es denkend innehaben, ohne zu sprechen oder zu lesen. Es hat als solches, im Unterschied zum Nusskern, keine Materialität. Doch jedes hat Bedeutung, auch wenn es im engeren Sinn inhaltsfrei ist, und besitzt ein Magnetfeld, mit dem es andere an sich ziehen kann. Selbst ein »so« oder »die« oder »auch«, das ich solo im Sinn habe, löst in meinem Kopf Bezie-

hungsintentionen aus. Wenn ich ihm seine Zeitgegenwärtigkeit gönne, kann es ein Gedicht sein.

Die Wortäußerung ist wohl von vornherein nicht nur lautlicher Art gewesen, sondern hat sich in Gesten, Mimik und visuellen Bildzeichen vernehmbar gemacht. Deren größte Errungenschaft ist das visuelle Lautzeichen mit seiner Systemorientierung; ermöglicht mit den Raffinessen der Buchstabenformierung, durch die das Chaos der Lautierungspraktiken kanalisiert werden konnte. Die typographische Gestaltung der einzelnen Lettern wirkt unterschwellig mit an der semantischen Valenz des Gelesenen. Diese Qualität verlockt zur visuellen Permutation der Elemente eines Wortbildes, wie sie erstmals bei der Konzeption der Glasstele des Buchmessendenkmals in Frankfurt/M. 2008 realisiert wurde.

Zugrunde liegt die genau artikulierte Lautgestalt und die visuelle Musterung des Letternensembles. Wobei die divergenten Lineaturen der beteiligten Lettern schon auf die neue Wortstruktur hinweisen. Die angestrebte Kohäsion wird probeweise auf dem Bildschirm des Computers angesteuert und allmählich ausbalanciert. Die Schriftschnitte können dabei gegebenenfalls drastisch verzogen und eingepasst werden.

Das Ausgangswort wird verrätselt. Abtastendes Lesen kann es rekonstruieren, doch kann beim probierenden Entziffern auch anagrammatisch eine ganz andere, eigene Lesart hervortreten.

Collagetexte und Sprachcollagen

1968

> Dietrich Mahlow initiierte und organisierte 1968 in der Nürnberger Kunsthalle eine Arbeitswoche mit Ausstellung zum Thema »Prinzip Collage« (s. unten S. 557 f.). Deren Beiträge, Diskussionen und Beispiele wurden anschließend in dem Band *prinzip collage* im Luchterhand Verlag veröffentlicht – darin auch der folgende Vortrag.

Beim Stichwort ›Collage‹ denkt man an die bildende Kunst: Um 1910 haben die Kubisten Picasso und Braque begonnen, Zeitungsausschnitte, Papierstreifen, Wachstuchstücke und andere Dinge in ihre Bilder zu kleben. Collage heißt ›ankleben‹, und so wurde eine technische Bezeichnung zum Begriff für eine Methode künstlerischen Produzierens, die seitdem in alle Disziplinen eingedrungen ist. Die italienischen Futuristen haben damals die neue Technik sofort aufgegriffen, und die Dadaisten haben sie zur autonomen Bildform entwickelt: Kurt Schwitters fügt Bildkompositionen zusammen, die nur noch aus Collage-Elementen bestehen; Raoul Hausmann und Hanna Höch erfinden die Fotomontage, die als Collage aus Fotobildern zu verstehen ist. Bildfragmente aus den verschiedenartigsten Realitätsbereichen schießen darin zu einer neuen kompositorischen Einheit zusammen, die der Sprunghaftigkeit und Disparatheit der Realität entspricht, aus der die Fotos stammen. Die Collagetechnik erweist sich als dieser Realität auf den Leib geschnitten: Heterogenes Material erscheint eng benachbart, wird simultan aufgenommen, bildet eine funktionelle Einheit, aber keine thematische. An die Stelle des geschlossenen Sinnzusammenhangs ist das Funktionengeflecht getreten, das seine Elemente in einer Hinsicht beansprucht, in allen anderen aber unangetastet lässt.

Inzwischen ist die Collage längst über ihre Anfänge als bloße Papiercollage hinausgeraten. Schon Kurt Schwitters hatte gefundene Objekte banalster Art einbezogen; Schuhsohlen, Fahrscheine, Drahtnetze, Holzräder trafen sich in seinen reliefartigen Collagen. Der nächste Schritt war die Assemblage von Gegenständen, das Zusammenfügen von heterogenen Dingen zu plastischen Agglomeraten bis hin zu den Kasten- und Möbelassemblagen der Luise Nevelson oder Kalinowskis und den Maschinencollagen Tinguelys. Die Absicht auf ein Bild und auf die Funktion der Fundstücke in einem vorgegebenen malerischen Zusammenhang war dabei längst aus dem Blick geraten, wenn auch die Papiercollage weiter gepflegt wird und zum Beispiel in der Schriftcollage neue Anwendungsbereiche gefunden hat. Auch greift die experimentelle Entwicklung innerhalb der Malerei selbst immer wieder auf die Collagetechnik zurück, etwa wenn der Maler Bernard Schultze mit Hilfe von Collageelementen eine Entwicklung von der Fläche übers Relief mit wachsenden Dimensionen bis zur freistehenden Plastik vollzieht, oder in den combine paintings Bob Rauschenbergs, der Gegenstände an die Bildfläche montiert.

Doch schon Schwitters griff mit seiner berühmten *Merz-Säule*, einer

Konstruktion aus Holz und Gips, die sein Haus von unten nach oben durchwucherte und in deren Nischen allerlei Objekte einmontiert waren, bereits in den architektonischen Raum über. Heute schafft die Kunst des Environments real-irreale Umwelten aus vorhandenen und aus erfundenen, künstlichen Gegenständen, mimt die Vorstellbarkeit des Unvorstellbaren in Tuchfühlung mit dem alltäglichen Kram. Es war nur noch ein kleiner Schritt, auch menschliche Handlungen einzubeziehen – die statische Szenerie des Environments mit agierenden menschlichen Körpern zu besetzen. Im Happening werden Handlungen collagiert. Al Hansen, einer der amerikanischen Protagonisten des Happenings, bezeichnet diese als »theatre pieces in the manner of collage«. Am Happening sind nun alle Medien beteiligt: Bild, Raum, Bewegung, dramatische Aktion, schließlich auch Wort und Geräusch. Bildende Kunst, Theater, Musik sind, wenn auch in völlig ungewohnter Weise und ohne Rücksicht auf traditionelle Darbietungsregeln, im Happening aktiviert und amalgamiert.

Im Happening kommen verbale Elemente vor; in den frühen kubistischen Collagen haben Wortfragmente eine bestimmte semantische Rolle im Bild gespielt. Von Schwitters ist bekannt, dass er – wie Bilder – auch Texte aus verbalem Material »gemerzt« hat, wie er es nannte. So ist die Frage berechtigt, ob die Collagetechnik auch von der Literatur benutzt wird. Es fällt einem sofort Döblins Roman *Berlin Alexanderplatz* ein, in dessen Erzählzusammenhang Zitate aus Reden, Zeitungen, Wetterberichten, Anzeigen montiert sind, die an die collagierten Zeitungsfetzen in kubistischen Bildern erinnern oder an die Fotomontagen jener Jahre: Auch Döblin lässt kaleidoskopartig die Realitätsfragmente der modernen Großstadt zusammenschießen.

Das Prinzip Collage hat in der Literatur jedoch seine eigene Herkunft. Lautréamonts berühmt gewordenes Modell einer neuen Poesie, die sich in der Begegnung einer Nähmaschine und eines Regenschirms auf einem Seziertisch ereignet[1], hat Collagecharakter. Lautréamont nimmt Marcel Duchamps Fahrrad, auf einem Hocker montiert, vorweg: In beiden Fällen wird Heterogenes, das im geläufigen Lebenszusammenhang nichts miteinander zu tun hat, verbunden. Das Entfernteste könnte das sein, was am dichtesten zusammengehört. Was nicht bereits durch die banale Gebrauchsfunktion sich bis zum Überdruss kennt, erzeugt die intensivste Spannung. Max Ernst, selbst von einem starken unterschwelligen literarischen Impuls bewegt, brachte das poetische Modell Lautréamonts auf eine abstrakte Formel, die dann auch für die bildende Kunst des Surrealismus gültig war, die er mit seinen Bildcollagen erweitert hat. Max Ernst bemerkt, dass »die Annäherung von zwei (oder mehr) scheinbar wesensfremden Elementen auf einem ihnen wesensfremden Plan die stärkste poetische Zündung provoziert«, denn je willkürlicher die Zusammenstellung, »um so sicherer (ist) eine völlige partielle Umdeutung der Dinge durch den überspringenden Funken Poesie ...«

An der Methode, wie die Spannung zwischen dem Heterogenen zu gewinnen sei, scheiden sich die Geister, im Prinzip sind sie sich jedoch einig. Der Surrealismus vertraut auf die dichte Kohärenz somnambuler Assoziationsketten; der Traum ist sein Modell, der das Unvereinbare in einem verborgenen symbolischen Kontext vereinbar macht. Der Dadaismus benutzt Zufallsstrukturen und überlässt es dem Leser oder Betrachter, Sinnzusammenhänge zu schaffen. Tristan Tzara schlägt das radikalste Rezept vor:

> »Nimm eine Zeitung. Nimm eine Schere. Suche einen Artikel aus von der Länge des Gedichts, das du machen willst. Schneide ihn aus. Dann schneide jedes seiner Wörter aus und tue sie in einen Beutel. Schüttele ihn. Dann nimm einen Ausschnitt nach dem anderen heraus und kopiere ihn genau. Das Gedicht wird sein wie du.«

Hans Arp, Tzaras Dada-Kollege in Zürich, wendet ein analoges Verfahren an, wenn er Papierfetzen auf eine Fläche fallen lässt und sie genau in der Position aufklebt, in die sie der Fall, also der Zufall gebracht hat. Erst die Aktivität des Betrachters oder – im Falle Tzaras – des Lesers bringt das Bild oder den Text zustande. Während gewöhnlich die Intention eines bestimmten, vorgegebenen Sinnes die Auswahl und syntaktische Ordnung des Sprachmaterials steuert, wird hier ein Sinnbezug, eine sinnvolle Ordnung des angebotenen Textmaterials erst nachträglich vom Leser hergestellt. Wie das klingen kann, mag ein kurzes Stück aus einem Montagetext, den die Wiener Gruppe – Artmann, Bayer und Rühm – in Teamarbeit hergestellt hat, zeigen. Aus irgendeinem obskuren *Lehrbuch der böhmischen Sprache* greifen sie Vokabeln, Redewendungen und einfache Sätze heraus, um sie willkürlich aneinanderzureihen. Das hört sich so an:

> das füllen verschneiden
> soldat werden
> auf das pferd aufsitzen
> aufs pferd springen
> in den ehestand eintreten
> die häuser plündern
> es koste was es wolle
> seine pflicht tun
> schuhe anziehen
> schuhe ausziehen
> den pferden die hufeisen abbrechen
> die kleider abnützen
> das blut spritzt aus der wunde
> speisen zubereiten
> hochzeit machen
> die kleider ausziehen
> um weihnachten
> ein tisch mit drei füßen
> ein schauer überfiel mich
> die kälte läßt nach
> die wunde erneuert sich
> alles umkehren ...[2]

Sinnbezüge in solchem Kaleidoskop von montierten Sprachelementen zu finden, ist der Leser befähigt durch die eigenen latenten Sinnwünsche und durch die Spannung, in der er durch nicht erfüllte und mit seinen Kräften vielleicht nicht erfüllbare Sinnerwartungen lebt. Das offene Sinnmuster eines solchen Textes bietet sich ihm zur individuellen Ausfüllung an. Vonseiten der Sprache wird die Umkehrung des gewohnten sprachlichen Vorgangs ermöglicht durch die semantische Plastizität der Wörter und durch die Eigentümlichkeit unserer Sprache, dass sinnvolle Aussagen nicht unbedingt grammatisch komplette Sätze erfordern, sondern verbale Ansätze, Andeutungen durch die Situation, in der sie erscheinen, sinnvoll ergänzt werden können, sodass dennoch zureichende sprachliche Mitteilungen zustande kommen.

Unsere Wörter, vor allem Nomina und Verben, speichern mehr an potentiellen Bedeutungen, als jeweils im Satz aktuell werden kann. Die Wörterbücher haben daher ihre Not, nur annähernd das semantische Feld eines Wortes abzugrenzen, und die besten ergänzen ihre Angaben, indem sie typische Verwendungsfälle des Wortes im Ganzen zitieren. Jeder Wortkörper ist bereit, im aktuellen Zusammenhang seines Textes neue Bedeutungsnuancen aufzunehmen, auch wenn sie bisher nicht gängig waren. Ein Wortkörper ist nicht mit einer bestimmten Bedeutung verheiratet; er ist ständig fähig, semantische Verschiebungen aufzunehmen. Ja, derselbe Wortkörper kann völlig verschiedene Bedeutungen tragen, wie der Wortkörper ›Tor‹ mit Haustor und Narr. Und umgekehrt kann eine bestimmte Bedeutung von verschiedenen Wortkörpern vermittelt werden. Diese semantische Plastizität der Wörter ist die Voraussetzung für die Ökonomie der Sprache: Mit einem beschränkten Wortschatz und einer begrenzten Menge von Wortkörpern kann sie unbeschränkt viele und immer wieder neue Bedeutungen und Sachverhalte wiedergeben. Und sie kennzeichnet ihren instrumentalen Charakter.

Im Gegensatz zu allen anderen zivilisatorischen Funktionsinstrumenten, die wir benutzen, hat die Sprache nicht nur geschichtliche Qualität, sondern ihr instrumentaler Wert gründet gerade in der Spannung zwischen Erinnern und Vergessen und Wiedererinnern, die das geschichtliche Bewusstsein kennzeichnet. Eine Bedeutung schießt an, wird benutzt und verschwimmt. Und bleibt dennoch im Erinnerungspotential, sodass sie selbst oder ihre Variante, vielleicht aber auch sie selbst bereits als Metapher aufs Neue verwandt werden kann.

Die Eigentümlichkeit sprachlicher Collage-Bildung hängt von dieser dynamisch-geschichtlichen Struktur des Sprachmaterials ab. Die Wortkörper, so elastisch sie sich gegenüber ihren aktuellen Bedeutungen verhalten, führen zugleich riesige Erinnerungshöfe ihrer Redeverwendungen, der einmal getroffenen Bedeutungsentscheidungen mit. Das wird deutlich, wenn man zum Beispiel von einem ungarischen Übersetzer erfährt, dass in seiner Sprache auch heute noch Reimworte wie ›Rose‹ oder ›Herz‹ ihre Kraft haben, während sie im Deutschen kaum mehr möglich sind und nur noch als Petrefakten ihrer eigenen Geschichte weiterexistieren.

Semantische Plastizität und geschichtliche Bedeutungsspeicherung scheinen sich zu widerstreiten, tatsächlich sind sie jedoch zwei Aspekte derselben Sache: Die Wörter können ihre Bedeutungshöfe nur anreichern, weil sie nicht an eine Bedeutung fixiert sind, und die Wortkörper können auf immer neue Bedeutungsnuancen und Verschiebungen bezogen werden, weil sie immer vor dem geschichtlich differenzierten Bedeutungshof fungieren, der jeder neuen Verwendung ihren semantischen Stellenwert gibt. Erst im Bezug auf den Bedeutungshintergrund findet die neue Bedeutung ihren genauen Ort. Wenn Tristan Tzara ein Gedicht aus zufällig aneinandergereihten Wörtern zu bilden empfiehlt, dann verlässt er sich darauf, dass die Wortkörper sowohl ihren autonomen Bedeutungshof mitbringen, als auch fähig sind, im unvorhergesehenen, neuen Kontext Sinnbezüge anschießen zu lassen, weil sie nicht starr auf eindeutige Bedeutungen festgelegt sind. Dieser Sachverhalt ist konstitutiv für die sogenannte konkrete Poesie.

Zur Ökonomie der Sprache gehören aber auch ihre stereotypen Wendungen, angefangen von den simplen phraseologischen Wortverbindungen, wie ›es ist die Rede davon‹ oder ›einen Gedanken aufgreifen‹, über die ideomatischen Formeln, die einen ganz spezifischen, von der direkten Bedeutung abgehobenen Sinn haben, wie ›den Faden verlieren‹ oder ›einem auf den Wecker fallen‹, bis zu den sprichwörtlichen Prägungen, in denen vorformulierte Einsichten dem Benutzer die eigene Anstrengung abnehmen und die Rechtfertigung für ein schematisiertes Verhalten geben. Ich erinnere nur an das fatale Wort ›wo gehobelt wird, fallen Späne‹, das aus biederer altdeutscher Handwerkererfahrung stammt und mit dem in weniger biederen Zeiten die Menschen zum Schindluder getrieben wurden. Da solche Redemuster Allgemeinbesitz sind, werden sie ohne weiteres verstanden, und jeder Empfänger verbindet ohne Kontrolle damit, was ihm der Absender einreden will. Bei der Masse der verbalen Mitteilungen, die wir täglich aufzunehmen haben, und bei dem Tempo, mit dem sie oft übertragen werden müssen, sind die standardisierten Formeln freilich unentbehrlich, und ihr Vorrat nimmt immer noch zu. Keine Begrüßungsansprache, keine Nachrichtensendung, kein Werbetext kommt ohne sie aus.

Auf die Gefährlichkeit dieser Entwicklung hat zum ersten Mal Karl Kraus in seinem überdimensionalen Drama *Die letzten Tage der Menschheit* hingewiesen, das in den Redeschwemmen des Ersten Weltkriegs entstanden ist. Das Ausmaß der sprachimmanenten Lüge, die aus der Diskrepanz zwischen dem tatsächlichen mörderischen Geschehen und den darauf bezogenen sprachlichen Äußerungen und Redegewohnheiten entspringt, zeigt ihm apokalyptische Züge. Die Präsentation des benutzten Redepotentials in den Dialogen des Buches erweist die Sprache als einen Filter, der gegen die Realität abschirmt, sie schon mit der bloßen Nennung ins Erträgliche umbiegt, ihr Interpretationen aufsetzt, die sie praktikabel machen und den Schock, der aus der unmittelbaren Erfahrung entspringen und Impulse der Veränderung auslösen könnte, neutralisieren. Dazu eine beliebige Probe aus dem Buch. Ein k. und k. General hält 1918 die folgende Ansprache an seine Offiziere:

> »Meine Herren – also – nachdem unser Offizierskorps ein vierjähriges beispielloses Ringen – also gegen die Übermacht einer Welt – überstanden hat – also setze ich das Vertrauen auf meinen Stab – indem ich überzeugt bin – wir werden auch fernerhin – unerschrocken – tunlichst – die Spitze bieten. Kampfgestählt gehen unsere heldenmütigen Soldaten – diese Braven – gehen sie neuen Siegen entgegen – wir wanken nicht – wir werden den bis ins Mark getroffenen Feind – zu treffen wissen, wo immer es sei, und der heutige Tag, meine Herrn – wird einen Markstein bilden – in der Geschichte unserer glorreichen Wehrmacht immerdar ...!«[3]

Diese Bewusstseinsspaltung oder Bewusstseinskrümmung besteht auch für uns noch. Wir leben mehr oder weniger bewusst in einer von Sprachstereotypen wetterfest imprägnierten Wirklichkeit und erfahren punktuell doch immer wieder den Schock, der von dem, was sich tatsächlich abspielt, ausgeht. Die Situation wird dadurch kompliziert, dass die Sprachfilter auf die Schockerfahrung eingestellt sind, sich immer wieder an ihr orientieren, sich von ihr aufrauhen lassen und sie dadurch absorbieren. Realität wird in die verkürzte sprachliche Fassung übersetzt, und es wird dadurch der Anschein erweckt, der Realität ausgesetzt und ihr gewachsen zu sein. An diesem Besänftigungsprozess ist gerade die Literatur beteiligt, die auf ihren harten Realismus stolz ist.

Dieser Situation von Sprache und Realität ist nicht durch die bloße Reflexion zu begegnen, vielmehr müssen die inkrustierten Sprachgebilde selbst in eine Fassung gebracht werden, die ihrer Realität entspricht. Sie müssen selbst wie Realitätsfragmente behandelt werden. Das heißt vor allem: Sie müssen aus der Vertraulichkeit, die jeder Versprachlichung als Beigabe des sprachhandelnden Subjekts innewohnt, in die Verhärtung, die Verdinglichung getrieben werden, ihren vom Subjekt gestifteten Ganzheits- und Sinncharakter verlieren, sodass das Subjekt in der Konfrontation mit dieser Wahrheit seiner Sprachgebilde ihr Verhältnis zur Realität erkunden kann. Die sprachlichen Gebilde erscheinen jetzt als das, was sie sind: Objekt unter Objekten, beliebige Versatzstücke, verdinglichtes Material, das neuen Formintentionen zur Verfügung steht. Sprachcollagen und Collagetexte werden möglich.

Es ist bezeichnend, dass in vielen mit Collageelementen arbeitenden literarischen Texten der Impuls von Karl Kraus weiterwirkt, mit der neuen, schockierenden Technik das illusionistische Sprachgewebe zu durchstoßen und die splitternde Realität erfahren zu lassen. So ist es in Döblins *Berlin Alexanderplatz*, so in Michel Butors *Mobile*, in Heißenbüttels *Deutschland 1944*, um nur einige Texte zu nennen.

Das Sprachmaterial, das für Textcollagen verwendet wird, stammt immer aus gesellschaftlichem Gemeinbesitz und ist im Umlauf gewesen. Es kann sich um wörtliche Zitate aus Reden, Zeitungen, Büchern, Verordnungen usw. handeln; es können Redensarten, Sprichwörter, aber auch Einzelwörter mit bezeichnendem Inhalt benutzt werden. Es gibt eine Vielzahl von Kompositionsformen sprachlicher Collagen: Ihre Elemente können in einen vorgegebenen Erzählzusammenhang eingebaut werden, wie im Falle des Romans von Döblin *Berlin Alexanderplatz*; oder Collageelemente können in einem Textplan neben anderen Textformen als eigentümliche Textschicht auftreten, wie es Butor in seinem *Mobile* macht; oder es kann zu einem bestimmten Thema ein ganzer Text aus collagierten Zitaten montiert werden, wozu Heißenbüttels *Deutschland 1944* ein Beispiel liefert; schließlich können Textelemente ohne vorgebenes Thema und ohne vorfixierten Plan kaleidoskopartig zusammentreten und es dem Leser überlassen, ihren Zusammenhang herzustellen, wie es Tristan Tzara vorgeschlagen hat. Es gibt im Grenzfall Textcollagen, die nur mit Wortkernen arbeiten, und andere, bei denen das Wortmaterial entsprechend der Tendenz zur Verdinglichung weiter zerstört wird. Im Folgenden soll eine Reihe möglicher Collagetypen aus Sprachmaterial betrachtet werden.

Die Erzählgemütlichkeit des Romans zu durchlöchern, den Leser aus der angenehmen Fiktion auf die eigene banale Realität zu stoßen, dienen in Döblins Roman *Berlin Alexanderplatz* die einmontierten sprachlichen Realitätsfragmente, vom Wetterbericht über Zeitungsnachrichten, Straßennamen, Dialogfetzen, Werbesprüchen bis zu politischen Reden und zur zahlengespickten Reportage aus dem Schlachthof. Der Roman behält seine traditionelle Form; er spinnt seinen Handlungsfaden chronologisch an dem Geschick seines Helden Franz Biberkopf fort und erreicht ein vorgenommenes episches Ziel. Die Collageteile haben dokumentarischen Charakter; sie vermitteln Atmosphäre und Schlaglichter aus der modernen Großstadt, und sie bilden durch das unvermittelte Nebeneinander der Zitate mit der Handlung die oft groteske Zusammenhanglosigkeit riesiger Menschenansammlungen ab:

»Destillen, Restaurationen, Obst- und Gemüsehandel, Kolonialwaren und Feinkost, Fuhrgeschäft, Dekorationsmalerei, Anfertigung von Damenkonfektion, Mehl und Mühlenfabrikate, Autogarage, Feuersozietät: Vorzug der Kleinmotorspritze ist einfache Konstruktion, leichte Bedienung, geringes Gewicht, geringer Umfang. – Deutsche Volksgenossen, nie ist ein Volk schmählicher getäuscht worden, nie wurde eine Nation schmählicher, ungerechter betrogen als das deutsche Volk. Wißt ihr noch, wie Scheidemann am 9. November 1918 von der Fensterbrüstung des Reichstags uns Frieden, Freiheit und Brot versprach? Und wie hat man das Versprechen gehalten! – Kanalisationsartikel, Fensterreinigungsgesellschaft, Schlaf ist Medizin, Steiners Paradiesbett. – Buchhandlung, die Bibliothek des modernen Menschen. Es sind die großen Repräsentanten des europäischen Geisteslebens. – Das Mieterschutzgesetz ist ein Fetzen Papier. Die Mieten steigen ständig. Der gewerbliche Mittelstand wird auf das Pflaster gesetzt und auf diese Weise erdrosselt, der Gerichtsvollzieher hält reiche Ernte. Wir verlangen öffentliche Kredite bis zu 15 000 Mark an das Kleingewerbe, sofortiges Verbot aller Pfändungen bei Kleingewerbetreibenden. – Der schweren Stunde wohl vorbereitet entgegenzugehen ist Wunsch und Pflicht jeder Frau. Alles Denken und Fühlen der werdenden Mutter kreist um das Ungeborene. Da ist die Auswahl des richtigen Getränks für die werdende Mutter von besonderer Wichtigkeit. Das echte Engelhardt-Karamalzbier besitzt wie kaum ein anderes Getränk die Eigenschaft des Wohlgeschmacks, der Nährkraft, Bekömmlichkeit, erfrischenden Wirkung...«[4]

So geht die Montagemischung aus Werbesprüchen, politischen Parolen, Namen und Informationen noch über mehrere Seiten, bis der Held des Romans wieder in dieses Panorama Berliner Banalitäten einsteigt.

Lesbar wie ein Roman, aber ohne Erzählstrang und jenseits der üblichen epischen Formen angelegt, ist Michel Butors *Mobile* von 1963, das der Autor selbst als »Studie für eine Darstellung der Vereinigten Staaten von Amerika« bezeichnet. Damit ist der thematische Plan des Buches umrissen. Er wird ausgefüllt mit einer Fülle von Details aus der amerikanischen Geschichte, Politik und Gesellschaft, bereichert durch Naturbilder und Naturbeschreibungen. Der ganze, 340 Seiten starke Text ist streng durchkomponiert. Seine dominierende Thematik ist die schuldhafte Verstrickung der weißen Einwanderer in das Geschick der indianischen Urbevölkerung und die Unterdrückung der Neger, im Buch manifestiert durch Auszüge aus der Geschichte der Indianerstämme und ihrer Begegnungen mit den Weißen wie durch aufblitzende Redewendungen ›for whites only‹, deren Verkürzung zum abgegriffenen Klischee › ... only ...‹ das generationenalte Elend der Unterdrückten verrät. Mit decouvrierendem Erfolg sind Zitate Franklins eingeflochten, die der ideologischen Rechtfertigung der Behandlung der Neger dienen. Die Schuld wird paraphrasiert durch seitenlange Auszüge aus den Akten eines Hexenprozesses von 1692. Den zivilisatorischen Habitus blenden Zitate aus Warenhauskatalogen, Zeitungsberichten über die Weltausstellung in Chicago oder einem Reiseführer durch »Freedomland«, dem nordamerikanischen Kulturschaupark, ein. Durch das ganze Werk ziehen sich Autonamen, Speiseeisempfehlungen.

Konfrontiert wird das politisch-zivilisatorische Amalgam mit nominalem Material, das vor allem aus Namen von Städten, geographischen Orten, Landschaften und Tieren besteht. Es erscheint in unhistorischer, reiner Setzung, nur in seinem ästhetischen Wert, fast ohne syntaktische Verknüpfungen:

WILLKOMMEN IN KANSAS
>>>>>>>>>>>>>>>>sieben Uhr in ...
PRESTON
Das Erschreckende an diesem Kontinent waren nicht nur
seine giftigen Lianen ...
Selbst wenn sie nicht schwarz aussehen, sind sie Schwarze.
Der Präriesee.
WASHINGTON, Kreisstadt des Washington County.
Sie sind noch schwärzer als das Schwarz.
Seine giftigen Eichen, sein giftiger Sumach, seine Giftschlangen, seine
vergifteten Indianerpfeile ...
Auf der Straße ein riesiger Studebaker (Geschwindigkeitsgrenze
nachts 60 Meilen), – »an der nächsten Texaco-Tankstelle müssen wir
tanken.«

WASHINGTON.
Die Peyote ist ein möhrenförmiger unbehaarter Kaktus (Lophophora
williamsii) von geringer Größe, der in den Grenzgebieten Mexikos und
der Vereinigten Staaten im Tal des Rio Grande wächst. Man kann die
Knolle frisch oder in der Sonne getrocknet genießen ... Ihre bemerkens-
wertesten psycho-physischen Wirkungen sind eine außerordentliche
Schärfung der Sinnesorgane, insbesondere für die Wahrnehmung von
Farben, Formen und Tönen, visuelle und akustische Halluzinationen
mit Störungen der coenesthesiatischen Sphäre ... Diese außergewöhn-
lichen Eigenschaften sind ihrem hohen Gehalt an Alkaloiden zuzu-
schreiben, wie Anhalin, Meskalin, Ophophopin, usw. ... Ihr Genuß
hat keine schädlichen Folgen, wird aber von Übelkeit begleitet, doch
verursacht er keine Gewohnheit. (Nach Vittorio Laternari: *Movimenti Re-
ligiosi dei Popoli Oppressi.*) Sie hatten schwarze Schuhe mit schwarzen
Schnürbändern.
Der Klarbach-See.
Auf einem Schwarzeichenzweig zwei schreiende Ziegenmelkerweib-
chen, das Männchen fliegt oberhalb von ihnen, seinen bärtigen Schnabel weit geöffnet. Auf einem Blatt eine Raupe. In der Luft zwei Schmet-
terlinge verschiedener Art. In der linken unteren Ecke der Seite ein
Detail des Fußes.

ASHLAND, OKLAHOMA.
Schwarze Gamaschen mit schwarzen Knöpfen.
Im Jahre 1890 hatte der Indianer Hockender Stier in Darlinton am südlichen Canadianfluß die benachbarten Stämme zu einer großen Feier des Tanzes der Geister eingeladen. Unter ihnen befand sich auch das Mischblut John Wilson vom Stamme der Delawaren (zur Hälfte Delaware, zu einem Viertel Caddo und zu einem Viertel Franzose), der im Verlauf der Zeremonie in Trance verfiel und der – nach seinen eigenen Worten – fühlte, dass er in das Herz Gottes gedrungen war ...[5]

Der Text läuft aus der Vogelperspektive über der geographischen, geistigen, gesellschaftlichen Landschaft der Vereinigten Staaten ab, wobei sich das Grundmuster ständig wiederholt. Trotz verschiedenartiger Ausfüllung und abwechslungsreichem Druckbild erfährt der Leser die ständige Wiederholung des Gleichen. Die beinahe magische Nennung von Namen, Orten, Tieren, Dingen wirkt als magisch-mythische Aussetzung des historischen Zeitverlaufs. Da diese nominalen Elemente ungreifbarer sind als die dokumentarischen Passagen, durch das Fehlen der Verben zudem ohne eigene Dramatik bleiben, werden sie zum poetischen Fond der politisch-geschichtlichen Thematik, die wir genannt haben, und das heißt: Sie imprägnieren auch diese mit ihrer teils paradiesischen, teils melancholischen Stimmung. Die eigentümliche Spannung einer Collage zwischen dem Heterogenen, hier dem historischen und dem zeitgenössisch-zivilisatorischen Material, wird von diesem Hintergrund überblendet und aufgelöst, ehe sie recht wahrgenommen werden kann. Obwohl das Buch schon von seinem äußeren Aufbau her den Eindruck von Montage und Collage erweckt, wird durch seine sprachliche Struktur die harte Verdinglichung des collagierten Sprachmaterials wieder in eine harmonisierte Verfassung von Sprache zurückgenommen.

Als drittes, von einer bestimmten Thematik gesteuertes Beispiel einer Textcollage sei Helmut Heißenbüttels Text *Deutschland 1944* genannt, der in seinem *Textbuch 6* steht (s. S. 150 ff.). Während Butor den Grundriss eines ganzen Landes samt seinem historischen Geschick zu belegen versucht, gibt Heißenbüttel den Aufriss eines bestimmten geschichtlichen Moments unserer eigenen Geschichte, nämlich die Peripetie des NS-Staates 1944. Sein Text besteht durchgängig aus Fremdzitaten. Ihr Stil ist teils poetisch, teils pathetisch, teils sachlich, teils banal. Und so wechselt auch der Sprachrhythmus zwischen Vers und Prosa.

Den Tenor des Ganzen bestimmen mehrere Zitate von Hitler und vermutlich von Himmler, dazu aus NS-Befehlen und NS-Berichten sowie aus NS-Lyrik. Sie vermitteln Schrecken, Terror, Unmenschlichkeit. Ein Auszug aus dem Wehrmachtsbericht vom 20. Juli 1944 deutet in seiner sachlichen Diktion die politisch-militärischen Folgen der NS-Politik an. Darüber hinaus öffnen zwei Zitate aus einem Werk über die Entdeckung der Atomspaltung, die in dieser Zeit sich in der Konstruktion der ersten nuklearen Bombe niederschlug, die Perspektive einer globalen Katastrophe. Auszüge aus einem privaten Tagebuch markieren den noch möglichen subjektiven Standort eines wenigstens innerlich unabhängigen Beobachters; sie vermitteln das Bewusstsein von dem, was tatsächlich geschieht, und zeichnen die Möglichkeit der Einsicht in die Schuld ab.

Diese Elemente sind überlegt komponiert und werden in ihrer Eindringlichkeit durch Wiederholungen intensiviert. Es entsteht das Röntgenbild einer kumulierenden politischen Katastrophe einschließlich ihrer Untergründe und ihrer Folgen. Der ganze Text besteht aus 13 Blöcken mit je 13 Zeilen. Die 3 ersten Textblöcke lauten:

> hängt ihr am Leben sie geben es brünstig für Höheres niemand zwang
> sie dazu denn ihres Herzens Schlag ihrer Seele Gebot hängt ihr am Leben
> sie geben es brünstig für Höheres niemand zwang sie dazu denn ihres
> Herzens Schlag ihrer Seele Gebot die lange Dauer des Krieges hat zu
> einer allgemeinen Lockerung der strengen Auffassung über die Verwerflichkeit der zusätzlichen Versorgung der Volksgenossen geführt Blut du
> lauf um nun verjüngt durch immer blühendere Leiber süß ist des Leibes
> Musik Worte sind Mosaik das heißt dass zwischen ihnen sich Risse
> ziehen diese sind logisch gesehen Lücken man muß diese gemeinsten
> Kreaturen die jemals den Soldatenrock der Geschichte getragen haben
> dieses Gesindel das sich aus der einstigen Zeit herübergerettet hat
> abstoßen und austreiben ich stand teils am Fenster teils auf der Wiese
> um mir bald diesen bald jenen Eindruck einzuprägen wie jemand der
> mit einer großen Reihe von Aufnahmen beschäftigt ist vielleicht dass
> einer spät wenn all dies lang vorbei das Schreckliche versteht die Folter
> und den Schrei die Front ruft in diesen Wochen nur nach Nachschub
> und Waffen und das Volk will das Letzte an die Front bringen um die

Drohung von unseren Grenzen abzuwenden sehr bemerkenswert ist die starke Zunahme des Interesses an allen möglichen Prophezeiungen über das weitere Kriegsgeschehen Hellseher Astrologen Zigeunerinnen sowie Zahlen- und Buchstabenkabbalistik finden neuerdings wieder besonders große Verbreitung Blut du lauf um nun verjüngt durch immer blühendere Leiber süß ist des Leibes Musik Geschlechtsverkehr bei der Leibstandarte mit andersrassigen Frauen sei sehr häufig das käme schon dadurch dass die Nachschubformationen und ähnliche Verbände viele weibliche andersrassige Hilfskräfte hätten und es hätte sich vielfach fast die Einrichtung eines Kebsweibes herausgebildet dabei werde das Problem auch im Zusammenhang mit dem Problem des § 175 gesehen sie hörte wie der Todesschweiß plätscherte die lange Dauer des Krieges hat zu einer allgemeinen Lockerung der strengen Auffassung über die Verwerflichkeit der zusätzlichen Versorgung der Volksgenossen geführt es ist ja immer ergreifend gerade bei einfachen Menschen diesem Vertrauen zu begegnen und diese Waffe müssen wir blank erhalten wie keine andere wir können es nicht dadurch erreichen dass wir möglichst lange versuchen den Leuten Sand in die Augen zu streuen sie mit Ausreden und Beschwichtigungen hinzuhalten wenn sie uns fragen mit Ausreden[6]

Dass die Form der Textcollage für die Ausleuchtung der zeitgenössischen Phänomene, die Heißenbüttel im Auge hat, nicht beliebig gewählt, deren Struktur vielmehr in beinahe erschreckender Weise entspricht, kann man aus folgendem Dokument eines aktiv an der Mordmaschinerie Beteiligten ablesen. Es handelt sich um eine kurze Tagebucheintragung des Dr. Kremer, der als Lagerarzt in Auschwitz tätig war. Unter dem 9. September 1942 notiert er, was er an diesem Tag im KZ Auschwitz Bemerkenswertes erlebt hat:

»Heute früh erhalte ich von meinem Rechtsanwalt in Münster, Professor Dr. Hallermann, die höchst erfreuliche Mitteilung, dass ich am 1. dieses Monats von meiner Frau geschieden bin. Ich sehe wieder, ein schwarzer Vorhang ist von meinem Leben weggezogen. Später als Arzt bei der Ausführung der Prügelstrafe an 8 Häftlingen und bei einer Erschießung durch Kleinkaliber zugegen. Seifenflocken und 2 Stück Seife erhalten.«[7]

Scheidung, Prügelstrafe, Erschießung und Seifenzuteilung liegen ungetrennt nebeneinander. Selten ist das Zeugnis für das Nebeneinanderbestehen des Unvereinbaren so drastisch wie hier. Es begegnen sich nun tatsächlich Nähmaschine und Regenschirm auf einem Seziertisch. Ein Blick in eine Boulevardzeitung belehrt uns, dass diese Grundstruktur zu unserer täglichen Erfahrung gehört und wir bereit sind, sie ohne weiteres hinzunehmen. Nicht nur das Heterogene, auch das Widersprüchliche steht auf einem Blatt beisammen, nur durch das formale Faktum des gleichen Datums zusammengehalten. Die Textcollage vermag diese Struktur sichtbar und ablesbar zu machen. Ihr Ort ist immanent und transzendent zugleich, und darin unterscheidet sie sich von der Tageszeitung: Sie steigt ein und distanziert, sie vermittelt die Realitätsfragmente mit dem Zweck, nicht nur zu vermitteln, sondern die Spannung des Zwischenraums bewusst zu machen, während die Zeitung den Blick punktuell ansaugt und weiterspringen lässt, ohne den Leser zur Reflexion auf das Ganze zu bringen. Die Zeitung ist allenfalls das negative Modell einer Textcollage, insofern sie heterogene und vorformulierte Textelemente montiert. Sie werden natürlich nicht als Collage konzipiert, im Gegenteil, jede Redaktion bemüht sich, schon durch die Auswahl und die inhaltliche Kombination der Nachrichten, dann durch die eigene Formulierungszugabe eine bestimmte ideologische Linie auszuziehen, die tendenziell auf ein Gesamtbild, auf eine wie auch immer geartete Schlüssigkeit der Wirklichkeit abzielt. Der vordergründige Collagecharakter der Zeitungen wird redaktionell überspielt, nach Möglichkeit verwischt zugunsten einer Stimmigkeit der Informationen und Aussagen in einem Weltbild, das mehr oder weniger scharf im Hintergrund schimmert. Es gibt keine Zeitung, in der nicht dieser Anticollageaffekt wirksam ist. Das beginnt bei der Wortwahl und endet beim Layout.

Die Collage tendiert in die entgegengesetzte Richtung: nicht ein gegebenes Weltbild mit tausend Mosaiksteinchen zu belegen, bis es stimmt, sondern durch die frappierende Kombination des Unvereinbaren Neues, Unerwartetes aufscheinen zu lassen, das vorher und mit anderen Mitteln nicht vorstellbar war. Während die Zeitung im Grunde immer darauf aus ist, bestätigt zu bekommen, was man sowieso schon weiß, und das Innovationsbedürfnis ihrer Leser auf die Sensation ablenkt, und das heißt: auf ein Bewusstseinserlebnis ohne weitere Folgen, da es isoliert, nämlich als pure Sensation dargeboten wird – während die Zeitung im Grunde konservativ ist, auch wenn sie sich progressiv gebärdet, zerstört die Collage von vornherein jedes thematisch vorformulierte Programm und gibt die Zwischenräume frei. Mit dem gegebenen Material, mit den Brocken aus der nur zu bekannten Realität bringt sie durch ihre Methode eine ›andere‹ Wirklichkeit hervor, die nicht nur die Innereien der fatal bekannten Welt hervorkehrt, vielmehr zugleich Muster und Spielformen einer neuen, unvernutzten, vielleicht nur momentan, vielleicht nur in diesem künstlerisch-künstlichen Medium erreichbaren Welt entwirft. Die Collage enthält nicht nur Kritik, sie dreht das Kritisierte zugleich um zu einer Gestalt, die wieder wahrnehmbar und griffig ist.

Heißenbüttels Textcollage *Deutschland 1944* aus dem Sprach- und Redegeröll des Dritten Reiches ist ein Beispiel dafür, wie Sprachmaterial in dieser Weise ›umfunktioniert‹ werden kann – bei ihm noch unter dem dominierenden Gesichtspunkt einer Röntgenaufnahme einer kritischen politischen Phase. Gerhard Rühm, Mitglied der vorhin bereits erwähnten Wiener Gruppe, hat einmal ein Sonett von Anton Wildgans, dessen pseudogeorgische Gebärde und trivial verschwommene Ethik unerträglich sind, umstrukturiert, indem er es in seine Wörter auflöste und diese zu einem neuen Text montierte. Das Pathos zuckt zwar noch in den Fragmenten, aber es mimt keine Gebärde mehr und muss von Fall zu Fall die Wörter freigeben, die dann als winzige poetische Gruppierungen wirken, gelöst von der Behauptung eines großen sinnstiftenden Zusammenhangs, allein angewiesen auf die Bedeutungshöfe, die die Wörter von sich aus mitbringen.

Dabei zeichnet sich die Funktion der Destruktion des vorgefundenen Materials ab, die längst eine wesentliche Phase von Collage geworden ist. Schwitters hatte für seine Papier- und Reliefcollagen von vornherein zerbrochenes, fragmentiertes, unbrauchbares Material verwendet. Wenn aber Totalität, intakte Sinnbezüge an Stellen behauptet werden, wo die geringste Reflexion auf Sprünge und Widersprüche stößt, wie zum Beispiel in jeder Zeitung, dann provoziert dies den destruierenden Eingriff, der die tatsächliche Verfassung dieses Gegenstands ans Licht bringt. Destruktion wird, sobald man sich auf die zivilisatorische Realität einlässt und sie nicht nur als Versatzstück für eine übergewölbte Weltanschauung benutzt, zur unentbehrlich korrespondierenden Methode von Konstruktion. Destruktion ist mit derselben Kompetenz am Bestand und an der Verfassung zivilisatorischer Realität beteiligt wie die Konstruktion. Ihre Methoden zugunsten der angeblich aufbauenden, positiveren Konstruktion zu vernachlässigen, heißt nicht nur, die eine Gesichtshälfte unserer Wirklichkeit zu übergehen, sondern auch auf höchst fruchtbare formale Methoden künstlerischen Arbeitens zu verzichten. Die bildende Kunst kennt längst einen ganzen Katalog von destruierenden Techniken, die ohne weiteres neben den konstruierenden angewandt werden – ich nenne nur die Décollage, das Abreißen von aufgeklebtem Papier, zum Beispiel von Plakatwänden, die Froissage, das Knüllen von Papier, die Déchirage, das Reißen, die Brûlage, das Brennen: Sie alle bilden analoge zivilisatorische Prozesse im künstlerischen Medium ab und transformieren diese Prozesse zu formalen Methoden, die unmittelbar zu positiven künstlerischen Gebilden führen können, also gar nicht einer nachziehenden aufbauenden Gestaltung mehr bedürfen. Dem Stichwort Collage, mit dem wir es hier zu tun haben, schließt sich daher unmittelbar das der Décollage an, wie sie von den Malern Rotella und Vostell u. a. angewandt worden ist. In der Décollage mischen sich Schrift- und Bildelemente im harten Nebeneinander; die Schriftzeichen können so weit zerstört sein, dass sie zu reinen graphischen Elementen werden.

Décollagen können von selbst entstanden sein, wenn Witterungseinflüsse zum Beispiel und Passanten eine Plakatwand décollagiert haben. Der zivilisatorische Ablauf bringt sie von sich aus hervor, und unsere Sache ist es nur noch, unser Auge zu üben, dass es die endgültige Vollkommenheit des Ruins erfasst. Vostell hat in Paris und in Köln Autobusfahrten arrangiert, welche Schauwillige an bestimmte Orte führten, die in diesem Sinne sehenswert waren: Kunst-Orte also, die nur im Augenblick des Betrachtens existieren und nur durch die Intensität des Betrachters aus der banalen Hinfälligkeit der städtischen Umgebung herausgeschnitten werden. Sie sind Sache des Betrachters geworden und verschwinden wieder mit ihm. Die von den zivilisatorischen Faktoren geformte und verformte Umwelt ist potentielle Kunst-Welt; dazu gehört auch die Text- und Sprachwelt: die Plakate, die Schriftrelikte, die

Geräuschfilme, das unabsehbare Gemurmel, das unsere Welt erfüllt. Bezeichnenderweise ist einer der Erfinder des Happenings, der Amerikaner Allan Kaprow, auch auf die Idee gekommen, ein Environment aus Sprache zu machen. Sprache in ihren verschiedenen zivilisatorischen Aggregatzuständen, geschrieben, gesprochen, gehört längst zu unserer dinglichen und verdinglichten Umwelt und wird produziert und konsumiert wie andere Gegenstände auch. Aus Kaprows Bericht über die Errichtung dieses Environments im September 1962 geht hervor, dass seine Anlage das Publikum nicht nur zum Aufnehmen, sondern ebenso zum Mitmachen, zur Aktivität aufforderte. Der Konsument beteiligt sich an der Produktion. Kaprow beschreibt die beiden Räume in der Smolin Gallery, New York, in denen sich das Environment *Worte* damals abspielte:

»außen am ersten raum ein elektrisch erleuchtetes schild »WORTE«. am oberen rand der wände blinken überall rote und weiße lampen. innen hängen vier lampen in augenhöhe: eine blaue, eine gelbe, eine grüne, eine weiße. die weiße blinkt, die anderen leuchten stetig. zwei senkrechte lampenreihen (...) an gegenüberliegenden wänden. an den beiden anderen wänden sind nebeneinander fünf durchgehende tuchrollen angebracht, ebenfalls von decke bis boden, auf die worte gedruckt sind. diese festgelegte elemente enthaltenden, mit der hand zu drehenden rollen können miteinander in jeweils wechselnde übereinstimmung gebracht werden, können miteinander sinnvolles oder unsinnvolles ergeben, ganz nach wunsch. die anderen beiden wände bedecken wortstreifen auf papier (beschriftet von einer gruppe von freunden und mir und willkürlich aus einer anzahl von gedichtbänden, Zeitungen, comicheften, dem telefonbuch, populären liebesgeschichten, etc. genommen; diese elemente wurden gemischt, und ich komponierte sie zu wandgroßen poemen). obendrüber roh beschriftete schilder, die das publikum auffordern, die rollen zu rollen und weitere wortstreifen von den stößen, die an einen zentralen pfahl genagelt sind, abzureißen und sie über die, die schon da sind, drüberzuheften. zusätzlich wird das publikum eingeladen, die grammofons zu bedienen und die platten zu spielen, die ich aus gesprochenem, vorträgen, schreien, anzeigen, weitschweifigem unsinn, etc. komponiert hatte – einzeln entweder oder alle zugleich.

im kleineren, blau gestrichenen raum – eine einzelne schwache glühbirne beleuchtet ihn, oben ist er mit einem plastikfilm abgedeckt – ist die atmosphäre sehr eng und intim (...). herab (...) hängen viele tuchstreifen (...). oben sieht man durch die plastik hier und da auf dem film verstreute zerknitterte zeitungen schimmern. der besucher muß sich durch die gehänge durchwühlen (...). an die stoffgehänge sind viele kleine papierstückchen geheftet mit notizen von verschiedenen leuten an verschiedene leute. am eingang liegen stift, heftklammern und papier für zusätzliche notizen bereit.«[8]

In solchem Environment erfahren die Zeitgenossen buchstäblich, wie die Wortinflation ihnen über den Kopf wächst: Sie lesen an den Wänden und auf den Rollen, was sie irgendwie sowieso schon kennen, und nur an der Stelle, wo sie selbst die Rollen drehen und Zufallskombinationen von Worten und Sätzen erzeugen können, bekommt der Käfig der Wiederholungen des sattsam Bekannten, das zivilisatorische Sprachverlies einen Sprung. Wir erinnern uns an die Formel Tristan Tzaras, ein Gedicht auf den absoluten Zufall zu gründen, und merken dabei doch einen wichtigen qualitativen Unterschied: Zum Zufall und zur Aktivität des Betrachters ist die Reflexion auf die Beschaffenheit dieser unserer Welt durch das Medium eines zugerichteten Environments gekommen. Tzaras Partner spielte noch mit sich und seinen Worten allein, und am Schluss wurde versprochen: »Das Gedicht wird sein wie du.« Bei Kaprow spielt die gesamte zivilisatorische Realität mit, der die Potenz einer Kunst-Welt zugesprochen wurde. Einschließlich der Sprachphänomene, die in ihr vorkommen, weist sie Collagecharakter auf.

Unser geläufiges Sprachgut selbst ist von derselben inneren Disparatheit wie eine Plakatwand: Seine Zersprungenheit resultiert daraus, dass wir unaufhörlich verfestigte sprachliche Muster, stereotype Redewendungen benutzen müssen, die meist in ganz andersartigen Zusammenhängen entstanden sind, für uns jetzt aber nahezu indifferent benutzbar sind. Was gemeint ist, macht das folgende Beispiel drastisch deutlich: In dem Bericht eines in der Schlacht von Stalingrad eingesetzten deutschen Offiziers heißt es an einer Stelle, wo vom Zusammenscharren der letzten Reserven die Rede ist: »Dieses Ganze wurde gekrönt durch die Ankunft eines Reservebataillons.« Dem Mann rutscht das Wort ›krönen‹, das weiß Gott aus einem anderen Sachzusammenhang stammt, gedankenlos als Relikt seiner gymnasialen Aufsatzerziehung auf die Zunge. Lakonisch heißt es dann gleich darauf von der Krone dieses Unternehmens: »Irgendwie werden sie schon aufgerieben worden sein.«

An solchen extremen Beispielen zeigt sich die Struktur unserer Sprache selbst collagehaft, und so hat Literatur nach Karl Kraus immer mit dem Collageeffekt zu rechnen, ja es gehört zu ihrer Arbeit, diesen Charakter aufzustöbern und drastisch zu machen.

Bei Kaprow tritt Text-Collage über in die Aktion mit dem Geschriebenen oder Gesprochenen. Es ist ohne weiteres möglich, seinen Environment-Entwurf mit collagierten Sprech-Szenen anzureichern, die von spontan auftretenden Schauspielern in Gang gesetzt werden, vielleicht unter Beteiligung des Publikums. Das unmittelbar Gesprochene könnte in die Collage einbezogen werden. Weitere Möglichkeiten collagierter Sprache bietet das stereophone Hörspiel. Während das monorale Hörspiel im Großen und Ganzen seine Texte sukzessiv anordnen musste, da sonst ein bloßes Sprachgemisch entstanden wäre, kann das Stereo-Spiel mehrere Texte simultan anbieten, die ein geübtes Ohr ohne weiteres unterscheiden kann, da sie von verschiedenen Raumpositionen ausgehen. Eine Fülle von Verfahren, das Textmaterial zu bearbeiten und zu montieren, stehen zur Verfügung, von artikulatorischer Verfremdung der Stimme durch den Sprecher selbst bis zur apparativen Veränderung des tönenden Materials. Die Dramaturgie des Stereo-Hörspiels kann heterogenes Textmaterial aufeinanderzuführen; sie hat es in der Hand, mit den Graden seiner Verständlichkeit bzw. Unverständlichkeit zu spielen; sie kann durch die akustische Realisation des Unvereinbaren im selben Klang- und Hörraum die Phänomene zivilisatorischer Sprachwirklichkeit in drastischer Weise herausschälen, interpretieren, zum Schockmoment präparieren oder zum ironischen Spielzeug degenerieren. Das zukünftige Stereo-Spiel ist von allen verfügbaren Medien vielleicht am besten geeignet, die Umfunktionierung zivilisatorischer Funktionselemente in ästhetische Modelle zu vollziehen.

Die naive Übereinstimmung von Wort und Sache, Ausdruck und Wirklichkeit ist zerschlissen durch den tatsächlichen Gebrauch der Sprache wie durch die unerhörte Kluft zwischen dem Faktischen dieser Realität und den Worten, die damit fertig werden sollen. Dabei hat sich herausgestellt, dass auch die Sprache faktischer Natur ist; dass sie ebenso real ist wie das, was sie vermitteln soll: Phänomen zwischen Phänomenen, nicht nur Vermittler, Medium, Bedeutungstransporteur. Sie kann als pures Phänomen in den Blick geraten und ähnlich wie andere sinnliche Gegenstände behandelt, zum Beispiel collagiert werden. Weil sie nicht ganz in ihrer Funktion verschwinden, das heißt aber auch, weil sie durch ihre Trägheit oder durch ihre Fliehkraft in ihrer Funktion versagen kann, vermag sie die Welt der Phänomene zu vermehren. Ihr Zeichencharakter kehrt sich dann auf sie selbst zurück, sie wird zum Zeichen, das nur noch sich selbst zeigt – unnütz offenbar in solcher Verfassung und überflüssig wie ein ausgedientes Automobil. Da sie jedoch auch dann noch den Charakter eines vom Menschen hervorgebrachten Seienden nicht verlieren kann, bleibt sie, in welcher Verfassung sie auch erscheint, für uns, ihre Erzeuger bemerkenswert. Wenn nicht gar die Offenlegung solcher Beschädigung, die Demonstration, dass Sprache von Grund auf und möglicherweise von Anfang an verdinglicht sein muss, ihre Zugänglichkeit steigert, da wir möglicherweise dasselbe von uns zu sagen haben.

Anmerkungen
1 Siehe S. 621
2 Aus: Die Wiener Gruppe, hg. von G. Rühm. Reinbek 1967, S. 206
3 Karl Kraus: Die letzten Tage der Menschheit. München 195, S. 682
4 Alfred Döblin: Berlin Alexanderplatz. Olten 1961, S. 131 f.
5 Michel Butor: Orte. Frankfurt/M. 1966, S. 109 f.
6 Helmut Heißenbüttel: Textbuch 6. Neuwied 1967, S. 29 f.
7 Joseph Wulf: Aus dem Lexikon der Mörder. Gütersloh 1963, S. 15
8 Aus: Happenings. Hg. von J. Becker u. W. Vostel. Reinbek 1965, S. 343 f.

»Es gibt also Löcher in meinem Gedächtnis«

Bilder und Wörter: Das Prinzip Collage
in zwei Büchern Ror Wolfs

2001/02

> Es lohnt sich, die Arbeitsmethoden Ror Wolfs, die literale und die bildnerisch-optische, die beide in den späten 50er Jahren einsetzen, simultan wahrzunehmen, da sie so offensichtlich wie unterschwellig Collagemomente benutzen. Die visuelle reizt zum Ersinnen in der Szenerie enthaltener Vorgänge, die literale verführt zu Bildprojektionen.

zu seinem siebzigsten

I

Als *Enzyklopädie für unerschrockene Leser* bewirbt Ror Wolf die fünf Bände, die zwischen 1983 und 2002 gut 600 seiner Bildcollagen publik gemacht haben. Das ist immerhin ein rundes Viertel seiner insgesamt etwa 2500 visuellen Arbeiten. Frühe Fingerübungen dieser Art gab es schon während der 50er Jahre. Einen heftigen Schub vermerkt Wolf für die Zeit in St. Gallen 1965/66 »angesichts der Alpen«, einen weiteren 1980/81, als in einem »großen Rausch« (Wolf) Hunderte von Collagen parallel zur Arbeit an den Texten der *Enzyklopädie* entstanden. Deren Lexikonsimulate basieren ebenso wie die Collagen auf Fremdmaterial, das in Fragmente zerlegt methodisch bearbeitet, kompiliert, montiert wird. So unterschiedlich die Ergebnisse sich auch darstellen, vom Arbeitsansatz und nicht nur vom Zugleich ihrer Entstehung sind sie einander so nahe, dass sie sich offensichtlich ohne Verklemmung gemeinsam zwischen zwei Buchdeckeln präsentieren lassen.

Die Beharrlichkeit, mit der Ror Wolf dieses Konzept durch die 80er und 90er Jahre hindurch verfolgt hat, deutet darauf hin, dass er in der Kombination von Zitattexten und Bildcollagen eine adäquate, gar optimale Darstellungsform gesehen hat. Unbeschadet dessen, dass Originale der Collagen Liebhaber und Sammler gefunden haben, ist die Druckfassung ihr eigentlicher Ort in der Öffentlichkeit geworden.

2

1999 erschien der erste Band der *Enzyklopädie* von 1983, *Raoul Tranchirers vielseitiger großer Ratschläger für alle Fälle der Welt*, in einer überarbeiteten, erweiterten Neuausgabe.[1] Dank seines Volumens von über 300 Seiten, seiner zweispaltigen Seitenanlage, der Fülle der Artikel und der Vielzahl der präzise in das Satzbild eingepassten Bilder wirkt er, im Vergleich mit den drei anderen Bänden, wie ein veritables Ratgeberlexikon. Zwar bemerkt man alsbald, dass die Bilder keine texthörigen Abbildungen sind, sondern ihren Eigensinn haben. Wenn dennoch immer wieder Motive von Bild und Text sich überlappen, etwa bei *Badebekanntschaften* (S. 43) oder *Damengesprächen* (S. 77), lässt sich eine leise steuernde Hand beim Lexikonspiel, vielleicht aber auch der Verweis auf eine Doppelformation mit schwingender Parallelität zwischen den verbalen und den bildlichen Bestandteilen des Buches vermuten. Solche Berührungsereignisse in den zufälligen Konstellationen heraufzurufen ist der Vernetzungslust des Benutzers anheimgestellt. Der Autor reizt sie mit seiner ironisch-skurrilen, verfremdende Distanz zu Realitäten aller Art benutzenden und dabei bedenkenlos ins Phantasmische schweifenden Schreibweise an. Indem er in clowneskem Gestus auf der ins Leben des Lesers reichenden Tragweite der Aussagen insistiert, sie mit dem nächsten Atemzug jedoch auch schon als Pseudosubstanzen tänzeln lässt, wedelt er Momente von Realität, durch das Zitatmaterial von weither vermittelt, ins Bewusstsein und öffnet dabei den Spielraum, in dem der Leser sein Vorwegwissen, seine Einfälle und Vermutungen einspinnen kann.

Die Bildcollagen sind nur scheinbar weit davon weggestellt. Über die große mediale Distanz hinweg verstärken sie die ironischen, absonderlichen, banalen oder makabren Seiten der Artikel. Sie sind Bestandteile der Rezeptur dieses Buches und nicht bloß abwechslungsreiche Beigaben für womöglich an der Alphabetkette abschlaffende Leser.

3

Ihre ansaugend verlockende wie anreizend sperrige Wirkung entfalten die Bildcollagen Ror Wolfs erst, wenn ihr erzählerisches Potential in Bewegung gesetzt wird und sie als textanaloge visuelle Kompositionen verstanden werden. Da sie – mit wenigen Ausnahmen – szenisch angelegt sind und in ihrem bildlichen Medium zeigen, in dem Personen, Tier- und Pflanzengestalten und Gegenstände aller, auch undefinierbarer Art interagieren, selbst da, wo sie beziehungslos auf der Fläche zu stehen scheinen, mischen sich in das intuitive Ablesen der ikonischen Gestik verbal verfasste Entschlüsselungsentwürfe. Von Fall zu Fall wird das abtastende Auge bereits von der opaken Wortlosigkeit der Bildchiffren fasziniert, deren Grund sich nicht ausmachen lässt. Auch kann, was sich als fassbar anbietet, beim nächsten Annähern wieder verweht sein, sodass die Neugier auf versteckte Bedeutungs- und Beziehungsspiele einen neuen Zugang zu suchen hat. Doch sättigen kann sie sich erst, wenn sich die fluiden mentalen Gebilde in sprachlich substituiertem Vorstellungsgewebe verfangen haben. Es fällt dabei gar nicht auf, dass die in den Collagen verwendeten Fundstücke nahezu ausschließlich bildlicher Art sind und Schrift- und Textfragmente, die Sprachliches antippen, Lesbares suggerieren könnten, nur spurenhaft vorkommen.

Ganz überwiegend gehören Ror Wolfs Collagen – in der Definition von Werner Spies[2] – zum ›analytischen‹ Typ. Bei ihm wird ein Fremdbild im Ganzen als Träger und Fond gewählt und gibt den Kontext ab für die einzukomponierenden Figurationen. Es ist der Collagetyp, den Max Ernst bei der Entwicklung seiner Collageromane verwendet hat. Ror Wolf ist diesem Ahnherrn zweifellos verpflichtet. Doch es gibt deutliche Unterschiede. Max Ernst hatte die Erfindung einer neuen Romanform aus dem Geist des Surrealismus im Sinn. Eine strikte Folge surreal verrätselter, einander weitertreibender Bilder sollte, mit nur marginalen verbalen Impulsen der Bildlegenden, den traditionellen, beschreibenden Romantext ablösen. Auch wenn sich bei Ror Wolfs Collagen Figurenmuster und wiederkehrende motivliche Anwehungen bemerken lassen, ist doch jedes Blatt von allen anderen abgekehrt, und die Entzifferung beginnt jedes Mal bei einem anderen Nullpunkt. Auch erlaubt die Abwesenheit eines übergreifenden spirituellen Magnetfeldes – bei Max

Ernst des surrealen –, sicher auch die Beschränkung auf dieses eine bildnerische Verfahren angesichts der inzwischen verfügbaren überbordenden Materialfülle ein bedenkenloses Ausschweifen in alle möglichen Konfigurationen und Ausnutzen der sinnlichen Opulenz des Materials.

4

Der *Große Ratschläger* enthält 26 Bildcollagen. Dank ihrer Verinselung lassen sie sich sowohl als eine durch Sprünge auseinandergezogene Bilderkette wie als Bildtexte in punktueller Konfrontation mit den Artikeltexten auffassen. Die durch die typographische Einbindung in den Textverlauf vorgeführte Abfolge zeigt auch eine die Autonomie des einzelnen Bildes überspannende Kohärenz. Diese wird von der Text und Bild homogenisierenden Schwarzweißreproduktion gefördert, bei der das Auge den Farbparameter nicht zu wechseln braucht (die Farbtafeln sind in drei eigenen Druckbogen ausgegliedert) und mühelos weitergleiten kann; sie ergibt sich vor allem aber aus der nicht zu erschöpfenden Lust am Aufnadeln der so offen daliegenden wie zugleich verhohlen-verschlungenen Bildereignisse.

Die fragile Beziehung, die sich zwischen Bild und benachbartem Text auch abseits einer motivlichen Deckung anspinnen kann, bildet in der eidetischen Welle eine Korpuskel. Während ihrer Dauer im Hin und Her des ablesenden Auges erhält die Bildverrätselung eine zusätzliche semantische Verspannung seitens der durch ihre historische Patina komisch, befremdend, erheiternd wirkenden Textsache. Beim Lesen wird sie probierend ins Deutungsfeld des Bildereignisses gehalten, verbraucht sich jedoch nicht, sodass die Enträtselungsschwebe, um angedockte Details bereichert, bestehen bleibt. Es ist eine asymmetrische Beziehung. Denn die Textaussagen ihrerseits geben sich völlig faktisch und verhalten sich frigide gegenüber heterogenen Impulsen. Dass sich solche flottierenden, inkonsistenten Beziehungen aufrufen lassen, ist allein der Collagestruktur der Bildseite zu verdanken. Beispiele dafür findet jeder entsprechend seinem Sensorium. Eines wäre das Bild auf Seite 152 und der gegenüberstehende Artikel »Herausziehung« auf Seite 153.

Herausziehung. Die sogenannte Herausziehung oder Zangengeburt ist nur dann möglich, wenn man das Kind ohne Schwierigkeiten zu fassen bekommt. Sie ist, weil dabei keine Zerreißungen stattfinden, die einfachste und sicherste Hilfeleistung, die wir empfehlen können. Die Zange besteht aus zwei Teilen, welche wie eiserne Hände den kindlichen

Kopf umspannen. Wird ein zu starker Druck auf den Kopf ausgeübt, so wird er gequetscht und verunstaltet. Versagen die Wehen, während der Kopf bereits fest im Beckengang steckt und mit der Zange nicht mehr erfaßt werden kann, dann ist das Kind verloren. Der Kopf muß angebohrt, entleert und stückweise herausgezogen werden; möglich ist auch die Enthauptung, in deren Folge der Rumpf mittels Haken entfernt werden kann. Der Anblick dieses Verfahrens ist viel zu aufregend, um hier in allen Einzelheiten geschildert werden zu können.

5

Angesichts des beherrschenden Verfahrens, die Artikeltexte aus Fundstücken verschiedenster Herkunft zusammenzustellen, Zitate zu montieren, abzuwandeln und anzureichern mit eigenen Einfällen, Kommentaren, Floskeln des Autors, wobei wie im Film Schnitte und Blenden verwendet werden können, liegt die Frage nahe, ob auch bei der Herstellung der Texte eine Collagedramaturgie mitgespielt haben könnte. Hin und wieder erkennt man tatsächlich im Text Verkantungen, stößt Unvereinbares aneinander. In der Breite der Darstellung steht dem aber die Absicht entgegen, im Sinne des zu simulierenden Ratgeberlexikons strikte Sachlichkeit zu mimen und die für die Lexikonmimikry unabdingbare Schlagwortregulierung einzuhalten (obwohl der Autor auch damit sein Spiel treibt und die Regel gern auf den Kopf stellt).

Eine der wenigen, vielleicht die einzige Ausnahme ist der Artikel *Entdeckungen* auf Seite 98, der sich als Äquivalent einer Bildcollage lesen läßt. Er steht nur in der Neuausgabe von 1999.

›Entdecken‹, ›Entdeckung‹ sind Schlüsselwörter der Collagepoetik sowohl im Hinblick auf die Methode des Verfertigens von Collagen wie auch hinsichtlich ihres Wahrnehmens und Ausdeutens. Jedes Mal zeigt sich das Gegenüber – des Materials vorher, des fertigen Gebildes nachher – in einer Verfassung, in der das opake Faktische, das abgekehrte Indifferente, das Noch-nicht-Gedachte, das Unerhörte, aber auch das Längst-schon-Bekannte, das Hautnahe mit nicht ganz tilgbaren Rätselresten ineinanderstecken. Da zu entdecken, ist dann der impulsive Reflex.

In dem nachstehend zitierten Text, der »Entdeckungen« zum Thema macht, werden die aufgereihten Entdeckungsexempel, allesamt banale

Kuriositäten, geeignet, das Schlagwort »Entdeckungen« eher zu desavouieren, wie bemerkenswert seltsame Fundstücke dargeboten. Erst mit der letzten »Entdeckung« (»… stieg am 10. August ein Mann …«) geschieht der Umsprung in die befremdlich aufreizende Anmutung einer

Collagetopographie, die vorangegangenen Vorstellungsbilder zu einem von Sprüngen durchzogenen Muster zusammenfügen zu können. Von der Schlussszene mit ihrer Wildheit springt ein Funke zurück zu dem voranstehenden, kurzen Artikel mit dem Schlagwort »Entdeckung« (Singular!), der bereits in der Erstfassung des Buches stand. Der hakt sich nun als Collagepartikel in den jüngeren, später ausgefalteten ein und bringt dessen späte Drohgestalt, noch anonym, avant lettre, nach vorne, wo sie – Prinzip Collage – unverhüllt und nicht zu entziffern verharrt. – Dem Artikel ist, eines der Beispiele einer Quasiillustration, eine thematisch bezügliche Bildcollage zugeordnet.

Momente der Collagepoetik spielen, wie gesagt, in der Schreibweise der Artikeltexte nur eine periphere Rolle, etwa wenn ein Schlagwort mit einem inhaltlich völlig abgewandten Text verkoppelt (›collagiert‹) wird, wie z. B. beim Artikel »Publikum« auf Seite 232.

> **Publikum.** Der Mensch muß atmen solange er lebt, das heißt, er muß in jedem Augenblick durch Mund oder Nase Luft in sich einziehen und wieder ausstoßen. Das Atmen im Freien ist verhältnismäßig einfach. Schwerer ist das Atmen in Räumen, in denen zu viele Menschen beisammen sind: in Schauspielhäusern, Fabriken, Tanzsälen, Konzerthäusern, Bergwerken, Wirtschaften, in Schiffen, Schächten, Bunkern, Gefängnissen, Bierkellern, Brunnen und Gruben. Wenn man an solchen Orten, wo das Atemholen schwer fällt und keine genügende Erneuerung mit frischer Luft stattfindet, mit Eis gefüllte Gefäße aufhängt, dann verdichten sich die in der Luft verbreiteten Dünste und tropfen ab.

Dennoch, die obsolete Herkunft des verwendeten Textmaterials, die der der Bildcollagen entspricht, die fragmentierende Faktur der Artikel, deren antiquarische, uns längst nicht mehr betreffenden Inhalte, die doch gerade durch ihre Exotik unsere interesselose Neugier hervorlocken, und nicht zuletzt das disparate Aneinanderstoßen der Artikel, das die offene Beliebigkeit der Alphabetordnung ermöglicht, gehören zum Prinzip Collage. Die durch das Lexikonsimulat bedingte Alphabetreihe bietet die Schnittstellen, die jede thematische Hierarchie zerlegen und an deren statt nicht erwartbare, auch zufallsgenerierte Konstellationen anbieten.

Der Leser dieses *Ratschlägers* ist kein Benutzer. Er sucht nicht nach Stichworten. Stöbernd oder irgendeiner Reihe nach begibt er sich, liest er sich in die Phantasmen dieser Textstücke hinein. So verfährt auch der Betrachter der Bildcollagen. In der lesenden Wahrnehmung erweist sich ihr Strang paritätisch mit dem der Artikeltexte.

6

Lässt man sich unter diesem Aspekt auf die Prosabücher Ror Wolfs ein, die keine visuellen Zugaben dieser Art haben, so macht schon an seinem Erstling *Fortsetzung des Berichts* von 1964[3] erstaunen, in welchem Ausmaß darin Wörtertrieb und Bildimagination ineinanderstecken. Die Bildparadigmen durchziehen das ganze Buch. Dabei sind sie in einen Schreibprozess verwoben, dessen Komponenten, so wuchtig und feinziseliert sie auch sind, immer wieder von der Verbilderung unterfangen werden; wie andererseits diese über weite Passagen hin von unersättlich ausschweifenden Wörtersequenzen, Wörterkaskaden mit einer spürbaren Lust an der Wortkörperlichkeit konterkariert werden. Die Empfindlichkeit für die phonemischen Substrate verbindet sich mit einer so bewussten wie intuitiven Kalkulation der semantischen Felder.

Die folgende Schilderung ist ein Beispiel für die Verquickung der eidetischen und der verbalen Komponenten. Sie beginnt mit der eindrücklichen Bildeinstellung eines »körperlosen« wandernden Kopfes und packt eine Folge attributiv durchartikulierter Wortgruppen aneinander. Deren konsonantische, nur von verhaltenen Vokalen getönte Faktur wirkt beklemmend:

> Ich gehe an einem von Moospelzen überwachsenen Bretterzaun entlang, mit dem Kopf über den Zaun, sodass, würde man von der anderen Seite des Zaunes mir zusehen, man nur den körperlosen Kopf treiben sehen würde, einen Kopf, der in die Richtung hinter den Bretterzaun blickt und eine verdorrte schwielige Fläche erkennt, Strünke mit welken schlaff herabhängenden Blättern, den Rost durchlöcherter Eimer, die versunkene leuchtende Emaillierung von Töpfen, herausgewölbt aus einer schuttigen schlackigen Erde, verkrustete Lumpenbündel, in denen noch die von der Erde halb aufgefressenen Reste von Menschen zu stecken scheinen, in hockender Haltung mit Bartflechten und zerrissenen Gesichtern, rostüberkrochene Öfen, kalt mit den Stümpfen der Rohre aus ihren türlosen Löchern glotzend, mit pfötchenartigen Füßen. Aus dieser Erde wächst etwas verkrüppelt verknüppelt Baumähnliches, etwas Zusammengeknotetes oder einfach etwas mit Hartnäckigkeit aus der Erde Herausgezogenes Ersteiftes, behängt mit blechernen rostroten Früchten (Seite 47 f.).

Was imaginiert wird, sitzt eng an den einzelnen Wörterzeichen. Ihre Letternsubstrate mit den ins Atavistisch-Subversive langenden Konnotationen sind es, die die Aufmerksamkeit fesseln. Sie geben nur eine verknappte Bildlichkeit frei, die das semantische Stakkato noch zusammenpresst. Solche Schilderungen können sich über Seiten hinziehen. Ganze Wörterbuchkomplexe lassen sich dabei ausschlachten, etwa beim Ausmalen einer überbordenden Fischfauna (Seite 34f.). Die Wörterobsession lässt den Erzählfluss stocken. Verben werden als Partizipien zur Aufladung der Ding-Wörter umfunktioniert.

Der wörterartikulierende wie der bildgenerierende Impuls haben ihr automatisches Moment. Es sitzt in dem enthemmten Dreh, mit dem aus dem präverbalen mentalen Vorlauf nicht zu erwartende und erst im Nachhinein wie selbstverständlich erscheinende Sprachlichkeiten sich einstellen. Im Hinblick auf seine spontane eidetische Produktionspotenz spricht der Erzähler einmal davon, dass sein »Gedächtnis (…) in ununterbrochener Folge Bilder ausscheidet, die weich wie aus geschmierten Kanälen aus mir herausrutschen« (Seite 68). Etwa so:

> Es ist ein Bild, das hinter mir suppig dampft, mit Häuserbrocken Mauerstümpfen, mit den abgebissenen Klumpen eines Abends, ein halbverkochtes halbverdautes in einer großen Küche zusammengeschüttetes in einem großen Mund zusammengemahlenes Bild (Seite 67).

7

Wie eine Leitvokabel, erstmals in der 3. Zeile der ersten Seite, markiert das Wort »Bild« den Text. Zudem wird das ikonische Repertoire durch die Verwendung und Darstellung verschiedener Abbildmedien angereichert. Spiegelbilder, Gemälde, Fotografien werden zum Teil ausführlich beschrieben (etwa Seite 176 ff. oder 195 ff.), Guckkastenbilder, die der Trivialunterhaltung des 19. Jahrhunderts nachgestellt sind (Seite 238 ff.), verbal vorgeführt. Auch das immer wieder eingeflochtene Motiv des Fensters mit seiner Doppelgesichtigkeit als Gegenstand der erzählten Realität und als möglicher Bildrahmen lässt sich zur Verbilderung nutzen:

ich könnte einen Augenblick stehen bleiben und diese Person betrachten, die sich aus einem der gegenüberliegenden Fenster beugt, eine Frau ähnlich wie meine Frau, in irgend etwas Leichtem ich weiß nicht lose Hängendem Flatterndem, wahrscheinlich Durchsichtigem, und einen Lappen ausschüttelt. Hinter ihr erscheint die Seitenansicht eines Mannes und beugt sich über die Frau, eine Berührung ist nicht ausgeschlossen, wahrscheinlich unvermeidlich, etwas wie Entlangstreichen der Männerhand an der schimmernden nach vorn gebeugten Rückenlinie der Frau und nun sogar etwas wie eine Verschmelzung der beiden Personen, wenn auch in dieser Entfernung nicht mit Genauigkeit zu bestimmen, während sich die Frau zurück ins Zimmer wendet. Vielleicht eine (Seite 71).

Die Schilderung vermittelt einen Moduswechsel mit einem medialen Anhauch. Gewiss ist nur, was mit dem unbestimmten Artikel bezeichnet wird: »eines der Fenster«, »eine Frau«, »einen Lappen«, »eines Mannes«. Alles Spezifische dagegen bleibt, um der Genauigkeit des Eindrucks willen, in der Schwebe (»etwas wie«, »ich weiß nicht«, »wahrscheinlich«). Die Kleidung der Frau: unbestimmt und mit Hilfe von vagen Attributen dargeboten – im Kontrast zu dem »Lappen«objekt.

Ebenso ist das Geschehen zwischen den beiden Personen unscharf. Das »während« im letzten Satzteil verkoppelt die unterschiedenen Bildmomente ihrer Verschmelzung und des Sich-ins-Zimmer-Zurückwendens der Frau zu einem Zugleich, wodurch die Bildmodalität die Wahrnehmung des Sachverhalts bestimmt. Wie in einem Filmstreifen wird sodann die Szene abgebrochen und als Fragment gezeigt, indem dem letzten Satz noch die ins Offene hängenden Worte »Vielleicht eine« (ohne Schlußzeichen) angefügt werden. Das wirkt wie ein dramaturgischer Schnitt, der eine nicht vorhersehbare Fortsetzung ebenso anzeigen kann wie das Aus. Zwei Leerzeilen verdeutlichen die Blindstelle.

Nicht immer bezieht sich der folgende abgesetzte Abschnitt auf den vorangehenden. Hier jedoch ist es der Fall, und das bedeutet, der ›Film‹ geht weiter, allerdings mit geänderter Bildregie. Die Schilderung stützt sich jetzt auf die Vorstellung ›Bild‹ als das dominante Moment der Szenik:

Zitternd zieht sich dieses Bild mit einem Mal zusammen und wird von einem plötzlich aus heiterem Himmel fallenden kurzen Regen durchschossen, die Personen, wie herausgebrochen oder wie aus einer geöffneten Spitze des Bildes herausgefallen, sind verschwunden, doch in die Leere des auch in seinen Ausdehnungen nun veränderten Bildes dringen neue Geräusche, Zurufe wie mir scheint, die Stimme eines noch nicht in diesem Bild aufgetauchten Rufenden, warten Sie doch, erinnern Sie sich, bleiben Sie stehen, und dieser Rufende, in seiner ganzen Person, erscheint nun am Rande des Bildes und mit ihm, allerdings ohne Bezug zu ihm, das ist sicher, erscheinen zwei andere Personen und huschen, doch vielleicht ist es Täuschung, huschen im Hintergrund vorüber, in einer ich würde sagen Verfolgung begriffen, wobei ein uniformierter wohlbeleibter Mensch mit großen schwerfälligen Sätzen einem Menschen in schwarzem Umhang, mit sehr eleganten Hosen, den Zylinder in der behandschuhten Hand, fächelnd, in spitzem Schuhwerk, nachsetzt (Seite 72).

Wo das Fenster war, befindet sich nur noch »dieses Bild«. Über- oder ineinanderlaufende Bildbewegungen werden beschrieben, ohne dass sich Bildhaftes damit verbinden ließe. Was sieht man, wenn man »in die Leere des auch in seinen Ausdehnungen nun veränderten Bildes« blickt? Ist es noch das Fenster mit seiner schwärzlichen Innerei? Je weiter der Text fortschreitet, desto mehr verlöscht die Erinnerung daran. Ein neues Szenarium keimt auf, noch auf Akustisches beschränkt, also mit blindem Bild: »Geräusche«, »Zurufe«, aus dem Off die »Stimme eines (...) Rufenden«. Der taucht dann – erstes Bildmoment – »am Rande des Bildes« auf und zugleich zwei weitere Personen ohne Bezug zu ihm »im Hintergrund«. Das Präsens und die Zerfaserung des Satzes zeigen die geschwind-verwischte Sichtbarkeit der Szene, die der Erzähler als »Verfolgung« versteht. Als Verfolger wird – durch ein »wobei« – »ein uniformierter wohlbeleibter Mensch« angehängt. Doch im Fortgang des Satzes verfolgt er nicht mehr jene »im Hintergrund« Verhuschenden, sondern setzt – im Vordergrund? – »einem Menschen in schwarzem Umhang« (undsoweiter) nach. Der Leser stutzt. Ein bildlesendes Auge jedoch ließe das Verfolgungsmotiv unbesehen weiter gelten. Es sieht filmisch-präsentisch und ›denkt‹ den Sprung als Bildmetapher. Man kann sich diese Phase als Nahaufnahme vorstellen (die detaillierte

Beschreibung der beiden Figuren spräche dafür), die in einer Blende über den sich verflüchtigenden Bildverlauf im Hintergrund gezogen wurde.

In der Fortsetzung wird das Denken in filmisch strukturierten Bildbewegungen noch deutlicher:

> Trotz der Unterschiedlichkeit der Fortbewegungsweise beider Personen vergrößert sich der Abstand zwischen ihnen nicht. Es ist ein kurz aufleuchtendes Bild, in der Geschwindigkeit des Aufleuchtens schwer zu beurteilen. Wie mir scheint, aber nur scheint, bewegen sich gar nicht die Personen, sondern bewegt sich nur das Bild mit allen möglichen im Bild aufgestellten, den Bildhintergrund bildenden Bäumen Buschgruppen, ich bin meiner Sache nicht gerade sicher, alles ist, bei der Kürze des Geschehens, schwer ich sagte es zu beurteilen, aber es ist ein wirkungsvolles Bild (Seite 72 f.).

Hier sind nun, was sich anfangs schon angedeutet hatte, nicht mehr die Personen die Subjekte der Handlung, sondern das Bild selbst ist Substrat des Geschehens. Das Auge sieht nurmehr die filmische Mutation, und es bleibt offen, ob die Verkehrung der Bewegungslogik objektiv als filmtechnische Manipulation oder subjektiv als Augentäuschung des zuschauenden Erzählers besteht. Jedenfalls beeindruckt ihn diese Selbstbeweglichkeit des Bildes, die der Sehnorm zuwiderläuft.

8

Es findet sich eine ganze Reihe von Passagen, die sich als filmszenische Schilderungen lesen lassen (etwa Seite 24 ff., 75 ff., III ff., 125 ff.). Dabei kommt das Wort Film nirgendwo im Buch vor. Nur einmal, nebenbei, wird Filmapparatur angedeutet, wenn gerade Geschehenes als rückwärtslaufend – als ob ein Filmband zurückliefe – geschildert wird (Seite 25).

Unbeschadet des Umstands, dass Ror Wolf seinen Bilderfundus als passionierter Kinogänger angereichert hat, lässt er in eigentümlicher Technikabsenz solche Szenen der Eigenwelt des Icherzählers entspringen. Es sind dessen Erinnerungen, Beobachtungen, Erlebnisse. Als seine Projektionen und nicht als apparative Produktionen treten sie hervor:

Dieser im Gedächtnis aufleuchtende und wieder verschwindende Frauenkörper, herausgetreten hineingetreten, während ich vorüberlief, setzt jetzt, in dieser alles miteinander verschmelzenden Dunkelheit, etwas in Gang, eine Bildfolge, ich denke mir die zu ihrer Person passenden Umstände, einen Vorgang, von einem dünnen Knall wie einem Schuß eingeleitet. Ich sehe ein Zimmer (...) (Seite 24).

Die filmische Blickweise beschränkt sich nicht auf die Abschnitte, wo das Medium Film imitiert und stofflich ausgenutzt wird. Dem Film eigene Strukturierungen übersetzt der Autor in poetische Darstellungsmethoden. Dazu gehören das durchgehend gebrauchte Präsens mit seiner andringenden Momentanität, der Blickwechsel mit Bildschwenk, das mühelose Überspringen (»plötzlich«) von einem, sei es thematischen, sei es motivlichen, Kontext in einen neuen, fremden, das hemmungslose Nutzen von szenischen Brüchen, das Umspielen und Auflösen von Identitäten jeder Art, die Faszination durch das visuelle Detail und dessen requisitenhafte Präsentation, die tastende Annäherung an nur vage greifbares Konkretes, etwa durch substantivierte Attribute oder attributiv verwendete Verben, und vor allem die syntaktische Fließstruktur, die Vielartiges aneinander- und zusammenfährt, alles Mögliche zulässt, weit ins Offene reichen kann.

Diese Verfahren bewirken, werden sie so konsequent wie in diesem Buch angewendet, dass nicht nur an zahllosen Stellen der narrative Fortgang im Verlauf eines Textes unvermerkt abbricht und sich in einer anderen Handlung fortsetzt, das Nichtvorhersehbare also zum Prinzip wird, wobei es die verschiedensten Verknüpfungsmuster gibt; sondern auch jede das Ganze überspannende Thematik mit einem wie auch immer zu bestimmenden Zielpunkt hintertrieben wird. Bezeichnend in dieser Hinsicht ist bereits der Anfang, wo der Erzähler, nachdem er – wie es heißt – »alles beschrieben« hat, feststellt, er nähere sich »dem Ende des Berichts« (Seite 7), und dabei aus dem Beschreiben der erschöpften Befindlichkeit des Schreibenden unmerklich in die »Fortsetzung des Berichts«, also den Anfang des Buches hinübergleitet. Demgegenüber liest sich der Schluss, wenn der Erzähler in sein zu Beginn verlassenes Zuhause zurückfindet und dort die Geräusche einer angeregten Gesellschaft vernimmt, wie eine beliebige Stelle im Buch, die mühelos – ad infinitum? – fortgesetzt werden könnte.

9

Das Changieren der Wahrnehmungsweisen ist ein Grundmuster des Buches. Das betrifft die Personen (»Ja, das ist Krogge, und wie ich ihn sehe, dieses Abbild aller Bilder, die ich von ihm kenne«, Seite 165) ebenso wie die Szenen und Situationen. So kann eine Erinnerung, später berichtet, sich in der Art einer Fotografie darstellen: »(...) erinnere ich mich an den Augenblick, als ich in dieses Zimmer trat. Es ergibt sich dieses an den Rändern nun schon vergilbte Bild (...)« (Seite 96). Im Fortgang der Szene ist unversehens das Fotobild selbst der Ort des Geschehens: »Im Hintergrund dieses Bildes, eines an seinen Rändern zerknitterten, eingerissenen Bildes (...)«. Wobei das Ineinssetzen der Modalitäten darin gipfelt, dass sich der Erzähler selbst schließlich leibhaftig in das Bild begibt: »Ein Stuhl ist frei in diesem Bild (...), und ich. in diesem Bild aus der Erinnerung, setze mich auf diesen Stuhl, auf dem ich noch jetzt sitze.«

Eingeblendet in die Szene ist ein Zickzackspiel mit Anschein und Ähnlichkeit von Chaplinesker Qualität:

Ich stehe in der Tür und hebe meinen Hut in die Höhe, nur eine Idee, aber doch genug um meine Kahlköpfigkeit aufschimmern zu lassen, einen winzigen Augenblick, den ich sogleich mit einem Senken des Hutes beende. Mit Hut, sagt nun Krogge, sieht er aus wie Wobser, er setzt den Hut ab und sieht aus wie Schrader, dann setzt er den Hut wieder auf und sieht wieder aus wie Wobser. Nach diesen Worten nehme ich meinen Hut endgültig ab. Nun müsste ich also, wenn ich Krogges Worten trauen darf, wie Schrader aussehen. Schrader (Seite 96).

Indes der Erzähler sich, mit sanftem Vorbehalt, zum changierenden Simulacrum zweier anderer Personen erklärt sieht, ist sein »Hut« nicht bloß das Requisit, das, je nach Platzierung, die Abbildlichkeiten bewirkt, sondern auch das stabile, unveränderliche Merkmal seines Trägers. Der »Hut« unterliegt nicht dem Modalitätenwechsel, weder hier noch an einer der anderen Stellen des Buches, wo dieses Lieblingswort des Autors vorkommt. Er verwendet es in einer auszeichnenden Häufigkeit meistens beiläufig, als ein opakes Symbol, das keine Deutung nötig hat. In einigen Zusammenhängen, wie dem vorliegenden, wird es jedoch zum Signal der Handlung und knotet deren Strukturpunkte (so auch Seite 89 und 264 f.).

»Hut« ist eidetisch, semantisch und artikulatorisch ein faszinierendes Gebilde. Es verbindet sich damit ein klar konturiertes Vorstellungsbild, dem ein Begriff mit leicht entfaltbaren, positiv besetzten Konnotationen innewohnt. Dieses Begriffs-Bild wird von einer einfachen, elementaren Lautung aus einem aspirierten dunklen, gedehnten Vokal und einem umstandslos abschließenden Dental verkörpert. Die Einsilbigkeit entspricht der Form dieses immer in männlichem Gebrauch gezeigten Gegenstandes. Bildimagination und Wortartikulation stecken fest ineinander.

Im Übrigen verweist »Hut« als gängiges Requisit einer verflossenen Epoche auf einen in sich geschlossenen Horizont, der Darstellungsthematik und Wortschatz des Buches weithin bestimmt und selten zugunsten aktuellerer überschritten wird. Auch in dieser Hinsicht korrespondiert das Buch mit den zeitgleich entstehenden Collagebildern.

10

Die Diskontinuität der Erzählverläufe, von der die Rede war, wird allein durch das Erzählerich überspielt. Freilich ist es ein schwach konturiertes Ich. Es hat keinen eigenen Namen und keine eigene Geschichte. An den Ereignissen ist es kaum als Akteur oder als Betroffener, sondern vornehmlich wahrnehmend, beobachtend, sich erinnernd beteiligt. Es verhält sich, indem es berichtet. Was es zu berichten hat, zerlockert es immer wieder durch Floskeln des Textverzögerns, durch Kippen und Herabstufen der Faktizität des Vorgetragenen. »Vielleicht«, »etwas wie«, »ich würde sagen«, »Ich weiß nicht« wird oftmals, fast routinemäßig eingeflochten, wodurch die Sätze zerfasern können. Doch zu dem Befund gehört auch, dass dieses Erzählerich gerade dank seiner Entselbstung auch die Bedingung für die nichthierarchische poetische Simultaneität der Erzählstrecken ist. Dass Anfang und Ende des Buches verdreht werden, ist nicht ein skurriler Einfall neben anderen; es erlaubt diskret die freie Wahl der Lektürestellen: Der Leser ist, wo immer er sich gerade aufhält, vor Ort. Es gibt im herkömmlichen Sinn keine Entwicklung – das Ende ist der Anfang; also kann ihre Logik auch nicht verpasst werden.

Ein Beispiel für die Verfassung des Erzählerichs liest sich so:

> Vielleicht bin ich schon oft hier vorbeigegangen, ich erinnere mich nicht mehr, es gibt also Löcher in meinem Gedächtnis. Vieles kommt mir bekannt vor, vielleicht war ich mit meiner Frau hier (...) oder mit Wobser, das ist möglich, mit Wobser, und noch andere Personen waren dabei, vielleicht Schlötzer Gibser Wurzer Schutzer, vielleicht waren wir auf dem Weg nach S, wir stiegen, um besser sehen zu können, aufeinander, auf Wobsers Schultern stieg Schlötzer (...) undsoweiter und auf die Schultern des letzten stieg ich (...). Oder vielleicht war ich nur mit Wobser zusammen und stand auf Wobsers Schultern, oder ich stand nicht einmal auf Wobsers Schultern, sondern hatte mich nur auf meinen Zehenspitzen erhoben und sah das, was ich beschrieben habe, komm weiter, sagte Wobser. Vielleicht. Es gibt also Löcher in meinem Gedächtnis. Zum Beispiel, ich weiß nicht. Was war hinter mir. Landschaften, ich habe sie beschrieben, man stand bis zum Gürtel im Wasser, ja, morsch, es war morsch, davon war die Rede, die Worte meiner Frau, nein, ich erinnere mich nicht, eine Reihe von Bildern, im ersten Bild, ja, im ersten Bild, ich weiß nicht im ersten Bild etwas wie ein Mensch, nur ohne Beine und Arme, ohne regelrecht menschlichen Kopf, nein, im ersten Bild alles gleichförmig glatt weich von der Sonne beschienen, im zweiten Bild ein Körper, eine Art Hund, ich weiß nicht, vielleicht, im dritten Bild, meine Frau drängt sich in das dritte Bild, mit einer Schüssel und einem aufmicheinsprechenden Mund, ich dränge sie wieder hinaus, im dritten Bild, ja, im dritten Bild etwas wie Bewegungen, etwas wie Aufheben oder Wegwerfen, von einer Person ausgeführt, beim Nachdenken drängt sich eine weitere Person in dieses Bild, im vierten Bild, ein, vielleicht, ein, ich weiß nicht, nichts, im vierten Bild nichts (Seite 165 ff.).

Die zweimal getroffene Feststellung »Es gibt also Löcher in meinem Gedächtnis« konterkariert die frühere, dass sein »Gedächtnis (...) in ununterbrochener Folge Bilder ausscheidet, die weich wie aus geschmierten Kanälen aus mir herausrutschen« (Seite 68, siehe oben). Die Anstrengung, sich zu erinnern, mündet zunächst in »vielleicht«-Phrasen, schließlich in einer »Reihe von Bildern«, die in einem langen, zerbröselnden Satz voller Zögern, Zensieren, Negieren, Korrigieren zustande kommen. Das numerische Aufzählen spaltet sie voneinander ab. Sie ergeben keine »Landschaft« mehr, wie zuvor angesagt; sie verschwimmen immer mehr, bis das letzte sich völlig leer zeigt – »nichts«.

Die erzählfunktionale Rolle des Wortes »Bild« erreicht hier einen extremen Punkt. Für gewöhnlich lichtet es die Wortgebung und überblendet deren artikulierte Körperlichkeit mit der leichthinnigen Vorstellung eines, dieses Da. Ein Mediensprung, nur einen Moment lang, der die unterschwellig mitlaufende Transformierbarkeit des Berichteten signalisiert. So wird ganz obenhin, von Fall zu Fall der Realitätsbezug entlastet, und es schieben sich durch das »Bild« hindurch neue Wahrnehmungen aneinander. In unserem Zusammenhang allerdings erscheint das Inhaltliche, wie in einem zu schnell ablaufenden Film, nurmehr so momentan, dass Bild nach Bild gerade noch registriert wird als diskontinuierliches Spiel von Körpern und von Schatten, die diesen Körpern nicht gehören.

11

Diese Passage lässt sich inhaltlich lesen als Notat innersubjektiven Erlebens, zumal ausdrücklich die Erinnerung einbezogen wird. Dank der Fakturierung der »Bilder« als isolierte, keinem Thema unterstellte Bestandteile einer Reihe mit flüchtiger, dennoch präziser Formulierung könnte sie auch als Skizze eines Filmstreifens oder eines Collageentwurfs gelten. Dieser letztere Bezug bietet sich an, da Ror Wolf zeitgleich – etwa seit 1958 – mit der Arbeit an der Prosa intensiv mit der Entwicklung seines Collagetyps befasst war. Wie das filmische Medium eignet sich auch das der visuellen Collage als Analogiebereich bei der Textverfertigung. Wobei es eine Rolle spielt, dass beide Medien strukturelle Überschneidungen aufweisen, unbeschadet dessen, dass das eine zeitlich, das andere räumlich ausgelegt ist. Die oben erwähnten filmanalogen Strukturmerkmale und methodischen Verfahren korrelieren weithin mit denen der Collagepraxis. Zwar finden sich keine Partien ausgestalteter Textcollagen. Vor allem fehlt die Benutzung von Fremdmaterial, von Fundstücken, deren Kombination und Mischung das anscheinend Bekannte und Triviale verrätselt und so dazu verlockt, der Logik des Heterogenen auf die Spur zu kommen. Dennoch gibt es Strecken in dem Buch, bei denen offensichtlich das Prinzip Collage im Spiel ist. Aus der eidetischen Grundwelle lassen sich Szenenfragmente, Figurenschnitte, Situationsgebinde herauslösen und, flächig gedacht, als Kompositionsteile im Simultanbild einer Collage vorstellen. Man kann das an dem folgenden Ausschnitt probieren. Er besteht aus einem einzigen Satz, dessen Satzteile rhythmisch deutlich akzentuiert sind.

> Ja ich komme in Landschaften und verlasse sie wieder, durch Orte, deren Namen mir einfallen und wieder entfallen, ich sehe das Schwarz von Krähen an den Horizont prallen, ich sage nichts, nichts, sehe das verweste Rosa von Fleisch verloren auf der Straße, das alte Braun treibender Hunde, Grün von Gras, Schwarz von kriechenden Fliegen auf dem Rosa von Fleisch, Schwarz von nassem Holz, Schwarz von Witwenhüten, Grün von Röhricht, ich sehe das Braun wie Brot des feuchten aufquellenden Bodens, sehe Zeitungen Weiß und Weiß verstreut vom Frühstück am Ufer, mit Hüten aus gelbem Stroh und Körben voller Gurken und Eier, von Ruderern und Radfahrern die gestreiften Leibchen am Ufer, die Kruken der alten Weiber mit Sirup, die Sandbänke mit Kondoms und Muscheln wie Schöpflöffel. Meine tönernen Erinnerungen kommen (...)
> (Seite 207),

Die Negationen zu Beginn des Satzes (»verlasse sie wieder«, »und wieder entfallen«, »ich sage nichts, nichts«) leeren den Fond und lassen im Folgenden einen randlosen, sich selbst tragenden Zusammenhalt zu. Es entspringt ein Muster verstreuter Elemente. Lesend nimmt man jedes Syntagma für sich wahr. Die Farbwörter in den vorderen zwei Dritteln des Textes kehren deren Bildwert hervor, ohne dass sich eine kohärente Anschauung ergäbe. Es ließe sich ein Stillleben imaginieren. Doch spätestens, wenn das Eidolon »Schwarz von Witwenhüten« erscheint, das sich einem naturalistischen Kontext vor Ort versperrt, beginnt der Deutungstransfer ins Offene noch zu entdeckender oder gar zu erfindender Bezüge statt in eine konzentrisch gerichtete Allegorie. Im letzten Drittel, in dem auch Farbwörter vorkommen, jedoch nicht mehr die visuelle Anmutung bestimmen, rücken die Bildteile näher zusammen. Es sieht so aus, als würden Relikte möglicher vergangener Geschehen geboten. Doch auch sie sind so disparat, dass ihre Rückbezüge unbestimmt in viele Richtungen weisen. Dennoch – löst sich der Leser von der Art der Ereigniserwartung, wie sie der einbettende Kontext vorher und nachher andient, und konzentriert er sich auf die je einzelne Bildpartikel, dann kann er sowohl die dramatische Spannung, die zwischen den Syntag men besteht, wie deren autonomen, in sich schwingenden Bedeutungswert erfahren.

So gerät man durch einen zufälligen Satz unvermittelt in das Weichbild einer Collagetopographie. Heterogenes in Gestalt gepuzzelter Bedeutungsfragmente unterläuft das Homogene einer fließenden Syntax. Wie hier geschieht es auch an manchen anderen Stellen des Buches.

12

Gehend, kommend, sehend, hörend fädelt das Erzählerich die unabsehbare Reihe der Wahrnehmungen und Erinnerungen auf. Dabei erweist sich das Anschneiden einer Situation und das unvermittelte Fortsetzen in einer anderen, oft völlig abgelegenen als ein Grundgestus des erzählerischen Verfahrens. Dessen labil bewegliche, collagemäßige Art resultiert aus der fragilen, hochsensorisch ungewissen Verfassung des Erzählerichs, die sich so äußern kann:

> Hinter mir ist es stumm, alles begann ich weiß nicht wie, alles ging weiter, ach dachte ich und so weiter, von Beginn an und so fort, diese Gerüche Geräusche und so fort, diese Buchstaben Silben Worte Ortsschilder Weischwitz und so fort Tauschwitz Munschwitz und so fort Reschwitz Remschütz Könitz Köditz oder in anderer Reihenfolge, diese Wahrnehmungen, Bewegungen, Bilder, diese Erinnerungen, meine Familie, diese Worte Sätze Abschnitte, diese ganzen Vorgänge, der Reihe nach, Gerüche Geräusche Bilder und so fort, ja so ist es (Seite 211).

Nur für einen kurzen Moment überzuckt dieses ichsensible verbale Flackern die Fluktuation der poetischen Fundstücke zuvor und danach. Deren Präsensdarstellung bezieht sich zwar immer wieder auf die Erinnerung, also Abgesetztes, als Quelle, doch die Gegenwärtigkeit ist unhintergehbar. Der Präsensfocus wandert unablässig mit dem Text. Er wandert sogar an dessen faktischem Ende potentiell weiter. Dem bereits erwähnten kompositorischen Griff zufolge, das Ende des Textes nicht als den Schluss des Berichts zu formulieren, findet der Leser dort »das Räuspern eines Redners und das Schlagen an ein Glas, das langgedehnte A eines Publikums, welches in Erwartung und mit Gewissenhaftigkeit Messer und Gabel weglegt um zu hören was kommt« (Seite 272).

Damit stößt der Leser auf den exemplarischen Schnitt, hinter dem nichts folgt, der ihm im Angebot einer Collagepoetik jedoch eine seinem eigenen imaginativen Vermögen entsprechende Fortsetzbarkeit offenhält. Ihn aber auch innehalten und in den Text sich zurückwenden lässt, sei es zum Anfang, der ebenso offen gefasst war wie das Ende, sei es in die Gehäuse und die randlosen »Landschaften«, die er passiert hat. Dieser ultimative Schnitt ist dazu auch bezeichnend für die Sinnabstinenz, die der Autor sich, auch dies ein Moment der Collagepoetik, geleistet oder auferlegt hat. Der Leser für sich bemerkt, Sinn kondensiert unterwegs beim Lesen. Er liest, um am Lesen zu sein, nicht um ans Ende zu kommen.

Anmerkungen

1 Ror Wolf: Raoul Tranchirers vielseitiger großer Ratschläger für alle Fälle der Welt. 1. Auflage. Frankfurt/M. 1999
2 Werner Spies: ›Synthetische‹ und ›analytische‹ Collagen, In: Max Ernst: Frottagen Collagen Zeichnungen Graphik Bilder. Katalog Kunsthaus Zürich 18. August bis 29. Oktober 1978 (u. a.), S. 57
3 Ror Wolf: Fortsetzung des Berichts. Frankfurt/M. 1964. – Alle Zitate nach dieser Ausgabe

Claus lesen

2004/05

> Carlfriedrich Claus (1930–1998) hat ein umfangreiches, in seiner Intensität und Konsequenz einmaliges visuell-scripturales Werk geschaffen. Die Kunstsammlungen Chemnitz haben ihm 2013 eine retrospektive Gesamtschau gewidmet und dabei seine Arbeiten im Komplex zeitgenössischer moderner Künstler, insbesondere auch der im Bereich von Schrift und Bild tätigen gezeigt.

Anmutung

Ein heutiger Betrachter, der sich neugierig und unbefangen den visuellen Arbeiten von Carlfriedrich Claus nähert, wird vor allem von ihrem graphisch-bildnerischen Reiz angezogen und festgehalten. Er entdeck vibrierende Zeichenfelder, entziffert darin Wort- und Satzfragmente, ihn faszinieren chimärische Figuren und verrätselte Augenformen. Den Titeln entnimmt er Hinweise auf interessante, manchmal befremdende Bezüge, die dem Blatt, das er vor Augen hat, eine thematische Perspektive geben, doch ihm nicht unentbehrlich erscheinen. Wo die Blätter hermetisch verschlossen wirken, liegen surrealistische Schlüssel nahe; wo gestisch-spontane Pinselstriche oder Farbverwischungen wuchern, assoziieren sich tachistische, informelle Bildverläufe; das Ineinander von scripturalen Partien und Bildelementen suggeriert die ambivalente Lesbarkeit visueller Poesie.

Claus, ihr Urheber, hat entschieden dieser vom ästhetischen Eindruck beherrschten Betrachtungsweise widersprochen. Worum ging es ihm?

Begriffen im Experiment

Claus hat nie einen Zweifel daran gelassen, dass seine Arbeiten trotz ihrer bildnerischen Qualität nicht zur Bildkunst gehören, sondern »Sprachblätter« sind – Texte, die man lesen soll. Von einer kurzen Phase in den 50er Jahren abgesehen, als er sich, im Sinn der konkreten Poesie, mit schreibmaschinegeschriebenen Letterntexten befasste, hat er alle seine Blätter mit der Hand geschrieben, manu-script im Wortsinn. Die Hand, die gedankenvernetzte »Hirnhand«[1], ist das alles produzierende Instrument. Ihr sind Feder, Tuschpinsel, auch Graphitstift, Farbstift und Kreide gefügig, zu denen seit den 70er Jahren noch die Radiernadel als Schreibgerät tritt. Tuschfarben werden auch mit den Fingern oder der ganzen Hand zu Verwischungen oder Abdrücken benutzt. Das Handschriftliche ist sein Ausdrucksmedium, lebenslang. Allerdings geht er damit »experimentell« um. Er treibt die Schrift krakulierend ins nahezu Unleserliche, er schreibt mit der Linken oder in Spiegelschrift. So werden die »Schreib-Spuren« der Gedankeninhalte, die als »starting point« unabdingbar sind, sensibel, doch unerbittlich zu »Spuren-Figuren«.[2]

Es gibt »Sprachblätter«, die Claus im Titel als »Essay« bezeichnet. Doch er schreibt keine Essays im Gattungssinn. Er betreibt Essay im Wortsinn: als Versuch, der auf ein unbekanntes Ergebnis zusteuert, wenn es ihm um seine Themen »zwischen dem Einst und dem Einst« (wie ein »Sprachblatt« betitelt ist[3]) geht.

In einem für die Substanz der »Sprachblätter« entscheidenden Dreh wird die Rück-Sicht auf die ins scripturale Gewebe eingespeisten, zum Teil von weither entlehnten, sympathetischen Denkinhalte gewendet in eine ins Noch-Nicht-Gedachte, doch Denknötige gespannte Voraus-Sicht. In dem Sprung zwischen dem Vergangenheits-Einst eines Begriff und Orientierung gebenden Gewussten und dem zukünftigen Einst, dessen Gewissheit die Anstrengung des Sprachblätterschreibens motiviert und mobilisiert, verfügt Claus über eine, bei seiner Sensibilität überraschenden Radikalität des »experimentellen« Handelns. Mit spontanen und zugleich gezielten Eingriffen, ja Übergriffen artikuliert die Schreibhand das Zeichengefüge so, dass es zumindest ein Vexierbild, einen Schimmer des Unbekannten, das noch keinen Ort hat, also utopisch ist, hergibt. Dabei kann eine entstandene Fassung unkenntlich, gar zerstört werden in der riskanten Erwartung, dass das Angezielte gerade durch die Negation hindurch chiffriert werden kann, das Negierte dadurch selbst noch wirksam bleibt.

Text ist Bild

Man kann nun trotz der festen Überzeugung von Claus, »Sprachblätter« zu schreiben, also, wenn auch in einer Randzone, Literatur zu betreiben, nicht über seine originäre graphisch-bildnerische Potenz hinwegsehen. Es ist bei allen seinen Arbeiten von Grund auf auch der imaginierende und die Formierungen prüfende Blick dabei. Sein Sensorium für bildnerisches Denken bezeugt er schon in den 50er Jahren in seiner freundschaftlichen Beziehung zu dem in Annaberg ansässigen Maler Rudolf Weber. Dessen »Flächenklänge« mit ihrer Synästhesie von Farbformkompositionen und Sprachlauten berührten ihn in seinen eigenen ästhetischen Überlegungen.[4]

In diese Zeit fällt sein *Automatisches Tagebuch* von 1957/58[5], das auf 88 – teilweise bereits beidseitig benutzten – Blättern 133 Zeichnungen enthält. Diese sind von spontanen, gestisch agierenden Handbewegungen ausgeführt, zumeist in Serien von bis zu 30 Arbeiten an einem Tag überwiegend im Juni 1957. Unverkennbar sind die dabei wirksamen

Impulse aus informellen und surrealen bildnerischen Verfahren. Claus betrachtete sie als »psychische Exerzitien, durch die ich spontan in Unterschwelliges vorzustoßen, es zu befreien suchte«.[6] Die freie Schreibbewegung über das ganze Blatt griff unmittelbar auf seine Gedichte dieser Zeit über. Seit 1958 gibt es eine Reihe solcher graphisch ausgestalteter, handgeschriebener Texte, die man mit einem damals gängigen Ausdruck als »poème-objet« bezeichnen könnte. Deren in Schreibgestik, Flächenbesetzung, Textfigurierung völlig offene Faktur löste die lineare, konventionelle Schriftzeichenreihung ab. Die Fläche im Ganzen wurde zum syntaktischen Handlungsfeld für jeweils aktuell ziselierte Grapheme. Der nächste Schritt folgte konsequent: keine Gedichte mehr zu schreiben, sondern sich »experimentell« auf die Materialität von Sprache einzulassen, Sprache also nicht zuerst, wie üblich, als pragmatisches Medium zu benutzen – denn darin kommt ihre Materialität gerade abhanden –, vielmehr sie als eine mit unserer Körperlichkeit unabdingbar verwobene Potenz, als fremdgestiftetes Eigentum und als eigentümliches Fremdes zu haben.

»Denklandschaften«

Eine entscheidende Schubkraft für sein graphisch-literarisches Werk hat Claus gewonnen, als er die konzeptionelle Orientierung an der materialen Qualität der Sprachzeichen mit Ideengut aus seiner schon in den 40er Jahren begonnenen, inzwischen weitgespannten Lektüre anreicherte. Seine Aussage und dem Bestand seiner Bibliothek zufolge handelt es sich dabei vor allem um Werke mit ethnologischer, anthropologischer, philosophischer, sprachwissenschaftlicher, marxistischer Thematik. Gewichtig waren für ihn Autoren wie Rudolf Steiner, Ernst Bloch, Paracelsus, Valentin Weigel, Jakob Böhme, Karl Marx und Lenin sowie Autoren der Kabbala, in späteren Jahren auch neurophysiologische, kybernetische, physikalische und psychologische Publikationen. Am einflussreichsten für ihn war das Denken Ernst Blochs. Vor allem dessen Hauptwerk *Das Prinzip Hoffnung*, dessen erster Band bereits 1954 im Ostberliner Aufbau-Verlag erschienen ist, hat in seinen »Sprachblättern«, wie schon an vielen ihrer Titelformulierungen abzulesen ist, tiefe Spuren gezogen. Prinzipiell strebt Claus dahin, in den Titeln das Thema anzugeben, das er sich, manchmal in langer Vorbereitung, erschlossen hat. Er erinnert sich später: »Ein philosophisches Problem, ein geschichtlicher, auch tagespolitischer Vorgang, ein psychologisches Phänomen interessiert, erregt, packt mich. Ich versuche dann, es gedanklich zu durchdringen, es zu analysieren, es ideologisch, parteilich zu bewerten ... Ich lese also, mache mir Notizen, Auszüge, halte die Schritte der Aneignung und Durchdringung nur in Stichworten fest. Bis ich einen Punkt erreicht habe, der starting point wird.«[7] Was in der daraus entspringenden scripturalen Transformation auf dem Blatt entsteht, hat er als »Denklandschaft« charakterisiert. Die ersten »Sprachblätter«, die diese Bezeichnung verdienen, sind *Landschaft Thomas Müntzers und Valentin Weigels* und *Paracelsische Denklandschaft*[8]. Beide Blätter sind gleichzeitig 1962 entstanden.

Die Spur zu Müntzer und Paracelsus könnte Bloch gelegt haben. In seinem *Prinzip Hoffnung* werden beide mehrfach angesprochen, Paracelsus wird dabei besonders hervorgehoben. Für Bloch war Müntzer der theologisch wie politisch rebellierende Widersacher zukunftverhindernder Ordnungen. Paracelsus' Lehre vom Verhältnis des Menschen zur Natur in der Analogie von Mikro- und Makrokosmos hat Bloch als Vorstufe der marxistischen Zielformel von der zu erstrebenden Naturalisierung des Menschen und Humanisierung der Natur gesehen[9]. Mit Bloch war Claus eines Sinnes, dass darin der Magnetpol der menschheitlichen Zukunftsgeschichte lag. Er hat seine Lebensarbeit unverdrossen der Bewusstwerdung dieser futurischen Vision gewidmet. Hält man sich vor Augen, dass nur das abstrakte Dass, nicht das konkrete Wie und Was dieses noch nicht vorstellbaren »Einst« gegeben war, versteht man den Antrieb von Claus, seine »experimentell« potenzierten Zugriffe weiterzutreiben, zu verfeinern und zu radikalisieren.

Im offenen Dialog der Scripturen

Genau zu dem Zeitpunkt, da die Denkinhalte schwergewichtig in die Federführung der »Sprachblätter« drängten, bot sich ein formales Experiment an, das folgenreich für die Faktur der Blätter werden sollte. Mit experimenteller Neugier probierte Claus 1961 in einem programmatisch als *Erster versuchender doppelseitiger Schreibakt* betitelten Blatt[10], dessen

Textur von Grund auf umzukrempeln, indem er dafür ein Transparentpapier verwandte, auf dem Vorder- und Rückseite im Hin- und Herwenden beschrieben wurden. Auf jeder Seite erschien durchscheinend, wenn auch abgeschwächt, die Zeichnung der anderen im gerade entstehenden Bild. Für Claus war dies eine Art von Dialog zwischen den divergenten Aussagen in statu nascendi. Da das, was auf der einen Seite rechts, auf der anderen links steht, und das syntaktische Gefüge jeweils umgekehrt ist, ändert sich dadurch deren Symbolwertigkeit. Dem Betrachter werden zwei Fassungen angeboten, die identisch und zugleich nichtidentisch sind. Er kann sie nie zusammen, nebeneinander sich ergänzend sehen. Der Deutungsvorgang wird vom Hantieren – dem Umwenden des Blattes – punktiert. Sein Ergebnis behält eine Offenheit, die nicht zu hintergehen ist.

Die beiden oben erwähnten Erstlinge der »Denklandschaften« von 1962 wurden als zweiseitige Zeichnungen realisiert. Seitdem hat Claus so gut wie alle handgeschriebenen »Sprachblätter« beidseitig angelegt. Mit der doppelten Physiognomie führt er ein Moment der Heterogenität ein, das im Collageprinzip zu Hause und auch mit der Phasenfolge des Films vergleichbar ist. Die methodisch praktizierte partielle Nichtidentität im Gleichzeitigen hat entscheidend dazu beigetragen, dass die »Sprachblätter« nicht in die Tautologiefalle als bloße Bebilderung fremder zitierter Denkinhalte geraten sind. (s. auch S. 322 ff.)

Den offenen Zeichendialog hat Claus abgewandelt und weiterbetrieben, als er seit den frühen 70er Jahren die Radierung als Textverfahren entdeckte. Auch dabei hat er gelegentlich durchscheinende Papiere verwendet. An die Stelle des simultanen Ineinanderschreibens trat das getrennte Bearbeiten eines Themas auf separaten Platten. Ihren Übereinanderdruck hat Claus variantenreich experimentiert mit dem Ziel, nicht völlig kalkulierbare, von Zufallsmomenten beeinflusste Zeichenkombinate zu erhalten.

Allegorien mit Realsymbol

Zugleich mit der Beidseitigkeit der »Sprachblätter« taucht in den Titeln mehrfach der Ausdruck Allegorie auf. Er bedeutet – wörtlich das Anderssagen – den Ausdruckswechsel zwischen Begriff (z. B. Hoffnung) und Bild (z. B. Anker). Das Bild vertritt treuhänderisch den Begriff bei demjenigen, der ihre Gleichung kennt. Diese ist eindeutig, unbeschadet dessen, dass das allegorische Bild einen konnotativen Hof mit Sinnüberschüssen im Vergleich mit dem die Bedeutung stiftenden Begriff aufweist. Dieser konnotative Hof kann, je nach der Assoziationsfähigkeit des Betrachters, auch inhaltlich anderes als im Gedanklichen angesprochen erreichen, das im »Realsymbol« (Bloch) jenseits des diskursiven Inhalts enthalten ist.

Claus hat diesen weiten Spielraum des Bildes im Sinn, wenn er den traditionsreichen Ausdruck nicht nur in den Titeln benutzt, sondern die Poetik der Allegorie als ein Grundmuster seiner »Sprachblätter« versteht. Auch dabei war Bloch Anreger und Augenöffner, wie sich an darauf bezüglichen Passagen in *Prinzip Hoffnung*, die Claus in seinem Exemplar markiert und mit Randnotizen versehen hat, ablesen lässt. Bloch potenziert die Bildseite der Allegorie, indem er sie mit der Vorstellung des »Archetyps« ausstattet. Für ihn sind Archetypen die Gestaltbildungen eines die utopische Zukunft »antizipierenden Bewußtseins«, und er stellt fest: »Gerade in der Allegorie geht erst die Fülle der poetisch arbeitenden Archetypen auf, der noch in der Alteritas des Weltlebens gelegenen.«[11] Die von ihm reichhaltig exemplifizierten Archetypen sind nicht nur retrospektiv zu sehende archaische Inbilder, sondern aktuell »wesentlich situationshafte Verdichtungskategorien, vorzüglich im Bereich poetischabbildender Phantasie«[12] und »konzise Ornamente eines utopischen Gehalts«.[13] Durch die Menschheitsgeschichte hindurch formiert sich in ihnen jeweils neu der Ausdruck utopisch-futurischer Gewissheit. Die künstlerisch-poetische Ausformung des Archetypen spielt in Blochs Allegoriebegriff eine tragende Rolle. Man versteht, wie motivierend Blochs Darstellung für die Konzeption der »Sprachblätter« werden konnte.

Auch seine Ausführungen über die Symbolbildung hat Claus sorgfältig durchgearbeitet. Archetypen, sagt Bloch, gehen »deutlich zu den objekthaften Chiffern« über; sie sind »nicht bloß aus menschlichem Material gebildet; (...) sie zeigen vielmehr ein Stück Doppelschrift der Natur selbst, eine Art Realchiffer oder Realsymbol. Realsymbol ist eines, dessen Bedeutungsgegenstand sich selber, im realen Objekt, noch verhüllt ist und nicht nur für die menschliche Erfassung seiner. Es ist mithin ein Ausdruck für das im Objekt selber noch nicht manifest Gewordene, wohl aber im Objekt und durchs Objekt Bedeutete (...). Realchiffern sind nicht statisch, sie sind Spannungsfiguren, sind tendenziöse Prozeßgestalten und vor allem eben, auf diesem Weg, symbolische.«[14]

In diesem, von Bloch eindrücklich entwickelten Rahmen setzt Claus seine allegorisch gefassten Texturen an. Zwar verwendet er den Ausdruck Allegorie nach den 60er Jahren nicht mehr in den Titeln, doch durchzieht das allegorische Prinzip das ganze Werk. Im optimalen Fall verkörpert sich die allegorische Aussage in einer, mitunter tierförmigen Symbolfigur, die mit den scripturalen Verläufen verwoben wird. So schiebt auf dem Blatt *Essay: Die Gestalt der Schwelle vor dem Utopischen im Sexualtrieb* von 1968[15] eine saurierhafte Gestalt ihren aus Scripturen gestrichelten, massigen Körper von oben breit über eine fein verschriftete Textlandschaft. Lässt man den Titel zunächst außer Acht, zeigt sich eine in hohem Maße bedrohliche Situation, bestimmt von der Annäherung einer elementaren Gewalt an ein machtlos dargebotenes Wörter- und Zeichensubstrat. Der Atem des Angreifenden bläst sichtbar verstörend in das zarte Textgewebe, Ankündigung eines verwüstenden Vorgangs. Der s-förmig geschwungene Tierkörper schlägt seine obere Rundung, den Schwanz ins Leere über dem Horizont. Sein grausig abgerissenes Endstück fliegt horizontal davon, Zeichen einer Verletzung, die ihn selbst betroffen hat und nun den Unterlegenen droht. Die Eindrücklichkeit dieser Symbolsprache ruft bei dem heutigen Betrachter Katastrophenszenarien herauf, für die er zahllose Exempel kennt und die potentiell aktuell bleiben.

Die Titelaussage bringt jedoch eine ganz andere Perspektive ins Spiel. Claus geht es, mit einem Impuls wider die Banalisierung des Sexuellen, um dessen tiefwurzelnde Zwiespältigkeit. Die hindernde »Schwelle« bezieht sich auf die übermächtig besetzende Triebhaftigkeit des Menschen – im »Sprachblatt« allegorisiert durch den raumbeherrschenden Tierleib mit dem als Penis deutbaren, zerborstenen Schwanz. Claus notiert später, am 9.6.1973, in sein Tagebuch: »Orgasmus ist nicht Vorahnung bzw. Realität künftigen Glücks, sondern Erinnerung an Urzeit-Paradies, bewußtloses.« Demgegenüber aber die andere Seite, die in der Zeichnung jedoch nicht unmittelbar thematisiert wird: »Das Utopische im Sexualtrieb ist Vorahnung künftigen Glücks bei höchstem Bewußtsein: es ist a-sexuell. Hinter der Gestalt der Schwelle.«[16] Die utopische

Essay: Die Gestalt der Schwelle vor dem Utopischen im Sexualtrieb, 1968

Stimmung äußert sich nur mittelbar in dem von Claus in diesem Sinn bewusst gewählten Blau der Scripturen, auch des Tierleibes. Was es für ihn bedeutet, sagt er selbst einmal in einem Brief an das Ehepaar Bloch: »Zentral aber: das Utopische im Sexualtrieb wird bewußter, sein entfesselbares Azur. Erotische Erregungsfelder aus Azur, die manchmal in einem Gespräch, einem Blick, selbst in Nachttraum-Begegnungen mit einer Frau entstehen (...).«[17]

Zur Entfaltung der allegorischen Aussage gehörte die Entzifferung der streckenweise oft nur mühsam zu lesenden Schreibverläufe. Vielfach sind nur Wort- oder Satzfragmente zu erkennen. Damit ließe sich die Lesart zweifellos verfeinern, zugleich angesichts heterogener Lesepartikel ins Offene, Unabsehbare weiten. Dem steht der Mangel an zureichend präzisen Reproduktionen (der Zugriff auf die Originale verbietet sich verständlicherweise aus konservatorischen Gründen) entgegen. Claus hat versucht, dem für Ausstellungen mit überdimensionalen Fotovergrößerungen abzuhelfen, und auch diesen den Rang von Originalen zuerkannt. Doch sie können das intime Erlesen der »Sprachblätter« nicht ersetzen.

Was der Betrachter aber leisten kann, ist das vergleichend-unterscheidende Lesen beider Blattseiten. Ihr gekontertes Bild ergibt eine Spiegelbildlichkeit. Abgesehen von der divergierenden Farblichkeit der durchscheinenden Seiten, wodurch auch das kompositorische Gewicht der Teile sich verändert, verschiebt vor allem die Links-rechts-Vertauschung die Symbolwertigkeit der graphischen Momente. Die kontrastiven Valenzen von links und rechts sind von der Körperorganisation und der neuronalen Struktur des Menschen geeicht und werden in ihrer Eigentümlichkeit jeweils unwillkürlich mitgelesen.

Die Saurierfigur auf der Rückseite ist partienweise tiefer ins Dunkelblau gefärbt als die andere. Ihr Körper, zusätzlich gewichtet, greift so realmächtiger die Textfläche an. Die aus der S-Form herausgeführte Bewegung ist nach links, also gegen unsere gewohnte Leserichtung, gegen den Strich gewendet, wodurch die Handlungsspannung des Angreifenden gegenüber dem Unterlegenen sichtbar wird. Auch die Gestik des nach rechts gebogenen Schwanzstummels oben weist, dort konform mit der Leserichtung, ins Weite nach vorn, als ob er dem abgetrennten Teil, das in der Art eines undefinierbaren Flugobjekts vorausfliegt, nachblickte. In der Parallelsituation der Vorderseite stellt sich, angesichts der gegenläufigen Leserichtung, dieser Eindruck nicht her. Mit ihrer S-Form dagegen ist die vorderseitige Tierform mit der Leserichtung einsinnig nach rechts gekehrt.

Beide Lesarten gehören zusammen wie siamesische Zwillinge, und doch sind es gesonderte Aussagen. Ihre minimalen Unterschiede führen zu einer zuerst hin- und herschwingenden, schließlich die labile Gleichzeitigkeit der Aspekte festhaltenden, daher im Grunde nicht abschließbaren Erzählung.

Augen-Blicke

Zur Poetik der Allegorie gehören auch die Augenzeichen als »Realsymbole«. Ihre Häufigkeit und Konstanz weisen sie als Basissymbole der »Sprachblätter« aus. Auch sie wurden mit der neuen konzeptionellen Phase seit den frühen 60er Jahren für Claus bedeutsam. Nach dem Werkverzeichnis erscheint das Augenzeichen nahezu in jedem zweiten »Sprachblatt«, nach einigen tastenden Versuchen erstmals in *Allegorie. Zweifel* von 1962[18], und es zeigt sich noch in der letzten vor seinem Tod entstandenen, nurmehr mit dem Nachlassstempel versehenen Arbeit, einer Lithographie ohne Titel von 1998[19]. In einem Brief an Gerhard Wolf äußert sich Claus über die semantische und die scripturale Variabilität:

»Augen: es stimmt, die tauchen aus sehr vielen Sprachstrukturen auf. Aber kann man das als ›Sich-Wiederholen‹ bezeichnen? Anfang der 60er Jahre schrieb ich ein Blatt, auf dem es von Augen nur so wimmelte: ›Differente Stufen der Wachheit, versuchende Konstruktion ihrer Simultaneität‹. Dieser Titel kennzeichnet vielleicht den Sachverhalt. Die Augenzeichen haben stets eine exakte Funktion, oft zeigen sie mehr oder minder große Wachheit bzw. Bewußtheit des abgehandelten (sprachl.) Themas an und wollen in diesem Kontext GELESEN sein ... Ich selbst gehorche da einfach einem inneren Zwang: hier ist ein Auge im Werden, will ans Licht. In einer späteren Phase verschwindet es durch Überlagerungen wieder oder bleibt oder bleibt teilweise und verwandelt sich in anderes (auch andere Blickrichtung, die Blickrichtung hat ja auch Bedeutung). Und: Auge ist nicht gleich Auge; es hat – von mir aus gesehen – semantischen Sinn, ob das Auge Pupille hat oder nicht, ob die Pupille geweitet ist oder verengt, ob die Lider Wimpern haben, ob zwei Augen nebeneinander stehen oder eines isoliert, ob eine Augenhäufung vorliegt, ob der Blick nach außen geht, evtl. ›Strahlen‹ emittiert oder nach ›innen‹ sinkt usw ...«[20]

Die unabsehbare mythisch-mystische Reichweite des Augenzeichens in der Religions- und Kulturgeschichte ist Claus zweifellos bewusst gewesen, nicht zuletzt durch die Lektüre der Schriften Valentin Weigels, dem er eine der frühen »Denklandschaften« gewidmet hat[21]. Dass Claus es so häufig und in semantischer Konstanz für »Wachheit bzw. Bewußtheit« verwendet hat, gibt ihm den Charakter eines Ideogramms, Schriftzeichen für die Grundverfassung seiner scripturalen Arbeit, in deren klarer, bewusster Konzentration für ihn erst intuitives Erfassen möglich war. Die Schreibhand setzt das Augenzeichen oftmals in autonomer Gewöhnung fast beiläufig in den Textverlauf. Es kann dabei in stereotyper Einfachheit erscheinen. Mit seiner wandlungsfähigen Gestalt kann es aber auch zum Agens des scripturalen Prozesses werden.

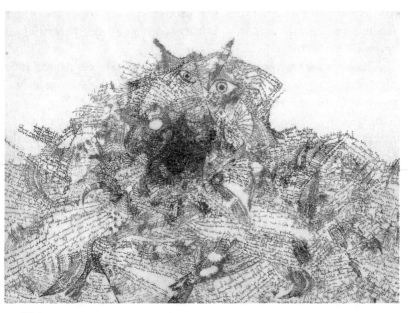

Ausblick. 1963

Von der Intelligenz wie der Emotionalität der Schreibhand getrieben, kann das bis in die extreme Verformung, die Entleerung, Destruktion, ja bis zur Verwüstung des Bildes gehen.

Für Claus steht das Auge auch als Zeichen für die Augenblickhaftigkeit menschlichen Daseins. Bei Bloch fand er eine (durch Unterstreichen markierte) bedeutungsvolle, vielleicht sogar aufregende Stelle, die seine eigene Zeiterfahrung artikulierte. Da heißt es: »Und es bleibt letzthin der Puls, der auch dem intermittierenden Augenblickscharakter des Bewußtseins das Modell gibt oder besser: als Entsprechung im Leib geschieht. Vom Pulsschlag her wird der seelische Augenblick im Klopfen seines Jetzt erfahren, im Vorwärtsstürzenden, auch Transitiven aller Augenblicke.«[22] Der Puls ist für Claus leibhaftig geschehendes »Realsymbol« des Daseins, auch des geistig bewusst erlebten. Sein eigenes Lebens»experiment« sieht er von der rhythmisch vorantreibenden Beweglichkeit des Pulsierens bestimmt. Die Konkordanz von Pulsschlag und Augenblickhaftigkeit begründet die Verwendung der Augenchiffre für die Gegenwärtigkeit der in den »Sprachblättern« heraufgerufenen Gestalten, Situationen, Szenarien. Ihre variabel tastende Faktur erfasst die »Knoten des Daseinsrätsels«, die nicht in dem utopischen »fernsten«, sondern im »nächsten«, dem akuten Augenblick »stecken« (Bloch)[23].

Claus hat das Faszinosum des Augenblicks in drei zeitnah entstandenen, doch ganz unterschiedlich gestalteten »Sprachblättern« thematisiert. Alle drei tragen den Titel *Erwachen am Augenblick* – eine Formulierung, die das Bewusstwerden dessen, was mit dem Augenblick im Moment seines Ereignens geschieht, hervorkehrt. Das erste, 1987 im Kontext der großen Komposition des Zyklus *Aggregat K* hervorgebracht, verdankt sich dem Abdruck von Handkantenschlägen und Verwischungen mit der Hand.[24] Darin manifestiert sich dem Tenor des Zyklus entsprechend, ein aus der Praxis der japanischen Kara-te-Übungen entspringendes »blitzschnelles Handeln aus dem je besonderen Augenblick heraus«. Augenblickhaftigkeit also, die mehr als ein reines Zeitmoment das Agens ist, durch das »man psychische Verhärtungen, Versteinerungen spalten und noch nicht bewusste Energiequellen freilegen« kann.[25] Das Augenzeichen selbst taucht in diesem Moment radikal im Körpergeschehen vollzogener, realer Augenblicklichkeit nicht auf.

»Versuchendes Denken«

Der von Claus favorisierte diskursive Weg, einem »Sprachblatt« seine Lesart abzugewinnen, wird von der Doppelseitigkeit der Blätter wie von der Konzeption des allegorischen Prinzips, von beidem war die Rede, relativiert. Wer sich auf das ganze Spektrum der Ausdrucksformen, die den divergenten Aussageintentionen der »Sprachblätter« entsprechen, einlassen will, benutzt unwillkürlich ein breites Band diskursiv-analytischer, intuitiv-reflektierender, anamnetischer, assoziierender, meditativer Weisen der Erschließung und der Aneignung. Da Claus seit den späten 60er Jahren dazu neigt, von Fall zu Fall »Sprachblätter« mit flächengreifenden, manuellen Farbverwischungen zu gestalten und die Feder dabei nur zu beteiligen, kommen dort intuitives Wahrnehmen und meditatives Begreifen stärker als das diskursive zur Geltung.

Wie die Unwägbarkeiten von gedanklichem Impuls, sprachlich-scripturaler Verarbeitung, Transformation ins Bildhafte zusammenspielen können, lässt sich an einem Blatt von 1970/73 mit dem Titel *Versuchendes Denken in Noch-Nicht-Gewußtes: gerichtet auf Noch-Nicht-Gewordenes im Diamanten (:reiner Kohlenstoff)*[26] ablesen. Die Titelfassung vermittelt präzise, worum es in dem Blatt geht. Doch genau ist sie nur in der Verknüpfung des Unbekannten mit einem symbolischen Kern von Gewissheit. Bloch, der Meister auch dieses Denkinhalts[27], beschreibt ihn definitiv auf der letzten Seite von »Prinzip Hoffnung«: »Das Ziel insgesamt ist und bleibt noch verdeckt, das Überhaupt des Willens und der Hoffnung noch ungefunden, im Agens des Existierens ist das Licht seiner Washeit, seines Wesens, seines intendierten Grundinhalts selber noch nicht aufgegangen, und doch steht das Nunc stans des treibenden Augenblicks, des mit seinem Inhalt erfüllten Strebens utopisch-deutlich voran.«[28]

Das Was, auf das sich das »versuchende Denken« richtet, ist nicht, noch lange nicht konkretisierbar. Doch im Bild des »Sprachblattes« kann ein »Aufblitzen von utopischem Endzustand«[29] wahrnehmbar werden. Das kleine, nur 11,2 × 13,7 cm große, beidseitig bearbeitete Blatt wird fast vollständig von einer federgezeichneten Augenform gefüllt. Sie steht, samt den Schattenzeichen der Rückseite, schwarz auf einem die Fläche bedeckenden tiefblauen Farbgrund, dessen Verwischungen rosa Streifen beigemischt sind. Auf der Rückseite besetzt ein mit Binnenflügeln versehenes, dunkel in sich kreisendes, abgerundetes Gebilde – vielleicht als Ort des »Diamanten« zu lesen – den Augenumriss. Das Auge selbst ist gelöscht. Das Augenzeichen auf der Vorderseite ist zwar da, wird jedoch bei der Durchleuchtung des Blattes umgewidmet ins Imagisch-Magische. Die von hinten durchscheinenden Momente könnten seine Pupille vage zum Augenpaar ergänzen. Verfolgt man die vier möglichen Phasen des Betrachtens – von vorne, von hinten, Durchleuchtung von vorne oder von hinten –, so zeigt sich die »Realsymbolik« des Auges wie die des rückseitigen enigmatischen Gebildes wie in einer Filmfolge überblendet, abgelöst von der jeweils anderen.

Das Ineinander der Anmutungen, die die Farbbildlichkeit mit ihrer emotionalen Ausstrahlung und die Federstrichzeichen mit den schwimmenden Bedeutungshöfen bewirken, erzeugt ein intuitiv versuchendes, abwägendes Innehaben, ein Sicheinlassen auf etwas, das da ist, ohne zu dauern, und dabei ein Leuchten von Zutrefflichkeit hinterlässt. Bloch spricht von der Erfahrung »eines antizipierenden Stillehaltens« – ihm zufolge einer »kurzen, seltsamen Erfahrung«.[30] Seltsam gewiss, doch das Zeitmoment ist nicht von vornherein bestimmbar, es kann sich auch dehnen.

Claus lesen

In 40 Jahren ist ein Lebenswerk von über tausend »Sprachblättern« entstanden – parallel dazu ein akustisches aus vielen Stunden lautpoetischer Stücke. Carlfriedrich Claus hat sein Leben lang an der Idee festgehalten, dass alle Blätter »unabhängig von ihrem Entstehen in Wechselbeziehung zueinander stehen, dass das Ganze wie ein großes Buch ist«.[31] Sie sollten als Korpus zusammenbleiben in der Zuversicht, dass zwischen den »Denklandschaften« und zukünftigen Lesern ein Dialog gelingen und ein Drittes, Neues an Einsichten zustande kommen könnte.

Die labyrinthische Vielfalt der »Sprachblätter« haben zwei minutiös angelegte Werkverzeichnisse registriert und zum Teil mit Kommentaren versehen.[32] Sie verzeichnen das Gesamtwerk, bis auf die handgezeichneten Blätter von 1991–98. Da sie chronologisch vorgehen, ver-

mag der von außen Kommende nur mühsam die Entwicklungen und die Komplexität des Werkes nachzuvollziehen. Dem hilft im Sinne eines strukturierten Zugangs eine von Claus selbst gestaltete und im Verlag Klaus Ramm erschienene Auswahl von »Sprachblättern« ab. Claus hat sie in für ihn besonders wichtigen Themengruppen angelegt. Diese Ausgabe ist, obwohl sie nur bis 1987 reicht, noch immer aufschlussreich. – In den 90er Jahren haben zwei Ausstellungen Kataloge ermöglicht, in denen Claus zwei seiner Werkperspektiven darstellen konnte. Der eine ist dem *Aurora*-Zyklus gewidmet und stellt dessen Blätter in den Kontext weiterer, thematisch zugehöriger. Der andere bezieht sich auf den Zyklus *Aggregat K* und führt zu dessen Erhellung eine Folge im Wesentlichen politisch-zeitgeschichtlich orientierter Blätter aus den Jahren 1959 bis 1989 vor. Beide Kataloge bereichern Essays, Gespräche, Tagebuch- und Briefauszüge, und jedem ist eine Faksimileausgabe des jeweils angesprochenen Zyklus beigegeben.

Wer sich über eine subjektiv-ästhetische Rezeption hinaus auf die »Sprachblätter« einlassen will, sollte dies mit einer auswählenden, auch kursorischen Lektüre des Hauptwerks von Ernst Blochs *Das Prinzip Hoffnung*[33], das für Claus von so großer Bedeutung gewesen ist, begleiten.

Claus hat seine ganze Denkkraft und Gestaltungslust, seine Emotionen und seine Daseinserfahrungen in sein Sprachschriftwerk eingebracht. Es hat philosophisch-analytische ebenso wie poetisch-enigmatische Züge. Deren unwahrscheinliche Synthese hat Claus die Artikulation seiner Botschaft ermöglicht. Jeder Leser kann etwas von ihr in seiner Lesart entziffern.

Literatur
Ernst Bloch: Das Prinzip Hoffnung. 2 Bde. Frankfurt/M. 1959
Carlfriedrich Claus: Notizen zwischen der experimentellen Arbeit – zu ihr. Frankfurt/M. 1964 (nachgedruckt in Claus 1990/91, S. 91 ff.)
Carlfriedrich Claus: Sprachblätter. Spenge 1987
Carlfriedrich Claus: Erwachen am Augenblick. Sprachblätter, mit den theoretischen Texten von Carlfriedrich Claus und einem kommentierten Werkverzeichnis, bearbeitet von Klaus Werner. Hg. von den Städtischen Museen Karl-Marx-Stadt und dem Westfälischen Landesmuseum Münster, 1990/91
Carlfriedrich Claus: Das druckgraphische Werk, bearbeitet von Klaus Werner, Gabriele Juppe. Lindenau-Museum, Altenburg 1998
Carlfriedrich Claus: Zwischen dem Einst und dem Einst. Sprachblätter, Texte, Aggregat K, Versuchsgebiet K. Berlin 1993
Carlfriedrich Claus: Aurora. Sprachblätter, Experimentalraum Aurora, Briefe. Berlin 1995
Christa und Gerhard Wolf: Unsere Freunde, die Maler. Bilder, Essays, Dokumente. Hg. von Peter Böthig. Berlin 1995, S. 180 ff.
Augen Blicke Wort Erinnern. Begegnungen mit Carlfriedrich Claus. Berlin 1999
Carlfriedrich Claus 1930–1998. Katalog, hg. vom Annaberger Kunst- und Kulturverein e. V. anlässlich einer Ausstellung im Adam-Ries-Museum Annaberg, 2000
Schrift. Zeichen. Geste. Carlfriedrich Claus im Kontext von Klee bis Pollock. Katalog. Hg. von Ingrid Mössinger, Brigitta Milde, Kunstsammlungen Chemnitz, 2005

... eine nahezu lautlose Schwingungs-Symbiose. Die Künstlerfreundschaft zwischen Franz Mon und Carlfriedrich Claus. Briefwechsel 1959–1997. Visuelle Texte. Sprachblätter. Hg. von Ingrid Mössinger, Brigitta Milde, Kunstsammlungen Chemnitz 2013

Anmerkungen
1. Der Ausdruck steht in einem Brief an Bloch vom 6.7.1974, zitiert nach Claus 1993, S. 64
2. Claus 1964, S. 17
3. Der volle Titel lautet: »Kommunistisches Zukunftsproblem: Zwischen dem Einst und dem Einst«, Claus 1990/91, Z 330 (mit Blochzitat); dazu auch Bloch 1959, S. 110
4. Dazu Brigitte Milde in Claus 2000, S. 15 ff.
5. Claus 1990/91, Z 17–96, 108–113
6. Claus 1990/91, S. 166 f.
7. Wolf 1995, S. 185
8. Claus 1990/91, Z 266 und Z 270
9. Bloch 1959, S. 798 ff.
10. Claus 1990/91, Z 247
11. Bloch 1959, S. 184
12. Bloch 1959, S. 183
13. Bloch 1959, S. 188
14. Bloch 1959, S. 188
15. Claus 1990/91, Z 457; farbige Abb. der Vorderseite S. 104, Schwarzweißabb. der Rückseite in Claus 1987, S. 32
16. Claus 1990/91, S. 220
17. In einem Brief an K. und E. Bloch vom 23./24.10.1974, in Claus 1998, S. 32, rechte Spalte
18. Claus 1990/91, Z 290
19. Claus 1998, G164
20. Claus 1993, S. 85
21. Claus 1990/91, Z 266; vgl. Anm. 7
22. Bloch 1959, S. 340; dazu Randbemerkung von Claus in seinem Exemplar: »Puls: Modell, ja: Entsprechung! Stillstand des Pulsschlags, Sterben: Eingehen in das Jetzt, den Augenblick? Hier ist ein eventueller Schlüssel«
23. Bloch 1959, S. 341
24. Claus 1998, G 101; Blatt 51 im »Aggregat K«
25. Aus einem Brief an W. Uhlig vom 15.12.1982. In: Claus 1993, S. 69
26. Claus 1990/91, Z 610; farbige Abb. mit Vorder- und Rückseite sowie Durchleuchtung von vorn in: Claus 1995, S. 139/140
27. Bloch 1959, S. 131, 143, 163 ff.
28. Bloch 1959, S. 1628

29 Bloch 1959, S. 337
30 Bloch 1959, S. 337
31 Claus 1990/91, S. 179
32 Claus 1990/91 und Claus 1998
33 Bloch 1959

Abbildungsnachweise
Augen Blicke Wort Erinnern. Begegnungen mit Carlfriedrich Claus. Berlin 1999, S. 99
Ingrid Mössinger u. Brigitta Milde (Hg.): Carlfriedrich Claus: Writings. Signs.
   Gesture. Köln 2006, S. 41, 102

Quadratur als Ideogramm

Zu einer Arbeit von Eugen Gomringer

1997

Ursprünglich wurde diese Arbeit als sechs Meter hohe Fahne realisiert, die während einer Ausstellung Mitte der 8oer Jahre gezeigt wurde. Die Beweglichkeit des Tuches wird die starre Geometrie des turmartigen Zeichens gelockert haben. Die über den Köpfen schwebende Überdimensionalität mag dazu verführt haben, sich nicht auf die, vergebliche, Suche nach einer Wortgestalt zu begeben, sondern sich mit der Vermutung eines windbewegten, unbekannten Logos zufrieden zu geben. Immerhin lässt sich trotz des durchgezogenen senkrechten Strichs die dritte Form von oben augenfällig als ein ›E‹ lesen, und die zweite könnte ein ›F‹ enthalten, beim genaueren Hinsehen jedoch als stilisiertes ›A‹ begriffen werden. Ist so erst einmal der Alphabetcode aufgerufen, entpuppt sich die oberste Form als ein nach oben offenes U-Quadrat und die unterste als ein eckiges ›O‹.[1]

Die einfach konstruierten Lettern gewinnen ihre eigene Plausibilität, wenn man als thematische Implikation die Vier oder die Vierheit annimmt, die sich in ihrer Vierzahl und in der beherrschenden Quadratform verkörpert. Zu deren Gunsten werden schrägstehende Winkel und Rundungen der Buchstabenschemata eliminiert, und der rechte

Winkel wird als alleiniges Bauprinzip verwendet. Diese viervokalische Lesbarkeit reizt freilich den Trieb zur Vervollständigung des gewohnten Vokalsystems. Noch fehlt das ›I‹. Da nur noch der senkrecht durch die vier gestapelten Lettern gezogene Strich übrig ist, wird er versuchsweise, auch wenn seine Länge nicht zu der der anderen Lettern passt, als Platzhalter für das ›I‹ genommen, sodass sich die Befriedigung über die erreichte Vervollständigung eines Systems einstellen kann. Dieses I-Surrogat füllt zwar die traditionelle Vokalreihe, nicht jedoch findet es einen Platz in der Vierung. Wie es durch den Turm der anderen Vokale senkrecht hindurchstreicht, gewinnt es eine extra-reguläre Position im Ensemble.

Je nach der mentalen Orientierung des lesenden Auges streicht dieser I-Strich mit negierender Geste die Viererordnung durch (und damit würden die darauf beruhenden Sinnbezüge abgetan); der Strich teilt aber auch die Bausteine in ihre Hälften, sodass sie nunmehr aus zwei Teilformen gebildet erscheinen; und er verklammert alles zu einer übergreifenden, kompakten Figuration, stellt ein Konstrukt her, bei dem die Letternformen sekundär werden. Dass der durchgezogene Strich unten und oben übersteht, bewahrheitet in gewisser Weise die Gültigkeit aller konkurrierenden Lesarten: die der negierenden, durchstreichenden Geste wie die des teilenden Schnitts und die der zusammenhaltenden, ein Ganzes allererst gründenden Achse. Die Lesarten lassen sich nur analytisch unterscheiden, wirken beim Wahrnehmen jedoch ineinander. Dabei werden Bedeutsamkeitsschichten abgeblendet, und es wird die Mechanik, welche die elementaren geometrischen Formen verbindet, hervorgeholt. Wandert das Auge, wie bei senkrecht stehenden Zeilen gewohnt, von oben nach unten, so entdeckt es einen um die Achse sich vollziehenden Bewegungsablauf. Das oberste, als U-Gestalt nach oben offene, d.h. aber auch den vierten Vierungsstrich entbehrende Quadrat kippt um 180° nach unten. Dort wird es zwar um einen vierten Strich bereichert, jedoch nicht zum Zweck des Quadrats, vielmehr bewirkt er, in die Mitte eingefügt, eine Kreuzfigur. Dies wiederholt sich, wenn diese (die A-Gestalt repräsentierende) Fassung nun um 90° um ihren Mittelpunkt gedreht wird, sodass die Öffnung nach rechts weist (und die E-Gestalt erscheint). In der vierten Phase ist dieser waagrechte Strich, der in den vorangehenden einmal stabilisierend, einmal dynamisierend gewirkt hatte, endlich in die offene Seite eingerastet. Die vollkommene, in sich gefestigte Vierform ist erreicht, die zugleich für das ›O‹ steht.

An der Achse entlang verläuft somit in einfachen Bewegungen ein Vierungsspiel, das, beweglich aufgefasst, nicht nur im Gefälle von oben nach unten, sondern auch von unten nach oben gelesen werden kann, wenn das stabile unterste Quadrat wie die Basis eines Turmbaus erscheint, dessen architektonische Gestik sich Stufe für Stufe entwickelt. Oder indem sich zwei Zweiergruppen absondern: eine, die sich in ›Massivität‹ (ganz unten) und ›Leichtheit‹ (ganz oben) polarisiert, und eine zweite, die von dieser in die Mitte genommen, die beiden Kreuzformen beherbergt.

Je mehr die anfängliche Buchstabenqualität der Quadratformen verblasst ist, nicht zuletzt dank der zerschneidenden, teilenden und zugleich verkoppelnden Senkrechten, desto stärker vermag die visuelle, nicht mehr sprachgerichtete Qualität der Zeichenkörper hervorzutreten. Da durch den beschriebenen Bewegungsvollzug nicht nur der formale, sondern auch der mentale Horizont angeschnitten wird, können an den Zeichenkörpern ikonische Momente aufscheinen, wie sie ursprünglich in jeder Schrift gesteckt und sie getragen haben. Was beim imaginierenden Ablesen nun auch an Bildzeichen auftauchen mag, es bewegt sich, unabhängig von vorweglaufenden Codes, im Spielraum probierender Projektionen. Auch sie ziehen den Begriff wieder an sich und bleiben somit im ideographischen Gefüge. Man kann die Probe aufs Exempel machen und zum Beispiel im obersten Zeichenkörper (›U‹) sei es einen aufgerichteten Dreizack, sei es eine Menschenfigur mit erhobenen Händen erkennen; darunter (›A‹) etwa das Bild einer zweiflügligen Tür, wie es für das chinesische Radikal »Tor« (Mén) benutzt wird[2]. Die dritte Form (›E‹) erschiene wie beflaggt und ihre linke Hälfte wie ein Haus- oder Fenstergebilde (diese Form dient in der chinesischen Schrift als Radikal für »Sonne« (Rì)[3]. Zuunterst (›O‹) wäre ein an einer Stange befestigtes Schild zu erkennen, dessen Vorderseite abgekehrt ist, oder auch die Draufsicht auf zwei spiegelgleiche, von einem Weg durchschnittene Felder. Wie beim Umspringen des Blicks beim Betrachten von Vexierbildern orientiert sich das Auge jeweils an einem bestimmten optischen Zentrum, wobei die mentale Vorgabe ausschlaggebend mitspielt. So können im zweiten und dritten Zeichenkörper auch die Kreuzfiguren hervortreten, dank ihrer Verdoppelung mit abweisender Eindringlichkeit.

Die Wanderung durch die so unterschiedlichen Leseverfahren vom ersten Hervorlesen der Vokalzeichen über das Nachvollziehen des Bewegungsverlaufs der Quadratformen bis zum Herauslösen ikonischer Partikel hat die als Basis benutzten Alphabetzeichen aus ihrer semantischen Leere gelockt. Ermöglicht wurde dies durch die Quadratformalisierung der Lettern, vor allem aber durch die Umfunktionierung des I-Striches zu einem mehrsinnigen De- und Konstruktionszeichen. Das anfängliche Tasten nach einer verbalen Lesart, das die Alphabetpartikel ausgelöst hatten, ist bei der Beschäftigung mit den visuellen Befunden einem allmählichen Aufdecken der konstruktiven, gestischen, mentalen und ikonischen Einschließungen gewichen.

Dies sind wesentliche Bestimmungsmomente von Ideogrammen. Der ideographischen Komposition, um die es in diesem Zusammenhang ging, fehlt allerdings die Einbindung in die Codierung, die eine Sprachgesellschaft herstellt, womit die Qualität der allgemeinen, verbindlichen Lesbarkeit gewonnen wird. Die konventionale Qualität wird hier ersetzt durch die ›singuläre‹. Eine singuläre ideographische Vertextung wird – allerdings im Horizont einer Mehrzahl von konventionalen Codesystemen – erst von ihrem Autor erfindend konstituiert und von ihrem Leser in seinem Verstehensraum geortet und ausgefüllt.

Keine Frage, dass die Entzifferung, die hier versucht wurde, noch weitergetrieben werden könnte; dass die ikonischen Partikel, die hier noch isoliert voneinander auftauchen, sich miteinander verknüpfen ließen. Der Leser kann den Vorgang an der für ihn erreichbaren Stelle für beendet halten oder erklären. Er kann ihn verbalisierend Dritten zum Nach- und Weitervollzug anbieten. Doch es gibt keine Basis, von der her eine bestimmte Lesart und die von ihr mitgeführten Bedeutungen und Deutungen mit zwingender Gültigkeit auf Dritte übertragen werden könnten. Jeder Leser findet, entdeckt und öffnet diese für sich mit Hilfe seiner, im Grunde lebenslänglich, entwickelten und vergenauerten eidetischen, anamnetischen und mentalen Sensibilität.

Anmerkungen
1 Der Text ist abgedruckt in: eugen gomringer: vom rand nach innen. die konstellationen 1951–1995. Wien 1995, S. 15
2 Siehe Edoardo Fazzioli: Gemalte Wörter. 214 chinesische Schriftzeichen. Vom Bild zum Begriff. Bergisch Gladbach 1987, S. 109
3 E. Fazzioli: Gemalte Wörter, a. a. O., S. 184

5
Akustische Literatur

Literatur zwischen den Stühlen

1985/1986

> Bei der Aufnahme in die Deutsche Akademie für Sprache und Dichtung war es üblich, dass das neue Mitglied einen Vortrag über ein literaturrelevantes Thema hielt. In meinem Fall lautete die Vorgabe, ob und gegebenenfalls in welchem Ausmaß, mit welchen Einschränkungen Literatur machbar sei. Meine Darstellung zielte darauf ab, die Unentbehrlichkeit poetologischer Reflexion insbesondere im Hinblick auf die literale und die vokale Dualität der Poesie zu verdeutlichen. Den Text hat die Akademie in ihrem Jahrbuch 1985 abgedruckt.
> Das Thema der vokalen Literatur mit dem Schwerpunkt der in unserem Jahrhundert erblühten akustisch-radiophonen Poesie für's Ohr reizte Klaus Schöning, im Hörspielstudio des WDR spezialisiert auf experimentelle Hörspielkonzepte, eine erweiterte Fassung für eine Einstundensendung zu machen. Diese wurde am 2. Dezember 1986 gesendet und ist hier abgedruckt.

I

»Werden wir die Sprache der Computer sprechen?« war die Frage, die sich die Deutsche Akademie für Sprache und Dichtung auf ihrer Frühjahrstagung 1986 zu beantworten vorgenommen hatte. Viele Beiträge waren von der Sorge getönt, dass die starren Abläufe computergezeugter Texte auf die Dauer das menschliche Sprachvermögen verarmen lassen könnten. Es tut gut, wenn man sich angesichts solcher bedrohlicher Perspektiven klarmacht, dass Vergleichbares mit der Verschriftlichung unserer Sprachleistungen seit langem in Gang ist. Die Ablösung der Mündlichkeit aller gesellschaftlichen Kommunikationen durch die Verschriftlichung in einem langen Prozess war sicher ebenso einschneidend und bedrohlich für die menschliche Sprech- und Sprachfähigkeit wie die anstehende Computerisierung weiterer Textbereiche. Auch die Ausbreitung des Schriftgebrauchs war von Warnungen und Aversionen begleitet. Platon etwa hat in seinem Dialog *Phaidros* sein Unbehagen gegenüber der Schriftbenutzung anstelle der mündlichen Rede zum Ausdruck gebracht. Es heißt bei ihm:

»Vergessenheit wird dieses in den Seelen derer, die es kennenlernen, herbeiführen durch Vernachlässigung des Erinnerns, sofern sie nun im Vertrauen auf die Schrift von außen her mittels fremder Zeichen, nicht von innen her aus sich selbst, das Erinnern schöpfen. Nicht also für das Erinnern, sondern für das Gedächtnis hast du ein Hilfsmittel erfunden. Von der Weisheit aber bietest du den Schülern nur Schein, nicht Wahrheit dar. Denn Vielhörer sind sie dir nun ohne Belehrung, und so werden sie Vielwisser zu sein meinen, da sie doch insgemein Nichtwisser sind und Leute, mit denen schwer umzugehen ist, indem sie Scheinweise geworden sind, nicht Weise.«[1]

Platon lässt Sokrates für das gesprochene Wort plädieren, das genau für den Gesprächspartner formuliert ist und im dialogischen Hin und Her wirksam wird, während die vorweg schriftlich verfassten Reden der Sophisten starr sind. Wir haben inzwischen die Vorzüge des Geschriebenen zu schätzen gelernt und Philosophie wie Literatur in einer Entschiedenheit darauf gegründet, sodass wir Platons Kontroverse nur schwer nachvollziehen können. Heute jedoch, mit dem Blick auf die Sprache der Computer, wird sie plötzlich aktuell als Beispiel einer ähnlichen umstürzenden Situation. Wir allerdings sehen nicht so sehr die mündliche Sprache als die Schriftlichkeit als Widerstand auf der Rollbahn der Computer. Nur sind wir außerstande, uns das Ausmaß der quantitativen und der qualitativen Veränderungen vorzustellen, die die neue Textverarbeitungstechnik bewirken könnte. Sprechen wir von Literatur, dann gibt es nur noch eine vage Erinnerung daran, dass unsere selbstverständliche Gewohnheit, Literatur als geschriebene, als Ensemble von Texten aufzufassen, Jahrtausende gesprochener Poesie verdrängt hat.

In der historischen Tiefe der griechischen Poesie trifft man auf die Mythe vom magisch tönenden, götterentsprossenen Sänger, der mit der Gewalt seiner Stimme Menschen, Tiere und Bäume zu erregen vermochte und dessen Klagelied sogar den Hades öffnete: Orpheus, das Inbild des tönenden Poeten. Fassbarer als dieser, dessen Lieder verschollen sind, ist der Urtyp des nordgermanischen Skalden, der wie Orpheus göttlicher Abkunft sein soll: Bragi Boddason, der im 9. Jahrhundert gelebt hat und von dem Verse überliefert sind. Auch die Skalden haben mündlich und aus dem Gedächtnis vorgetragen. Odin, so wussten sie zu berichten, habe den Dichtern den Skaldenmet überlassen, durch dessen inspirierenden Genuss sie teil am Göttlich-Numinosen gewännen.² Ihre Praxis freilich war nüchtern und artifiziell. Dichten in der germanischen Grundbedeutung des Wortes hieß ›ordnen, herrichten‹, und das taten sie: Die von dämonischen Phantasmen wie von praktischer Gewaltanwendung unaufhörlich bedrohte Welt mit ihren Texten ordnen und da hineinzuwinden die Geschichten und Geschicke ihrer Zuhörer, sodass ein wertebesetztes Relief erschien, wo ansonsten das Chaos wartete.

Sieht man von der begründenden Mythe ab, die in einer gewaltdurchherrschten Gesellschaft ihr eigenes Gewicht haben mochte, so zeigen diese Dichter sich als artifizielle Könner ohne priesterlich-magisches Gehabe. Von vielen sind die Umrisse ihrer Lebensläufe bekannt. Sie waren als Krieger, Kauffahrer, Fürstenberater in den Alltag verflochten und zeichneten sich im Übrigen durch ein umfangreiches, trainiertes Gedächtnis und die Gabe eindringlichen Formulierens aus. Ihre mündlich vorgetragenen Gedichte waren ausgefeilten Regeln und schwierigen Formvorgaben unterworfen: mit genauen Vers- und Strophenplänen, einer von der gebräuchlichen manchmal extrem abweichenden Wortstellung, mit syntaktischen Verschachtelungen und einer surreal anmutenden Verrätselung der Aussagen, die nur die Kenner aufzudröseln wussten. Im 13. Jahrhundert hat Snorri Sturluson in der Prosa-*Edda* dieses poetologische Regelwerk festgehalten.

Bei uns sitzt die Vorstellung fest, ausgearbeitete Literatur hinge von der Schrift ab, und nicht in Schriftform Gefasstes gilt als archaisch, vorliterarisch, volkstümlich und kann vernachlässigt werden und wurde es auch. An der mündlich ausgeübten und mündlich vorgetragenen Skaldenliteratur lässt sich ablesen, dass Literatur, also auch die orale, die nur gesprochene, voller Erfindungslust und alles andere als primitiv ist. Und nicht nur den Stoffen, den Storys galten die Neuerungen, sondern auch die Formen wurden mit hellem Sinn für Erfindungen entwickelt.

2

Es ist dies reflexive Moment nicht abhängig vom Selbstverständnis der Poeten. Ich erinnere in diesem Zusammenhang an Mallarmé, dessen

Konzeption von Dichtung das schreibende Ich im Werk verschwinden ließ: »Ich bin nunmehr unpersönlich«, heißt es in einem Brief, »bin nicht mehr Stéphane, so wie du ihn kanntest, sondern eine Fähigkeit des geistigen Universums, sich selbst zu sehen und zu entfalten, und zwar mittels dessen, was mein Ich war ...«[3] Mit dem Konzept des *Livre*, des Buches, das dem Kosmos entsprechen sollte, ist Mallarmé jedoch der erste Konzeptkünstler: Das Werk wirkt gerade darum auf uns so faszinierend, weil es nur gedacht und nicht realisiert wurde, weil es wohl nicht zu realisieren ist. Werk und Konzept des Werkes sind eins: Die Poetik ist hier die Sache selbst, identisch mit dem Werk.

In der Praxis des Schreibens laufen die manchmal somnambule Gewissheit über das, was und wie was zu schreiben ist, die Hemmungslosigkeit des Formulierens, im Moment, da formuliert wird, quer zu der Brechung durch den Zweifel, das Zucken der Orientierungslosigkeit, das Sinkenlassen angesichts der Unmöglichkeit einer Fortsetzung. An dieser Konfliktstelle ist Bewusstsein unvermeidlich in Gang, die Arbeitsweisen aufzudröseln, ihre Stringenz zu überprüfen, Alternativen zu finden, Korrespondenzen herzustellen – es ist die exemplarische poetologische Situation im Schreibprozess. Poetik im Zusammenhang des Schreibens ist Gerüst, Hilfslinie, und zwar manchmal unentbehrliche Hilfslinie, doch wird sie im Schreibvorgang verbraucht. Sie hat im Grunde keinen normativen, von der aktuellen Gegebenheit ablösbaren Wert.

Die ältere Schreibweise von Literatur lässt noch ›littera‹ – den Buchstaben, also die Schrift – als das begriffsbildende Moment erkennen. Dadurch wird freilich überdeckt, dass Literatur, insofern man damit Dichtung meint, mit der mündlichen, von Stimme getragenen Poesie beginnt.

Die historischen Stellen lassen sich ermitteln, wo orale Literatur veraltet; wo sie – wie die homerischen Lieder oder die Sagenberichte, auf denen das *Nibelungenlied* aufbaut – verschriftet wurden und dabei ihre Qualität änderten.

Im Mittelfeld der Literatur verschwindet seit der klassischen Antike, im Norden mit der Christianisierung, die mündlich ertönende, mündlich weitergegebene Literatur und damit ihre besondere Erfahrung des Höraugenblicks, der sich mit Modifikation immer aufs Neue wiederholen kann, und die mythisch geprägte Leistung von Erinnerung, in der sich die Geschicke aneinanderreihen. Wo Stimme nun noch laut wurde, auf dem Theater und im kultischen Raum, war sie gebunden an den geschriebenen, ja vorgeschriebenen Text, und es trennte sich die Leistung des Autors von der des Sprechers.

Nur an den Rändern hat sich, bei uns bis ins 18., 19. Jahrhundert hinein, in der Sprechsprache Existierendes erhalten: bei den Märchen- und Geschichtenerzählern, bis auch deren Dinge aufgeschrieben und damit dem Weiterspinnen entzogen wurden; und auf der subkulturellen Bühne, etwa der Commedia dell'arte. An solchen Stellen gab es noch eine Weile stimmlich-szenische Produktionen, die alle Register der Laut- und Körpersprache bis ins Animalische und Obszöne hinein nutzten. Stimme, Mimik, Gestik, Akrobatik wirkten ineins. Improvisation und Invention wurden nicht in Textbüchern festgehalten, sondern nur von bestimmten lernbaren Typisierungen und Standardisierungen von Dialog, Rolle, Situation gestützt.

Nicht die Dichter haben die Schrift erfunden, und auch an ihrer typographischen, kalligraphischen Ausfaltung waren sie höchstens marginal beteiligt. Doch hat es, als das neue Zeichenrepertoire allgemein zugänglich wurde, offensichtlich entsprechende poetologische Bedürfnisse gegeben. Als Begleiterscheinung bei der Nutzung der Schrift durch die Autoren sei auf die lange Tradition der Figurengedichte hingewiesen, die seit dem Hellenismus in Gang ist und die bis zum Barock, wenn nicht bis Apollinaire reicht. In der konkreten und in der visuellen Poesie, die für mich mit Mallarmé beginnt, hat die Autonomie der Schriftzeichen auf der Textfläche eine neue Begründung erfahren, wie andererseits das Lautgedicht die abgestorbene Mündlichkeit von Poesie, freilich ebenfalls in völlig anderem Bezugsrahmen, wiederaufleben lässt.

Der Übergang der Literatur aus der Sprech- in die Schriftsprache hat der Literatur beträchtliche Vorteile gebracht. War doch der mündliche Text in seiner Existenz von der lückenlosen Kette getreuer Überlieferer abhängig; der schriftliche dagegen besitzt, zumal wenn er in vielen Exemplaren vorliegt, ein ungefährdeteres Dasein. Der schriftliche Text ist ferner bis ins kleinste Detail der Bearbeitung, Differenzierung, Abwandlung zugänglich; er gewinnt im Vergleich mit dem gedächtnisgespeicherten mündlichen eine andere Mikroqualität. Die Lektüre kann, im Gegensatz zum Zuhören, an jeder Stelle unterbrochen und beliebig wiederholt werden. Der schriftliche Text ist nicht nur von der Zeit, sondern auch vom Ort unabhängig, leicht zu transportieren, leicht verfügbar zu halten. Nur der schriftliche gibt die Grundlage für eine Übersetzung in andere Sprache, wodurch seine Mobilität nochmals zunimmt. Der mündlich vorgetragene und von Mund zu Mund übertragene Text benötigt die Gruppe sowohl der Rezipienten wie der Produzenten; der schriftliche individualisiert seinen Autor wie seinen Leser in hohem Maße. Schriftlichkeit bewirkt aber auch durch ihre für die Gesellschaft generell verbindlichen Ausdrucks- und Darstellungsnormen die Lockerung des Provinziellen, die Lösung des Bewusstseins aus dem Winkel; sie transportiert Maßstäbe und mit diesen die Fähigkeit zur Kritik. Die Schriftliteratur hat, seit Luther, am Ausfeilen der Schriftsprache und diese an der Ausgestaltung und Sicherung der Hochsprache mitgewirkt. Sprich, wie du schreibst – und nicht umgekehrt, lautet ein Korrektiv, mit dessen Hilfe das Mitglied einer Schriftliteratur besitzenden Gesellschaft Zugang zur Emanzipation im aufklärerischen Sinn erlangt.

So lässt sich ohne Überspitzung sagen, dass keine Zivilisation von überregionalem Rang ohne angemessene Methoden der Verschriftung ausgekommen ist. Keine der uns geläufigen Kulturen hat jedoch in so weitreichender und tiefgreifender Weise ihre gesamte politisch-gesellschaftliche Existenz auf Verschriftung und Vertextung gesetzt wie die europäische seit der frühen Neuzeit. In den Gesellschaften der Antike und des Mittelalters konnte, ohne dass das zivilisatorische System zu leiden hatte, die Masse der Mitglieder über bloß rudimentäre oder gar keine Kenntnisse im Schreiben und Lesen verfügen. Das gesprochene Wort reichte in allen Bereichen des öffentlichen und privaten Handelns aus, Vorgänge in Gang zu setzen, Entscheidungen zu vermitteln, Verbindlichkeiten jeder Art herzustellen. Es wurde bei Bedarf von Aufzeichnungen begleitet, von Urkunden gestützt. Der Kredit eines Kaufmanns bestand in der Gültigkeit und Zuverlässigkeit seines Wortes. Hierarchische Beziehungen wurden durch symbolische Handlungen, zu denen das Wort gehörte, gestiftet.

Vorreiter der anbrechenden Änderung dieser Verhältnisse war ausgerechnet die Institution, die das Symbolhandeln aufs feinste ausgebildet hatte: die römische Kurie. Ihr spätmittelalterlicher Anspruch, den ganzen Erdkreis im Namen Christi zu lenken, schlug sich nieder in der Entwicklung einer Ländergrenzen überschreitenden Verwaltungsorganisation, mit der das ganze Kirchenvolk erfasst wurde und insbesondere die Pfründen und Abgaben aller Art kanalisiert werden konnten. Die früheste bürokratische Praxis entstand in diesem Zusammenhang.

Die Geschichte der Neuzeit hat gezeigt, dass von der Vielzahl der Staaten, die damals ihre Existenz zu behaupten versuchten, nur diejenigen sich konsolidieren und überdauern konnten, die anstelle der gewohnten ständischen Organisationsform allmählich die apersönliche, auf auswechselbare Beamte gestützte, zentralisierte Verwaltung ausbildeten. Und das Instrument der Bürokratie ist die Schrift. Das Hin und Her zwischen den beiden Strukturen füllt die Jahrhunderte. Seit dem 17. Jahrhundert installierte sich ganz offensichtlich das bürokratisierte Regierungssystem, das in späteren Konstellationen auch noch den Monarchen wegdrückte. Es hat eine einzigartige Methode der Verschriftlichung und Vertextung aller relevanten Vorgänge des öffentlichen Lebens entwickelt, das im Übrigen nie an den Grenzen des privaten haltmachte – man braucht nur an die schriftlichen Polizey-Ordnungen der Obrigkeit zu denken, die bis in den Intimbereich hinein Verhaltensnormen kodifizierten.

Zunächst hatte die Verschriftlichung der Rechtsverhältnisse, wie bei den Babyloniern und den Römern, durchaus auch positive Aspekte: Transparenz, Nachprüfbarkeit, allgemeine Gültigkeit, Regelung der obrigkeitlichen Beliebigkeit usw. waren und sind etwas wert; und so wurde diese Praxis von einer progressiven Welle durch die Jahrhunderte getragen.

Dass das System der neuzeitlichen Wissenschaften genau hier hineinpasst, liegt auf der Hand. Mit Juristik, Kameralistik, Staatslehre, Finanzwissenschaft und seit dem 19. Jahrhundert mit den gesellschaftswissenschaftlichen Disziplinen haben sie die bürokratisch vertextete Zivilisationsorganisation mit Verfahrensweisen, Strukturen, Informationen und nicht zuletzt auch Zielsetzungen versorgt.

3

Ich glaube nicht, dass man übertreibt, wenn man hinter und über der alltagsweltlichen Realität eine zweite Realität heraufziehen und sich installieren sieht, die tendenziell jedenfalls unabhängig ist von der Bindung an Personen mit ihren Hin- und Zufälligkeiten, unabhängig auch von konkreten, leicht zu gefährdenden Situationen: eine nur aus fixierten Zeichenkomplexen bestehende Realität, die die alltagsweltliche Realität mit ihren Schrift- und Begriffssystemen durchherrscht, Normen festhält und die Verhaltensvorgaben steuert und kontrolliert. Nur wenn nicht kalkulierte, etwa gar nicht vorhersehbare Kalamitäten einbrechen, zeigt es sich, dass diese überlagernde Realität Löcher hat, und es ist Aufgabe der Politiker, der Spezialisten, sie schleunigst zu schließen.

Die Innenansicht der unser Dasein regelnden, überlagernden Institutionen zeigt, dass ihr Stoffwechsel ungeheure Textmengen verbraucht. Textmengen, die unablässig bewegt, verändert, ausgewechselt, erneuert werden müssen. Wir alle sind mit einem Großteil unserer Fakten und Umstände – von den Geburtsdaten, Wohnsitzen, Besitztümern, Fahrzeugen, Kontonummern bis zu den Absichten und Verfehlungen – namentlich oder anonym Futter der Datenkonglomerate und damit Bestandteil dieses Stoffwechsels, und es endet dies keineswegs mit unserer Beerdigung. Die benötigten Textmengen weisen alle denkbaren Aggregatzustände auf: vom Kleingehackten der Registraturen, Karteien, Kirchenbücher, Datenbanken über Verordnungen, Erlasse, Verfügungen, die kapillarisch in alle möglichen Verhältnisse eindringen, bis zu komplexen Texturen, die zu erstellen es der Scharen von speziell ausgebildeten Formulierern und die im zivilisatorischen Stoffwechsel wirksam werden zu lassen es noch zahlreicherer Spezialistentruppen bedarf.

Die Überlegung stellt sich ein, ob mit der Raffinierung der Vertextungsmethoden – gar wenn man die überhaupt noch nicht ausgeschöpften elektronischen Verfahren einbezieht – sich das Verhältnis der beiden Realitäten nicht umdrehen könnte: in dem Sinn, dass der Text- und Datenprozess mit seinen Definitionen, Rastern, Selektionen die Zugehörigkeit zum Realbereich steuert, was auch die entsprechende Negation, die Beseitigung, die Ausmerzung des Überschüssigen einschließen könnte.

Mit solchen Gedankenfluchten wäre bereits Literatur erreicht. Das Weiterdriften bis zum Umkippen ins Groteske oder Absurde wäre dann ihre Sache.

Es lässt sich nicht übersehen, dass der Praxis der Vertextung, wo immer sie auch auftritt, ein Hang zur Komplettierung, zur Perfektionierung innewohnt. Die Fehlerreste, die Unauffindbarkeit auch nur weniger Prozentpunkte machen Kribbeln. Sie auszutilgen sind sie überall in Gang, die Kammerjäger der kompletten Bereinigung, in den Versicherungen, bei den Arbeitsämtern, beim Finanzamt, bei der Polizei, in den Wissenschaften, in der Werbeindustrie usw. Es steckt ein Stück Utopie darin als Element unseres Alltags, das wir normalerweise wie manches andere verkraften, es sei denn, es verbindet sich mit übergreifenden, überhängenden utopischen Konzepten – Vertextungen eigener Art, die wie Tuberkelbazillen im unabsehbaren Netz der gesellschaftlichen Vertextungen eingekapselt nisten und in geeigneten Konstellationen mit Hilfe politisch agiler Gruppen virulent werden können.

Man kann an Modelluntersuchungen zur Praxis der Machtergreifung 1933 in kleineren Städten wie unter dem Mikroskop betrachten, wie allein noch die Sprachphantasmen der blanken Utopie die blanke Gewaltanwendung bei der Usurpation der Macht abdeckt. Das utopisch-konzipierte Textsystem tritt dabei in Konkurrenz mit dem zivilisatorisch üblichen, nutzt dessen Funktionen, ohne sich doch an die – ebenfalls kodierten – Spielregeln zu halten.

Der Komplex der Hundertprozentigkeit, der zunächst wie eine Marotte wirkt, spielt dabei eine fatale Rolle. Zur Logik der Utopie gehört die Vollendung und die Restlosigkeit; das gewährt dem Verstand Genuss, da den die Ratio beirrenden Resten, in Gestalt der Abweichler, das Ende angesagt wird, und es ergreift das Gemüt, dass das Vollkommene sich zu erscheinen anschickt. Die Tugend der Reinlichkeit mit ihrem Abscheu vor den Schmutzrändern ist ebenso im Spiel wie das Glück, mitvibrieren zu dürfen im ehernen Schritt der Geschichte.

Die Wahlen der Jahre nach 1933, solange es noch welche gab, zeichneten sich dadurch aus, dass sie solchem Bedürfnis Genüge taten. Sie erreichten die fast Hundertprozent an Jasagern. Hitler hatte eine weit in die Zukunft sich erstreckende Liste solcher Schmutzränder, die zu beseitigen zum utopischen Prinzip gehörte: Kommunisten, Intellektuelle,

Juden, Zigeuner, Geisteskranke und – dazu kam es dann nicht mehr – als größter Brocken die Katholiken. Auch Stalins Ausmerzungsprogramm hatte orgiastische Ausmaße, damit Platz für den neuen Menschen werde.

Die Kopulation von Gewalt und utopischer Vertextung lässt sich im Modell an den Morden des 30. Juni 1934 beobachten. Im Sinn der traditionellen Vertextung wurde das Abschlachten der SA-Führer und der bürgerlichen Oppositionellen ein paar Tage später durch ein vom Reichstag akklamiertes Gesetz über Maßnahmen zur Staatsnotwehr legalisiert. Doch bereits am Tag danach, am 1. Juli, einem Sonntag, verspann Goebbels die Fakten in ein Redenetz, in dessen Zusammenhang sie einen völlig neuen Aggregatzustand erlangten. Die Rede wurde am 1. Juli über alle Sender verbreitet und am Montag, dem 2. Juli, im vollen Wortlaut in den Tageszeitungen gedruckt. Ich greife aus dem Text nur zwei Momente heraus. Zunächst die utopische Hundertprozentigkeit: »Der Führer«, so hört man, »pflegt alles, was er tut, ganz zu machen. Auch in diesem Fall. Wenn schon, denn schon.« Die Redensart – ›wenn schon, denn schon‹ – ist jedermann geläufig, sie ist gängige Alltagsmünze und geht leicht von der Zunge, und so leuchtet die darin enthaltene Konsequenz auch ohne weiteres ein. Zumal Goebbels zuvor die makabre Heiligenlegende ausgemalt hat: »Sein – Hitlers – ganzes Leben gilt dem deutschen Volk, das ihn deshalb tief verehrt, weil er groß und gütig ist, aber auch erbarmungslos sein kann, wenn es notwendig wird.« Und es wurde notwendig, wie der Fortgang der Rede plausibel zu machen weiß: »Jetzt wird reiner Tisch gemacht«, damit kommt Goebbels zur Sache, »und die Eiterbeule, nachdem sie ausgereift war, aufgestochen. Die Lauterkeit und Anständigkeit der Partei und all ihrer Organisationen ist durch die Ausmerzung dieser fragwürdigen Elemente wiederhergestellt.« Und unter Nutzung derselben Bildersprache ein wenig später: »Und Pestbeulen, Korruptionsherde, Krankheitssymptome moralischer Verwilderung, die sich im öffentlichen Leben zeigen, werden ausgebrannt, und zwar bis aufs Fleisch.«[4] Wer könnte dagegen etwas einzuwenden haben?!

Unter solchen Sprachmasken schrumpfen die Taten zu Nebensächlichkeiten. Der längst aufgespannte utopische Hintergrund bot die Ansatzstellen für die Umwertung und vermittelte die Glaubwürdigkeit auch einer solchen Darstellung. In einem Text mit dem Titel *Deutschland 1944*[5] hat Helmut Heißenbüttel mit den Mitteln der Zitatcollage einen Schnitt durch das Spätstadium dieses Text-Todesprozesses gelegt, der im fahlen Licht der nazistischen Utopie in Gang war (s. auch S. 150.ff.). Das verwendete Material stammt aus Reden, Protokollen, Gedichten, Tagebüchern, Berichten verschiedener Instanzen, alle aus dem Jahr 1944. Es sind Äußerungen von Tätern, Widersachern, distanzierten Beobachtern. Einige der Autoren vermag der kundige Leser zu identifizieren, einige lassen sich vermuten, andere bleiben im Dunkeln. Man vermisst die Aufdeckung der Namen jedoch nicht, denn es geht um den fiebrigschauderhaften Prozess im Ganzen, nicht mehr um Einzelheiten.

Der anvisierten, durch den Vollzug des Textes – und zwar beim Schreiber wie beim Leser – erst aufzudeckenden Thematik entspricht das Verfahren, durch das der Text zustande kommt: nämlich keine Kontur, keine Gestalt vorab zu geben, sondern das Disparate, Fremdartige, Sich-Stoßende im Textspielraum zusammengeraten zu lassen. Den Zufalls- und Schnittcharakter der Collage hat Heißenbüttel noch dadurch geschärft, dass er die Zitatmenge in strikt gefasste Abmessungen füllte: Der ganze Text ist in 13 Teile zu je 13 Zeilen geschnitten. Die Blockgrenzen zerteilen Textzusammenhang ohne Rücksicht auf den Inhalt.

Die Bruchstücke der Collage saugen den Leser jeweils in ihre Tiefe, weiten mit ihren Konnotationen und Korrespondenzen, die im Wortlaut nicht erscheinen, den Text ins Unabsehbare. Die geborstene, vernebelte, demolierte Textlandschaft dieses letzten Jahres der utopischen Tausend wird aufgeklappt, nicht um ein Panorama vorzuweisen – das wäre unmöglich; vielmehr wird gezeigt, in welchem Ausmaß und in welchem Wirklichkeitszustand Sprache mit dem faktischen politischterroristischen Geschehen, das später als Geschichte trockengelegt wird, verquickt ist. Sprache erweist sich als ein in allen Fugen gegenwärtiger Wirkstoff. Der Zustand ihres Vokabulars, ihrer Redensarten, ihrer Verknüpfungsgewohnheiten im jeweiligen historischen Moment ist alles andere als wertneutral; erst mit ihren wertdurchtränkten Mitteln lässt sich Verrecken als heroisches Aufrecken, das Wimmern der Todesmühle als Dröhnen des Weltgeistes deuten. Das Realitätsschlamassel ist auch ein Sprachschlamassel – das ist das Thema des Textes *Deutschland 1944*; lesend und auf die Kumulierungen und Wiederholungen achtend findet man es im Verlauf des Textes heraus. Infolge seiner Komposition aus zahlreichen Zitatfragmenten bleibt der Text jedoch offen für ebenso viele Sinn- und Anmutungserfahrungen, wie er Leser findet. Im Gegensatz zu klassischen Texten, deren Bedeutungselemente sich beim Lesen gegenseitig aufladen und gleichzeitig eingrenzen, sodass der Deutungsfokus immer eindeutiger wird, verlangt und provoziert der offene Text, wie er mit *Deutschland 1944* vorliegt, Anschlüsse und Korrespondenzen nach vielen Seiten. Der klassische Text strebt nach der einen authentischen Deutung, mag es auch im Einzelfall beträchtliche Variationsbreiten geben. Der offene Text mutet jedem Leser eine eigene Fokussierung zu, und er ist in unvergleichlich höherem Maße auf die Voraussetzungen angewiesen, die der Leser als Vorwissen und Vorerfahrung mitbringt. Der Text von Heißenbüttel macht diesen Sachverhalt eindringlich deutlich.

4

Die öffentlich ertönende Sprache und wirkende Rede hat nur an einer Stelle durch die Jahrhunderte hindurch der Verschriftlichung widerstanden: auf den Kanzeln. Unvertilgbar, seitdem die Reformatoren den Heilszugang auf die Wort-Verkündigung konzentrierten. Das Ohr blieb, trotz einer Flut von flankierenden geistlichen Druckschriften, der favorisierte Adressat des geistlichen Zuspruchs. In der politischen Öffentlichkeit wird erst mit der Französischen Revolution das mündliche Wort virulent – bemerkenswerterweise in einem Moment der Geschichte, der sich durch die Maximierung der Vertextung des Wissens durch die Enzyklopädisten auszeichnet. Die politischen Reden der Jakobiner wurden, wie die geistlichen Predigten, zwar vielmals zuvor schriftlich fixiert, doch erst in den Redeschlachten des Konvents wurden sie politisch scharf. Die Taten der Epoche kamen zuerst als Reden ans Tageslicht.

Die alte Gesellschaft war letztlich den Wirkungen dieser oralen Zündschnüre nicht gewachsen. Mit den politischen Massenbewegungen unseres Jahrhunderts kam die Praxis der direkten mündlichen Beeinflussung, Einstimmung, Emotionalisierung von Personengruppen, von Menschenmengen in Blüte. Lenin und seine Aktivisten verwendeten die mündliche Agitation mit Erfolg, und die Bolschewisten entwickelten noch vor der massenweisen Verbreitung des Radios den Einsatz technischer Mittel, etwa indem Eisenbahnzüge als rollende und rasch verschiebbare Rednertribünen eingesetzt wurden. Mit ihrem Stimmlaut haben sich die Agitatoren der Massenbewegungen – Mussolini hart auf den Fersen Lenins und selbst Muster für Hitler – in der Gefühlswelt ihrer Zuhörer eingenistet. Für Hitler ist die emotionale Wirkung seiner Stimme vielfach bezeugt. An Wirkung kam ihm keiner gleich, auch der Doktor Goebbels nicht, der ihm an Rhetorik und Rabulistik zweifellos überlegen war.

Golo Mann schreibt in seinen *Erinnerungen und Gedanken* (1986) über die Stimmqualität der Naziredner:

»Hitler hatte unter seinen Getreuen eine Menge Nachahmer, aber so gut wie er konnte es keiner. In seinem gutturalen Sprechen war für mein Gefühl etwas durchaus Fremdes, Undeutsches. Aber ein echter Österreicher war er auch nicht. Er war aus Niemandsland. Nur ein im Grunde Fremder konnte so faszinieren, so sich Deutschland unterwerfen, wie es diesem gelang. Görings Stimme: eine blecherne Trompete. Dagegen die von Goebbels völlig anders und damals einzig in ihrer Art: sonor, ja wie Samt, auch dann, besonders dann, wenn er eine gewaltige Bosheit aussprach, wie demnächst: ›Wir sind die Herren über Deutschland‹. Ein wollüstiger, aber leiser Triumph. Schreien konnte auch er ..., aber da war dann echte theatralische Steigerung.«

Die massenwirksame orale Agitation durchzieht wie ein immaterieller Kampfstoff unser Jahrhundert und erreicht durch die elektronischen Medien noch das hinterste Dorf und den abgekapselten Lauscher. Das ereignet sich gleichzeitig mit einer Vervollkommnung der Vertextung des gesellschaftlichen Lebens, ebenfalls ermöglicht durch die elektronisch betriebene Technik.

5

Ich möchte mich auf ein weiteres Beispiel beziehen, das verdeutlicht, wie Literatur mit der alles überziehenden zivilisatorischen Vertextung befasst ist. Der Komponist und Hörspielautor Mauricio Kagel hat 1979 ein Hörspiel mit dem Titel *Der Tribun* produziert. Sein Suchrahmen waren Passagen, Kernstellen, Partikel aus politischen Reden aus aller Herren Länder. Die Bearbeitung dieses auf etwa 500 Karteikarten stichwortartig notierten Materials geschah in der Weise, dass Kagel ins Studio eingeschlossen mit Hilfe der Karteikarten politisches Reden improvisierte und inszenierte. Kagel schreibt dazu: »Ich habe nicht (einen bestimmten) Text gelesen, sondern meine Reden frei gehalten, mit Hilfe einer breiten Palette von Wut bis Pseudoliebe, von verwerflicher Rhetorik bis Betonung von Edelgedanken, um einen Zustand unaufhörlichen Sprechens zu rekonstruieren.«[6]

Die vielstündigen Bandaufnahmen fingierter und doch authentischer Reden wurden schließlich zu einem knapp einstündigen Hörspiel verdichtet. Der Hörer vermeint, eigenen Hörerinnerungen zu begegnen. Im Gegensatz zu Heißenbüttels Entscheidung, die Fundstücke zu nehmen, wie er sie gefunden hat, verschleift, vermischt, verdreht, verkalauert Kagel sein Rohmaterial. Auch unterzieht er es einer Intonation, die den Originalen wohl abgehorcht ist, doch sie zugleich auch mit einem abstrus-grotesken Pathos überzieht, wodurch das mörderische Pathos der Originale auf den Jahrmarkt gerät, dessen Ort heute auch das Hörspiel sein kann.

Von Gerhard Rühm gibt es eine Reihe von Stücken, die in diesen Horizont gehören. Ich erwähne die *Zensurierte Rede*, die Rühm 1969 in einem tschechoslowakischen Studio hergestellt hat. Material ist eine politische Rede jener Tage. Durch Bandschnitte wurden alle Wörter der Rede bis auf die Randlaute am Anfang und Ende ausgekernt, sodass drastisch hörbar wird, worum es geht: das Ansetzen zum Sprechen und fortwährend erzwungene, gequälte Verstummen.

Aus der Hörspielproduktion der letzten zehn, fünfzehn Jahre wäre eine ganze Reihe weiterer Beispiele dafür zu nennen, wie das unsere Welt durchströmende Text- und Redematerial präpariert, ironisiert, decouvriert werden kann. Ich weise nur auf die Hörspiele von Ferdinand Kriwet hin, der Sprach- und Geräuschmaterial auf Fußballplätzen, in Popkonzerten und bei Wahlschlachten gesammelt und es – quer zu den realen Verläufen – zu artifiziellen Hörfilmen strukturiert hat. Kriwet sucht, um das Material seiner Stücke zu gewinnen, optimale Stellen massenhaften Sprachrauschens auf: In zwei Stücken – *Apollo America* und *Voice of America* – hat er die medialen Ausschüttungen der Mondlandungen, in *Campaign* die einer amerikanischen Präsidentenwahlschlacht, in *Modell Fortuna, Ball* und *Radioball* die der Fußballplätze eingefangen und verarbeitet.

Bei der Montage des Materials – das aus Liveaufnahmen, aber auch aus Funk- und Fernsehmitschnitten besteht – geht es Kriwet nicht um das reportagehafte, quasidokumentarische Wiedergeben; vielmehr bewegt er sich bewusst auf dem Grat zwischen Authentizität und formalartifizieller Komposition. Er sagt selbst:

> »Es war von Anfang an meine Absicht, diese Sprache künstlich zu charakterisieren, also ihre Eigentümlichkeiten, ihre unverwechselbaren verwechselbaren Besonderheiten in verdeutlichender Form zu komponieren. Meist geschah dies in der Isolation der Materialien. So habe ich z. B. solche Töne, Geräusche und Stimmen, die in der allgemeinen Begeisterung untergehen, auf die man auch sonst nicht achtet, die man einfach überhört, aus ihrem Zusammenhang herausgeschnitten. Erst dadurch wurden diese Töne, Geräusche, Stimmen in ihrer Eigenart hörbar.«[7]

Durch die Beachtung winzigster Hörphänomene und ihre Verwendung in einem polyphonen, der gewohnten Hörerfahrung unbekannten auditiven Gefüge wird die zivilisatorische Hörwelt fremd, anders, neu wahrgenommen und der Hörer für das Nochnichtgehörte, möglicherweise für das Unerhörte sensibilisiert. Bei Kriwet hört er nichts, was nicht aus seiner Welt käme, doch er hört es hier, wie er es sonst nie zu hören bekommt.

Schriftliteratur und Sprechliteratur klaffen gründlich auseinander, auch wenn manche dieser Stücke sich renotieren ließen. Sie existieren doch erst dank der ertönenden Stimme, deren Intensität, emotionale Zugabe, deren ironische, klagende, höhnende Färbung nicht notierbar sind, obwohl sie unablösbar zum Text gehören.

Ernst Jandl muss an dieser Stelle erwähnt werden. Er ist im deutschen Sprachraum vermutlich der Autor, der am konsequentesten die Sprechqualität von Literatur herausgearbeitet und mit der eigenen Stimme realisiert hat. Äußerungen von Jandl, die das erhellen, gibt es zu dem Hörspiel *das röcheln der mona lisa*, das zuerst 1970 gesendet wurde

S. 511 ff.). Jandl sagt im Begleittext zu der Platte: »Alles wurde nicht nur geschrieben, sondern zugleich gehört und dann so realisiert, wie ich es gehört habe. Das Textmaterial ist geschrieben, stammt aus Abfallhaufen von Einfällen, Notizen und Gekritzeltem«[8], doch erst die Stimme bringt den Strom – Jandl selbst spricht das ganze Stück: mit dem Tonfall beißender Lustigkeit, desperater Schärfe, insistierendem Hohn. Reizpartikel für das Ganze war, wie Jandl anmerkt, eine aus dem Werbemüll aufgelesene Floskel ›schöner sterben‹. In Gang kommt der Sprechfluss erst, wenn auch noch »die Absicht, überhaupt etwas zu tun, fallen gelassen« wird, also der im Moment wirksame Impuls allein gilt. Das Verfahren erinnert an das von Kagel bei der Arbeit am *Tribun* gewählte.

Die Momentaneität, die Unvorhersehbarkeit des nächsten Augenblicks, wie sie nur der Hörer, gebunden in den Zeitverlauf seiner Wahrnehmung, erfahren kann, strukturiert das Stück. Jandl dazu: »Auf jeden Fall sollte dies geschehen: daß Dinge eintreten, die nicht erwartet wurden, und womöglich in ununterbrochener Folge; und daß der Hörer allmählich in eine Haltung des Fragens gerät, ohne daß er vorerst tatsächlich fragt, denn das würde sein Hören, und damit das Spiel, unterbrechen...«

Es ist ein Stück allein für das Ohr; es entstehen beim Hören keine optischen, keine szenischen Illusionen. Jandl verfügt über eine eigene Kompositionstechnik, die Hör-Augenblicke durch modifizierendes Wiederholen penetranter zu machen und sie mit einer Irritation zu versehen, durch die sie dem Gedächtnis eingepresst werden, sodass ihre emotionale Vibration noch lange nachwirkt.

Banalitäten, meist verformuliert (*glaube öffnung und liebe*), Zitate, abstruse Redereien (*ich dir machen an mir temperaturüberraschung*) mischen sich mit bösartigen Anreden und Pseudodialogen. Der Hörer gerät in eine Reizbarkeit, weil sich immer wieder neue Löcher aus Unsinn und Bedeutungsvermutung öffnen und weil er dauernd im Ungewissen bleibt, ob sich nicht unter der Blödelei ein perfider Stoß verbirgt.

»Der Hörer«, so setzt Jandl seinen vorhin zitierten Ausspruch fort, soll »sich seiner fragenden Haltung erst nach dem Ende des Hörspiels bewußt« werden, indem er zuerst die Antwort vermisst, dann merkt, dass er fragen wollte, und schließlich erkennt, dass er nur sich selbst fragen kann. So behält auch der Titel: *das röcheln der mona lisa* bis zum Ende seine Verrätselung. Die Antwort, die der Hörer vermisst, ist im Stück verborgen, und der Hörer muss sie sich wahrnehmenderweise Faden für Faden zusammenspinnen. Die Thematik, die sich allmählich verdichtet, ist von einer Art, die kein Besserwissen, keine belehrende Attitude des Autors verträgt. Auch die thematischen Indikatoren, in Gestalt etwa der Sterbe- und Todesmotive, sind nur Momente in diesem von allen möglichen Emotionen durchtränkten, befremdlichen, vielsinnigen Textverlauf.[9]

6

Stücke, wie die hier besprochenen, haben ihre Thematik, doch sie tragen sie nicht vor sich her. In ihnen kommt ein Moment extrem zum Vorschein, das Sprache ganz allgemein auszeichnet: die mögliche Vielsinnigkeit von Formulierungen, die Bedeutungselastizität der Wörter, sichtbar in der Fähigkeit unbegrenzter Metaphorik, das Zulassen von Ungenauigkeit im üblichen Sprachvollzug, ohne dass dieser dadurch behindert würde. Flexibilität, Nichtfixierbarkeit von Sprache also, die den Spielraum, die Beweglichkeit ihrer Benutzer allererst ermöglicht, Überlebenschancen eröffnen mag, freilich auch die Lüge dicht neben die List lagert. Musterfall für alle Zeiten: der Sprachtrick des Odysseus bei den Zyklopen, durch leichte Verschiebung der Lautung seines Namens diesen zu tarnen und so der tödlichen Bedrohung vorzubeugen – Handlung durch Sprache. Auf diese Weise entsteht in der Situation eine sprachliche Realität, die es vorher nicht gegeben hat und die auch danach nie wieder in Erscheinung treten wird.

Sprache, so viel lässt sich hier leicht ablesen, arbeitet nicht mit festen Bausteinen nach starren Regeln, sondern steuert ihr Zeichenpotential entsprechend der jeweiligen Intention. Ihre Bedeutungen sind elastisch, vielsinnig verwendbar, und gerade das Vermeiden von Eindeutigkeit, das Offenlassen, möglicherweise einer Hintertür, kann beabsichtigt sein. Verstehen vollzieht sich offensichtlich nicht, indem den Sprachzeichen die ihnen einsitzenden Bedeutungen entnommen werden, sondern vielmehr als eine Art von Hervorbringen des Sinns im Hin und Her der Partner. Mitmischen das Vorwissen des Hörers oder des Lesers, die Erfahrung, die er mit der Verwendung von Sprache selber hat, und vor allem sind die Prismen seiner Intentionen, seiner Wünsche und Zielsetzungen, bewusst oder nicht, wirksam.

Beide Vorgänge – der des Textherstellens wie der des Textverstehens – bleiben letztlich unaufklärbar. Werden darin doch unaufhörlich heterogene Elemente, unverträgliche Partikel, die von sich aus nichts miteinander zu tun haben, in Zusammenhang gebracht: ein Zusammenhang, der nicht nur dem Erzeuger des Textes sinnvoll erscheint, sondern der auch dem Hörer oder Leser was zu sagen hat, auch wenn es nicht genau das ist, was sein Erzeuger damit gemeint hat.

Wenn Literatur sich die Bezeichnung »experimentell« zulegt, dann in dem Sinn, dass ihr in hohem Maße Offenheit, Vieldeutigkeit, Unverträglichkeit eignet. Das hat ihr Gefährdungen eingebracht, und nicht grundlos wurden die nazistischen Scheiterhaufen reichlich mit solcher Art von Büchern beschickt. Diktatoren verlangen Bekenntnis und Parteinahme, und eine solche ist von Wert nur, wenn sie eindeutig ist, sich also mit den diktierten offiziellen Sprachregelungen deckt.

Hitlers Hass auf die Intellektuellen – und sie gehörten mit zu den Ausrottungskandidaten – resultierte aus dem Hass auf die Fähigkeit, wie Odysseus mit der Sprache handeln und ihre Spielräume, auch die subversiven, nutzen zu können.

7

Es ist ein bemerkenswertes Phänomen, dass mit der krisenhaften Kumulation der modernen Zivilisation in unserem Jahrhundert Autoren auftreten, die ihre Beziehung zur Sprache radikalisieren. Ich gehe in diesem Zusammenhang bevorzugt auf die akustische Seite der Literatur ein, doch gilt das, was dazu zu sagen ist, entsprechend auch für die visuelle Erscheinungsform der Literatur.

Noch ehe das neue Medium des Rundfunks in den zwanziger Jahren gesprochene Sprache in zuvor ganz unvorstellbarer Weise aktualisiert und verbreitet, entsteht eine akustische Poesie, die in die Öffentlichkeit drängt. Erste Symptome enthalten die frühen Stücke Gerhart Hauptmanns; sie schleusen dialektgefärbte Alltagsrede und allerlei Gebrauchsidiome, regelabweichende Sprache also, auf die Bühne als weiteres Ärgernis zu allen anderen, die diese Stücke mit sich brachten. 1912, im

Vorfeld des Ersten Weltkriegs, entwarf Filippo Tommaso Marinetti im *Manifesto tecnico della letteratura futuristica* ein poetisches Programm, das dazu aufforderte, die traditionelle Syntax aufzuknoten, alle stilistischen Umstände und Schmuckstücke abzustoßen und die Magnetfelder der Wörter freizusetzen. Der futuristische Dichter solle »alle Formen der Lautmalerei, auch die schlimmsten Kakophonien benutzen« können, »die die unzähligen Geräusche der sich bewegenden Materie wiedergeben«.[10]

1914 erfanden die Futuristen das Simultangedicht, das von mehreren Sprechern in wechselnder Dichte und Tonlage gesprochen und in einen gestisch-visuellen Kontext verwoben wurde. Über die Aufführung eines Simultangedichtes zwei Jahre später, als die Todesmaschinerien von Verdun bereits auf Hochtouren liefen, notierte Hugo Ball in sein Tagebuch (am 30. 3. 1916):

> »Das *Poème simultan* handelt vom Wert der Stimme. Das menschliche Organ vertritt die Seele, die Individualität in ihrer Irrfahrt zwischen dämonischen Begleitern. Die Geräusche stellen den Hintergrund dar; das Unartikulierte, Fatale, Bestimmende. Das Gedicht will die Verschlungenheit des Menschen in den mechanischen Prozeß verdeutlichen. In typischer Verkürzung zeigt es den Widerstreit der vox humana mit einer sie bedrohenden, verstrickenden und zerstörenden Welt, deren Takt und Geräuschablauf unentrinnbar sind.«[11]

Für die italienischen Futuristen waren die »Parole in libertà«, die befreiten Wörter, homogen mit den Phänomenen der technischen Zivilisation. Lärm und Rapidität der Maschinen, einschließlich der des Krieges, galten als Epiphanien herrlich brutaler Vitalität, Stimulantien, nicht – wie für Ball 1916 – als Widersacher ihrer Kunst. Und so konnte es geschehen, dass nicht nur der Krieg, sondern auch der faschistische Aktionismus mit seiner antitraditionalistischen Projektion faszinierend wirkte.

Seit dem Sommer 1915 sammelte Karl Kraus die Originaltöne der zivilisatorischen Sprachwelt für die Szenen seines Welttheaters *Die letzten Tage der Menschheit*. Er macht den Sprachverhau deutlich, in dem die Zürcher Poeten die Welt verheddert fanden. Für sie ist die im Verkehr befindliche Sprache beteiligt an der Verkommenheit des Weltgeschehens.

So tasten sie nach einer integren Sprachverfassung, aus der mit den Wörtern auch der Unrat, den diese transportieren, getilgt ist. Hugo Ball entwirft eine Lautsprache als Instrument für die elementaren menschlichen Äußerungen, die imstande ist, die Anmutungen der Dinge ebenso wie die seelischen Schwingungen zu vermitteln.

Es spricht einiges dafür, dass den Zürcher Dadaisten die Arbeiten und Konzeptionen der russischen Futuristen bekannt gewesen sind. Bereits 1913 hat Aleksej Kručenych in seiner *Deklaration des Wortes als solchem* eine, wie wir heute sagen würden, radikal alternative Poesie entworfen, die er »Saum« nannte. Das Wort setzt sich aus der Vorsilbe *sa* mit der Bedeutung ›jenseits, hinten‹ und dem Substantiv *um*, ›Sinn, Verstand, Vernunft, Geist‹, zusammen. Die neugeschaffene Verbindung sa-um verweist also auf etwas jenseits des Begrifflichen und, im Hinblick auf die Poesie, jenseits der rational verfassten Sprache.[12] Kručenych und seine Freunde suchten mit »Saum« die ganze Tiefe des sprachlichen Feldes ab nach neuen, offenen Ausdrucksmöglichkeiten. Für ihn ist – wie er in dem erwähnten Manifest schreibt –

> »der Künstler frei, sich nicht nur in der allgemeinen Sprache (des Begriffs) auszudrücken, sondern auch in einer persönlichen (der Schöpfer ist ein Individuum) und in einer Sprache, die keine bestimmte Bedeutung hat ... Die allgemeine Sprache bindet, die freie gestattet sich vollkommener auszudrücken ... Der Künstler hat die Welt neu gesehen und gibt, wie Adam, allem neue Namen ...«[13]

In der Saum-Poesie ist alles zugelassen, bevorzugt freilich das Ungewohnte, das Unerhörte: Sprachfunde aus abgelegenen Sprachen, Abweichungen, Fehlleistungen der Normalsprache, Stottern, Lispeln, emotionale Laute, Mundartliches, Druckfehler, bei Chlebnikov werden auch Tierlaute notiert.

Velimir Chlebnikov ist wohl der konsequenteste, erfindungsreichste und ausschweifendste Poet dieser Generation. Seine Obsession bezieht sich auf eine Sprache, die alle vernutzten Idiome unterläuft und die dennoch oder vielleicht gerade deshalb von jedem Menschen zu verstehen ist. Aus den Urwurzelwörtern des Russischen mit ihrer wortgenerierenden Potenz müsse sich eine solche Sprache bilden lassen, wie er glaubt, die »Sternensprache«. 1919 schreibt er in einem Essay:

> »Die Wortschöpfung lehrt, daß die ganze Vielfalt des Wortes von den Grundklängen des Alphabetes ausgeht, die die Samen des Wortes ersetzen ... Man kann sagen, dass die Alltagssprache Schatten der großen Gesetze des reinen Wortes sind, die auf eine unebene Fläche gefallen sind.«[14]

Chlebnikovs Traum, dass der revolutionäre Umsturz der alten Welt sich mit dem poetischen Entwurf einer neuen treffen könne, war längst abgedreht, als er 1922, 37-jährig, starb. Majakowski, Freund im Leben und im Geiste, versuchte parteinehmend, die Vision in Realität umzumünzen; verzweifelt schied er acht Jahre später, 1930, aus dem Leben.

Im April 1918 schrieb Raoul Hausmann, vertraut mit den italienischen und den russischen Futuristen, erste Buchstabengedichte, die er im selben Jahr auch als Lautgedichte öffentlich in Berlin vortrug. Er und Kurt Schwitters haben in den zwanziger Jahren die Lautpoesie in entgegengesetzten Richtungen ausgebildet: Hausmann mit der Intention, alle artikulatorischen Möglichkeiten auszuschöpfen, auch Stöhnen, Lallen, Zischen usw., und die Lautungen mit der Gestik als einer weiteren sprachlichen Dimension zu verbinden. Hausmann hat beim Vortrag seiner Lautgedichte den ganzen Körper als sprechendes Organ benutzt, also die Disziplinierung der emotionalen Seite der Sprache aufgelöst, welche die Verschriftung mit sich gebracht hatte. Bewusst oder unbewusst stehen zahlreiche Lautpoeten der Gegenwart auf seinen Schultern.

Kurt Schwitters, angeregt von einem Hausmann'schen Lautgedicht, verfolgt den entgegengesetzten Weg. Er konzentrierte sich programmatisch auf den Buchstaben und dessen Lautung als Baustein der Lauttexte. Beide, Hausmann und Schwitters, gingen damit bewusst über das Konzept der Lautgedichte Hugo Balls hinaus. Denn diese wurden wegen ihres thematischen Hintergrunds als onomatopoetisch und damit im Grunde der konventionellen Lyrik verhaftet kritisiert. Schwitters orientierte seine *Ursonate* an musikalischen Parametern. Nachdem er das Stück mit Buchstaben aufgeschrieben hatte, machte er in den 30er Jahren sogar den Versuch, eine eigene Notenschrift für den Vortrag zu entwickeln, doch es blieb bei dem Versuch, und alle Realisationen stützen sich auf die verbalen Anweisungen des Autors für Rhythmus, Tempo und Tenor des Vortrags. Die auch bei Schwitters verwendete Titelfassung *Sonate in Urlauten* verdeutlicht den doppelten Bezug, der die Komposition bestimmt: einmal den Rückgriff auf sprachlich elementare Lautung – Urlaute – als Kontrast zur verlebten Wortsprache; dann die strenge kompositorische Ausarbeitung, die ebenfalls als Kontrast zur Gebrauchssprache mit ihrer Ungenauigkeit und Beliebigkeit zu werten ist.

Die Lautpoesie ist im Laufe der dreißiger Jahre nahezu verstummt. Die Gründe dafür liegen auf der Hand. Wiederbelebt wurde sie nach dem Ende des 2. Weltkriegs in Paris, und zwar zunächst noch im traditionellen Sinn von Isidore Isou, der im Grunde den Versuch machte, das Konzept von Raoul Hausmann zu reglementieren, indem er zum Alphabet zur Kennzeichnung aller weiteren Mundgeräusche 52 zusätzliche Zeichen erfand. In die Zukunft griff jedoch der vom französischen Rundfunk (ORTF) eingerichtete »Club d'Essai«, ein Experimentalstudio, in dem die Komposition radiophoner Stücke mit allem verfügbaren tönenden Material, sprachlicher und nichtsprachlicher Herkunft, erprobt wurde. Autoren und Komponisten arbeiteten dort nebeneinander. Pierre Schaeffer und Pierre Henry konzipierten die »musique concrète«, in der sprachliches Material als Tonelement unter anderen erscheint.

Der Ausgriff auf die Weltgeräusche als ästhetisches Material ist weitaus älter als die Erfindung der elektromagnetischen Aufzeichnungsverfahren, durch die diese künstlerische Arbeit erst zum Ziel kommen konnte. Auch hier gehen Bedürfnis und Konzept der Realisationsmöglichkeit voraus. Die frühesten Stichworte stammen von Marinetti und stehen in seinem erwähnten *Manifesto tecnico della letteratura futuristica*. Einer aus der Gruppe der russischen Futuristen, Dsiga Wertow, später als Filmregisseur berühmt geworden, montierte 1915 mit Hilfe des Phonographen Natur- und Maschinengeräusche. 1922 gab es in Baku ein Konzert, als dessen Instrumente Fabriksirenen und Dampfpfeifen fungierten.[15] Tondokumente davon sind offenbar nicht erhalten. Sowjetische Komponisten schrieben in den zwanziger Jahren Stücke, in denen konventionelle Instrumente Rhythmen und Klänge der Industrie- und Maschinenwelt darstellen.

Wohl als Erster hat Filippo Tommaso Marinetti in seinem frühen Manifest die ästhetische Relevanz der Geräusche erfasst. Er blieb auf dieser Spur, wenn er 1939 fünf kurze Hörspiele schrieb, die er »radiophonische Synthesen« nannte. Er verwendet darin keine Sprache, sondern kombiniert Geräusche aus der zivilisatorischen Umwelt mit musikalischen Fragmenten. Marinettis Hörstücke blieben zu seinen Lebzeiten Konzept. Der WDR hat sie jedoch jüngst realisiert.

Die von Schaeffer und Henry entwickelte musique concrète geriet in den fünfziger Jahren bereits in die Konkurrenz mit der noch jüngeren elektronischen Musik, deren offenbar unbegrenzte Möglichkeiten der Klangerfindung die musikalische Arbeit mit dem mundanen Geräuschmaterial hausbacken erscheinen ließen, zumal die musique concrète den semantischen Assoziationshof nicht loswurde. Im Zusammenhang mit dem Hörspiel erweist sich dieser Mangel jedoch als Wert, da sich dadurch der Kontext zu den sprachlichen Materialien herstellen lässt und eine spannungsreiche, durchgehende Komposition möglich wird, ohne dass dabei Sprache als Sprache untergehen müsste. Ein Beispiel dafür ist Pierre Henrys Hörspiel *La Ville/ Die Stadt*, das 1984 im WDR gesendet wurde. Manche Sprachelemente sind darin reine Klangpartikel, andere wirken jedoch mit ihren semantischen Momenten und vermitteln eine zusätzliche Dimension, die dem Klang- und Geräuschmaterial allein verschlossen wäre.

Durch die elektromagnetische Aufzeichnung ist das Problem, wie lautpoetisch konzipierte Texte notiert werden können, entlastet worden. Die Tonbandaufzeichnung macht nun zumindest die einmal entstandenen, möglicherweise spontan entstandenen Ton- und Geräuschereignisse der getreuen Wiederholung zugänglich, und sie ermöglicht dem Film vergleichbare kompositorische Verfahren. Die Notation kann auch post festum durch Nachschrift nach dem Tonband angefertigt werden, sodass das Stück wie in einer Architekturzeichnung seine Struktur aufdeckt. Partituren, die der Studioarbeit vorangehen, lassen sich jedoch nicht vom konzeptionellen Wissen des Autors lösen; sie können nur als Hilfskonstruktionen bei der Realisation gelten. Das Werk selbst existiert schließlich nur auf dem Band in authentischer Form.

8

Man hat angesichts der Überflutung unseres Alltags mit Bildern vom visuellen Zeitalter gesprochen, und die Titelgebung einer »Bildzeitung« ist auch in dieser Hinsicht symptomatisch. Mit derselben Berechtigung jedoch ließe sich auch vom akustischen Zeitalter sprechen. Zwar die Natur ist für uns nahezu verstummt. Doch dafür tönt die Zivilisation in einem Ausmaß, das keine frühere Generation zu erleben brauchte. In die Produktions- und Verkehrsgeräusche mischen sich die der Musikindustrie. Dank der radiophonen Verbreitungstechnik und der transportabel handlichen Wiedergabegeräte sind sie allgegenwärtig und von nichts abhängig als einem bisschen elektrischer Energie. Lusthören und Zwangshören liegen dabei unvermittelt und oft unversöhnlich nebeneinander.

Untergrund für unsere Toleranz gegenüber der ausgedehnten akustischen Szenerie unserer Welt ist das elementare Bedürfnis, in einer hörbaren Welt zu leben. Daher hat sich etwa der völlig stumme Film als ungenießbar erwiesen, und schon der Stummfilm wurde wenigstens von einer Klavierkulisse begleitet. Zu hören, ohne zu sehen, ist uns offensichtlich erträglicher, als zu sehen, ohne zu hören. Dem hörend Vernommenen vermögen wir szenische, bildhafte, ereignishafte Phantasmen abzugewinnen, die es an unsere Erfahrungs- und Erinnerungswelt anschließen. Stumme Bildfolgen dagegen mit akustischen Assoziationen anzureichern ist unsere Einbildungskraft offenbar nicht imstande.

In diesen Zusammenhang passt die Beobachtung, dass sich in unserem Jahrhundert eine neue Mündlichkeit der Kommunikation ausgebreitet hat. In welchem kritisch-krisenhaften Zusammenhang diese Mündlichkeit mit der ausfernden Vertextung und Verschriftlichung stehen mag, von der vorhin die Rede war, mag hier offen bleiben.

In Diskussionen, Konferenzen, Talkshows, Ansprachen, Volksreden, Interviews, Reportagen wird mündliche Sprache in einem Umfang und einer Beschaffenheit hervorgebracht, die sie weithin der Verschriftlichung entziehen. Was zu hören noch hinnehmbar war, ist zu lesen in vielen Fällen ein Graus.

Sprache gewinnt in unserer Zeit offensichtlich wieder Stimme. Die technischen Voraussetzungen sind dabei unabdingbar: von der Möglichkeit, Gesprochenes mühelos aufzeichnen, speichern und transportieren zu können bis zur Mobilität der Sprecher dank der heutigen Verkehrsorganisation. An jedem Ort zu jeder Zeit lassen sich die gewünschten Sprech-Partner zusammenbringen, und was sie von sich geben, lässt sich überallhin und jederzeit verbreiten. Selbst die Stimmen der Toten können dabei sein wie die der Lebenden. Die über Tausende von Kilometern transportierte und an zahllosen Orten ertönende Kassettenstimme Chomeinis ist ein Beispiel dafür, dass die Wirksamkeit einer Stimme heute weder zeit- noch ortsgebunden ist.

Die emotionale Seite der Stimmführung, der Stimmwirkung ist bekannt. Golo Manns zitierte Äußerung über die Nazistimmen ist ein Beleg dafür. Weniger deutlich zeigt sich die kognitive, die verstandeszugewandte Seite der mündlichen Rede. Die Schlüssigkeit und rationale Qualität einer Argumentation hängt nicht von der Form der Übermittlung, schriftlich oder mündlich, ab, doch hat jede Form ihre eigentümlichen Vorteile. Die des mündlichen Vortrags bestehen vor allem darin, dass das im Augenblick als einleuchtend Vernommene den Hörer sofort entlastet. Durch die Stimme tönt eine Person, und sie bürgt mit ihrem sonoren Tenor für die Wahrheit, zumindest aber für die Aufrichtigkeit der Inhalte. Die Stimme bringt das Moment der Gewissheit hervor jenseits der komplexen, der vielleicht ganz und gar komplizierten Sachverhalte, der Kontroversen, des endlos-mühseligen Wenn und Aber, das ihnen anzuhängen pflegt. Der Zuhörer, der sich auf den Stimmtenor einlässt und sich auf ihn verlässt, fühlt sich nicht betrogen, sondern entlastet, da ja Argumentatives mitgeliefert wird, das seinen Verstand erreicht hat, wenn zwar es überschienen ist von der willentlich aufgenommenen Gewissheit, die dem Stimmtenor eignet. Die vorgetragenen Argumente fallen dabei dem Erinnerungsprozess anheim. Bloß gehört, sind sie nicht mehr genau rekapitulierbar, wie sie es beim Lesen wären. Sie vermischen sich mit anderem, und die argumentativen Gewichte verrutschen allmählich entsprechend dem Vorwissen und den unterschwelligen Interessen, die im Hörer wirksam sind. Reflexion und Kritik haben schlechte Voraussetzungen.

Sprache wird Stimme, und Stimme hat ihre eigentümliche Sprache. Das gilt für die gesellschaftliche Kommunikation wie für die Literatur. In beiden Bereichen ist dabei das Verhältnis zum Schreiben und zur

Schrift zu beachten. Nehmen wir den einen Extremfall der politischen Rede, die in der Regel auch agitativ ist. Der sarkastisch erfundene Satz: Was interessiert mich mein Geschwätz von gestern – den die düpierten Redeopfer abschießen, bestätigt die Rederealität: Sie ist nicht auf Dauer angelegt und entzieht sich also der Verschriftlichung, selbst wenn sie protokollarisch aufgezeichnet wird. Dabei spielt es keine Rolle, dass Reden in der Regel vorher schriftlich fixiert werden.

In der Lautpoesie seit Beginn des Jahrhunderts hat sich dagegen ein Prozess der Lösung von der Bindung der Sprache ans Alphabet als dem Substrat von Schrift abgespielt. Die gestisch emotionale Beschaffenheit von Sprache, die ansonsten nur im Alltag oder in sozialen Extremsituationen wirksam wird, wurde als Ausdruckspotential erschlossen. Der ganze artikulatorische Spielraum des Menschen ist sprachfähig geworden – nicht nur insofern er Wörter und Sätze hervorbringt, sondern auch indem Lautzeichen in den außeralphabetischen Bereichen gebildet werden: stöhnende, atmende, hechelnde, gurgelnde, kreischende, lachende Lautzeichen, die in dem Zusammenhang, in dem sie erscheinen, ihre Bedeutungen gewinnen. Gewusst hat man davon immer, doch es blieb durch die Jahrtausende hindurch, wenn man von religiösen und existentiellen Ausnahmesituationen absieht, ein diffuses, der bloßen Spontaneität oder aber schamanischen Spezialisten überlassenes Ausdrucksmaterial. Die Lautpoesie hat in einem Jahrhundert, das die orale Sprache als Mittel der Verführung aktiviert und also die neue Mündlichkeit ins Gesamtverhängnis verwickelt hat, die Sprache der Stimme ganz neu und anders als je zuvor entdeckt und damit unseren Spielraum erweitert.

Ich breche an dieser Stelle meine Skizze ab und stelle die Punkte zusammen, um die es mir ging:

1. Das Moment der Reflexion auf die Mittel und die Verfahren, die Werkpoetik also, sind Teil des poetischen Arbeitsprozesses, wobei je nach aktueller Konstellation einmal mehr die reflexive, handwerkliche Seite, einmal mehr die intuitive, spontane, einfalls- und traumzugewandte Seite akzentuiert werden kann. Auch in der sogenannten experimentellen Poesie verläuft die Trennlinie zwischen Erfindern und Nachmachern, nicht zwischen Einfall und Reflexion.

2. Es gibt im Grunde zwei Typen von Literatur: diejenige, die die Schrift nur als Zeicheninstrumentarium versteht, das zwischen Autorintention und Leseverstehen vermittelt und dabei möglichst unauffällig zu bleiben hat; und die andere, die sich vor einem offenen Verstehenshorizont auf die Zeichensprachen von Laut oder Schrift unmittelbar einlässt und mit diesen arbeitet. Beide Literaturweisen scheinen mir in einer hochgradig zeichenvermittelten Zivilisation wie der unseren unentbehrlich zu sein. Das führt auf den nächsten Punkt:

3. Literatur steht in einem eigentümlichen Bezug zu dem zivilisatorischen Verschriftungs- und Vertextungsprozess mit seinen historischen Entscheidungen und Folgen. Sie kann ihn zeitweise übersehen und außer Acht lassen, doch wird sie von ihm immer wieder eingeholt, sodass sie ihn zum Thema und seine mundanen Phänomene zum Material machen wird.

4. Sofern Literatur ihrer Substanz nach Sprache ist, kann sie sich der Entwicklung nicht entziehen, in deren Verlauf die Arbeitsweisen und die Verstehensweisen die Bereiche der verschiedenen Künste übergreifen; dass also etwa am Hörspiel nicht nur Sprache, sondern auch musikalische Parameter und filmische Kompositionsweisen beteiligt sind, wie andererseits es heute Komponisten gibt, die die Musik als Verlängerung von Sprache behandeln. Die übergreifenden Bezüge ließen sich auf Grafik/Musik und Szenik/Aktionskunst ausdehnen.

5. Das Verständnis dessen, was Literatur sein kann, scheint mir gegenwärtig völlig offen. Diejenigen, die mit Sprache arbeiten, werden sich von keiner ängstlichen Definition am Weiterarbeiten hindern lassen.

Anmerkungen
1 Platon: Phaidros 257a. In: Sämtliche Werke, Bd. 2. Heidelberg o. J., S. 475
2 Für des Nordischen nicht mächtige Leser bietet das Büchlein Klaus v. See, Skaldendichtung, München und Zürich 1980, wesentliche Informationen und bibliographische Angaben.
3 Zitiert nach: Wolfgang Max Faust: Bilder werden Worte. München 1977, S. 67
4 Goebbels zit. nach: Münchner Neueste Nachrichten Nr. 176 vom 2.7.1934, S. 1f.
5 Helmut Heißenbüttel: Textbuch 6, Neuwied und Berlin 1967, S. 29 – Vgl. oben S. 150ff.
6 Klaus Schöning (Hg.): Hörspielmacher. Königstein 1983, S. 138
7 Ebenda, S. 250
8 Text auf der Plattenhülle zu Ernst Jandl: das röcheln der mona lisa. Reihe »Hörspiel heute«, Deutsche Grammophon/Luchterhand Verlag.

9   Vgl. auch oben S. 157 ff.
10 Zitiert nach: Christina Weiss: *Seh-Texte*. Zirndorf 1984, S. 27
11 Peter Schifferli (Hg.): Die Geburt des Dada. Zürich 1957, S. 116 f.
12 Zu »Saum« s. Anmerkungen und Erläuterungen in: Velimir Chlebnikov: Werke. Hg. von Peter Urban. Reinbek 1972, vor allem Bd. 1, S. 404 f., Bd. 2, S. 590 ff. (Nachwort)
13 Ebenda, Bd. 1, S. 404 f.
14 Ebenda, Bd. 2, S. 321, 323
15 Abb. ebenda, Bd. 2, Nr. 57, 58

Literatur im Schallraum

Zur Entwicklung der phonetischen Poesie

1966/67

> Die Wiederentdeckung der klassischen Lautpoesie der 10er und 20er Jahre seit den 50er Jahren bewirkte eine Vielfalt der Produktionsweisen. Sie hatte den Vorteil, dass eine Person ohne apparative Fremdunterstützung sie hervorbringen konnte. Da sie mit dem Neuen Hörspiel analoge Aspekte hatte, waren die Hörspielabteilungen an informativen Beiträgen interessiert. Der vorliegende Text wurde in dieser Hinsicht verfasst und im November 1966 vom Sender Freies Berlin und im September 1967 vom WDR gesendet. Eine von Mon zusammengestellte und von Klaus Ramm im Luchterhand Verlag redigierte Langspielplatte vermittelte 1971 Hörerlebnisse der Lautpoesie im 20. Jahrhundert.

Abseits der gängigen Literaturformen von Prosa, Lyrik, Drama oder Hörspiel tauchen seit über einem halben Jahrhundert sprachkünstlerische Gebilde auf, die bisher keinen offiziellen Rang erhalten haben, weder im öffentlichen Literaturbetrieb noch in der Literaturwissenschaft: die Klang- und Lautgedichte, auch »poèmes phonetiques«, »sound poetry«, »phonetische Dichtung« genannt, die sich auf die tönende Sprache, auf das Schallmaterial stützen, das wir beim Sprechen benutzen bzw. mit den Artikulationsorganen hervorbringen. In der Regel bestehen sie aus Klanggebilden ohne Wort- und Satzsinn, sind vielleicht sogar spontan

Cover der LP *Phonetische Poesie*, 1971

gesprochen, vielleicht mit Hilfe technischer Apparaturen verfremdet, schwebend zwischen verständlichen und unverständlichen Sprachteilen. Weniges davon ist publiziert. Man kennt ein paar Namen: Hugo Ball, Kurt Schwitters, Raoul Hausmann, die Veteranen dieser eigentümlichen Sprachkunst. Ein paar verschollene oder abseits erschienene Schallplatten gibt es.

Hugo Ball, einer der Initiatoren der Lautpoesie, nannte mit Absicht seine aus Silben ohne Wortsinn gebildeten Texte »Klanggedichte«, schloss sie also der Lyrik an. Kurt Schwitters, ein paar Jahre später, glaubte, eine *Sonate in Urlauten* zu komponieren. Er orientierte sich an einem musikalischen Formmuster. Beides kennzeichnet die Unsicherheit des Anfangs. Inzwischen haben wir uns daran gewöhnt, in den Künsten nicht mehr auf den stabilen Gattungsbegriffen zu bestehen, sondern zwischen den bekannten Gattungen, ja zwischen den verschiedenen Disziplinen völlig neue Erscheinungen auftauchen zu sehen, die sich nicht mehr ohne weiteres einordnen lassen. Auch die Stücke aus dem Sprachschall haben längst die Nabelschnüre zur Lyrik oder zur Musik abgetrennt, und so ist es auch müßig zu diskutieren, ob sich in ihnen

Sprache manifestiert oder nicht: Sie tut es, und tut es wieder nicht. In umfassenderem Sinn als die überlieferte Literatur haben sie es mit der Sprache zu tun, weil sie gesprochenes Schallmaterial, auch das konventionelle ertönende Wort, als Grundlage haben; weil sie ausdruckssprachliche Möglichkeiten aufgreifen, Emotionales, Gestisches, das zur gesprochenen Sprache gehört, auch wenn es sich nicht in Wortbedeutungen darstellt. Aber sie greifen unbedenklich auch nach Verfahren, die nichts mit Sprache zu tun haben: Längst spielen die Tonbandapparatur mit ihren technischen Möglichkeiten, Schallphänomene zu bearbeiten und zu verändern, und auch elektronische Manipulationen eine wesentliche Rolle.

Das Schallmaterial, das die phonetische Poesie verwendet, ist primär von den menschlichen Sprechorganen erzeugt. Es ist vielfältiger Natur und reicht von bloßen Geräuschen, die bei der Tätigkeit der Artikulationsorgane mitentstehen, über die Ausdruckslaute zu sinnfreien Silben und verfremdetem Wortmaterial. Schon allerprimitivste Schallerzeugnisse, wie Schnalzen, Räuspern, Husten, Schmatzen, können emotional besetzt sein und bilden so die unterste Materialschicht auch des Sprechens.

Welche Art Schallmaterial gemeint ist, belegen etwa die Stücke des Franzosen François Dufrêne, der aus dem Kreis der Lettristen herkommt, sich jedoch von ihnen getrennt hat. Er verlässt sich ganz auf die spontanen Bewegungen der Mundorgane und kennt keine Hemmungen bei der Verwendung aller nur möglichen Mundgeräusche. Es sind Äußerungen der Kreatur im Stimmbereich, die Beklemmung und Behagen, Abwehr oder Lust anzeigen. Damit ist schon der nächste Herkunftsbereich phonetischer Texte, nämlich der der Ausdruckslaute, wie ach und oh, erreicht; aber auch das Lachen, Hecheln, Gurren gehören dazu. Beim frühmenschlichen Prozess des Spracherwerbs haben sich solche unwillkürlichen Ausdruckslaute, da sie immer wieder in der gleichen Situation und in der gleichen Form ertönten, zu Symbolen verfestigt, und daraus hat sich allmählich eine elementare Schicht von Symbolen gebildet.[1]

Es bleibt noch eine dritte vorsprachliche Quelle zu nennen: die motorischen Artikulationen, die aus dem Spaß am bloßen Spiel der Sprachwerkzeuge entstehen. Kinderreime und Nonsensverse beweisen, dass auch die pure Sprechmotorik lustbesetzt sein kann. So haben sich die russischen Futuristen, die vor dem 1. Weltkrieg zu den Erfindern der Lautpoesie gehörten, auf motorisch rhythmische Verse ohne Sinn bezogen, mit denen sich die Mitglieder bestimmter Sekten in Ekstase versetzten. Überliefert ist folgender Vers:

       fente rente finiti funt
       fente rente finti funt
  (schneller:) fente rente finiti funt
(noch schneller:) fente rente finiti funt

Wir hüten uns natürlich vor der Meinung, die phonetische Poesie sei analog den frühmenschlichen Sprachzuständen aufzufassen. Wir beschreiben zunächst nur die Sprachschichten, deren sie sich bedient, wissen im Übrigen aber, dass es sich bei ihr nicht mehr um eine naive Sprachäußerung, sondern um bewusste Kunstprodukte handelt. Sie werden auf dem Hintergrund einer hochdifferenzierten Gebrauchssprache formuliert und sind, auch wenn sie nichts als expressive Lautung, emotionaler Ausdruck zu sein scheinen, einer ästhetischen Konzeption verpflichtet und in eine Komposition einbezogen. Sie sind auch noch im expressiven Schrei reflektiert gebraucht.

 Aufschlussreich für die Weise, wie phonetische Poesie in ihrem frühen Stadium erfahren wurde, ist eine Notiz, die Hugo Ball 1917 in seinem Tagebuch festgehalten hat. Auf einer Soiree der von ihm geleiteten »Galerie Dada« in Zürich zeigte die Tänzerin Sophie Täuber, die spätere Lebensgefährtin Hans Arps, »abstrakte Tänze«. Das heißt, sie übersetzte Lautgedichte von Hugo Ball ins Tänzerische, indem sie sie mit den Gliedern des ganzen Körpers artikulierte. Das erinnert an die vorhin erwähnte motorisch-akustische Gesamtbewegung früher Sprachverfassung. Ball schreibt: »Es genügte eine poetische Lautfolge, um jedem der einzelnen Wortpartikel zum sonderbarsten, sichtbaren Leben am hundertfach gegliederten Körper der Tänzerin zu verhelfen. Aus einem *Gesang der Flugfische und Seepferdchen* wurde ein Tanz voller Spitzen und Gräten, voll flirrender Sonne und von schneidender Schärfe«.[2]

 Dies phonetische Gedicht wird als Äußerung des Organismus vollzogen und tritt bedeutungslos-sinnvoll buchstäblich vor Augen. Es lohnt sich, den Text Balls selbst zu hören, der dem Tanz der Sophie Täuber zugrunde lag:

tressli bessli nebogen leila
flusch kata
ballubasch
zack hitti zopp

zack hitti zopp
hitti betzli betzli
prusch kata
ballubasch
fasch kitti bimm

zitti kittillabi billabi billabi
zikko di zakkobam
fisch kitti bisch
bumbalo bumbalo bumbalo bambo
zitti kitillabi
zack hitti zopp

tressli bessli nebogen grügrü
blaulala violabimini bisch
violabimini bimini bimini
fusch kata
ballubasch
zick hiti zopp[3]

Hugo Ball hat leider keine Hinweise aufgezeichnet, wie er dieses Gedicht vorgetragen hat. Vermutlich mit einem intensiven, das ganze Gedicht tragenden Rhythmus, in einer Art Sprechgesang, wie er es von anderen Lautgedichten berichtet. Wie in den Abzählversen der Kinder spielt die Sprache mit sich selbst. Sie wiederholt in der Abwandlung: *flusch kata – prusch kata – fusch kata.* Sie formuliert einförmige Vokalreihen: *zitti kitillabi billabi billabi,* imitiert Phänomenisches, irgendwelche Physiognomien oder Bewegungen, Haltungen. Sie nutzt dabei die Symbolik, die den Lauten innewohnen kann, die sie im jahrhundertelangen Gebrauch angezogen haben und die auch im täglichen Handhaben der Sprache gegenwärtig ist. Freilich lässt sich die Lautsymbolik hier nicht mit etwas Bestimmtem identifizieren, da nur die Überschrift *Gesang der Flugfische und Seepferdchen* den Bereich andeutet, in dem sie gilt. Die silbische Sprachbewegung kehrt sich vielmehr immer wieder auf sich selbst, ihre eigene Sinnlichkeit zurück, wie es etwa die beiden ersten Versgruppen zeigen: Die zweite wiederholt Silbenfolgen der ersten, wenn auch teils mit leichter Abwandlung; sie läuft zurück, wobei sie das Gehörte variiert und so schließlich bei einer anderen Fassung mündet. Man kann das artikulatorische Ornament dieser Silbenfolgen mühelos nachzeichnen.

Entgegen dem Selbstverständnis der damals agierenden Künstler des »Cabaret Voltaire« in Zürich muss festgestellt werden, dass ihre phonetischen Gedichte kein revolutionäres Alibi haben. Hugo Balls eben vernommenes Klanggedicht gehört, verspielt und ein bisschen versponnen, einem arabesken Jugendstil an, der zu der Zeit, als das Gedicht vorgetragen wurde, schon sehr gealtert war. So sind bezeichnenderweise vom jungen George, also Jahrzehnte früher, zwei Zeilen eines Versuches erhalten, die *Odyssee* in eine selbsterfundene Klangsprache zu übertragen. Und Else Lasker-Schüler formulierte ebenfalls Jahrzehnte vor Hugo Ball Gedichte zuerst in einer Art »Ursprache«, wie sie es nannte: »Ich hatte damals meine Sprache wiedergefunden, noch aus der Zeit Sauls, des königlichen Wildjuden herstammend«, fabuliert sie, »ich verstehe sie heute noch zu sprechen, die Sprache, die ich wahrscheinlich im Traum einatme ...« Das mystische Idiom der Lasker-Schüler imaginiert eine unbekannte, exotische Sprache, den Traumlandschaften des Jugendstils entsprechend. Dabei hat sie die Absicht, etwas Bestimmtes auszusagen, mag es auch nur im Medium des reinen Klangs mitgeteilt werden können und der zusätzlichen Übertragung in den Klartext eines gewöhnlichen Gedichtes bedürfen. Jedenfalls formuliert sie wohl zum ersten Mal, abseits irgendwelcher Onomatopoetik, ein Klangsymbolgedicht im Sinn der romantischen Sprachtheorie.

Sie zielt damit in eine etwas andere Richtung als Christian Morgensterns beinahe gleichzeitiges und viel berühmteres *Großes Lalula*, das 1905 in den *Galgenliedern* erschien. Die reichhaltig verwendeten Satzzeichen aller Art vom Komma bis zum Ausrufezeichen deuten an, dass

Morgenstern konventionelle Redeweise nachahmen und ironisieren will. Das Moment der Ironie, von Morgenstern selbst mit anderen Mitteln erfolgreicher fortgeführt, verschwindet lange Zeit aus den Lautgedichten. Erst bei jüngsten Autoren, wie Ernst Jandl oder Bob Cobbing, macht es sich wieder, und zwar auf ganz anderen Wegen, bemerkbar. Jahrzehntelang schien sich in der imaginativen Lautsymbolik und dem arabesken Lautspiel, wie sie Lasker-Schüler und Hugo Ball vorgeführt hatten, die Möglichkeit dieser Kunst zu erschöpfen. Die Beziehungen zur konventionellen Sprache waren jedenfalls völlig gekappt.

In die beiden genannten Richtungen stießen Raoul Hausmann und Kurt Schwitters vor. Hausmann wandte sich ganz dem elementaren, emotional besetzten Artikulieren zu, um eine Sprache diesseits der Sprache zu schaffen (s. S. 597 ff.). Schwitters, von Hausmann angeregt, orientierte sich an dem klanglich-musikalischen Aspekt des Materials, als er es zu seiner *Sonate in Urlauten* komponierte. »In den Lautgedichten«, schreibt Raoul Hausmann, »handelt es sich nicht nur um haltloses Gestammel anarchistischer Ungehemmtheit, sondern sehr oft um Wortballungen, die aus der Epimneme verschiedener Sprachen ins Bewußtsein steigen« – eine Theorie, die ihre Schwächen hat, für Hausmann selbst, der im Deutschen wie im Tschechischen beheimatet ist, einen wahren Kern haben mag. Symptomatisch daran ist die Behauptung des Sprachcharakters entgegen dem chaotischen Anschein. Hausmanns phonetische Stücke kennzeichnet eine unerhörte Verfeinerung der Artikulationsbewegung, er tastet sich in alle Richtungen einer Artikulationsgestik hinein, die uns im gewöhnlichen Sprachgebrauch nicht so zur Hand ist. Er kommt zu einer andeutenden Lautgestik, die der Hörer nachvollziehen soll:

```
                    bbbb
  N'moum      m'onoum     onopouh
                p
                o
                n
                n
                e
     ee       lousoo     kilikilikoum
```

                    t'   neksout   coun'   tsoumt   sonou
        correyiosou   out   kolou
        Y'   IIITTITTTTIYYYH
                                    kirriou   korrothum
                            N'   onou
                            mousah
                                 da
                                              ou
                    DADDOU
                                 irridadoumth
                            t'   hmoum
                            kollokoum
                o n o o o h h o o u u u m h n[4]

Die Absicht der Lasker-Schüler auf eine neue, nichtkonventionelle und dennoch irgendwie mitvollziehbare, kommunizierbare Sprache wird von Hausmann mit viel geschickteren Mitteln fortgeführt. Hausmann bettet seine Erfindungen von neuen Klangsilben in Sprechgewohnheiten ein, die uns allen geläufig sind, wenn wir miteinander Kontakt aufnehmen: Er arbeitet mit wechselnden Stimmlagen, hoch oder dumpf, er mobilisiert die Ausdruckselemente des Sprechens, wimmert, jammert, wehrt ab, beschwört, bestärkt, sabbert, zerfasert das Redezeug. Er sitzt dichter am Sprechen als die vor ihm, er beobachtet es genauer. Zwar notiert auch er seine Stücke auf dem Papier, aber zu realisieren sind sie nur, wenn sie ertönen. So gibt es außer der Aufzeichnung durch das Tonband keine Möglichkeit, sie zureichend festzuhalten.

Hausmann kennt keine ästhetische Auswahl, er bringt alle Laute, die er für sein Sprachtheater braucht, auch hässliche, unförmige, wie sie in den wohllautenden Arabesken Hugo Balls oder der Lasker-Schüler keinen Platz hatten. Sie erscheinen, weil sie einer bestimmten Artikulationseinstellung entspringen, Verlautung einer Artikulationsgestik sind. Obwohl ihr Ausdruckswert für den Zuhörer verständlich ist, bleiben solche Stücke doch durch und durch monologisch, narzisstische Lautgebärden, die mit keiner Antwort rechnen. Es ist eine Art Lyrik, die aller lyrischen Kennzeichen beraubt ist bis auf das eine, Ausdruck und Äußerung zu sein. Bis zu dieser Konsequenz ist kein Expressionist vorgedrungen.

Hausmann probt alle Schichten durch, die unser Sprechen aufweist. Bezeichnenderweise vergrößert er beim Vortrag seiner Stücke die Artikulationsgestik zur Körpergestik und mimt, was er imaginiert. Damit nähert er sich einem Sprechspiel aus den autonomen Mitteln der körperlichen Artikulationsorgane.

Ehe diese Spur weiterverfolgt werden kann, ist es erforderlich, die Strukturschichten des Sprechens fasslicher zu machen. Wir haben es dabei mit zwei verschiedenen Hinsichten zu tun. Einmal mit den Eigenschaften des Sprachschalls. Es sind dieselben wie in der herkömmlichen Lyrik und in der Musik: die Klangfarbe, die Klanghöhe, mit der melodischen Führung der Stimme, die Klangstärke mit der dynamischen Akzentuierung und die zeitliche Ordnung des Sprachablaufs. Diese Hinsichten sind auch für die gewohnte Dichtung, vor allem die lyrische, von großer Bedeutung und wurden bereits vielfach analysiert. In der Dichtungsanalyse völlig unbeachtet geblieben ist dagegen die andere Strukturschicht, die der Artikulation. Darunter verstehen wir lautphysiologisch die Ausgliederung der Sprachlaute durch die Organe zwischen Lippen und Kehlkopf, die zusammenfassend als Ansatzrohr bezeichnet werden. Der aus dem Kehlkopf hervortretende tönende Lautstrom wird von Zunge, Gaumen, Zähnen, Lippen artikuliert. Bei jedem Laut sind wenigstens zwei Organe beteiligt; der Laut entspringt also einer koordinierten Bewegung, die in den tönenden Atemstrom eingreift. Die vokalischen Laute entstehen als Gestaltung des Resonanzraumes der Mundhöhle, die Konsonanten, indem der Atemstrom an bestimmten Stellen der Mundhöhle beengt oder unterbrochen wird. Da immer Atemstrom und artikulierende Bewegung zugleich beteiligt sind, ist es fragwürdig, im landläufigen Sinn Vokale und Konsonanten zu unterscheiden. Auch dem scheinbar reinen Vokal ist ein konsonantisches Geräusch, und sei es ein h-Laut, beigemischt, und jeder Konsonant hat mittönendes vokalisches Element. Man spricht daher besser von Lautdyaden als den kleinsten phonetischen Einheiten, und Lautdyaden bilden zugleich die einfachste Form der Silbe. Im Grunde ist es unmöglich, die Grenzen zwischen den Lauten abzustecken. Die Laute bilden ein gleitendes Artikulationsband zwischen den extremen Polen der vokalischen Klanggeräusche und der scharfen konsonantischen Verschlusslaute. Der Atemstrom und die Koartikulation, also das Miteinanderartikulieren der benachbarten Laute, bewirken Angleichungen, die je nach dem Nachbarn anders ausfallen. Die kleinste Artikulationseinheit ist daher nicht der Laut, sondern die Silbe, die aus einem vokalischen und einem konsonantischen Element besteht. »Die Silbe«, sagt der Sprachwissenschaftler Porzig, »entsteht durch die Gliederung des Atems innerhalb des Lautstroms.« Der Atem staut sich an den Konsonanten und strömt dann freier weiter. »Der Wechsel von Behinderung und Freigabe des Atems macht die Silbe aus.« (Porzig)

Für die phonetische Poesie war die Silbe und nicht der Einzellaut von Anfang an das wichtigste Bauelement, wie etwa die Texte von Morgenstern oder Ball beweisen. Diese artikulatorische Beobachtung lässt sich auch an Texten machen, die zunächst gar nicht darauf abgestellt sind, wie an dem »Schützengraben«-Poem von Ernst Jandl (s. S. 126).[5] Um der Lautsymbolik willen unterdrückt Jandl in diesem Text bewusst alles Vokalische, und so lässt sich beim Sprechen gut beobachten, wie die Konsonanten vokalisch mittönen.

Ein anderes artikulatorisches Phänomen, das der Lautabtönung je nach der konsonantischen Nachbarschaft, liegt dem folgenden Text von Bob Cobbing zugrunde, und zwar planmäßig, wie eine Anmerkung des Autors erkennen lässt. Das Stück dreht sich um die beiden *o*-Laute, wie sie im englischen ›pot‹ und in ›go‹ zu unterscheiden sind. In koartikulierender Angleichung spricht Cobbing das als Material verwendete Wort ›oberammergau‹ als *omeramergau* aus. Das Stück zeigt zugleich, wie der Rhythmus als selbständiges Moment sich über den Text legt, ebenso aber auch die poetische Lust an Reim- und Echobeziehungen:

pot / pot / potpourri   pot / ollapodrida   pot / omeramergau
om / omeramergau   om / om / potpourri   om / ollapodrida
oll / ollapodrida   oll / omeramergau   oll / oll / potpourri
poc / pocahontas   poe / popocatapetl   poc / poc / opossum
op / op / opossum   op / pocahontas   op / popocatapetl
pop / popocatapetl   pop / pop / opossum   pop / pocahontas
on / onondaga   on / on / opopanax   on / pomological
pom / pomological   pom / onondaga   pom / pom / opopanax
op / op / opopanax   op / pomological   op / onondaga[6]

Kurt Schwitters hat als Erster mit seiner *Sonate in Urlauten* (seit 1923) eine Lautdichtung geschaffen, in der die Klangeigenschaften der Sprache autonom und ohne Rücksicht auf eine inhaltliche Mitteilung verwendet werden (s. S. 312). Schwitters setzte die Silben ihrem Klangwert entsprechend als quasimusikalische Bausteine in die Komposition ein. Planvoll wechselt er zwischen langen und kurzen, hellen und dumpfen, harten und weichen Silben. Er wiederholt und permutiert silbische Gruppenmotive, deren beherrschendes das Grundmotiv *fömsbäwätäzäu* ist. Schwitters hat sein Grundmotiv von Hausmann übernommen, es aber in einer Weise verarbeitet, die der Raoul Hausmanns diametral entgegengesetzt ist: Während dieser sich im spontanen Sprechvollzug vorantastet, plant Schwitters bewusst Abfolge, Tempo, Tonstärke, Dauer der silbischen Elemente. Wenn er die Teile als Largo, Scherzo und Presto bezeichnet, zeigt er, dass er sich bewusst an musikalischer Arbeitsweise orientiert:

Scherzo
(die themen sind karakteristisch verschieden vorzutragen)

Lanke trr gll (munter)
  pe pe pe pe pe
    Ooka ooka ooka ooka
....
Lanke trr gll
  pii pii pii pii pii
    Züüka züüka züüka
....
Lanke trr gll
  Rrmmp
    Rrnnf
....
Lanke trr gll
  Ziiuu lenn trll?
    Lümpff tümpff trll
....

> Lanke trr gll
> > Rrumpff tilff too
>
> ....
>
> Lanke trr gll
> > Ziiuu lenn trll?
> > > Lümpff tümpff trll
>
> ....
>
> Lanke trr gll
> > Pe pe pe pe pe
> > > Ooka ooka ooka ooka
>
> ....
>
> Lanke trr gll
> > Pii pii pii pii pii
> > > Züüka züüka züüka züüka
>
> ....
>
> Lanke trr gll
> > Rrmmp
> > Rrnnf
>
> ....
>
> Lanke trr gll[7]

Alle diese Texte benutzen die Silbe als Bauelement, wenn auch mit ganz verschiedenen kompositorischen Methoden. Es lag nahe, die Permutationsmöglichkeiten, die in einer Silbe liegen, zu entwickeln, wie es in meinen Artikulationsstücken geschieht, die jeweils eine bestimmte Artikulationsform, wie *was, er, se, henk*, in winzigen Schritten allmählich verändern und in ihren verschiedenen Bewegungsrichtungen durchspielen. Mit der Verschiebung der Artikulationsstellungen der Organe zwischen Lippen und Kehlkopf verändern sich nicht nur die Konsonanten erzeugenden Engen und Durchlässe, sondern es verändert sich auch der Resonanzraum der Vokale, sodass die Vokalfärbung ständig wechselt. Es entsteht eine Folge von permutierenden Silben, die trotz allen Veränderungen untergründig ihre Ausgangsform mitführen. Unversehens schießen Bedeutungen an, nuancieren sich mit der artikulatorischen Bewegung, springen in eine andere über und verschwinden wieder.[8]

Das Wort als phonetische Einheit tritt hier zurück: Es kann erst wieder erfasst werden, wenn über die Silbe und ihre Struktur Klarheit besteht. Das Wort verwirrt zunächst nur durch seine Imprägnierung mit Bedeutungen, oft genug mit verwaschenen, missbrauchten, entgleitenden Bedeutungen. Der Bedeutungskosmos, der einem Wortkörper anhängt, der milchige Bedeutungshof ist ein eigener Gegenstand des poetischen Experiments, und es gibt bisher nur wenige Stellen, an denen sich beide Aspekte: der des phonetischen Wortkörpers und des milchigen Bedeutungshofes berühren. Erinnert sei an *Finnegans Wake* von James Joyce. Doch hat in den letzten Jahren die Spannung zwischen semantisch klarem und verunklärtem Text, die Auflösung der semantischen Worthinsicht im phonetischen Substrat oder umgekehrt die Kristallisation von Semantik aus einem phonetischen Ablauf eine ganze Reihe von Autoren beschäftigt.

Das Wortmaterial kann dabei auf verschiedene Weise verfremdet, in seinem semantischen Wert herabgesetzt werden, bis es den phonetischen Pol erreicht: etwa durch die simple monotone Wiederholung, durch silbische Auflösung, durch die Verformung von Einzellauten. Brion Gysin hat ein Stück gesprochen, das nur aus der Wiederholung von *I am – am I* besteht.[9] Behauptung und Infragestellen wechseln miteinander. Durch das penetrante Wiederholen intensiviert sich die Bedeutung und löst sich zugleich auf zum bloßen Vokabelgeräusch. Konsequent verfremdet sich die Stimme dabei, was durch Beschleunigung des Bandes bewirkt wird.

Völlig ohne jede technische Hilfestellung arbeitet Ernst Jandl seine Texte. Oft liegt ihnen nur ein einziges Wort zugrunde, das sich kaleidoskopisch in seine Silben auflöst oder im Hin und Her artikulatorischer Übungen allmählich aus Silben zusammentritt. Die Silbe erscheint als autonomes sprachliches Element mit einer lockeren Verbindung zum Wort, die sich verdichten, aber auch ganz lösen kann. Es kommt vor, dass das steuernde Wort selbst gar nicht auftritt, dass es nur durch das Würfelspiel seiner Silben hindurchschimmert, wobei die Silben sich von ihm abkehren und eigene Bedeutungen anziehen, wie in dem Stück *viel vieh o sophie*.[10]

Die Verschiebung aus dem hinfälligen Redegebrauch in die konzise Form einer konkreten phonetischen Poesie erreichen auch die beiden

Wiener Friedrich Achleitner und Gerhard Rühm. Sie entdeckten zunächst die groteske Seite des Dialekts, insbesondere des Wiener Dialekts, und zeigten, wie diese Sprache zur artikulatorischen Form gerinnen kann, die auf jede Semantik verzichtet hat.[11]

Die phonetische Feinstruktur solcher Texte lässt sich mit keiner Schrift, nur mit Hilfe des Tonbandes aufzeichnen. Erst das Tonband hat dem Zwischenbereich der phonetischen Poesie seine Entwicklung ermöglicht. Es objektiviert den subjektiven Vollzug einer Sprechbewegung; es dient aber auch dazu, das phonetische Material zu bearbeiten, zu verformen, zu mischen usw. Typen eines völlig neuen Hör-Spiels, oder besser: Sprechspiels zeichnen sich ab, die die Möglichkeiten der Apparatur ausnutzen.

Denn Schnitt, Blende, Mischung, Schichtung sind nicht nur – wie für das herkömmliche Hörspiel – technische Tricks, ein akustisches Szenarium abrollen zu lassen, sie entsprechen Formen des Sprachvollziehens selber – wenn man sie aus dem technischen ins kommunikative Vokabular überträgt, könnte man sie auf das Verstummen, Das-Wort-Abschneiden, In-die-Rede Fallen, Überschreien, Einschmeicheln, Eines-Sinnes-Sein und worauf auch immer beziehen. Die technischen Handlungen selbst haben bereits eine Gestik, die mit der sprachlichen korrespondiert, und an den Stücken von Raoul Hausmann war abzulesen, dass sprachliche Gestik nicht ans Wort gebunden ist, sondern dem artikulierenden Lautwerden selbst bereits innewohnt. Diese vom Sprechen wie von der Apparatur angebotene Gestik kann für sich, ohne Bezug auf die übliche Handlung komponiert werden. Ja, der Apparat erschließt Möglichkeiten, mit den Sprechbewegungen in einer Weise zu verfahren, die uns sonst nicht in den Sinn kommt, obwohl sie passieren kann, obwohl sie tatsächlich passiert. Er macht es nicht von selbst; das Tonband ist kein Automat, sondern ein Instrument, dessen Reichweite und Gesetzlichkeiten man kennen muss, wie der Musiker die seines Instrumentes kennt.

Als Beispiel dienen die *Phonèmes structures* (1966) von Arrigo Lora-Totino.[12] Jedes Stück wird nach einem genau festgelegten Zeitplan komponiert, nichts der Improvisation überlassen. Eines seiner Stücke ist zusammengesetzt aus Lauten, die für die italienische Sprache eigentümlich sind. Die ertönenden Laute sind nicht in dieser Reihenfolge und nicht in einem Redezusammenhang gesprochen, sondern nachträglich mit Hilfe des Bandes montiert worden. Beim genauen Hinhören erkennt man die Schnittgrenzen – und wird daran erinnert, dass der natürliche Sprechablauf ein Lautkontinuum erzeugt, das keine scharfe Abgrenzung der Einzellaute zulässt. Bei Lora-Totino steht die Apparatur senkrecht zur Sprache, wenn man so sagen darf; und sie schärft dabei zugleich die Aufmerksamkeit für ihre Erscheinung und ihre Struktur. Das Maß des apparativen Eingriffs nimmt im Laufe des Stückes zu. Hallraum und Vibration verfremden die Sprache, facettieren die Laute, bis sie fast ganz in einem denaturierten Geräusch aufgehen.

Wenn man die Stücke von Lora-Totino aus dem Jahr 1966 mit einem beliebigen Ausschnitt aus den *Poèmes phonetiques* Raoul Hausmanns vergleicht, die 1918 konzipiert wurden, so wird das Ausmaß deutlich, in dem inzwischen die instrumentale Apparatur mit ins Spiel gekommen ist. Bei Hausmann stellt sich die Ausdrucksgestik, die allem Sprechen innewohnt, ganz selbstverständlich ein. Bei Lora-Totino dagegen ist die Gestik technisch vermittelt. Durch die Montagetechnik wird die natürliche Sprechgestik zudem von vornherein ausgeschaltet, weggeschnitten, sodass die instrumental bedingte allein hervortreten kann.

Noch weiter in der Instrumentierung des sprachlichen Schallmaterials geht Henri Chopin in dem Stück *Vibrespace, Audiopoème*, das 1964 publiziert wurde.[13] Alle Schallphänomene, die dabei hörbar werden, sind sprachlicher Herkunft, allerdings weitgehend durch technische Medien verfremdet. In der Nachfolge Raoul Hausmanns und der Lettristen verwendet Chopin allerlei Mundgeräusche, wie Atmen, Hauchen, Zischen, Schmatzen. Das Stimmmaterial dient ihm nur noch zur Tonfärbung. Das Ganze wird durch den Wechsel der Tonlagen komponiert. Die Konfrontation der menschlichen Stimme mit dem technischen Instrument ist bewusstes Programm. Die Instrumentierung des Stimmmaterials wird vollzogen in der Absicht, dadurch ihre unendlichen Möglichkeiten freizulegen.

Wir brechen hier unsere Erkundung der phonetischen Poesie ab. Vielleicht sollte man die Frage stellen, ob ihrer Entstehung ein spezielles Motiv jenseits des bloßen poetischen Äußerungsdranges zugrunde liegt. Ein Motiv, das aus der gegenwärtigen Situation von Sprache und ihrer ästhetischen Verfassung entspringen könnte. Vielleicht sind die phonetischen Sprachwerke Ausgleichsbewegungen gegen eine rationale Austrocknung der Gebrauchssprache, wobei Sprachdimensionen zu Wort kommen, die längst verschliffen oder verloren schienen. Sie könnten auch der Versuch sein, Sprache in einer grassierenden Sprachlosigkeit in Gang zu halten und zugleich ihre Kopulation mit dem technischen Medium zu erproben, ohne das unsere Existenz nicht mehr denkbar ist. Auf jeden Fall zeigt sie an, dass die Differenzierung unseres Wahrnehmungsvermögens und unserer Kommunikationsmittel längst noch nicht abgeschlossen ist, sondern weitergeht. Und sie zeigt an, dass die künstlerischen Disziplinen immer in Bewegung bleiben und kein System sie festzulegen vermag.

Anmerkungen

1   Vgl. F. Kainz: Psychologie der Sprache. Stuttgart 1954, Band 1, S. 277
2   Die Geburt des Dada. Hg. von Peter Schifferli. Zürich 1957, S. 134
3   Ebenda, S. 55
4   R. Hausmann: Courrier Dada. Paris 1958, S. 67 f.
5   Ernst Jandl: Laut und Luise. Olten 1966, S. 47 ff.
6   Bob Cobbing: Sound Poems. London 1965
7   Abgedruckt in: K. Schwitters: Das literarische Werk. Bd. 1. Lyrik. Köln 1973, S. 228. Schwitters hat die Lautsonate als Nummer 24 seiner Zeitschrift *Merz* gedruckt (1932). Einen kleinen Teil hat er auf Schallplatte gesprochen. (Auf der Basis einer aufgefundenen Schellack-Aufnahme liegt der Gesamttext als Vortrag von Schwitters vor; CD 1993, wergo 286 304–2.)
8   Vgl. das Stück auf der Schallplatte: Konkrete Poesie. Hg. von A. Bitzos. Bern 1966
9   Wiedergegeben auf der Schallplatte der *Revue OU*, Nr. 20/21
    Abgedruckt in: An Anthology of concrete poerty. Hg. von E. Williams. New York 1967
10 Ernst Jandl: Laut und Luise. Olten 1966, S. 144 f.
11 f. achleitner, h. c. artmann, g. rühm: hosn rosn baa. Wien 1959
12 Wiedergegeben auf der Schallplatte: Phonetische Poesie. Hg. von Franz Mon. Neuwied 1967
13 Siehe: Revue OU. Cinquième Saison. Hg. von Henri Chopin. Nr. 20/21

Hörspiele werden gemacht

1974

> Auf Wunsch des Hörspielleiters Heinz beim Norddeutschen Rundfunk, Hostnig, der die Erarbeitung meines ersten Hörspiels *das gras wies wächst* 1969 hilfreich unterstützt hatte, wurde in diesem Text die vom gewohnten Hörspiel drastisch abweichende Verfahrensweise dargestellt. Er wurde 1974 im Hörspielkontext des NDR und des WDR gesendet.

I

Hörspiele sind kein verinnerlichtes Theater, wie man einmal gemeint hat – obwohl sie bildhafte, sprachlich vermittelte innere Vorstellungen wecken können; sie sind keine Reportagen, obwohl sie auf dem Tonband festgehaltene Ausschnitte aus konkreter Wirklichkeit enthalten können; sie sind keine Musik, obwohl sie musikalisch anmutende Elemente verwenden können; sie dienen nicht der Übermittlung von Informationen, obwohl sie Informationen speichern können. Offensichtlich haben wir es mit einem Typ von Produktion zu tun, der seine Identität behauptet, ohne dass sie festzulegen wäre. Die wenigen Merkmale, die allen Hörspielen zukommen, sind schnell aufgezählt: Erstens ist es ein Produkt des Rundfunks, es wird im Auftrag der Sendeanstalten hergestellt und durch das Ausstrahlen der Sender veröffentlicht. Das schließt – zweitens – ein, dass Hörspiele mit Hilfe technischer Apparaturen produziert werden, und das heißt bereits, dass die Entwicklung der radiophonen Technik, etwa die Erfindung der Stereophonie, auch die Entwicklung des Hörspiels bestimmt. Hörspiel gibt es nur im Spielraum der Technik – die Vermutung liegt nahe, dass die technischen Apparate nicht nur bescheidene Mittel im Hintergrund bleiben, die man beim Anhören des Ergebnisses ruhig vergessen kann, sondern dass die Apparate die Struktur solcher Spiele bestimmen, ja gar selbst zum Mitspieler, zum Bestandteil des Spiels werden könnten. Wenn wir nur einen kleinen Einblick in die Bedingtheit des Hörspiels durch die technischen Möglichkeiten des Studios haben, verstehen wir, dass die Frage »Was ist ein Hörspiel?« erst ihren Sinn hat, wenn man über das »Wie wird ein Hörspiel gemacht?« einigermaßen Bescheid weiß. Doch vorher muss noch ein Merkmal ergänzt werden, das so konstitutiv für das Hörspiel ist wie die Technik: nämlich dass zu seinem Material die Sprache gehört – verkürzt könnte man sagen: Hörspiel ist immer auch Sprachspiel. Es hat Experimente gegeben, die nur aus Geräuschen bestanden – im Extremfall nahm ein Mikrophon die an einem bestimmten Ort während einer bestimmten Zeit vorkommenden Geräusche auf, die dem Hörer zum Wiedererkennen angeboten wurden. Dem Namen nach auch ein Hör-Spiel. Der Sache nach vielleicht ein Mittel zur Schärfung der Wahrnehmungsfähigkeit – denn in dem Augenblick, da mit diesem Geräuschmaterial technisch und kompositorisch gearbeitet wird, gerät es in den Bannkreis musikalischer Fragestellungen und muss sich da in einer differenzierten Entwicklung behaupten. Wir können solche Extremfälle in dem heutigen Zusammenhang vergessen und die Formel festhalten: Hörspiel ist ein radiophon bedingtes und bestimmtes Sprachspiel.

Das scheint ein mageres Ergebnis zu sein. Es scheint aber weniger selbstverständlich, wenn man sich die beiden Kontrahenten vergegenwärtigt: die Sprache und die Technik, die Wörter und die Apparate. Nachdenklich kann schon der harmlose Umstand machen, dass das Tonbandgerät gesprochene Sprache, lebendige Sprache dauerhaft festzuhalten vermag, dass also z. B. in einem Hörstück eine Stimme auftauchen kann, deren Sprecher bereits tot ist; ferner dass durch die Montagetechnik ein Dialog zwischen zwei Personen hergestellt werden kann, die sich nie gesehen, die sich nicht gekannt haben, ein synthetischer Dialog gewissermaßen, der von Gnaden der technischen Montage lebt. Dass man durch Herausschneiden einzelner Wörter aus einer Äußerung ihren Sinn ins Gegenteil verkehren kann. Dass die Stimmfärbung eines Sprechers durch Filtergeräte bis zur Unkenntlichkeit verändert, eine Männerstimme zu einer Kinderstimme verwandelt werden kann. Die sprachliche Äußerung, das zeigt schon dieser kurze Katalog, ist den Apparaten ausgeliefert, und es gibt keine Manipulation, die mit ihrer Hilfe nicht möglich wäre. Nicht ohne Grund weigern sich die Gerichte, Tonbänder als Zeugen zuzulassen. Aber außerhalb der Gerichtssäle sind Apparate präsent, und sie gehen ihre Symbiose mit der Sprache ein. In den Medien Rundfunk und Fernsehen gibt es nur apparativ vermittelte sprachliche Äußerung. Manchmal ist ein Schnitt in der Rede eines Bundestagsabgeordneten harmlos und erklärt sich durch die Nötigung zum Raffen – oft genug sitzt er aber genau an der Stelle, wo ihn der Redakteur der Sendung haben will, und der freundliche Hörer glaubt, er werde informiert. Apparativ erfasste Sprache ist immer in Gefahr und steht im Verdacht, manipulierte Sprache zu sein. Das Hörspiel sitzt genau an diesem Knotenpunkt von Sprache und Apparat, an dem auch die täglichen, manchmal existenzwichtigen Informationen und Meinungen gemacht werden.

So hat es bereits Hörspiele gegeben, die medienkritisch Manipulation der Manipulation betreiben, um aufzuzeigen, was hinter der harmlos aufgemachten Fassade steckt. Ludwig Harigs Hörspiel *Staatsbegräbnis* zählt dazu: Dieses Stück schoss nicht nur das Pathos hochoffizieller Beerdigungen an, sondern machte bewusst, wie wehrlos die Reden der Mächtigen der Schnippelpolitik der Mediengewalten ausgesetzt sein können.

Doch es genügt nicht die kritische Gebärde nach außen. Der Hörspielmacher heute muss begriffen haben, dass er Sprache nicht mehr wie einst naiv gebrauchen und das technische Medium dabei nur als neutrales Transportmittel benutzen kann. Und auch der Hörer sollte wissen, dass jedes Wort, jeder Dialog, jedes Geräusch bearbeitet, verfremdet, synthetisiert sein kann. Genaues Hinhören, aufmerksames Unterscheiden hat das naive Sicherzählenlassen abgelöst. Hören und Reflektieren auf das Gehörte sind ein und derselbe Vorgang. Hörspiele werden gemacht – was das bedeutet, zeigt am besten der Vergleich mit dem Bühnenstück. Denn auch das wird ja gemacht: in oft langwieriger Kleinarbeit von der dramaturgischen Bearbeitung des Spieltextes über die Proben mit den Schauspielern bis zur Aufführung. Doch den Ablauf einer Aufführung, die individuelle Leistung der Schauspieler hat der Regisseur schließlich nicht mehr im Griff – sie geschieht und behält ein Element des Unvorhersehbaren. Eine Hörspielaufführung geht vom Tonband aus, und der Regisseur gibt das Tonband zur Sendung erst frei, wenn es genau die Fassung hat, die er will – er hat alle Stimmen, alle Tonelemente auf Band als Material der endgültigen Montage und kann sie bearbeiten nach seinen Absichten. Es gibt Hörspiele, die sich aus Hunderten von einzelnen Tonaufnahmen zusammensetzen, oft in einer Form, die keiner der beteiligten Sprecher bei den Aufnahmen ahnen konnte, oft in einer Reihenfolge und Gruppierung, die mit der der Aufnahme nichts mehr zu tun haben. Der Vergleich mit dem Film liegt nahe. Das am Schluss vorgeführte Stück ist durch und durch ein Kunstprodukt aus planmäßig gewonnenem, tönendem Material und planmäßiger technischer Bearbeitung und Montage. Wenn der Textautor nicht selber auch der Regisseur ist, wird der Regisseur unvermeidlich zum Mitautor. Je mehr der technische Apparat in Anspruch genommen wird, umso stärker wird auch die kreative Beteiligung der technischen Spezialisten am Mischpult und im Schneideraum.

Die Erfindung der elektromagnetischen Aufzeichnung von Sprache, des Tonbandgerätes also, wirkt sich jedoch auch auf das Verhältnis zwischen Autor, Text und Stimme aus. Das Bühnenstück, wie wir es kennen, bindet den Sprecher eng an den Text, notfalls hilft der Souffleur nach. Der Schauspieler hat den Text des Autors, also eine vorweg formulierte und festgelegte Rede, zu realisieren und sinngemäß zu vermitteln. Die Nabelschnur zwischen Text und Sprecher reißt nicht ab – das bedeutet zugleich, dass es nie im eigentlichen Sinn gesprochene, spontan produzierte, unvorhersehbare Sprache sein kann. Bestenfalls gelingt dem Autor eine gute Imitation gesprochener Sprache, nie aber hat er die eigentümliche Brüchigkeit oder die knöcherne Härte oder die zerfasernde Geschwindigkeit des mündlich produzierten Sprechens im Spiel. Er hat auch keine andere Wahl als den vorweg fixierten schriftlichen Text, wenn er das Stück nicht der Improvisationskunst des Schauspielers ausliefern will. Spontane emotionale lautliche Äußerungen, wie Jammern, Schreien, Heulen, bleiben in einem solchen Textgehäuse auf jeden Fall peripher. Die Bühne fügt sich willig der gesellschaftlichen Tabuisierung emotionaler individueller Aktionen. Mit dem Tonband wird das anders. Es ist imstande, jede Lautäußerung aufzuzeichnen, jeden Schrei, jedes Röcheln, jede Artikulation. Das Mikrophon kann überall gegenwärtig sein als Zeuge oder als Spion. Es fängt Äußerungen auf, die kein Schauspieler auf die Bühne zu bringen imstande wäre. Es liefert sie auf Tonband, und dort ist es vogelfrei: zur Manipulation, zur Montage, als Zeuge, als Beweis, als Verräter. Das Hörspiel hat diese Chance begriffen und in Gestalt der sogenannten »O-Ton-Hörspiele«, der Originalton-Hörspiele, eine eigene Gattung entwickelt. Der Autor sammelt etwa mit seinem tragbaren Gerät in Kaufhäusern, Wirtsstuben, Bahnhöfen, auf

Friedhöfen oder bei Partys sein Sprachmaterial – authentisch gesprochene Rede, die er als Material für sein Stück verwendet. Das kann rein berichtend, dokumentierend gemeint sein und Hörstücke zur Folge haben, die zur Reportage tendieren, wie z. B. Karsunkes Hörspiel über den Dutschke-Attentäter Bachmann. Es kann kritisch oder satirisch angelegt sein und wie in einem Hohlspiegel in grotesker Vergrößerung unerwünschte Verhältnisse demonstrieren. Es kann anatomisch Sprachstrukturen sichtbar machen und den Blick für Intonationen, für Bedeutungen, Sinnbezüge unterhalb der ausdrücklichen Sprachmittel von Wort und Satz schärfen. Es kann auch das Medium selbst ironisieren wie das *(Hörspiel) Ein Aufnahmezustand* von Mauricio Kagel, das aus mitgeschnittenen Gesprächen, Regieanweisungen, Zufallsgerede bei einer Aufnahme im Studio montiert wurde.

2

Wie einst Kurt Schwitters sich nur zu bücken brauchte, um Fahrscheine, Schuhsohlen, Bruchstücke des Alltags als Material für seine Collagebilder aufzusammeln, so liegt das konkrete Sprechmaterial praktisch auf der Straße. Die Spiele, die damit möglich sind, sind noch längst nicht erschöpft. Schwieriger ist es, mit den emotionalen, kaum oder gar nicht kontrollierbaren, spontanen Äußerungen des Lachens, Schreiens, Stöhnens, Brummens, der Ah- und Oh- und Eh- und Ih-Laute. Sie sind kurzgeschlossen mit unserer Gefühls- und Tiefenwelt und werden von der Gesellschaft – und wir alle gehören dazu – nur in Rudimenten geduldet, in ihrer Breite und Fülle jedoch unterdrückt und diffamiert. Das hat seine guten Gründe – es käme eine Schreckenswelt dantesker Färbung zustande, wenn alle diese Trieb- und Gefühlsäußerungen ungehindert sich ausleben dürften. Denn nicht nur Lachen und Weinen, Freude und Trauer kommen darin vor, sondern ebenso das terroristische Brüllen, das auf Kasernenhöfen überwintert. Aber diese Schichten existieren, und sie haben ihre impulsive Kraft, sie sind wirklich und wirksam, auch wenn sie lautlos bleiben müssen. Die Sprachwissenschaft zuckt noch davor zurück, solche lautlichen Äußerungen, die zwar unsere Sprechwerkzeuge benutzen, aber ohne Wörter und Sätze auskommen, zur Sprache zu rechnen. Das ist eine Sache der Definition und der Vorstellung, die man von sich und der Menschheit hat. Für die Poeten gehören alle diese Artikulationen zur Sprache, da sie bedeutungsbesetzt sind: Der miterlebende Hörer kann sie verstehen, sie stellen eine Verbindung her, sie haben einen Inhalt, wenn auch einen noch so primitiven, generellen, nicht differenzierten. Sie heißen etwas, also sind sie Sprache. Man kann sie mit den Gesten vergleichen, man kann sagen, auch die emotionalen Lautäußerungen des Menschen haben gestischen Charakter: Man kann sie verstehen, obwohl ihre Mitteilung ohne Wörter und Sätze zustande kommt.

Fein dosiert kommen solche Dinge in jeder Rede vor. Aber sie erscheinen so gut wie nie in völliger Freiheit, jedenfalls nicht außerhalb der privatesten Sphäre – sind also für das Tonband des Hörspielmachers kaum zu erreichen. Es sei denn, er stellt eine Situation her, in der die Hemmungen und Hindernisse beseitigt oder wenigstens gemildert sind. Erste Versuche mit Schauspielern ergaben, dass die Hemmungen in der normalen Studiosituation nicht aufzuheben sind. Die Ergebnisse waren dürftig, die Lautsequenzen blieben erzwungen und brachen nach ganz kurzer Zeit wieder ab. Hier bremsten zusätzlich zum gesellschaftlichen Tabu das Selbstverständnis und die Ausbildung der Schauspieler. Einer weigerte sich überhaupt, die anderen waren willig, aber brachten nichts Erschütterndes zustande. Der Versuch, den ich damals bei der Arbeit an meinem ersten Hörspiel *das gras wies wächst* unternahm, musste abgebrochen werden. Einige wenige Artikulationen dieser Art konnten ins Stück eingebaut werden, doch es war nicht das, was mir vorschwebte. Da half mir die Lektüre des Buches des polnischen Regisseurs Grotowsky weiter. Er beschreibt die Methoden, mit denen er mit seinen Schauspielern arbeitet und seine Ergebnisse erzielt. Seine Gruppe bildet eine feste Gemeinschaft, und die Methoden haben meditativen Charakter. Das war auf unsere hiesigen Bedingungen nicht zu übertragen. Aber der Grundsatz war übertragbar, die Schauspieler ganz zu sich kommen zu lassen, sie aus dem Produktionszusammenhang des Studios zu lösen und sie wenigstens für diese kurze Zeit ohne jeden Druck sich frei und ungehemmt äußern zu lassen. Das Stück wurde vergessen, der Schauspieler war nur er selbst und nichts sonst. Es blieb auch dann Spiel, das war nicht zu vermeiden und sollte nicht vermieden werden. Die Lust am Spiel war die Voraussetzung der Spontaneität und der Freiheit, die diesen Artikulationen diesseits der alten Tabus zugrunde liegen mussten. Aber es war ein Spiel um des Spieles willen. Ich habe diese Form der sprachlich-artikulatorischen Kreativität mehrmals mit ganz verschiedenartigen Schauspielern und Sängern versucht, und sie gelang nach anfänglicher zögernder Verwunderung über die Zumutung jedes Mal. Vorgearbeitet hat dem die Stimmung und das Interesse, wie sie durch das Aktionstheater, die Happenings, die phonetische Poesie verbreitet worden sind.

Jede sprachliche Äußerung hat situativen Charakter. Das heißt, sie entsteht in und als Antwort auf eine ganz bestimmte Situation – im luftleeren, also hier im situationsfreien Raum passiert nichts, ich musste also imaginative Situationen als Motivation für die erwarteten Äußerungen herstellen. Das geschah, indem ich dem Sprecher im abgeschirmten Raum eine Situation beschrieb, in der er sich mit Hilfe seiner spontanen Artikulationen zurechtfinden, behaupten, realisieren sollte. Solche Anweisungen lauteten etwa:

»Sie haben sich mit einem Rasiermesser in den Handballen geschnitten. Die Angst vor dem Schmerz ist ebenso groß wie der Schmerz selbst.«

Oder: »Sie wachen plötzlich im Dunkeln auf. Sie wissen nicht, wo Sie sind. Sie versuchen, mit Ihrer Stimme eine Orientierung herzustellen.«

Oder: »Stellen Sie sich vor, Sie fahren abends in der Dämmerung allein auf einer abgelegenen Straße. Plötzlich erkennen Sie etwas am Straßenrand. Sie steigen aus und finden eine bewusstlose, ganz in Leder gekleidete Stewardess.«

Oder: »Sie begegnen jemandem, der Ihnen gründlich verhasst ist, und versuchen, ihn totzulachen.«

Oder: »Schieben Sie mit Ihrer Stimme einen Wagen vor sich her.«

Oder: »Versuchen Sie mit Ihrer Stimme Wasser zum Kochen zu bringen.«

So gewonnenes spontanes Artikulationsmaterial wurde von mir zuerst in dem Stück *blaiberg funeral* (1970) verwendet.

Die Sensibilität für die Ausdrucksleistung der Laute ließ sich dann bei denselben Sprechern auch auf den Umgang mit den Wörtern übertragen. Ein Hörspiel aus dem Jahr 1973 verwendet nur die vier Wörter *da – du – der – bist*. Die Sprecher, die für dieses Stück verpflichtet wurden, waren dieselben, die auch schon die Artikulationen für die vorangehenden Stücke geleistet hatten. Jetzt aber waren ihnen wieder ganz normale Wörter als Material vorgegeben. Banales und Erschütterndes kommen gleichermaßen zutage. In den besten Fällen sind es zugleich Psychoporträts der betreffenden Personen, Abdrücke ihrer Tiefenreliefs.

3

Wir haben bisher die kleinsten sprachlichen Einheiten, seien es Wörter, seien es spontane Lautäußerungen, beobachtet. Aber ein Hörspiel ist ja nicht ein Haufen von Wörtern und Lauten, sondern ein organisiertes Ganzes, das von übergeordneten Gesichtspunkten gesteuert wird. Das traditionelle Hörspiel, das bis zum Anfang der sechziger Jahre das Feld beherrschte, kannte ein Textbuch, nach dem der Regisseur das Spiel realisierte. Für viele der neueren Stücke gilt das nicht mehr. Von meinen Hörspielen hatte nur das Erste, das *gras wies wächst* von 1969, einen fertigen Text, ehe die Arbeit im Studio begann – und auch der wurde während der Arbeit völlig umgestülpt. Allen späteren Stücken lag kein Text mehr zugrunde, sondern es gab ein Bündel aus verschiedenartigem Textmaterial und Beschreibungen, welche sprachlichen Leistungen die Sprecher vorzunehmen hätten. Ferner gab es ein generelles Konzept für die Anlage des Ganzen. Doch die Planung im Einzelnen ergab sich erst während der Produktion, in Kenntnis des von den Sprechern hervorgebrachten Sprachmaterials. Zwischen die Aufnahmen und die Montage des Materials schob sich eine Phase, in der in Kenntnis der zahlreichen Einzelaufnahmen die Partitur entstand. Doch auch dann noch blieb sie labil, korrigierbar je nach den Ergebnissen der Mischungen und der Montage. Diese Stücke wurden also auf dem Hintergrund allgemeiner Form- und Aussageerwartungen von unten her aufgebaut. Die kleinste Einheit stellt der »Take« dar, das ist dasjenige Tonbandstück, welches die Sprechleistung eines Schauspielers oder einer Schauspielergruppe festhält. Ein Take kann etwa einen Dialog oder eine artikulatorische Sequenz oder eine Satzfolge enthalten. Er kann ein paar Sekunden, er kann zehn Minuten dauern. Ein Take kann, wie vorhin bereits erklärt, weiterbearbeitet werden. Er kann aber auch mit anderen Takes zu einer Mischung verarbeitet werden und dann eine neue dramaturgische Kleineinheit darstellen.

Bei dem Stichwort ›Mischung‹ muss auch die Blende erwähnt werden; die Blende ist allgemein bekannt aus der Filmtechnik. Ihr Zwillingsbruder ist der Schnitt, der ebenfalls aus dem Film stammt. Vor allen anderen hörspielspezifischen Mitteln, wie Hall, toter Raum, Lautstärke usw., sind Schnitt und Blende wichtig, weil sie erst die Gliederung und Ordnung der Hörereignisse der dramaturgischen Einheiten der Takes ermöglichen. Die Blende führt im Film wie im Hörspiel eine Hörfolge weich in eine andere über oder überlagert die eine durch eine andere, wobei die frühere allmählich erlischt, ausgeblendet wird. Der Schnitt dagegen setzt hart eine Sequenz an die andere ohne Übergang, es entsteht ein spürbarer Bruch, der etwa als Pause – im Film als black out – erscheinen kann. Die Blende betont die Kontinuität, die Gleichzeitigkeit, die Zusammengehörigkeit, das Fließen in Raum und Zeit – der Schnitt zeigt die Kontraste, die Widersprüche, die Abbrüche, die Verschiedenheit und ist rationaler als die Blende. Die Schnitt-Technik hat im Hörspiel noch ein besonderes Verfahren der Montage hervorgebracht, die sogenannte »cut-up«-Methode. Hierbei wird ein Text in Stücke zerschnitten, die in anderer und oft zufälliger Reihenfolge wieder zusammengeklebt werden. Es entsteht ein kaleidoskopartiges Hörereignis, in dem unerwartete Bedeutungsfragmente aufblitzen. Das cut-up-Verfahren spiegelt auf kleinstem Raum das Prinzip des experimentellen Hörspiels überhaupt: Zufall und Methode, Fragmentierung und überspringende Sinnbezüge zwischen den Fragmenten. Jedenfalls setzt es die rein zeitliche Abfolge der Ereignisse außer Kurs und bietet neue Ordnungen an, wie auch die Simultaneität der übereinandergeblendeten Hörvorgänge eine nicht gewohnte Zeitvorstellung mit sich bringt.

Dabei kann zufälliges Überlappen und Aneinandergeraten von Stimmen im Hörraum passieren, wie es auch in der Realität oft genug auftritt. Noch bleibt vieles verständlich, aber es ist keineswegs beabsichtigt, dass alles verständlich sein soll. Der Informationsverlust durch die Situation, in der sich Hörer und Sprecher befinden, gehört zu den Hörspielthemen, ja die Erfahrung mit den Grenzen der Verstehbarkeit und Verständlichkeit ist vielleicht eines der wichtigsten Probleme im gegenwärtigen Hörspiel. In dem Stück *bringen um zu kommen* gibt es eine Passage, in der die Stimmen bis an die Grenze der Verständlichkeit massiert werden, wobei die Sprecher Zahlwörter zur Konversation zu verwenden hatten, die sie mit Hilfe der Intonation zu Fragen, Ausrufen, Feststellungen usw. prägten. Der Hörer vernimmt Konversation an sich ohne bestimmten Inhalt. Der Eindruck der Masse von beteiligten Stimmen wurde durch vielfaches Überblenden der vier beteiligten Stimmen erreicht. Dieser technische Prozess tendiert zur Verwischung jeder Einzelstimme im Konglomerat Tausender tönender Partikel, zur Auflösung in einer Ton- und Geräuschfläche, die nur noch vibriert, aber keine Individualitäten mehr unterscheiden lässt.

Einen ganz anderen Charakter hat die Überblendung in einer Passage, die in dem Stück *pinco pallino* vorkommt. Ein Dialog wurde von zwei Frauenstimmen und von zwei Männerstimmen auf Band gesprochen. Dann wurden beide Fassungen – die der weiblichen und die der männlichen Stimmen – gleichzeitig beginnend gemischt. Beim Mischen wurde mal die eine, mal die andere Fassung ausgeblendet und wieder hervorgeholt, sodass ein Wechsel entsteht. An einigen Stellen ist das Überblenden genau zu hören. Da die beiden Dialogpaare mit verschiedener Geschwindigkeit ihren Dialog sprechen, stellt sich unterwegs eine Verschiebung der beiden Fassungen gegeneinander ein. Die beiden Paare befinden sich also jeweils an verschiedener Stelle desselben Dialogs, wenn sie durch die Blende miteinander in Kontakt kommen.

Solch komplizierte Organisation von Dialogmustern gelingt nur im stereophonen Hörraum. Als zu Anfang der sechziger Jahre die Stereophonie für Funksendungen eingeführt wurde, geschah dies in der Erwartung, dem Hörer die Illusion größerer Naturnähe zu vermitteln. Freilich, der Schauplatz der agierenden Stimmen blieb nach wie vor imaginär, da er nur mit akustischen Requisiten, nicht mit optischen verdeutlicht werden konnte. Der Versuch, mit Hilfe nur akustischer Raumillusion die Kluft zur realen Welt zu verringern, blieb unzureichend, weil er den Hörer als Zuschauer beanspruchte und ihn mit den noch immer zu geringen akustischen Signalen zum Sehen bringen wollte. Wer die vollständigere Vermittlung von Realität sucht, bedient sich inzwischen des Fernsehens, sodass die Stereophonie im Hinblick auf ihre populäre Anfangserwartung sich überlebt haben müsste.

Warum lohnt es sich trotzdem, eine Übertragung der Berliner Philharmoniker stereophon zu empfangen? Weil man auf der breiteren akustischen Basis die Instrumente besser unterscheiden, die Aufführung also besser verfolgen kann. Und warum lohnt sich die Stereophonie im Hörspiel? Weil man auf ihrer breiteren akustischen Basis die einzelnen Stimmen besser unterscheiden und einander zuordnen kann als beim monophonen Empfang. Der Gewinn liegt also nicht in der größeren Illusion, sondern in der besseren Ordnung der Stimmen, der Laute und Geräusche. Solange nur ein gewöhnlicher Dialog aus zwei Stimmen zu hören ist, bedeutet die Stereophonie wenig. Hilfreich wird sie erst, wenn mehrere Stimmen gleichzeitig vernehmbar werden oder wenn rasch wechselnde Beziehungen zwischen mehreren, gar einer Vielzahl von Stimmen erfasst werden sollen oder wenn sich statische Stimmen von beweglichen abheben müssen. Beim monophonen Empfang fallen gleichzeitig ertönende Stimmen in einem Punkt zusammen und bilden schnell einen akustischen Klumpen; die Ausbreitung der Stimmen über den stereophonen Hörraum hilft dagegen, sie auseinanderzuhalten und weckt die Aufmerksamkeit auf ihre Bewegungen, auf das Bedeutungsgeflecht simultaner Äußerungen. Sie schärft die Sensibilität für vielschichtige kommunikative Vorgänge.

So wird verständlich, warum die zwei Daten zusammenfallen: das der Einführung der Stereophonie im Hörspiel und das des Beginns neuer experimenteller Hörspielformen – beides seit Anfang der sechziger Jahre. Das klassische Hörspiel hat die Stereophonie beleckt und dann abgelehnt – aus gutem Grund: Denn die Verinnerlichung der sprachvermittelten Hörereignisse zersetzte sich, wenn sie in einem quasi-illusionistischen Hörraum gefordert wurde. Die Fragestellungen des neuen experimentellen Hörspiels dagegen konnten sich im monophonen punktuellen Hörraum nicht entfalten. Wenn im Hörspiel die Kompliziertheit des technischen Mediums beim Wort genommen und der Prozess zwischen Sprache und Apparaten in Gang gesetzt werden sollte, dann ging das erst in dem Moment, in dem die angebotene Vielfalt und Raffinesse der technischen Mittel auch adäquat hörbar und vernehmbar gemacht werden konnten. Erst die Stereophonie hat diesen Prozess mitteilbar, diskutabel, publizierbar gemacht.

4

Mit der Einführung der Stereophonie wurde im Hörspiel auch die gewohnte Arbeitsteilung zwischen Autor und Regisseur zur Disposition gestellt. Es lässt sich zwar ein Manuskript denken, in dem die verschiedenen Kompositionsstränge, die an einem Stereohörspiel beteiligt sind, genau beschrieben werden, der Regisseur hätte dann nichts weiter zu tun als eh und je: das Manuskript ins Spiel umzusetzen. Sobald aber die Stimmen aus der klassischen Bindung an einen Text entlassen und ihr ganzes Potential an Artikulationen einbezogen werden soll – sobald solches Material dem Prozess der apparativen Verarbeitung ausgesetzt wird, ist keine vorweglaufende Festlegung des Stückes mehr möglich. Der Regisseur, also derjenige, der tatsächlich im Studio mit den Sprechern arbeitet, die Stimmen freizusetzen hat, rückt unmittelbar an die Seite des Autors. Es hat Beispiele engster Kooperation zwischen Hörspielautor und Regisseur gegeben. Der nächste Schritt: den Regisseur als Autor oder den Autor als Regisseur arbeiten zu lassen, liegt nahe. Jetzt kann der Autor-Regisseur die Stimmen, die ganze Palette des vermuteten, des beabsichtigten Sprachmaterials erproben und ausmodellieren lassen – das auf Band gesammelt wird für den späteren Prozess von Auswahl und Entscheidung während der Montage. Und auch während der Montage geht das Experimentieren beim Herstellen der Mischungen, also der größeren Einheiten weiter. Die Auswahl des jeweiligen Materials, die zeitliche Zuordnung der einzelnen Takes, die räumliche Anordnung der Stimmen, die Festlegung ihrer Bewegung im Raum von rechts nach links, von vorne nach hinten, die Dominanz der einen Stimme über die andere, die lautliche Differenzierung, die Einplanung der Pausen: Ist das Arbeit des Autors oder des Regisseurs? Sie machen die Substanz des Spiels aus und charakterisieren denjenigen, der sie bestimmt, als Autor – auch wenn er in der Rolle des Regisseurs daherkommt. Näher als beim traditionellen Hörspiel rücken jedoch auch die scheinbar rein technischen Mitarbeiter am Mischpult und im Schneideraum an die Autorenfunktion heran. Die Kompliziertheit der Apparate, die am Hörspiel beteiligt sind, verlangt die Anwesenheit von Spezialisten. Nur sie kennen die ganze Skala der technischen Mittel und die möglichen Nuancen ihrer Wirkung. Diese Spezialisten kennen ihre Geräte – und sie müssen wenigstens in dem Maß, wie der Autor-Regisseur ihre Medien kennt, auch Einblick in die sprachlichen und kompositorischen Elemente haben, die von der Seite des Autor-Regisseurs an die Apparate herangetragen werden. Bei meinem allerersten Hörspiel, das war 1962, damals noch eine Monoproduktion, habe ich erlebt, wie der Techniker am Mischpult sein inneres Widerstreben, an solch unverständlichem, turbulentem Produkt mittun zu müssen, während der Arbeit allmählich fahren ließ und von der für ihn völlig neuen Erfahrung, mit den Stimmen spielen und unerwartete Dialoge entstehen zu hören, fasziniert wurde mit dem Erfolg, dass seiner konzentrierten Beteiligung zum guten Teil das Ergebnis zu verdanken ist.

5

Zum Schluss noch ein paar Bemerkungen über die Thematik experimenteller Hörspiele. Diese Hörspiele werden dadurch, dass sie über die öffentlichen Rundfunkanstalten verbreitet werden, jedem Rundfunkteilnehmer, jedem Hörer angeboten. Sie haben jedoch, gemessen an anderen Sendearten, nur eine schmale Hörerschaft. Dennoch lassen sie sich nicht aus den Hörfunkprogrammen auf die Schallplatte verbannen. Ganz davon abgesehen, dass Sprachschallplatten kaum einen Interessentenkreis haben, Hörspiele für Schallplatten also vermutlich keinen Produzenten fänden – die Thematik dieser Hörspiele – wir haben sie vorhin beschrieben: Sprache im Medium der Apparate – ist eine öffentliche Angelegenheit. Sie geht potentiell alle an, heute ist vielleicht erst eine bestimmte Hörergruppe zur Aufnahme vorbereitet. Auf die stereotyp wiederkehrende Klage: solche Stücke seien unverständlich, kann nicht dadurch reagiert werden, dass das Maß an Verständlichkeit der Stücke erhöht wird, sondern nur so, dass das Maß an Verstehensfähigkeit bei den Hörern vergrößert wird. Der andere Weg hieße, die Augen und Ohren verschließen vor der unerhörten Quantität an Nochnicht-Verstehbarem, an Nichtverstehbarem in unserer Gesellschaft. Diese Stücke können nur Modelle sein für Kommunikations- und für Informationszustände, die uns auf der Haut sitzen. Sie können als Modelle auf die Spur von Einsichten führen. Sie können jedoch nicht analysieren und rationale Untersuchungen von Bestandsaufnahmen ersetzen.

Ich sehe den Sinn dieser Stücke in ihrem Modellcharakter: Sie stoßen uns unter vereinfachten Bedingungen und ohne die Belastung durch die realen täglichen Situationen auf Phänomene und Probleme unseres Kommunizierens, unserer Sprachverfassung, die wir sonst nur über uns hängen lassen, die uns quälen, die wir aber kaum artikulieren können. Und solche Spiele haben für den einzelnen Hörer ihren Sinn gerade in der Herausforderung, seine Fähigkeit und seine Möglichkeiten aufzufassen, wahrzunehmen, Beziehungen herzustellen, Vergleiche anzustellen, Sinnbezüge zu erkennen – zu verstehen, in Gang zu bringen und zu schärfen. Es geht um Genauigkeit des Zu- und Hinhörens, auch des Hinhörens auf Äußerungen, die mir vielleicht gegen den Strich gehen, die mir unsympathisch sind, die mir keinen Spaß machen. Es geht um ein genaueres, reflektierenderes Verhalten gegenüber sprachlicher Artikulation, auch gegenüber einer unzureichenden, lädierten, kaum mehr verständlichen. Dass uns Derartiges tagtäglich passieren kann – dass ein Großteil unseres Elends dem Manko an kommunikativen Fähigkeiten anzulasten ist, braucht nicht bewiesen zu werden – es weiß jeder. Es gibt Hörspiele, die haben die kommunikative Situation direkt zum Thema – ich zähle Handkes Hörspiel mit dem lapidaren Titel *Hörspiel* dazu, es realisiert Verhörsituationen, die so offen angelegt und geschnitten sind, dass jeder in sie einsteigen kann. Es gibt Hörspiele, die die Grenze des Verstehens und des Nichtverstehens ausprobieren. Es sind dies Stücke, die in hohem Maße reflektiert und apparativ angelegt sind. Es gibt Spiele, in denen wir Zeitgenossen mit unseren Meinungen und Formulierungsnöten selber zu Wort kommen, mitgeschnittene Sprechfetzen, Interviewteile, Atemgeräusche mit und ohne Wortpartikel. Sie alle, ob mit einem vordergründigen Thema oder Inhalt bedacht oder aus überraschendem Material zusammengesetzt, erwarten einen Hörer, der eine Stunde, eine halbe Stunde genau zuhören kann: damit er es lernt, auch sonst genau zuzuhören. Es ist gut, wenn er – der Hörer – weiß, dass dazu nicht allein der gute Wille genügt, sondern auch Kenntnis des Gegenübers, Kenntnis seiner Artikulationsmittel, seiner Ausdrucksweisen, seines Wortschatzes gehört – im Falle des Hörspiels: seiner Methoden, seiner technischen Mittel, der Artikulationen, die der Sprache im Umkreis der Apparate gelingt.

Hörspiel ist Spiel. Gerade weil die Apparate es möglich machen, authentische Realitätsstücke ins Spiel zu bringen, darf der Spielcharakter des Ganzen nicht vergessen werden. Nur wenn Hörspiel die Bedingungen des Spiels aufrechterhält, ja drastisch zu Bewusstsein bringt, hat es eine Existenzberechtigung. Es kann Informationen in beliebiger Menge enthalten; es kann Statements bedeutender Zeitgenossen ebenso als Material benutzen wie Mitschnitte von Sprechchören aufgebrachter Demonstranten: Es darf dennoch nicht mit einer Reportage, einer Nachrichtensendung, einem Interview, einem Feature verwechselt werden. Denn sein Zugriff zur Realität heißt immer: die Zusammenhänge der Realitäten zerreißen, um die Situation des Spiels herzustellen. Was Nachrichten, Reportagen, Interviews und was der radiophonen Vermittlungen von Wirklichkeitsausschnitten mehr sind, was diese Mitteilungen enthalten, wird mit Leichtigkeit morgen dementiert, im nächsten Mund entstellt, gerät in einen falschen Zusammenhang und damit schon unter die Räder. Von der Sprache in Realität, von den tausend und abertausend Partikeln, durch welche sich Gesellschaft in Sprache präsentiert, weiß nach kurzer Zeit niemand mehr, was ist davon behauptet, was ist bewiesen, ist es eine Nuance oder bereits die Nuance einer Nuance. Gesellschaftliche Realität, politische Realität ist zuerst und immer auch Realität in Sprache: Und sie ist damit auch schon dem Verwaschungs- und Verwitterungsprozess dieses flüchtigsten und unfassbarsten Materials ausgesetzt. Keines seiner Partikel bleibt bei sich selbst, es verweist auf nächste und übernächste, verschwindet in einem riesigen unübersehbaren Geflecht von Interessen, Einflüssen, Meinungen, Manipulationen, Interpretationen. Im Spiel wird diese fliehende Realität aufgehalten, wird ihr Zusammenhang zerrissen, und die Elemente, die Fragmente werden in einen neuen, nichtrealen Bedeutungs- und Sinnzusammenhang gebracht. Ein Spiel kann – im Gegensatz zur Realität – wiederholt, also abermals wahrgenommen, überprüft, bedacht werden. Im Spiel können Worte beim Wort genommen und Konsequenzen fassbar gemacht werden, die in der Realität übertönt und vergessen werden. Je authentischer das Material erscheint, das Realität dem Spiel zuliefert, umso drastischer muss der Spielcharakter dargestellt werden. Nur unter den Bedingungen des Spiels, nur solange sein nichtrealer Spielraum existiert, kann der Verwischungsprozess der Realität in Sprache angehalten und der Hörer instand gesetzt werden, seine Fähigkeiten zum

Wahrnehmen, zum Kombinieren und Einsicht gewinnen zu erproben. Verkürzt könnte man sagen: Realität in Sprache hat nur unter den Bedingungen des Spiels eine Chance, zu ihrer Wahrheit zu kommen und Einsichten zu ermöglichen, die nicht schon im Moment ihres Entstehens wieder korrumpiert werden können.

Über radiophone Poesie

1977

Meine artikulatorisch-phonetischen Stücke, die ich mit der eigenen Stimme hervorgebracht habe, sind in der Zeit von 1960 bis 1962 entstanden. Es handelte sich um Permutationen von Silben ohne Bedeutung. Dabei wurde eine bestimmte Silbe durch Veränderung der Artikulationseinstellung entwickelt, bis die Ausgangsform nicht mehr zu erkennen war. Ich wählte diese systematische Methode, um zu verhindern, dass eine nur subjektive, expressive Lautäußerung zustande kam, da die bloße private Emanation mir als Gefängnis und als Verhinderung dessen, was ich eigentlich erfahren wollte, erschien. Da die Methode der Permutation jedoch sich bald erschöpfte und ich begriff, dass ich selbst nicht zugleich die Frage stellen und die Antwort geben konnte, vielmehr ein größeres Potential an Überraschung, an Vielfalt des Stimmmaterials benötigte, war mir das Angebot einer Rundfunkanstalt willkommen, experimentelle Hörspiele herzustellen. Das war 1969. Es entstand das radiophone Stück *das gras wies wächst*. Nur punktuell gelang es mir damals, phonetisch-emotionale Stimmprodukte von den Sprechern zu erhalten und in das Stück einzubeziehen. Es zeigten sich psychologische Sperren bei den Sprechern. Als Schauspieler waren sie nur bereit, sich im konventionellen Rahmen der gewöhnlichen bedeutungsbezogenen Sprache zu äußern.

Bei meinem zweiten Stück *blaiberg funeral*, das 1970 in Stockholm entstand, änderte ich daher die Voraussetzungen und Methode. Statt der Schauspieler nahm ich Sänger, die gewohnt waren, mit ihrer Stimme ohne Bezug zur Bedeutung der Aussage artifiziell und hemmungslos umzugehen. Und ich fand eine Methode, die Stimmäußerungen zu steuern, ohne eine Partitur vorgeben und ohne die Spontaneität einschränken zu müssen. Die Sänger wurden in eine imaginäre Situation versetzt, in der sie sich mit ihrer Stimme spontan, aber ohne Verwendung der konventionellen Sprache zu äußern hatten. Durch dieses Verfahren gelang es, ein sehr breites Spektrum an Lautsequenzen zu erhalten. Es wurden vielfältige Lautkombinationen, vor allem aber auch emotionale Typen des Sich-Äußerns erzeugt. Die Masse des Materials war schließlich viel umfangreicher, als für das Stück nötig war. In Kenntnis des Materials wurde die Partitur entwickelt, die dem Stück zugrunde liegt.

Bei den späteren Stücken wurde grundsätzlich dieses Verfahren beibehalten. Die Arbeit im Studio mit den Sprechern beginnt mit der akustischen Aufzeichnung bestimmter Lautstrukturen und Textkonzepte. Die Sprecher bekommen ihre Anweisungen teils mündlich, teils haben sie schriftliche Texte vor Augen. Immer aber wird eine Mehrzahl von Realisationen vorgenommen. Dabei entstehen Fassungen mit Abweichungen, die nicht vorhersehbar waren. Die emotionalen Möglichkeiten eines Sprechers entfalten sich oft erst während einer längeren phonetischen Sequenz. Es erscheinen unerwartete Färbungen, Stauungen, Zerfaserungen der Stimme. Imaginationen schlagen durch, die nachher nicht mehr zu identifizieren sind, die jedoch den Stimmcharakter durch und durch prägen.

Eine zweite Arbeitsphase stellen die technischen Manipulationen und die Mischungen des Stimmmaterials dar. Dabei wird ein großer Teil des originalen Stimmmaterials verändert, verfremdet, differenziert und zu kleineren kompositorischen Komplexen verbunden. Diese Komplexe bilden die wichtigsten Bausteine des endgültigen Stückes.

Es seien hier drei solcher Verfahren erwähnt: die Parallelversion, die Paraphrase und die Kumulierung. Bei der Parallelversion wird dasselbe Textstück in mehreren akustisch voneinander abweichenden Fassungen synchron montiert. Dies kann etwa durch Frequenzverschiebung und damit Tonänderung und Verzögerung der Stimmen geschehen. Es entstehen dabei Echowirkungen oder synthetische Texte, indem Textelemente, die bisher nichts miteinander zu tun hatten, sich überlagern. Wird ein Text in verschiedenen syntaktischen Fassungen durchgespielt, entstehen Paraphrasen – auch dies eine Methode, synthetische Dialoge oder unerwartete, decouvrierende, paradoxe Kontexte zu gewinnen. Die Textkumulation schließlich ist eine spezifische radiophone Form, bei der die Gleichzeitigkeit beliebig vieler Texte ausgenutzt wird. Von einer bestimmten Dichte des Textmaterials an entsteht eine asemantische, vibrierende Textfläche. Der Hörer kann zum Beispiel die Auflösung der semantischen Seite von Sprache allmählich erfahren; er verfolgt einzelne Sprachpartikel, er schnappt letzte Reste von Bedeutung auf, ehe die dröhnende Bedrohung manifest wird.

Diese Hörspiele sind keine Musik, sie bleiben, auch wenn sie total asemantisch erscheinen, an die Bedeutungen der Sprache gekoppelt. Die Partitur, die während der Arbeit im Studio schließlich entsteht, reflektiert immer auch die Bedeutungen, die Inhalte, obwohl sie formal durchkonstruiert wird. Sie entsteht erst während der Arbeit, und sie entwickelt sich in Kenntnis des materiellen Charakters der von den Sprechern erzeugten und durch die Technik veränderten Takes, der akustischen Bausteine. Die Partitur ist grundsätzlich polarisierend angelegt: Sie bringt Themen, Tendenzen, Reflexe ins Spiel, die von außen eindringen, die da sind, ohne dass sie ausartikuliert werden können. Sie wird aber auch von der Mikrostruktur des vorhandenen und für dieses Stück erzeugten Sprachmaterials bestimmt. Sie bezieht die Sprache als Wort und Satz auf der einen Seite und als emotionale Lautgeste auf der anderen Seite ein – die beweist, dass das Asemantische auch semantisch und das Semantische auch asemantisch ist.

Im Verlauf der weiteren radiophonen Stücke wurde diese Polarisierung systematisch verfolgt. Die für mich zunächst abschließende Fassung wurde in dem Stück *da du der bist* (1973) erreicht. Hier wurden zwei Vorfassungen durch mechanisch montierende Verfahren konzentriert zu einem Komplex von Lauten, Geräuschen, Wortpartikeln, Satzfragmenten, in dem punktuell Bedeutung hervorsticht und erlischt.

Es wird oft gesagt: Diese Hörstücke seien schwer verständlich, sie schreckten einen normalen Hörer ab. Dies ist richtig, solange der Hörer nur hören will, was er sowieso schon weiß. Das experimentelle Stück muss ihn ärgern, bis er lernt, sich loszulassen, und das heißt: auf die maximale Sicherung seiner Existenz durch unaufhörliche Bestätigung ihrer Geordnetheit, ihrer Dauerhaftigkeit zu verzichten. Wir haben es erlebt und erfahren es ständig aufs Neue: Unsere Sprache ist ambivalent, wir existieren durch sie, und wir lügen durch sie. Sie bietet das raffinierte Instrument der Bosheit, der Zerstörung, der Pervertierung ebenso wie der Liebe und der Orientierung. Ihre Realität muss uns schmerzlich werden, damit wir empfindlicher werden für das, was mit ihr und durch sie angerichtet werden kann.

Auf Stimmenfang

Ein Bericht

2000

I

Der Anfang ist nicht erreichbar, wohl aber das Beginnen. Die Spur, um die es hier geht, begann für den vom lautlosen Lesen Besessenen damit, dass er die Beteiligung der Mund- und Sprechorgane des eigenen Körpers nicht nur, wie es geläufig war, am tönenden Substrat von Wörtern, sondern an ihrer ganzen mentalen und phantasmischen, komplexen Vorhandenheit, Wirklichkeit und Wirksamkeit für sich entdeckte. Das liest sich heute, da die akustische Poesie sich nach allen Seiten ausgefaltet hat, wie selbstverständlich. Doch als es passierte, in den 50er Jahren, waren, hierzulande jedenfalls und für Angehörige meiner Generation, die Vorläufer und Erfinder der Lautpoesie nur schattenhaft und nur durch gedruckte Texte bekannt. Mit ihrer 1946 erschienenen Anthologie *Poètes à l'Ecart / Poesie der Abseitigen*[1] hatte Carola Giedion-Welcker einen Spalt geöffnet, durch den auch lautpoetische Proben von Scheerbart, Ball und Schwitters in Schriftform drangen. Ich hatte das Privileg, dass mir damals an einem langen Abend Carl Buchheister die Lautsonate seines Freundes Kurt Schwitters aus der Erinnerung an den originalen Tonfall auf Band sprach (das inzwischen leider verlorengegangen ist). 1958 produzierte Raoul Hausmann eine kleine Schallplatte mit seinen *Poèmes phonétiques*, von der ein Exemplar mir zugänglich wurde. Es braucht wohl nicht bemerkt zu werden, dass die radiophone Öffentlichkeit von derlei unberührt blieb.

Für mein eigenes poetologisches Vorantasten blieben, so sehr sie mich beeindruckten und mit dem Phänomen oraler Poesie überhaupt vertraut machten, die Konzepte von Hausmann und Schwitters im Abseits. Beide, sowohl das der in musikalischen Analogien verfassten *Sonate in Urlauten* wie das der dynamisch und lautgestisch aus dem Atemstrom hervorgebrachten *Lautgedichte* Hausmanns, eliminierten, wenn auch methodisch ganz unterschiedlich, in programmatischer Negation der als korrumpiert ausgewiesenen Sprachverfassung der Zeit jeden Wortanklang und jeden semantischen Rest mit dem Ziel, ein neues Verhältnis zur Sprache zu erschließen. Im Gegensatz zum Verständnishorizont der Dadaisten der anfangenden 20er Jahre wurde mir und meiner Generation, soweit sie dafür ein Organ hatte, die *Ambivalenz der gebrauchten Sprache* ins Bewusstsein gedrückt. Sie wurde im Sinne Humboldts sowohl als weltbegründend wie auch als eine an den politischen und gesellschaftlichen Aggregatzuständen instrumental beteiligte Instanz begriffen. Den *Wörtern* war nicht zu entkommen. Sie mussten, nach welchem poetologischen Verfahren auch immer, als *Material zum Thema* werden. Die mit Wort- und Letternbildern arbeitende *konkrete Poesie* hat das vor allem im visuellen Medium der Schrift auf ihre Weise getan. Die ihr in vieler Hinsicht analoge *orale Poesie* nutzte Wortkörper, Phoneme und Mundgeräusche, also die auditive Seite von Sprache.

Als ich meine »artikulatorischen« Erprobungen vornahm, war die Erinnerung an einen Abschnitt in Kandinskys programmatischer Schrift von 1911 *Über das Geistige in der Kunst* eingeklinkt, auf den ich lesestöbernd in den späteren 40er Jahren gestoßen war. Er ist mir bis heute unvergessen. Im Blick auf die Poesie von Maeterlinck beschreibt Kandinsky ein Verfahren, wie durch das wieder- und wiederholte Sprechen eines Wortes – »Haare« bei ihm als Beispiel – dessen »äußerer Sinn der Benennung« allmählich gelöscht und sein »reiner Klang« »entblößt« werden kann. So wird das Wort zum »reine(n) Material der Dichtung und Literatur«[2]. Auch Kandinsky hatte dabei, wie später die Dadaisten, wenn auch mit ganz anderer Motivation, die Löschung des Semantischen zugunsten der puren Klangwirkung im Sinn. Für mich war daran die methodisch erzielbare Transmutation von Wörtern faszinierend. Die gebrauchssprachlich dominierende Semantik kann dabei, den Wortklang mit seinen Anmutungen freigebend, gänzlich verschwinden; es können sich aber im Dekompositionsvorgang noch immer Bedeutungsmomente erhalten und beim Hörer referenzbildend wirken. Auch kann ein Wortlautkörper – damit bezeichne ich ein Wort, dessen semantische und phonemische Seite wie die Pole einer Ellipse gleichgewichtig wahrgenommen werden – in einem solchen asemantisch gerichteten Sprechverlauf unversehens in eine andere phonemische Färbung gleiten. Neue Quasiwortfiguren können sich einstellen, an denen nicht vermutbare semantische Partikel haften.

So lässt sich im *Atemstrom* des Artikulierens, wenn seine Gestik und Dynamik nicht von der Literalität kanalisiert, gar stranguliert sind, die Kante erreichen, an der die *mentale Bedeutungswitterung an ihre Grenze* stößt. Referenzlose Lautgebilde behalten jedoch eine ambivalente Natur. In der einen Hinsicht sind sie noch äußerste Phase und extremer Spielfall im dekomponierenden Prozess und haben die zurückgelassenen Verbalismen gewissermaßen noch im Rückspiegel; in der konkurrierenden Sicht stellen sie sich jedoch wie aus dem Leeren erfunden, wie von sich her dar. Noch jenseits der Signifikantenwand, an der alle Referenzsprossen ihr Ende finden, gibt es möglicherweise Äußerungen mit der *Mimik von ›Aussagen‹*. Von unseren Körperorganen erzeugt, haben sie psychographische, auch animalische Qualität. Der Wahrnehmende vermag sie in seismographischer Genauigkeit aufzunehmen und zu ›bedeuten‹, falls denn sein eigenes Sensorium darauf gestimmt ist. Unvermittelt stellt sich ein Horizont von Sprache her, in dem Ausdruckssignalen abermals, wenn auch nicht verbalkonforme, Inhaltsmomente entsprießen, kurzzeitige, einander asyntaktisch ablösende, verschwindende. Literal sind sie nicht notierbar, nur das Tonband kann sie behalten.

So erweist es sich, dass bei diesem poetologischen Konzept auch die *semantische* Seite in einem weitgespannten Sinn und nicht nur, wie zum Beispiel bei den Dadaisten, das phonemische bzw. phonische Substrat Moment im ›*Material*‹ mit eigenem experimentellen Spielraum ist. Im Hinblick darauf habe ich mir damals den Ausdruck ›*Bedeutungschemie*‹ geleistet. Er lässt sich in Bezug auf die automatischen Texte der Surrealisten ebenso wie auf die Figurationen der konkreten Poesie gebrauchen.

2

Die Beschäftigung mit den Wortlautkörpern hat meine Arbeiten in den 50er Jahren immer stärker bestimmt. Dabei schwang die orale Artikulation (es gibt auch eine manuelle scripturale) ins *literale* Medium, also den *verschrifteten Text*, ein. Nicht weil es mir an einem Tonbandgerät fehlte, sondern weil für mich die Schrift mit ihren eigentümlichen Topographien auf der Fläche, als Figuration oder als offene konstellative Spannung, ihre eigene Dignität hatte.

Die frühen Arbeiten dieser Art sind in dem Buch *artikulationen* (1959)[3] enthalten, eine weitere Bündelung in dem von Hansjörg Mayer verlegten Band *ainmal nur das alphabet gebrauchen* (1967)[4]. Im ersteren hat der Text »aus was du wirst« (»rakon tsiste himil kokard ...«) sich in dem Sinn als exemplarisch erwiesen, dass er in der Folgezeit mehrfach als abschreckendes wie auch als instruktives Beispiel für Experimentelles in der Poesie gedient hat.[5]

Meine ersten Tonbandversuche, seit den späten 50er und in die 60er Jahre hinein, geschahen in der Vorstellung, einen Hörraum mit verbalphonemischen Artikulationen zu füllen. Ich war auf einen – imaginierten – Raum aus, in dem sich aus den artikulatorisch beweglichen Wortlautkörpern Stimmereignisse und -konstellationen entfalten sollten. Mit meinen damaligen Mitteln war dies nicht möglich. Das Konzept wurde dann Jahre später mit den technischen Möglichkeiten des Funkstudios wiederbelebt.

Ein entscheidender Dreh vollzog sich, als ich auf die Silbe als Basisform kam. Wie das Wort ist sie körperhaft mehrteilig aus Phonemen gefügt (wenn man von den aus einem Vokal bestehenden absieht) und potentiell bedeutungsfähig, sodass sie in geeignetem Kontext ins Wort umschwingen könnte; sie sitzt jedoch auch ganz dicht am puren Lautmaterial, das doch in der Gebrauchsstrategie der Wörter für sich gar nicht wahrgenommen wird. Von der Sprechpraxis aus gesehen, ist die Silbe, wie das Phonem, Konstrukt ohne besondere Dignität. In der Neugier des poetischen Erfahrens erweist sie sich jedoch als ein paradoxes Element, das der semantischen Magnetisierung ebenso fähig ist wie der asemantischen (quasi)musikalischen Verzeitlichung.

So entstanden 1962 meine unmittelbar auf Tonband gesprochenen

»Artikulationen« als spontane ein- oder zweisilbige Sprachnukleen: »henk«, »hain«, »erge erekt« »seks«, »was« »eja« »sese«, »e«[6]. Es lag keine Partitur, kein Verlaufsplan zugrunde. Die Einstellung der Artikulationsorgane änderte sich minimal oder auch mit einem Sprung vom einen zum nächsten Item, wobei die Änderungstendenz einerseits somnambulen Impulen folgte, andererseits bewusst gesteuert wurde. Dasselbe – so war die konzeptionelle Direktive – sollte, indem sich die Artikulationskonstellation jeweils um Grade verschob, im anderen und gerade durch die winzige Änderung erhalten bleiben. Die kontinuierliche Abfolge der Items wird vom jeweiligen Atemvorrat gespannt und gegliedert. Er wird so lange erneuert, bis die artikulatorischen Varianten ausgeschöpft erscheinen.[7]

Die Sprechstücke von 1962 habe ich später zu einer zwanzigminütigen Lautstruktur zusammengefügt, die, als Playback, mit mündlich vorgetragenen Textpassagen korrespondiert. Dazwischen lag eine ausgedehnte Praxis im neuen Hörspiel. Die duale Komposition aus asemantischen, tonbandfixierten Lautfolgen als Leitmedium und live gesprochenen verbalen Additionen war für öffentliche Aufführungen bestimmt[8]. Die dabei verwendeten Texte sind im Hinblick auf ihre artikulatorische Qualität ausgesucht. Ihre Elemente treffen, verstärken oder stören sich in Rhythmus, Tonfärbung, Zeitverhalten und Phonemik mit denen des Leitmediums. – Dasselbe kompositorische Muster liegt einem 1990 für den WDR hergestellten Stück zugrunde[9]. Hier nun orientiert sich die Playbackfassung an der Folge der Alphabetlaute. Diese färben, jeder an seiner Stelle, die Lautungen. Die Materialpalette reicht weiter ins Verbale hinein, als es bei dem Vorgängerstück der Fall war; sei es, dass die silbische Artikulation semantische Sprossen treibt, sei es, dass Wörter eingepasst werden, in denen der gerade aktuelle Laut dominiert.

3

Die nächste Phase hatte begonnen, als Ende der 60er Jahre Hörspielredaktionen ihre Studios den Autoren experimenteller, konkreter, oraler Poesie öffneten. Ich ging auf das Angebot des Saarländischen Rundfunks ein, ein Stück in eigener Regie herzustellen. Das übliche Hörspiel hatte eine erzählerisch-szenische Verfassung und war vom Ganzen ins Einzelne und vom Einzelnen ins Ganze gearbeitet. Die experimentellen Texte waren Mikrostrukturen und erreichten ihr Ganzes, wenn ihre immanente Regulatur durchgespielt war; oder sie verliefen – wie etwa Konrad Bayers *der kopf des vitus bering* (1964 erschienen) – in einer collagierenden Komposition ins Offene. Das Ende war nicht das endlich erreichte thematische Ziel, sondern wies zurück auf die Simultaneität und fortdauernde Anwesenheit aller Bauteile. Das Problem der Großkomposition experimenteller Texte mit ihrer durch die immanente Regulatur bedingten Athematik beschäftigte seit den späten 50er Jahren verschiedene Autoren. Bei mir mündete dies in dem Buch »herzzero«, das 1968 erschien. So reizte mich auch das Hörspiel als eine Großform, die mit experimentellen Methoden zu formieren war. Meine Texterfahrungen mit dem erwähnten Buch boten Grundlagen dazu.

Für die Konzeption des Stückes, das mir damals vorschwebte und das dann den Titel *das gras wies wächst* erhielt[10], bestimmte ich ein regulatives Thema: Es sollte um Sprachhandlungen des Fragens im weitesten Sinn gehen (s. S. 481). Dazu entwickelte ich Texte ganz verschiedener Struktur, Dialoge, lexikalische Wörterreihen, Redensartenfolgen, Prosasequenzen, und bezog auch Zitate von Fremdtexten mit ein. Bei der Verzahnung der heterogenen Bauteile ging die thematische Suchhilfe – ›Fragen‹ – unter. Der Hörer kennt sie nicht, schält sich vielmehr sein Sinnkomplikat heraus. Die auditive Verständlichkeit, das gehörte zum Konzept, sollte sich über die ganze Breite bis hin zum nicht mehr verständlichen Stimmenchaos erstrecken. Die Obsession durch das Semantische, im Alltag gar nicht mehr bemerkt, läuft im Hörverlauf in die Irre, wenn zum Beispiel Stimmen durch Nuscheln oder Flüstern sich entziehen oder durch extreme Simultaneität zahlloser Stimmen zermörsert werden. Dem Hörer bleibt dann die Wahl, sein Ohr auf die Befremdlichkeit der Stimmen umzustellen oder, wenn er Verständlichkeit allerwegen einfordert, sich enttäuscht oder düpiert zu wissen. So ertönen etwa – in der zentralen Passage des Stücks – vier weiterhin gleichlautende, doch gegeneinander versetzte Stränge von Quasidialogen der sechs Stimmen, verteilt auf die Breite des stereophonen Hörraums. In der Simultaneität der sich überlagernden Dialogfassungen zerlösen sich die Aussagen, und aus dem dicht gepackten Textrauschen stechen nurmehr isolierte Wörter und Satzteile hervor.

Der nächste konsequente, noch ausstehende Schritt, die Stimmlaute diesseits ihrer verbalen Verschnürung zu ›Wort‹ kommen zu lassen, also einen Strang rein phonischer Artikulationen einzufügen, kam über wenige Spuren, die an einigen Stellen eingefädelt sind, nicht hinaus. Das lag einerseits daran, dass ich mir das erforderliche Regieverhalten noch nicht zureichend zurechtgelegt hatte; andererseits waren den Sprechern, so exquisit ihre Leistungen im Übrigen waren, nichtverbale lautliche Hervorbringungen ungewohnt, fremd, einem gar unzumutbar. Gelungen ist, für meinen Begriff, die Endpassage, wo das letzte Wort des Stücks: »sonne« sein e verliert und der nasale Dauerlaut n mit Hilfe von Bandmanipulationen zu einer unerwarteten Dauer von 40 Sekunden, die beim Hören gar nicht zu enden scheinen, gedehnt und so aus dem semantischen Feld herausgezogen und zu einem als bedrohlich deutbaren, averbalen Stimmlaut verselbständigt wird.

Um bei meinem nächsten Stück, dem beim Festival der Gruppe Fylkingen in Stockholm 1970 produzierten *blaiberg funeral*[11], dem Dilemma mit den Sprechern vorzubeugen, erbat ich mir für die Stimmen Sänger bzw. Sängerinnen mit Praxis in zeitgenössischer Vokalmusik; die bei den fortschrittlichen Schweden zu finden war kein Problem (s. S. 484 f.). Als Substitut für die fehlende Partitur, daran durfte es nicht scheitern, erhielten sie verbale Vorgaben. Ich stellte ihnen imaginäre Situationen oder emotionale Befindlichkeiten vor, in denen sie sich, ohne ins Verbale zu geraten, mit ihren Stimmen verhalten und auf die sie damit handelnd reagieren sollten. Hier kam, im Unterschied zu meinen eigenen silbischen Lautfolgen, eine Art »akustischer Pantomime« ins Spiel, wie ich es damals nannte. Um den Sprechern das ungestörte Insichsein als Voraussetzung für das Gelingen der Lautphantasmen zu ermöglichen, wurden sie in einem abgedunkelten Raum in studioungewohnte Isolation versetzt. Sie wussten sich ohne Zeitdruck und unkontrolliert, sodass sie sich konzentrieren und ihre Vorstellungskraft ohne Hemmung entfalten konnten. Hinter der Abschirmung durften dabei auch unterschwellige, tabuisierte psychische Impulse laut werden. Die Vorgaben, die sie erhielten, konnten vordergründig faktischer Art sein, wie z. B.: »Schieben Sie mit Ihrer Stimme einen vollbeladenen Güterwagen vor sich her« oder: »Steigen Sie mit Ihrer Stimme einen Berg hinan«; sie mobilisierten emotionale Potentiale, wenn ein verhasstes Gegenüber mit der Stimme »totzulachen« war. Sie waren aber auch mit Verspannungen besetzt, wie diese: »Sie wollen sich selbst in sich zurückholen, als ob Sie sich in sehr großer Entfernung von sich befänden. Sie wissen: In etwa 700 Meter Entfernung dort diese kleine Figur, das bin ich, und ehe sie ganz außer Rufweite gerät, muss ich sie erreichen und zur Umkehr bewegen.«

Da bei diesen Lautäußerungen weniger mimetische Treffsicherheit als expressives, von der Beweglichkeit der Mundorgane abhängiges orales Agieren in einer phantasmischen Protuberanz erwartet wurde, ist aus den Stücken, die dabei entstanden, der inhaltliche Hintergrund nicht mehr herauszufiltern. Sie sind multivalent und können daher auch ganz verschiedenartig gefärbte Bild- und Gefühlsbereiche eines Hörers anregen. In dem Hörspiel, für das sie bestimmt sind, umspannt sie ein bestimmter Verstehenshorizont: Sie korrespondieren mit litaneimäßigen, deutsch, französisch und schwedisch abgefassten Sequenzen von Todesaussagen verstorbener oder noch lebender Personen – »blaiberg ist tot«...

4

Mit der in Stockholm erprobten Methode wurde auch in den beiden folgenden Hörspielen gearbeitet. Es waren in der Regel auch jetzt wieder Sänger und Sängerinnen, die ihre Stimmen einbrachten. Da auch der in Stockholm entstandene Fundus an Lautsequenzen mitbenutzt werden konnte, war ein in ganz verschiedenartige auditive Dimensionen reichendes Stimmenmaterial verfügbar. In dem Stück *bringen um zu kommen* (1970)[12] werden die Lautsequenzen mit zwei verbalen Textarten konfrontiert und verquickt: strikt literal strukturierten auf der einen Seite und oralen, mit dem Mikrophon eingefangenen, locker erzählerischen auf der anderen Seite (s. S. 484 ff.). Die Gewichtung pendelt zwischen der verbalen und der artikulatorischen Ebene. Durch ihre Mischung zeichnet sich in diesem Stück die ganze Breite sprechsprachlicher Möglichkeiten ab. Dem liegt die Auffassung zugrunde, dass die averbalen oralen Äußerungsweisen durchaus Bestandteil von Sprache sind und sich nicht, wie es gern gemacht wird, in deren Souterrain abstellen lassen.

Im nächsten Stück mit dem Titel *ich bin der ich bin die* (1971)[13] wird die Gewichtung und das heißt auch die experimentelle Fragestellung drastisch zugunsten des artikulatorischen Spielraums verschoben.

An dem Stück sind nur fünf Wörter beteiligt: »ich«, »bin«, »der«, »die« sowie »nein« (nicht mitgezählt sind durch Bandumkehrung bewirkte synthetische Wortanmutungen, wie »geht nicht« und Ähnliches, die an einer Stelle sich einstellen). »nein« wird artikulatorisch nicht verändert. Wo es auftaucht, wirkt es wie ein Nagel. Die anderen, einsilbigen Wörter sind Elemente eines permutativen Textes[14]. Für den Zweck des Stückes wurden seine Laute verfremdet: Die weichen Konsonanten wurden gehärtet, die Vokale, jeweils in einer eigenen Fassung, durch a, e, i, o oder u ersetzt, sodass sich lautlich homogene Texte ergaben. Aus der Zeile: »ich bin der ich bin« wurde also z. B.: »ak pan ta ak pan« oder: »ek pen te ek pen« usw.

Die fünf in dem Stück verwendeten Wörter sind von sich her inhaltlich leer, können jedoch im Gebrauch beträchtliche funktionale Potenz entwickeln. Die lautliche Verfremdung verwischt diese Qualität zwar, sie scheint jedoch – auch infolge der vielfältig strukturierten Wiederholungen – im Verlauf des Stückes immer wieder durch. Auch werden durch die averbalen Lautsequenzen mit ihrer emotional-gestischen, offenen Aussageweise unwillkürlich halluzinative Momente, Szenarien heraufgelockt, in die die artikulatorisch verfremdeten Wortreihen kontrastiv hineinragen oder von denen sie umfasst werden.

In dem Stück gibt es keine Benennungen, keine Orte, Vorfälle, datierbare Bezüge, mit denen die Subjekte und deren Gründe und Motive identifiziert werden könnten, denen die Lautgebungen aus Stöhnen, Lachen, Wimmern, Schreien, Glücks- und mannigfachen anderen Expressionen sich zuordnen ließen. In der Erinnerungs- und Erfahrungswelt von Hörern aus diesem Jahrhundert, dem zwanzigsten, wären sie jedoch vorhanden, vermutlich fallweise sogar in Überfülle. Vor deren, vielleicht bereits im Verwehen begriffenen, unterschwelligen Panorama können die Lautgebungen an individuellen wie kollektiven Reizstellen anlanden.

Es muss nicht, aber es kann gelingen, weil diese Lautäußerungen zwar auf einer mimetisch imprägnierten Spur angesetzt wurden, die imaginierten Aspekte jedoch, anders als es bei einer pantomimischen

Leistung der Fall wäre, von den im Atemstrom virulenten Spiel- und Ausdrucksphantasmen der Tiefenperson des Sprechers durchzogen wurden, wobei alle Impulswerte in einer einzigen Lautgeräuschfolge aufgingen. Die verbal formulierten mimetischen Vorgaben sind dabei keine Nebensache. Erst sie bewirken und ermöglichen die weitgespannte Bühne differenzierter lautlicher Hervorbringungen, zwischen Schrecken und Euphorie, Animalität und Auflösung zum Beispiel. Sie haben die Rolle des anderen im Bezug zum hervortönenden Subjekt. An der mundanen Fremdheit des anderen wird die pure, so leicht zugängliche Ausdruckssubjektivität, die in den oralen Prozess drängt, in gewisser Weise sich selbst entwendet und unversehens ›umgetauft‹. So wird der ganze Vorgang dinglicher (wenn dieser vorsichtige Komparativ erlaubt ist), jenseits der von Beliebigkeit angefochtenen Ausdrucksmimosen und diesseits der pantomimischen Eindeutigkeit lautimitativer Figuren. Auch wenn das Hörstück, von dem hier die Rede ist, ohne handhabbare Deutungsdirektiven angelegt ist, können seine Lautsequenzen in der Verquickung mit der eigenen Lebenswelt lesbar, sie können jedoch auch ohne solche Einfädelung als entbundene, musikalisch-gestische Verläufe vernommen werden.

5

Ganz auf die stimmliche Manipulation des einsilbigen Wortes fokussiert ist das nächste Hörspiel *da du der bist* (1973)[15], das zusammen mit der holländischen Komponistin Tera de Marez Oyens konzipiert und ausgeführt wurde (s. S. 490 ff.). Unsere Fragestellung war, ob und wenn ja mit welchen Methoden die Kooperation von zwei (oder mehr) Autoren an demselben Stück möglich sei und, hier spezifisch, ob und wie gesprochene und gesungene Sprache, die sich in unserer kulturellen Praxis geradezu ausschließen, in ihrer Heterogeneität als Komponenten in einem Kontext artikulierbar sein können. Unserer Fragestellung lag, mehr oder weniger ausgesprochen, das Prinzip Collage als strukturelle Vorgabe zugrunde.

Als materiale Basis schlug Marez Oyens meinen Text »da du der bist« vor, wie der des vorangegangenen Hörspiels (s. oben) eine Permutation aus vier Wörtern[16]. Auch in diesem Fall sind es nahezu inhaltsleere

Wörter. Sie lassen sich jedoch dank ihrer deiktischen bzw. personalen Fungibilität im entsprechenden Zusammenhang beliebig aufladen. Wir verabredeten, dass jeder von uns mit denselben Sängerstimmen und diesem Text, seinen poetologischen bzw. musikalischen Vorstellungen folgend, Lautsequenzen herstellen und sodann aus dem gemeinsamen akustischen Fundus ein eigenes Stück entwickeln solle. Die dabei entstandenen Stücke würden schließlich nach einer noch zu ermittelnden Methode zu einem gemeinsamen dritten verarbeitet. So ist es dann auch geschehen.

Als silbische Nukleen verstanden, ließen sich die vier Wörter bei der Bearbeitung für Sprechstimmen durch die mir verfügbaren Verfahren in vielfältiger Weise, bis hin zur Auflösung in ihre lautlichen Komponenten, transformieren und in Reihungen bzw. raumgestischen Konstellationen anordnen. Marez Oyens komponierte zu den vier Wörtern, einzeln gefasst oder in Satzform, zehn kurze und ganz kurze musikalische Einheiten, wobei sie neben den Gesangs- auch die Sprechstimmen einbezog.

Jeder Sänger hatte die Kleinkompositionen in verschiedenen Modi zu singen oder zu sprechsingen, sodass auch auf dieser Seite ein breites Spektrum tönenden Materials zustande kam. Die Vielzahl an Takes, die über den kompositorischen Bedarf weit hinausging, war bedingt durch die Methode des Collagierens und Montierens, mit der die Stücke hergestellt werden sollten.

Die Beziehungsvalenzen der vier Wörter lassen sich durch syntaktische Umstellungen der Wortgruppe – z.B. »bist du der da?« – »der da bist du!« – beträchtlich ausweiten. Solche kleinen Sätze durchherrschen die Stücke. Zwar geschieht es, dass aus den Wortkörpern einzelne Laute isoliert und für sich bearbeitet werden, wobei sie punktuell oder in lautaddierenden Sequenzen auftreten können. Sie zeigen sich infolge ihres Wortentzuges als autonome, durch Stimmlage und -timbre qualifizierte Lautungen; doch sie bleiben aus Wörtern gezogene Phoneme und sind daher keine spontanen Lautgeräusche. Auch wenn sie inhaltsfrei erscheinen, so behalten sie doch noch semantische Fäserchen, die sie mit den versponnenen Bedeutungsnetzen ihres Umfeldes verbinden.

Die beiden in der ersten Phase unserer Zusammenarbeit entstandenen Stücke bestehen als eigenständige Kompositionen[17]. Von den verschiedenen Möglichkeiten, die sich anboten, diesen Fundus zu einem dritten Stück zu verarbeiten, wählten wir ein Verfahren in zwei Schritten. Wir zerlegten die beiden Stücke, die zusammen eine Dauer von rund 31 Minuten haben, in fünf etwa gleichlange Bänder und mischten diese mechanisch ineinander. In einer Art skulpturalen Vorgehens tilgten wir auf den fünf Spuren bestimmte Tonkomplexe, sodass nun ein lichteres, noch immer sehr dichtes Netz von Lautkonnexen hörbar wurde. Es ertönen jeweils drei bis vier Spuren simultan. Durch ihre Anordnung im Stereoraum, insbesondere im Nah- und im Tiefenbereich, und durch den raschen Wechsel der Stimmarten – gesungen, gesprochen –, der Stimmtönungen, -stärken usw. werden die Hörereignisse als ein kohärentes, syntaktisch gegliedertes Kontinuum wahrgenommen.

6

An dieser Stelle will ich den Bericht abbrechen. In meinen weiteren Hörspielen spielt die Artikulatorik der Stimmen ihre Rolle als unverzichtbarer Parameter. Doch hat sich nach dem Stück von 1973 die Gewichtung im Verhältnis zur Semantik, zur ›Bedeutungschemie‹ zu deren Gunsten verschoben. In dem bereits erwähnten Stück *articulations* von 1990[18] und, auf ganz andere Weise als je zuvor, in *montagnacht* (1987)[19] tritt das artikulatorische Prinzip noch einmal dominant hervor. In letzterem wirkte der Flötist Eberhard Blum mit, dessen auch als orale Stimmleistungen aufgefassten Flötentöne selbst zur Stimme unter Stimmen wurden. Sie waren homogen mit denen der Sprecher/Sänger, wobei wechselweise die Flötenstimme bzw. die Sprecherstimmen füreinander zum Leitmedium wurden. Im Kontinuum des Atemstromes mischte der Flötist unter die instrumentalen immer wieder stimmlich-verbale oder artikulatorisch-gestische Momente. Er manifestierte damit etwas von dem unabsehbaren, sensiblen Spielraum oralsprachlicher Äußerungsmöglichkeiten (s. S. 504 f.).

Sprache besitzt ein semantisch wie semiotisch offenes Spektrum. Ihre oralen – und visuellen – Spielräume kommen an kein Ende.

Anmerkungen

1 Carola Giedion-Welcker: Poètes à l'Ecart / Poesie der Abseitigen. Bern-Bümplitz 1946
2 Wassily Kandinsky: Über das Geistige in der Kunst. 5. Auflage. Bern-Bümplitz 1956, S. 45 ff.
3 Franz Mon: artikulationen. Pfullingen 1959. – Auch in: Franz Mon: Poetische Texte 1951–1970 (Ges. Texte 2). Berlin 1995, S. 5 ff.
4 Franz Mon: ainmal nur das alphabet gebrauchen. Stuttgart 1967
5 Franz Mon: Poetische Texte 1951–1970, a. a. O., S. 22. – Zur Rezeption des Textes s. Michael Lentz: Lautpoesie/-musik nach 1945. Wien 2000, Band 2, S. 797 ff.
6 Durch Vermittlung von Georg Heike und Hans Günther Tillman 1962 im Studio von Meyer-Eppler in Bonn aufgenommen.
7 Eine Analyse mit partieller Renotation des Stückes »erge erekt« hat M. Lentz in: Lautpoesie/-musik, a. a. O., S. 802 ff. und S. 892 ff., vorgenommen.
8 Erste Aufführung beim Festival Polyphonix im Centre Pompidou Paris am 14. 6. 1985.
9 Erste Aufführung mit dem Titel »articulations« beim 2. Festival Acustica International, veranstaltet vom Studio Akustische Kunst im WDR, New York am 28. 4. 1990.
10 »das gras wies wächst«, Produktion des Saarländischen Rundfunks mit dem Bayrischen Rundfunk und dem Westdeutschen Rundfunk, 1969. – Schallplatte: Deutsche Grammophon / Luchterhand Verlag. – Renotation in: Neues Hörspiel. Texte Partituren. Hg. von Klaus Schöning. Frankfurt/M. 1969, S. 195 ff.
11 »blaiberg funeral«, Produktion Radio Stockholm, 1970. – Schallplatte: text sound compositions 7. Fylkingen / SR Records, Stockholm 1970
12 »bringen um zu kommen«, Produktion des Westdeutschen Rundfunks, 1970
13 »ich bin der ich bin die«, Produktion des Westdeutschen Rundfunks, 1971
14 In: Franz Mon: fallen stellen. 1981, S. 25
15 »da du der bist«, Konzept und Regie Franz Mon und Tera de Marez Oyens, Produktion des Westdeutschen Rundfunks und Nederlandse Christelijke Radio Vereniging Hilversum, 1973. – Schallplatte des Teilstücks von Franz Mon: futura, Poesia sonore. Antologie storico della poesia sonore. Hg. von Arrigo Lora-Totino. Crampa Records, Milano, Platte 4. – Partitur des Teilstücks von Tera de Marez Oyens: »Bist du Bist«, für gemischte Stimme, 2. Teil, Donemus, Amsterdam 1973
16 Franz Mon: Poetische Texte 1951–1970, a. a. O., S. 201
17 S. Anm. 15
18 S. Anm. 9
19 »montagnacht«, Produktion des Westdeutschen Rundfunks, 1973

Hörspiel ist Sprechspiel

2009

Das Hörspiel ist nur für den, der es hört, ein Hörspiel. Für den, der es macht, ist es ein Sprechspiel. So jedenfalls in dem Spielraum, in dem wir uns hier bewegen. Wenn ich zurücktaste zu der Stelle, an der es für mich begonnen hat, so komme ich auf meine verwunderte Entdeckung einer Alltäglichkeit: nämlich des Artikulierens mit dem genauen, aufmerksamen Vollziehen der Sprechbewegungen beim Wörterbilden. Das war in den frühen 50er Jahren. Und so erhielt folgerichtig mein erstes poetisches Buch den Titel »artikulationen«. Darin hielt ich fest:
»sprechen unmittelbar an der artikulationsachse ist tanz der lippen, zunge, zähne; artikuliert, also prägnante bewegung; vokabeln die grundfiguren des tanzes, führen zwar die bedeutungen, beziehungen, bildschatten mit, doch in einen bewegungscharakter verschliffen, der seine richtungen aus sich selbst gewinnt.«[1]
Da ich damals noch kein Tonbandgerät besaß – es zu haben, war noch sehr unüblich –, gab es Sprache dauerhaft nur als Schreibe. Artikulationen in dem erwähnten Bändchen lesen sich so:

aus was du wirst [2]

```
rakon    tsiste    himil    kokard    reche    chrest    sukzess    arb
  hakon    tris    umir     kott      ädre     rest      kukt       abe
   acre    dress   umsens   gorf      eder     kest      schuga
    kran   drett   rums     gror      dree     kir       sus
     krakä   dreis   rirn    grett    erd      rich
      kras    erk    ir       egs     rnd      re
       kars   ese    rir              rd       r
        hare   ids   urnd             hn
         arr   drie  odt    runn
          tror         unds
           tar         usd
            drustar
```

Das Tonbandgerät, 1959 endlich für mich erwerbbar, diente zum Erkunden des artikulatorischen Spielraums. Die Varianten waren breit gefächert. Am konsequentesten war die Konzentration auf die Sprechsilbe als Basiselement diesseits der Wortfunktion mit ihrem Bedeutungsflimmer und der kommunikativen Vernetzung, durch die die Stimmqualität ausgeblendet wird. 1962 entstand eine ganze Reihe solcher silbischer Sequenzen. Deren Strukturprinzip ist es, die Ausgangssilbe unentwegt zu wiederholen und sie dabei durch die unwillkürliche minimale Änderung der Positionen der Sprechorgane allmählich zu permutieren – bis zur völligen Entfremdung. Die ursprüngliche Identität der Ausgangssilbe wird umgestülpt – und bleibt dank der ungebrochenen Kontinuität des Vorgangs erhalten. In dem Beispiel mit den Silben »erge erekt« ist dies etwa nach einer Minute erreicht. Dann folgt, in der 2. Minute durch die Umkehr des Tonbandes bewirkt, die nicht mehr munddirekte Verwandlung des Gehörten. Sie läuft material zum Anfang zurück und löscht dabei die Erinnerung an den Beginn.

Experimentelle auditive Stücke dieser und ähnlicher Art konzipierten damals Autoren wie Hans Carl Artmann, Gerhard Rühm, Ernst Jandl oder Carlfriedrich Claus. Radiophone Chancen bestanden noch nicht. Die Hörspielprogramme der Rundfunkanstalten wurden von der raumlosen Bühne mit dem verbalen Illusionismus ihrer Innenlandschaften beherrscht. Günter Eich war mit seinen Traum-Spielen der erfolgreichste Hörspielautor der 50er Jahre. Das änderte sich erst Mitte der 60er Jahre, als das Fernsehen mit seiner visuellen Dominanz die auditive überspielte und die Zuhörerscharen des Hörfunks als Zuschauer zum Fernsehen konvertierten. Dass 1962 im Hessischen Rundfunk mein erstes Hörspiel *herzzero* ertönen konnte, war einer Zufallskonstellation vor Ort zu verdanken.[3] Ror Wolf, selbst Autor experimenteller Prosa und Lyrik, redigierte im Kulturellen Wort eine Literaturreihe und ließ unter dieser Rubrik mein Stück gewissermaßen an der Hörspielabteilung vorbei produzieren (s. S. 478 ff.).

Es ist ein Stimmenspiel. Drei Sprecher sprachen jeder für sich denselben dialogisch angelegten Text. Die drei Aufnahmen wurden sodann simultan gestartet und durch die Mischung mechanisch, wenn auch mit subtilen Korrekturen verwoben. Zunächst überlagern sie sich systematisch. Nach kurzem Verlauf jedoch ziehen sie sich schon dank der divergierenden Sprechertemperamente auseinander. Dadurch ergeben sich Zufallskonstellationen der Dialogpartikel in einem synthetischen Gespräch. Die drei Stimmen bleiben dank ihres je eigenen Timbres deutlich unterscheidbar. – Der Tonmeister, der das Ganze zu richten hatte, war zunächst mit spürbarem Widerwillen bei der Sache. Sie ging ihm gegen den gewohnten Strich. Doch nahmen, je weiter sich das Stück offenbarte, bei ihm Lust und Spannung an dem Entstehenden zu. Das war 1962, lange bevor von einem »neuen Hörspiel« die Rede war.

Den partiellen Paradigmenwandel leiteten einige der jüngeren Hörspieldramaturgen ein, die die sprachmaterial arbeitenden Autoren nicht mehr als Spätdadaisten beiseiteließen, sondern dort unvernutzte Möglichkeiten einer originär radiophonen Kunst witterten und ihnen bereitwillig die Studios öffneten. Am konsequentesten verfuhr Klaus Schöning beim WDR 3, der bedenkenlos radiophone Experimente riskierte. Dies fiel zusammen mit der Einführung der Stereophonie. Die war für das klassische Hörspiel im Grunde ein Graus, da es die Imaginationswelt an die platte Realitätsnähe des akustischen Raumes verlor. Die experimentell arbeitenden Autoren dagegen konnten die Stereophonie zur Differenzierung der akustischen Elemente, zu ihrer Reihung, Bewegung, Konstellation in der Breite und Tiefe des Schallraums nutzen. Für einige Autoren wurde das Studio selbst zum Arbeitsplatz und die Aufnahmetechnik zur akustischen Schreibmaschine. So habe ich bei allen meiner Stücke auch nach 1969 die Produktion von der Aufnahme der Stimmen bis zur definitiven Montage selbst vorgenommen.

Eine erste Möglichkeit bot der Saarländische Rundfunk an. Dort entstand 1969 das Stück *das gras wies wächst* (s. S. 481 ff.).[4] Wie bei allen späteren Stücken seitdem wurden in einer ersten mehrtägigen Phase die Stimmen aufgenommen. Jede hatte die Teiltexte in mehreren Varianten zu sprechen, einzeln, als Duo oder in der Gruppe, sodass ein vielfältiges, komplexes Stimmenmaterial entsteht. In einer zweiten Phase – die Sprecher haben sich verabschiedet – wird anhand der notierten Takes die Komposition entworfen und schubweise realisiert. Es ist ein offenes, nach dem Prinzip Collage vorgenommenes Verfahren. Genaugenommen ist es an jedem erreichten Punkt am Ziel, und es endet, wenn die im vorliegenden Fundus enthaltenen Impulse, Imperative ausgeschöpft sind. In dem ersten Stück waren es Fragweisen, vom Zeitungsrätsel bis zum Interview, zum Teil mit sehr aktuellen Bezügen, die die Textauswahl steuerten. Die akustische Struktur bewegt sich zwischen Vereinzelung der Wörter, Floskeln, Redensarten, Parallelisierung der Sprechphasen, Überschneidung, Verdichtung bis zur Clusterbildung aus allen Stimmen.

Das Stück besteht durch und durch aus verbal formulierte Passagen. Nur an wenigen Stellen erscheinen rein phonetische Momente. Da die Sprecher sich – bis auf einen, der sich einfach weigerte – zwar guten Willens bemühten, doch offensichtlich damit an Grenzen kamen, erbat ich bei der Besetzung späterer Stücke vor allem Sänger oder gesanglich ausgebildete Sprecher. Dies hat sich rundum bewährt, da insbesondere die Sänger durch die zeitgenössischen Kompositionen an dissonante, exzentrische, atonale, geräuschhafte Stimmleistungen gewöhnt waren.

Das emotionale, gestische Artikulieren konnte ich zum ersten Mal ungehemmt im Rahmen eines Fylkingen-Festivals 1970 bei Radio Stockholm erproben. Das Ergebnis war das Stück *blaiberg funeral*.[5]

Ein Jahr darauf gab es beim WDR, abgeschirmt von Klaus Schöning als Dramaturg, die Gelegenheit, ein Stück zu machen, das konsequent nur mit silbischem Material und averbalen Stimmäußerungen auskommt. Sein Titel *ich bin der ich bin die* weist schon durch den Verzicht auf Inhaltswörter auf die Minimalisierung hin. Als Textsubstrat wurde die Formulierung »ich bin der ich bin« nach dem folgenden Muster permutiert:

ich bin der ich bin
bin der ich bin ich
der ich bin ich bin
ich bin ich bin der
ich bin bin der ich[6]

– undsoweiter noch weitere drei Strophen.

Diese Verwirbelung wurde phonemisch verfremdet, indem die Vokale systematisch ausgetauscht wurden, zum Beispiel so:

        ik pen ta ok pun
        pin te ak pon uk
        ti ek pan ok pun
        ik pan ak pon tu
        pin ek pan to uk

Diese Silbenverläufe realisierte jeder der vier Sprecher in Varianten vom Flüstern bis zur Kopfstimme. In der Montage wurden dann auch zwei oder mehrere Stimmen als Parallelversion verbunden, was unvorhersehbare Rhythmen, auch unregelmäßige, ergab und sich chorisch bis zum Stimmenlabyrinth ausweiten ließ.

Die phonetischen Passagen benötigten, schon bei der Produktion in Stockholm, die völlige Konzentration auf eine emotional gespannte innere Verfassung und die Enthemmung auch irregulärer Stimmimpulse und -tendenzen. Die Sprecher erhielten als Vorgabe die Beschreibung einer imaginären Situation, zu der sie sich mit ihrer Stimme verhalten sollten – reagierend, entlastend, vollziehend, agierend. Dazu gehörte ihre Befreiung von der Studiorealität und die Öffnung des Zeitrahmens. Die verbalen Vorgaben waren von der Art: »Stellen Sie sich vor, Sie hängen an einer Felswand und haben nichts als Ihre Stimme.« Oder: »Sie fahren nachts auf einer einsamen Straße und sehen vor sich auf einmal im Scheinwerfer eine völlig in Leder gekleidete Stewardess.« Oder: »Sie lachen mit Ihrer Stimme jemanden tot.«

Da die in Stockholm gewonnenen Passagen zusätzlich zu den neu gesprochenen zur Verfügung standen, konnte bei der Komposition aus einem weitgespannten Stimmenszenarium gewählt werden. Da nicht die Gesangs-, sondern die Sprechstimme aktiv war, dringen aus dem hörerseits unzugänglichen Hintergrund Handlungs- und Gefühlsmomente ins Ohr, die der Hörer intuitiv versteht.

Die »Nein«-Schreie sind spontan im Äußerungsstrom aufgetaucht – nicht Aussage, sondern Ausdruck. Dagegen sind die Vernehmbarkeiten von »geht nicht« durch die Inversion des Bandes technisch entstanden und gehören als solche in den Schallverlauf des Stückes.

Gelegentlich eines Gesprächs mit dem Flötisten Eberhard Blum kamen wir darauf, ein gemeinsames Hörspiel zu machen; mit der Flöte als Stimme im Ensemble der menschlichen Stimmen. Die Flöte ist dazu hervorragend geeignet, denn auch sie lebt vom Atemstrom, und ihr Spieler kann Töne hervorrufen, die den menschlichen Hauch-, Zisch- und Verschlusslauten entsprechen. Auch kann der Flötist sich in Momenten vom Instrument lösen und dessen Töne mit seinen Stimmlauten mischen.

Ein solches Hörspiel zu realisieren ergab sich 1987 beim WDR: »montagnacht«. (s. S. 504 f.) Drei in ihrer Stimmlage sehr divergente Frauenstimmen waren die Partner. Als Textbasis dienten u. a. zwei litaneiartige Stücke, die sich um die Wörter Herz und Hirn rankten.[7] Ihre Eignung für das Stimmenspiel erwächst einmal aus ihren konträren Konnotationshöfen: dem des Gefühls, der Wärme, der Innigkeit auf seiten des Herzens, dem des Verstandes, der Kühle, der Distanz auf seiten des Hirns. Andererseits sind die Artikulationsformen der Wörter Herz und Hirn geradezu symmetrisch: Beide sind einsilbig; ihre tontragenden Vokale e und i liegen eng beieinander; beide beginnen mit einem H-Laut und enden mit einem Dauerkonsonanten – z bzw. n.

Das Zusammenspiel von Stimmen und Flöte verlief in beide Richtungen. Dem Flötisten wurden die Sprechpassagen über Kopfhörer zugespielt, und er antwortete auf sie, paraphrasierte und kontrastierte sie. Ebenso interagierten die Sprechstimmen ihrerseits mit Lautstärke, Tonhöhe, Rhythmus und Dauer mit den zugespielten Flötentönen. So lag die Schallführung in dem Stück streckenweise einmal bei den drei Stimmen, einmal bei den Flöten. Dazwischen gibt es reine Sprechphasen und Soloflötenstücke. Da es keine Partituren gab, war das Zusammenspiel auf das blitzschnelle Wahrnehmen und das sensibel-spontane Antworten im Moment angewiesen.

Anmerkungen

1 Franz Mon: artikulationen. Pfullingen 1959, S. 31
2 Franz Mon: artikulationen, a. a. O., S. 29
3 Textvorlage Faksimile in: Franz Mon: hören ohne aufzuhören. »neue texte«, hg. von heimrad bäcker, Heft 26/27/1982, Linz, S. 60–66
4 Text in: Neues Hörspiel. Texte Partituren. Hg. von Klaus Schöning. Frankfurt/M. 1969, S. 195–243
5 LP Text Sound Compositions 7, SR Fylingen Records RELP 1103, 1970
6 Franz Mon: fallen stellen. Spenge 1981, S. 25
7 Franz Mon: Wörter voller Worte. Spenge 1999, S. 29–33 und S. 34–40

HÖRSPIELPRAXIS

Franz Mons erstes Hörspiel kam durch die Initiative Ror Wolfs im Hessischen Rundfunk 1962 zustande. Die jahrzehntelange Entfaltung der radiophonen Stücke Franz Mons ist Klaus Schöning im WDR 3 zu verdanken, der, geschützt von dem Leiter der Hörspielabteilung, konsequent die Entwicklung des Hörspiels als akustisches Stimmen- und Klangspiel verfolgte. Sein Programm kulminierte seit den 90er Jahren als »Studio Akustische Kunst« mit international orientierten Hörereignissen. Schöning legte Wert darauf, dass durch erläuternde Vorbemerkungen die Eigentümlichkeiten der Stücke für die Hörer transparent wurden. Die drei Hörspiele 2006–2011 im Hessischen Rundfunk sind der Initiative von Manfred Hess zu verdanken. Insgesamt sind zwischen 1962 und 2011 18 Hörspiele von Franz Mon entstanden. Drei wurden mit dem Karl-Sczuka-Preis des Südwestradios ausgezeichnet.

Vorspann zu ›wer ist dran‹

Hörspiel mit Dialogteilen aus der Vorfassung von ›herzzero‹
Sendung im Hessischen Rundfunk, 1962

Wir haben nach dem Krieg die Entwicklung des Hörspieles als eigene literarische Gattung erlebt. Seine Errungenschaft war es, Sprache wieder als Sprechen zur Geltung zu bringen. Und zwar im Absetzen von der Bühne, die es ja auch mit der gesprochenen Sprache zu tun hat. Unbehelligt von der sichtbaren Bewegung der Figuren, ja schließlich sogar frei von bloßer Geräuschkulisse hat uns das Hörspiel das Ohr geschärft für gestische Werte im Gesprochenen, für die winzigen Modulationen der Stimme, für die Imaginationskraft des lautenden Wortes. Es blieb jedoch am Muster der Bühne orientiert, wenn es seine Mittel aufwandte, um einen Handlungs- und Geschehensablauf – und sei er noch so irreal und in heterogene Zeiten und Räume verspannt – darzustellen. Als Stimmen bestimmter Personen teilten die Hörspielstimmen Erlebnisse, Gefühle, Konflikte, Schicksale mit, wie es auch auf der Bühne geschieht. Das Hörspiel ist im Grunde ein Drama der Imagination und ließe sich auch mit anderen Mitteln als denen des Funks verwirklichen. Der Funk ergibt sich ihm nur beiläufig, ohne in seiner technischen Substanz ergriffen zu werden.

Friedrich Knilly hat in seinem Büchlein, das vor einiger Zeit unter dem Titel *Das Hörspiel* in der Urban-Bücherei erschienen ist, die Möglichkeiten eines funkeigenen Hörspieles gegen die des konventionellen abgegrenzt.

Es leuchtet jedem ein, dass ein so unabweisliches und wirkungsstarkes Äußerungsmittel wie der Funk mit seinem ästhetisch noch kaum entdeckten Instrumentarium nach ihm angemessenen Kunstformen drängt. Nur in der Musik ist dieser Vorgang durch die Entwicklung zur elektronischen Musik bereits vollzogen. Im Hör-Spiel steht er noch weithin aus. Doch warnt nun gerade die Entwicklung der Elektronenmusik davor, mit fliegenden Fahnen zur technischen Kunst übergehen zu wollen. Wie die besten Vertreter dieser funkeigenen Musikform nie die Reflexion auf die Instrumentalmusik vergessen haben, wird auch das radiophone Sprachspiel nicht vergessen dürfen, dass es Sprechspiel bleiben muss, wenn es nicht in der grauen Unendlichkeit der technischen Möglichkeiten verschwinden soll. Die Versuchung ist zwar groß, mit dem Instrumentarium der Funktechnik ein polyphones, vieldimensionales Stimmenspiel zu inszenieren, doch glauben wir, dass es sich im bloßen Reizgewitter erschöpfen müsste, wenn nicht zugleich die Möglichkeiten, welche der menschlichen Stimme offenstehen, mit bedacht werden. Es handelt sich dabei um den Bereich zwischen Gesang und Deklamatorik, um die reinen artikulatorischen Lautungen im Untergrund der Sprache und die Gestik ihrer winzigsten Sprechbewegungen. Auf diesem Gebiet diesseits der Sprache, aber auch diesseits der Technik ist trotz der spontanen Versuche seit dem Dadaismus noch viel zu erforschen und zu erfahren.

Den Text sprechen drei Stimmen unabhängig voneinander auf Band.

Der Text ist fast durchweg dialogisch, sodass jede Stimme mit sich selbst in Zwiesprache gerät. Doch ist sie angewiesen, nicht dramatisch, sondern rezitierend zu sprechen, also die Erinnerung an Bühnen- oder Hörspiel in der bekannten Form zu vermeiden. Die 3 Stimmen unterscheiden sich erheblich in ihrem Sprechtempo, in der Art der Pausierung, in der Tonqualität usw. Damit rechnen wir auch. Wir wollen sie, wie sie sind, und verfremden sie auch – von wenigen Stellen abgesehen –

nicht durch technische Kunstgriffe. Wir ordnen sie ganz schlicht einander zu, und zwar mit dem funktechnischen Mittel des mechanischen Zusammenspielens. Je länger das Band nun läuft, desto weiter geraten sie im Text auseinander. Die langsamste bringt Textstellen wieder zur Sprache, welche die anderen längst hinter sich haben. Aber auch die beiden anderen differieren untereinander. Die Unterschiede im Temperament der Stimmführung schlagen sich im Stück als Differenz in der Zeitordnung nieder. Die Gegenwart ist auseinandergezogen, Vorwegnahme und Erinnerung spielen in ihr mit, ohne dass die Dimensionen sich jeweils reinlich scheiden ließen.

Es entstehen dabei aber auch, wenn 2 oder 3 Stimmen ineinandergeblendet werden, neue Dialogpassagen, die der Text ursprünglich nicht vorgesehen hatte. Es sind gewissermaßen synthetische Dialoge, spielerisch vom technischen Mechanismus zusammengewürfelt und an das diffuse Gespräch eines Wartesaales erinnernd. Manchmal bleibt es bei bloßer Stimmenkulisse, oft aber kommen auch überraschende Aussagen zustande.

Diesen unwillkürlichen Dialogen stehen klare Zwiegespräche zweier Stimmen gegenüber, die sich genau an den gegebenen Text halten. Sie sind aus den Einzelstimmen montiert, denn jede Stimme hatte ja den ganzen Text für sich allein gelesen, also ohne Partner. Es sind auch dies Dialoge, die nicht stattgefunden haben – was übrigens der Zuhörer nicht merkt, wenn es ihm nicht gesagt wird. Die einzigen echten Dialogstellen sind jene, wo eine Stimme nur mit sich selbst im Gespräch ist. Diese 3 Dialogformen, aus der zuletzt genannten gewonnen, wechseln miteinander ab und gehen ineinander über.

Die wichtigste Arbeit bei diesem Stück war die Beurteilung des Stimmenmaterials, insbesondere des mehrschichtigen, und seine kompositorische Auswahl. Der ursprüngliche Text gab die Reihenfolge an; er ist in seiner festliegenden Fassung vollständig in dem Stück enthalten. Die Komposition stützt sich in der Hauptsache auf den Wechsel von Simultandialogen, klaren Zweierdialogen und einzelnen Stimmen. Sie folgt jedoch nicht einem vorweg aufgestellten Plan, sondern richtet sich nach den Bedingungen, die sich jeweils an Ort und Stelle eines ausgewählten Stückes ergeben. Der Charakter des aktuellen Sprechstückes gibt an, welche Fortsetzung es haben muss.

Dieser Montagetechnik mit Bandschnitt und Blende musste natürlich der ursprüngliche Text einigermaßen entsprechen. Auch er ist schon aus zahlreichen kleinen Einheiten, aus Mikrodialogen, Einzelsätzen, Einwortsätzen, Redensarten, winzigen Beschreibungen usw., die oft von Zeile zu Zeile wechseln, montiert. Der Text weist bereits die Facettenform auf, die das Hör-Spiel dann noch potenziert. Sie erlaubt es, sekundenhafte Dialoge neu zusammenschießen zu lassen. Sie gibt die Freiheit zu dem Versuch, jedes Moment des Textes mit jedem anderen zusammengeraten und neue Kombinationen entstehen zu lassen. Zugleich gerät dabei das Ganze ins Schweben. Die bestimmte Zeit ist ebenso aufgehoben wie das identifizierbare Individuum. Die Zeitordnungen der verschiedenen Sprechvorgänge sind gegeneinander verschiebbar: Die Verfassung des Wartesaales kann das ganze Stück kennzeichnen. Jeder kann zu jeder Zeit abgerufen werden, jeder kann mit jedem unterdessen irgendetwas zu reden beginnen.

Diese prästabilierte Harmonie, die immer wieder zwischen künstlerischem Experiment und der Realstruktur unserer Welt aufgedeckt werden kann, macht vielleicht auch für den Skeptiker die Beschäftigung mit diesen Vexierspielen lohnend. Sie sind auch Spiegel für die Verfassung unserer Welt und mögen in dem, der sie zu lesen versteht, neue Einsichten provozieren. Freilich haben sie auch das Trügerische und Zweifelhafte an sich, das allen Spiegelungen innewohnt und uns mit ihrer Erscheinung wieder versöhnt.

Bemerkungen nachträglich zum Hörspiel ›das gras wies wächst‹

Vorspann zur Wiederholungssendung
des Saarländischen Rundfunks im April 1983 (s. auch S. 464f.)

das gras wies wächst ist 1969 entstanden. Der Saarländische Rundfunk hat kurz darauf das Stück als Gabe für Freunde und Besucher auf einer Schallplatte vervielfältigt; Jahre später brachte auch der Luchterhand-Verlag auf Initiative von Klaus Ramm eine Platte davon heraus. So wurde das Stück in weiterem Kreis, als es durch die Sendungen geschehen konnte, und gezielter bei den tatsächlichen Interessenten publik. Die Folge war, dass ich auf *das gras wies wächst* immer wieder Reaktionen erhielt – die letzte gerade vor ein paar Tagen, was bei Hörspielen, die nur gesendet werden, in diesem Umfang ausgeschlossen ist. Die Leute reagieren vor allem auf das Thema, welches das Stück durchzieht: Facettierungen von Gewalt in verschiedenster Weise, obwohl nicht dies das Thema war, das die Konzeption bestimmt hatte. Mich interessierte zuerst ein sprachliches Phänomen, und zwar eins, mit dem Sprache Prozesse, auch sprachliche Prozesse in Gang setzen kann zwischen denen, die sich auf sie einlassen oder auf sie einlassen müssen: das Fragen.

Ich wollte die verschiedenen Typen und die verschiedenen Methoden von Fragen aufstöbern. Denn mir schien das Fragen eine der elementarsten Möglichkeiten sprachlicher Aktivität zu sein, wichtiger für das Innewerden dessen, was wohl mit der Sprache los ist als andere sprachliche Handlungsweisen, wie Befehlen, Beschimpfen, Schmeicheln, Beschwören, Umwerben usw. Es ist die Tätigkeit, die sich auf ein Ziel richtet, ohne es zu kennen, vielleicht sogar, ohne zu wissen, ob es das Ziel überhaupt gibt, und wenn es existiert, ob es erfassbar, benennbar, erreichbar ist, und ist es erreichbar in der Antwort, ob es das Erfragte tatsächlich ist.

Die Ungewissheit über die Beschaffenheit der Antwort – Wahrheit oder Lüge oder etwas dazwischen – und über ihren Inhalt – zutreffend, ausreichend oder nicht – hängt der Frage an und lässt sich nicht abschütteln. Die Ungewissheit kann zum Verstummen oder zu einer neuen Runde, vielleicht einer Sisyphusrunde führen, sodass eine Fragekette ohne Ende entsteht, die konsequenterweise auch ohne Anfang gewesen sein wird. Mit dem Thema des Fragestellens war die Unabschließbarkeit sprachlichen Handelns angeschnitten. Antworten wirken als Zahnräder in der Fragekette, diese weiterbewegend, ohne sie abreißen zu können – sie purzeln hervor, frappieren, ärgern, vergnügen, befriedigen, enttäuschen –, jeweils eine Weile und verschwinden, als hätte es sie nicht gegeben.

Ich sammelte fragerelevante Situationen – Interview, Verhör, Aufrufen von Namen, Rätsel, Quiz usw. – und fütterte Antworten ein. Die Antworten bestanden aus Redensarten, aus Wörterreihen, aus Zitaten,

Fundstücken verschiedenster Herkunft, Feilspäne, über das Energiefeld der Fragebatterien gestreut. Es entstanden Zeigefelder aus sprachlichem Material, in denen nun auch Themen, Inhalte erkennbar wurden; das der zeitgenössischen Praxis von Gewalt wohl am deutlichsten festgenagelt durch den Namen Eichmanns. Anatomisch aufgeklappt, nicht abgehandelt, nicht als Ereignis erzählt, es sei denn als Teil der eigenen Geschichte des Hörers. Denn jeder Hörer akzentuiert die zahlreichen Textteile, die sich in der Folge des Stückes ablösen, überlappen, stoßen, verdrängen, verwischen, nach seinen Vorgaben, seinen offenen oder versteckten Vorlieben. Das Stück selbst hat keine erzählbare Geschichte. Hörend sammelt der Hörer die Indizien, die auf eine Geschichte verweisen, die ihn interessieren mag.

Die Hörspieldramaturgen des Saarländischen Rundfunks, Johannes Kamps und Horst Hostnig, die mich zur Produktion des Stückes aufgefordert hatten, setzten ohne langes Feilschen voraus, dass der Autor auch die Regie übernahm. Das war konsequent gedacht im Sinne experimentellen Arbeitens und erwies sich als die Voraussetzung dafür, dass Hörspiel als akustischer Prozess entstehen konnte. Da ich keine Hörspielpraxis hatte, schon gar nicht mit der Regie, konnte ich alles, was ich vom damals schon klassischen Hörspiel im Ohr hatte, beiseitelassen. Der Sender hatte vorab, wie das so üblich und nötig ist, ein Manuskript verlangt, und das gab es auch. Doch die tatsächliche Gestalt der Textpassagen wurde erst während der Arbeit mit den Sprechern entwickelt; von den meisten Textpassagen wurden mehrere Varianten hergestellt und gespeichert. Dabei kamen manchmal überraschende, nicht vermutbare stimmliche Gestaltungen zustande, andere, angestrebte erwiesen sich als unbrauchbar oder gelangen gar nicht. Das Manuskript für die Montage, die Partitur, wenn man so will, entstand erst nach Ende der Aufnahmen, in Kenntnis des gesamten tönenden Materials, das als Vorrat den mehrfachen Umfang des schließlich montierten Stücks hatte.

In diesem Hörspiel wird so gut wie keine technische Veränderung der Stimmen vorgenommen. Es interessiert die Artikulationsbreite der Stimmen mit ihren Färbungen, Stärken, Geschmeidigkeiten; ferner ihr Vermischen, Verwischen, Vereinzeln, Kulminieren. Deshalb wurden Stimmen mit ganz verschiedenen Möglichkeiten ausgesucht und außer den beiden Frauen- und drei Männerstimmen auch die eines Jungen und eines Mädchens einbezogen. Ich hatte die Vorstellung, es sollte eine Art von Film aus Stimmen entstehen. Die Stimmen sollten analog dem Farb- und Gestaltmaterial des Films verwendet werden mit Verläufen, Stockungen, Stauungen, Abgrenzungen, Löchern, und zwar sollte ihre sprecherische Beschaffenheit vorgezeigt werden, diesseits musikalischer Organisation, voller tönender Gestik, ausgedrückte Bedeutungen behandelt wie Material: aus dem einen handelsüblichen Zusammenhang gerissen, einem neuen zuckenden eingepflanzt. Alles das lief zusammen, lief aus in dem 40 Sekunden lang dröhnenden Nasallaut *nnnn*, der dem Wort *sonn* entspross und der während des Tönens seine Bedeutung wandelt.

Hörspielkonzepte ›blaiberg funeral‹ und ›bringen um zu kommen‹

Sendung im Radio Stockholm 1970
bzw. im Westdeutschen Rundfunk 1970

> Die schwedische Vereinigung Fylkingen von Autoren und Komponisten lud im April 1970 zur Teilnahme an einem »Text-Sound Compositions«-Festival in Stockholm ein. Im Studio des schwedischen Rundfunks konnte das Hörspiel *blaiberg funeral* erarbeitet und dabei auch ein elektronisches Studio für Musik benutzt werden. Das Vierkanalstück wurde im Museum für moderne Kunst aufgeführt und von Radio Stockholm gesendet.
> Unter denselben Gegebenheiten erfolgte 1971 eine weitere Einladung. Es entstand mit dem Titel *Subjekt und Prädikat* eine Ja-nein-Sequenz von 17 Minuten Dauer.
> Zu dem Stück *Ich bin der ich bin die* (WDR 1971) ist kein Vorspann erhalten. Es wird auf S. 467 f. u. 475 f. beschrieben.

Bei meinen beiden Hörspielen *blaiberg funeral* und *bringen um zu kommen* wurde auf ein vorausgehendes, ausgearbeitetes Manuskript verzichtet.

Es sind Modelle desselben Hörspieltyps. Die Arbeit im Studio begann aufgrund eines nur in Umrissen festgelegten Konzepts, das bestimmte sprachliche Materialvorstellungen einschließt. Die Partitur entstand während der Arbeit im Studio; sie steht am Ende, nicht am Anfang. Sie ist das letzte Stadium eines Prozesses, der aus Probieren, Wählen, Verwerfen, Wiederholen besteht und zu dessen wichtigsten Elementen die Erfahrung der Möglichkeiten, die sich als nicht brauchbar erweisen, gehört. So gab es bei beiden Stücken eine Zwischenfassung, die wieder aufgelöst und völlig umgekrempelt wurde. Die Vielfalt des erprobten und kombinierten Materials hatte zu einer labyrinthischen Zerklüftung der Komposition geführt; in einem neuen Arbeitsansatz wurde das Sprachmaterial polarisiert und dabei die Partitur so durchsichtig gemacht, dass das Labyrinth als eine Qualität des Materials und nicht mehr als zufällige Streuung erscheint.

Die Polarisierung orientiert sich an der semantischen beziehungsweise nichtsemantischen Qualität des Sprachmaterials. Es werden benutzt: vorgegebene Texte, mit Hilfe des Tonbands notierte gesprochene Sprache, phonetisch-artikulatorische Äußerungen spontaner Natur. Im ersten Stück mit dem Titel *blaiberg funeral* handelt es sich um die Polarisierung auf einen litaneiartigen Text *blaiberg ist tot, blauberg ist tot* und so weiter, durch etwa dreißig Namen von Lebenden und Toten hindurch, und auf spontane Lautäußerungen (s. auch S. 465 f.). Die Blaiberg-Litanei taucht in neun verschiedenen Fassungen auf, gesprochen von vier Sprechern in den unterschiedlichsten Stimmlagen zwischen Flüstern und Schreien; neben der deutschen Version kommen französische und schwedische vor. Dieser Text skelettiert das Stück, er liefert den Verständnishorizont für die dazwischengeschobenen oder dazugemischten Lall-, Stöhn- oder Lachlaute. Diese wiederum färben die Bedeutung der Totenlitanei um, bis in ihr Gegenteil.

Das phonetische Sprechmaterial besteht zum Teil aus einfachen Lauten, zum Teil aus Ausdruckssequenzen, die emotional besetzt sind und sich auf bestimmte psychische Verfassungen zu beziehen scheinen. Solche Situationen wurden den Sprechern als Motivation für ihre Äußerungen vorgegeben; sie hatten auf Anweisungen wie zum Beispiel folgende sprachlich-mimisch zu reagieren: »Sie begegnen jemandem, der Ihnen gründlich verhasst ist, und Sie versuchen ihn totzulachen.« Oder: »Stellen Sie sich vor, Sie fahren abends in der Dämmerung allein auf einer Straße. Plötzlich sehen Sie etwas am Straßenrand, Sie steigen aus und finden eine bewusstlose, ganz in Leder gekleidete Stewardess.« Mit dieser Methode wurde Ausdrucksmaterial zutage gefördert, das für gewöhnlich verschlossen, ja tabuisiert ist. Für den Hörer ist die Situation jedoch nicht mehr erkennbar. Er versteht, was er hört, auf dem Hintergrund seiner eigenen Spannungen und im Kontext des Stückes. Frühere Versuche mit Schauspielern hatten ergeben, dass sie die Führung durch eine konkrete Imagination brauchen, um solche Ausdrucksmodulationen zustande bringen zu können, da sonst eine Gefühlssperre die freie Artikulation hemmt.

Von den Kompositionsverfahren, mit denen die einzelnen Komplexe der Stücke organisiert werden, sollen drei besonders erwähnt werden: die Parallelversionen, die Paraphrasen und die Kumulierungen, die bis zur Textfläche getrieben werden können. Die Parallelversionen bieten denselben Text in verschiedenen stimmlichen Realisationen. In dem Stück *bringen um zu kommen* geschieht dies zum Beispiel durch Frequenzverschiebung und damit Verzögerung und Tonänderung der einen Stimme oder dadurch, dass der Text geflüstert und gemurmelt wird. Es entstehen Echowirkungen und eventuell Textsynthesen durch die sich allmählich gegeneinander verschiebenden Fassungen. Bei den Paraphrasen wird der Text in verschiedenen syntaktischen Anordnungen durchgespielt. Dabei können sich neue, nicht geplante Dialogfragmente ergeben, oder es entstehen gewissermaßen ›stereoskope‹ Bedeutungsgitter. Eine derartige Paraphrase erscheint am Ende des zweiten Stückes.

Man kann sagen, dass die Wiederholung desselben, das anders geworden ist, das dominierende Organisationsprinzip beider Stücke ist. Der Angriff auf die Identität geschieht auf immer neuen Wegen. Zwei, die dasselbe äußern, äußern nicht dasselbe. Jede sinnliche Realisation hebt die abstrakte Identität auf bis zur völligen Fremdheit. Umgekehrt aber erweist es sich, dass das Entfernteste zusammengehören kann, ja dass die Beziehungen und Korrespondenzen, die uns faszinieren, erst durch das Heterogene zustande kommen. Auch hier bietet das radiophone Medium durch Schnitt und Montage adäquate Mittel an. Das Prinzip Collage, das damit beschrieben ist, sitzt in der radiophonen Technik, und es gibt nichts Selbstverständlicheres, als es ins Spiel zu bringen.

In diesem Sinn geht es in den beiden Stücken nicht nur um die Erkundung bestimmter und teilweise neuer technischer und formaler

Verfahren, durch die die Spiellandschaft differenziert werden kann, sondern ebenso darum, die Bedeutung der technischen für die sprachlichen Strukturen und mit den sprachlichen für die Erfassung von gesellschaftlichen aufzudecken. In diesem Beziehungsdreieck zu hören, müssen wir uns erst langsam angewöhnen. Meine beiden Hörstücke sollen dieser Einübung dienen.

Zur Eigenart solcher Stücke gehört es, dass nicht nur ihre Materialien und das Collageprinzip, nach dem sie geordnet sind, vielfältige Möglichkeiten der Komposition erschließen, dass jede Fassung also nur eine von vielen möglichen Fassungen ist, dass es daher nicht auszumachen ist, ob es eine optimale Fassung gibt – zur Eigenart dieser Stücke gehört es auch, dass der Hörer jeweils seine Fassung hört und dass er bei jedem neuen Hören desselben Stückes, je nach seiner Aufmerksamkeitsrichtung, eine andere Hörgestalt herstellt. Die Interpretation stößt daher auf Schwierigkeiten, die sie von klassischen Stücken, denen der Interpret das Postulat der organischen, abgerundeten Gestalt unterlegt, an der kein Element weggenommen oder hinzugesetzt werden darf, nicht gewöhnt ist. Diese Stücke lassen ebenso viele Interpretationen zu, wie es Hörer und wie es Aufführungen gibt. Das heißt nicht, dass ihr Verständnis beliebig ist. Es heißt nur, dass sie den Hörer vereinzeln und dass sie ihn unmittelbar an sich anschließen.

Der Hörer kann hier nicht im Vorbeigehen konsumieren, sondern zum Spaß des Hörens gehört unerlässlich der des reproduzierenden Produzierens.

Vorspann zu ›pinco pallino in verletzlicher umwelt‹

Szenisches Hörspiel, Aufführung in Wilhelmsbad 1972
Sendung im Hessischen Rundfunk 1973

Das szenische Hörspiel *pinco pallino in verletzlicher umwelt* wurde für den Hessischen Rundfunk produziert und während der »Wilhelmsbader Produktionen« am 21. und 22. April 1972 aufgeführt. Das Stück erprobt die Möglichkeit, Hörspiel um eine szenische Dimension zu erweitern. Zur akustischen Dimension treten szenische Ereignisse auf der Bühne, die durch die Stimmen gesteuert werden und nur in ihrem Aktionszusammenhang zu verstehen sind. In dem Stück wirken zwei männliche und zwei weibliche Sprecher und ein stummer, agierender Schauspieler mit. Die Geschehnisse auf der Bühne erhalten ihre Impulse von den Äußerungen, den Wortgefechten, Fragen und Zweifeln, aus denen das Hörspiel besteht. Während das akustische Material der Stimmen auf Tonband festgelegt ist und abläuft, agiert und reagiert der Schauspieler spontan auf das Gehörte.

Quer über die Bühne sind hintereinander neun halbdiaphane Papierwände gespannt, die jeweils einen halben Meter Abstand voneinander haben. Der Schauspieler befindet sich zu Beginn im Hintergrund hinter der letzten Papierwand. Während des Stückes arbeitet er sich allmählich durch die Folge der Papierwände hindurch. Die Wände dienen ihm zugleich als Widerstand und als Äußerungsmittel, mit dem er seine Reaktionen auf das Gehörte artikuliert. Indem er das Papier vibrieren lässt, indem er es reißt, knüllt, klopft, scheuert, antwortet er auf die Stimmen, die zwar mit ihm im Raum, aber prinzipiell nicht zu erreichen, nicht zu beeinflussen sind. Seine Stummheit wird hörbar im stummen Material. Seine Position ist vergleichbar der des Hörers, nur dass dieser in der Regel in keiner Weise zu reagieren vermag.

Das Licht wird in zwei langsam sich verändernden Bewegungen geführt: Zunächst erscheint nur ein großer, milchiger Lichtfleck, der von vorne erzeugt wird. Er wird allmählich und kontinuierlich kleiner und blasser, bis er völlig verlöscht. Nach einer Dunkelphase entwickelt sich dann aus der Tiefe ein zunächst punktförmiger Lichtschein. Dieser wird größer und stärker. Dabei erscheint irgendwann schattenhaft vage die Gestalt des agierenden Schauspielers. Sie schärft sich zur Silhouette, je weiter der Spieler durch die Papierwände dringt und je intensiver das Licht wird. In dem Augenblick, da der Spieler die vorderste Wand durchbricht und auf die Bühne stürzt, erlischt das Licht und verstummt das Stück.

Die Handlungen des Spielers sind nur in groben Zügen festgelegt. Ihm bleibt Spielraum, auf die Stimmen, die ihm über Kopfhörer zugeleitet werden, spontan zu reagieren.

Der Zuschauer beobachtet also in dem Spieler einen ›Hörer‹, der sich zu dem Gehörten in einer Weise verhält, dass zwar seine Reaktionen sich manifestieren, sich äußern, sogar hörbar (durch die Papiergeräusche) werden, jedoch nicht Teil des akustischen Spieles werden können. Es ist eine Ohnmachtsposition, die der Zuschauer nicht nur aus seiner eigenen Rolle als Hörer, sondern allgemein aus seiner Rolle im gesellschaftlichen Regelspiel kennt.

Das Stück kann auch ohne die szenische Dimension aufgeführt werden. Es verliert dann allerdings seine spezifische Konstruktion, da der Hörer wieder – wie eh und je – damit beschäftigt sein muss, auf dem eigenen Erfahrungsgrund die gehörten Fragmente zusammenzufügen, verstehbar zu machen, ohne dass er auf sich selbst, den Hörer, stößt.

Das Stück hat zahllose Handlungsspuren, die von Pinco pallino – d. h. von jedermann – herrühren oder die auf ihn zulaufen. Wobei sein Porträt überdeutlich und diffus zugleich ist. Manche Dialoge erscheinen in zweifacher Fassung, z. B. auf der einen Seite – im Stereoraum – von den beiden weiblichen, auf der anderen von den beiden männlichen Stimmen gesprochen. Gleichzeitig beginnend, ziehen sie sich durch das verschiedene Sprechtempo der Sprecherpaare auseinander. Das Frühere erscheint simultan mit dem Späteren, das Spätere erhellt den Sinn des Früheren. Das Material ist aufgespalten, zerstreut, es verdeckt sich selbst, wird zum Echo, verliert in monomaner Wiederholung seine Selbstverständlichkeit. Es stammt aus Redensarten, Zitaten, Kommandos, aus Aufgelesenem ebenso wie aus spontanen Erfindungen.

In der szenischen Aufführung wurden bestimmte Sprechpassagen, die im Stereoraum ertönen, in verfremdeter oder mechanisierter Form im Rücken der Zuschauer monophon nochmals eingespielt. Der Zuschauer saß im Stimmenraum. Er hörte – wenn auch sekundär – von hinten, was ihm schon bekannt war, während Sprech-, Geräusch- und Schattenspiel vorne weitergetrieben wurde.

Vortext zu dem Hörspiel ›da du der bist‹

Sendung im Westdeutschen Rundfunk
und NCRV Hilversum 1973

Im Januar 1972 trafen sich auf Schloss Queekhoven eine Reihe von Hörspielmachern und Komponisten aus Holland und der Bundesrepublik zu einem Austausch ihrer Konzepte, Erfahrungen und Ergebnisse. Dabei kam, fast unvermeidlich, die Rede auch auf die Frage, ob ein kollektives Arbeiten möglich und fruchtbar sei und ob es auch zwischen Vertretern verschiedener Disziplinen, zwischen Wortautoren und Komponisten etwa, stattfinden könne. Gemeint war nicht das übliche Verhältnis zwischen Komponist und Autor, bei dem der Autor als Zulieferant des Komponisten einen Text zur musikalischen Bearbeitung zur Verfügung stellt. Denn dabei bleibt jeder bei seinem Leisten, der eine bei der Sprache, der andere bei der Musik.

Die Diskussion mündete in dem Entschluss, ein Experiment in unserem Sinn zu unternehmen. Tera de Marez Oyens war bereit, sich als Komponistin an dem Vorhaben zu beteiligen (s. auch S. 468 ff.).

Unseren Überlegungen ging die Feststellung voraus, dass die Grenzen zwischen den verschiedenen künstlerischen Medien überall diffus geworden sind – dass Komponisten Sprach- und Sprechmaterial in seiner ursprünglichen Beschaffenheit verwenden, dass Autoren Stücke nach musikalischen Kompositionsprinzipien anlegen. Dieses Auflösen sehr alter und bisher immer für stabil gehaltener Grenzen vollzieht sich übrigens überall, nicht nur zwischen Musik und Sprache, auch zwischen Text und Grafik, zwischen Malerei und Plastik, zwischen Plastik und Architektur ... – ein Aufheben der Zuständigkeiten, das zweifellos zusammenhängt mit der Einführung des experimentellen Zugriffs und dem damit zusammenhängenden unablässigen Prozess von Destruktion und Konstruktion. Das Neue Hörspiel lebt davon. Es übergreift Sprechstücke, Tonstücke, Geräuschspiele verschiedenster Faktur, die musikalische Werte ebenso nutzen wie mit dem Tonband aufgelesene Funde aus der Alltagssprache. Im Neuen Hörspiel scheinen Beispiele einer interdisziplinären Gattung entstanden zu sein, die frei über die ganze Breite literarischer und musikalischer Mittel verfügt. Dennoch bleiben für den, der in diesem für Überraschungen, Einfälle, Innovationen offenen Feld sich bewegt, antagonistische Positionen, resistente Strukturen spürbar, die entweder als sprachlich oder als musikalisch zu qualifizieren sind. Vorausgesetzt, dass Komponist wie Autor nur mit Sprachmaterial arbeiten, gerät der eine in der Konzentration auf den Prozess von Sprechhandlungen in ein Verlaufsmuster hinein, das nicht mit dem des anderen, der zuerst die Klang- und Zeitwerte des Materials beachtet, zu verwechseln ist. Nur vordergründig spielt es eine Rolle, dass der Autor ein ganz anderes Verhältnis zur Kategorie des Inhalts, zur wörtlichen wie übertragenen Aussage hat, als der Komponist. Er kann – im Gegensatz zum Komponisten – auch nicht absehen von der spezifisch sprechermotorischen Dynamik einer Sprachhandlung, von ihrer porösen Spontanität, ihren alogischen Bewegungen, ihren paranoischen Zuckungen, den Phänomenen der Lüge und des Vergessens, die in jeder Rede mitspielen. Das ist auch Material des Autors, und es ist heute so unbekannt und verschlossen wie je. Einige sogenannte O-Tonstücke, also Hörspiele, die aus Originalaufnahmen montiert sind, sind damit beschäftigt, eine Ästherik der Sprechstrategien zu entwickeln. Aufzeichnung vorgefundenen Materials steht in Spannung zur freien experimentellen Manipulation in der Collage, durch die Verwendung technischer Verfremdungsmittel. Am Punkt der Verfremdung treffen sich Musik und Literatur spätestens wieder. Das experimentelle Hörspiel distanziert von den geläufig dahinrinnenden Sprechvollzügen mit ihren Kaschierungen, Verdrehungen, Manipulationen und setzt dazu destruierende, verfremdende, analysierende Mittel ein. Ebenso zerstört, verfremdet, verändert, transformiert der Komponist sein Sprachmaterial. Seine Stimmen sind instrumentalisiert; sie sind getrennt von ihren Trägern, die eigentlich Sprecher sind, aber nicht sprechen können. Es gibt Stimmen, aber keine Sprecher. Wenn dieses Verhältnis festgehalten und bewusst in Beziehung gesetzt wird zur Verfremdungsarbeit des Autors, dann zeichnet sich eine Zone der Kooperation ab. Vom Blickpunkt des Komponisten liefert der Autor in einem ersten Arbeitsgang verfremdetes, aufbereitetes, geöffnetes sprachliches Material, das in einem zweiten Arbeitsprozess, bei dem die ursprünglichen Sprecherhandlungen völlig vergessen werden, in ein nichtsprachliches oder utopisches Orientierungssystem versetzt wird. Die musikalische Fassung bedeutet in diesem Zusammenhang potenzierter Widerspruch gegen die Natur der normalen, geläufigen, natürlichen Sprache. Sie dient dem Autor nun seinerseits dazu, durch Konfrontation und Mischung die Redeverläufe und Sprachmuster der Alltagssprache ins Schwanken und Schweben zu bringen und so in Frage zu stellen. Aus dem unbesehen hingenommenen Ernst der üblichen Sprachverwendung wird Freiheit des abgerückten und zugleich unter die Haut gehenden Spiels.

Wir wissen nicht, ob wir dieses Ergebnis mit unserem Versuch erreicht haben. Unser Experiment sollte auf einfachster Basis angesetzt werden.

Wir verabredeten, dasselbe Textmaterial von denselben Stimmen – es wurden vier Sänger, zwei Frauen und zwei Männer, bestimmt – einmal nach sprachlichen und einmal nach musikalischen Gesichtspunkten sprechen bzw. singen zu lassen. Jeder von uns sollte dann, getrennt vom anderen, jedoch unter Benutzung des gesamten Materials, ein Stück herstellen. In einer 2. Phase sollten die beiden Stücke reflektiert und der Versuch, ein drittes, gemeinsames Stück zu produzieren, gemacht werden.

Der zugrundeliegende Text sollte in Material und Struktur möglichst einfach und doch differenziert sein. Tera de Marez Oyens wählte einen Text von mir aus, der aus einer syntaktischen Permutation der vier Wörter: *da – du – der – bist* besteht.[1] Diese Wortfolge hat durch die drei anlautenden *d* eine starke Konsistenz, die jedoch nicht monoton wirkt, da jedes der vier einsilbigen Wörter einen anderen Vokal aufweist. Inhaltlich sind die vier Wörter *da – du – der – bist* nahe an der unteren Grenze. Es wird kein Substantiv und kein Verb, also kein inhaltlich bestimmtes Wort benutzt. Die vier Wörter lassen eine Menge von Umstellungen und Kombinationen zu, durch die die Syntax und damit der Sinn verändert wird, z.B.: *der da bist du – bist du der da? – du bist der da! – du da bist der* usw.

Die vier Sprecher hatten sowohl die vier einzelnen Wörter wie auch vorformulierte Sätze und Satzfolgen zu sprechen, darunter auch Komplexe der ursprünglichen Textfassung. Bei den Aufnahmen mit den Sprechern kamen auf das sprachliche Konto alle Anweisungen, bestimmte Sprechhandlungen auszuführen, also etwa einen Frageton, einen Befehlston, einen Rufton zu verwenden, flüsternd zu suchen, aufzuzählen, ein Erstaunen zu artikulieren usw. Es entstanden imaginäre Handlungsfragmente, Situationsfelder, die der Hörer als Verstehensrahmen benutzt. Die Sprecher wurden zu spontanen, freien Sprechakten provoziert, die manchmal rhythmisch in Ketten verliefen, manchmal zu Konglomeraten gebündelt wurden. Dabei wurde den Sprechern ein Spielraum bei der Artikulation und der emotionalen Besetzung gelassen, den sie spontan ausnutzten. Bei manchen Passagen wurden zusätzlich steuernde Anweisungen gegeben, eine bestimmte imaginierte Situation mit spontanen sprachlichen Mitteln zu realisieren. Alle Stimmlagen gesprochener Sprache kommen dabei vor, vom Flüstern übers Murmeln und Nuscheln bis zum Schreien und Heulen, und es werden die verschiedensten emotionalen Färbungen – positive wie negative – eingebracht.

Alles basiert auf den erwähnten vier Wörtern *da – du – der – bist*. Auch noch in der manipulierten Unkenntlichkeit sind diese Wörter versteckt. Wie sich einerseits eine Menge sinnvoller Sätze aus den vier Wörtern bilden lassen, kann man sie andererseits in ihre phonetischen Einheiten auflösen. Dabei entstehen Lautketten, die von der Qual der Sinngebung entlasten und als reines Spielmaterial verwendet werden können.

Über das kompositorische Vorgehen bei der Erarbeitung ihres Teilstückes äußerte sich Tera de Marez Oyens wie folgt:

> »Zu den Textpassagen von Franz Mon habe ich zunächst eine Arbeitspartitur, eine Art von musikalischem Schema entworfen, das aus zehn Fragmenten besteht. Alle vier Sänger singen jedes Fragment neunmal, und zwar mit wechselnder Dynamik und wechselndem Tempo, wobei die Skala jedesmal von »sehr schnell und piano« bis »sehr langsam und forte« reicht.
> Dabei kam ein sehr großes Reservoir an musikalischem und sprachlichem Material zustande. In einem der Fragmente wurde vorgeschrieben: ›Jeder Sänger wählt einen freien Ton und singt darauf das erste Wort. Beim Atemholen nimmt er das nächste Wort auf einer neuen Tonhöhe usw., bis alle Wörter an der Reihe gewesen sind.‹

Bei der Montage der beiden Einzelstücke stand jedem von uns das gesamte Material, das sprachliche wie das musikalische, zur Verfügung. Beide Vorfassungen haben zur Voraussetzung, daß es keine bestimmte, festgelegte Thematik gibt, daß das Thema vielmehr im Vorzeigen und Verändern besteht: Man kann die Sätze hören und verstehen, wenn man es darauf anlegt; man kann aber auch in die Löcher zwischen den Wörtern und in die Kavernen der Wörter fallen. Es entstehen Situationsskizzen, die der Hörer ausfüllen und ergänzen kann; es tauchen Tonpassagen auf, die aus dem Material dieser Stimmen entstanden sind, jedoch keiner Stimme mehr zu gehören scheinen. Bei meiner kompositorischen Bearbeitung des Materials standen natürlich die musikalischen Gesichtspunkte im Vordergrund, wie andererseits die sprachlichen Gesichtspunkte in dem Stück von Franz Mon dominieren.

Durch seine größere Affinität zu den Wörtern und seine Vertrautheit mit den Möglichkeiten der Dialogform kann man bei ihm deutlich eine dramatisch-emotionelle Linie verfolgen, durch die das Stück als Hörspiel charakterisiert wird. Zwar sind auch in meiner Fassung dramatische Elemente enthalten, doch bleiben sie latent und sind nicht essentiell für das Ganze. So kann man zum Beispiel das ›Dies irae‹ am Schluß ebensogut als musikalischen Zugriff wie als dramaturgische Konsequenz der vorhergehenden ›Verurteilung‹, die ein massenhysterischer Chor vollzieht, verstehen.

Worauf es mir jedoch sehr ankommt, ist, das Problem der Kommunikation zu verdeutlichen. In den Stimmen kommt der Mangel an Kommunikation und das Suchen nach ihr, der Einfluß, den ein Mensch auf den anderen nimmt, und schließlich das Ausschließen dessen, der sich nicht konform verhält, zum Ausdruck. Um dies darzustellen, habe ich oft die vier Sängerstimmen verdoppelt und verdreifacht, Montagen und Mischungen hergestellt und an einigen Stellen mit Hilfe elektroakustischer Mittel die Stimmen verfremdet. Soweit wie möglich blieben jedoch die Stimmen in ihrer natürlichen Verfassung, damit der Hörer nicht vom eigentlichen Prozeß abgelenkt wird.

Eine Absicht bei der Bearbeitung war es, die Grenze zwischen Sprechen und Singen aufzuheben. Obwohl es deutlich gesprochene Teile und rein gesungene Chöre gibt, treten verschiedene Passagen auf, wo gesungene und gesprochene Worte als Elemente der Komposition benutzt werden, ohne daß der Übergang vom Sprechen zum Singen und umgekehrt mehr festgestellt werden könnte. An solchen Stellen sollen Sprache und

Musik völlig integriert, die Wörter ihrer Semantik entkleidet werden und nur noch als Bausteine für Klangmuster dienen.«

Als dritter Teil unseres Vorhabens war die Kooperation zwischen Autor und Komponist auf der Basis der beiden isoliert hergestellten Stücke geplant. Vor Beginn des Projektes bestanden große Unterschiede zwischen Komponist und Autor beim Umgang mit dem Sprachmaterial und hinsichtlich der kompositorischen Verfahren. Es schien nicht ausgeschlossen, dass die Synthese scheitern würde. Auch in diesem Fall hätte das Projekt zu einem Ergebnis geführt, denn auch die Entdeckung einer Unmöglichkeit ist sinnvoll. Ein Experiment soll Möglichkeiten freilegen, nicht vorher festgelegte Resultate liefern.

Dass sich die angezielte Synthese verwirklichen ließ, ist vor allem der gewählten Methode zu verdanken. Während die beiden ersten Teile, also die Basisstücke, nach den Prinzipien von Montage und Collage hergestellt wurden, fanden wir für den synthetischen dritten Teil gewissermaßen ein skulpturales Verfahren. Aus dem gesamten tönenden Material der beiden Basisstücke wurde eine kompakte Mischung von etwa sechs Minuten Länge hergestellt. Zu diesem Zweck zerlegten wir die insgesamt 33 Minuten Dauer der beiden Vorfassungen in ungefähr gleichlange Teilstücke, die dann simultan abgespielt und gemischt wurden. Aus diesem lärmend-chaotischen Block wurde durch planmäßiges Wegnehmen von Passagen eine reduzierte Fassung gewonnen, an der nun Zufall und Montage, Improvisation und Planung, Konstruktion und Destruktion mitgewirkt haben.

Von der einen Seite wurde Gesprochenes, von der anderen Gesungenes eingegeben: In der Synthese kommt an zahlreichen Stellen die ursprüngliche Grenzlinie zwischen Musik und Sprache ins Vibrieren, und es entsteht ein breiter Grenzraum, an dem beide Bereiche gleichermaßen beteiligt sind.

Anmerkungen
1 Abgedruckt in: Franz Mon: Lesebuch. Neuwied 1972, S. 24

Anmerkungen zu dem Hörspiel
›hören und sehen vergehen‹

Sendung im Westdeutschen und Norddeutschen Rundfunk 1977

Vor nahezu einem Jahr wurde eine erste Fassung im großen Sendesaal des WDR als szenisches Hörspiel aufgeführt. Die drei Sprecher führten die Dialoge teils unter sich, teils jedoch mit präparierten Stimmen, die ihnen vom Tonband zugespielt wurden. Die Stimmen kamen von verschiedenen Stellen des Raumes, auch aus dem Hintergrund des Zuschauerraumes. Die sichtbare Szenerie war also um einen unsichtbaren, imaginären Hörraum erweitert. Als wir den Mitschnitt der Aufführung abhörten, erwies es sich, dass der Radiohörer auch nicht andeutungsweise die Unterscheidung zwischen realem und imaginiertem szenischen Raum nachvollziehen konnte. Deshalb wurde im Studio eine neue Fassung des Stückes gesprochen und dabei mit elektroakustischen Mitteln die gewünschte Raumwirkung jedes einzelnen Dialoges hergestellt.

Ich erwähne diesen Vorgang, um anzudeuten, dass jedes Medium seine eigentümliche Realisation verlangt. Der Hörraum im großen Sendesaal prägt die Stimmen ganz anders als der Mikrohörraum einer Radiowiedergabe. Der Ort der Darstellung, der Wiedergabe gehört zur Sache selbst und ist ein Teil des ästhetischen Materials.

Das Thema des Stückes lautet nach einer alten Redensart *hören und sehen vergehen*. Die Dialoge drehen sich um Hören und Sehen, um Augen und Ohren, und es lag durchaus nahe, dass der Zuhörer auch ein Zuschauer sein und mit Ohren und Augen beschäftigt sein sollte. Es ist ein rechtes Thema für eine Multimedia-Darstellung, in der optische und akustische Mittel zusammenwirken, indem es was zu hören und was zu sehen gibt – vielleicht: *bis einem Hören und Sehen vergehen*. In diese Richtung ging auch das allererste Konzept des Stückes. Es sollte eine Art Oper werden, allerdings in verfremdetem Sinne: Musik, Stimmen, Geräusche, stumme Szenen, Schatten, Licht und Finsternis sollten aufeinanderzulaufen, sich durchdringen und sich wieder trennen: jedes auf seinen Winkel, eines ohne das andere. Dieser Plan ließ sich bisher noch nicht verwirklichen. Das sprachliche Material aber lässt sich aus dem

Gesamtprojekt herauslösen und in Hörszenen umsetzen. Das geschieht nun in dem folgenden Stück.

Es treten auf zwei männliche und eine weibliche Stimme, anonym, ohne Namen, obwohl man ihnen leicht passende Namen geben könnte. Wenn Sie es aber nachher beim Zuhören probieren, merken Sie, dass Sie unversehens eine vierte Person glauben reden zu hören, die auch einen anderen Namen haben sollte. Vor allem die beiden männlichen Sprecher variieren manchmal im Verlauf eines Dialoges die Stimmlage, die Stimmfarbe in einer Weise, dass man plötzlich andere Personen zu hören meint. Man hört sie flüstern, nuscheln, schreien, erschrecken, erstaunen – mal selbstbewusst und herausfordernd, mal eingeschüchtert, greisenhaft, debil. Es ist nicht mit Sicherheit herauszuhören, wie viele Personen eigentlich an dem Stück beteiligt sind – und es soll auch nicht fixiert werden, da an diesem Spiel nicht nur die Spieler, sondern auch die Zuhörer beteiligt sein sollen: Denn es sind ihre Ausdrücke, ihre Redensarten, Sprichwörter, Drohungen, Ängste und Schmeicheleien, die zur Sprache kommen.

Wie gesagt: Es geht um Hören und Sehen, und wie dies einem vergehen kann, beunruhigt unter der Hand unablässig die Dialoge. Die Reden, die geführt werden, sind gespickt mit allen möglichen Redensarten, Zitaten, Anspielungen auf das, was uns Hören und Sehen bedeuten, was mit Augen und Ohren los ist. Im Lauf vieler Jahrhunderte hat sich in der Sprache ja niedergeschlagen, dass die Körperzonen um Auge und Ohr in vielfältiger Weise mit Bedeutungen besetzt worden sind. Auge und Ohr sind in unserer Zivilisation die primären kommunikativen Organe, da wir unsere Kultur auf Distanz aufbauen müssen, also Riechen und Berühren als Kommunikationsweisen zurückgedrängt, ja weithin verdrängt haben.

Schaut man sich das Sprachmaterial an, das um Auge und Ohr zusammengekommen ist, so stellt man fest, dass es bei weitem nicht nur um Wahrnehmungen geht. Zählen wir einiges auf, um zu verdeutlichen, was gemeint ist: ›ein Auge zudrücken‹ heißt eben nicht, ein Auge zudrücken, sondern über etwas hinwegsehen; beim ›Sand in die Augen Streuen‹ werden keineswegs Augen mit Sand bestreut, sondern es geht um Manipulation oder Betrug; wer die ›Ohren auf Durchzug stellt‹, hat durchaus nicht einen Wind im Gehirn, sondern verweigert das Zuhören; es können einem ›die Augen aufgehen‹, auch wenn er sie tatsächlich geschlossen hält – er hat einen Schritt auf die Wahrheit hin getan.

Unsere Sprache erweist sich als quergestreift mit Gebärden des Drohens, Verweigerns, Schmeichelns, Betrügens. Sie ist ein gelenkiges Instrumentarium, in der harmlosen Rede Doppelsinn zu verstecken und gleichzeitig mitzuteilen. Man kann mit ihrer Hilfe unmerklich drohen, angreifen, verletzen, ausforschen, aus Schwarz Weiß machen. Sie ist moralisch indifferent, so scheint es jedenfalls, sie ist nicht schlechter und nicht besser als ihre Benutzer. Aber sie sammelt durch Tausende von Benutzern die Treffsicherheit, die ätzende Schärfe, den haarfeinen Schliff, der nur verletzt, nicht mordet.

Es gab vor ein paar Jahren die Preisfrage »Können Wörter lügen?« – natürlich nicht, will man auf die Schnelle antworten. Nicht wie wir, würde ich sagen, aber auf ihre Weise: als hochzivilisiertes und darum unerhört gefährliches Instrumentarium und darum ebenso wie der Täter selbst getroffen vom schrägen Licht. Wie gelenkig werden mit der planmäßig getroffenen Wortwahl, der richtigen, nämlich manipulativen Reihenfolge der Wendungen Wahrheiten hervorgebracht, die es eigentlich gar nicht gibt.

Hier geht es um ein Spiel, und der Ernst – auch dieser Ernst – bleibt im Hintergrund. Er schattiert das Ganze, und der Hörer sollte die Schatten bemerken, damit er die Perspektive, die Plastik der Vorgänge erkennt. Dieses Spiel hantiert mit den Stereotypen der Sprache, eingegrenzt auf ein bestimmtes thematisches Feld – nämlich dem von Hören und Sehen und ihrem Vergehen. Will der Hörer eine Nutzanwendung mitnehmen, dann sei die vorgeschlagen: dass er in Zukunft vorsichtiger umgeht mit den Versatzstücken der Sprache, die ihm so leicht zur Hand sind, die so gut klingen, die so praktikabel sind, weil sie ihm gebrauchsfertig geliefert werden. Er hat selbst in aller Regel nicht ein einziges selber erfunden; er nutzt aus, was andere formuliert und zugeschliffen haben. Selbst wenn ihm die Zunge gelenkig ist, sollte er nicht so tun, als rede nur sein Ich mit seiner Zunge. Er sollte mit einem Stück innerer Scham wissen, dass durch ihn hindurch Tausende von Vorläufern mitschwätzen, dass seine Rede durch die sprachlichen Versatzstücke, die sie benutzt, Gedanken hervorbringt, die nicht unbedingt oder jedenfalls nicht in der ganzen Reichweite von ihm stammen.

Beim Zusammensuchen der Redensarten, mit denen wir umgehen, gerät man unvermittelt und unvermeidlich in die Methaphysik. Man hört ›die Engelchen singen‹, man weiß nicht, ›wo die Glocken hängen‹, man sieht den ›Himmel voller Geigen‹, und über allem wacht ›das Auge des Herrn‹, und ›das Auge des Herrn macht das Vieh fett‹. Die Stimmen in unserem Spiel changieren hinüber ins Numinose, an einigen Stellen zumindest. Das wird dadurch angedeutet, dass sich die beiden männlichen Stimmen chorisch vereinigen. Man könnte sagen: An der Rede der Mächtigen beteiligt sich das Übermächtige, und der Hörer kann in seiner eigenen imaginativen Landschaft festlegen, wo er sie ansiedelt: hier oder dort, als Phänomene oder als Phantome, als Geister oder Gespenster. Was jeweils zwischen den gebündelten Männerstimmen und ihrer Partnerin verhandelt wird, ob es brisant oder lachhaft ist, wird sich vielleicht dem Verständnis eines jeden Zuhörers anders darstellen. Das ist durchaus beabsichtigt. Denn das Spiel spielt auch mit den Doktrinen, und soweit solche unterschwellig vorhanden sind, sollen auch sie ins Schweben kommen.

Die Spieler haben keine Namen; es sind Personen, aber sie bleiben anonym. Doch im Zusammenhang der Reden taucht eine Reihe von Namen auf, die mit dem Thema zu tun haben. Da sie wie Blitze kommen und wieder verschwinden, sollen sie bereits vorweg erwähnt werden, damit die Überraschung, die sie begleitet, entspannt wird. Es werden genannt: Buster Keaton, Polyphem, Wilhelm Tell, David und Goliath. Es sind mythische Figuren – übrigens auch Buster Keaton –, die jedem von uns bekannt und für jeden von uns mehr oder weniger bedeutungsvoll sind. Außer Buster, dem Antihelden, sind alle großartige oder fratzenhafte Gewalttäter, und als solche dienen sie auch dem Stück. Sie werden als Hintergrundmalerei verwendet, am drastischsten die Geschichte von David und Goliath, die wir aus einer alten barocken Darstellung übernehmen, weil deren Darstellungsweise bereits so herrlich verfremdet ist, dass sie uns nicht mehr an die Nerven gehen kann, sondern zum Lächeln reizt. – Anders geht es mit dem Wilhelm Tell. Er wird hier und dort namentlich genannt, aber seine Geschichte spielt schattenhaft und verfremdet an verschiedenen Stellen des Stückes mit, z. B. in dem Schuss, der an einer Stelle ertönt, echot auch der Apfelschuss und der Tyrannenmord. Tell ist uns Deutschen bekannt durch das Monumentalgemälde, das Schiller von der Sage gepinselt hat: Tell, der Heros, der Supermann, der übermächtige Retter, der selbst das Aberwitzige schafft – ein Karl Moor mit nur noch positivem Vorzeichen. Mit ein paar Handgriffen, schließlich mit einem Schuss bringt er die Welt wieder in Ordnung, und nichts, was er tut, geht ins Auge, keinem außer dem Bösewicht Geßler vergehen dabei Hören und Sehen. Mir scheint dies ein sehr dauerhaftes Muster, und so sollte er in diesem Spiel nicht fehlen. Auch die Mythen, die wir mitschleppen, und wie gesagt, Wilhelm Tells Geschichte ist eine, sind Versatzstücke. Sie können ebenso hinterhältig wirken wie die Sprachfloskeln, von denen die Rede war. Sie sind stabil wie Mikroben und oft genug ebenso gefährlich.

Ohne die drei Sprecher – ohne ihre sängerisch trainierten, unendlich beweglichen Stimmen bliebe das alles trocken und leblos. Es sind Hanna Aurbacher, Ewald Liska und Theophil Maier, die sich als »trio ex voco« bereits einen Namen gemacht haben. In diesem Hörspiel kommen – im Gegensatz zu meinen früheren Stücken – fast keine bloß phonetischen Lautäußerungen vor. Alles verläuft in Dialogen oder Monologen, alles was laut wird, ist ordentlich in Rede und Gegenrede, an Sinn und Bedeutung gebunden. Doch alles ist nichts ohne das zuckende emotionale Leben dieser Stimmen. Dabei besteht der Widerspruch, dass alles bewusst und festgelegt, nichts spontan hervorgestoßen ist. Auch dies im Gegensatz zu den früheren Hörspielen. Die Stimmcharaktere, die Stimmfarben, die Stimmverläufe sind kalkuliert und ändern sich planmäßig, wobei sie an bestimmten Stellen rücksichtslos über den natürlichen und erwarteten Tonfall hinweg sich verfremden und ins Künstliche gehen. Indem diese gesangsmäßig trainierten Stimmen den natürlichen Sprecherton imitieren und immer wieder fallen lassen, verspielen, übertönen, bestreiten sie zugleich die Selbstverständlichkeit der Äußerungen und des Geäußerten. Denn nichts liegt diesem Stück, trotz seines Verzichtes auf das nur phonetische Material, ferner als die Wiedergabe natürlichen, realen, in der Gesellschaft üblichen Geredes. Der Aggregatzustand von Sprache ändert sich: Man weiß nicht mehr, ist sie flüssig, gasförmig oder fest; ist ihre Spontaneität planbar, oder ist das Bewussteste bereits von Fremdem, Unleserlichem unterwandert?

Diese Fragen werden hier hingestellt als Impulse für den Hörer. Er kann sie festhalten und als Sonden beim Hören benutzen. Er kann sie vergessen, um sie möglicherweise am Schluss als eigene Entdeckung hervorzuholen, falls ihm nicht unterwegs Hören und Sehen abhandengekommen sind.

Vorspann zu dem Hörspiel
›Wenn einer allein in einem Raum ist‹

Sendung im Westdeutschen Rundfunk 1982

Wenn einer allein in einem Raum ist – dieses Thema beschäftigt mich seit vielen Jahren, und es hat eine ganze Reihe von Textfassungen bewirkt. Ursprünglich ging es darum, zu erfassen und zu beschreiben, was ein Schauspieler, der sich allein auf der Bühne befindet, mit sich, seinem Körper und dem leeren Bühnenraum anfangen könnte. Von der Beschreibung seiner möglichen Verhaltensweisen ist einiges in die gegenwärtige Hörspielfassung eingegangen: wie er seinen Körper als Requisit, als Objekt, als Einrichtungsgegenstand verwenden kann; wie er mit der ablaufenden Zeit, wie er mit dem leeren Raum wohl umgehen wird; wie er gespannt ist auf unbekanntes Erwartetes und wie er sich der Erwartung entziehen mag.[1]

Die ersten Textfassungen begnügen sich mit einer Beschreibung der Verhaltensmöglichkeiten; die dem Hörspiel zugrundeliegende kommt sehr schnell vom er zum du, von der bloßen Beschreibung also zu einem Dialog, der zwar einseitig verläuft, weil der Angesprochene nichts sagt, dessen Leerstelle jedoch der Hörer auszufüllen vermag. Die vier Stimmen – zwei Frauen-, zwei Männerstimmen – gehören folglich nicht dem, von dessen Existenz die Rede ist. An seiner Stelle tasten sie mit ihren Vermutungen, Prognosen, Reflexionen, Befunden den Spielraum aus. Sie wägen ab, entscheiden sich für die eine oder andere Möglichkeit, verfolgen deren Konsequenzen und Verästelungen. Sie sprechen in ständig wechselnden Stimmlagen, vom milden Flüstern bis zum rhetorischen Brüllen.

In die artikulierte Rede schieben sich emotionale Äußerungen ein – Atmen, Lachen, Schreien, Stöhnen –, deren Quelle, deren Subjekt oder

Subjekte uneindeutig bleiben: Sind es noch die Stimmen, die über den einen, der allein in einem Raum ist, ihre Vermutungen anstellen; ist es dieser selbst, reagierend auf das Vernommene; sind es Dritte, von außen Eintretende, Eindringende, deren Ankunft und Anwesenheit erwartet, vermutet, befürchtet wird? Denn auch die vier Stimmen bleiben nicht in der Beobachterrolle, sondern zeigen Masken vor, erscheinen in bestimmten Rollen, vervielfältigen sich zum geselligen Beisammensein, zum gesellschaftlichen Tohuwabohu und zerdrücken dabei die ursprünglich angenommene Leere eines Raumes, in dem einer allein mit sich ist.

Der Text, der dem Hörspiel zugrunde liegt, gliedert sich in 29 Phasen. Jede neue Phase nimmt die vorangehende dem Sinn nach, in Teilen auch wörtlich oder in leichter Variation auf. Das Gewesene bleibt so im Gegenwärtigen, neue Aussagen erscheinen auch als Permutationen der bereits bekannten. Der gegenwärtige Augenblick gewinnt an Stabilität, weil er sich den eben vergangenen und mit ihm die Reihe aller vergangenen Augenblicke einverleibt. Die Schübe zum Neuen, der Fortschritt treibt mit einer gewissen Trägheit aus dem festgestellten Bekannten hervor. Darin stellt sich eine Alternativstruktur zur Collage dar, die ihre Gegenwart ja durch die Gleichzeitigkeit fremdartiger, sich ausschließender Momente gewinnt.

Die einzelne Textphase wird dabei immer länger. Sie muss länger werden, weil sich mit dem Austasten einer solchen hypothetischen Existenz – nämlich eines, der allein in einem Raum ist – deren mögliches Geschick immer weiter verästelt. Der Raum, der zunächst schlicht ein Bühnenraum, ein Zimmer, eine Zelle, eine Dunkelkammer war, fällt im Verlauf der Redevorgänge auseinander in nurmehr projektierte Dimensionen. Er wird zum imaginierten Spielraum, in dem alles Denkbare möglich und Mögliches wahrscheinlich wird. Aus dem anfänglichen minimalen Satz – *wenn einer allein in einem Raum ist* – entfalten sich mit Wenn und Dann immer weitergreifende hypothetische Geflechte. Aus Entwerfen, Wählen, Fallenlassen von Möglichkeiten kondensiert sich jedoch allmählich eine Geschichte, und die Konjunktive, welche die anfänglichen Reden beherrschten, werden in das Kalkgerüst eines offensichtlich stabilen, erzählbaren Vorgangs eingekapselt. Je weiter dieser Transfer fortschreitet, desto mehr schwindet der Spielraum:

der gedachte dessen, der allein in einem Raum ist, ebenso wie der imaginative des Hörers. Es wird festgeschrieben, was passieren wird. Die Geschichte verengt sich in dem Maß, wie die Redephasen länger werden. Je insistierender die Redenden die Sache verfolgen, umso kleiner wird der Spielraum dessen, von dem die Rede ist. Das angesprochene Du erscheint eingebunden in seine Geschichte, angebunden an ein Geschick.

Anmerkungen
1 Der im Hörspiel leicht gekürzte Text steht unter dem Titel locus solus in: Franz Mon: fallen stellen. Spenge 1981. S. 109–121; jetzt in: Franz Mon: Zuflucht bei Fliegen. Frankfurt/M. 2013, S. 135–148

Vorspann zu dem Hörspiel

›Lachst du wie ein Hund‹
Sendung im Westdeutschen Rundfunk 1985

Das Stück besteht aus vielen dialogisch und monologisch gespielten Episoden. Die Episoden drehen sich um Spiele, Orte, Tote. Wenn Namen vorkommen wie Bielefeld, Bückeburg, Speyer oder Hanau, dann könnten an ihrer Stelle auch die Bezeichnungen von Spielen stehen. Die Spiele jedoch, die erwähnt werden – wie Tomatenstechen, Löchlein suchen, leblos, Kopfjäger –, gibt es nicht, obwohl sie hier gespielt werden. Zitat: »Lachst du wie ein Hund: es zerrüttet dir das Gehirn, du kannst gar nicht mehr aufhören. Hände, Brustbein, Knöchel schiebst du in den Ofen, damit er endlich seine Wärme hergibt.«

Zwischenfrage von Klaus Schöning:
»Wie sind die Dialoge und Miniszenen in diesem Hörspiel entstanden, wie sind sie geordnet?«
»Sie entstanden ähnlich wie meine assoziativen Prosatexte. In dem Wort assoziativ steckt das schon drin: Ich fange an zu schreiben und bin selber neugierig, was entsteht. Es gibt also dabei keinen Unterschied zwischen den dialogischen und den Prosatexten. Ich muss aber bemerken, dass ich in den letzten Jahren nur wenige derartige Texte geschrie-

ben habe. Das Textmaterial dieses Hörspiels ist in einem knappen Vierteljahr entstanden. Ich erkläre mir die Möglichkeit, das so rasch zu produzieren, damit, dass ich 1982/83 und 1984 vor allem visuelle Texte gemacht habe, Collagen, die mit Fundmaterial, aus der zivilisatorischen Umwelt, der häuslichen und der öffentlichen, gestaltet wurden. Mir wurde dabei immer klarer, dass ikonisches, also bildliches Material Sprachcharakter hat, und dieses Umgehen mit in der Realität verstecktem Sprachmaterial liegt auch den Dialogen dieses Hörspiels zugrunde. Hier tauchen Schreibweisen wieder auf, die auch in meinem Buch *herzzero* eine dominante Rolle gespielt haben."

Vorspann zu ›Montagnacht‹

Hörspiel für Stimmen und Flöte
Sendung im Westdeutschen Rundfunk 1987

Thematisch kreist das Stück um die Bedeutungshöfe von »herz« und »hirn« – jeder gefasst in einer eigenen Textsequenz. Die Artikulationsformen der beiden zentralen Wörter liegen sehr nahe beieinander – die eine gibt die andere in einer Art von gebrochener Spiegelung wieder. Im Alltagsverständnis allerdings sind die Wörter mit gegensätzlichen Wertungen besetzt, die bis zur Negation des einen Wertbereiches durch den andern gehen können. Konträr ist auch die poetische Verwendungsgeschichte verlaufen: »herz« wurde völlig verschlissen (obwohl es alltagssprachlich virulent geblieben ist); »hirn« hat in der Poesie, bis auf Ausnahmen, keine Rolle gespielt.
 Jedes dieser Wörter bildet die Achse einer litaneiartigen Sequenz, die durch die Kombination mit Attributen und Verben entsteht. Die Achsenwörter werden im Textverlauf einem weitgefächerten, vieldeutigen Spektrum ausgesetzt. Jede Textsequenz erscheint in mehreren Sprecherfassungen, auch solchen mit abweichenden Akzentuierungen, irregulären Dehnungen oder Raffungen, Aufweichung oder Zuspitzung der Laute bzw. der Silben und mit Abweichungen von den Lautierungsregeln. Die Sprecher lassen sich auf den Laut- und Atemprozess rückhalt-

los ein, sodass der Atemvorgang ein wesentliches Bauelement des Stückes wird.
Gleichwertig mit den Stimmen erscheint eine Flöten»stimme«. Die Flöte wird gewählt, weil ihr Lautspektrum Klangverwandtschaften mit dem der menschlichen Stimme aufweisen kann; auch weil sie, wie diese, vom Atemstrom lebt. Die Flöte begibt sich in einen »inneren Dialog« mit den Sprechstimmen, indem sie auf diese reagiert, sie paraphrasiert und kontrastiert (s. S. 477).

Vorspann zu dem Hörspiel ›Von den Fahrplänen braucht man nicht zu reden‹

Sendung im Westdeutschen Rundfunk 1996

»was was denn: du zitterst ja ... du zitterst ja noch« – Mit diesem Satz fängt das Stück an, das Sie sogleich hören werden. Ein Symptom wird angesprochen, das keinem Menschen unbekannt ist – Zeichen eines Zustandes, der alle möglichen Ursachen haben kann: freudiges Erwarten, Angst, Schrecken oder eine im Körper wirkende Krankheit. Dieser Satz selbst ist Verkörperung durch Sprache – nicht nur Zeichen von etwas, sondern seine eigene Laut-Körperlichkeit. So wollen alle Wörter vernommen werden: mit ihren Verweisen, die weit wegführen können, wobei sie, die Wörter selbst, völlig verschwinden – so ist es für gewöhnlich, wenn wir reden; aber auch mit ihrer eigenen kompakten Vorhandenheit, so als bedeuteten sie nichts als dieses tönende Da.

Erst wenn wir sie in solchem Aggregatzustand wahrnehmen, teilen sie uns die Spuren, die Anzeichen, die Niederschläge der Ereignisse, Vorgänge, Zustände mit, an denen sie beteiligt waren und mitgewirkt haben. So rufen sie Erinnerungspartikel auf – erst die eigenen, die von allen fremden unterschieden und abgesondert sind; aber auch – und unvermeidlich – die kollektiven, an denen ich als Glied dieser Sprache benutzenden Gesellschaft teilhabe: angenehme, ja heitere, weniger beglückende, garstige, erschreckende. Und sie teilen, weil sie nicht still gelesen werden, sondern sich in Stimmen verkörpern, Anmutungen und

Vibrationen mit, die nicht definiert werden können. Doch auch wenn nichts mehr zu verstehen ist, wenn die Artikulation zur Brandung wird – immer sind es Stimmen, was zu hören ist.

Zu empfehlen ist ein gelenkiges Ohr. Es sollte sich auf den raschen Wechsel der Sprechsituationen ebenso einstellen wie auf den nicht voraussehbaren Übergang von Szene zu Anekdote, von Auflistung zum Redensartenspiel. Es gibt Momente, da ist in den Wörtern schon etwas passiert, oder es werden Möglichkeiten abgetastet, Erwägungen durchgespielt. Und es gibt Passagen, die aufsammeln, was im Laufe der Jahre an Brocken von unserem Sprachkarren herabgefallen und liegengeblieben ist.

Vorspann zu dem Hörspiel ›Käm ein Vogel geflogen‹

Sendung des Österreichischen Rundfunks Wien 2005

> Unter dem Stichwort »Literatur als Radiokunst« lädt das Kunstradio des ORF Radio Österreich professionelle, aber auch nicht-professionelle Personen zur Hörspielproduktion ein mit der Vorgabe, dass dieselbe Person das Manuskript verfasst, Sprecher ist und die Regie macht. Maximale Dauer: ca. 15 Minuten. Organisation und Hilfestellung leistet die für das Ganze verantwortliche Kuratorin Christiane Zintzen. Das von mir im April 2005 angefertigte Stück ist in 5.1-Kanal-Technik angelegt, füllt also den Hörraum von allen Seiten, kann natürlich auch stereophon gehört werden.

Das 16-Minutenstück besteht aus rund 60 Textfragmenten. Es gibt eine Reihe roter Fäden, Motive, die durchlaufen und Kontinuitäten markieren. Dadurch ergibt sich eine Textur aus Bezügen, die nebeneinander durch das Stück ziehen, inhaltlich aber wenig oder gar nichts miteinander zu tun haben. Die kurzen Passagen, die Dialogfladen, Erzählstückchen, Aussagesätze, Wörtersequenzen, um die es sich handelt, setzen sich fort, halten ihren Tenor fest und bringen ihn wiederholt zur Geltung, sodass er sich einprägt. An den Fugen jedoch, wo die divergenten

Textmomente aneinanderstoßen oder wo sie miteinander vermengt werden, hat die Kontinuität einen Sprung, und es befremdet die Nachbarschaft der Partikel. Es kann aber auch im Auftauchen eines andersgearteten, nicht vorhersehbaren Textteils die Gewissheit aufzucken, dass gerade an dieser Stelle das Nichtzusammengehörige in nicht ausdenkbarer Weise zusammengehört und sinnerhellend zu verschmelzen vermag.

Die Einheit der Stimme, die zu hören ist, sichert, unbeschadet der Modulationen und Manipulationen, die sie aufweist, die Kontinuität des Textereignisses insgesamt. Die von fünf akustischen Quellen erzeugte Räumlichkeit der Texturen verdeutlicht deren Fragmentcharakter – die Mobilität, die Splitterung, die Streufiguren der Sprechakte. Das Lineare, das jeden Text von Hause aus beherrscht, wird im Wandern und Springen der Hörmomente von Ort zu Ort aufgelöst. Es erscheint die Simultaneität eines Textraumes, in dem der Hörer beim Vernehmen der schwebenden, ortlosen Sprechpassagen für sich ein mehrdimensionales, labiles Wörter-Sinngewebe bildet. Der Konjunktiv des Titels ›Käm ein Vogel geflogen‹ verweist auf die Virtualität des Vorgangs.

Vorspann zu dem Hörspiel ›ausgeartetes auspunkten‹

Sendung des Hessischen Rundfunks 2006

Es passiert nichts: außer den Wörtern und den Stimmen. Die Wörter sind da. Sie sagen, was sie in sich haben, immer für sich und nie allein. Immer haben sie ihre Nachbarschaften. Sie spielen miteinander, verlaufen ins Offene. Doch sie verlaufen sich nie, da sie, kaum gegenwärtig, schon beim Nächsten sind. Dass sie sich nicht verlaufen, verdanken sie insbesondere den vier Patentwörtchen, die den Verben als Präfixe vorgespannt sind. Es sind die mit einem A lautenden Präpositionen »aus«, »an«, »ab« und »auf«. Die so markierten Verben sind es, die das Stück dominieren. Die vier genannten Patentwörtchen vermitteln ihre eigene Dramatik, indem sie die Grundbedeutungen aushebeln und ganz spezielle Bedeutungsbahnen hervorholen.

Das Stück wird von einer langen Schlange solcher präfixbesetzten Verben durchzogen. Jeweils acht von ihnen sind zu einem Satz formiert – allerdings ist es ein verknappter Satz, dem das Subjekt und die von ihm dirigierte Personalendung fehlen. Es sind also Infinitivsätze mit Aufforderungscharakter, die die Glieder der Wörterschlange bilden. Der erste lautet zum Beispiel so:

»ausgeartetes anbahnen und beim abändern aufaddieren, alles aufaddierte aber abgebalgt anbauen und ausatmen.«

Die Verben folgen einer alphabetischen Ordnung.

Die Schlange beginnt, wie eben gehört, mit »ausarten«, und sie wird enden, sobald der Alphabetreihe gehorchend eines mit Z auftaucht. Es wird »anzwitschern« sein.

In dem Wörterverlauf gibt es dialogische Passagen, szenische Momente; Situatives scheint auf, Erinnertes, auch Widersinniges, Nichtidentifizierbares – alles ohne fixierbare Personen, Orte, Zeitpunkte. Diese Wörter spielen einzig ihre Geschichte, auch wenn in ihrem Fluss massenweise Inhaltliches mitgeschwemmt wird. Es ist eine Hommage an das Selbstsein der Wörter – an ihre Würde, ihre Wucht, ihre Fragilität, ihre Unverwechselbarkeit, ihre Autonomie; hier gezeigt an den Verben, stellvertretend für alle andern.

Mit schwimmen unterwegs einzelne abgesonderte Textinseln. Darin tauchen Substantive, Namen, Personen auf. Sie überspielen für einen Moment das unablässige Paternoster der Verben mit einer Art Alsob. Alle Wörter, auch diese, haben, sieht man von den Formwinzlingen wie ›und‹ oder ›noch‹ ab, ein gemeinsames Merkmal, das zu ihrer Kohärenz beiträgt: In ihren Lautkörpern kommt jeweils mindestens ein A vor. Diese Vorgabe nötigt zur Bedachtsamkeit bei der Auswahl der Wörter und beschneidet deren Beliebigkeit.

Die Wörter sind die eine Sache. Man kann sie aufschreiben und hat sie schon. Nicht aufschreiben lässt sich dagegen ihre Verlautung durch die Stimmen, die doch ihre Buchstäblichkeit allererst zum Leben bringen und sie leibhaftig werden lassen. Die Stimmen färben das Ausgesagte, verfärben es gar, verdichten, verwandeln, verzaubern, vertuschen es. Die vier Stimmen, die hörbar werden – es sind zwei männliche und zwei weibliche –, tasten ebenso zielgenau wie hemmungslos ihre akustischen Spielräume aus. Sie achten einerseits präzise auf die sprecherische Disziplin, die die Wortwörtlichkeit des Textes verlangt; können im ertönenden Augenblick jedoch auch das Verhältnis umkippen und den Laut des Wortes statt seines Sinns hervorkehren. Die ertönenden Stimmen sind dann nicht mehr, wie man es gewohnt ist und verlangen kann, Dienstleister, sondern folgen ihren eigenen Impulsen, sind selbst die Sache, um die es geht. Auch wenn die Sätze verstehbar bleiben, können lautgestische Sinnbezüge eingezogen werden, die überschwingende Deutungen jenseits, abseits der erwartbaren auslösen. Die stimmbesitzende Person kann sich jedoch auch bewusst oder unwillkürlich der leiblichen Konstitution ihrer Sprechorgane, ihrer Mundgeräusche überlassen. So werden diesseits oder jenseits der sinnfunktionalen, normgerechten Sprache, die uns allen gehört, im Atemstrom individuelle, einmalige, ja einzigartige Hörereignisse erzeugt. Für einen Hörer, der diese impulsiv-spontanen oder artifiziell konzipierten Modulationen empathisch mitvollzieht, sind sie sinnanmutend und in nicht verbalisierbarer Weise verstehbar. Sie bezeugen die leiblich-leibhafte Souveränität der menschlichen Sprache. Es gilt: Auch wo keine Wörter sind, ist Sprache, sobald Stimme laut wird.

Eine der vier Stimmen, die in diesem Stück Buchstäblichkeit und Stimmkonkretion in ihrer Verwobenheit und in ihrer Autonomie hörbar gemacht haben, hat Peter Lieck gehört. Seine sonore Stimme hat in dem Viererensemble tragend gewirkt. Er ist, für uns alle unerwartet und unbegreiflich, wenige Wochen nach der Aufnahme verstorben. Es war das letzte Stück, in dem seine Stimme laut geworden ist. Sie lebt darin weiter, auch wenn es ihn nicht mehr gibt.

Vorspann zu dem Hörspiel
›Es, im Zustand wie gesehen‹

Sendung des Hessischen Rundfunks 2010

Das Alphabet ist eine der Methoden, mit denen wir die Wörterwirbelwelten, mit denen wir es zu tun haben, in ihrer Unübersehbarkeit auffädeln können. Es dient auch dem Stück, das hier zu hören sein wird, als Organisationshilfe. Es hat den Vorteil, dass sein Verlauf als solcher bedeutungsleer ist. Die 26 Buchstaben reihen sich ohne Gestik und Symbolik aneinander. Es hat auch den Vorteil, ohne viel Federlesens einen Anfang zu stiften und das Ende zu setzen. Zwischen A und Zett werden im folgenden Stück alle Inhaltswörter, also die Substantive, die Verben und die Adjektive, entsprechend dem gerade erreichten Alphabetort mobilisiert, wobei neben den bevorzugten Anfangslauten auch die Binnenlaute eine beträchtliche Rolle spielen können.

Wörter sind, entgegen dem Anschein der Lexika, keine Bauklötze, Backsteine; vielmehr greift jedes, sobald wir es im Kopf haben, gar in den Mund nehmen, mit seiner Bedeutungsladung um sich, über sich hinaus, in sein semantisches Nah- und Fernland, gelegentlich bis zur völligen Verkehrung. Mit dem Lexikon hat der Text gemeinsam, dass die Lautgestalten der Inhaltswörter jeweils nur einmal vorkommen und dann nie wieder – sieht man von den ab und zu auftauchenden Echoeffekten ab. Es reihen sich kleine, fragmentarische Geschichten, Situationen werden beschrieben, Reflexionen eingeflochten. Doch unablässig kommen neue Aspekte, Figuren, Ereignisse ins Spiel. Jede Stelle ist pure Gegenwart an ihrem Ort und wird von der nächsten verdrängt.

»Im Zustand wie gesehen« heißt: Das titelgebende »Es« ist tangiert von den Anmutungen und Zumutungen, den Abfällen, Einfällen und Unfällen des durchlebten Jahrhunderts, von dem die Wörtermonaden des Stückes durchtränkt sind. Doch ihre Flanke, nicht zu vergessen, man hört es: bleibt offen, immer. Sonst wären sie verloren.[1]

Anmerkung
1 Der Text ist abgedruckt in: Franz Mon: Zuflucht bei Fliegen. Lesebuch. Frankfurt/M. 2013, S. 385–432

Vorspann zu dem Hörspiel ›Woher kennen wir den?‹

Sendung des Hessischen Rundfunks 2011

Dieses Stück besteht aus einer Folge von Dialogen. Worüber jeweils gesprochen wird, stellt sich erst im Verlauf des Wortwechsels ein. Ein Wort gibt das andere. Wer das Wort hat, hat recht; genauso wie der, der ihm entgegnet. Das Auftauchen des Unvermuteten ist die Regel, auch wenn sich ein roter Faden zeigt. Es gibt Themen, die im Hin und Her eines Wörter- und Sätzepingpongs gestriezt werden. Der Tod Schillers mit seinen Überraschungen kommt zur Sprache oder Nofretetes museales Schicksal; auch Hamm an der Bergstraße spielt eine bemerkenswerte Rolle. Doch jedes Gespräch schwimmt auf seiner Welle des Unausgesprochenen, Verhohlenen. Es bleibt – Anfang wie Ende abrupt – im eigenen Bruchfeld. Zwischen den Dialogen absorbieren Zwischenbemerkungen eines unbeteiligten Dritten die Aufmerksamkeit. Einfallendes, Anderes, Beiläufiges wird eingeblendet. Unabsichtlich kann es sich ins nächste Gespräch einfädeln: Stichwortpartikel, Szenarien, Verweise kritzeln am Rahmen. Ungestellte Fragen beenden das Stück.»Wann war Holiday?«

»Das Lachen vollzieht sich im Innern der Kapsel«

Über Ernst Jandls Hörspiel ›das röcheln der mona lisa‹

1990

I

»… eine Kapsel, in der vieles drin ist und sich bewegt, eine Kapsel, in die immer wieder Neues hineinfällt und die trotzdem total isoliert und abgeschlossen ist, also ein in sich funktionierendes System, ohne Hoffnung, da je herauszukommen. Das Herauskommen, das ja im Hörspiel auch gezeigt wird, ist dann letzten Endes der Tod.« So kennzeichnet Ernst Jandl in einem Gespräch mit Jörg Drews sein Hörspiel *das röcheln der mona lisa*.[1]

2

Das Stück wurde zuerst 1970 vom Bayrischen Rundfunk gesendet. Es ist ein Stück für das Ohr. Die zahlreichen Textpartikel, aus denen das Stück besteht, geraten durch Jandls Stimme in einen eigentümlichen akustischen Aggregatzustand, der optische Phantasien allenfalls momentan und flüchtig zulässt. Jandl hat eine Methode, die Hör-Augenblicke durch Brüche, Sprünge und Wiederholungen zu intensivieren und sie mit Hilfe gestörter Identität dem Hörgedächtnis einzuprägen, sodass ihre emotionale Vibration noch lange im Hörer nachwirkt. Der Hörer wird in Spannung versetzt, weil er nie weiß, was ihn erwartet – die Vorhersehbarkeit des Textablaufes ist gering. Auch gelangt er von einem Moment zum andern aus einem Unsinnsloch in aufblitzenden Tiefsinn. Oft kann er nicht entscheiden, ob das, was er hört, so naiv gemeint ist, wie es klingt, oder ob es ein bitterböser Witz ist. Ehe er sich entscheiden kann, ist der Moment vorbei (s. auch S. 412 ff.).

3

Nach dem Manuskript besteht das Stück aus 24 Sprechszenen.[2] Die kürzesten haben nur wenige Worte und dauern gerade ein paar Sekunden; die längsten simulieren dialogische Redeweise zwischen einer Jandl-Stimme und einem, als »chor« bezeichneten Cluster aus Jandl-Stimmen. Der Text ist eine Kompilation aus Fertigteilen, die sich teilweise auch andernorts bei Jandl finden lassen, aus Fundstücken, Notizen, Aufgelesenem, Ohrwürmern, Floskeln, Sprüchen, Zitaten. Sie haben im Grunde oder von Hause aus nichts miteinander zu tun: Deshalb passen sie ausgezeichnet zueinander, wie etwa die *Ho-Chi-Minh*-Rufe und *ich bin din* (Szene 12).

4

Alles hängt an Jandls Stimme. Jandl selbst hängt an Jandls Stimme. Sie sagt *ich*, schon mit dem ersten Wort des Stückes – *ich dir machen an mir* ...: Viermal etwas ankündigend und dabei das *du* anbohrend und wieder zurückziehend: *ich – dir – an mir.* Diese Stimme allein ist die Instanz, mit der man (du, ihr, wir, sie) zu tun hat. Sie bringt auch persönliche Bezüge mit ins Spiel: Erlebnisse, Erfahrungen, Erinnertes dringen durch, etwa wenn ein Kindheitsbild zu einem Liedchen gerinnt und sogar Namen genannt werden (Szene 18). Doch diese Stimme hämmert so lange, bis jede naive Emotion getilgt ist. Es gibt einmal ein Kind (... *und wird da ernsti springen*), der Text zeigt es vor, und die Stimme treibt es aus. So wird mit dem Erinnerten, Alltagsgeschehen, den Anspielungen, Einbringungen aus den verschiedensten Bereichen verfahren. Jandls Stimme arbeitet wie mit zwei Organen: Mit dem einen greift sie zu, zeigt sie, behauptet sie, erhebt sie, imaginiert sie szenische Spots; das andere bearbeitet die Wörter, als wären sie über einen Resonanzboden gespannt, überführt sie in Geräusche, Geräuschbündel, denaturiert sie mit Methode.

5

Die Sequenz von Lippenlauten (*bbbbbb* ...), mit der das Stück einsetzt, markiert eine Grenzlinie, jenseits deren mit leisem Drohton seltsame Arten von »Überraschungen« angekündigt werden: *halsüberraschung, sprachüberraschung, farbüberraschung, temperaturüberraschung.* Es hört sich an wie ein Programm, wie Stationen einer imaginären Reise. Die Abwendung vom Gewohnten wird alsbald deutlicher; sie zeigt sich sprachlich im Auswechseln von Lauten (*träune sind schäune – schän dich*) und in der Imagination einer quasirituellen körperlichen Folterung (*DIE ARME HÄNGEN AM STRICK AN DEN FÜSSEN HÄNGT DER STEIN* ..., Szene 5) – angeblitzt nur einen Augenblick lang, kein Ernstfall, nur der bedrohliche Riss, der sogleich als *HARMLOSER KNALL BEIM ZERREISSEN* enthäutet und als *TRICK* weggetan wird.

Oder doch nicht? Oder doch nicht ganz? In der folgenden Szene 6 taucht erstmals der von Jandl – im Begleittext zu dem Stück – als bedeutsam markierte Slogan »schöner sterben« auf, umfasst von den vier rätselhaften ›Überraschungen‹. Der Slogan – doch wohl hergeleitet aus dem bekannten Zeitschriftentitel »Schöner wohnen«[3] – schwingt hier im Gleichgewicht seines positiven und seines negativen Pols. Das polarisierende Spiel wird in der nächsten Szene (7) weitergetrieben, und zwar vermeintlich und offensichtlich zugunsten des positiven Pols. Emphatisch tönt es: *WIR SIND JUNG*, dreimal, und jedes Mal antwortet die Einzelstimme, wenn auch »trocken, rasch«: *und das war schön*. *schön* ist auch Element in Szene 8, jedoch artikulatorisch zerdehnt und in zwei Stücke zerlegt (*sch-önn*); geliftet nur noch durch ein, freilich ebenso zerdehntes und zerlegtes *jja/wooooooooooooooooooooooo/l*, welches der Chor schließlich in einer unbestimmten Zahl von Wiederholungen aufgreift. Der Negativpol scheint ausgelöscht und vergessen – da setzt er sich mit einem einzigen (»laut, langgezogen«) *n-e-i-n* wieder in Kraft.

6

Schon im Titel ruft das ›röcheln‹ konnotativ auch das Lächeln der Mona Lisa mit auf. Semantisch besteht ein drastischer Gegensatz. Artikulatorisch dagegen schmilzt er dahin: Die zweite Silbe ist in beiden Wörtern identisch; das *Ö* ist eine Verengung des *Ä*, *R* und *L* sind beides Dauerlaute, von denen der eine im Rachen, der andere am Gaumen postiert ist. Für einen des Deutschen Unkundigen erscheinen die beiden Wörter wie artikulatorische Varianten. Probeweise bildet er eine weitere mögliche: löcheln / rächeln: Das Löcheln der Mona Lisa / Das Rächeln der Mona Lisa. Der semantische Gegensatz verzittert in der Austauschbarkeit, also auch Gleichzeitigkeit der Lautgestalten.

Jandl treibt zwar nicht an dieser Stelle, doch bei anderer Gelegenheit das Spiel mit den Wörtermünzen: Als *farbüberraschung* verhält sich ein Grün, wenn es zum *grünßen sie ihn von mir* wird; ein Violett, das sich verpuppt zu *vio/letztes mal*; ein Rot wird ergänzt zum *rot/schherunter* (Szene 17). Es ist wie eine verbale Genmanipulation. Bei völliger Erhaltung der Wortbedeutung ›grün‹ verdrängt dieses das für sich sinnleere ›grü-‹ und bildet, ins Verb eingepflanzt, das Superding *grünßen*. Die Handlung ›grüßen‹ wird grün eingefärbt, die Farbe Grün wird zur Qualität des kommunikativen Vorgangs. Die Synthese verbirgt nicht ihre Nahtstelle. Nur die Jandl-Stimme heftet die divergenten Teile aneinander. Ihr Atem ist es, der die Brocken belebt.

Dem Verfahren der Wörterklitterung entspricht auf der anderen Seite die Methode der Wörterspaltung. Dabei werden Wörter, meist auf dem ersten Vokal, so in die Länge gezogen, dass die gedehnte Lautung das Festwerden der Bedeutung verhindert, bis die andere Wortsilbe, nach einem Hiatus trocken nachgesetzt, die Wortgestalt im Ohr vervollständigen kann (z. B. in Szene 8 *hauuuuuuuuuuuuuuuuuuuuuuuu/se*). Lautgeste und Wortgestalt zeigen sich als zwei Seiten einer, allerdings gespaltenen Münze. Beim gewöhnlichen Sprechen verschwindet die Lautform hinter der Bedeutung, nur diese lebt auf und arbeitet weiter. Durch Spaltung und Dehnung der Lautform wird die Bedeutung verrückt. Ein langgezogenes *hau-* macht den Verzehr von Zeit – Sprachzeit, Hörzeit, Atemzeit – spürbar, möglicherweise quälend, bedrängend spürbar; zumal dann ein Schnitt kommt mit seiner zäsierenden Wirkung/ Bedeutung, ehe die nachgeschobene zweite Wortsilbe die Konvention wiederherstellt und die Spannung löst.

7

Durch das ganze Stück ziehen sich zwei sprachliche Ebenen und geben ihm eine kaum spürbare, fast lethargische Spannung: die Ebene des verbalen Textmaterials, das sich aus allen möglichen Elementen und Brocken zusammensetzt, und die der asemantischen artikulatorischen Lautsequenzen. Mit einer solchen, nämlich einer monoton gesprochenen Reihe von Lippenlauten, beginnt das Stück, und sie grenzt es gegen die Alltagswelt ab. Jandl nennt diese Lautfolge »Basisgeräusch«. Er mischt es an zahlreichen Stellen ins Spiel, sodass es sich teils offen, teils verdeckt wie eine Sedimentschicht durch das Ganze zieht; dabei verbale Teile auseinanderdrückt, ohne selbst eine andere Mitteilung als die der labial-musikalischen Lautfolge zu haben.

Dass es sich um eine konstitutive sprachliche Dualität handelt, erweisen die artikulatorischen Lautfolgen in den Szenen 17 und 22. Jandl spricht in der Regieanweisung (Szene 17) von »sterbetönen«, »ächzen, stöhnen, wimmern etc.«, Angaben, welche die Intention andeuten, doch das stimmliche Produkt so wenig wie die beigegebenen graphischen Notationen angemessen charakterisieren können. Hart angeschnitten und stimmlich drastisch abgehoben wird in die artikulatorischen »sterbetöne« ein englisches Kinderlied (*tell me nelly if it's true*) montiert. Den ›ungenauen‹, auf keine verbale, keine syntaktische Ordnung beziehbaren Lautfolgen wird damit ein Text entgegengesetzt, der akustisch nahezu ausschließlich aus einsilbigen Wörtern besteht: diskreten verbalen Worteinheiten also, die Jandl dazu noch minutiös separierend artikuliert. Dort der offene, eine emotionale Eng- wie auch Fernführung bewirkende tönende Atemstrom, hier der in jeder Hinsicht korrekte, fast gehackte verbale Text. Auch wenn beide Ebenen getrennt sind und sich methodisch trennen lassen, Jandl bindet sie an- und auch ineinander: Beides ist für ihn komplette Sprache – wobei zu bedenken ist, dass er sprachliche Deformationen – semantische Brüchigkeit, vertauschte Metaphern, unkorrekte Syntax, Abbrechen des Sprechverlaufs – als authentische Momente von Sprache versteht. Sie lassen sich, weil die sprachlichen Normen nicht die Normalität von Sprache sind, nicht austreiben, werden vom Poeten vielmehr mit Methode eingetrieben.

8

Dichtung »erfaßt Sprache als Körpergeräusch«, bemerkt Jandl im Begleittext der Plattenhülle. Das Stück folgt dieser Einsicht am deutlichsten in Szene 14. Diese besteht aus dem Ineinandergreifen zweier Reihen. Der Satz *die sonne geht auf und zu* verfehlt bewusst das erwartete »die Sonne geht auf und unter«, zieht vielmehr die Aussage des Satzes *der mund geht auf und zu* an sich. Beide Sätze werden stimmlich ineinandergestaucht; dann ändert der Mund-Satz seine Aussage: ER IST OFFEN / ER IST WEITER OFFEN / ER IST SEHR WEIT OFFEN ... Womit er eine der polaren Möglichkeiten bevorzugt und ins Extrem treibt; doch setzt sich unvermittelt die andere Möglichkeit durch: Aus geschlossenem Mund tönt ER IST ZU.

Aussage und Körperhandlung (des geschlossenen Mundes) fallen paradox zusammen, denn ein geschlossener Mund bedeutet eigentlich den Willen zum Nichtsprechen, Verstummen, Schweigen. Nur ein unter Zwang geschlossener Mund versucht dennoch eine Äußerung. Dem folgt wie ein distanzschaffender, aufreizender Kommentar der schon bekannte Satz: *ich/ dir/ machen/ an mir/ sprachüberraschung*. Sodann wird, wie in einem der Wiederholung fähigen Experiment und zur Festigung des Gezeigten, der Mund-Satz ein zweites Mal entwickelt.

Im Stimmencluster und vielfach wiederholt läuft der Sonnen-Satz (*die sonne geht auf und zu*) durch. Er verändert seine Aussage nicht, seine Wahrheit scheint stabil – bis in der letzten Wiederholung die Aussage kollabiert, wenn das *zu* stimmlich zerdehnt wird. Wie der Mund nun auch die Sonne: zu.

Doch ist dies nicht das letzte Wort. Die polarisierende Bewegung nimmt die folgende Szene (15) wieder auf, nun jedoch von allen Anklängen und Bedeutsamkeiten entlastet, da nur bezugslose Präpositionen (*vom vom zum zum*) im Spiel sind, das sich »ruhig, in einem weiten raum« vollziehen soll. Doch die Heiterkeit des schwerelosen Spiels ist flüchtig. Mit befehlend dröhnendem ... *und zurück*, das mehrfach und zuletzt eindrücklich wiederholt wird, bricht auch dieses Gleichgewicht zusammen. Folgerichtig werden sich in der übernächsten Szene (17) die desolaten *sterbegeräusche* anschließen – Sprache als Körpergeräusch im kaum mehr verstellten Sinn.

9

Jandl: »das Leere, dem wir entgegenblicken« ist das ›Zentrum‹, um das sich die vielen Teile, die das Stück ausmachen, von selbst ordnen. Das Stück endet, folgerichtig, mit der in »höchster erregung« angekündigten *temperaturüberraschung*: Eingemischt in die labialen »Basislaute« und in knarrende Stimmgeräusche, ertönt geflüstert und in die Länge gezogen ein zweimaliges *kaaaaalt* als letztes Wort (Szene 24). Es desavouiert den vorangegangenen letzten Versuch, wenn nicht Hoffnung, so doch Offenes (*glaube – öffnung und liebe*) zu erreichen, *einen SPALT!* wenigstens vor sich zu finden (Szene 23).

Der Schluss ist eindrucksvoll. Er ergibt sich offensichtlich notwendig aus der an vielen Stellen aufscheinenden Thematik. Doch kann ein solches Stück überhaupt einen ›Schluss‹ haben? Das »Verstummen«, das Jandl programmatisch ansteuert, ist als Innenseite des zivilisatorischen Sprachprozesses ein infinitesimaler Vorgang. Das heißt: Verstummen geschieht jederzeit und in jeder sprachbetroffenen Existenz, und insofern ist ›Ende‹ allgegenwärtig. Zugleich jedoch ist unser Sprachprozess so unabschließbar wie die menschliche Existenz. Jandls kompositorische Methode entspricht dem auch: Er synthetisiert in dem Stück alle möglichen Arten von Textmaterial, die seine Schreibexistenz hervorgebracht und zusammengetragen hat. Dabei ist die Wiederverwendbarkeit des Materials in ganz verschiedenen Zusammenhängen bemerkenswert. Es gibt nicht den unverwechselbaren poetischen Ort für eine einmalige poetische Aussage. Die Textteile sind fluid, besitzen eine Art Autonomie, die sie für immer wieder andere Konstellationen nutzbar macht. Ihre Identitäten sind variabel bis an die Grenze der Beliebigkeit. Daher ist auch die Methode, nach der synthetisiert wird, radikal offen und für Überraschungen aller Art gut.

Der Bezug auf »das Leere, dem wir entgegenblicken« (Jandl) liefert nur scheinbar das ›Zentrum‹, das einem Magnetfeld vergleichbar die Textpartikel organisiert. Denn das ›Leere‹ wird, einmal ins Sprachfeld geraten, eine meditative Kategorie und polarisiert sich mit der des ›Vollen‹: das sich in unabsehbaren Füllungen manifestieren kann. Die Kompositionsmethode, die mit Sprüngen, Schnitten, Brüchen (»Überraschungen«) ebenso arbeitet wie mit Übergängen, Analogien, Vertauschungen, Verwischungen, vermag eine Fülle von mundanem sprachlichen Material zu erschließen und in dem Stück zu binden. Nur wegen der praktischen Umstände – Dauer, Medium usw. – muss diese Fülle endlich und begrenzt bleiben. Potentiell ist sie unabschließbar und innovativ wie das Sprachgewebe, mit dem zusammen und aufgrund dessen wir existieren. *das röcheln der mona lisa* endet zwar, aber es kann nicht aufhören.

10

Wer sich auf das Stück einlässt, überschreitet eine Grenze. Es wird von Anfang an nicht verborgen, dass Radikalität im Spiel ist. Mit Konsequenz wird jede Art von Hoffnung als illusionär, werden tragende Polaritäten als trügerisch und hinfällig dargetan. Die dialogischen Sequenzen laufen letztlich allesamt auf einen Schreckpunkt zu, und ein solcher sitzt auch in den freimütig angekündigten »Überraschungen«. Dabei ist das ganze Stück aus trivialem Material zusammengefügt. Zum überwiegenden Teil handelt es sich um kleine Wörtermünzen, im Alltag vernutzte Redewendungen, Floskeln, Banalzitate, Kinderverse. Keine seltenen Wendungen, keine extremen Formulierungen, keine Schmuckwörter des Schreckens, des Grauens. Wer sich auf das Stück einlässt, bewegt sich an der Alltagslinie entlang, aber nicht auf dieser, der von Gewohntsein nicht mehr bemerkten, sondern auf der anderen Seite, wo selbst das Banale nicht mehr selbstverständlich ist. Wie auf einer rituellen Reise wird der Hörer vom alltäglich Gewohnten, gerade indem er es wahrzunehmen genötigt wird, abgedreht. Es gelingt durch die Entindividualisierung der Textteile, der angespochenen Personen, auch der Ereignisse, die aufgerufen, auch der Visionen, die aus ihren Räumen zurückgerufen werden. Jandls Methoden, die beschrieben wurden, bewirken das, vor allem aber und über alles andere hinaus und hinweg seine Stimme. Sie führt, ohne zu berühren. Sie trifft, ohne zu zielen. Wer dieses Stück durchgestanden hat, weiß: Er hatte den Kopf in der Schlinge.

Anmerkungen

1 Klaus Schöning (Hg.): Hörspielmacher. Autorenporträts und Essays. Königstein 1983, S. 207
2 Ernst Jandl: gesammelte werke. Hg. von Klaus Siblewski. Damstadt u. Neuwied 1990, Bd. 3, S. 119–144
3 Der Slogan »schöner sterben« ist tatsächlich ein Werbespruch gewesen, den Jandl aufgegriffen hat.

… # »Auf die Sprache ist Verlass, während oder wenn ich schon verlassen bin«

Die vokale Literatur von Michael Lentz

2015

Die beiden Äste der Poesie

Die fünfzehn Hörspiele, die Michael Lentz seit 1995 – da war er 31 Jahre alt und mit dem Mammutprojekt seiner Dissertation beschäftigt – angefertigt hat, sind seitdem ein Nervenstrang nicht nur seiner Poetik, sondern auch seines Lebens geworden.[1] Man versteht dies, wenn man sich bewusst macht, dass die Begriffe »Dichtung« und »Literatur« sich dem Sprachgebrauch nach weithin decken, ihrer Herkunft nach jedoch deutlich unterscheiden. Das Wort »Dichtung« basiert auf »dictum«, das Gesprochene, und beträfe danach die orale Poesie mit der Stimme und dem Ohr als den körperlichen Komponenten. Literatur stammt von »litera«, dem Buchstaben ab, dessen Körperlichkeit die schreibende Hand und das Auge ist. Für Michael Lentz ist es blanke Gewissheit, dass die Stimme per se ein produktives Mittel der Poesie ist. In der kulturellen Praxis hat sich das Medium Schrift als das dauerhaftere und einflussreichere durchgesetzt und mit dem Buchdruck die orale Kunst der Stimme an den Rand gedrängt. Allenfalls auf dem Theater (und im Film) kommt sie noch zur Geltung.

Seit der Erfindung der Schallplatte hat sich das jedoch geändert. Auch die Stimme hat ihre dauerhafte Aufzeichnung gefunden. Sie wurde durch die elektrotechnische Entwicklung so perfektioniert, dass auch jede Nuance stimmlicher Äußerung fixiert und in der oralen Komposition genutzt werden kann. In welcher Weise dies im 20. Jahrhundert und insbesondere in dessen zweiter Hälfte geschehen ist, hat Lentz in seiner monumentalen Dissertation *Lautpoesie/Lautmusik nach 1945: Eine kritisch-dokumentarische Bestandsaufnahme* (2000) dargestellt. »Der hiermit bereitgestellte Fundus macht deutlich, dass Lautpoesie und -musik mehr als ein marginales Phänomen der Nachkriegsliteratur ist, sondern in ihren unterschiedlichen Spielarten und Ansätzen ein eindrückliches Spektrum experimenteller Ästhetik existiert«, schreibt Erich Kleinschmidt in einer Rezension.[2]

Hörspiel ist Stimmenspiel

Die Aspekte und Spielräume des radiophonen Hörspiels hat Lentz in seiner Darstellung ausgespart. Es gibt zahlreiche Überlappungen. Verkürzt kann man sagen, dass das Hör- und Stimmenspiel, im Gegensatz zur Lautpoesie, dem narrativ Ausufernden gegenüber offen ist. Mit dieser teilt es jedoch »die grundlegenden auditiven Parameter Lautstärke, Tonhöhe und Klangfarbe, sowie Tempo, Rhythmus, Entfernungseindruck, Raumklang oder Position im Stereoraum«.[3] Mit ihren vielfältigen Differenzierungsmöglichkeiten ist die Stimme selbst Substanz der Aussage – was bis zur Auflösung, Auslöschung des semantisch Verstehbaren führen kann. Seine akustische Position hat Lentz, schon bevor er »überhaupt zu schreiben anfing«, durch das Lernen von Instrumenten – Waldhorn, Klarinette, Saxophon – und des Partiturlesens ausgebaut. »(I)ch kann in weit ausholenden Bögen rhythmisch parodisiert sprechen, auch in Höchstgeschwindigkeit.«[4]

Seit 2002 folgt bei Lentz in konstantem Rhythmus spätestens alle zwei Jahre ein Hörspiel dem anderen. In allen, bis auf das »Sauwald«-Hörspiel von Uwe Dick, ist seine Stimme dominant oder steuernd im Spiel. Er ist es, der, gelegentlich von Josef Anton Riedl unterstützt, die Regie führt. Er stellt selbst oder bestimmt beziehungsweise bearbeitet die Textbasis, wobei entsprechend dem Konzept auch Fremdtexte verwendet werden. Er ist der Urheber, nicht nur, wie sonst zumeist üblich, der Lieferant des Manuskripts. – Dabei ist zu bemerken, dass die Hörspielabteilung des Bayerischen Rundfunks unter der Leitung Herbert Kapfers in einer höchst ungewöhnlichen Aufnahmebereitschaft alle radiophonen Arbeiten, die Lentz anzubieten hatte, realisiert und durch seine Mitarbeiter unterstützt und gefördert hat.

Bereits seine Texte der 1990er Jahre hat Lentz im experimentellen Zugriff als Wortagglomerationen, Anagramme, mono- oder dialogisch imprägnierte Sätzesequenzen verfasst. Einen Teil davon spricht er ins Mikrophon und macht den Leser als Hörer mit der akzentuierenden Potenz seiner Stimme vertraut. Ein Stück, an dem fünf Sprecher beteiligt sind, hat den Titel *Absprache* und kann als sein erstes Hörspiel gelten. Der Buchausgabe sind diese Stücke auf einer CD beigefügt.[5]

Die poetische Balance

Die in diesem Buch praktizierte Symbiose von literalen vokalen[6] Aspekten gilt cum grano salis auch für die akustische Produktion der Stimmenhörspiele. Mit wenigen, im Konzept begründeten Ausnahmen haben alle eine Textvorlage, zumeist ein von Lentz formuliertes Manuskript. Ohne skripturale Vorgabe kommen nur das im Reportagestil gesprochene Stück *Bantam-Fliegen* (2008), *Radio Unruhe. Ein Queerbeet* (2011) und die Lautkomposition *größer minus größer* (2014) aus. Dreimal stiftet Lentz literalen Prosawerken – *Muttersterben* von ihm, Ferdinand Kriwets *Rotor* und Uwe Dicks *Sauwaldprosa* – die akustische Transformation zum Stimmenhörspiel. Zitate und Intertextpassagen finden sich in verschiedenen Stücken. Näheres dazu weiter unten. Charakteristisch für die Perspektive, die Lentz bei der Thematik seiner Stücke beachtet, sind die Beziehungen zu einzelnen Personen, deren Lebensabdruck entweder unmittelbar durch ihre Stimme oder mittelbar durch ihr literales Werk zur Geltung kommt – zum Beispiel Konrad Kellen, zeitweise Thomas Manns Sekretär, mit seinem Interview in *Exit* (2005), der bereits verstorbene Dieter Roth durch ein Live-Video in *rot sehen* (2006), Uli Winters, mit Lentz durch seine Puppenspiele kooperativ vertraut, mit seiner *ganz genauen Erinnerung* (2010). Manche Begegnungen haben durch die vokale Gestaltung die Anmutung eines Porträts.

Das erste literale Porträt, das Lentz gezeichnet hat, war das seiner Mutter. Deren jahrelanges, krebsverursachtes Leiden wird für ihn der Lebensabgrund, den er mit einer gründlich veränderten Schreibweise zu überbrücken versucht. Im Sterbejahr der Mutter 1998 formuliert er nebeneinander die Texte *Muttersterben* und *Kein Zusammenhang*, in denen er nüchtern konstatierend, selbstreflexiv auch in kritischer Hinsicht die Situationen, Begegnungen, Äußerungen, Empfindungen, Gedanken reiht. Es ist eine für Lentz neue Diktion nahe an der Sache: ein Erinnerungshandeln, das ihm als Phänomen längst geläufig war, jetzt aber direkt seinen Lebensnerv trifft. – Im selben Kapitel des Buches

Muttersterben (2002), in dem sich auch die Sterbejahrtexte befinden, findet sich auch die Reflexion »Wenn einer nur eine einzige Erinnerung hat«.[7] In einem strikten Wiederholungsverfahren wird darin das Thema durchexerziert. Im Blick auf das bedrohte Dasein der Mutter heißt es: »das wird deine einzige erinnerung sein. bis zu diesem augenblick hast du gar keine erinnerung gehabt, nur floskeln, verzückung.«[8]

Nach der preisgewürdigten öffentlichen Lesung der Erzählung *Muttersterben* vervollständigt Lentz die verbale Existenz des Textes durch seine vokale Fassung.[9] Mit der Modulationsbreite seiner Stimme bewirkt er eine Gegenwärtigkeit und Eindringlichkeit der Binnenwelt seiner Aussagen, die den Hörer unmittelbar ins Dabeisein treibt. Erreicht wird dies nicht zuletzt durch die radiophonen Veränderungen des Stimmentons, den Pausenrhythmus und vor allem auch durch die instrumentalen, den Textverlauf begleitenden oder unterbrechenden Kompositionen Josef Anton Riedls, der auch als Coregisseur mitgewirkt hat. In dem Stück sind die literale und die vokale Ebene gleichgewichtig. – Mit ihm beginnt Lentz einen eigenständigen akustischen Werkstrang. Die existenziale, tief ins Binnenleben reichende Motivation wird, in welcher Hinsicht auch immer, auch in den nachfolgenden Stücken wirksam sein.

Sprechstück pur

Die nächste Gelegenheit bietet das Angebot des ORF in Wien, für dessen Kunstradiosender ein Hörspiel zu machen, bei dem Autor, Sprecher und Regisseur dieselbe Person sind. Dauer etwa 15'. Lentz schmeckt das. In dem Stück, das den Titel *Tell me – Erzähle* (2004)[10] bekommt, verwendet er Zitate aus Andersens Märchen vom »standhaften Zinnsoldaten« als Basismaterial für »eine andere Geschichte«, die die sprechenden Personen umtreibt. Die katastrophale Irrfahrt des Zinnsoldaten mit ihrem traurigen Ende, ohne die Sehnsucht nach der kleinen Tänzerin zu erfüllen, ist die Spiegelung einer nie zu Wort kommenden Liebesnot – zu verstehen möglicherweise auch als Reflex des ein Jahr zuvor erschienenen Romans »Liebeserklärung«, der eine verlorene und eine keimende, durchaus ungewisse Liebeserfahrung umkreist. Auch eine »Geschichte«, deren Ortlosigkeit Lentz direkt betrifft. Mit seiner Stimme und den fragmental geschnittenen Textmontagen bannt er die Unabschließbarkeit dieser, seiner Geschichte.

Eine Stimme aus dem Off wird akustische Literatur

Das Aufenthaltsstipendium in der Villa Aurora in Santa Monica, Kalifornien, das er 2001 bekam, dient Lentz zur basalen Textanreicherung für sein Romanmanuskript »Pazifik Exil« (2007). In diesem Zusammenhang gelingt es ihm, Thomas Manns Privatsekretär zwischen 1941 und 1943, Konrad Kellen, der dort noch sesshaft war, zu einem sehr ausführlichen Gespräch zu bewegen. Die zögerlich gebrechliche, doch entschieden aussagende und urteilende Stimme des inzwischen über achtzigjährigen Kellen wird Lentz in das Stimmhörspiel *Exit* zitatweise an vierzig Stellen einfügen, ergänzt und gestützt von den eigenen Aussagen.[11] Es ist ein höchst labiles Erinnerungshandeln, wenn Kellen beginnt:

> Wie war das denn noch? Ich wollte Ihnen doch noch etwas erzählen aus der Geschichte direkt nach Berlin. Das zu rekonstruieren, wie es war. Wissen Sie, das ist, wenn man heute hier, so wie ich mit Ihnen sitze, so habe ich ja auch mit Leuten hier gesessen in einer Zeit, wo zu Tausenden im selben Moment, wo wir hier Kaffee trinken, die Leute in Deutschland ermordet wurden. Das ist ja, wie man darauf reagiert, da kann man sich ja irgendwie gar nicht so recht erinnern.

Aus den Erinnerungspassagen des Interviews bildet Kellens Stimme eine Art Porträt seiner selbst, das in dem akustischen Medium literarisch wird und überdauert.

Der Erinnerungsvorgang weckt im Zuhörer Lentz das eigene Bedürfnis, sich des Zurückliegenden zu vergewissern, hier assoziiert mit den eigenen Erlebnissen mit zerborstenen Resten des 2. Weltkriegs an der Atlantikküste, wo der Sechsjährige mit der Familie 1970 Strandferien hatte. – Lentz endet das Stück mit der Bemerkung: »So ist es mit der Sprache.« Womit er an die private Qualität einer sprachvermittelten Erinnerung erinnert.

Memorial Dieter Roth

Eine geradezu rituelle Präsentation einer Fremdstimme vollzieht Lentz mit der Stimme des von ihm hochgeschätzten Autors und Künstlers Dieter Roth in dem 2006 produzierten Stimmenhörspiel *rot sehen*.[12] Lentz benutzt dazu einen 1985 aufgenommenen Videofilm[13], der Dieter Roth anlässlich einer Ausstellung seiner Arbeiten beim Vor- und Verlesen poetischer Texte zeigt. Angelegt ist das Stück als eine Art Triptychon. In der Mitte des Hörraums verläuft der Videofilm mit der nur den beiden Sprechern sichtbaren Figur Roths und seiner Stimme. Zur linken Seite spricht eine männliche Stimme, die von Michael Lentz; auf der rechten eine weibliche, die von Sophia Siebert, die hier zum ersten Mal in Lentzens Hörstücken auftritt. Sie beschreiben, was ihnen der Film zeigt. Lentz vergegenwärtigt stichwortartig das körperliche Aussehen Roths. Sophia Siebert beobachtet, was er macht, seine Gestik und Mimik schildert das bildliche Umfeld. Eingefasst ist so die sich selbst überlassene Stimme Dieter Roths mit ihrem Zögern, Probieren, Wiederholen, ihrer Lustlosigkeit und wie sie sich immer wieder aufrafft, die in ihrer wörtlichen Verfassung so simplen Poeme hervorzubringen. Der Hörer vernimmt ihre feststellende, unaufdringliche Abseitigkeit. Er weiß dabei oder weiß es auch nicht: Es ist die Stimme eines Verstorbenen. Roth starb 1995 in seinem Atelier. Zu hören ist ein mit Lebensdaten und -details angereichertes akustisches Porträt Dieter Roths.

Im Verlauf des Stückes werden von den beiden begleitenden Stimmen auch Landschafts- und Kulturrealitäten Islands aufgerufen, die ihnen von einer Reise dorthin vertraut sind und bei der sie auch den ehemaligen Wohnort Roths besucht haben. So gewinnt auch das Stück »rot sehen« Erinnerungswert für das eigene Erleben.

Gespaltene Schatten

Das 2008 entstandene Stimmenhörspiel *Klinik* ist ein Zweistimmenspiel von eigentümlicher mono- wie dialoger Verfassung.[14] Lentz spricht den männlichen, Sophia Siebert den weiblichen Part. Jede Person lebt, wie man hört, für sich. Sie kommunizieren nur per Telefon, wobei sie die andrängende, wünschende, situationsbedrängte ist, während er monologisch darauf reagiert, ohne zu antworten. Er spricht von seinem häuslichen Ambiente und alltäglichen Tun; sie zieht her über die Art und Weise, wie man mit ihr in der Psychoklinik umgeht, und scheut weder das ordinäre Schimpfvokabular noch handgreifliche Widerständigkeiten, was sie alles ausführlich am Telefon ausbreitet. Erst spät im Verlauf des Duetts fällt das Stichwort »Psychose«, das sie sich gegenseitig anheften. Mit dazu passenden verbalen Symptomen hat Lentz die Aussagen zwar längst gespickt, doch auch das erotische Wunschkorsett ist bei beiden leibhaftig. Offensichtlich tragen und spalten zwei Motivbereiche das Stück: der psychopathologische und der erotische. Beide haben im Leben von Lentz eine bedrängende Rolle gespielt und sind für ihn hochgradig erinnerungsvalent. Was sich nun in der mal lockeren, mal strikten Kette der disparaten Äußerungsimpulse auswirkt, die Lentz in seinem Manuskript angelegt hat. Der Hörer seinerseits, zunächst noch unbeeindruckt vom Stichwort »Psychose«, ist darauf aus, die vermutete dubiose Liebesbeziehung der beiden zu entziffern, bleibt jedoch, da dies immer wieder von der einen oder der anderen Seite konterkariert wird, unentschieden – und dies bis zum Ende. Spätestens dann könnte er die früheren Fälle zutiefst gespaltener Liebesbeziehungen im Werk von Lentz zu Rate ziehen: in dem Stück »Tell me – Erzähle«, von dem bereits die Rede war, und in dem Buch »Liebeserklärung«, dessen Ich sich zu zwei Lieben zu verhalten hat.

Erinnerungen live

Ein exemplarisches Stück oraler Literatur bringt Lentz 2010 mit *Die ganz genaue Erinnerung* zustande.[15] Er selbst redigiert zwar Anlage und Verlauf, ist stimmlich jedoch nur nebenbei anstoßend, fragestellend dabei. Er lässt der Sprechlust und dem Mitteilungsdrang Uli Winters, mit dem er seit den Jugendjahren freundschaftlich verbunden ist, freie Bahn. Dessen Stoff sind die Erlebnisse und Erfahrungen seiner Kindheit. Seine Familie spielt gesprächsweise mit. Besessen ist Uli jedoch von dem realitätsgesättigten Sprechspiel mit seinen als lebende Wesen verstandenen Minipüppchen. Sie haben ihre Eigennamen und sind Gegenstand anrührender und manchmal auch richtig katastrophaler Szenen.

Zum Material des Stücks gehören auch auf CD fixierte frühere Fassungen dieser Geschichten. Lentz hat sie, wie akustisch bemerkbar ist, an passenden Stellen eingefügt. Uli hat sie abermals zu erzählen und protestiert, dass sie inhaltlich von seiner Aussage abweichen, also Fälschungen sind. So erweist sich unter der Hand, wie variabel und letztlich unzuverlässig Erinnerungen sein können. Uli spricht, wie ihm der Schnabel gewachsen ist – impulsiv von der momentanen Eingebung gelenkt in der Gewissheit, dass, was gesagt wird, richtig ist. Der authentische Aussagewert liegt als Stimmabdruck der Binnenperson im tönenden Artikulationsrelief der Stimme. Dafür gibt es nur die technische Aufzeichnung, keine skripturale Notation.

Lentz sichert auch in diesem Stück die Autonomie des Akustischen gegenüber einer banalen Realitätsreferenz durch instrumentale Einspielungen von Kompositionen, die Gunnar Geisse und Axel Kühn verfasst haben. Sie können den Sprachverlauf streckenweise begleiten oder minutenlang unterbrechen.

Ein Potpourri vor Mitternacht

Eine einmalige Chance zu einem locker gestreuten Stimmenspiel bietet sich Lentz, als ihn 2011 der WDR einlädt, zum Zehnjahresjubiläum seiner Reihe »WDR open« eine einstündige Livesendung nach seinem Geschmack zu gestalten. Es wird *Radio Unruhe. Ein Queerbeet* heißen.[16] Er sammelt Texte und Musikstücke als Material für die Sprechaktionen, die er im Sinn hat. Uli Winters hat Lust mitzumachen. Ein Manuskript gibt es nicht. Eine Stunde vor Mitternacht geht es los. Bei offenem Sendemikrophon vollbringen die beiden ohne Pausen ein von wirbeligem Drängen vorangetriebenes Wörterkörperspiel, das von Einfall zu Einfall springt. Passagen aus Lentzens Roman *Pazifik Exil* werden ebenso zerledert wie Rilkes *Archaïscher Torso Apollos* und Goethes *Wanderers Nachtlied*. Grenzwertig wird es mit der Sprechaktüberraschung, die Lentz gelingt, als er Dieter Roths Quasiendlosgedicht *Eine Vase sah ich stehn auf dem Tisch bei Leuten. Eine Blume stand darin* aus der Tasche zieht, dessen zweiter Satz vierhundertmal zu lesen ist. Das geschah komplett in monotoner Gleichmäßigkeit – für die Hörer kurz vor Mitternacht eine gefühlte endlose Ewigkeit von fünf Minuten.

Die beiden Stimmen von Lentz und Winters klingen, wohl dank der gemeinsamen Dürener Herkunft, einander so ähnlich, dass man dazu neigt, nur einen Sprecher zu hören, obwohl man sie an minimal präziserer Akzentuierung seitens Lentz und einem Hauch von Weichheit auf der Seite von Winters unterscheiden könnte. Was nicht unbedingt nötig ist, da beide sich pingpongmäßig Einfälle, Satzfetzen, Quetschwörter zukommen lassen, ohne zu zögern und zu zucken. Im letzten Teil der Sendung beginnen sie erinnerungssüchtig gemeinsame Jugenderlebnisse aufzurufen, als gäbe es kein Mikrophon. Sprache ist, wie man hört, auch lustgesättigtes Sprechen.

Die Stimme geht fremd

Im selben Jahr, in dem »Radio Unruhe« entsteht, 2011, begibt sich Lentz auf ein für ihn ganz neues Feld: Er übersetzt einen fremden literalen Text mit seiner Stimme in einen vokalen. Er wählt dazu das Buch *Rotor*, das der neunzehnjährige Ferdinand Kriwet 1961 publiziert hat und das inzwischen so gut wie vergessen ist.[17] Es geht ihm darum, ein für die zeitgenössische Literatur bedeutsames Werk wieder publik zu machen, wobei er den radiophonen Weg als den heute geeigneteren sieht. Im Hinblick auf den Einstundenrahmen des Senders entscheidet sich Lentz, die dreistündige Lesung, die er von dem Text angefertigt hat, nicht entsprechend zu kürzen, sondern mit den radiophonen Mitteln zu komprimieren. So wird mit Hilfe der stimmlichen und musikalischen Parameter aus dem Lesetext eine Lautkomposition. Aus dem ohne Punkt und Komma dahinziehenden Bewusstseinsfluss des Kriwet'schen Textes nimmt Lentz etwa 30 verbale Inseln, die sich über den Verlauf des Stücks verteilen. Die Lebensnöte des Neunzehnjärigen kommen darin ebenso zu Wort wie das Alltagsgerede, die Wörterspiele, dahinjagenden Satzreihen. Bemerkenswert und von der Intention des Textes abweichend, ist die immer wieder hörbare szenische Verdeutlichung von Textstellen, die Lentz mit seiner Stimmbeweglichkeit bewirkt. Die Intonation der Stimme kann durch radiophone Eingriffe im Wechsel gepeitscht, abgehackt, schreiend, kreischend werden und durch vielfache Überlagerungen die Wortverständlichkeit zerlösen, wobei die instrumentalen Kompositionen von

Gunnar Geisse mit ihrem Klang- und Geräuschstrom die Wirkung verstärken.

Der Transfer des Lesetexts in einen derart verschiedenen Aggregatzustand geht auf jeden Fall konform mit der Ablehnung des Geschichtenerzählens zugunsten experimenteller Textverfahren, die Kriwet mit Entschiedenheit äußert. Die Wahrnehmung des Lesetextes behält daneben jedoch unangefochten ihren Sinn.

Ein Urwaldmenetekel

Mit der Transformation ins Akustische des »Rotor«-Buches von Kriwet hat Lentz unter vehementem Einsatz der eigenen Stimme eine Grenzlinie zum Nichtmehrvermittelbaren eingerissen. Dieses sportive Moment ist abermals im Spiel, wenn er sich auf die Hörbarmachung des Wörter- und Sätzedschungels der *Sauwaldprosa* von Uwe Dick einlässt.[18] Es ist ein Werk, dessen Wucht die öffentliche Wahrnehmung, aus welchem Grund auch immer, keineswegs entspricht. Für Lentz Grund genug, sich auch seiner mit einem radiophonen Transfer anzunehmen. Diesmal geschieht dies, ohne die eigene Stimme einzubringen – als Dirigent einer Textvorlage, deren keiner bestimmten Gattung verpflichtete Verfasstheit eine Redenatur besitzt, die von sich aus zur Lautbarmachung drängt. In gewisser Weise ist Lentz damit bereits vertraut, da er 1995 bereits einen Solosprecher Dick'scher Texte mit dem Saxophon interpretierte.

Die erste Fassung der *Sauwaldprosa* erschien 1976. Sie wurde in den Jahren bis 2007 fünfmal erweitert. Dieses wuchtige Textgewächs mit seinen in alle denkbaren Lebens-, Kultur- und Daseinsbereiche ausgreifenden Tentakeln hat Lentz sieben männlichen und drei weiblichen Stimmen ausgeliefert, wobei er es in zwölf Tonkapitel von je einer knappen Stunde Dauer gliedert und es so auch für denjenigen, der vor dem Textkonvolut kapituliert, als Hörereignis zugänglich macht.

Dass dabei aus dem »work in progress«, wie Dick es selbst bezeichnet, ein »speech in progress« wird, entspricht dem unabsehbar mäandernden Redefluss. Darin wechseln syntaktisch sorgfältig ziseliertes Reflektieren mit dialektal gefärbtem Redehin- und her, Kaskaden von pamphlethaften Klagen, Invektiven und der verbalen Lust am Entblößen des von Grund auf Falschen in der akuten Lebenswelt, die bedauerlicherweise auch in der so hochgeschätzten Sauwaldregion ihren Zufluchtsort hat.

Exemplarisch kommt die Schmähpotenz Uwe Dicks zu ihrem Recht in der 5. CD der Sammlung. Zur Einstimmung steht auf dem Cover das folgende Zitat:

> Wo man singt, da lass dich ruhig nieder;
> doch prüf die Texte hin und wieder!
> Bereits die Durchforstung der Jagdlieder
> ergäbe eine handfeste Sexualpathologie
> zwergdeutscher Flintenmänner.

In dieser oralen Sequenz decouvriert Dick mit rasantem Wortflorett die auch im Sauwald und grenzenlos darüber hinaus praktizierten Jagd- und Jägerlust- und Leidenschaften mit ihren enthusiastischen wie widerwärtig, gar ekelhaft passierenden Metzeleien auf der einen und ihren schöngeredeten Auswirkungen auf der anderen Seite als Camouflage einer Männergewaltverherrlichung, die »bedrohlich« und »gemeingefährlich« die tonangebende Gesellschaft generell durchseucht.

Michael Lentz konzentriert seine Regietätigkeit, nach der Herkulesarbeit der Durchforstung der Dick'schen Textmasse und die Fokussierung der Auswahl auf die zwölf Sequenzen für die Sendung im BR, vor allem auf das Gleichgewicht und die Spannung zwischen den beteiligten Stimmen. Wechsel der Intonation zwischen Dialekt und Alltagssprache – wobei auch Uwe Dick selbst am Sprechen ist – kontrastiert zielsicher das Mit- und Gegeneinanderreden von Behauptungen, Klugscheißereien, Schmähungen, Einwendungen, Begründungen, auch Rotznasigkeiten. Nur an wenigen Stellen permutiert Lentz, etwa durch Schettern oder Simultanmischung, die Stimmen. Die Verfahren radiophoner Verfremdung, die beim Konzept der »Rotor«-Vertonung unentbehrlich waren, werden hier durch die, wieder von Gunnar Geisse komponierten, immer knappen Musikpassagen ersetzt.

»Die Lappen der Kindheit fliegen still durch uns hindurch«

Eine Erinnerung rückwärts vollzieht Lentz 2013 mit dem Stück *Hiddensea*, über das er im Rückblick sagen wird: »Es ist für mich das wichtigste Hörspiel – mit großem Abstand.«[19] Er hat ein sorgfältig durchkomponiertes Manuskript erstellt. Schon dessen Titel *Hiddensea* weist mit seiner kleinen orthographischen Besonderheit auf die Spaltung der Bedeutungsebenen hin. Die korrekte Schreibweise erscheint im Manuskript, wenn von der geographischen Realität der Insel die Rede ist. »Hiddensea« wurzelt in Kindheitserinnerungen und wandert als emotional vielsinnig aufgeladener Inbegriff durch das Stück. Realsymbole für den Geschmack der Kindheit sind die zahllosen Lappen, die im Elternhaus benutzt wurden. Eine lange Lappenlitanei führt sie zu Ohren und wirbelt in der unersättlichen Wiederholung dieses einen simplen Wortes mit seinen Attributen die abertausend Gefühls- und Empfindungspartikel auf, die das Dasein des Kindes beglückten, beeinträchtigten, befremdeten, bedrohten. Darunter war auch einer, auf dem »das Meer und im Meer die Hiddensee, das klitzekleine Eiland« zu sehen war. »Lappen der Kindheit, der du so viel versprochen. (...) Hiddensea ist meine verbleichende Kindheit, und ich war nie da. Meine Kindheit war nur Hiddensea.«

Die zwei Schreibweisen signalisieren die Spaltung in der Lebensbewusstheit des Sprechenden. Beide stecken, wie die Komposition zeigt, nahe beieinander, als er mit seiner Gefährtin die Insel besuchen kann. Die Erlebniswonne äußert sich im vielmal wiederholten »endlich, endlich, endlich...« Die eingeblendeten Schilderungen des Wahrgenommenen werden von Sophia Sieberts live gesprochener Stimme vermittelt; im deutlichen Kontrast zu Lentzens männlicher, die sich wiederholt verfängt in den Reflexen über den auf der Insel herrschenden Wind. Die Bedeutungsnuancen reichen vom sinnlich Beglückenden bis ins Bedrohliche: »und plötzlich, bei diesem prustenden Dämmer, reißt das ab, Aufstand, hochhinausgerissen, es ist alles weg, es ist nichts mehr da, das ist ganz leer, und es war mir, als würde eine Stimme sagen« – und es folgt in einer gefilterten Stimmlage ein Zitatstück aus Büchners Novelle »Lenz«, das in der Montagetechnik nicht als solches zu erkennen ist, wenn man nicht schon mit dem Text vertraut ist.

531

Ein Schnitt mit einer musikalischen Einlage ermöglicht den Sprung zu einem Fischessen in Ahlbeck auf Usedom, der Nachbarinsel, die nüchtern pragmatisch als Gegenstück zu Hiddensee wahrgenommen wird. Im Hinblick auf die mögliche Auswahl an Fischen beginnt eine Aufzählung von Fischnamen, die ins Unabsehbare ausufert, da sich an die bekannten eine lange Reihe von Benennungen erfundener Phantomfische anschließt, die lauten, als resultierten sie aus allen nur denkbaren Weltgegenden. – Der Ausflug nach Usedom ist die Negativfolie zur Trauminsel Hiddensee. Beispiele des dortigen Badelebens und ein belauschtes Cafégespräch als Exempel misslungener Konversation werden geschildert.

Schnitt, zurück nach Hiddensee. Seine geologisch geschaffene Substanz kommt ins Bewusstsein. »Das Leben verdriftet wie Sand.« Und es folgt wieder ein Zitat aus Büchners »Lenz«: »Es wurde still, vielleicht fast träumend, es verschmolz ihm alles in eine Linie, wie eine steigende und sinkende Welle, zwischen Himmel und Erde, es war ihm, als läge er an einem unendlichen Meer, das leise auf- und abwogte.« – Wie labyrinthisch Lentz verfährt, zeigen die rasch aufeinanderfolgenden, durch instrumentale oder geräuschgenerierte akustische Einlagen gezeichneten Schnitte. Das Windmotiv, sanktioniert durch die Erwähnung in einem weiteren Büchnerzitat, setzt sich kurzfristig wieder durch. »Ist Wind denn Luft? Ist Wind ein Menschenkopf? (...) Wie riecht denn Luft?« Die Büchnerzitate mehren sich, kenntlich an der durch Löschung der Tiefenfrequenzen gekelterten Stimmlage. Offenkundig ist diese von Büchner mitgeteilte Geschichte ein fragiler Spiegel der eigenen Lebensbefindlichkeit. Lentz wird deren disparaten Verlauf beim Aussuchen der zitierten Passagen im Sinn gehabt haben. Sie fokussieren das Thema des Todes und das der Sprache. Beide gehören seit *Muttersterben* und *Pazifik Exil* zum Kernbereich der Lentz'schen Fragestellungen. Man hört da im Stück: »Es ist doch die Sprache, dachte Lenz, die uns die Dinge sehen lässt, wie die Sprache sie sieht, die Sprache ist aber eine große Qual, sie denkt ein Monster, und wir sehen das Monster, und das Monster räumt auf in der Welt, das Monster verschlingt Hiddensee, (...) eine Sprache muss her, die niemand spricht, eine Sprache, in der sich die Sprache nicht mehr findet.«

Das sterbende Mädchen – in der Geschichte – kann Lenz nicht mehr retten. Die Unfassbarkeit seines Todes kann er nur mit dem Wort »Hieroglyphe« bezeichnen, das er in einer langen Sequenz monoton wiederholt. Das iterative Verfahren, Aussagen durch das Insistieren auf der materialen und formal-ästhetischen Qualität der Sprache zu prägen, nutzt Lentz in vielfältiger Weise in dem Stück. »Das Prinzip der Wiederholung«, sagt er in einem Interview, »geht von der Einzelwort-Wiederholung über repetitive Phrasen bis zur Wiederholung von ganzen Gedankensträngen. Als sprachliches Grundprinzip ist sie dem eigenen Schreiben ohnehin vorgängig.«[20]

Im letzten Büchnerzitat sagt Lentz: »Hören Sie denn nichts, hören Sie denn nicht die entsetzliche Stimme, die um den ganzen Horizont schreit, und die man gewöhnlich die Stille heißt?« Eine spürbare Pause ist die Antwort, die man hört. – Das Stück beendet eine Wiederaufnahme des Anfangsmotivs vom »letzten Bleistift« – »ich merke, also Knochen, wie bricht ›bricht‹, die Spitze, seine Jahre, 49 bricht, Knochen, der.«

Die fraktale Komposition des Stücks kennt narrative und reflexive Phasen, liebt auch widersinnige semantische Sprünge und Brüche, artikulatorische Verfremdungen, Wörtermonaden, nicht zuletzt Intermezzi instrumentaler, sprech- oder geräuschgenerierter Art, nutzt den Aussagewert von Pausen. Jenseits der Gemütlichkeit bleibt Lentz mit seiner präzise Laut um Laut akzentuierenden Stimme unverdrossen bei der Sache.

»Es gibt das sprunghafte und das flackernde Glück«

Nach den ersten Hörminuten des Stückes *größer minus größer* weiß man: Dieses Stück ist kein Hörspiel.[21] Im Werkkomplex von Michael Lentz gehört es zu den Lautkompositionen. Erinnert man sich jedoch an die stimmliche Transformation von Kriwets *Rotor* (siehe oben), so passt auch dieses Stück noch genau in die konzeptionelle Spannweite, in der Lentz mit seiner Stimmpotenz agiert. Herta Müllers Wörtercollagen, die hier die Textvorlagen sind, werden von seinen Stimmeskapaden ebenso gestriegelt und transformiert wie jener Textverlauf. An der lautkompositorischen Ausgestaltung ist auch Josef Anton Riedl beteiligt, der in seinen Arbeiten mit fraktiertem Wörtermaterial von Lauten, Einzellettern, Silben hantiert. Lentz, damit durch seine langjährige Beteiligung an Riedls Initiativen vertraut, führt die Stimmparameter mit der ihm eigenen Präzision, Dynamik, Geschwindigkeit und metrischen Sensibilität über die Runden. Generell ist anzumerken, dass konsonantische Artikulationen vorwiegen und schnelle, gedrängte Rhythmen bevorzugt werden. – Das dialogische wie das antagonistische Zusammenspiel seiner Stimme mit der des anderen beteiligten Sprechers Michael Hirsch verläuft punktgenau, da sie Tenor und Tonführung vor jeder neuen Passage miteinander verabreden. Ihr Duett vollführen sie in zwei durch eine Wand voneinander getrennten, doch akustisch durchlässigen Sprechkabinen. Die Simultaneität der Stimmen mit minimalen Differenzen gelingt ebenso wie der kontrastive Stimmenstreit.

Die verbalen Reizmomente liefern die lyrischen Wörtercollagen von Herta Müller, die im Weichbild des ihr vor kurzem verliehenen Nobelpreises unversehens öffentliche Aufmerksamkeit gefunden haben. Diese visuellen Texte bestehen aus gedruckten Einzelwörtern, die, aus Vorlagen verschiedenster Provenienz ausgeschnitten, zu syntaktisch korrekten Zeilen gereiht und aufgeklebt, ein Gedicht ergeben. Diese visuell isolierten, kompakten Wortkörper sind griffig für den im Moment tastend-suchenden Blick der Stimmenakteure, denen es nicht auf die Aussage ankommt, sondern auf den Bildreiz als Figur für die von sich her bereits agierende Stimme – eine Art punktueller Notation.

Eines der ersten Beispiele ist das Wort »Schweigewatte«, das entziffernd angelesen, abgesetzt, langsam mit Pausen, silbisch mit Wechsel zum simultanen Schnelllesen, zerhackt, wieder in gedehnten Silben, gequält mit geschlossenem Mund, bellend vokalisiert wird – »Schweigewatte«. – Wortkörper können auf ihr Lautsubstrat reduziert werden wie die Paare »Sucht« und »sucht«, »Flucht« und »flucht«, deren unterschiedliche Vokallänge des U die akustische Valenz liefert. – Die titelgebende Dreiergruppe »größer minus größer« geriet zum Material eines durch Vervielfältigung der Stimmen bewirkten chorischen Sprechens. Zunächst abwechselnd gesprochen, probierend, insistierend, in die Länge gezogen, schließlich mit der Inversion der Lautfolge zu »sunim ressörg« verrätselt.

Lentz praktiziert auch hier den Modus der Wiederholung und imprägniert damit, wenn auch flüchtig, die Gegenwärtigkeit der verbalen

Komponenten. Dies kann sehr eindrücklich sein und die Unaufhaltsamkeit der Stimmenaktivität für Augenblicke konterkarieren, sodass sich ein Anflug übergreifender semantischer Beziehungen bilden kann. Doch das Ohr ist längst eingeschliffen auf die Dynamik des Stimmenpaares mit seinem Prinzip des vordringlich andrängenden Andersseins. Dessen Überraschungsblitze zünden auch dann noch, wenn zwischendurch längere Zitatkomplexe eingefasert werden. Einmal, gegen Ende, ist in einer Art Aufatmen die Bemerkung zu hören: »Wir haben nichts vereinbart. Nicht mal die einzelne Gegenwart.«

Um der poetischen Valenz der Wörtercollagen Herta Müllers, die in diesem Stück von der Stimmenlust aufgesogen wurde, gerecht zu werden, hat Lentz im Anschluss daran zusammen mit Herta Müller die visualisierten Texturen als Lese- und Sprechvorlagen zu einem Parcours überraschender, frappierender, witziger und hintersinniger Aussagen benutzt. Die kontrastiven Artikulationsweisen der beiden Stimmen bewirken dabei eine fühlbare semantische Variationsbreite. Mit den zielbewusst eingesetzten Pausen signalisiert Lentz die Collagestruktur der Vorlagen.[22]

»ohne Gerichtsbarkeit undsoweiter«

Während das ebenfalls 2014 vorgeführte Stück »größer minus größer« der Improvisationslust der Stimmen völlig freien Lauf ließ, ist das als »Sprechplastik« bezeichnete *Hotel zur Ewigen Lampe – operative Vorgänge* mit seiner musikalischen Intention strikt durchkomponiert.[23] Die thematische Konzentration auf die sprachlichen Verknotungen von brutaler Macht und erlittener Gewalt, exemplifiziert an den Äußerungen des Stasi-Chefs der DDR, Erich Mielke, die im Originalton erhalten sind, lässt Zufallssprüngen keinen Spielraum. Mit einem sicheren Zugriff wählt Lentz das Anagramm, das ihm aus seiner Frühphase geläufig ist, als dominante Textform. In deren ambivalenter Struktur findet die Zwangsläufigkeit der anvisierten Geschehnisse ein subversives Gegenlager. Sie zwingt einerseits zur strikten Einhaltung der Regelvorgaben, generiert jedoch bei dessen Lettern- und Wörterdreh unvorhersehbare Aussagen. Die banalschauerlichen Machtwörter Mielkes und seines Apparats werden in den anagrammatischen Sequenzen in einer geradezu unerschöpflichen semantischen Gelenkigkeit zu kontrastiven Sinntexturen verwirbelt. Dies leisten die dreißig Sprecher als Solostimmen und Chor, die Lentz, ergänzt durch drei Gäste, aus dem Literaturinstitut in Leipzig mitgebracht hat.

Der Bezugsort ist die Untersuchungshaftanstalt der Staatssicherheit in Berlin-Hohenschönhausen, dessen Kellerzellen ohne Tageslicht Tag und Nacht von elektrischem Licht ausgeleuchtet wurden. Ehemalige Betroffene haben daher das Gefängnis »Hotel der Ewigen Lampe« genannt. In aus Einzelstimmen addierten Dialogen wird die destruierende Potenz der Verhörpraxis mit ihrer Reduktion auf Satzfragmente, Substantivierungen, Stummelwörter vernehmbar. In langen monomanischen Stimmenteppichen intoniert der Chor die Stupidität dessen, was dort vorfällt; benutzt werden belanglose Worthülsen aus dem Mielkerepertoire.

Die musikalische Imprägnierung des Stückes leistet einmal die präzise Notation, zum andern das von Gunnar Geisse speziell dafür entwickelte »transphonatorische Meta-Instrument, das mit Hilfe spektralanalytischer Information Sprache in Musik« verwandeln kann, wie Lentz im Vorspann anmerkt, und er fährt fort: »Mit Hilfe dieses Instruments geht für mich ein alter Traum in Erfüllung: Es ermöglicht die rhythmische und melodische Amalgamierung von Musik und Sprache« – was im Stück vielfältig zu hören ist. Es gibt darin auch anagrammatische Passagen mit unmerklich musikalischem Flair wie diese, in der eine Frauenstimme das Wort »desorganisieren« in sechs zehnzeiligen Anagrammstrophen ins Andere verwandelt:

> Da sinniere Sorge, / da innerer Sieg so / irre, da Genosse in / ordinaeren Essig / da seiner rosigen / Rosen Greise da in / rosig sanierende / Reise, da sonnige / Sorge in Reines da / singe da reiner so.

Anmerkungen
1 Vgl. Franz Mon: Die Geschichte von Geschichten in den Hörspielen von Michael Lentz. In: Literatur in der Moderne. Jahrbuch der Walter-Hasenclever-Gesellschaft 8 (2012/2013), S. 81 f.
2 Erich Kleinschmidt: Rezension: Lautpoesie/-musik nach 1945. Eine kritisch-dokumentarische Bestandsaufnahme. In: Arbitrarium. Zeitschrift für Rezensionen zur germanistischen Literaturwissenschaft 3 (2000), S. 267 f.

3   Michael Lentz: Die Fabrik des Körper. In: Programmheft musica viva 2000/2001: ›Lautpoesie/-musik‹, o. P.
4   Norman Ächtler: Rhetorik ist eine Textmaschine: Ein Gespräch mit dem Autor und Literaturwissenschaftler Michael Lentz. In: Neue Rundschau 125/3 (2014), S. 257
5   Michael Lentz: ENDE GUT Sprechakte. Wien 2001, S. 108 f.
6   »Vokal« wird in diesem Zusammenhang als Ableitung von lat. vox = Stimme allgemein als »stimmlich«, also auf Sprech- und Gesangsstimme bezogen, verstanden, da in der Praxis der Lautpoesie und dem Stimmenhörspiel diese Unterscheidung nicht besteht.
7   Michael Lentz: Muttersterben. Prosa. Frankfurt/M. 2002, S. 129
8   Ebd., S. 133
9   Bayerischer Rundfunk, Erstsendung: 19. 4. 2002; CD: München 2002
10 Michael Lentz: Tell me – Erzähle. Hörspiel (mit CD). Berlin 2005; Erstsendung: Österreichischer Rundfunk, 5. 12. 2004
11 Michael Lentz: Exit. Hörspiel. Bayerischer Rundfunk, Erstsendung: 23. 5. 2005.
12 Michael Lentz: rot sehen. Hörspiel. Bayerischer Rundfunk, Erstsendung: 9. 6. 2006
13 Videofilm von Karlheinz Hein, aufgenommen anlässlich einer Ausstellung Dieter Roths im Juni 1985 im Münchener »Loft«
14 Michael Lentz: Klinik. Hörspiel. Bayerischer Rundfunk, Erstsendung: 11. 4. 2008; CD: München 2009
15 Michael Lentz: Die ganz genaue Erinnerung. Hörspiel. Bayerischer Rundfunk, Erstsendung: 9. 7. 2010
16 Michael Lentz: Radio Ruhe. Ein Queerbeet. Hörspiel. Westdeutscher Rundfunk, Erstsendung: 14. 4. 2011
17 Ferdinand Kriwet: Rotor. Köln 1961; Michael Lentz: Rotor. Hörspiel. Bayerischer Rundfunk, Erstsendung: 13. 5. 2011
18 Michael Lentz: Sauwaldprosa. 12 Hörspiele. Bayerischer Rundfunk, Erstsendungen: 30. 9. bis 17. 12. 2012; CD: München 2012
19 Michael Lentz: Hiddensea. Hörspiel. Bayerischer Rundfunk, Erstsendung: 22. 11. 2013
20 Norman Ächtler: Rhetorik ist eine Textmaschine: Ein Gespräch mit dem Autor und Literaturwissenschaftler Michael Lentz. In: Neue Rundschau 125/3 (2014), S. 255
21 Michael Lentz: größer minus größer. Hörspiel. Bayerischer Rundfunk, Erstsendung: 28. 3. 2014; CD: München 2014
22 Michael Lentz: Die Zeit ist ein spitzer Kreis. Hörspiel. Bayerischer Rundfunk, Erstsendung 2014
23 Michael Lentz: Hotel zur Ewigen Lampe – operative Vorgänge. Eine Sprechplastik. Aufgeführt während der Donaueschinger Musiktage in der Donauhalle am 11. 10. 2014, vom Südwestradio 2 live übertragen.

Haus des Ohres

Eine Utopie mit Anker

2008

> Der dem Hören gewidmete Text folgte einer Anregung Anne Hamiltons, der bereits der oben S. 13 ff. wiedergegebene *Lesen ist schön* sein Entstehen verdankt, und Peter Sillem von S. Fischer, Klaus Reichert zu seinem 70. Geburtstag mit einem Lesebuch über *Die fünf Sinne. Von unserer Wahrnehmung der Welt* zu beschenken. Es ist im Juni 2008 im Fischer Taschenbuch Verlag erschienen.

Beim Hören nutzen wir Zeit, ohne es zu merken.

Anhören, Zuhören, Abhören, Verhören – jedes hat seine Zeitweise, die spätestens im Aufhören plausibel wird. Im Abhorchen kitzelt sie, kritzelt sie.

Im Aushorchen jedoch wird sie zur Blase, die nicht platzen kann. Aufhorchend: rührt sich mein Moment nicht von der Stelle.

I

Wenn wir hören, hören wir nicht nur, was wir hören. Wir hören auch die Erstreckung dessen, was zu hören ist, die Entfernung der Schallquelle vom Ohr und ihre Richtung zum Ohr. Wird das Räumliche im Hören, wie beim medial Vermittelten, reduziert, so wird das Gehörte, auch wenn das weiter nichts heißen mag, defizitär. Das Ohr als Körperteil ist beweglich, und es bewegt sich beim Hören im Sinn des Schallraums, um ihn zu optimieren, zu regulieren, zu definieren, zu minimieren, unbewusst in der Regel, aber auch methodisch gezielt, wenn es darauf ankommt. Bewusst oder nicht, das hörende Ohr hat und braucht seine räumliche Dimension. Es ist nicht dasselbe, wenn ein Geräusch, eine Stimme im Rücken, von der Seite oder von vorne wahrzunehmen ist. Dasselbe Hörereignis hat jeweils eine andere emotionale oder informationelle Wertigkeit.

Wie wir beim Lesen die Schrift, die das Auge abgrast, selbst gar nicht registrieren, ihre visuelle Beschaffenheit vielmehr im Lesen verschwindet, so verfahren wir für gewöhnlich auch mit der akustischen Beschaffenheit des Gehörten. Was inhaltlich relevant ist, wird selektiert, wie beim Lesen. Der Raumklang ist zwar im Ohr, wird aber als solcher nicht wahrgenommen. Im alltäglichen Getriebe kann das vorteilhaft sein, wenn es um das bare Interesse geht – die eigene Meinung, das momentane Tun, die Selbstvergewisserung, den Unterhaltungsgewinn. Der Raumklang ist dabei überschüssig. Der Knall eines Schusses wird als Anzeichen verstanden: von Bedrohlichem, für wen auch immer, und nicht als interesseloses Hörereignis, das eine eigentümliche, gar unerhörte Lautgestalt diesseits ihrer codierten Deutung besitzt.

2

In jeder musikalischen Aufführung ist der Raumklang ein wesentliches Element des Gelingens. Seine Bedingungen werden sorgsam bedacht. Zum akustischen Parameter wird der Raumklang auch bei den Hörlandschaften, den Soundscapes, die der kanadische Komponist und Klangforscher *R. Murray Schafer* als ästhetisches Thema auf den Begriff gebracht und systematisch zu fassen versucht hat.[1] Dabei geht es um die Gesamtheit der mundanen, dem menschlichen Ohr vernehmbaren Klänge und Geräusche. Es ist nicht zu verkennen, dass Schafers Hörorientierung in weitsinniger Nachfolge der »Kunst der Geräusche« Luigi Russolos von 1913 steht, wenn er formuliert: »Man könnte das ganze klingende Universum als Komposition auffassen, in der wir alle Komponisten und Aufführende sind. Dann bestünde die Aufgabe darin, die Orchestrierung der Welt zu verbessern.«[2] Schafer hat mit seiner radiophonen Komposition *The Vancouver Soundscape* aus Originalgeräuschen 1973 ein frühes Beispiel dieser akustischen Kunst geliefert.[3] Das Mikrophon bildet den hörbaren Realraum, u. a. mit den inzwischen verstummten Nebelhörnern des Hafens von Vancouver, getreu ab. Die akustische Konserve bleibt dem Hörer allerdings unvermeidbar die eigene, suchende, vergewissernde Hörbewegung schuldig. Schafer weiß, dass erst das raumdurchforschende Hören zur angemessenen Wahrnehmung führt: ›Der ganze Körper muß zu einem Ohr werden und alle Klangempfindungen mit seismographischer Genauigkeit registrieren, die großen und die kleinen, die nahen und die fernen‹.«[4]

Unter der Beschränktheit des Mediums stehen auch die oft faszinierenden, anrührenden Bandaufnahmen eines tönenden Weltpanoramas, die Hansjörg Schmitthenner auf seinen kontinentalen Reisen in zahlreichen Ländern gemacht hat. Nahezu 300 Stunden Bandmaterial hat er zu einer Soundscape-Komposition von 31½ Stunden verdichtet.[5] Sein begleitender Kommentar unterstreicht den dokumentarischen Charakter. Die Teilhabe am Wissen des Mikrophonträgers sichert den Kontext, doch wird der Hörer unvermerkt dabei zum statisch Rezipierenden.

Der hörbare Raum selbst wird zum Thema in dem Radiostück »Ohrbrücke/Soundbridge Köln–San Francisco«, das der amerikanische Soundartist Bill Fontana 1987 für den WDR produziert hat.[6] Fontana hat von den akustischen Stadtlandschaften Kölns und San Franciscos »Klangskulpturen« hergestellt und anschließend im WDR-Studio in Köln zu einer Montage zusammengeführt. Dabei wurde die pazifische Fassung via Satellit zeitgleich ins Studio überspielt. Das Ganze wurde nicht nur vom WDR und einer Reihe weiterer Radiostationen in den USA und Europa ausgestrahlt, sondern live auf den Heinrich-Böll-Platz im Zentrum Kölns übertragen. So schoben sich zwei disparate akustische Stadträume ineinander – unterscheidbar durch ihre charakteristischen Soundmarks (Schafer), die Nebelhörner am Pazifik und die Glocken Kölns, vernommen als dicht ineinander verwobene Hörerlebnisse. Für den, der sich zufällig oder absichtlich auf dem Heinrich-Böll-Platz befand, vermischten sich diese mit den heimischen Umweltgeräuschen des Bahnhofs, des Straßenverkehrs, der Glocken, die direkt oder mittels installierter Lautsprecher hörbar waren. Alltägliches Hören in seiner flüchtig oberflächlichen Weise wird von dem medialen Raumhören irritiert, im Glücksfall einbezogen, sodass das Fremdtönende einen Gegenwärtigkeitssprung erfährt: als von Kölner Lautgebung imprägniertes Meeres- und Hafengetöse, Köln am Meer.

3

Die auditive Welterfahrung unserer Zeit wird, analog der visuellen, bereits von mehreren Künstlergenerationen durchstöbert, erfasst, erforscht, transformiert. Dies geschieht über die Sprachgrenzen hinweg im wechselseitigen Austausch innovativer Aspekte und Verfahren. So ist eine universale Klangwelt hörbar geworden, die sich sektoriell mit der musikalischen deckt, wie z. B. im Werk von John Cage, zum größeren Teil jedoch eigene Kompositions-, Produktions- und Wahrnehmungsformen gefunden hat.

Im Gegensatz zur Musik hat diese Art der akustischen Kunst jedoch so gut wie keinen Stellenwert im kulturellen Gedächtnis. Je länger ihre Entstehung zurückliegt, umso gründlicher ist sie vergessen. Infolge der technisch bedingten Verfallsdaten werden ihre Tonträger langsam aber sicher erlöschen, sodass von diesen Stücken allenfalls ein Hörensagen bleibt, ähnlich dem Verblassen der Erinnerung an einst berühmte Schauspieler. Dem mögen das Deutsche Rundfunkarchiv und die Archive der Radioanstalten partiell entgegenwirken – sofern diese Werke dort überhaupt vorhanden sind. Es sind Scheintote, die dort beherbergt werden. Desiderat wäre ein »Haus des Ohres«, das dem Ohr gibt, was dem Auge längst billig ist, und der akustischen Kunst einen Ort einräumt, wo sie dauerhaft bewahrt wird, für jedermanns Ohr zugänglich gemacht werden kann und auditive Sensibilität sich durch neue, neu entstehende »Klangskulpturen« vergenauern, verfeinern, erproben lässt.

Zu einem »Haus des Ohres« lässt sich ein vorhandenes, geräumiges, vielleicht abrissbedrohtes Gebäude umwidmen. Es sollte möglichst zwei Treppenaufgänge für gleichzeitiges Hinauf und Hinab und eine Vielzahl von Räumlichkeiten vom Dachgeschoss bis zum Keller haben, sodass vielfältige Schallvalenzen wirksam werden oder wirksam gemacht werden können. Man kann sie, Zimmer, Kammer, Küche, Bad, benutzen, wie sie sind. Man kann sie aber auch unter Verwendung variablen Meublements und Umformung der Volumina zu schallsteuernden Raumskulpturen gestalten. Das körperhörige Ohr bewegt sich in einem visuell-haptisch differenzierten Gehäuse mit birnenförmigen, tellerartigen, vasenhaft geöffneten, gegabelten, gekrümmten Aufenthalten, deren Begrenzungen aus Lappen, Netzhäuten, Maultaschen, Handfegern, Wasserzeichen, Durchschüssen, Eselsohren, Interpunktionen aus aller Herren Ländern bestehen. Dies wird von der Gewissheit getragen, dass Hören zwar am festen Ort geschlossenen Auges wunderbar im Dunklen geschehen kann, das Ohr aber, sobald es körperbeweglich wahrnimmt, haptisch sensibel ist und sich mit dem Auge vernetzt, mit dessen Hilfe es aus dem visuellen Gegenüber Facetten selektiert, die ins Verstehen des Vernommenen eingefügt werden. Die Synästhesie von Klang und Farbe, von akustischer und visueller Tönung der Raumkomponenten kommt ins Spiel. So ließe sich ein Sektor des Hauses als Hommage an Kandinskys legendären *Gelben Klang* speziell solchen intermedialen Experimenten widmen. Die digitale Technik eröffnet ganz andere Spielräume optischer und akustischer Synchronie, als früheren Künstlergenerationen erreichbar waren.

Ein beweglicher Hörer, Lauscher, Horcher durchwandert das Haus. Er kombiniert, komponiert seine Hörlandschaft, deren Strecken sich reihen, überschneiden, kumulieren. Er kann auch umkehren, die Gegenrichtung wählen. Er kann auch bleiben, sich setzen, hocken, hinlegen. Immer sind die Hörerlebnisse mit der Raumsinnlichkeit verquickt, etwa wenn ein schwarzer, langgestreckter Raum von vereinzelten, zirpenden Stimmen punktiert wird oder wenn eine lichte, von Farbprojektionen changierend getönte Vernebelung die Orientierung aufhebt und der Hörende sich sehenden Auges blind von Lauten lenken lässt.

4

Dieses knapp skizzierte Modell eines Klang-, Geräusch-, Stimmengehäuses orientiert sich an Impulsen einer aktuellen akustischen Kunst. Passgenau dazu würde die Sektion eines akustischen »Museums« gehören, das so umfassend wie möglich konserviert und zugänglich macht, was im Niemandsland der seit Jahrzehnten entstandenen Arbeiten dieser Art in der Regel nicht mehr präsent ist und für immer verloren zu gehen droht. Die Schallräume des Hauses mit ihrer diskret-differenzierenden Erstreckung würden dem exemplarischen Hörstück Fontanas, von dem die Rede war, eine optimale Aufführung vermitteln, in der die Zuhörer das Symphonieren dieser transatlantischen Soundbridge mit- und nachvollziehen können. Auch die Hörlandschaften der ursprünglichen 300 Aufnahmestunden der erwähnten universalen Menschen- und Weltvernehmbarkeit von Hansjörg Schmitthenner wären aus ihrer Versenkung zu befreien und in einem Ensemble von Räumen endlich in extenso hörbar zu machen. Ihre auditiven ›Bilder‹ vermögen den gängigeren visuellen durchaus standzuhalten.

Eine ganz anders geartete Dringlichkeit der Bewahrung haben Texte, die erst der Stimmton des Autors zur vollen Entfaltung bringt. Beispielsweise die Poeme Ernst Jandls oder Oskar Pastiors. Die drastische Diskrepanz zwischen den Zuhörerzahlen ihrer Lesungen und den Absatzzahlen ihrer Bücher weist darauf hin, dass die Druckfassung, so unentbehrlich sie ist, die poetische Substanz filtert. Auch der Vortrag eines Dritten kann das Timbre und die subverbale Gestik des Originaltons nicht ersetzen. Additiv zur Schriftfassung der gesammelten Werke gehört ihre Stimmfassung. Noch gibt es kommerziell erhältliche Tonaufnahmen, wenn auch mehr oder weniger zufällig oder beliebig. Im Hinblick auf die Zeit danach wäre es Sache des »Hauses des Ohres«, die Stimmen einzusammeln, gar vernehmlich zu machen, sie aufzubewahren und zu konservieren und vor allem auch zuverlässig wieder hörbar werden zu lassen.

So öffnen beide Sektionen eines solchen »Hauses des Ohres«, die experimentierende und die bewahrende, Zugänge zu einer auditiven Sinnlichkeit, die dem Geräuschmüll des Alltags entgegensteht. Indem sie Hörerlebnisse des nahezu oder ganz Vergangenen und Vergessenen wie des gegenwärtigen Un-erhörten vermitteln, steigern sie die Empfindlichkeit des Ohres und weiten die Empfangsfähigkeit für Lautungen jeder, auch der abgelegensten Art. Durch das Achten auf oftmals vieldeutige Signale und das Hinhören auf unterschwellige Sinnfälligkeit wird eine tastend probierende Zuordnungskunst belebt, die noch mit winzigen Lautspuren umzugehen weiß. Ein so geübtes Ohr wird im Alltag auch hörsamer und achtsamer sein. Es wäre an der Zeit, dem Ohr dieselbe Dignität zuzugestehen, wie sie das Auge unbesehen schon von jeher besessen hat.

Anmerkungen
1 Raymond Murray Schafer: Klang und Krach. Frankfurt/M. 1988
2 Raymond Murray Schafer: Soundscape – Design für Ästhetik und Umwelt: In: Volker Bernius u. a.: Der Aufstand des Ohrs – die neue Lust am Hören. Göttingen 2006, S. 142 f.
3 Ausschnitt in: riverrun. Hg. von Klaus Schöning: Ars Acustica WDR, Wergo 1999, CD 2/2

4 R. Murray Schafer, in: Bernius, a. a. O., S. 143 f.
5 Welthören. Hg. von Hansjörg Schmitthenner. HR/Network GmbH, Frankfurt/M. 1990, 3 CDs
6 CD in Ars Acustica WDR, Wergo 1994

6
Bilder denken

Diese Toten haben ihre eigene Welt

Über die späten Bilder Alexej von Jawlenskys

1988

Mein Weg zu Jawlensky führt über den unvergessenen Clemens Weiler, der in der Nachkriegszeit das Museum in Wiesbaden leitete. Weiler war damals einer der wenigen, wenn nicht gar der einzige Museumsleiter, der eine Nase für Kunst im Entstehen hatte und durch sein ungeniertes Engagement Ermutigung bewirkte. In Erinnerung ist mir noch die erste größere Ausstellung informeller Malerei aus Frankreich und Deutschland, die Weiler 1957 unter dem Motto *couleur vivante* organisierte. Im Laufe der Jahre kam im Wiesbadener Museum dank Weilers programmatischer Ankaufslust eine Sammlung experimenteller Malerei zustande. Es kann kein Zufall sein, dass ein Mann, der Malerei als couleur vivante begriff, die Gelegenheiten nutzte, seinem Museum eine breite Auswahl aus dem Lebenswerk Alexej Jawlenskys zu sichern, der 1941 in Wiesbaden gestorben war. Von der informellen Malerei ins Wiesbadener Museum gelockt, entdeckte ich Beziehungen zwischen ihr und bestimmten Werkperioden Jawlenskys. So passte auch die Auflösung des Bildgrundes in ein Ensemble von Pinselstrichen in den spätesten Arbeiten – den *Meditationen* – ins Vorfeld des Informel.

Mich beschäftigten diese späten Bilder wieder, als ich Malerei als visuelle Sprache zu entziffern begann. Schon in Jawlenskys »konstruktiven Köpfen« aus den zwanziger und frühen dreißiger Jahren (auch davon hinreichend Anschauliches in Wiesbaden) waren die Lineaturen in ein standardisiertes Schema gebracht worden. Zieht man es heraus, erhält man ein Gesichtsideogramm. Eine vergleichbare Struktur haben die »Meditations«-Gesichter der folgenden Jahre. Über die erwähnten »informellen« Farbfelder legen sich in breiten, schwarzen Pinselstrichen die Elemente eines Gesichts: Nasenbalken, Stirn-, Augen- und Mundbalken. Sie verklammern die anfänglich autonomen Farbfelder und orten sie als Lider, Wangen, Lippen, Bart. Alle Bilder dieser Serie behalten das Grundmuster des Balkengefüges bei, und so bildet sich durch

Alexej von Jawlensky, Die Winternacht, wo die Wölfe heulen, 1936; 27,5 × 19,5 cm. Museum Wiesbaden.

Konstanz und Wiederholbarkeit eine immanente Zeichenkonvention: das Ideogramm »Gesicht«.

Dabei schreibt sich unverkennbar und anders als bei den »konstruktiven Köpfen« die arbeitende Hand mit ein. Ihr Duktus artikuliert das Gesichtszeichen, verschiebt es von Fall zu Fall und findet nur an der Blattgrenze definitiven Halt. Sichtbar wird die qualvolle Mühe der arthrosegelähmten Hände, die beide benötigt werden, den Pinsel zu halten. Doch unverkennbar ist auch der entschlossene Drang zum Notieren, zum Formulieren, der sich auch darin äußert, dass Jawlensky gleichzeitig an acht, in zwei Reihen angeordneten Bildern arbeitet.

Nimmt man die Behinderung der Hände nicht nur als Defizit, sondern als methodisches Moment im Arbeitsprozess, dann trägt sich in diese Bilder nicht nur die Pathologie ihres Malers, sondern die unseres Zeitalters ein. Diese Gesichter mit ihren geschlossenen Lidern, geschlossenen Lippen schweigen und machen den Betrachter schweigen. Sie schauen, nach innen gewandt, niemanden an. Sie sind durch ihre ideographische Reduktion, die nurmehr gerade Striche, (fast) keine Rundungen mehr kennt, entindividualisiert. Die dunklen Pinselbalken verweisen auf Abgeschiedenheit, Endgültigkeit. In Anbetracht der über siebenhundert entstandenen Bilder, die kaum überblickbar erscheinen, steigt die Imagination der riesigen Totenscharen auf, die in Wellen unser Jahrhundert und die Lebenszeit Jawlenskys überzogen haben: die des Ersten Weltkriegs, dann die von Stalin bewirkten, auch in der Zeit, als diese Bildchen entstanden, und schließlich die, die in diesen Jahren (1934 bis 1937) in dem Land, wo Jawlensky Zuflucht gesucht hatte, vorbereitet wurden. Das Feld dieser vielen Gesichterbilder erscheint da wie eine Kontrafaktur zu den gerasterten Gräberfeldern, in denen sich doch nur der kleinere Teil der Toten zusammenfand: Jedes der Bilder, trotz der ideographischen Identität mit allen andern, von eigener Anmutung – eigentümliche Ausprägung eines Ideogramms, das die Verfassung von »Totheit« zur »Sprache« bringt.

Als exemplarisch habe ich – unter Qual der Wahl – das Bild *Die Winternacht, wo die Wölfe heulen* ausgesucht (1936 entstanden; der Bildtitel, wie die Bildtitel der »Meditationen« insgesamt, führt in die Irre). Vom matten graugrünen Gesamt heben sich im linken Lidfeld ein dunkelrotes und im rechten Bartfeld ein dunkelblaues Farbfeld ab. Bei genaucrem Hinsehen erweist sich, dass die düsteren Wangenfelder gelb grundiert sind. So erhält das Bild zwar Varianten der drei Grundfarben, ihre Korrespondenz wird jedoch durch die Verdrängung des Gelb unterbunden. Erst zum Schluss, wenn das Balkenantlitz bereits aufliegt, werden neben die Nasenwurzel links und rechts leichte gelbe Striche gesetzt: winzig im Ganzen, doch die Dreiheit der ersten Farbwahl memorierend, mit der die Unendlichkeit aller Farben angesprochen war. Blau und Rot – dieses von überlagernden grauen Pinselstrichen beeinträchtigt – werden ohne das leuchtende Dritte vom Balkenschwarz eingebunden und verstärken dessen sinnliche Präsenz. An den äußersten Rändern unten und oben gibt es noch Streifchen von Weiß – Restlicht? Die Gesichtsgrenzen rechts und links lösen sich auf in kurzen, lockeren Pinselstrichen, in die auch etwas Gelb eingemischt ist.

Einen Moment lang glaubt man, durch die Balken wie durch Fensterrahmen in ein Inneres zu blicken. Die Wangenfelder weiten sich jedoch, sobald das Auge sich völlig auf ihre gebrochene Tönung einlässt. Die Begrenzung entfällt. Wie Membranen mit kaum wahrnehmbarer Vibration wirken die Wangenfelder, und es mag dabei das Gelb im Untergrund mitspielen. Nicht sofort, doch allmählich wird die Botschaft ambivalent. Das Schweigen der geschlossenen Lippen, die Abweisung durch die schwarzen Balken sind nicht mehr eindeutig. Zwar bleibt die »Totheit« des Ideogramms unverrückbar. Es springt ihr jedoch wie ein Aszendent eine Durchlichtung, eine Heiterkeit bei, die sich hinter den geschlossenen Lidern ausbreitet. Die Farbflächen unter den Balkenzeichen gewinnen eine eigene Dimension, gewinnen sie zurück, jetzt jedoch – anders als vor der Überlagerung und Einbindung – durchweht und verrätselt von glückhaftem Schrecken, der nicht von dieser Welt ist. Diese Toten haben ihre eigene.

Die Bilder altern nicht – vielleicht weil ihr Ideogramm ein Unveränderliches weitergibt, im Sinn der Ikonentradition, auf die sich Jawlensky auch bezogen hat, obwohl für ihn ihre Regeln nicht gelten konnten. Offensichtlich bewahrt ihre ideographische Verfasstheit sie vor dem Verschleiß durch wechselnde Sprachregelungen und erhält sie lesbar auch für all die Toten, die noch am Leben oder noch gar nicht geboren sind.

Der Bilddenker

Dietrich Mahlows kunstkuratorisches Lebenswerk

2015

> Die Welt ist dabei, Dietrich Mahlow, der 2015 95 Jahre alt geworden wäre, aus den Augen zu verlieren. Dabei war er es, der sie mit einem weitgespannten Panorama der Augenerlebnisse bedacht hat, wobei er die Betrachtenden als Partner der Künstler verstand und mit seinen Initiativen unverdrossen das im Verstehen des bildnerisch Wahrgenommenen gelingende Innehaben zu fördern wusste.

I

In einer Philosophievorlesung Professor Weltes an der Universität Freiburg über »Gottesbeweise bei Hegel« im Sommersemester 1950 kam ich mit Dietrich Mahlow beiläufig ins Gespräch, und wir fuhren in gemeinsamem Interesse mit einer Studentengruppe auf Initiative Weltes zu einem Privatseminar Martin Heideggers in Todtnauberg. Aspekte aus dessen damals wiederentdecktem Buch »Sein und Zeit« waren Thema der um Heidegger auf dem Waldboden gruppierten Runde. Für uns war es, da Heidegger noch nicht rehabilitiert war, Grenzüberschreitung. Das Denken sollte nicht an die Kandare genommen werden. So entwarf Mahlow gesprächsweise die Idee einer ost-westlichen Akademie zur Vermittlung der geistig-spirituellen Welt Indiens und Ostasiens mit der von Krieg und Ideologien verwüsteten Europas. Mahlow schloss nicht aus, dafür Unterstützung zu finden, und fühlte sich gedanklich reisebereit. Auch dies ein wenn auch kurzzeitiger Denkweg ins Ungedachte.

In Freiburg waren wir zwei Semester zusammen, und es stellte sich heraus, dass unsere durchaus divergenten Denkwege auch wieder in einer Weise kompatibel waren, dass sie sich immer wieder und das lebenslang zum Duo vereinigten. Einen Kick bekamen unsere Gespräche durch meine Eindrücke und Einblicke in der Frankfurter Zimmergalerie. Dort hatte ich den Maler Karl Otto Götz kennengelernt, dessen Ästhetik und künstlerische Praxis auf meine eigenen literarischen Arbeiten durchwirkten (s. unten S. 595 ff.). Da hatten wir einen Bereich, der uns beide interessierte. Er wurde der Lebensnerv unserer Freundschaft. Als Angehöriger des Jahrgangs 1920 war Mahlow zwischen seinem 18. und 25. Lebensjahr als Soldat in die Knochenmühle des Zweiten Weltkriegs geraten und war 26, als er mit seiner Berufsausbildung beginnen konnte, in einem Alter, in dem andere Jahrgänge diese hinter sich und ihren Beruf gefunden haben. Seine Erstorientierung richtete sich lebenspraktisch zunächst auf ein Studium der Betriebswirtschaft in München. Als ihm bewusst wird, dass sein Leben eine weitere, geistige Dimension braucht, beginnt er ein zweites Studium der Philosophie und Kunstwissenschaft in Freiburg. Sein Schwiegervater unterstützt ihn, indem er ihm einen Auto- und Motorradverleih finanziert, damit die kleine Familie, die Mahlow inzwischen gegründet hatte, existieren kann. Das war 1950.

Seine Situation zwischen der Position eines Erwachsenen mit seinen Pflichten und der Studentenexistenz quasi eines Heranwachsenden zerrt an seinem Selbstbewusstsein, zumal das Verleihgeschäft überwiegend Verluste einfährt und die Ehe am Vibrieren ist. Die gefühlsmäßig aufgeladene Ambivalenz, in der er steckt, beschreibt Mahlow in einem Brief im Oktober 1952:

»(...) ich habe nicht die Kraft, mich anzuspeien, wie ich möchte, da ich mich verachte, weil ich aus dem Irrsal nicht herausfinde. (...) Doch auch da macht Gelegenheit Diebe. Dieses Wort verführte mich schon oft zu der Frage nach der Abhängigkeit von der Gelegenheit, von der Situation (...), denn der Mensch ist grenzenlos (Mensch) frei. Aber die Freiheit, so sie wirken will, verwirklicht sich nur in einer Situation. Des Menschen Freiheit wird, sich verwirklichend, situationsgebunden. Die Freiheit ist eine Kraft; ist die eigentlich menschliche Kraft. Sich nicht verwirklichen, kann Reinerhaltung der Kraft bedeuten, wenn die Situationen, in welchen Verwirklichung möglich wäre, der Kraft der Freiheit nicht entsprechen.«

Es quält ihn die Diskrepanz zwischen Wollen, Sollen und Sein, in der er steckt. Der Situationenbezug birgt die schneidenden, zwingenden Züge der Kriegserfahrungen. Er klagt über die Irritationen, die ihn treffen; doch er wird sie aushalten und schließlich durch Ehescheidung, Aufgabe des Verleihbetriebs mit Totalverlust und endlich vollzogener Promotion bewältigen. Die Kapazität dazu hatte er, da er sich gerade nicht im Studentenalter mit seinen Perspektivenkrümmungen befand, sondern durch seine Erfahrungen in den Kriegsjahren an Statur gewonnen hatte. Auch jetzt beweist er seine Stabilität, Ausdauer, Entscheidungsfähigkeit und Arbeitskraft. Er hat die Begabung, sich auf andere Menschen einzulassen, sie zu gewinnen und auch zu führen, und er hatte das wie auch immer gefüllte und geprägte Erinnerungspotential eines erwachsenen Menschen, das ihm eine Weite des Gedankenfindens und des Innehabens auch von Noch-nicht-Gedachtem ermöglicht. Er war 35, als er seine Berufstätigkeit begann.

2

Der berufliche Spielraum, der sich Mitte der 50er Jahre einem frisch promovierten Kunstwissenschaftler bot, war minimal.[1] Mahlow hatte weder Kontakte noch praktikable Vorkenntnisse im beruflichen Kunst- und Kulturgeschäft. Er griff nach sich zufällig Anbietendem und fand eine Stelle im Waldemar-Klein-Verlag Baden-Baden, in dem die der Moderne gewidmete Zeitschrift »Das Kunstwerk« erschien. In Baden-Baden gab es zudem eine Staatliche Kunsthalle mit überwiegend regional orientierten Aktivitäten. Mahlow erkannte die Situation und wirkte mit an der Initiative zur Gründung einer »Gesellschaft der Freunde junger Kunst«. Es stellte sich heraus, dass sie einen Bedarf in der Stadt mit ihrem kulturellen Selbstverständnis deckte. Mahlow begriff, dass es nicht nur darum ging, junge Künstler zu fördern, sondern ebenso deren rezeptives Gegenüber als Teil der Kunstwelt zu werten und zu fördern, sodass »Kunst erlebt wird und das individuelle Denken des Einzelnen in Gang« gebracht wird. Er entdeckt seinen pädagogischen Auftrag, ehe er den kunstkuratorischen erhält. Was kurz darauf geschieht, als er sich um eine freie Stelle in der Kunsthalle bewirbt und angesichts seiner Qualifikation dann 1956 zu deren Leiter berufen wird. Diese gleichgewichtete Zweiseitigkeit seines Kunstverständnisses wird zum Kompass seines Lebenswerkes.

Den kuratorischen Horizont seiner Ausstellungsinitiativen grenzt Mahlow mehr oder weniger bewusst ab von den seit 1955 im Olympiarhythmus organisierten, dem Direktiv des universalen Ausgriffs auf die zeitgenössische Kunst folgenden »documenta«-Ausstellungen in Kassel. Deren zweite von 1959, über die Mahlow in einem Fernsehfilm des SWF berichtet, widmet sich programmatisch der aktuellen internationalen Gegenwartskunst, ein umfassendes Panorama der Zeit nach 1945. Mahlow hat für seine Vorhaben die gleiche universale Perspektive, fokussiert sie jedoch – neben den üblichen Einzel-, Gruppen- und Länderausstellungen – als thematische Ausstellungen zu bestimmten Kunstbereichen, deren bildnerische Vielfalt ebenso zur Geltung kommen sollte wie, gegebenenfalls, ihre globale Ortung und historische Tiefendimension. Dies wird seine Spezialität. Als Leiter der Kunsthallen Baden-Baden (1956–1966) und Nürnberg (1967–1972) hatte er den Spielraum und die personellen und finanziellen Voraussetzungen dafür.

Bezeichnenderweise griff er, Anfänger, der er war, 1961 nach einem peripheren, dem zeitaktuellen Interesse entrückten Kunstbereich für den ersten Versuch, indem er das 1959 gerade erschienene Buch »*Das naive Bild der Welt*« von Oto Bihalji-Merin über die in vielen Ländern tätigen »Sonntagsmaler« für eine universal orientierte Ausstellung wählte. Dabei bewies er ein beträchtliches Ausmaß an Initiativen beim Beschaffen der Exponate aus der ganzen westlichen und mitteleuropäischen Welt. Den mit Deutungshilfen und Kurzbiographien angereicherten Katalog gestaltet Mahlow als optimales Medium für den Bildbetrachter.

Mein Malerfreund Karl Otto Götz hatte 1959 eine Berufung als Professor an die Kunstakademie in Düsseldorf angenommen. Berufliche Reisen konnte ich auch zu Besuchen bei ihm nutzen und kam durch einen Tipp von ihm zu der von Jean-Pierre Wilhelm neu eingerichteten »Galerie 22«, deren Spezialität die junge informelle Malerei war, wie sie auch Götz praktizierte. In Hinsicht auf diese Bildverfahren kam dort das Stichwort von der »skripturalen Malerei« auf. Es bezog sich unmittelbar auf die Handschriftanmutung der informellen Pinselführung, betraf aber auch Schriftelemente, die benutzt wurden. Über dieses Stichwort hinweg gab es auch Berührungspunkte mit meinen eigenen, aus Text- und Letternstrukturen formierten literalen Arbeiten. Mahlow hatte mir dabei geholfen, indem er mir ausrangierte Plakate aus der Kunsthalle als Material überlassen hatte. Er selbst hatte als Liebhaber Paul Klees in des-

Katalogumschlag der Ausstellung »Das naive Bild der Welt«.
Staatliche Kunsthalle Baden-Baden, 1961

sen Bildern eine vielfältige kompositorische Verwendung von Schriftzeichen bemerkt und sie 1962 für eine Ausstellung vorgesehen.

In unseren Gesprächen hatten wir immer wieder Aspekte einer zukünftigen Ausstellungspädagogik bedacht, die die dominante Orientierung an der Potenz der Bilder auffangen und durch eine didaktische Ausrichtung ihrer Präsentation die Empfängerseite vitalisieren könnte. Erste Auswirkungen hatte es schon im Katalog der Ausstellung über das naive Bild gegeben. Jetzt bot unsere Beschäftigung mit der »Schrift-Problematik« (Mahlow) eine neue und angesichts deren Komplexität dringlichere Gelegenheit, geeignete Wege für die Beteiligung der Betrachter zu ermitteln.

Im gemeinsamen Zurufen sammelten wir die Künstlernamen. Mir kam es vor allem darauf an, die Maler des Informel sowie Carlfriedrich Claus, der abgeschnitten in der DDR arbeitete und mir auf Umwegen seine »Sprachblätter« hatte zukommen lassen, und die deutschen Schreibmeister des 16. bis 18. Jahrhunderts einzubringen. Mahlow war es bewusst, dass die heute aktiven Künstler auf den Schultern der Erfinder seit der Jahrhundertwende standen, eine europaweite Gruppe, deren Werke für die Transparenz der Ausstellung unentbehrlich waren. Sorgfältig bedachte er auch die aktuellen japanischen Schriftkünstler, zu denen er persönlichen Kontakt hatte und deren historische Tiefendimension durch eine ganze Beispielreihe vergegenwärtigt wurde. Die unter dem Titel »*Schrift und Bild*« selektierte Auswahl ist offen für jederlei Bildtechnik vom Tableau über Druckverfahren aller Art, Handzeichnungen, Handschriften, Aquarelle bis zur Collage. Die Zeichenskala reicht von der Einzelletter und ihrer Fragmentierung über das Ideogramm im direkten und im verschlüsselten Sinn, Symbolsignale, Simultankombinationen, skripturale Gestik, Wortbilder, destruierte Texte bis zum subtilen Liniennetz. Jedes Exemplar reizt zur Entzifferung, auch wenn sie nur zu einer ›gefühlten‹ Lesart oder zum Anschwingen von Erinnertem führt.

Mahlow selbst verfasste im Katalogbuch die Führung durch den Parcours, dessen sieben Kapitel die medienästhetischen Transferprozesse vom Buchstaben oder vom Text zum Bild, vom Bild zum Text, von der Schreibspur bis zur »Analyse und Synthese von Schrift« erläutert. Er vermittelt ein differenziertes Spektrum, das von der konkreten Ausstel-

Katalog der Ausstellung »Schrift und Bild 1«, Seite 1,
Staatliche Kunsthalle Baden-Baden, 1962

lung allein nicht vermittelt werden könnte. Ihn unterstützen dabei die Essays kundiger Beiträger zu besonderen Themenbereichen. Das Katalogbuch war so angelegt, dass es als erster Titel in meinem neu gegründeten Typos-Verlag dem Buchhandel angeboten werden konnte.

Katalog »Prinzip Collage«, 1981. Wolfgang Schmidt: Opera-Collage La femme 100 têtes

3

Wenn man Mahlows Tätigkeitsverläufe verfolgt, so ist unterwegs immer wieder ein Moment der Grenzüberschreitung zu bemerken, die Wendung ins scheinbar Nebensächliche, Verkannte, Irrelevante. So passiert es auch, als er, nun tätig in der Kunsthalle Nürnberg, 1968 gesprächsweise das »Prinzip Collage« antippt, das zwar in meiner Arbeit ein unentbehrliches handwerkliches Verfahren war, mir als aktuelles kuratorisches Thema doch obsolet schien. Mahlow jedoch witterte nicht nur die ästhetische, sondern auch die gesellschaftliche Relevanz der hybriden Bildung von Realitäten durch das Zusammentreffen diskrepanter Fragmente, Stücke, Partikel. Ihm schien es an der Zeit, die Reichweite dieses Phänomens als Exempel in den diversen künstlerischen Produktionsformen zu ermitteln.

Um der Sache näherzukommen, organisierte er mit Hilfe des kürzlich von ihm gegründeten »Instituts für moderne Kunst« eine von einer Ausstellung *von der collage zur assemblage* begleitete mehrtägige Konferenz von Künstlern, Autoren, Musikern, Theater- und Happeningleuten. Ihre »Arbeitsthesen« hatte ich vorab formuliert. Die Ergebnisse dieser über eine Woche verlaufenden Referate, Diskussionen, visueller und akustischer Präsentationen, an denen auch Gäste aus Prag und Krakau teilnahmen, erwiesen, so multimedial und diskrepant sie auch waren, bemerkenswerte Übereinstimmungen. Mahlow hat sie in einer im selben Jahr erscheinenden Publikation allgemein zugänglich gemacht. Darin fasst er die Quintessenz des in diesen Tagen Erfahrenen wie folgt zusammen:[2]

> »plötzlich leuchtet die collage auf wie ein stern: hier ist es gelungen, sehr konträres, opponierendes, unterschiedliches und minderwertiges, wertloses, absichtlich zerstörtes zu einer neuen künstlerischen einheit zu verbinden, die – oft palimpsesten ähnlich – mehrere ebenen aufweist, deren kräfte mehr oder weniger wirksam bleiben: die formale ebene; die der gegenstände und ihrer bedeutungen; die der von form und gegenständen hervorgerufenen assoziationen; und schließlich die einer neuen kombination der oberfläche mit ihren akausalen elementen. das alles zusammen macht die collage aus: fremder rhythmus von ehemals vertrautem, neue strukturen und formsensationen, neue »inhalte«, die über alle erinnerung hinausgehen und keinerlei sentimentalität zulassen. (...)«

4

In der Aufeinanderfolge der thematischen Ausstellungen lässt sich eine überlegte Disposition erkennen. Die beiden vorangehenden leisteten sich Grenzüberschreitungen des klassischen Kunstbegriffs, indem sie intermediale Übergriffe benutzten und damit ungewohnte narrative Fäden und imaginative Anmutungen zuließen. Kontrastiv dazu wird das nächste Vorhaben einem von transzendierenden Tendenzen freien, autonomen Kunstbereich gelten, den er auch noch in den exquisiten Rahmen der 1969 eingerichteten »1. Nürnberger Biennale« setzt. Es geht um die »*Konstruktive Kunst: Elemente und Prinzipien*«, einen Bereich, dem Mahlow besondere Aufmerksamkeit widmet, indem er eine hochkarätige internationale Jury einsetzt, die einen großen Kreis von Künstlern aus 22 Ländern, einschließlich der DDR und der UdSSR, auswählt. Das anspruchsvolle Programm ist nur durch zeitgleiche Parallelausstellungen in Nürnberg, München, Berlin und Koblenz zu bewältigen, wird je-

Dietrich Mahlow im Textraum »mortuarium für zwei alphabete« von Franz Mon

doch durch »Sonderbeiträge« qualifizierter Autoren transparent und substanziiert. Der Untertitel »Elemente und Prinzipien« besagt, dass es nicht um eine Rundumschau geht, sondern um die Denkleistungen künstlerischer Arbeit generell, insbesondere der Frühphase des Konstruktivismus, die bis auf Leonardo da Vinci zurückgeht.

Spätestens mit dieser Ausstellung rückt Mahlow in die Riege der international angesehenen und wirkenden Kunstkuratoren auf. Er ist persönlich mit den tonangebenden bekannt und wird zur Mitarbeit an Jurys der Biennalen in Ljubljana, São Paulo, Venedig, Tokio eingeladen. Umbro Apollonio, der Leiter der Biennale in Venedig, wird mit ihm zusammen die für 1970 geplante gestalten, um mit seiner Hilfe das in Traditionen fixierte Procedere zu überwinden. Es soll eine »*Ricerca e progettazione. Proposta per una esposizione sperimentale*«, eine experimentale Ausstellung werden. Mahlows Handschrift hat ihre Spuren deutlich in der 35. Biennale hinterlassen. Er implantiert auf dem Fond einer von Malewitsch, Tatlin, Lissitzky formierten Moderne die »Analyse des Sehens« mit Arbeiten von Albers, Bill, Mack, von Graevenitz, Soto, Greenham, Mon und der Laser- und Computerkunst. Von Mon ließ Mahlow den begehbaren, oktogonen Textraum »mortuarium für zwei alphabete« vor Ort errichten.

Vermutlich ohne sich dessen bewusst zu sein, wird die »2. Nürnberger Biennale« 1971, für die im Jubiläumsjahr des 500. Geburtstags des Nürnbergers Albrecht Dürer von Mahlow ein repräsentativer Festbeitrag zu erwarten war, den Gipfelpunkt der thematischen Ausstellungen und zugleich deren – zumindest vorläufiges – Ende sein. Mahlow hatte im Sinn, auf dem Hintergrund einer hochkarätigen Ausstellung ein Katalogbuch als Kompendium der werkästhetischen Äußerungen von Künstlern seit Dürers umfangreichem Schrifttum bis in die Gegenwart zu erstellen. Damit sollte zugleich die Kunst des Sehens erhellt, verfeinert und erschlossen werden. Ein Zitat Dürers gibt den zum Nachdenken reizenden Titel: »Was die Schönheit sei, das weiß ich nicht, Künstler Theorie Werk«.

Im Vorwort des Buches, das nebenbei auch als Katalog der Ausstellung dient und vom Verlag M. Dumont Schauberg in Köln als Buchhandelstitel publiziert wird, formuliert Mahlow die Perspektive:[3]

»Die Geschichte der modernen Kunst wird wohl einmal als Teil der Geschichte des sich selbst emanzipierenden Denkens geschrieben werden müssen.
Wir sind allzu gewohnt, die Disziplin unseres Denkens nach den Kategorien wissenschaftlicher Methodik auszurichten, deren Auswirkungen in der Umgestaltung unserer Wirklichkeit unbezweifelbar sind und das Gesicht der Welt verändert haben. Soziologen und Mediziner beklagen die Unangepasstheit des Menschen in unserer Gesellschaft gegenüber der durch den Menschen selbst herbeigeführten Entwicklung. Betrachten wir das künstlerische Denken unter dem Aspekt, dass ihm, im Unterschied zum wissenschaftlichen Denken, eine eigene Art von Phantasie zu eigen ist, so können wir erkennen, dass die künstlerische Phantasie Grundzüge einer autonomen moralischen Qualität enthält. (...)«

Die Publikumserfolge der beiden Nürnberger Biennalen mit insgesamt rund 124 000 Besuchern waren damals keineswegs selbstverständlich und sanktionieren Mahlows Konzept der thematischen Ausstellungen.

5

Mahlow hatte zehn Jahre lang die Kunsthalle in Baden-Baden betreut, als ihn das singuläre Angebot des Nürnberger Kulturdezernenten Hermann Glaser erreichte, dort ein neues »Museum internationaler zeitgenössischer Kunst« einzurichten, mit dem die Stadt das Dürerjahr 1971 zu ehren gedachte. Zudem sollte unmittelbar eine neue Kunsthalle eröffnet werden. Dem war nicht zu widerstehen. Es war der Sprung in eine Aufgabe mit vielen Unbekannten, was ihn reizte. Von seiner Mentalität her war Grenzüberschreitung naheliegend und der Fall, als Mahlow sich ans Konzept machte. Es zeichnete sich ein neuartiges Museumsmodell ab, das nur einerseits eine Sammlung beherbergen, zugleich jedoch ein Museum mit offener Seite, in dem zeitgenössische Künstler mit ihren Arbeitsprozessen sichtbar sein sollten. Gedacht war an ein »Museum der 30 Räume für 30 Künstler«. Jeder sollte sein Werk in einem Raum darstellen und entsprechend seiner Entwicklung um- und weitergestalten. Es wäre ein mobiles Museum geworden, das die Besucher zum Wiederkommen und vergleichend vertiefendem Bilderlesen animieren würde. So war es gedacht und akzeptiert. Doch die kommunalen Gelenke haben ihre eigene Schematik. Das Vorhaben wurde vertagt aus Budgetgründen. Das Dürerjahr kam ohne es aus.

Für Mahlow war es ein Affront, der einen Riss bewirkte. In Weiherhof nahe Nürnberg bewohnte er ein Haus mit einer neuen Familie in sympathischer Umgebung. Im Kontext der Kunsthalle hatte er das »Institut für moderne Kunst« gegründet, das personell ausgestattet über das Tagesgeschäft hinausreichende Aktivitäten ermöglichte. So gab es genug Gründe, das Begonnene mit seinem Gelingen fortzusetzen. Doch der sich anbietenden Grenzüberschreitung konnte Mahlow nicht widerstehen. So überwog letztlich der Impuls, sich auf neue Tätigkeitsfelder zu wagen. Mahlow kündigte seinen Vertrag 1972.

Doch diese Entscheidung betraf eine Gabelung: den Verzicht auf eine dauerhafte Institution als Basis und Spielraum für kunstkuratorische

Veranstaltungen nach seinem Geschmack. Es würde die Folge haben, dass Mahlows Spezialität, die thematischen Ausstellungen mit ihren, im Gegensatz zu Einzelausstellungen, aufwendigen Umständen, in Zukunft nur auf Einladung möglich wären. Was er im Moment gewiss bedachte, doch minimierte angesichts der ins Offene und in die Weite weisenden Perspektive. Bemerkenswerterweise hat Mahlow sich auch später nie um eine leitende Stelle etwa in einem Museum beworben, obwohl er die Qualifikation dafür wie kaum ein anderer besaß. Er zog vom ›Zonenrandgebiet‹ im Südosten der Bundesrepublik nach Seeheim an der Bergstraße, wo er ein passendes Haus gefunden hatte. Im Westen waren, auch im benachbarten Ausland, kulturelle Schwerpunkte gereiht; und die idealen Verkehrsverhältnisse entsprachen seinem Bedürfnis nach Bewegungsfreiheit.

6

Auch für unsere Freundschaft war dies ein Gewinn. Dank der räumlichen Nähe unserer Wohnorte waren Treffen und Austausch viel leichter als zuvor. Auch unsere Familien fanden zueinander. Der Odenwald als willkommenes Ausflugsgelände lag vor der Haustür. Schon in den 60er Jahren hatte Mahlow den *Fernsehfilm* als neues, modernes Medium für seine kunstkuratorische Arbeit wahrgenommen. Für den Saarländischen Rundfunk hatte er Filme zu Themen wie »Schrift und Bild«, Dadaismus, die 10. Biennale in São Paulo und manche weitere realisiert. Unter dem Stichwort »konkrete Poesie« wurde 1968 ein Film über meine visuellen Arbeiten geplant. Im Januar 1969 schrieb mir Mahlow: »Dein Film wird in diesem Sommer gedreht, voraussichtlich in Bled (40 km nordwestlich von Ljubljana).« Er war freilich eingebettet in ein komplexes Vorhaben, das wir uns unter dem Label »Cosa nostra« – unser Ding – schon länger ausgedacht hatten. So hieß es also weiter: »La Cosa nostra findet statt. Das Saarländische Fernsehen bezahlt alles. (...) Die Pläne und Exposeés müssen sofort erarbeitet werden. Wir wollen dort etwa 15–20 Künstler und 8–10 Literaten und Theaterleute versammeln, die grundsätzliche Dauer sollte 3 Monate sein, aber im Ausnahmefall geht es auch kürzer.« Für meinen Film forderte er »schnell einige Stichworte für das erste Exposeé«, was ich ihm auch postwendend zuschickte.

In der Nähe von Bled gab es ein ehemaliges Kasernengebäude, das der mit Mahlow befreundete slowenische Kulturmanager Zoran Krzisnik in seiner Obhut hatte und ihm für sein sommerliches Vorhaben zur Verfügung stellte. Mahlow hatte offenbar eine ganze Handvoll verschiedener Filmprojekte im Sinn, deren Inhalte noch offen waren. Realisiert wurde schließlich einzig Tadeusz Kantors happeningdurchsetztes Stück mit dem Titel *Säcke, Schrank und Schirm*. Die Rollen wurden von acht Laien – nämlich befreundete Personen, die Mahlow eingeladen hatte – bemüht und turbulent gespielt. Ich war als Assistent, verantwortlich für alles Schriftliche, mit von der Partie. Das Filmprojekt war vertagt (und kam auch nie zustande). Es waren drei oder vier muntere und anstrengende Sommerwochen mit Aktivitäten im Studio, Bootsfahrten auf dem See von Bled und Ausflügen in die Berge. Zu Dieter Mahlows Geburtstag am 19. August fertigte ich ein »Geburtstagspoem«, das mit den Vornamen der Beteiligten und den Requisiten der Handlung spielte.

Schon in den frühen 60er Jahren hatte die Kunst- und Kulturwelt Lateinamerikas Mahlows Aufmerksamkeit und Zuneigung gefunden. 1962 hatte er in Baden-Baden die »*Arte Columbiano*« mit ihren kulturhistorischen Tiefenschichten gezeigt. In Nürnberg – da hatte er schon begonnen, Spanisch zu lernen – folgten 1970 die »*Südamerikanische Malerei der Gegenwart*« und die »*Altamerikanischen Schriftbilder*« (1975). Da hatte er Nürnberg schon verlassen und seine von den Goethe-Instituten unterstützten Vortragsreisen raumgreifend durch die südamerikanischen Länder begonnen. Dabei erschloss er nicht nur einem europafremden Publikum seine Kunstwelt, sondern gewann Kontakte zu Universitäten, Akademien und vor allem einheimischen Künstlern wie Jésus Raphael Soto und Carlos Cruz-Diez. In Argentinien traf er die Mitglieder des »Grupo Acción Instrumental«, die dann mit seiner Hilfe ihre Opern-Collagen in den 70er Jahren u. a. im Frankfurter TAT »voll von attackierenden ›Funken‹« aufführten.

7

Als Mahlow im August 1973 zur Einweihung des neuen Museums seines Malerfreundes Soto, zu dessen Gründung und Organisation er Beträchtliches beigetragen hatte, eingeladen wurde, schlug er mir vor, gemeinsam dorthin zu reisen und die Gelegenheit zu einer ausgedehnten Tour durch die südamerikanischen Regionen zu nutzen. Ihn bewegte der Wunsch, diese für ihn so bedeutsamen Orte und Landschaften mit seinem Freund im Wortsinn zu ›erfahren‹. Mit seiner organisatorischen Begabung plante und regelte er unsere Reise nach Venezuela, Kolumbien und Peru in allen Details. Überall in diesen Kulturen und Landschaften kannte er sich aus, auch wenn er selbst noch nicht dort gewesen war. Von den Zielen der fast vierwöchigen Reise seien nur der archäologische Park im kolumbianischen San Augustin mit seinen rätselhaften monolithischen Skulpturen und die Inkakultur in den Andenhöhen in Cuzco und der Urwaldruinenstadt Machu Picchu erwähnt.

Die andere Lieblingsregion Mahlows waren die romanischen Landschaften der Westschweiz, der Provence und Südfrankreichs bis zu den Pyrenäen. Auch dorthin führten uns 1974 und 1979 gemeinsame Autoreisen. Bezeichnend für Mahlows sympathisch sinnliche Lebenslust war auf der ersten Reise sein Wunsch, das berühmte Restaurant Bocuse bei Lyon zu besuchen, auf dessen Spezialitäten er neugierig war. Die abschließende Rechnung betrug 684,20 Francs. Von den zahlreichen Zielen dieser Reisen seien nur Vasarélys Museum in Gordes, Petrarcas Mont Ventoux, die ockerfarbene Felsenlandschaft bei Roussillon und die Zufallsentdeckung eines von seinen Bewohnern aufgegebenen, verlassenen Dorfes in der Montagne du Luberon genannt, das wir verwundert und nachdenklich durchstreiften, bewegt von Vorstellungen, was man mit einer solchen intakten wie ratlosen Akkumulation alles machen könnte.

Eine vierte, diesmal richtig große Reise dieses Jahrzehnts führte uns 1981 durch die USA von New York über Santa Fe, Las Vegas nach San Francisco und Los Angeles, zurück in den Südosten zur Raketenstartbahn in Florida und nach New York zum Heimflug. Die sechs Wochen, die wir zusammenlebend verbrachten, manchmal mehrere Tage an einem Ort verweilend, lange Strecken im Leihauto, richtig lange im Flugzeug, wurden im improvisierten täglichen Ablauf des Miteinanders allmählich zu einer Art Alltag, an den man sich gewöhnen kann. Zur Alltäglichkeit kondensierte der Tagesverlauf auch durch das Dabeisein von Mahlows kleinem Sohn Pol, den er ganz selbstverständlich mitgenommen hatte. Hunderte von Momentaneitäten ließen sich heute noch als Erlebnis- und Ereignisknoten aufrufen, an denen sich die Zeit in ihrer Ausdehnung konstituiert hat, jede Menge an Banalitäten im Gleichgewicht mit den Singularitäten, an denen sich die Erinnerung labt.

Dass solche längeren und langen Reisen miteinander ohne Stress gelingen konnten, war auch Mahlows bifokaler Mentalität zu verdanken, die sich in der Simultaneität seines Bewegungs- und Freiheitsdranges in die Ferne und andererseits in dem Bedürfnis nach Statik und Ortsfestigkeit manifestiert. Eine Synthese gelang ihm, als er in seinem Haus in Seeheim sesshaft, auf der Baleareninsel *Ibiza* ein Grundstück erwarb und darauf eine Gruppe von vier Ferienbungalows errichten ließ, auch in der Hoffnung, dass sich dort eine befreundete Wohngemeinschaft bilden und darüber hinaus auch kulturelle Initiativen möglich werden könnten. Einen der Bungalows habe auch ich erworben. In Seeheim war Mahlows Standbein, in Ibiza sein Spielbein. Manchmal hielt er sich wochenlang dort auf, die meiste Zeit am Schreibtisch, nur stundenweise auch mal am Strand. Erst abends war er dann willig zum Ausschwärmen, und zwar mit Freude, Genuss und Klugheit.

8

Bei zwei Gelegenheiten erinnerte man sich in Frankfurt an den erfahrenen Kunstkurator Dietrich Mahlow. Die Metallgesellschaft dort bot ihm an, die Festschrift zu ihrem hundertjährigen Bestehen 1981 zu verfassen. Er war zwar als Autor gefragt, begriff das Angebot jedoch auch als Gelegenheit zu einer virtuellen thematischen, nur in Bild- und Textform realisierbaren Ausstellung, wie üblich mit einem Katalogbuch und einem Bildband, und sagte, da man ihm freie Hand versprach, zu.[4] Als Thema wählte er das Phänomen der *Metallplastik* in ihren künstlerischen wie pragmatischen Realisierungen, in deren Objekten er das konstruktive Prinzip zeitgemäß verwirklicht fand. Damit knüpfte er an das Thema jener ersten Nürnberger Biennale von 1969 an. Das Werk wurde ein instruktives und noch immer sehens- und lesenswertes Sachbuch.

Zur selben Zeit suchten die Manager der Alten Oper in Frankfurt einen profilierten Organisator für die geplanten »2. Frankfurter Feste in der Alten Oper« 1982 und vertrauten Mahlow deren Konzeption und

ORIENTIERUNGSPLAN

SPIELRAUM-RAUMSPIELE
KUNSTAUSSTELLUNG ZU DEN FRANKFURT FESTEN 1982 IN DER ALTEN OPER

KÜNSTLERINDEX

SIEGFRIED ALBRECHT	FOYER, E 3
ERWIN BECHTOLD	HUMPERDINCK-SALON, E 1
DONNA BORN	GANG, E 3
JÜRGEN BRODWOLF	TREPPENABSÄTZE E 4-5 UND 5-6
JOHN CAGE	LISZT-SALON, E 3
LOURDES CASTRO	GANG, E 6
GUNTER DEMNIG	HINTERES TREPPENHAUS
GEGO	LISZT-SALON, E 3
WALTER GIERS	GANG, E 6
HERMANN GOEPFERT	FOYER, E 3
LEO GREWENIG	AUSSTELLUNGSSAAL, E 2
HORST HAACK	TREPPENABSATZ E 3-4
REINHARD HEINRICHSMEYER	HINTERES TREPPENHAUS
ALFONSO HÜPPI	GANG, E 2
CHRISTIANE KAISER	GANG E 4
KAZUO KATASE	TREPPENABSÄTZE E 1-6
JIRI KOLAR	AUSSTELLUNGSSAAL, E 2
HARRY KRAMER	OPERNPLATZ
ADOLF LUTHER	FOYER, E 3
PIERO MANZONI	OPERNPLATZ (NACHBILDUNG)
CHRISTIAN MEGERT	GANG, E 5
CHRISTIANE MÖBUS	AUSSTELLUNGSSAAL, E 2
FRANZ MON	AUSSTELLUNGSSAAL, E 2
CLAES OLDENBURG	AUSSTELLUNGSSAAL, E 2
OTTO PIENE	AUSSEN, AM GEBÄUDE
RAFFAEL RHEINSBERG	TREPPENABSATZ, E 2-3
GEORGE RICKEY	OPERNPLATZ
VERA RÖHM	HUMPERDINCK-SALON, E 1
ULF RUNGENHAGEN	GANG, E 4
OSKAR SCHLEMMER	GANG, E 1
WOLFGANG SCHMIDT	HINDEMITH-SAAL, E 5
GERHARD SCHWEIZER	FOYER, E 3
PETER SEDGLEY	OPERNPLATZ, PFITZNER-SALON, E 5
JASON SELEY	OPERNPLATZ
CHIHIRO SHIMOTANI	AUSSTELLUNGSSAAL, E 2
J. RAPHAEL SOTO	FOYER, E 3 (NACHBILDUNG)
GÜNTER UECKER	AUSSEN, AM GEBÄUDE
JEAN WILLI	AUSSTELLUNGSSAAL, E 2
ERICH WONDER	GANG, E 5

Einrichtung an. Im Rückgriff auf seinen Erfahrungsfond und inspiriert von künstlerischen Möglichkeiten visueller, musikalischer, akustischer, taktiler, szenischer Art, die sich der Phantasie in diesem exquisiten monumentalen Baukörper anboten, ist ihm dies glorios gelungen.

Der Titel »*Spielraum – Raumspiele*« bezieht sich, unmerklich, auf Mahlows Denkbegriff des Zufalls, der sowohl in der Ordnung und Positionierung der Ausstellungsobjekte und -momente zutrifft, wie auch im Bewegungsverlauf des Betrachters mit seinen Momentaneitäten beim Verweilen, Innehalten, Weitergehen, Wiederkommen im Spiel ist. Mahlow hat seine Reflexionen über den »Zufall, das Denken und die Kunst« ausführlich in einem Aufsatz dargelegt, den er damals als Mitgestalter der Ausstellung *Zufall als Prinzip* im Wilhelm-Hack-Museum in Ludwigshafen geschrieben hat.

Eine Art Lieblingsbuch hat Mahlow sich geleistet, als es ihm gelang, den mit ihm befreundeten Direktor des Gutenberg-Museums in Mainz, Hans Halbey, für eine Ausstellung mit Aspekten der visuellen Poesie und visuellen Malerei zu gewinnen. Sie war im »Weltmuseum der Druckkunst« am richtigen Platz. Das war 1987. Ben Vautiers Bild »*auf ein Wort*« gab den Titel.[5] Die 130 Exponate, die nahezu komplett im Katalogbuch abgebildet sind, entnahm Mahlow weithin seinem eigenen, über die Jahre gesammelten Fundus. Dem entspricht auch die Einteilung in acht Kapitel, in denen er durch eigene Deutungsskizzen und vielfältige Fremdzitate in sich geschlossene Leseeinheiten gestaltet. So gelingen ihm Kontexte des Ähnlichen, die keineswegs dasselbe bedeuten, zum Vergleichen reizen und die Lesegenauigkeit anregen. Mahlow bemerkt dazu:

> »Wenn du dich auf das Leben dieser Worte, Bilder und Buchstaben einläßt, merkst du bald, daß es deine eigene Welt ist, die du dir selbst entwirfst. Sie ist so groß wie du, wie dein Auge, dein Mund, dein Ohr und dein Kopf. Sie enthält unzählige Verbindungen, von immer neuen Spielarten, die jeden Rahmen sofort sprengen. Man könnte sagen, es ist der Sprachraum, ist dein Sehraum, ist dein Vorstellungsraum.«

Mahlow entwickelt hier den Typ des Katalogbuchs weiter zu einem selbständigen Buchwerk – einer Anthologie visueller Poesie und visueller Musik, die unabhängig ist vom Verfallsdatum der Ausstellung.

Katalogumschlag der Ausstellung »auf ein Wort!«,
Gutenberg-Museum Mainz, 1987

»auf ein Wort« war von Mahlow gewissermaßen als Vorspiel zu der groß angelegten Wiederkehr des Themas »Schrift und Bild« von 1963 gedacht, die er zu der Zeit mit dem Direktor des Guggenheim-Museums in New York ventilierte. Die Spiralstruktur dieses Gebäudes mag dabei mitgespielt haben, wenn auch die internationale Reichweite dieser Ortswahl ganz oben gestanden haben dürfte. Öffnet das Zusammenspiel von Kunst und Sprache das Denken?, lautet die Frage, die den kuratorischen Nerv Mahlows trifft und von ihm in der Formulierung des Ausstellungstitels »*The Image of Thinking*« komprimiert wird. Programmatisch umkreist er das Thema, wenn er im Zusammenhang mit dem Geplanten sagt:[6]

> »Geht es heute in der Kunst nicht um die visuelle Befragung des Denkens? Oder sind wir immer noch nur bei Sinnen? Hängen nur an unserem Körper? Wann fangen wir wieder an, visuell zu denken? Oder ist das gar nicht mehr möglich? Denken in diesem Zusammenhang soll heißen: die Vorstellung mit einbeziehen; abzuwägen, was zur Wirklichkeit gehört, sich dieser ›Wirklichkeit‹ anzunähern. ›Sauver les apparences‹ schrieb Derrida zur Ausstellung ›The Image of Thinking‹. Sind die ›apparences‹ – Vorstellungen?«

Mahlow wurde von dem Museumsleiter zum »guest curator« bestellt und hat über mehrere Jahre eine Unmenge Arbeit und Reisen in das Vorhaben investiert. Die Zeit zog sich hin, und pragmatische Gründe stellten sich ein, sodass es abgesagt werden musste. Es ist kaum vorstellbar, in welcher Weise die gelungene thematische Ausstellung unbekannter oder neubekannter Bildwerke zu Beziehungsgeflechten voller Überraschungen vereinigt und welche Einsichtswirkungen sie in dieser zunächst weithin indifferent gestimmten Kunst- und Publikumswelt gehabt hätte. – Die Bitternis wurde für Mahlow vielleicht ein wenig abgemildert durch die von ihm zur gleichen Zeit zusammengestellte Wanderausstellung zum »Schrift- und Bild«-Thema als »*Writers' a Digist – Reader's Art*«, die seit 1989 in den Goethe-Instituten zunächst in New York, San Francisco, Los Angeles und dann, mit überaus positiver Reaktion, in den Goethe-Instituten Neuseelands gezeigt wurde.

9

Es ist immer wieder erschütternd und beunruhigend, unter der Initiativspannung, dem Einfallsreichtum, der Arbeitskraft und Leistungsfähigkeit Mahlows die Binnenperson wahrzunehmen, die unter körperlich-seelischen, oft krankheitsbedingten Beeinträchtigungen leidet. Selbstzweifel und depressive Anwandlungen, manchmal mit bedrohlichen Zügen werden geäußert. Wie oft steht er auf der Kippe – und macht weiter, unverdrossen im Sinn seiner Lebensaufgabe. Wie in einem Brief, den er am 14. April 1999 schreibt:

»(...)

ich weiß nicht mehr weiter
jeden Abend trinke ich
jeden Morgen Gymnastik etc.
jeden Tag schreibe ich:
    sowohl Unsinn wie Brauchbares
jede Nacht zw. 1^{00} u. 2^{00} etwa
    schreibe ich: meistens werfe ich es
    am Morgen weg, manchmal diktiere ich es –
    und stelle dir vor! – es wird in
    einem Catalogue gedruckt
manchmal weiß ich nicht (mehr), wer ich bin
manchmal lebe ich nicht mehr
dann wieder lebe ich
immer in Bewegung   keine Gelassenheit noch Ruhe
Dummheit und Erkenntnis von Erfahrungen
    verbinden sich (...)«

Es sind keine Alterungserscheinungen, sondern die Spuren reichen zurück bis in die ersten Nachkriegsjahre und haben ihre Ursachen aller Wahrscheinlichkeit nach in den Existenzerfahrungen der Kriegsjahre, über die er sich zeitlebens nur bruchstückweise geäußert hat.

Auch das Scheitern des Großprojekts *The Image of Thinking* 1995 steckt er weg und lässt sich auf Alternativen ein, beispielsweise in der Städtischen Galerie im benachbarten Dreieich mit thematisch angelegten Kammerausstellungen *Zeitspuren* 1995, *Reflexionen über das Sehen und darüberhinaus* 1997; stets dem Bilddenken erschlossen durch sorgfältig konzipierte Begleithefte. Nach wie vor wird Mahlow bevorzugt gebeten, Ausstellungen zu eröffnen. Mit seiner Art, nur mit einem mit Stichworten, Zitatmomenten, Beziehungslinien bedeckten Blatt seiner »Sudelblätter« in der Hand, die er kurz vor Beginn notiert hat, das Publikum direkt und spontan anzusprechen, gelingt es ihm, die Augen zu öffnen und Verstehen zu entfalten. Eine Probe bietet der folgende Ausschnitt aus einer offenbar auf Band aufgenommenen Ansprache anlässlich der Eröffnung einer Ausstellung von Marco Riedel in einer Münchener Galerie 1999. Es sind im Augenblick der Rede entstehende Funken:

»(...) Marcos Figuren leben aus den Farben. Den Kräften, die sie antreiben, in ihnen wirbeln, sie verletzen und doch in ihnen ruhen. Plötzlich seh ich mich selbst in den Bildern. Ich lache ich weine, ich spreche ich schweige, ich springe, ich halte durch. Und Du Marco? Die Frage bleibt: wer sind wir eigentlich? Mensch muß immer erst Mensch werden. Stop making sense. Kostbares, Farbdurchwebtes Menschliches Allzumenschliches. Dieses nach innen klingen von Farbe und Wunschtraum. Entsteht so menschliche Wirklichkeit? Die Farbe ist ein Poem. Gedanken sind Klänge. Und sehen heißt, die Augen schließen um doppelt und dreifach zu sehen. Eine Welt öffnet sich. Marco Riedel: How does he want to be seen? Nirgends küsst er hin nur auf die Brust, da sinkt sein Herz hinab und dann hinauf zum Kopf zurück zum Bauch, zu Armen und Beinen. Ein Herz aus Farbe. Aus Farbe in bewegten Linien. Farbseen, Farbteiche, Farbsonnen, Farbwolken, Farbberge, Farbtäler – noch zwischen den Fingern. Ein Mensch, der Farbe hat. Wer hat schon Farbe. Sie? Nicht zu wenig, nicht zu viel, nicht zu laut und nicht zu leise. Zu mir, zu uns, ganz nah und doch entfernt – ein Mensch, ein Mensch wie Du und ich. Halb gewandt und halb verschlossen, immer aufrecht, leicht geknickt, doch nie verloren. Mensch, die Zeit vergeht, vergeht die Kunst? Sie führt die Zeit ins Labyrinth, nicht uns, nicht wir sind ohne Ausweg, nur die Zeit. Die Kunst stiehlt den Menschen der Zeit, stiehlt uns der Zeit. Was bleibt, das stiften jene Dichter und Künstler, die uns neues Wesentliches offenbaren. (...)«

Auch in diesen späten Jahren bleibt Mahlows bifokale Mentalität in Gang. Als ihm sein Malerfreund Carlos-Cruz Diez in Venezuela vorschlägt, mit ihm eine *Ruta del Arte*, eine Skulpturenstraße entlang einer überregionalen Landstraße anzulegen, macht er mit und widmet dem Vorhaben unermüdlich seine Kräfte. Die Vorstellung einer im öffentlichen landschaftlichen Raum erstellten Skulpturenreihe kam ins Stadium der offiziellen Machbarkeit. Doch der Zufall spielte seine unberechenbare Rolle, als die politische Situation des Landes kippte und der neue Präsident namens Chávez die Sache erledigte.

So blieb die von Raum, Körpern, Licht, Schatten, Bäumen, Gebäuden und Zeit gebildete Kunststraße weiterhin Vorstellung einer virtuellen Wirklichkeit. Ihr Substrat ist eine von Skizzen unterstützte Beschreibung, besteht also aus Wörtern. Es gibt ihre Bilder im Kopf; nicht nur in Mahlows, auch in unseren Köpfen existiert imaginativ oder wie im Wachtraum dieses in die Weite reichende Kunstgebilde, möglicherweise beflügelt durch die Kenntnis der von Mahlow ausgewählten Künstler und deren Werkformen.

Die Widerspenstigkeit der banalen Realitäten ließ auch den zweiten Anlauf einer Ruta del Arte in Peru entlang der Panamericana im Zustand der Virtualität eines mit interessanten Einzelheiten bekleideten Vorstellungsgebildes, dem Mahlow mit vielen Reisen auf eigene Kosten nach Lima insistent diente und das schließlich im Sande verlief. Es war sein letztes kunstkuratorisches Vorhaben. Er hat es betrieben, solange seine Kräfte reichten. Es war eine Phase seines Lebensabends. – Am 11. Juni 2013 ist Dietrich Mahlow in Darmstadt gestorben.

Anmerkungen
1 S. auch meinen Aufsatz: Das Sehen mit dem Denken verbinden. In Erinnerung an Dietrich Mahlow. In: Neue Rundschau 2/2015, S. 155–173
2 prinzip collage. Hg. vom Institut für moderne Kunst. Neuwied u. Berlin 1968, S. 10
3 »Was die Schönheit sei, das weiß ich nicht«. Künstler Theorie Werk, 2. Biennale Nürnberg 1971, S. 10
4 Dietrich Mahlow: 100 Jahre Metallplastik, Bronceguss Construction Materialsprache Wahrnehmung. Metallgesellschaft AG Frankfurt am Main, Mitteilungen aus den Arbeitsbereichen, Sonderausgabe (23/1981) anlässlich des 100-jährigen Bestehens des Unternehmens, 1 Textband, 1 Bildband
5 auf ein Wort! Aspekte virtueller Poesie und visueller Musik. Katalog des Gutenberg Museums in Mainz, 30. 5.–31. 8. 1987
6 Dietrich Mahlow: Text und Bild – Bild und Text – The Image of Thinking. In: Kunst Sprache Vermittlung. Hg. von F. W. Block und H. Funk. München 1995, S. 210

»um Anonymes und Überraschendes ins Bild zu locken«

Zum hundertsten Geburtstag von
Karl Otto Götz am 22. Februar 2014

2013

I

COBRA 5 war der Türöffner. Das breitformatige Heft lag taufrisch in der Zimmergalerie Franck in der Böhmerstraße 7, als ich zur Eröffnung der Ausstellung des Malers Karl Otto Götz am 2. November 1950 dorthin kam. Ich blätterte darin und war überrascht und fasziniert von dem Atem der Gedichte, die darin abgedruckt waren, und angetan von der Gemeinsamkeit der surreal gestimmten Bilder und Texte. Klaus Franck verwies mich an Götz, den Herausgeber des Heftes, der anwesend war. Wir kamen ins Gespräch, und da ich mehr wissen wollte, lud er mich ein, ihn zu besuchen. Das geschah alsbald. Götz, gerade nach Frankfurt zugezogen, hatte mit seiner Familie eine Dachwohnung in der Schleidenstraße 26 gefunden, auch dies in der bombenzermürbten Stadt schwierig genug. Die Behausung bestand aus einem einzigen großen Raum mit einem Fenster, der den vier Bewohnern zum Wohnen, Schlafen, Arbeiten dienen musste. Dort besuchte ich Götz in kurzen Abständen regelmäßig während der sechs Jahre, die er dort lebte und arbeitete. Ich kam in eine Welt, von der ich bisher keine Ahnung gehabt hatte. Seine Frau Anneliese Hager machte Photogramme, schrieb, wie er, surreal getönte Gedichte und übersetzte vorbildgebende Autoren aus dem Französischen.

Götz, Jahrgang 1914, war 12 Jahre älter als ich und hatte, im Gegensatz zu mir und meinem Jahrgang, sich vor dem Niederrasseln des NS-Vorhangs mit den Bilderfindungen der Moderne schon in jungen Jahren vertraut machen und seine eigenen künstlerischen Tastversuche praktizieren können. Noch waren im Leopold-Hoesch-Museum in Düren 1934 Ausstellungen von Hofer und Nolde zu sehen, während im selben Jahr ein Besuch im Frankfurter Städel, das sich durch seinen exquisiten Bestand an moderner Kunst auszeichnete, zu spät kam. Alles »Entartete«

1. Begegnung, 1935, Spritztechnik

war bereits beseitigt. Die eigenen, offensichtlich irregulären Arbeiten des Einundzwanzigjährigen gerieten 1935 unter das offizielle Verdikt, und er wurde mit einem »Mal- und Ausstellungsverbot« belegt. Das berührte ihn nur beiläufig. Unbekannt und unbeachtet, wie er war, verfolgte er seine bildnerische Formensuche konsequent weiter. Die Ausbildung zu einem bürgerlichen Brotberuf, wie vom Vater erwünscht und verlangt, interessierte ihn nicht. Ihn beschäftigte im Sommer 1935 seine »Idee von der Bildfaktur und von Formfamilien, die sich überlagern und durchdringen. (...) Diese Versuche, zusammen mit den Spritzbildern,

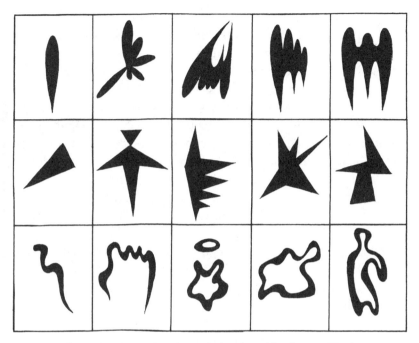

2. Fakturenfibel: Drei Motive mit je vier Variationen, Stadtlandet 1945, Tusche

sind meine ersten surrealistischen Arbeiten, obwohl ich zu diesem Zeitpunkt sehr wenig vom Surrealismus wusste.«[1] Im ideologischen Windschatten des Kriegsdienstes als Luftnachrichtensoldat in Norwegen vom April 1941 bis November 1945 konnte Götz in Konsequenz der bisherigen Bildkonzeptionen seine *Fakturenfibel* entwickeln.

Als »Faktur« bezeichnete er das kleinste, autonome visuelle Formelement. Das damals entstandene Manuskript ging bedingt durch die Umstände des Kriegsendes verloren, ist jedoch später mysteriöserweise von unbekannt übermittelt worden. Ihre ästhetische Basis beschreibt Götz in seinen »Erinnerungen«:

»Beobachtungen in der Natur hatten mich schon 1935 auf eine Art Form-Philosophie gebracht. Ich stellte mir vor, dass – formal gesehen – alle komplexen visuellen Erscheinungen dadurch entstehen, dass von außen kommend die verschiedenen Formfamilien (Fakturen) sich in einem Zentrum treffen und durch gegenseitige Beeinflussung, Verformung, Überlagerung und Durchdringung komplexe Gestalten erzeugen.«² In der Abkehr von der gegenstandsfreien abstrakten Kunst wie von der expressiv-emotionalen Malgestik vergewissert er sich: »Das derart gestaltete Bild ist lebendig, naturhaft, weil es die Gesetze der Natur in optisch-sinnlicher Anschauung in sich birgt.«³

Betrachtet man die zwischen 1935 und 1951 entstandenen Bilder, so findet man die Poetik der Fakturenfibel in den vielfältigen Figurationen wirksam. Götz spricht von der »Metamorphose«, die die dargestellten Gegenstände durch diese Art der Verbildlichung erfahren. Die Bildtitel spielen immer wieder das szenisch-bewegte Moment an: *Unterwasservogelkampf* (1942), *Tanz unter der Sonne* (1943), *Das Seilspringen* (1946), *Eifersuchtsszene* (1947) u. a. Doch schon 1949 – etwa in den *24 Variationen mit einer Faktur* – setzt sich das Thema der »Formenkomplexe« dominant und pur in der Bildarbeit durch. Das gilt auch schon für die Monotypien, deren Technik Götz seit 1946 erprobt. Deren Blätter »sind von Glasplatten abgezogen, die mit verdünnter Druckerschwärze eingewalzt waren«. Mit einer Rasierklinge wurde die nasse Farbe zu Figurationen verdichtet, wobei das Fakturenprinzip überall wirksam ist. Die Handhabung der Rasierklinge beim Herstellen der hellen Bildpassagen verweist bereits auf die Funktion des Gummirakels in der nächsten Werkphase.[4]

Die Strangulierungen der zwölf Jahre sind zerstoben, und er, gerade 32 geworden, nutzt seine künstlerische Potenz, die möglichen Spielräume nach draußen auszutasten und Verbindungen in die Kunstwelt anzuknüpfen, die jenseits der deutschen bestanden hat und besteht. Er bekommt Kontakt zu den Migliedern der COBRA-Gruppe und wird von ihnen zur Teilnahme an ihrer Ausstellung im Stedelijk-Museum Amsterdam 1949 eingeladen. Er wird mit Sympathien akzeptiert. Willem Sandberg, der Direktor, kauft sogar ein Exemplar seiner kleinen Holzschnittmappe, ein willkommener Beitrag für die leere Kasse. Götz darf als einziger deutscher Maler Mitglied der COBRA-Gruppe werden und erklärt sich bereit, das oben erwähnte Heft 5 ihrer Zeitschrift zu realisieren. Zur selben Zeit, im November 1950, gelingt ihm auch der Sprung nach Paris, wobei ihm der Kunstschriftsteller Edouard Jaguer behilflich ist, der ihn in seiner Zeitschrift *RIXES* mit Bild und Gedicht publik gemacht hat. Deren einziges Heft war im Mai/Juni 1950 erschienen. Die Orientierung nach Paris war vorgedacht durch die intuitive Nähe zur

3. Fakturenfibel: Schotenmotiv u. 3 Variationen, Stadlandet 1945, Tusche

Ausdruckswelt des Surrealismus, dessen jüngste Generation sich von dem Gruppenzwang Bretons gelöst hatte und bemerkenswert aktiv war. Sie arbeitete programmatisch im Kontrast zu der grassierenden abstrakten Kunst. Jaguer wurde mit seiner nächsten Zeitschrift *Phases* und deren Ausstellungsprojekten einer ihrer Promotoren. Götz war mit Bildern und Gedichten, die er als André Tamm veröffentlichte, unermüdlich dabei.

2

Die Lähmung und das Desinteresse der deutschen Öffentlichkeit an und gegenüber den aktuellen künstlerischen Impulsen erlebte Götz an den eigenen Arbeiten. In einem Brief vom 17.2.1951 schrieb er mir: »Gestern die Eröffnung (einer Baumeisterausstellung) im Kunstk.(abinett) zusammen mit dem Dominickfilm und Dominick selbst und einer erregten Diskussion, in der die restlose Blindheit einer desillusionierten und verbohrten Jugend zum Ausdruck kam. (...) Dabei ist die Jugend meine einzige Hoffnung bezügl. Verständnis für die mannigfaltigen Er-

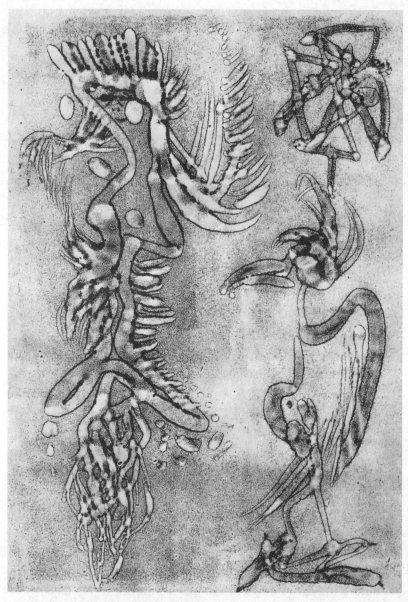

4. Phylogenetisches XIV, 1947, Monotypie

scheinungen in der modernen Kunst. Die Alten sind borniert und auch blind und hoffnungslos verkorxt und sagen nur deshalb nichts, weil sie zu müde sind. Trotzdem finde ich gerade unter älteren Laien oft erstaunliches Verständnis und echtes Sehen, was mich jedesmal frappiert. Wo liegt da der Angelpunkt?«

Um dem abzuhelfen, hat Götz schon im Januar 1948 im Eigenverlag und ganz simpel gedruckt das erste Heft einer, freilich winzigen Zeitschrift herausgebracht. Er betitelt sie *Metamorphose* mit Bezug auf die eigenen bildnerischen Vorstellungen. Die zweite Nummer, der finanziellen Enge zufolge nur vierseitig, folgt im Februar 1949 und heißt publikumswirksamer jetzt META. Vom 3. Heft an bekommt sie einen der COBRA-Zeitschrift entlehnten Untertitel als »Zeitschrift für experimentelle Kunst und Poesie«. Der Umfang wächst – einschließlich der finan-

5. Zeitschrift META Heft 3, Januar 1951 (Titelblatt)

zierenden Anzeigen – von vier auf acht, auf zwölf Seiten. Wie dringlich das Vorhaben für Götz war, sieht man daran, dass im Januar, Februar und März 1951 je ein Heft erschien und in der zweiten Jahreshälfte zwei weitere folgten. Sie sind konsequent international orientiert: »Maler und Poeten« in Paris (Heft 4), in England (Heft 5), in Holland (Heft 6), in Österreich und Dänemark (Heft 8) und in Mexiko (Heft 9). Die Hefte 3, 7 und 10 enthalten Beiträge deutscher und französischer Maler und Dichter. Während meiner Besuche konnte ich Götz bei seiner Herausgebertätigkeit begleiten und die beträchtliche Vielfalt des visuellen und verbalen Materials bewundern. Dank meiner eigenen Verlagskontakte konnte ich ihn bei der Papierbeschaffung und dem Druck der ersten Hefte unterstützen. Nebenbei war ich der erste Leser und Betrachter, was sich auch auf die eigenen Texte auswirkte. Götz hat in den Heften 7 und 10 Gedichte von mir veröffentlicht – akzeptiert im Horizont der experimentellen Poesie. In META 7 stand das folgende vom 14.8.1951:

Die Lüge ist der Paß unsres Grenzübertritts
Land des Lächelns Infame
Straßenbahn Wanderung durch die
Kioske der unverkäuflichen Gespräche.

Leiser als der Biß der Schwalbe
sind die Klopfsignale die deine
feuchten Finger an die Tonne des Mittags
heften. Bitterer
als das kalte Magnesium
schmeckt deine ovale Fußspur
in den bestaubten Hörsälen meines Gerichts.

Wann wird das Urteil gesprochen
wegen des versäumten Inzests Wann
wird der Pfeilkopf unsere Hinrichtung
flüstern der verschrobene Sänger
aus den Dachkammern der Dienstmädchen.

Beharrlich umgreift der Papagei den
kurzen Sitzstab die ständige Drehung
des fröhlichen Defizits.

Die Auflagen waren bescheiden – um 500 Exemplare. Ihre Attraktivität steigerte Götz, indem er die Vorderseiten der Hefte 6–9 mit Farbzeichen versah, die er mit Hilfe von Gummistempeln in Handarbeit auftrug – eine unsägliche Mühe im Dienst einer unbekannten Kunst. Wie META in der Zeitschriftenflut der 50er und 60er Jahre aufgenommen wurde, ob sie überhaupt irgendwie gewirkt hat, war nicht zu bemerken, sieht man von einzelnen negativen Reaktionen ab. Angesichts der deprimierenden Resonanz wurde Heft 10 das letzte.

Als Zeichen unserer Vertrautheit und gegenseitigen Sympathie in Sachen Kunst und Literatur widmete Götz mir zu Weihnachten 1951 ein Exemplar seiner Holzschnittmappe *Vierzehn Variationen über ein Thema*, die die Eidos-Presse 1947 in Stuttgart gedruckt hatte.

Für seine vom Surrealismus geprägte künstlerische Perspektive waren Bild und Gedicht wie Zwillinge, die unabdingbar zusammengehören. In diesem Sinn war er mit seinem Meta-Verlag verlegerisch tätig. Das erste Buchvorhaben galt dem aus dem Surrealismus hervorgegangenen französischen Dichter René Char. Dessen Lyrikband *Das bräutliche Antlitz* brachte Götz 1952 als »bibliophilen Sonderdruck« in einer Auflage von 60 Exemplaren heraus. Beigefügt war eine signierte Farblithographie von Willi Baumeister, dessen Kunst Götz als Vorbild schätzte. Die Übersetzung besorgten Johannes Hübner und Lothar Klünner, die mit ihren Gedichten auch in META vertreten waren. Die ersten Zeilen des Bandes lauten:

Geh weiter.
Die Sternenschaufel
stürzte hier einst in den Schlund.
Ein Vogeldorf wird heute Abend
hoch aufjubelnd vergehn.

Im Jahr darauf folgte ein Buch mit zwei Gedichtzyklen von Hans Arp – einem aus den 20er Jahren mit dem Titel *Behaarte Herzen* und einem 1952/53 gerade geschriebenen mit dem Titel *Könige vor der Sintflut*. Die Texte bekam Götz, als er im Sommer 1953 Arp in Meudon besuchte. Passagen daraus zu zitieren, machte uns besonderes Vergnügen, etwa solche:

6. Aus: Vierzehn Variationen über ein Thema, 1947, Holzschnitt

Vor der Sintflut lebte in der Stadt Schuruppak
der große König Du-du.
Er hatte die kürzeste Regierungszeit, aber den längsten Hunger.
Er regierte achtzehntausendsechshundert Jahre, aber fraß
unaufhörlich während dieser Zeit.
Er lebte in großer Harmonie mit seinem Volke.
Er liebte es, sein Volk zu fressen,
und sein Volk liebte es, von ihm gefressen zu werden.
(...)
Meistens fraß er seine Lieben roh.
»Habt ein wenig Geduld.
Ich kann nicht alle auf einmal verschlingen.
Ich werde keinen vergessen.«

Es war wohl kaum ein bewusstes Spiel mit zeitnahen Erlebnissen, was Arp im Sinn hatte. Aber wer weiß ... Die Auflage betrug insgesamt 600 Exemplare und war mit einem Holzschnitt Arps als Frontispiz geschmückt. Buchhändler in der Schweiz und in New York übernahmen sie komplett. Arps Name, bei uns kaum ein Begriff, hatte internationalen Marktwert.

Parallel zur META-Initiative fand Götz in Klaus Franck mit seiner 1949 gegründeten Zimmergalerie einen Galeristen, dessen Programm verfemten Künstlern der Nazizeit, insbesondere jedoch den jungen, noch unbekannten galt. Ihm war Götz mit seinen Beziehungen und Kontakten zu Malern der internationalen Nachkriegsgeneration sehr willkommen. In welchem Ausmaß, lässt sich an dem Ausstellungsprogramm des Jahres 1951 ablesen, dessen Künstler nahezu vollständig von Götz vermittelt wurden. Dabei zeichnete sich immer deutlicher die Tendenz zum Informel als die aufkommende jüngste internationale Kunstform ab. Franck wird sie unter dem nicht recht zutreffenden Label »Neuexpressionisten« in einer am 11. Dezember 1952 eröffneten gemeinsamen Ausstellung der miteinander vertrauten Maler Bernard Schultze, Heinz Kreutz, Otto Greis und Karl Otto Götz wirkungsvoll manifestieren – die »erste deutsche Tachistenausstellung«, wie es in einer Kritik hieß. Der Dichter René Hinds verfasste während der Eröffnung einen »Bildessay«, in dem er die Malergruppe als »Quadriga« erfasst

7. Bild vom 2.8.1952, Lack auf Hartfaser

und damit die Bezeichnung stiftet, unter der diese Ausstellung überregional bekannt geworden ist. Im Anblick ihrer Bilder beschreibt er die vier in einem wörterwirbelnden, exzessiven Duktus: »Auf dem problemkonstellierten wie meinungsbunt gewürfelten schachfeld der jungen, deutscheuropäischen malerei bietet ein viergespann dem provinzialismus der eckenstehrei ein unübersehbares ›avant-gardez‹, bietet es zugleich der schaulüsternen bazardame publikumsgunst. Vierhäuptige vermessenheit gegen hydravermassende schaumesse, neues mass gegen alte misere. Ein viergespann gegen vermarktete oder mietpferde – einen markt, der zur öffentlichen lebensrettung der kunst seine denkmalsrösser von hinten aufzäumt. Aber die Phalanx der VIER prescht espressivo über hürden, horden und herden hinweg, dass die funken stieben – sternenhoch über den schweissbrennereffekten der illusionistischen kompromisseure und klempner naturans. (...)« Nach diesem Start wird jeder der vier einzeln vorgeritten. – Fünfzig Jahre später, im September 2002, wird das Städel die Quadriga-Ausstellung in einer Retro-

8. Schwarze Rhythmen, 1951, Lack und Öl auf Leinwand

spektive komplett wiederholen und würdigen. Die Sonntagsausgabe der Frankfurter Allgemeinen widmet ihr eine ganze, bebilderte Seite und schreibt: »Damals war Frankfurt tatsächlich ein Ort der Avantgarde, eine Stadt, in der Künstler der Zeit voraus waren, zumindest dem Geschmack des breiten Publikums.« – Götz wird sich mit seiner zweiten, am 3.9.1953 eröffneten Ausstellung, in der er seine gerade entwickelte jüngste und nun definitive Malweise vorstellt, von der Zimmergalerie verabschieden.

3

In den schwarz-auf-weiß gearbeiteten Lackbildern der frühen fünfziger Jahre, zum Beispiel auf den *Schwarzen Rhythmen* von 1951, wird das Fakturenprinzip sowohl auf die Positiv- wie auf die Negativformen bezogen. Auch der weiße Grund wird symbiotisch selbst zum Faktorenbildner. Die schwarzen wie die weißen Figurationen bannen im Ensemble eine bewegungslose Dynamik. In den Monotypien hatte die Hand ihre Bewegungsgestik mit Hilfe der Rasierklinge ungehemmt ausspielen können. Beides – die Synthese von positiver und negativer Form und die »schnelle Handschrift« – methodisch zusammenzubringen, war das Ziel, das Götz faszinierte und seine Malexperimente vorantrieb. Die drei Bilder in der Quadriga-Ausstellung zeigen, wie er mit der gewohnten

Maltechnik dies zu erzwingen versucht. Die bisherige Fakturenordnung ist zwar noch spürbar, löst sich jedoch offensichtlich in den wilden Verschlingungen der Malverläufe auf. In seinen Erinnerungen berichtet er, wie er durch Zufall eine adäquate Maltechnik fand. Er entdeckte, wie er mit Kleister den Malgrund glätten und stabilisieren konnte: »dann mit Gouache schnell hineingearbeitet, dann mit dem Messer oder Rakel die Farbe aufgerissen, dann wieder mit Gouache hinein, und fertig war das Bild. War das Ergebnis nicht zufriedenstellend, so konnte ich das Ganze mit einem Lappen abwischen ... und von vorne anfangen. (...) So fand ich im Winter 1952/53 jene Technik und Konzeption, die die Faktur meiner Bilder fortan bestimmen sollte.«[5] Im Unterschied zum bisherigen Verfahren sind jetzt die Negativformen nicht mehr das, was die positiven übrig lassen, sondern mit dem Pinselpartner Rakel hergestellte eigene Bildungen, die mit den positiven zu *einer* Textur verschmelzen.

In einem Interview mit dem Leiter des Frankfurter Kunstvereins anlässlich einer Retrospektive der Quadriga-Ausstellung 1972 resümiert Götz die Ausgangsperspektiven seiner Malerei damals: »Wir wollten eine frische, spontane Malerei. Ja, wir wollten endlich den surrealistischen Programmpunkt vom Halbautomatismus auch in der Malerei wahrmachen, denn den hatte es bisher nur in der Dichtung gegeben. Nach vorausgegangener Meditation eines meist einfachen Bildschemas setzte der blitzschnelle Malvorgang ein. Dadurch versuchte ich, die Enge der eigenen Vorstellung zu sprengen und die allzu bewusste Kontrolle auszuschalten, um Anoymes und Überraschendes ins Bild zu locken ... Ich war auf der Suche nach dem Poetischen ohne Gegenständlichkeit. Das Formale war dabei Mittel zu diesem Zweck. Ich fühlte mich der surrealistischen und damit romantischen Tradition verbunden. Und so ist es auch heute noch. (...) Meine Bilder sollten eine rhythmisch-poetische Ausstrahlung haben.«[6]

Die neue Malweise mit Pinsel und Rakel wurde auf dem Fußboden als Basis ausgeführt. Da der Wohnraum zugleich das Atelier war, wurden Tisch und Stühle beiseitegeräumt. Die Frau war zur Arbeit außer Haus, die zwei Kinder mussten sich draußen vergnügen. So arbeitete Götz sechs Jahre lang, bis die Familie im September 1956 in Schwanheim eine richtige Wohnung beziehen und Götz ein eigenes Atelier einrichten konnte. Vergleicht man die Bildformate, die jetzt verwendet

9. Bild vom 4. 2. 1953, Mischtechnik auf Leinwand

wurden, so findet sich ein beträchtlicher Anteil an Großformaten zwischen 70 × 175 cm und 145 × 175 cm, seit den 60er Jahren auch Superformate von 100 × 380 cm und mehr. Darin lebt ein Impuls, die Körperlichkeit beim Bildschaffen auszuagieren. Um Bildformate von zwei oder drei Metern in der Höhe oder Breite am Boden übergreifen und bearbeiten zu können, wurden auch Rakel von enormer Breite und entsprechendem Gewicht benötigt, die Götz handwerklich selber anfertigte. Jedes dieser Bilder ist das Ergebnis einer Aktion, deren Verlauf geplant und gezielt ist, deren Prozess jedoch von der sinnlichen Impulsivität und momentanen Leistungslust des Körpers bestimmt wird. Es ist Götz, wie er leibt und lebt. Er wird davon bis ins hohe Alter nicht lassen.

Es passt dazu – auch wenn es einen der Kunstwelt entgegengesetzten Lebens- und Alltagsbereich betrifft – der 1955 endlich realisierbare Wunsch, sich auf die Erlebnis- und Erfahrungswelt der Norweger, die er während des Krieges kennen- und schätzen gelernt hatte, nun als Besucher und Urlauber einzulassen. In seinen Erinnerungen schildert Götz die jährlich sich wiederholenden Aufenthalte im hohen Norden, mit den willig erduldeten körperlichen Strapazen bei der Elchjagd oder beim Fischen, bis ins Einzelne mit literarischer Sorgfalt. Beim Lesen ist spürbar, dass er im mentalen Reservoir speichert, was er vor Ort in der Natur und bei den Leuten an Impressionen und Gefühlen erlebt. Viele seiner Bildtitel klingen seitdem ans Norwegische an und belegen die subkutane Gegenwärtigkeit des dort Wahrgenommenen, auch wenn bewusst keine Abbildungsintention mit im Spiel ist. Was in die Leibhaftigkeit eingegangen ist, dringt auch durch in der Bewegungskunst des malenden Körpers.[7]

Das ist die Binnenseite. Die Außenseite des methodischen Quantensprungs war die innovationsträchtige, surrealismusgeprägte Künstlergesellschaft in Paris mit ihren Kritikerfehden um die Begriffshoheit über die virulenten Tendenzen – aktuell deren pejorative Benennung als »Tachismus«, also »Fleckenkunst«, die postwendend von der betroffenen Seite kontrastiv um- und aufgewertet wurde. Götz fuhr in den 50er Jahren so oft dorthin, als wäre Frankfurt ein Pariser Vorort. So war er auch dort, als am 11. Dezember 1952 in der Zimmergalerie die Quadriga-Ausstellung eröffnet wurde. Paris war ihm wichtiger. Eine exquisite Gelegenheit, seine neue Malweise zu praktizieren, bot ihm die Galerie

10. Götz beim Rakeln im Düsseldorfer Atelier, Herbst 1959

Raymond Creuze mit dem Angebot seiner ersten Soloausstellung in Paris. Wochenlang hielt er sich im Spätjahr 1953 und Frühjahr 1954 dort auf. Ein Malerfreund ließ ihn bei sich wohnen und sein Atelier benutzen. Man sieht den dort gemalten Bildern die beglückende Befreiung der entfesselten Pinsel- und Rakelführungen an, die ganz divergente Bildschemata variierten, wobei sie im Schnelligkeitsrausch auch den Bildrand anschneiden konnten. Die Ausstellung bei Creuze fand vom 3. bis 16. Juni 1954 statt und war offensichtlich ein Erfolg, zumal vier Arbeiten verkauft wurden. Götz war als Maler in Paris angekommen.

André Breton wird ihn 1960 persönlich zur Teilnahme an einer Surrealisten-Ausstellung in New York einladen. In einem späteren Gespräch bemerkten sie ihre gemeinsame Wertschätzung der Romantik in Deutschland und in Frankreich. Breton hatte, wie er bemerkt, bereits 1947 an den surrealistisch gestimmten Monotypien von Götz mit der »bizarren Magie meiner Monster« Gefallen gefunden. Diesen Traditionshintergrund wird auch de Chirico, der italienische Altmeister des Surrealismus, berühren, als er gelegentlich einer Begegnung in Rom auf Deutsch zu Götz sagt:»Sie sind ein moderner deutscher Romantiker mit Ihren schwarzen Rhythmen. Ich bin immer ein Romantiker gewesen, aber eben ein internationaler.«[8]

4

Ich war, sooft ich auch Götz in der Dachwohnung besucht habe, nie dabei, wenn er an einem Bild arbeitete. Doch was am Tag entstanden war, stand abends an der Wand oder auf dem Schlafsofa, und so konnte ich alle diese Phasen verfolgen – mit dem Erfolg, dass ich 1956 eines der gerade entstandenen Bilder erwarb.

Es war das am 2. Dezember 1955 im Format 60 × 55 cm auf Leinwand »o. T.« gemalte. Auf dem Bild fährt der Pinsel mit der schwarzen Gouachefarbe von unten links diagonal nach oben rechts über eine ockerfarbene basale Verwischung; die Rakel schneidet in einer scharfen Zickzackbewegung von der Mitte nach unten rechts in die schwarze Faktur. Die Stimmung des Bildes wird von den verwischten Ockertönen und der schwarzfarbigen Kontrastgestik getragen.

Konsequent gibt Götz den in der neuen ›dialektischen‹ Methode gefertigten Bildern – zunächst – keine Titel, entsprechend seiner entschiedenen Ablehnung jeder Referenzleistung. Jedes Bild ist auf der Basis seiner formalen Faktur autonom, auf nichts als sich selbst bezogen. Der Betrachter entziffert es entsprechend seiner eigenen Sensibilität und macht es dabei zu ›seinem‹ Bild. Götz vergewissert sich bei der Informationstheorie und stellt fest:

»Die Information, die wir von einem Gegenstand erhalten, ist nicht eine Eigenschaft dieses Gegenstands. – Ein Bild kann also Träger völlig verschiedener Informationen sein in verschiedener Umgebung oder bei verschiedenen Betrachtern. (...) (ein) Objekt und die Information, die wir von ihm erhalten, (sind) in keiner Weise miteinander verbunden und (bilden) keine Einheit.«[9]

In pragmatischer Absicht – »Ein Kind muss eben einen Namen haben« – beginnt Götz seit 1956, seinen Leinwandbildern einen Titel zu geben, während die Gouachen, Monotypien und Lithographien auch weiterhin unbetitelt bleiben. Diese Neuerung korrespondiert bemerkenswerterweise mit der Norwegensympathie, die er seit 1955 in seinen Urlauben auslebt. Zwar ruht dort jede künstlerische Aktivität, doch bei der Titelfindung lässt er sich seitdem von norwegischen Silben anregen, auch wenn, wie er ausdrücklich bemerkt, »die Auswahl der Titel willkürlich (ist) und selten etwas mit der Stimmung im Bild zu tun« hat.[10] Das zieht sich seitdem durch die Jahre – 1957 beispielsweise: *Bran, Hval, Skrett, Vingfoss, Bölge, Stym, Falsdat, Skülter* usw.

Dank der Vertrautheit mit seinen Arbeiten hat Götz mich bei Gelegenheit auch eingeladen, bei Ausstellungseröffnungen Hinführendes zu sprechen, so in der Galerie Cordier am 2. Juni 1960 in Frankfurt. Die Ergebnisse der jüngsten Arbeitsphase waren Thema der Ausstellung, und darauf bezogen sich auch meine Ausführungen:

»(...) Während jedoch früher das Bildthema minutiös auskalkuliert wurde, wird nun seine beste Fassung in einem experimentellen Prozess ermittelt. Die rasch hingesetzte Form fällt dem Lappen zum Opfer, das Leere wird wiederhergestellt, wenn der Ansprung nicht gelungen, die unerhörte Form sich nicht eingestellt hat. Es ist kaum auszumachen, was in dem Prozess eines Arbeitstages, in dem Dutzende von Bildern verurteilt werden, vor sich geht, bis dem einen die Existenz gestattet wird. Es ist sogar denkbar, dass der Prozess, den ein Thema bis zu seinem Freispruch durchmacht, wichtiger ist als sein endliches Ergebnis. Nicht nur weil die Leinwände nicht in genügender Menge zu beschaffen wären, werden die Versuche wieder gelöscht (und dabei ohne Zweifel Fassungen vernichtet, die bereits ihren Wert in sich tragen); es entspricht vielmehr dem Charakter des Vorganges selbst, dass er zu neun Zehntel aus Vernichtung, Negation, Aufhebung, Vergessen besteht, ehe er im ›Bild‹ zur Lösung und Ruhe kommt. (...)«[11]

Götz war sehr einverstanden mit dem Text und schrieb mir zwei Tage darauf: »Wir müssen unbedingt diesen Text weiter ausschlachten, wie gesagt fürs ›Kunstwer.(k)‹.«

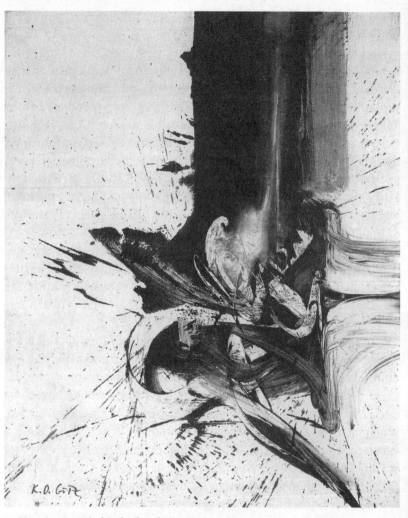

11. Nova I, 1961, Mischtechnik auf Leinwand

Eine unmittelbare Parallelisierung unserer Arbeiten – Bildgestik und Textartikulation – bot das Angebot von Klaus Burkhardt in Stuttgart, in der Reihe seiner Handpressendrucke ein gemeinsames Buch zu veröffentlichen. Das machten wir dann auch. Götz fertigte fünf Lithographien in der Werkstatt von Alvermann in Düsseldorf (dort hatte Götz seit 1959 eine Professur an der Kunstakademie inne).»Ich machte viele Entwürfe auf Umdruckpapier, von denen die besten ausgesucht und auf Steine umgedruckt wurden.« Mein Text *verläufe* stammt von 1959/60. Er zieht sich auf 15 Seiten durch den ganzen Band, von den Lithos in unregelmäßigen Abständen begleitet. Verfertigt ist der Text als stimmartikulatorische Sequenz und weist variabel variierende silbische Einheiten auf, die man mit den kleinsten visuellen Formelementen der Fakturenfibel vergleichen könnte. Die bibliophile Edition erschien 1962 in einer Auflage von 90 signierten Exemplaren. – Für den von mir 1963 gegründeten Typos-Verlag fertigte Götz 1966 eine Serie von zehn Lithographien an, die Thomas Bayrle und Bernhard Jäger in ihrer Werkstatt druckten. Da Götz mehrere der Blätter im Collageprinzip angelegt hat, erhielt die Mappe den Titel *Gegenformen*.

In der zweiten Hälfte der 50er Jahre hatte ich, nicht zuletzt durch das, was ich bei Götz mitbekommen, gehört und gesehen hatte, ein Netz von Einblicken und Einsichten im Hinblick auf die Simultaneität der visuellen, verbalen und akustischen Künste gewonnen. Auch die Initiativen der von Jean Pierre Wilhelm 1957 eröffneten Galerie 22 in Düsseldorf, die sich den informellen Künstlern, darunter auch K.O. Götz, mit großem Engagement widmete, waren aufschlussreich. Dort fiel auch das

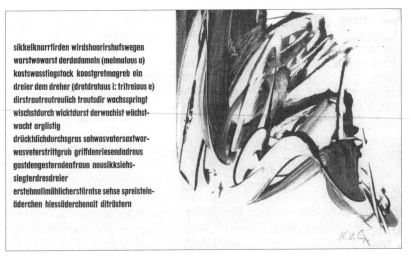

12. Doppelseite aus Mon/Götz, verläufe, 1962

II

Wenn hier versucht werden soll, die optisch-kinetische Seite des abstrakten Films zu analysieren[4], um zur Aufspaltung des Form- und Strukturmaterials zu gelangen, so kann dies nur im Zusammenhang mit der Analyse des kinematographischen Vorgangs geschehen[5]. Bei einer relativ grobmaschigen Rasteranalyse[6] des projizierten Films ergibt sich für jedes einzelne Feld eine gemischte Folge erstens von Hell-Dunkel-Sequenzen[7] (wobei das Feld eine homogene Fläche darstellt und der jeweilige Helligkeitsgrad während der Sequenz a konstant bleibt oder b gleitend variiert) und zweitens von Hell-Dunkel-Passagen, bei denen während einer Sequenz das Feld von einer oder mehreren Passagen gleichzeitig passiert wird[8].

Eine Hell-Dunkel-Sequenz ist bestimmbar erstens durch ihren (konstanten oder variablen) Helligkeitsgrad und zweitens durch ihre Dauer[9].

$$S = I^{co} \cdot Ph$$
$$S = I^{va} \cdot Ph$$

Die kleinste Einheit einer solchen Sequenz entspricht einem homogenen Feld mit bestimmtem Helligkeitsgrad von der Dauer einer Phase.

$$F = I \cdot Ph \quad \text{oder} \quad F = I \cdot 1/24 \text{ sec}$$

Bei einer Passagen-Sequenz kommt als drittes Element die Richtungskomponente hinzu. Der Intensitätsverlauf für das Gesamtfeld während einer einfachen Passage entspricht einer ansteigenden oder fallenden Kurve[10].

$$\leftarrow \downarrow \uparrow \nwarrow \nearrow \swarrow \searrow \quad S_{pa} = I \downarrow \uparrow \cdot Ph$$

Die kleinste Einheit einer einfachen Passagen-Sequenz entspricht einem zweigeteilten Feld von der Dauer einer Phase, wobei die Richtungskomponente um 90° quer zur Trennungslinie verläuft und beide Feldteile einen verschiedenen Helligkeitsgrad haben[11].

$$F_{pa} = (I_1 + I_2) \cdot 1/24 \text{ sec}$$
$$F_{pa} = (I_{max} + I_{min}) \cdot 1/24 \text{ sec}$$

Bei der Analyse mit Hilfe von relativ feinen Rastern ist das einzelne Feld so klein, daß die bekannten Auflösungserscheinungen die Unterscheidung von „harten" und „weichen" Passagen sowie Richtungsunterscheidungen erschweren.

Wird der Raster noch feiner, so schwindet schließlich jede Möglichkeit, eine Passage als solche zu erkennen. Eine „harte" Passage wird als Sprung (wie der Übergang von einer Sequenz mit konstantem Helligkeitsgrad zu einer anderen) empfunden. Eine „weiche" Passage wird wie eine Sequenz mit variablem Helligkeitsgrad empfunden. Je genauer die Analyse durchgeführt wird, das heißt, je feiner der Raster ist, umso mehr erzwingen die Auflösungserscheinungen eine

13. K. O. Götz, Vom abstrakten Film zur Elektronenmalerei (Ausschnitt). In: movens, S. 152

Stichwort von der »scripturalen Malerei« als einer aktuellen Tendenz. Dieses Netz reizte zur Ausformulierung der kategorialen Analogien, der Überschneidungen und Verschmelzungen der künstlerischen Bereiche. Ich lernte Walter Höllerer kennen, und wir konzipierten bei unseren

Poetikgesprächen ein Jahrbuch, das diese Entwicklungen dokumentieren sollte. Von Götz wurde ein dynamisch schleuderndes Bild aufgenommen. Dringlicher war mir jedoch ein Beitrag von Götz zu seinen Überlegungen zur filmisch bewegten bildenden Kunst und zur Elektronenmalerei, die ihn parallel zum statischen Bild seit langem beschäftigten. Sein Aufsatz in unserem Jahrbuch, das den Titel *movens* bekommen hat, stellt die Geschichte, die Analyse und ein praktikables Konzept dieses medialen Kunstbereichs vor, wie er in den 50er Jahren vorstellbar war.[12] Der Beitrag ist ein Moment in einem Arbeitsfeld, das Götz dann mit den Rasterbildern konkretisierte. Als er »movens« in der Hand hatte, reagierte er spontan auf einer Karte: »Das wird ganz schön Staub aufwirbeln.« Der Band erschien mit allerlei Verzögerungen 1960 im Limes-Verlag in Wiesbaden.

5

Für meine eigenen poetischen Arbeiten sind die Einblicke, Anregungen, Materialien, insbesondere jedoch das Beispiel einer wachen und unbeirrbar experimentierenden Tätigkeit, wie ich sie bei Götz erlebte, hilfreich und maßgebend gewesen. Das gilt vor allem für die 50er Jahre mit ihren zahlreichen persönlichen Kontakten in Frankfurt, doch blieb die freundschaftliche Verbindung bis heute bestehen.

Schon ganz früh übernahm ich den Begriff des Materials, den Götz im Hinblick auf das eigene Tun basal benutzte. Mir wurde alsbald klar, dass mein ›Material‹ nicht nur die literale Seite der Lettern, Silben, Wörter, Sätze und deren Texturen war, sondern auch die Artikulationsformen der Sprechorgane und die Sichtbarkeiten der Schrift. Schließlich begriff ich, dass auch die semantische Seite mit ihren historischen Implikationen und den konnotativen Worthöfen zum Materialen zählte.

Eine weitere Sache war das »automatische Schreiben«. Es gehörte für Götz im Hinblick auf seine Orientierung an der Praxis der Surrealisten zum Handwerkszeug beim Schreiben seiner Gedichte. Da zu unserem Gesprächsalltag auch immer mal wieder deren Gedichte, insbesondere aber das Basisbuch *Die Gesänge des Maldoror* von Lautréamont, an dessen Übersetzung Anneliese Hager arbeitete, gehörten, drang einem deren Wortalchemie unauffällig ins Ohr. Meine eigenen Gedichte der 50er Jahre sind spürbar von dieser Schreibmethode beeinflusst, wie das oben (S. 580) abgedruckte in META 7 ausweist.

Im Nachhinein drängt sich mir die Vermutung auf, dass auch die Reihenstruktur des Fakturenprinzips, von dem oben die Rede war und das Götz für seine frühen Arbeiten entwickelt hat, unterschwellig auch bestimmte meiner Texte, die man der konkreten Poesie zurechnen kann, mitgesteuert haben könnte – etwa dieses aus dem Jahr 1959:[13]

aus was du wirst

```
rakon     tsiste      himil     kokard      reche      chrest     sukzess     arb
  hakon       tris       umir       kott       ädre       rest       kukt       abe
    acre       dress       umsens     gorf       eder       kest       schuga
      kran       drett       rums       gror       dree       kir         sus
        krakä      dreis       rirn       grett      erd        rich
          kras       erk         ir         egs        rnd        re
            kars       ese         rir                  rd         r
              hare       ids         urnd                hn
                arr        drie        odt                runn
                  tror                   unds
                    tar                  usd
                          drustar
```

Der Text hat, beginnend mit »rakon«, zwei Leserichtungen: horizontal schmiegen sich reduzierte Wortgebilde aneinander. Jedes permutiert jedoch in der diagonalen Abwärtsrichtung seine artikulatorische Fassung. Im untersten »drustar« treffen die Abwärtsreihen aufeinander. In den diagonalen silbischen Formen findet sich eine gewisse Analogie zu den Faktureneinheiten, wie sie Götz einst gefasst hat. Vermuten ließen sie sich auch in dem Text *verläufe*, von dem oben (S. 593) eine Seite abgebildet ist.

Zu meinen Bereicherungen gehören auch die Dada-Eindrücke, die mir wie im Vorbeigehen bei Götz vermittelt wurden. Für den Maler Carl Buchheister aus Hannover, den er sehr schätzte, hatte er eine Ausstellung in der Zimmergalerie organisiert. Zu deren Eröffnung am 14. Juni 1951 kam Buchheister nach Frankfurt und wohnte bei Götz, wo sonst.

Dort in der Dachwohnung kamen wir ins Gespräch. Als intimer Freund von Kurt Schwitters wusste er Interessantes und Anekdotisches von ihm zu erzählen. Er hatte noch den Originalton von Schwitters im Ohr, mit dem dieser die *Ursonate* öffentlich vortrug. Der Text war verfügbar, und ich konnte Buchheister bewegen, sie bei mir zu Hause quasi originaliter auf Tonband zu sprechen. Er ahmte aus der Erinnerung an zahlreiche Hörerlebnisse den stellenweise dröhnenden Tonfall des Stückes nach. Leider ist das Tonband irgendwann verlorengegangen.

Ein glücklicher Zufall ergab, dass Kurt Schwitters' Sohn Ernst, der in Oslo lebte, auf einer Deutschlandreise Götz besuchte und auch bei ihm nächtigte. In seinem Gepäck hatte er Manuskripte seines Vaters, dessen literarisches Werk damals hierzulande noch unbekannter war als das bildnerische. Während Ernst Schwitters schlief, tippte Anneliese Hager eine ganze Reihe der Manuskripte ab – ein willkommener Fundus, aus dem *Der Schürm* uns denn besonders amüsierte. Der Text wurde in *movens* abgedruckt.

Eine weitere Dada-Impression brachte Götz 1955 eines Tages aus Paris mit. Dort hatte er Raoul Hausmann kennengelernt, den Oberdada, Meister der Collage (wie Schwitters) und Promotor einer Lautpoesie, die er für authentischer hielt als die von Schwitters, von dem er sich plagiiert sah. Götz erlebte Hausmanns szenisch exaltierte Vortragsweise seiner Lautpoesie und hat uns davon beeindruckt und belustigt berichtet:

»Unvergeßlich sind mir die beiden Szenen *Le cauchemar* und *Der Mann, der Angst hat vor den Bomben*. Hausmann stellte sich in eine Ecke der Wohnung und fing an zu wimmern, zu stöhnen und zu stammeln. Dabei rutschte er langsam zu Boden, dass wir befürchteten, er würde sich die Knochen brechen. Er zog die Stücke in die Länge und improvisierte, weil er wußte, daß dies den Eindruck verstärken würde. Uns schien es, als ob er während des Vortrags in Trance geriet. Hausmann wechselte die Lautstärke von leisem Geflüster bis zu schrecklichem Brüllen. Uns lief es kalt den Rücken hinunter, denn der Eindruck war zeitweise so naturalistisch, als ob wir Zeugen eines fürchterlich leidenden Menschen wären. Als er *Der Mann, der Angst hat vor den Bomben* vortrug, verkroch er sich so heftig auf dem Boden in eine Ecke, daß er an einen Blumenständer stieß und ein Topf mit Azaleen auf seinen Kopf fiel. Das machte ihm nichts. Im Gegenteil, dieser Vorfall stimulierte ihn, erst recht weiter zu improvisieren, zu stöhnen und zu heulen. Nicht nur Simone Jaguer, sondern alle Anwesenden waren froh, als das Schau- und Hörspiel zu Ende war.«[14]

Die »Laut-Dichtung« Hausmanns war auch für mich, als eine Schallplatte, die er hergestellt hatte, verfügbar war, beispielhaft. Hausmann hatte Götz von einem unveröffentlichen Romanmanuskript *Hyle* erzählt. Man müsste es eigentlich veröffentlichen, war unsere Meinung. Götz schickte Hausmann das mangelnde Porto, und wir bekamen ein mächtiges Manuskript. Es war eine literarisierte Autobiographie in einer stellenweise dadamäßig destruierten Schreibweise. Ich brachte Walter Höllerer das Manuskript, der durch seine Herausgeberschaft an dem Lyrikbuch *Transit* mit dem Suhrkamp Verlag in Kontakt war. Er brachte es mit Bedauern zurück. Jahre später, 1969, wird Horst Bingel daraus die Passage über Hausmanns Exil auf Ibiza 1933–1936 in seinem Heinrich-Heine-Verlag publizieren. Es ist nur ein Bruchteil des Konvoluts. Die vollständige Ausgabe erschien 2006 im bellevilleverlag München.

6

Unter den Malern der Moderne fällt die Anzahl der Doppelbegabungen auf. Dazu gehören auch die oben genannten Arp, Schwitters und Hausmann, und es gehört zu ihnen Karl Otto Götz. Seit 1946 begleitet seinen vielgestaltigen Bilderfluss ein zwar weniger reichhaltiger, doch ebenso kontinuierlicher Textfluss – beide unbeirrbar von einem verjüngten Surrealismus imprägniert. Bilder und Texte entstehen parallel, überschneiden sich jedoch nicht. Die Bilder sind bewusst abgeschirmt gegen jede sprachvermittelte Referenz. Die Wortprodukte hingegen leben von ihrer Bedeutungschemie. Wie in einem Reagenzglas werden Wortkörper verschiedenster semantischer Qualität kombiniert mit der Wirkung, dass der Leser in Unruhe versetzt wird und die ins Offene laufenden Bedeutungsfäden zu vernetzen und ihre Bezüge, so fragil und vielsinnig sie auch sind, wenn möglich zu entziffern versucht – oder sie in ihrem Eigen-sinn einfach schweben lässt.

In der Zuflucht auf einem Bauernhof in dem Dorf Königsförde in Niedersachsen kurz nach Kriegsende entstehen, während die bildnerischen Konzepte endlich fortgesetzt werden können, die ersten poetischen Texte: »ganz in der Tradition des Surrealismus. In meinen automatischen Texten verarbeitete ich unbewusst oder halbbewusst Rudimente meines Alltagslebens.«[15] In den 30er Jahren hatte Götz Übersetzungen von Rimbaud, Verlaine, Baudelaire gelesen. »Von Mallarmé hatte ich mir aus Belgien eine französische Ausgabe mitgebracht. Ich hatte nie eine deutsche Übersetzung bekommen können. Nun fing ich an, auf eigene Faust zu übersetzen. (...) Wie naiv mein Vorhaben war, habe ich beim Übersetzen gemerkt.«[16] Impulsgebend hat es offenbar dennoch gewirkt. Einer der frühesten Texte – von 1946 – liest sich so:

Ein nacktes Kind

Ein nacktes Kind weint unter der Haut einer kleinen Säge. Seine Finger schäumen unaufhörlich. Es hat seine Zunge gesteinigt und erwartet ungeduldig die Entblößung des blutenden Gewitters unter seinen Füßen.
Niemand kannte das Treibhaus seiner Nähe, auch nicht das rebellische Stroh, das über der Schlagseite eines grünlichen Verbots den winzigen Adler freigab. Jemand versuchte dem Kind ein vergessenes Gestirn anzubieten. Ein anderer versuchte seinen dornigen Durst zu zertrümmern. Alles war vergebens. Das Kind sehnt sich offensichtlich nach der Verelendung eines gesiebten Nebels. Vielleicht auch nach dem Krater, der hinter seinem Echo herläuft.
Da nähert sich dem weinenden Kind ein geflügeltes Licht aus schlafenden Häuten. Ein glasiger Schauder raubt ihm plötzlich die Tränen. Niemand hatte den Standort der gefräßigen Fahnen erkannt, die dem Kind die Süße verschiedener Gräber vorenthalten hatte.
Plötzlich umarmt das weinende Kind sein eigenes Zittern. Es verbrennt geschwind ein entferntes Verbot. Sein Schluchzen fällt steil in den kommenden Winter. Ein würziger Blick kreist über ihm. Die Vergewaltigung unglücklicher Gewinne hat endlich ein Ende. Nun weint das Kind nicht mehr. Denn seine Nacktheit zersägt sich selbst unaufhörlich.[17]

14. Sopial, 1989, Mischtechnik auf Leinwand

Nicht immer ist das sprachliche Umsetzen und Anreichern mit Bildgefühlen, die aus dem emotional enthemmten Hintergrund eindringen und ins Wort gebannt werden, so deutlich wie hier. In der Regel werden Alltags- und Lebensbezüge, wie sie immer wieder vergegenwärtigt werden, manchmal schon im Titel – *Dresden 1945, Oder die lieben Kinder, L'ombre de l'ombre* u. a. – nur verrätselt im verbalen Springen zwischen Wortzu- und -einfällen erkennbar. Die Sätze sind syntaktisch korrekt, doch die Wörter haben korrekterweise nichts miteinander zu tun. So behalten sie ihre semantische Autonomie wie in diesem Gedicht von 1952:

Fliegende Erbsen

Die Unschuld einer Erbse steigt
Im Taubenschwarm
Senkrecht empor

Ein Lineal errötet leicht
Und kräuselt sich im Sturz
Es läutet nie

Mit einem Knall vergißt die Erbse
Daß sie schwebt
Und sich vermehrt

Der Taubenschwarm fliegt unter Wasser
Das Lineal schluckt ein Geräusch
Verliert die Unschuld
Und steigt auf
Als blauer Wasserfall

Ein Schwarm von Erbsen stürzt im Flug
Als rote Linie
Die sich kräuselt

Die Tauben fangen an zu läuten
Unhörbar und ohne Röte
Schwebt ein unsichtbarer Knall

Die Unschuld kräuselt sich beim Steigen
An einem Lineal entlang
Die Erbsen fliegen unterirdisch
Die Tauben machen sich heran[18]

Die hier wirkende Doppelsichtigkeit wird Götz in einem späten, Ende der 90er Jahre entstandenen Gedicht *Über mich selbst* im Innehaben der eigenen lebenslangen Schaffenspotenz anwenden. Seiner selbst durchaus sicher, formuliert er, als arbeite er wie immer mit Pinsel und Rakel, die Binnenseite des Malprozesses mit seinen Gefühlsexzessen, den automatischen Körperaktionen und den hinterbewussten Bildeinschlüssen, die sich verbal wie auf einer Leinwand realisieren:

Über mich selbst

Am Kreuzweg blitzartiger
Impulse
sprießt eine Invasion
von schwarzen
Wünschelruten.

Der ideale Jähzorn
in der Malerei
durchschießt Pupille
und Idol.

Ein waagerechtes Zwitschern
zweistimmig verknüpft
wackelt unhörbar und schwärzlich
in aufgerißnen Lüften.

Ein ausgestopfter Vielfraß
tut ja nichts.
Wehe wenn er nächtlich
lautlos
vom Schwanz bis an den Hals
sich vorpirscht:
Ein Biß knirscht sich
ins warme Fleisch
der Elchkuh.
Ihr blankgeputzter Kopf
hängt später in der Gabel
einer Eberesche.

Vulkane haben keine Vorhaut.
Zyklone melden sich im Zwielicht.
Der Yeti hats nicht eilig.
Laßt mich in Ruhe malen.
Vorsicht, es ist noch naß.[19]

Geschrieben wurde dieses Gedicht für den Band *Spuren der Maler*, der 2000 erschienen ist. Darin versammelt Götz Texte »über Maler und Malerinnen, die ich gut kannte oder mit denen ich befreundet war bzw. bin. Leider sind viele von ihnen schon tot. Nur Marcel Duchamp bin ich nie begegnet. In den 50er und 60er Jahren war er selten in Paris und wenn, dann meist nur karg.« So die handschriftliche Notiz in dem mir überlassenen Exemplar. Der Band enthält 118 Gedichte. Eines spricht Hans Arp an. Es ist 1953 geschrieben, als Götz Arps oben vorgestellten Gedichtband veröffentlichte. Es berührt Erinnerungen an seinen damaligen Besuch bei Arp, auch Anekdotisches, das Arp erzählt hat. Die surrealen Sprossen, die zwischendurch auftauchen, verfremden die schlichten mitgeteilten Details und lassen dadurch das zutreffendere Porträt entstehen:

Hans Arp

Deine behaarten Herzen
habe ich nicht nur bewundert
Ich habe sie verlegt
und suche sie in der verscharrten Luft
die von dir stammt

Mit viereckigen Gabeln
balancierst du den Käse
hinter meinem Rücken
Mit Kurt Schwitters hast du
Weinen gespielt

Die gepeitschten Zwerge
deiner Leier entsprungen
verwandeln sich in melancholische
Schulranzen
vollgepfropft mit augenlosen Würfeln

Hinter deinem Haus
den Gummiball in der Hand
streichelst du heimlich
die kalten Brüste ohne Warzen
an den Gipsen aus Efeu und Buttermilch

Dein brüllendes Lachen
erzeugt tausend Falten
auf dem Bauch einer Schaumgeburt
ein Stückchen Luft wackelt
und dreht sich um

Wegen der Trauer ohne Schnurrbart
schläfst du im Güterzug
deiner Bücher
unter dem Boden von Sophies Wunderreich
das du nie wieder betrittst[20]

Götz hat im Laufe der Jahre zwölf Bücher mit poetischen Texten – Lyrik und Prosa – publiziert. *Ein Lachen ohne Mund* war das Erste, ein bibliophiler Band von 1966 mit einer Auflage von 100 Exemplaren. Götz hat ihn mit sechs signierten Lithographien veredelt – eine verschollene Kostbarkeit. Es dauerte nahezu 20 Jahre, bis Wolfgang Rothe 1965 in seinem Verlag alle bis dahin entstandenen Poeme in einer höchst sorgfältig gestalteten Ausgabe herausbrachte – limitiert und ebenfalls mit Lithographien geschmückt: *Lippensprünge*. Seit 1992 folgen die weiteren Bände in rascher Folge aufeinander.

Als ich im Januar 2004 sein gerade erschienenes Bändchen *Asphaltgewitter* in der Hand hatte und mir bewusst wurde, dass K. O. demnächst 90 wird, schoss mir durch den Kopf, es müsste doch endlich auch

15. Karl Otto Götz, Foto Christoph Kreutzenbeck

etwas für diesen nicht versiegenden Wörterstrom getan werden. Ich rege bei ihm und seiner Frau Rissa an, bei dieser Gelegenheit eine öffentliche Lesung zu veranstalten. Und so geschah es dann auch. Das Suermondt-Museum in seiner Geburtsstadt Aachen verband anlässlich des runden Geburtstages eine Werkausstellung mit einem literarischen Abend, an dem ich aus seinen Gedichten gelesen habe. Eine zweite Lesung fand mit dem gleichen Motiv am 4. Dezember 2004 in den Kunstsammlungen Chemnitz statt. Bei beiden Lesungen waren Götz und Rissa dabei.

Götz selber verdrängt es gern: Aber er ist Maler und Autor. Das bezeugen nicht nur seine poetischen Arbeiten, sondern mit gleicher Deutlichkeit auch seine Erinnerungen, die er im Sommer 1977 zu schreiben begonnen hat. Sie liegen in zwei Ausgaben vor. 1983 erschienen zwei voluminöse Bände, die neben dem autobiographischen Text eine umfassende, hervorragend reproduzierte Dokumentation des bildnerischen Werkes von 1934 bis 1983 enthalten. Da diese großformatigen Bände recht unhandlich sind, erschien zwischen 1993 und 1999 eine zweite Ausgabe in handlicherem Format, die den Text bis 1999 fortführt, jedoch nur eine zwar informative, doch begrenzte Bildauswahl enthält. Diese Leseausgabe ist chronologisch in vier Bände gegliedert. Der erste Band 1914–1945 beginnt mit einem Rückblick auf Kindheit und Jugend mit charakteristischen Einzelheiten über das städtisch-bürgerliche Leben der 10er und 20er Jahre und zeichnet die Entfaltung der bildnerischen Begabung in der fördernden wie hindernden Umwelt ab. Im Laufe der weiteren Herstellung fokussiert sich diese Autobiographie auf die Phasen der künstlerischen Entscheidungen und Fortschritte, wobei die persönlichen und privaten Lebensaspekte erwähnt, doch nicht vertieft werden – mit Ausnahme der Erlebnisse in den Kriegsjahren und in der Welt Norwegens. Mit archivalischer Genauigkeit werden die Einzelheiten der Arbeitsprozesse und die Daten der Außenwirkung, insbesondere der Ausstellungen, verzeichnet. Der Schreibmodus ist generell sehr entspannt und locker und wechselt zwischen Berichten, Erzählen und Registrieren. Es liegt hier der seltene Fall der exemplarischen Selbstaussage eines Künstlerlebens im 20. Jahrhundert vor. – Die Ausführungen dieses Aufsatzes stützen sich im Wesentlichen neben meinen Erinnerungen auf diese vier Bände.

Götz schreibt bis ins hohe Alter. Ein spätes Gedicht spricht von der
Gegenwärtigkeit der unabsehbaren Existenz:

Blitzende Tat

Ich schaue in die Ferne,
die in mir leuchtet,
scharf und klar.
Die Erinnerung springt rückwärts
über Zeiten und Räume.
Tag und Nacht besiegt sie meine Blindheit
und ist lästig, weil ich versuche
das Jetzt im Augenblick zu packen.
Die blitzende Tat verhindert
den Ansturm rückwärtiger Blicke.[21]

7

Zu seinem 70. Geburtstag 1984 formulierte ich die Reflexe, Bildschwingungen, Entführungen, die die Wahrnehmungen seiner Malartikulationen durch die Jahre hindurch bei mir bewirkt haben:

zukunftserinnerungen
    vor den bildern von K. O. Götz

analogie endet.
erinnerung liefert ihre abschüsse ab. hängt still. pendelt und hängt still.
abwärtsgerichtet: einleitung der schußfahrt mit halbem gesicht halbem
körper halbierter vorstellung. lachen in die breite gezogen löst sich in
fäden fasern fuseln prallt auf die wandung zerstäubt. ausgeblasen alle
diese knöchelchen die so sorgfältig entbeint enthäutet enthaart enthülst wie schemen von buchstaben eben gerade noch haarscharf entronnen dem focus aus schwärze –
du siehst nichts du hörst nichts: unscharf weil unter wasser gerakelt
keilförmig gekontert nach links mal nach rechts. bloß die fußsohlen
stehen nach oben lesbar aufgeschlagen wers liest wers glaubt. die zunge
schießt übers naß sammelt die fädchen die flecken leert die schwärze

partikel setzen sich ab. ich war wie besessen von der schnelligkeit der hiebe der zuverlässigkeit des entzifferns dessen ende doch nicht absehbar dessen ergebnis doch längst bekannt, daher nicht wiederzuerkennen. du erinnerst dich – das wars was du wußtest was du erwartetest: eiserne ration von zukunftserinnerungen auf der kippe. ausgeblasen erinnern sie mich an fingerzeichen am hinterkopf fadenscheinig in ihrer ganzen länge durchgerissen also ausgefasert ausgehungert. die hexe die du eben sahst ist meine mutter. da atmest du auf ganz zerbröselt von den vorfällen unterm kinn. die tür flattert krümmt sich kehrt um rakelt dir über die zunge reißt dir das bein aus. das kannst du das darfst du ohne zu zittern im gegenzug weiß auf schwarz bückst dich ohne passepartout badest im pinsel knietief geronnen ins naß beugst dich vornüber vom pinselstoß in der wolle gefärbt. tauchst unter die flossen steilauf stürzt in die höh dass die hand zersplittert und der fuß verascht und der andere ein pinselohr borstig seinen strich am halfter führt über stock und stein mit entblößtem willen wissentlich.

zwischen elf und zwei war es hell. es hingen die angeln hinab da saßen wir fest ein auge am boden das ohr in der hand gerade wie ein könig vor der sintflut in der draufsicht beim schreiben. sein herz – du siehst es beim blättern – wäre behaart sein schwanz buschig und kurz. damit wischte er über die fläche. verschwände im handumdrehn ließe sich nicht fangen. zurückbleibt ein kratzer fürs erste ein ohrläppchen ein drehstuhl.

wir malen immer auf diese paradoxe weise erhielt das museum in lodz zwei kleine bilder von mir.[22]

Literatur
K. O. Götz: Erinnerungen und Werk, 2 Bände 1a, 1b, Düsseldorf, 1983
K. O. Götz: Erinnerungen. Bd. 1, 1914–1945, Aachen 1993
K. O. Götz: Erinnerungen. Bd. 2, 1945–1959 Aachen 1994
K. O. Götz: Erinnerungen. Bd. 3, 1959–1975 Aachen 1995
K. O. Götz: Erinnerungen. Bd. 4, 1975–1999 Aachen 1999
K. O. Götz: Fakturenfibel 1944–45. Galerie Marianne Hennemann, Bonn 1995
Michael Klant, Christoph Zuschlag: Karl Otto Götz im Gespräch. Stuttgart 1994
Ingrid Mössingen, Kerstin Drechsel, Kunstsammlungen Chemnitz (Hg.): K. O. Götz zum 100. Geburtstag. Bestands- und Ausstellungskatalog. Dresden 2014.

René Char: Das bräutliche Antlitz. Frankfurt 1952
Hans Arp: Behaarte Herzen/Könige vor der Sintflut. Frankfurt/M. 1953
Katalog Quadriga: Hg. Georg Bussmann, Frankfurter Kunstverein, 26.9.–5.11.1972
Franz Mon: Essays. Ges. Texte 1, Berlin 1994
Franz Mon (Hg.): movens. Dokumente und Analysen zur Dichtung, bildenden Kunst, Architektur. Wiesbaden 1960
Franz Mon: artikulationen. Pfullingen 1959
Franz Mon/K. O. Götz: verläufe. Stuttgart 1962
Karl Otto Götz: Ein Lachen ohne Mund. Köln 1966
K. O. Götz: Lippensprünge. Gedichte von 1945 bis 1985. Heidelberg 1985
K. O. Götz: Zungensprünge. Gedichte 1945–1991. Aachen 1992
K. O. Götz: Spuren der Maler. Lyrische Texte. Aachen 2000
K. O. Götz: Freiheitstropfen. Gedichte: Alsdorf 2005
Franz Mon: Wörter voller Worte. Texte 1983–1998. Spenge 1999

Anmerkungen
1 Erinnerungen 1914–1995, S. 153
2 Erinnerungen 1914–1945, S. 251
3 Fakturenfibel, S. 42
4 M. Klant, Ch. Zuschlag, Karl Otto Götz im Gespräch, S. 33
5 Erinnerungen 1945–1959, S. 113
6 Katalog zur Quadriga-Ausstellung, o.p.
7 Erinnerungen 1959–1975, S. 60
8 Erinnerungen 1959–1975, S. 49
9 K. O. Götz, Bildende Kunst und Information, Vortrag in der Staatl. Kunstakademie Düsseldorf, S. 15
10 Erinnerungen 1959–1975, S. 25
11 F. Mon, Essays, S. 52
12 F. Mon, movens, S. 151–158
13 F. Mon, artikulationen, S. 29
14 Erinnerungen 1945–1959, S. 201
15 Erinnerungen 1945–1959, S. 27
16 Erinnerungen 1914–1945, S. 163
17 K. O. Götz, Zungensprünge, S. 15
18 K. O. Götz, Zungensprünge, S. 50f.
19 K. O. Götz, Spuren der Maler, S. 67f.
20 K. O. Götz, Spuren der Maler, S. 11f.
21 K. O. Götz, Freiheitstropfen, S. 38
22 F. Mon, Wörter voller Worte, S. 74f.

Abbildungsnachweise
1. »Begegnung«, in: Erinnerungen und Werk, Bd. 1a, S. 11
2. aus der »Fakturenfibel«, in: Erinnerungen und Werk, Bd. 1a, S. 275
3. »Schotenbild«, in: Erinnerungen und Werk, Bd. 1a, S. 283
4. Monotypie, o. T., in: Erinnerungen und Werk, Bd. 1a, S. 374
5. META 3, Titelseite (Originalvorlage)
6. Holzschnitt aus »Vierzehn Variationen über ein Thema« (Originalvorlage)
7. Götz, Bild vom 2.8.1952, o. T., in: Erinnerungen und Werk, Bd. 1a, S. 530
8. Götz, »Schwarze Rhythmen«, in: Erinnerungen und Werk, Bd. 1a, S. 491
9. Götz, Bild vom 4.2.1953, in: Katalog Dresden, S. 9
10. Götz mit dem Rakel, in: Erinnerungen und Werk, Bd. 1b, S. 851
11. Götz, »Nova I«, in: Katalog Dresden, S. 115
12. Doppelseite aus Mon / Götz, verläufe, 1962 (Originalvorlage)
13. Götz, Vom abstrakten Film zur Elektronenmalerei, in: movens, S. 152
14. Götz, »Sopial«, in: Katalog Dresden, S. 163
15. Foto Karl Otto Götz von Christoph Kreutzenbeck, in: Katalog Dresden, S. 2

Alle Bilder von K. O. Götz © VG Bild-Kunst, Bonn 2014

7
Kadenz

Vom Ding und vom Unding des Schönen

2004

> Das im Juni 2005 von Michael Lentz und Norbert Niemann zusammengestelle thematische Heft der *Akzente* zur literarischen Splitterwelt der »Schönheit« rüttelte diesen Allroundbegriff durch.

1.

Schönheit ist wie eine Droge. Wir haben uns von früh auf an sie gewöhnt, ohne es gemerkt zu haben. Wir erleben ihre Wirkung, oft ohne es zu wissen, vielleicht gar ohne es zu wollen. Wir finden sie vor auch an Orten, bei Gelegenheiten, in Augenblicken, da sie nicht zu vermuten ist, und wir richten sie her, wenn und so oft uns danach zumute ist. Es mag sein, dass wir sie nicht vermissen, wenn sie abwesend ist. Ist sie aber da, dann weist sie etwas von der Leichtigkeit auf, die der Schatten von Glück ist. Sie soll makellos sein (bis hin zum blank blendenden Lack eines Autoblechs, dessen gekratzte Verletzung durch fremdes Verschulden atavistische Wut provozieren kann), fasziniert uns aber erst richtig, wenn sie Spuren eines Curriculums an sich hat, das nicht das unsere ist. Sonst melden sich alsbald Desinteresse, Langeweile und der Bedarf nach Abwechslung. Auch das alltägliche Schöne braucht solche Spuren: Haarrisse, Leberflecken, Gebrauchsverluste, Asymmetrisches. Anzeichen dieser Art verspinnen es mit einem Daseinsgeschick, das wir auf dem eigenen Erinnerungsfond probeweise entziffern – probeweise, da uns im Moment des Anschauens (jedenfalls) die tatsächlichen Daten nicht zugänglich sind, zudem auch gar nicht benötigt werden. Die imaginierende Lesart genügt zur Besonderung des Bildes; macht es eigentümlich im Sinne eines Nahe- und Vertrautseins, das ohne Vorgabe auskommt und zumindest im Moment dieses Wahrnehmens das Verfallsdatum des Schönen zum Verschwinden bringt. Jedes so gezeichnete schöne Gebilde hat in seiner Erscheinung etwas Unwahrscheinliches. Es ist Ein-fall, es wiederholt sich nicht und ist in diesem Sinne kontingent. Es gilt dies, wenn auch in den Hinsichten modifiziert, für Dinge und menschliche Wesen. Es gilt auch für Wörter, denn sie sind mit beiden Gruppen homogen.

2.

In der Literatur ist Schönheit längst kein etabliertes Thema mehr, wie es bei den Klassikern einst noch der Fall war. Für sie war die Kunst der ideale Ort, wo Schönheit als Schein göttlicher Harmonie gelingen kann. Sie tritt am reinsten hervor in der ästhetischen Transformation, die der Künstler mit dem schönen menschlichen Körper vornimmt. Am emphatischsten feierte Schiller diese säkulare Epiphanie des Schönen. Seine Schönheitsgestalt ist von unberührbarer, schicksalfreier Idealität. Auch hier ist Goethe sein Widerspieler. In der Helenafigur schafft er sich die virtuell existierende schönste Frau auf dem Erdenrund. Wiewohl von Mephisto, in antikischer Verkleidung als Phorkyas agierend, der Todesgöttin entlockt, ist sie als reale dramatische Person im Spiel. Sie hat ihr Schicksal aus Glück, Macht und Bedrohtheit, und der Autor hechelt sie, nebenbei, im »Rittersaal« wie im richtigen Leben durch die Scheelsucht der Anwesenden. Seinem Faust aber pflanzt er brennende Begierde nach der leibhaftigen Vereinigung mit ihr, »der Schönheit Quelle«, ein. Sie gelingt in einem phantasmagorischen Illusionsspiel, das Faust für bar nimmt, und für einen Ewigkeitsmoment zeigt sich das Inbild schönen, beglückten Daseins zu dritt. Dass es im Desaster vergeht, wenn die Schöne mit dem Kind Euphorion trostlos wieder im Totenreich versinkt, ist Hinweis darauf, wie ambivalent das Schöne im Bewusstsein des Autors erscheint. Auch Schiller, viele Jahre früher, schreibt eine Totenklage, die »Nänie«, über die Macht des Todes, des Orkus, über die herrlichen Schönen: Eurydike, Adonis, Achill. Doch bei beiden stört die Beimischung der Schatten nicht die Emphase, mit der die Schönheit als Widerschein höchster, göttlicher Wirklichkeit empfunden und benannt wird. In dieser Hochwertung wird allerdings auch der Hiatus spürbar, der ihre ästhetische Binnenwelt von derjenigen trennt, die in den Brüchen und Umsprüngen des 20. Jahrhunderts hervorgebracht wurde. Freilich kollidierte, was sie, fasziniert von dem heraufgerufenen und doch nicht wiederholbaren Bilderkosmos der Griechen, in ihrem Inbild der Schönheit suchten und sahen, aussichtslos mit den mächtigen Tendenzen im Trivialgeschiebe der eigenen Gegenwart. Dem alternden Goethe dämmerte das.

3.

»Ein Gefühl für das Schöne sitzt offenbar als unauslöschlicher Instinkt tief im Inneren des Menschen«, schrieb Edgar Allan Poe in *Das poetische Prinzip*[1], dem letzten, 1848 ein Jahr vor seinem Tod veröffentlichten Essay zur Poetik der lyrischen Dichtung. Es bewirkt das »Entzücken« beim Empfinden der schönen Erscheinungen. Doch es gibt darüber hinaus einen »unlöschbaren Durst« als Teil »des Unsterblichen im Menschen. Er ist zugleich Symptom und Symbol der immerwährenden menschlichen Existenz. (...) ein ungestümes Bemühen, in die Schönheit droben einzugehen. (...) zwischen den Dingen und Gedanken der Zeitlichkeit ein Stück jener Seligkeit zu erwerben, deren eigentliche Elemente allein der Ewigkeit angehören.« Wege dahin bieten die Künste, die Musik insbesondere: »Möglicherweise ist in ihr dieses erhabene Ziel« (sc. die Erschaffung höchster Schönheit) »hie und da tatsächlich erreicht.« Die Poesie wird bestimmt als »die rhythmische Schöpfung von Schönheit«. »Ich erkläre das Schöne daher (...) zum Bereich der Dichtung.« Wie es sich darin manifestiert, zeigt Poe in stilsensibel geführten Deutungen zeitgenössischer Gedichte von Longfellow, Byron und anderen; wobei er in einem beispielhaft für alle »die tiefe Melancholie« bemerkt, »die unaufhaltsam zur Oberfläche dessen emporzusteigen scheint, was der Dichter fröhlich über sein Grab sagt«; es »läßt uns bis in die Seele hinein erschauern – wobei in diesem Erschauern die reinste dichterische Erhebung liegt«. »(...) so darf ich daran erinnern, daß (wie oder warum wissen wir nicht) dieser gewisse Anflug von Traurigkeit untrennbar mit allen höheren Erscheinungen wahrer Schönheit verknüpft ist.«[2]

Während für die deutschen Klassiker die vollkommene Harmonie des Wahren, Schönen, Guten erst das Ideal der schönen Gestalt in einem schönen Dasein erschließt, verwirft Poe die gewohnheitsmäßig verbreitete Auffassung »Wahrheit sei das letzte Ziel der Dichtung« und jedes Gedicht »müsse eine Moral einschärfen«. Die Gewissheit, die Poesie vermittele Teilhabe und Zugang zur im Absoluten beheimateten Schönheit, führt zu der Einsicht, »dass auf Erden kein würdigeres Werk existiert, noch existieren kann – nichts Edleres – als eben dieses Gedicht – dieses Gedicht per se – dieses Gedicht, das nur Gedicht ist und nichts sonst – dieses Gedicht, das allein um seiner selbst willen geschrieben ist«.[3]

4.

Poes poetologische Auffassungen leben weiter im Werk Baudelaires. Dieser hat Poe hochgeschätzt, ja verehrt, wie sein Essay über ihn (in der *Revue de Paris*, 1852) bezeugt, und die Dichtungen des noch Unbekannten übersetzt. Poes Begriff von der Autonomie des Gedichts ist auch der seine. Doch dessen Vorstellung vom Schönen radikalisiert er. Ihm ist es immer wieder angegangenes, lockendes wie bedrängendes Thema. Schon in der ersten Textgruppe der *Fleurs du Mal* mit der Überschrift *Spleen et Idéal* steht ein *Hymnus auf die Schönheit*, der in antithetischen Aussagen eine Art Phänomenologie ihrer abgründig verrätselten Erscheinung versucht. Die erste und die beiden letzten Strophen (von sieben) lauten:

Viens-tu du ciel profond ou sors-tu de l'abîme,
O Beauté? ton regard, infernal et divin,
Verse confusément le bienfait et le crime.
Et l'on peut pour cela te comparer au vin.
(...)
Que tu viennes du ciel ou de l'enfer, qu'importe,
O Beauté! monstre énorme, effrayant, ingénu!
Si ton œil, ton souris, ton pied, m'ouvrent la porte
D'un Infini que j'aime et n'ai jamais connu?

Du Satan ou de Dieu, qu'importe? Ange ou Sirène,
Qu'importe, si tu rends, – fée aux yeux de velours,
Rhythme, parfum, lueur, ô mon unique reine! –
L'univers moins hideux et les instants moins lourds?

Kommst du aus Himmelstiefen oder entsteigst du dem Abgrund, o Schönheit? Wohltat und Verbrechen fließen vermischt aus deinem höllisch-göttlichen Blick, und darin bist du dem Wein vergleichbar.
(...)
Ob du aus der Hölle kommst, gleichviel,
o Schönheit! du Ungeheuer, gewaltig, erschreckend,

doch ohne Arglist; wenn dein Auge, dein Lächeln, dein
Fuß mir das Tor öffnen einer Unendlichkeit, die ich
liebe, ohne sie je gekannt zu haben.

Von Satan oder von Gott, gleichviel! Engel oder Sirene,
gleichviel, wenn du nur – Fee mit den Samtaugen,
Rhythmus, Duft, Schimmer, o meine einzige Königin! –
die Häßlichkeit der Welt verringerst und die Last
des Augenblicks leichter machst![4]

Die heterogenen, im Vers zusammengebundenen Aussagen bestimmen das Inbild der Schönheit. Dabei werden das transpersonale Idol und – beauté bezeichnet auch direkt die schöne Frau – das Erlebnis der Geliebten, die in der letzten Zeile unmittelbar gegenwärtig ist, ineinandergeblendet. Die Baudelaires Existenz zutiefst zerklüftende Spannung zwischen lucider Vergeistigung und der Besessenheit durch die Lust des Fleisches wird im Vers zur letztlich indefiniblen Schönheit transformiert. Es bleibt offen, ob die religiöse Dimension in der Wortwahl nur metaphorisch zu nehmen ist. Wenn Gott und Satan genannt werden, steht dieser an erster Stelle, gewiss auch wegen des Versrhythmus, doch wohl auch als Symptom der Nähe des Autors zu dieser unheimlich verführerischen Gestalt.

Über das Eigentümliche seiner Schönheitsvorstellung versucht Baudelaire sich in einer Eintragung im »Fusées« überschriebenen Teil seines *Intimen Tagebuchs*, vermutlich in der zweiten Hälfte der 50er Jahre geschrieben, klar zu werden: »Ich habe die Definition des Schönen gefunden – meines Schönheitsbegriffes. Etwas zugleich voller Trauer und voll verhaltener Glut, etwas schwebend Ungenaues, das der Vermutung Spielraum läßt. (...) Ein schönes, verführerisches Haupt, ich denke an das Haupt einer Frau, ist ein Haupt, das gleichzeitig – aber auf eine eigentümlich vermischte Art – Träume von Wollust und Trauer erregt; Vorstellungen von Melancholie, Mattigkeit und Übersättigung weckt – oder auch entgegengesetzte Vorstellungen von inbrünstiger Lebensgier, untermischt mit Fluten der Bitternis, die Entbehrung oder Hoffnungslosigkeit zurückgelassen haben. Das Rätselhafte und die Wehmut des Bedauerns gehören gleichfalls zu den wesentlichen Merkmalen des

Schönen.«⁵ Das Schöne ist konkret, darin gehen diese »intimen« Reflexionen über die Aussagen der oben zitierten Hymne hinaus. Sie beziehen sich auf das, was er mit seiner Geliebten, der Jeanne Duval, erlebt hat, und er wird nicht müde, die kontingenten Ingredienzien, mit denen sein Schönes, seine Schöne die Sinne berückt, ins Wort zu rufen. Auch das Pendant des »schönen Männerkopfs« wird hier von den dissonanten Leidenschaften und insbesondere vom »Unglück« gezeichnet. Sein Bild gerät jedoch – im Gegensatz zu dem der schönen Frau – aus der sinnlichen in eine nur in der Imagination bestehende Sphäre, wenn es da heißt: »Gestützt auf (...) solche Vorstellungen, wird man es begreiflich finden, daß es mir fast unmöglich wäre, aus all dem nicht den Schluß zu ziehen, daß der vollkommenste Typus männlicher Schönheit niemand anders ist als Satan – wie ihn Milton geschildert hat.«⁶ Auch wenn das in Literatur und Kunst tradierte Satansmotiv durchschimmert, darf man dieses »intime«, private Notat, bestärkt durch den Bezug auf Miltons biblisches Epos, getrost zum Nennwert nehmen, nicht bloß, wie in der oben zitierten Hymne, als poetisches Zeichen. Es ist ein Satan aus Baudelaires eigenem spirituellen Reservoir. Die mit *Révolte* betitelte Gedichtgruppe in den *Fleurs du Mal* weist ein großes Gedicht *Die Satans-Litaneien*⁷ auf, das in dieser Perspektive als blasphemisch formuliertes Verehrungs- und Bittgebet an seinen Satan zu lesen ist. Mit Zügen aus der religiösen Überlieferung wird Satan als »der klügste und schönste der Engel, Gott (!), vom Schicksal verraten und der Lobpreisungen beraubt«, bezeichnet. In der Weise und im Ton einer katholischen Litanei folgt auf jede Anrufung die Bitte: »O Satan, erbarme meines langen Elendes dich!« Die Daseinsqual des Autors klinkt hier die Selbstbezüglichkeit des Poems aus. Im Baudelaire'schen Schönheitserkennen ist die Figur Satans das wohl nicht mehr überbietbare Inbild höchsten Schönseins. Doch er bleibt, ganz anders als bei dem der Frau, ohne sinnliche Konkretion inbrünstig Imaginiertes.

Baudelaire hat sich von den öffentlichen Tendenzen, die seine Zeit beherrschten, harsch abgegrenzt und in seinen Dichtungen, manchen Bedenken zuwider, jede ihm zuwachsende Aussage zu artikulieren gewagt, zum Teil mit höchst unangenehmen Folgen. Unantastbar jedoch hat er die artistische Schönheit seiner Sätze und Verse inszeniert. In einer, dann nicht verwendeten Vorrede der »Fleurs du Mal« beschrieb er ein Modell ihrer gestischen Bewegung: »daß der poetische Satz (und darin kommt er der musikalischen Kunst und der mathematischen Wissenschaft nahe) die Waagerechte, die aufsteigende, die absteigende Gerade nachahmen kann; daß er, ohne Keuchen, stracks gen Himmel hinauf oder mit der Geschwindigkeit aller Schwere zur Hölle hinab fahren kann; daß er eine Spiralbewegung vollziehen, die Parabel beschreiben kann, oder das Zickzack einer Reihe übereinandergelagerter Winkel; (...)«[8] Dabei hat er Klang und Bedeutungshöfe der Wörter und das sinnordnende Reglement der Syntax so benutzt, wie er sie vorgefunden hat. Auch sie ins Schleudern zu bringen, war Sache der nach ihm Geborenen.

5.

Das Schöne als literarische Faszinationsquelle hat Baudelaire bis zur Neige ausgekostet. Vielsinnig und selbstherrlich erschien es in seinem Werk als ein säkulares Numinosum, das nach Weiterung, Variation oder Aufhebung verlangte. Alles dies geschieht in den wenige Jahre nach den *Fleurs du Mal* – 1869 – erschienenen *Chants de Maldoror* von Lautréamont. Das Schöne taucht an vielen peripheren und hervorstechenden Stellen des Buches auf, allerdings nicht mehr als Inbegriff von Beglückung und Abgrund, sondern wie eine Art Kontrastmittel, dessen Leuchten die heroische Infamie des Geschilderten zu steigern hat.

Lautréamont hat sein Buch beiläufig als Roman bezeichnet. Es entspricht dieser Gattung insofern, als es von dem einen Motiv des hassgestählten Kampfes Maldorors gegen den tyrannischen Schöpfer eines misslungenen Universums handelt und von dieser einen Figur beherrscht wird. Das Ganze zerlegt sich jedoch in eine additive Kompilation kürzerer erzählerischer oder reflektierender Texte, den »Strophen«, die jeweils ein Schnitt voneinander trennt. Selten wird ein Faden später wieder aufgegriffen. Zu dieser zerklüfteten Komposition passt die Bezeichnung »Gesänge« im Titel, die von ferne an den Vortrag epischer Lieder durch einen Rhapsoden erinnert. Hier trägt der Rhapsode, Maldoror, die eigenen Geschichten vor, mal in der Ich-, mal in der Er-Form. Wobei sich an bestimmten Stellen der Eindruck aufdrängt, dass das auf sich selbst bezogene Autor-Ich hinter Maldorors Maske steckt. Die rhapsodisch offene Form ermöglicht Überraschungssprünge im Zusammentreffen diskrepanter Ereignisse, und sie rechtfertigt den Verzicht auf Ursachen und Begründungen. Sie ist insofern ein Vorgriff auf Montagetexte des 20. Jahrhunderts. Das klassische, lebensintegrale Wesen von Schönheit wird bis in den sechsten, den letzten Gesang hinein immer wieder berufen. Zugleich jedoch bildet sich im Zusammenhang mit den zerstörerischen Taten Maldorors eine drastisch mutierte Vorstellung von einem Schönen, das mit der klassischen Ästhetik nicht mehr vereinbar ist. Es tauchen Gestalten, Situationen von befremdender Hässlichkeit und willkürlicher Monstrosität auf. Sie haben ihren Grund in der Motivation Maldorors, im hartnäckigen Kampf gegen den »Herrn des Universums« die bestehende Welt samt ihren Schönheiten auszulöschen. Der spätere Leser entdeckt, wie im Vollzug dieses Prozesses eine jeder Normierung entzogene, jede, auch die divergenteste ästhetische Dimension erobernde Schönheit hervortritt, deren Anmutung letztlich nicht sozialisierbar ist, sondern das Empfindungsvermögen des Einzelnen erreicht oder verfehlt.

Auch Maldoror, der unheimliche Täter, Mensch und Monster in hybrider Verstrickung, hat von Hause aus teil am integralen Schönen. »Eines Tages«, sagt er von sich selbst, »unseliger Tag, wuchs ich in Schönheit und Unschuld heran, und ein jeder bewunderte die Intelligenz und Güte des göttlichen Jünglings.«[9] Ein Totengräber wird ihn mit professioneller Wahrnehmung rühmen: »Wer ist dieser Mensch (...)? Welch musikalische Schönheit in der unvergleichlichen Melodie seiner Stimme! (...) Diese Haare sind die schönsten, die ich je in meinem Leben berührt habe.«[10] Zugleich wittert er das Düstere in dem Fremden. Auf der Suche nach »einer Seele, die mir ähnlich sei«, begegnet Maldoror, nach einer Mordorgie an Schiffsbrüchigen im Meer schwimmend, einem Haifischweibchen und weiß: »Ich lebte bis jetzt im Irrtum; da ist einer, der böser ist als ich.« Sie erkennen im anderen ein »lebendiges Ebenbild«, und es kommt zu einer exotischen Vereinigung: »(...) den unbekannten Tiefen des Abgrunds entgegenstürzend, vermählen sie sich in langer, keuscher und grauenhaft häßlicher Paarung. (...) Ich hatte meine erste Liebe gefunden.«[11] ›Hässlich‹ übernimmt die Leistung von ›schön‹. Die beiden Ausdrücke sind im Phänomen Maldoror austauschbar, wenn nicht gar identisch geworden.

Baudelaire bezeichnete Derartiges als »bizarr«, und er verallgemeinerte es zu der Auffassung: »Das Schöne ist immer bizarr. Ich will nicht sagen, daß es willentlich und kalt bizarr sein soll, denn in diesem Falle wäre es ein Ungeheuer, das aus den Schienen des Lebens herausgesprungen ist. Ich sage, daß es immer ein wenig Bizarrerie enthält, naive, ungewollte und unbewußte Bizarrerie, und daß es diese Bizarrerie ist, die es eben ganz ausgesprochen das Schöne sein läßt.«[12] Genau jenes »Ungeheuer« setzt Lautréamont mit der Erfindung des Maldoror in die Welt, wenn auch nur die der Literatur. Im vierten Gesang steht, wie immer ohne Kontextbezug zu den benachbarten und in der Radikalität der Bildmontage wohl einmalig im ganzen Buch, eine Strophe, in der groteske, abstoßende, skurrile, scheußliche Momente zu einem Puzzle des Supermans Maldoror zusammenschießen. Sein Organismus wird durch und durch von Krankheiten und garstigem Getier besetzt. Er selber berichtet darüber sachlich, als ob es sich um einen medizinischen Vorfall handelt:

»ICH BIN SCHMUTZIG. Die Läuse zerfressen mich. Die Schweine erbrechen sich bei meinem Anblick. Der Schorf und der Aussatz der Lepra haben meine von gelblichem Eiter bedeckte Haut in Schuppen verwandelt. Ich kenne weder das Wasser noch den Tau der Wolken. Auf meinem Nacken wächst, wie auf einem Misthaufen, ein ungeheurer Pilz mit Doldenstielen. Auf einem unförmigen Möbelstück sitzend, habe ich meine Gliedmaßen seit vier Jahrhunderten nicht bewegt. Meine Füße haben im Boden Wurzel geschlagen. (...) Unter meiner linken Achselhöhle hat eine Familie von Kröten Wohnung genommen, und wenn eine von ihnen sich bewegt, kitzelt sie mich. (...) Zwei kleine Igel, die nicht mehr wachsen, haben einem Hunde, der nicht nein sagte, das Innere meiner Hoden vorgeworfen. Nachdem sie die Oberhaut sorgfältig gewaschen hatten, nahmen sie darin Quartier. Der After wurde von einer Krabbe versperrt. Durch meine Schlaffheit ermutigt, bewacht sie den Eingang mit ihren Scheren und tut mir sehr weh! (...)«[13]

Diese Landschaft eines verheerten Menschenleibes wäre als ›grauenhaft hässlich‹ zu bezeichnen, wie es in dem vorher Zitierten schon einmal der Fall war. Mit der Wahl des Gegenbegriffs von ›schön‹ gerät die Aussage freilich, wenn auch ungewollt, in einen umgreifenden Horizont des Schönen, in dem auch für das Nicht- oder Nochnichtetikettierte eine Stelle zu vermuten ist. Fällt ihm, wie hier dank der Polarität, ein solcher Ort zu, so verändert diese Innovation die gesamte Schätzungskonstellation. Weder das ›Schöne‹ noch das ›Hässliche‹ sind nachher noch dasselbe, das sie zuvor waren.

Das gilt auch für die Transmutationen des Schönen, die Lautréamont durch einen poetologischen Kunstgriff gelingen. Er füllt attributive Aussagen über ein schönes Gebilde, wie sie durch Vergleich – ›schön, wie ...‹ – vorgenommen werden können, mit inkommensurablen, disparaten Vorstellungen. Das Schöne wird mit heterogenen Ding- und Sachbezügen assoziiert, die mit dem schönen Objekt nichts zu tun haben, ihm dennoch zugerechnet werden. Der Leser probiert, ob die Referenzen assimilierbar sind und erweiternd oder klärend wirken oder ob sie im Gegenteil das Objekt entleeren und in einem Komplex heterogener Bedeutungen verstecken.

Solche qualitativen Sprünge des Schönen weist insbesondere der sechste Gesang auf, mit dem das Buch endet. Er hat, im Unterschied zu den vorangegangenen, einen durchdachten Plot. Maldoror jagt in umsichtig geplantem Vorgehen dem »Herrn des Universums« als »Beute« dessen schöne Kreatur, den naiven, weltbegierigen Jüngling Mervyn ab. Wie zur Begutachtung des ins Auge gefassten Objekts beschreibt Maldoror, gleich in der ersten Strophe, seine Schönheit in einer Folge von vier Vergleichen. Die darin angesprochenen dinglichen Bezüge deuten auf die Qualität seiner Person, ihre Verletzlichkeit, ihre Bedrohtheit und schließlich auf das Unwahrscheinliche der Begegnung Mervyns mit ihm:

»Er ist schön wie die Einziehbarkeit der Raubvogelkrallen oder auch wie die Unbestimmbarkeit der Muskelbewegungen in den Wunden der Weichteile der hinteren Genicksgegend oder vielmehr wie jene unermüdliche Rattenfalle, die von dem gefangenen Tier selbst von neuem gespannt, allein und unaufhörlich Nagetiere fangen kann und sogar unter Stroh versteckt arbeiten kann, und besonders wie die unvermutete Begegnung einer Nähmaschine und eines Regenschirms auf einem Seziertisch.«[14]

Ehe es ernst wird, blickt Maldoror als »empfindungsloser Zuschauer der erworbenen oder natürlichen Scheußlichkeiten, die die Sehnenhaut und den Geist dessen zieren, der spricht«, in der vierten Strophe auf sein Daseinsgeschick zurück. Er rühmt auch seine Schönheit in einer vierteiligen Sequenz von Vergleichen:»... und ich finde mich schön!«[15] – mitgedacht ist: trotz meiner grausamen Bosheit. Der Tenor seiner Vergleiche weicht jedoch deutlich von dem ab, der den Vergleichen der Schönheit Mervyns galt. Sie beziehen sich auf abstoßend hässliche, anatomisch beschriebene Körperdefekte, ferner auf eine abstrakte ästhetische Reflexion und den Satz (schön) »wie ein Panzerschiff mit Türmchen«. Zum Material gehören vermutlich Zitate aus Lektürefunden. Wenn das zutrifft, wäre dies ein frühes Beispiel collagierenden Textverfahrens. Die auf Divergierendstes ausgreifende Stoffauswahl kann im Grunde unbegrenzt alles, was sich anbietet oder zufällt, verwenden. Das verglichene Objekt ist gegebenenfalls nurmehr der Knoten, der noch das Entfernteste zusammenhält.

Der sechste Gesang ist als paradigmatischer Zweikampf Maldorors mit dem Allmächtigen angelegt. Seinen Sieg wird die geschickt inszenierte Verlockung, der Fang und die Ermordung des Jünglings Mervyn, beweisen. Ein zu dessen Rettung ausgesandter Erzengel erliegt der Brachialgewalt Maldorors. Nach einem ersten gescheiterten Versuch wird Mervyn gefangen. Mit den Füßen an einem langen Seil hängend, wird er von Maldoror von der Höhe der Vendômesäule herab mit übermenschlicher Muskelkraft im Kreise durch die Luft geschleudert, bis der, die Fliehkraft kalkulierend, das Seilende fahren lässt, sodass der Körper des Opfers in einer Parabel Paris überfliegend »gegen die Kuppel des Pantheons« prallt,»während das Seil sich teilweise um die obere Decke der ungeheuren Wölbung legt. Auf seiner kugelförmigen und konvexen Oberfläche (...) sieht man zu jeder Stunde des Tages ein verdorrtes Skelett, das hängen geblieben ist.«[16] Der metaphysische Triumph Maldorors schließt auch die Zerstörung daseinslebendiger Schönheit ein. Das Pantheon, Artefakt klassisch-erhabener Schönheit, wird als Beihilfe zum Mord funktionalisiert und ist beiläufig selbst Ziel des Attentats. Das Todeszeichen haftet ihm unwiderruflich an.

6.

Es war die abartige Machart der Vergleiche des Schönen im sechsten Gesang des »Maldoror«, die zwei Generationen später die Reflexion über die Faktur des poetischen Bildes ins Offene lockte. Pierre Reverdy hat wohl als Erster die Reichweite, die in Lautréamonts radikalen Vergleichsmontagen steckte, gesehen und ihr Konzept beschreibend nachvollzogen. Von den vier Mervyns Schönheit charakterisierenden Vergleichen hat ihm vermutlich der vierte als Modell gedient: »schön wie die unvermutete Begegnung einer Nähmaschine und eines Regenschirms auf einem Seziertisch«. Reverdy abstrahiert und transformiert, wenn er schreibt:

»Das Bild ist eine reine Schöpfung des Geistes. Es kann nicht aus einem Vergleich entstehen, vielmehr aus der Annäherung von zwei mehr oder weniger voneinander entfernten Wirklichkeiten. Je entfernter und je genauer die Beziehungen der einander angenäherten Wirklichkeiten sind, umso stärker ist das Bild – umso mehr emotionale Wirkung und poetische Realität besitzt es (...).«[17]

Reverdy tilgt um der Intensität der Bildschöpfung willen den Vergleich aus der poetischen Praxis. Zwar löscht er mit dem Vergleich dessen tertium comparationis und damit den eindeutigen Außenbezug, im Beispiel den auf Mervyns Schönheit. Er entdeckt und erschließt jedoch mit der Elementarisierung der verbalen Konstellation den Magnetismus des einzelnen Wortes und dessen anamnetische Spielräume. André Breton hat die Definition Reverdys im *Ersten Manifest des Surrealismus* von 1924 zitiert und als maßgeblich für die eigene Poetik bezeichnet. Er ersetzt allerdings Reverdys vage Formulierung: »Das Bild ist eine reine Schöpfung des Geistes« durch die surrealen Verfahren des arationalen Text- und Bildentstehens, bei denen Spontaneität, Zufall, Absichtslosigkeit ausschlaggebend sind. Im »Ersten Manifest« heißt es:

»(...) die surrealistische Atmosphäre, die durch das mechanische, automatische Schreiben beschaffen wird (...)« ist »für die Gewinnung der schönsten Bilder besonders geeignet. Man kann sogar sagen, daß die Bilder in diesem schwindelerregenden Ablauf als die einzigen Anhaltspunkte des Geistes erscheinen. Allmählich gewinnt der Geist Gewißheit von der höchsten Realität solcher Bilder. (...) Er geht voran, getragen von diesen Bildern, die ihn bezaubern und ihm kaum Zeit lassen, auf seine glühenden Finger zu blasen. Die schönste aller Nächte, die Nacht der Blitze: neben ihr ist der Tag Nacht.«[18]

Das von Breton favorisierte automatische Schreiben ist nur scheinbar ins Aus geraten; tatsächlich wurde es in der literarischen Praxis vielfältig anverwandelt, abgewandelt und ausgenutzt.

Die Texte, die bei solchen Verfahren entstehen, verlaufen frei von inhaltlichen Dominanten. Im Unterschied zur gewohnten Leseweise werden die Verstehensraster narrativer oder außersprachlicher Wirklichkeitsbezüge minimiert oder ganz ausgelassen. Während üblicherweise bei der Sinnentfaltung die Lautung der Sprache nur subsidiär beteiligt ist oder gar keine Rolle spielt, entstehen nun auch Texte, die auf zwei voneinander abgehobenen Ebenen verlaufen, der semantischen und der phonetisch-phonemischen. Jede zeigt sich autonom, und zugleich bilden sie ein subtil verwobenes Duo. Jede kann daher für sich, beide aber auch in wechselseitiger Rückkopplung, also simultan gelesen werden. Den Leser kann, was er da aufnimmt, befremden, irritieren, faszinieren, sogar schockieren und nicht zuletzt gar beglücken, wenn er bis zu dem Moment gelangt ist, da er das Irreguläre als das Vollkommene im Augenblick und seine Teilhabe an einer unvermittelten, unvermuteten Regelgerechtigkeit wahrzunehmen vermag. Dann weiß er, empfindend: Das ist schön. Eine solche Wertung liegt am Ende eines Lese- und Auflösungsweges, der zunächst nur der seine ist. Die sonst so geläufige, aufs Offensichtliche vertrauende intersubjektive Einverständlichkeit stellt sich sehr verzögert, wenn überhaupt, ein.

Ein frühes Muster eines solchen ›experimentellen‹ Textes hat Breton in seine *Anthologie des Schwarzen Humors* aufgenommen. Es stammt von Jean-Pierre Brisset, einem verschollenen Autor, und wurde 1883 erstmals veröffentlicht. Die Bezeichnung ›experimentell‹ trifft schon insofern zu, als Brisset mit seinen Wortspielen einen neuen, wissenschaftlich verstandenen Weg zur Wirklichkeitserkenntnis zu erschließen hoffte. Die neun Zeilen des Gedichts lauten nahezu homophon. Ihre Bedeutungen dagegen divergieren, lassen sich jedoch über die Sprünge hinweg aufeinander beziehen:

Les dents, la bouche.	Die Zähne, der Mund.
Les dents la bouchent,	Die Zähne verstopfen ihn,
l'aidant la bouche.	helfend dem Munde.
L'aide en la bouche.	Die Hilfe im Mund.
Laides en la bouche.	Häßliche im Mund.
Laid dans la bouche.	Häßlich im Mund.
Lait dans la bouche.	Milch im Mund.
L'est dam le à bouche.	Das ist schadhaft das am Mund.
Les dents-là bouche.	Die Zähne da stopf.[19]

7.

Die Phänomene des Schönen, die dieses Jahrhundert hervor- und zustande gebracht hat, hocken auf dem Satz »Alles ist sagbar« und sind seiner Hypothetik ebenso ausgeliefert wie seiner Apodiktik. Zu den Modi der Sagbarkeit gehören außer den Wörtern die Bildfigurationen und die Lautgebungen der menschlichen Stimme. Jeder dieser Modi vermag die Messerscharten des Schrecklichen wie die Blendungsgrenzen des Beglückenden zu erreichen. Alle zusammen sind das, was wir Sprache nennen. In ihren Materialflocken führen sie Erinnerungen, Anwehungen aus den unabsehbaren Fällen mit sich, in denen sie gebraucht wurden. Das gibt ihnen die Vielsinnigkeit, die sie befähigt, über alles Gesagte hinaus Ungesagtes zu fassen und letztlich auch zum Unsäglichen hinabzutasten.

Unsägliches hat das Jahrhundert, das noch immer das unsrige ist, bis zum Bersten gefüllt. Bevor noch die großen Schreckenswellen hervorschwappten, schrieb Rilke, der Einzelgänger, 1912 Zeilen, die, eine ganz andere poetisch-existentiale Landschaft anzielend, für uns, die Heutigen, eine damals undenkbare Lesart gewinnen. Die Anfangszeilen der ersten *Duineser Elegie* lauten:

Wer, wenn ich schriee, hörte mich denn aus der Engel
Ordnungen? und gesetzt selbst, es nähme
einer mich plötzlich ans Herz: ich verginge von seinem
stärkeren Dasein. Denn das Schöne ist nichts
als des Schrecklichen Anfang, den wir noch grade ertragen,
und wir bewundern es so, weil es gelassen verschmäht,
uns zu zerstören. Ein jeder Engel ist schrecklich.

Das Schöne hier gehört – die zweite Elegie besagt es genauer – den Engeln, abgewandten, »schrecklichen« Wesen, vom Autor als Widerlager seiner im Entstehen der Gedichte gewonnenen Daseinsgewissheit entdeckt. Liest man diese Zeilen, auf die immanente Interpretation verzichtend, vom Ende des Jahrhunderts her, so beklemmen sie durch die unheimliche Identität, die dem Schönen darin angemessen wird. Hält man dieses Schöne probeweise an die Präsentationen der Totalitarismen, welcher auch immer, so blinkt plötzlich deren Nießnutz daran beim Blecken der Zähne hervor. Als schemenhafter, fataler Hintergrund erscheinen sie, die Fahnenwinde, die Klänge und Gesänge, die Choreographien für die alsbald geopferten Menschenmassen, die wohlmundenden Slogans, die ins Erhabene gestemmten Architekturen, nicht zu vergessen die Filme. In solchem Hinblick erweist sich das Schöne auf einmal als Chamäleon von erschreckender Wesenlosigkeit.

Einen anderen Engel gibt es noch, der in die katastrophengetränkten Geschehnisse des 20. Jahrhunderts gehalten wurde. Als Rilke noch mit seinen Engeln sich abmühte, malte Paul Klee sein Bild *Angelus Novus* – 1920.[20] Walter Benjamin hat es als meditative Vorlage erkannt für seine Vision von den politisch-ideologisch verursachten Verwüstungen, welche die zeitgenössische Welt zeichneten.[21] Benjamins Beschreibung des Engels spart dessen ästhetische Werte aus; seine eindringlich-befremdliche Schönheit bleibt Sache des Betrachters. Dieser Engel ist mit seiner ganzen bizarren Gestalt eingespannt in ein universales, zerstörerisches Ereignis unerhörten Ausmaßes (zu dessen Opfern Benjamin selber gehören wird – 1940, im Jahr seines desperaten Todes hatte er den Text mit anderen Notaten zu einem Essay zusammengefügt). Die poetische Diktion hebt den Text von den übrigen Teilen des Essays ab.

»Es gibt ein Bild von Klee, das Angelus Novus heißt. Ein Engel ist darauf dargestellt, der aussieht, als wäre er im Begriff, sich von etwas zu entfernen, worauf er starrt. Seine Augen sind aufgerissen, sein Mund steht offen und seine Flügel sind ausgespannt. Der Engel der Geschichte muß so aussehen. Er hat das Antlitz der Vergangenheit zugewendet. Wo eine Kette von Begebenheiten vor *uns* erscheint, da sieht *er* eine einzige Katastrophe, die unablässig Trümmer auf Trümmer häuft und sie ihm vor die Füße schleudert. Er möchte wohl verweilen, die Toten wecken und das Zerschlagene zusammenfügen. Aber ein Sturm weht vom Paradiese her, der sich in seinen Flügeln verfangen hat und so stark ist, daß der Engel sie nicht mehr schließen kann. Dieser Sturm treibt ihn unaufhaltsam in die Zukunft, der er den Rücken kehrt, während der Trümmerhaufen vor ihm zum Himmel wächst. Das, was wir den Fortschritt nennen, ist *dieser* Sturm.«

Im Weichbild der Ungeheuerlichkeiten gerät der unbefangene Wunsch nach Schönem, die Erwartung, dass es in irgendeiner Weise einem Text, einem Bild beiwohnen soll und sich beim Lesen, Betrachten hervorlocken lässt, ins Flimmern. Denn das Schöne ist immer auch, seiner Herleitung gemäß, ›Schein‹. Adornos Diktum von 1951: »Nach Auschwitz ein Gedicht zu schreiben ist barbarisch« steckt wie ein Pfahl in der literarischen Landschaft. Zwar war es schon, als es formuliert wurde, faktisch außer Kurs, wie Celans »Todesfuge« belegt, die damals bereits geschrieben war. Doch es bleibt als Mahnung, dass etwas Unhintergehbares geschehen ist, eine Zäsur, die, bewusst oder nicht, das poetische Handeln betrifft.

8.

An Ernst Jandls Hörspiel *das röcheln der mona lisa*[22] (s. S. 511 ff.), das 1970 entstanden ist, lassen sich beispielhaft die Veränderungen ablesen, die inzwischen möglich geworden sind. Der Titel, so Jandl, war das Erste, was von dem Projekt sichtbar wurde. Er ruft wie eine Fata Morgana die klassische Symbolgestalt der von einem Lächeln verrätselten Frau herauf. In dem Titel wird jedoch durch den Austausch der ersten Laute aus dem ›Lächeln‹ der Tradition ein »röcheln«. Die Klangformen liegen so dicht beieinander, dass die Äußerung der Körpernot leicht die des Glücksscheins überblenden kann. Von der Mona Lisa ist dann im Stück nicht mehr die Rede; doch dessen dominantes Motiv ist im Titel angeschlagen.

Der Verlauf des aus vielen Fertigteilen und Partikeln und den Variationen der Stimme Jandls komponierten Stückes enthält in hellen und in dunklen Momenten vielfältig die Benennung als schön, immer in adjektiver oder adverbialer Weise. Programmatisch hervorsticht dabei die Abwandlung der Titelaussage in der Parodie des bekannten Zeitschriftentitels »Schöner wohnen« zu »schöner sterben«.[23] Der verdrehte Slogan taucht in der 6. und noch einmal in der von Sterbetönen durchwebten 17. Textphase auf. In der 7. Phase folgt einem chorischen »wir sind jung« die daseinsbeseligte Einzelstimme mit »und das war schön«. (Die Diskrepanz der Tempora ist beabsichtigte Irritation der Erwartung.) In der darauf folgenden Phase wird dem »schön« jedoch durch seine Auflösung in »s – c – h« für den Chor und in »önn« für die Einzelstimme akustisch sein Wert entzogen. Kriegslaunige Wörter und Geräusche sowie ein befehlshörig »jawoll« hackender Chor, den ein krasses »n – e – i – n« kontert, vermasseln den Geschmack an dem schönen Wort ›schön‹.

In einer ausgedehnten Szene (20) spielt sich ein dialogisches Gegenüber von Chor und Einzelstimme ab (auch der Chor besteht aus Jandls addierten Stimmen). Es macht in den banalen, doch sich ins Bedenkliche wandelnden Aussagen und Akklamationen gesellschaftliche Reizungen und Gespanntheiten vernehmbar. Die Szene gewinnt ihre Besonderung durch ein stereotyp wiederkehrendes »freunde schöner götterfunken«, das zunächst vom Chor, dann von der Einzelstimme, schließlich von beiden in einer zerhackten, gejagten, zerfitzelnden Kadenz eingefügt wird. Mit diesem unauffällig »Freude« in »freunde« verändernden Zitat aus Schillers Gedicht *An die Freude* wird ein Höhepunkt der klassischen Literatur mit seiner in ein zukünftig Paradiesisches aufjubelnden Emphase und der hohen Wertung des Schönen aufgerufen. Das fragmentierte, entstellte Zitat allein reicht schon aus, das daran hängende Idealische mitdenken zu lassen und es in den klapprigen Kontext zu stellen, in dessen Verlauf es gründlich desavouiert wird.

Jandls bis ins Aggressive reichender Stimmton, aber auch die zerklüftete, nichtnarrative Reihung der Phasen mit teilweise krassen, widersprüchlichen Empfindungssprüngen verhindern, dass das Stück im Ganzen eine am intersubjektiven Schönheitsbegriff bemessene Wertung verträgt. Dennoch drängt sich dem Hörer unabweislich immer wieder und nicht zuletzt an verbal deformierten, eben Gesagtes verdrehenden, ins Groteske, Makabre, Abstruse, ins Leere laufenden Passagen die Anmutung ›schön‹ in den Sinn. Solche Momente können fast überall auftreten. Möglicherweise lassen sie sich nicht am selben Ort wiederholen, indes bisher Unbeachtetes auf einmal das helle Aufzucken des Schönen erfährt.

Das »röcheln« des Schönen aus dem Titel deutet auf den Grundton des Stückes hin. In strikt und zugleich höchst artifiziell durchgeführten Enthüllungs- und Klageszenen, die schließlich mit einem im Sterbeton »geflüsterten«»kaaaaalt« enden, werden als Gegenlichter erlebte Momente von Schönem eingesetzt, doch im nächsten Atemzug schon wieder negiert. Diese Glückspunkte sind flüchtig. Kurz vor dem Ende gibt es nur einen »spalt« – der Hoffnung –, wenn die mit artikulatorischem Geschick zu »glaube öffnung und liebe« veränderte religiöse Formel noch einmal zu hören ist.

9.
Wenn ich schreibe, ist die Wertung ›schön‹ irrelevant. Mich beschäftigt beim Schreiben, wie die entdeckten, gewählten, zu probierenden Textteile, die Wörter und Wortfolgen in ihrer Lautkörperlichkeit und den Bedeutungshöfen und -kernen so formiert werden können, dass sich etwas zeigt, was ich (noch) nicht kenne. Darum geht es immer: den Schreibprozess so weit zu treiben, dass der verbale, scripturale oder auditive Text endlich die Anwesenheit des zuvor Nichtvorhandenen, des Nichtausdenkbaren vorzeigt. Wenn das da sich als lesbar, deutbar, verspinnbar erweist, ist auch die Bezeichnung ›schön‹ erlaubt.

Zum Schönen gehört ein Moment des Beglücktseins durch ein Anderes, das meiner Subjektivität von außen begegnet. Nun ist der mentale und intuitive Fundus, aus dem der entstehende Text sich speist, zweifellos der meine – und er ist ebenso unzweifelhaft nicht bloß der meine. Seine Inhalte habe ich mir, wie auch immer, zwar angeeignet, und der Text ist Ergebnis meines Tuns mit meiner Prägung, doch materialiter ist er weitverzweigter fremder Herkunft. Nur dank seiner Zwitterqualität kann es überhaupt für andere Gegenstand des Lesens, Betrachtens, Deutens und Aneignens sein. Ihr Urteil, ob das, was ihnen da zu Augen oder zu Ohren kommt, schön ist oder nicht, bezieht sich auf ein Objekt, dem auch ich selbst gegenüberstehe. Ihre Wertung hängt nicht mit der meinen zusammen.

10.
Nicht nur das Schöne ist schön.

Anmerkungen
1 Edgar Allan Poe: Das gesamte Werk in zehn Bänden. Olten 1976, Bd. 10, S. 681 f.
2 a. a. O., S. 688
3 a. a. O., S. 679
4 Charles Baudelaire: Die Blumen des Bösen / Les Fleurs du Mal, Vollständige zweisprachige Ausgabe, herausgegeben und übertragen von Friedhelm Kemp. München 1997, S. 50 ff.
5 Pascal Pia: Charles Baudelaire in Selbstzeugnissen und Bilddokumenten, rowohlts monographien. 1958, S. 85
6 Pascal Pia: Baudelaire, S. 85
7 Charles Baudelaire: Die Blumen des Bösen, S. 268 ff.
8 Charles Baudelaire: Die Blumen des Bösen, S. 407 f.
9 Comte de Lautréamont: Gesamtwerk. Aus dem Französischen von Rè Soupault. Heidelberg 1954, S. 78
10 Ebd., S. 44 f.
11 Ebd. 122 f.
12 Pascal Pia: Baudelaire, S. 83
13 Ebd., S. 175 f., 176 f.
14 Ebd., S. 250
15 Ebd., S. 264 f.
16 Ebd., S. 287
17 André Breton: Die Manifeste des Surrealismus. Deutsch von Ruth Henry. Reinbek 1968, S. 22 f.
18 a. a. O., S. 35
19 André Breton: Anthologie des Schwarzen Humors. München 1971, S. 296 f. (Übers. des Textes von Lothar Klünner)
20 Paul Klee: »Angelus Novus«, The Israel Museum, Jerusalem
21 Walter Benjamin: Gesammelte Schriften I.2. Hg. von Rolf Tiedemann und Hermann Schweppenhäuser. Frankfurt/M. 1980, S. 697 f.
22 Ernst Jandl: Gesammelte Werke. Hg. von Klaus Siblewski. Frankfurt/M. 1990, Bd. 3, S. 119 ff.
23 Dieser Bezug hat sich später als nicht zutreffend erwiesen. Jandl hat nach eigener Aussage tatsächlich einen Werbeslogan »schöner sterben« verwendet. Dem Hörer der 70er Jahre kam jedoch unwillkürlich die Parallele zu dem altbekannten Zeitschriftentitel mit seinem illusionären, beschönigenden Beiklang in den Sinn.

Anhang

Michael Lentz
»Wir haben Sprache, und sie hat uns«[1]

Zur Fundamentalpoetik der Essays von Franz Mon

Tradition und Experiment

Wer das Neue sucht, wird das Alte stets im Blick halten müssen. Er wird im Alten das Neue bereits angelegt finden und im Neuen die nicht nur ästhetische Konsequenz veränderter Zeitbedingungen sehen. Das Neue ist ohne das Alte nicht zu haben. Dass auch das Alte nicht ohne das Neue zu haben ist, ist die überraschendere Einsicht.

Friedrich Schiller hat das »Naive« als ein Konstrukt des »Sentimentalischen«, die Antike als Erfindung des Modernen gedacht. Die »Querelle des Anciens et des Modernes« wurde von Schiller noch einmal aufgenommen und zu einer ersten Theorie der modernen Literatur ausgearbeitet. Literatur konzipierte Schiller als ein sich ausdifferenzierendes System der Selbsterfindung mit ihren beiden basalen Möglichkeiten bzw. Haltungen des Naiven als Intuitivem und des Sentimentalischen als Autoreflexivem. Diese beiden Grundformen der Literatur sind für Schiller nicht miteinander vergleichbar, wie dies noch zwischen 1687 und 1700 in Frankreich zwischen Charles Perrault und Nicolas Boileau und in den 1740er Jahren zwischen Gottsched und Bodmer/Breitinger im Sinne eines Streits um die Kultur des Geschmacks und die anthropologischen Grundlagen geschah, welche Haltung nun (auch ethisch) als die höhere zu veranschlagen ist, es sind eben Grundkonstitutionen der Literatur, die zeitparallel existieren und sich in einem einzelnen Werk auch gegenseitig durchdringen können, wie Schiller dies an Goethes *Faust* erkannt hatte.

Die historischen Avantgarden vereinseitigten die Querelle zu einem bilderstürmenden Überbietungstopos des immer noch Neueren bei gleichzeitiger Totalnegation alles Alten. In den fünfziger Jahren fand dann eine Resurrektion des Streits um die Frage einer angemessenen Ästhetik statt. Dabei wehrten die restaurativen Sachwalter eines gar nicht mal nur realistischen, sondern vielfach auch allegorisch mystifizierenden ›Realismus‹ die an die modernen Avantgarden anknüpfende Literatur als ›experimentell‹ und ›formalistisch‹ ab – ein Streit, der im gegenseitigen Vorwurf einer hermeneutischen Parteinahme für eine Seite des alten rhetorischen Gegensatzpaares von »res« und »verba« wurzelt. Der angeblichen Realitätsversessenheit der ›Realisten‹ (»res«) steht die angebliche Realitätsvergessenheit der Experimentellen (»verba«) gegenüber. Übersehen wurde hierbei von den sogenannten Realisten nicht nur die für unseren Zugang zur Welt (»res«) konstitutive Rolle der Sprache (»verba«), sondern auch die nicht gegeneinander auszuspielende Komplementarität von programmatischem Entwurf und Realisierung, von Theorie/Poetik und Praxis – eine Gleichberechtigung, die für die experimentelle Literatur zumindest nach 1945 unhintergehbar ist, an die frühe Romantik gar nicht zu denken, und die mit vielen seiner theoretischen Schriften einen bis heute relevanten Vorläufer in Friedrich Schiller findet.

Es sind Autoren, die gemeinhin der avancierten Literatur zugerechnet werden, wie Helmut Heißenbüttel, Franz Mon oder Gerhard Rühm, denen die erhellendsten Aufsätze über den Zusammenhang von Tradition und experimenteller Semiotik zu verdanken sind – und zwar einer Tradition, die von einem »statischen Substantialismus«[2] befreit ist und über die Haltung des Autors erfahrbar gemacht wird als ein dynamischer Begriff mit wechselnden Präferenzen bzw. Belegungen, wenn es um einen Kanon des Überlieferungswerten geht.

Franz Mon sticht in diesem Kontext heraus. Seine Essays zeichnet eine hohe denkerische Kompetenz aus, die zu eigener Theoriebildung findet, und ein intermediales Sprachdenken im Hinblick auf Fragen der sich wandelnden oder unveränderlichen Conditio humana, was sie innerhalb des Spektrums deutschsprachiger Essayistik nach 1945 so bedeutsam macht.

Sprache als unabschließbarer Prozess

Sprache lebenslänglich ist in 7 Kapitel untergliedert, die paradigmatisch für die Denkhorizonte und kulturellen Fixationen des Dichters stehen: eine ästhetische Biographie, nicht chronologisch geordnet, sondern nach einer begrifflich neu vermessenden Kartographie des Beziehungsgeflechts von Ich, Sprache und Gesellschaft/Welt. Akustischen und visuellen Medien im Bezugsfeld von Alltagspragmatik sowie Literatur- und Kunstgeschichte und ihren gleitenden Übergängen gilt das Erkenntnisinteresse der Essays, wahrnehmungs- und kognitionstheoretische sowie intermediale Neuordnungen des Feldes haben u. a. eine Auflösung der gattungstypologischen Grenzbegriffe Lyrik, Drama und Prosa zur Folge und führen nicht selten zu einer Umkehr von Sinneshierarchien und Umwertungen tradierter kultureller Werte.

In immer neuen Anläufen und Konstellationen hat sich Franz Mon seinen Gegenständen und den mit ihnen verbundenen theoretischen, epistemischen und ästhetischen Fragestellungen genähert. Die aus einer solchen Denk- und Arbeitsweise resultierenden Überschneidungen sind keine thematischen Dopplungen oder Redundanzen, sondern die Neujustierung und Neuperspektivierung von thematischen Schwerpunkten, die den Autor, zuweilen über Jahrzehnte, herausforderten. Diese Herausforderung in Permanenz meint auch der Titel des Essaybandes, *Sprache lebenslänglich*, denn es ist die Sprache, die Franz Mon in ihren kommunikativen, gesellschaftspolitischen und nicht zuletzt ästhetischen Valenzen und Bewegungsmomenten lebenslang in ihren Bann gezogen hat. Sie ist ein Käfig, aber ein Käfig der Freiheit.

Lektüren, insbesondere Neulektüren nach Jahren oder Jahrzehnten, werfen den Textmotor an, Lesen als ein Mitschreiben mündet in eine gedankliche Transformation des Gelesenen, oft noch während der Lektüre, fremde Texte und Bilder liefern so mögliche Lösungskonzepte eigener kreativer Fragestellungen oder werfen diese allererst auf. Lesen ist ein rhizomatischer Prozess der Neu- und Umschichtung, wobei frühere Lektüren in die Latenz abgedrängt oder neu aktiviert werden können. »Im Lesen vermehrt sich unablässig der gegenwärtige Text durch den bereits gelesenen« (S. 32) – und den geschriebenen sowie den noch oder soeben zu schreibenden, wie auch umgekehrt der gerade entstehende Text durch den gelesenen anderen Text vermehrt wird.

Franz Mon ist es um das Begreifen von Hören und Sehen zu tun. Seine Erforschung der ästhetischen Relevanz dieser fundamentalen Wahrnehmungsmodi zielt auf nichts anderes, als den arbiträren Zeichen wie der nichtarbiträren Ikonizität der Weltordnung den keinem Analogie- oder Äquivalenzprinzip subordinierten Überschuss von Sprache jenseits ihrer Funktion als Informationsvehikel gegenüberzustellen. Diese überschüssigen gestischen, haptischen, skripturalen, skulpturalen oder texturalen Qualitäten, das macht Franz Mon eindringlich bewusst, wirken wieder auf unsere Weltwahrnehmung ein. Lautliche, morphologische, syntagmatische und visuelle Ikonizität ist für Franz Mon allerdings ein unerschöpfliches Reservoir seiner eigenen poetischen Arbeiten, im Gedicht wie in der Prosa oder im Hörspiel. Ist die Sprache auch ein Käfig, so zielt Mons Sprachverständnis und sein ästhetischer Ansatz insgesamt auf die Freisetzung des sich über sein Begehren und im semiotischen Spiel als sprachlicher Filter erfahrenden Subjekts weit über bloß didaktische Dispositionen hinaus.

In seinen Essays verbindet sich analytisches Interesse mit dem u. a. von Ernst Cassirers Kulturphilosophie und Symboltheorie beeinflussten (kultur-)anthropologischen Blick für systemische Zusammenhänge, der ästhetische Aspekte nie isoliert erscheinen lässt, sondern rückbindet an die Schnittstelle von Kulturgeschichte und Anthropologie, um der Varietät medialer Erscheinungsweisen und Ausdrucksformen vor ihrem historischen und soziokulturellen Hintergrund gerecht zu werden. In Kunst, Literatur und Musik ist die Signatur der Zeit eingeschrieben, wie umgekehrt ästhetische Ausdrucksformen Zeiterfahrung präfigurieren können. Dies herauszustellen und prospektiv künftige Entwicklungen und Möglichkeiten zu umreißen, ist Franz Mon in seinen Essays nicht müde geworden, wie folgende Spekulation über zukünftige Schrift-Konfigurationen stellvertretend belegt: »Was uns heute vor allem im Experiment mit der Schrift interessiert, ist die Möglichkeit einer synthetischen Schrift, die vor dem Erinnerungsfond der konventionellen Schrift lesbar wird, aber sich nicht ihrer Zeichen bedient, vielmehr nach eigenen Prinzipien neue Zeichen bildet.« (S. 68)

Eine zentrale Frage der Essays lautet: »Was ist Sprache?« Sie ist nicht eindimensional. Sprache fasst Mon zunächst in ihrer akustisch-lautlichen, visuellen und ideographischen bzw. ikonischen Dimension, Semantizität ist ihm ein – politisch brisanter – Sekundäreffekt ihrer Materialität, den es in unerwarteten Neukombinationen und parametrischen Reduktionen gegen sich selbst auszuspielen gilt. Hierbei das Feld der unterschwelligen semiotischen Interrelationen, die im alltäglichen Informationsfluss unbemerkt bleiben, abgedrängt oder negiert werden, imaginativ, auch im Sinne eines Begehrens, zu besetzen, ist ihm Freiheit – und zwar eine, die das Subjekt als solches wesentlich ausmacht.

Sprache ist das zugleich verbindende und dissoziierende Medium zwischen Welt/Wirklichkeit und Ich/Subjekt, durch sie vermag der Mensch staatliche Macht und Religion zu etablieren: »Sie macht die Hochkulturen mit ihren Herrschaftsorganisationen und ihren religiösen Systemen möglich, indem sie Inhalte vom konkreten Moment abgelöst zu kumulieren und durch die bloße Operation mit ihren Zeichen, fern der Sache selbst, zu manipulieren erlaubt« (S. 79 f.). Sprachbegriff und Realitätsbegriff sind nicht unabhängig voneinander zu denken: »Real ist, was formuliert ist, und der Schritt zur dialektischen Umkehrung: Was formuliert werden kann, ist auch realisierbar, liegt nahe, ist eigentlich schon vollzogen. Unsere Realität, und nicht nur die technische, auch die gesellschaftliche und die politische, im weitesten Sinn also die zivilisatorische, ist sprachlich durchkonstruiert oder muss es noch werden, damit sie in der neuen Realitätsverfassung Bestand haben kann.« (S. 62)

Sprache vermittelt Mon zufolge »nicht nur irgend etwas Reales, ihr Transzendentes und im Grunde Gleichgültiges«. Sprache als Vollzugsmedium von ›poiesis‹ ist vielmehr »die Sache selbst. Ihre Struktur gibt Hinweise, in welcher Weise neue Texte gewonnen, bestehende verändert, umgestoßen, als Material verwendet werden können.« (S. 64)

Schwingend zwischen materialästhetischer Selbstreferentialität und verbalsemantischer Referenz, zwischen ästhetischem (Eigen)Sinn und außersprachlicher Bedeutung, ist poetische Sprache für Mon Sprache in Bewegung. Sprache in Bewegung ist Sprache als unausdenkbarer und unabschließbarer Prozess: »Literatur bewegt sich in dem skizzierten Feld. Ihr Thema ist die Sprache, die in Realität umgeschlagen ist, und die Realität, die auf Sprache gegründet ist. Sie schwingt, wenn man es vereinfacht sagt, um zwei Extreme: den Prozess des aktuellen, immer neuen, überraschenden, experimentierenden Formulierens, wobei sie nicht den Prozess der Naturwissenschaften nachahmen will in einer Art modernistischem Realismus, sondern es nur mit dem Medium, dem In-

strumentarium der Sprache in fluidem Aggregatzustand zu tun hat –
und mit dem Problem (und das ist das andere Extrem) der Verfestigung,
der Standardisierung, Schematisierung, Funktionalisierung der Sprachprodukte, mit dem Geschiebe der Pattern, der ideologisierenden Redensarten, der spruchbandartigen, inkrustierten falschen Weisheiten, die an irgendeiner Stelle einmal ihre Wahrheit hatten.« (S. 62 f.)
Franz Mon lanciert einen bis zu Geste und Gebärde erweiterten Sprachbegriff, dessen Grunddimensionen Erinnerung (Notwendigkeit) und Erwartung (Zufall, Kontingenz) sind: »Als Sprache gilt von vornherein nicht nur die durch Laute vermittelte, sondern auch die der Gebärden, die der in den Sand gekritzelten Zeichen, die insgesamt eine komplexe gestische Sprache bilden, bis sich die mit dem flüchtigsten Medium, der Luft, arbeitende Lautsprache darüber erhebt, weil sie die größeren, wiederholbaren Differenzierungen und den größeren Abstand von den Phänomenen zulässt.« (S. 79).

Dem Verständnis von Sprache als informationelles, verbal- bzw. referenzsemantisches Trägermedium setzt Mon das Modell einer Poesie als »Negation der funktionellen Spracherblindung« entgegen (S. 71), die er wie folgt beschreibt: »Sprache ist ein transitorisches Phänomen: Sie erfüllt ihre Funktion am besten, wenn dabei ihr Zeichenbestand so wenig wie möglich bewusst wird. Nicht nur die Lautfolgen, auch die Wörter, Wortgruppen, die syntaktischen Ordnungen fallen, indem sie ihre Bedeutungen in den Aufbau eines Sinnes geben, durchs Bewusstsein. Die Sprache ist dann am eindeutigsten Sprache, wenn sie in ihrer Funktion verschwindet.« (S. 70) Gelten diese das Medium im Vollzug löschenden, transitorischen Merkmale für die Alltagskommunikation und die Sprache der Wissenschaft, so kommt Mon im poetologischen Gegenentwurf zur pragmatischen Sprachvernutzung zu einer Aktualisierung des griechischen Begriffs ›poiesis‹ und seiner anthropologischen Implikationen, die zwischen ›téchne‹ und Ingenium, Konstruktion und Eingebung, regelgeleiteter Imagination und poetischem Furor einen weiten Horizont an poetologischen Lizenzen eröffnet. Hierbei interessiert ihn die Ideengeschichte des Einfalls (Ingeniums) und der künstlerischen Idee (vgl. S. 53 ff.) ebenso wie die des Zufalls (des Unerwarteten) und der (Konstruktions-)Notwendigkeit (vgl. S. 87 f.).

Neben Montage, Konstellation oder Reihung heißen die zentralen Grundtermini von Mons ästhetischem Begriffsdenken Collage, Decollage, Notwendigkeit, Zufall und (Schrift-)Experiment. Sie alle werden eingefasst von dem kulturanthropologischen Gegensatzpaar »Akzeptieren« (Anpassung) und »Protestieren« (Negation, Revolte) (S. 91), innerhalb von dessen Rahmung sie ihre ästhetische Funktion und gesellschaftspolitische Relevanz haben.

Zäsur-/Zensurerfahrungen und Bezugsfelder

Sehr dezent streut Franz Mon autobiographische Bezüge und Hintergründe in seine vorwiegend analytisch-dokumentarisch orientierten Essays ein, dies aber in der Regel nur insoweit, als diese Bezüge auf sprachtheoretische und -ästhetische Fragestellungen hin ausgerichtet sind. Mons autobiographisches Grundbuch wiederum enthält ein individuelles Erinnerungsarchiv nationalsozialistischer Zäsur- und Zensur-Erfahrungen, zu denen auch spätere ästhetische Positionen initiierende Funde in heimlichen Quellen gehören, und der diese Zäsur/Zensur vielfach verschleiernden 50er Jahre mit ihren Ent- und Wiederentdeckungen (vgl. S. 96 ff.). Zu diesen Entdeckungen gehörten u. a. die Kleinverlegerszene mit ihrem Engagement für die experimentelle Literatur als fast ausschließlicher Publikationsplattform, die Gruppe »Cobra« mit ihrer gleichnamigen Zeitschrift (S. 98 ff.), die lebenslange Freundschaft mit dem 1914 geborenen Maler Karl Otto Götz, der seit 1949 die Zeitschrift *Metamorphose* (später *Meta*) herausgab – Mon widmet ihm eine mit vielen Abbildungen versehene biographische und werkanalytische Schrift zum hundertsten Geburtstag (S. 573–610) –, die Stuttgarter Schule mit Ludwig Harig und Max Bense, der zu dieser Zeit nicht nur die Informationsästhetik entwickelte, sondern auch die Zeitschrift *augenblick* und die Reihe *rot* herausgab (S. 135), sowie eine Reihe anderer Zeitschriften. In der Bestandsaufnahme internationaler experimenteller Entwicklungen kann der 1960 gemeinsam von Franz Mon, Walter Höllerer und Manfred de la Motte im Wiesbadener Limes Verlag herausgegebene Band *Movens. Dokumente und Analysen zur Dichtung, bildenden Kunst, Musik, Architektur* als publizistischer Meilenstein angesehen werden. In dem Band wurden Arbeiten veröffentlicht u. a. von Hans Arp, John Cage,

Robert Creeley, Cornelius Cardew, Alberto Giacometti, Jean Fautrier,
Winfred Gaul, Günter Grass, Karl Otto Götz, Otto H. Hajek, Gottfried
Michael König, Heinz Mack, Werner Meyer-Eppler, Franz Mon, Diter
Rot, Bernard Schultze, Kurt Schwitters, Daniel Spoerri, Gertrude Stein,
Jean Tinguely, Peter Weiss, Emmett Williams und Viktor Vasarely. Seinen ersten Text überhaupt veröffentlichte in dieser Anthologie Carlfriedrich Claus, mit dem Mon bis zu dessen Tod am 22. Mai 1998 eine intensive, in rund 320 Briefen dokumentierte Freundschaft verband, die
von einem dynamischen Austausch nicht nur künstlerischer Erfahrungen geprägt war.[3]

Mit den Stationen Barock (Philip von Zesen, Johann Caspar Schade), Expressionismus, Dadaismus und Surrealismus, Wiener Gruppe, konkrete
und visuelle Poesie, Happening und Fluxus sowie monographischen
Studien zu einzelnen Autoren umreißt Franz Mon seinen Kosmos einer
anderen Tradition. Ihre von Mon aufgezeigten partiellen innovationsästhetischen und verfahrenstechnischen Konvergenzen zeigen sehr genau, dass Abweichung ohne Ordnung nicht zu denken ist (und vice
versa) und dass eine aus Protest und Negation generierte Literatur ihre
eigene Tradition ausbildet, auf die nachkommende Bewegungen sich
berufen. Franz Mon erweist sich hier als gelehrter Vermittler zwischen
den vermeintlichen Fronten des Alten und Neuen und betreibt im vorgenannten Bezugsfeld eine so nüchterne wie historisch versierte Selbstverortung, wenn er zum Beispiel für seine frühen artikulatorischen Experimente, wie sie in seiner ersten Buchveröffentlichung[4] oder auf
verschiedenen Schallplatten[5] dokumentiert sind, Raoul Hausmann und
Kurt Schwitters als »Impulsgeber« angibt (vgl. S. 133). In seinem Bericht
»Auf Stimmenfang« relativiert Mon den konzeptionellen Einfluss von
Hausmann und Schwitters allerdings wieder stark (vgl. S. 460).

Gerade auch zu dem durch die Essays irrlichternden Arno Holz, dem er
auch eine eigene Studie widmet (S. 17–25), gelingen Mon, bei aller
platztechnischen Gedrängtheit seiner Ausführungen, pointierte Beobachtungen zur Verquickung von subjektverbrämter Innovationsästhetik und das Spezialistentum fördernder Rezeptionsgeschichte, die eine
Breitenwirkung der Holz'schen Neukonzeption von Lyrik verhindert

hat. Das schmale Bändchen ausgewählter *Phantasus*-Gedichte von Holz, das Mon aus dem Bombenschutt eines Frankfurter Antiquariats retten konnte (vgl. S. 16), begleitet ihn bis heute. Die Bedeutung von Arno Holz, den Mon explizit als »Lehrmeister« bezeichnet, ist hier nicht genug hervorzuheben, wenn es um einflusshermeneutische Quellen in Bezug auf das Werk von Franz Mon selbst geht. Holz' »Hallelujawiese« (S. 19–25), deren holzmethodische Neuerfindung Mon dem Leser anrät, hat er jedenfalls vielfach selbst bestellt und ist dabei monmethodisch zu höchst eigenen Wortkombinaten gelangt.

Nun hat Franz Mon nicht wie Arno Holz ein explizites »Kunstgesetz« ausformuliert, das ihn als Regulativ durch alle künstlerischen Ausdifferenzierungen hindurch begleitet hätte, ähnlich wie Holz ist Mon aber am Wechselbezug von künstlerischen Problemstellungen und theoriegestützten methodischen Lösungsmodellen interessiert. Zudem sind bei Holz und Mon gleichermaßen konzeptionelle Kontinuitäten zu beobachten, und gestalttheoretische Konzepte, auf die Holz Bezug genommen hat, finden auch in den Essays von Mon ihren Nachhall.

Neben Arno Holz widmet sich Franz Mon in seinen monographischen Aufsätzen Raymond Roussel (S. 26–29), Stéphane Mallarmé, Kurt Schwitters, der Gedichte geschrieben habe »senkrecht zu jeder Tradition« (S. 50), und Raoul Hausmann (S. 99), in einer detaillierten Studie lädt er ein zum Wiederlesen von Helmut Heißenbüttels in der deutschsprachigen Literatur singulären *Textbüchern* mit ihren Verfahrensweisen der Collage und Inkorporierung von Fremdzitaten (S. 146–156), er befragt Ernst Jandls »heruntergekommene Sprache« (S. 157–167), fächert sprachquellenbohrend Oskar Pastiors Band *Der krimgotische Fächer* (1978) und dessen Poetik der Namenamalgamierung auf (S. 167–176) und schreibt eine archäologisierende Hymne auf Hartmut Geerkens »Eigenspache« in dessen Jahrhundertbuch *kant* (S. 176–185).

In seinem Aufsatz »Über konkrete Poesie« (S. 139–146) korrigiert Mon bereits 1969 Falschmeldungen, die sich bis heute als hartnäckig erwiesen haben: »Die konkrete Poesie behauptet jedoch nicht, dass es das total isolierbare Wort gibt. Im Gegenteil hat sie unter extremen Bedingungen ein linguistisches Grundgesetz erhärtet: dass das isolierte Wort, das ›absolute‹, aus allen Zusammenhängen gelöste Wort nicht einmal im Lexikon existiert.« (S. 141) Besonders evident kann dies an den Konstellationen von Eugen Gomringer exemplifiziert werden, mit dessen bildbildenden Ideogrammen sich Mon ausführlich befasst (vgl. S. 392–396). Mons Programmschrift mündet in eine Pattern-Typologie der konkreten Poesie (S. 141/145 f.) und steuert eine kleine Anthologie paradigmatischer Beispiele bei (S. 142–144), die dem Leser/Betrachter Anschauungsmaterial dieser internationalen Sprachkunst liefert.

»Durchblick und Draufblick. Über das Bielefelder Colloquium Neue Poesie 1978–1997« (S. 186–205) hält, was der Titel verspricht. Es ist ein Dokument zur Geschichte dieses in Europa einzigartigen, zwischen 1978 und bis zu seinem Ende 2002 jährlich stattfindenden Treffens internationaler Autoren, Künstler und Wissenschaftler, ein von einem Insider verfasster Bericht über die Genese, Strukturen und Abläufe der Tagungen und vermittelt hautnahe Lese- und Höreindrücke. Das Bielefelder Colloquium Neue Poesie hat eine große Lücke hinterlassen.

Was ist ein Gedicht?

Mons frühe poetologisch-programmatische Aufsätze liefern kein anwendungsorientiertes ästhetisches Organon, sie argumentieren vielmehr in einem oszillierenden Wechselbezug von theoretischen Konzepten und ihrer Durchführung, deren Beobachtungen wiederum Rückwirkungen auf das Konzept haben. Dabei geht es ihnen nicht um das Überprüfen einer Hypothese. In ihnen stellt Mon vielmehr unter verschiedenen Rahmenbedingungen die Frage, was ein Experiment ist und welchen Prozess es durchläuft. Im Entwurf einer Fundamentalpoetik der experimentellen Kunst des 20. Jahrhunderts weisen sie weit über subjektive Schreibwerkstattberichte hinaus (vgl. vor allem S. 208–231).

In der Tat, Franz Mon »ist wohl ganz nah am Nullpunkt der Rede« (S. 209), aus dem alles sich entwickelt und in den alles zurückkehrt, was Sprache heißt und also Gedicht – ein leibhaftig zu nennender Rationalismus spricht aus vielen von Mons Essays, der linguistisch und tiefenanalytisch gefärbte Schwellenkunde betreibt, dicht an das Vorbewusste und das psychisch Latente heran, in Sehnsucht nach dem erinnerungslosen Ort einer Geste, die das Gedicht ist: »Spurengebilde« (S. 209). In »Artikulation« und »Gruppe und Reihe« beschreibt Mon zum einen sehr genau prozessuale Vorgänge seiner Gedichte in *artikulationen* und seiner frühen phonetischen Poesie, zum anderen auch generische Konzeptualisierungen von Artikulieren, Wahrnehmen und Verstehen überhaupt.

Die Rede von der »Artikulationsgestalt« (S. 211 u. 214) zeigt Mons Nähe zu gestalttheoretischen Denkansätzen. Das Prinzip Wiederholung, und wie es mit der Geschwindigkeit eines Textes korreliert, ist Gegenstand von »Gruppe und Reihe«. An diesem Text kann sehr gut beobachtet werden, wie sich bei Mon im Fortgang von Beschreibung und/ als Argumentation um die Zentralbegriffe (Artikulation, Vokabel, Wiederholung, Bewusstsein, Geschwindigkeit, Zeit) ein so kohärentes wie gewalttätiges meteorologisch-nautisches Metaphernnetz spinnt, das zwei konträre Bewegungen formulieren hilft: die von einer erratisch im wiederholungsarmen Artikulationsfluss auftauchenden, »kaum mehr assoziierbaren« Vokabel ausgelöste Bewegung vom Bewusstseinskontinuum (horizontal) zum Bewusstseinssprung (vertikal), der auch verschüttete, verdrängte oder erinnerte Bedeutungssedimente anspült. Sprache wird hier selbsttätig, ein »geschehendes Geschehen«, in das der nicht mehr lesende Leser eintaucht. Ist die Wiederholungsrate eines Textes demgegenüber hoch, wird die Rede zu einem mäandernden Artikulationsband, die sich selbst erhaltende Lautgestalt schiebt sich vor den »semantischen Wert« der im Sprechkontinuum bzw. im Bewusstseinsstrom untertauchenden Artikulationsgestalt, die gleichwohl in ihm mitgeführt wird.

Mons eigene Lauttexte sind prozessuale phonetische Abtastreihen, die sich aus artikulatorischen Nuklei entwickeln. Durch Veränderung der Artikulationseinstellungen werden die Titelsilben (*e, er, erge erekt, haim, henk, se, seks, was*, u. a.) permutativ durch ihre momentanen Varianten durchgespielt. Für Mon ist diese Konzeption von Lautpoesie als eines »gleitenden Artikulationsbandes« gegen die »bloße private Emanation« der subjektiven expressiven Lautäußerung motiviert und aktiviert Lautprozesse jenseits des frühkindlich erworbenen akustischen Brandings.

Immer wieder unternimmt Franz Mon Anläufe, zu umschreiben, was ein Gedicht ist und in welches Verhältnis zur Sprache es sich setzt, so auch in »Zur Poesie der Fläche«: »Das Gedicht tritt aus dem Voraussetzungslosen hervor; es ist sein eigener Grund oder es ist nicht Gedicht, und die Fläche ist seine Negation, an der sich die Positivität seiner Setzung zu beweisen vermag.« (S. 222) Die leere Fläche (des Papiers) begreift Mon als Ordnungsmatrix und dispositive Grammatik des (zweidimensionalen) Raumes, in deren Kontext er seine Begriffe der räumlichen »Schrift-Sprache« und der »(Vokabel)Konstellation« stellt, exemplarisch belegt durch Stéphane Mallarmés *Un Coup de Dés Jamais N'Abolira Le Hasard*. Diese Grammatik erlaubt gestische Bewegungen von Wörtern zu zeigen, die ansonsten nicht präzise beschrieben werden könnten: »Expansion, Schachtelung, Reihung, Stauung, Fallenlassen«. Frühe Beispiele einer eigenen »Poesie der Fläche« von Franz Mon finden sich in vielgestaltiger Weise in seinem Band *artikulationen*.

Die »Werkstattnotizen« schließlich geben Einblick in die grundierende Arbeit einiger Begriffe, die das poetische Feld vorsortieren. Das Prinzip »Zeitung« ist die Gleichzeitigkeit mit ihrer eigentümlichen »kaleidoskopischen Ordnung« (S. 225); das Prinzip »Biographie« führt die Sukzession wieder ein, und dies nicht nur im gleichnamigen konstellativen Gedicht (S. 228). Die Klammer um diese beiden Prinzipien der Simultaneität und der Vereinzelung von Textpartikeln bildet das ästhetische Prinzip der Montage, die angesichts der Erschöpfung an (subjektiven) »Vokabelbildern« und des verkrusteten Symbolarchivs nichts anderes als eine Notwendigkeit darstellt, mit der Mon zugleich eine Absage an die »bloß automatische Technik« formuliert, der er einen »Irrtum mangelnder Scharfsicht« attestiert, da sie den subjektiven Zugriff der voranlaufenden Selbstentäußerung nicht ausschalten kann. Das schreibende, letztlich montierende »Ich-Selbst« begreift er als »inhaltlosen Beobachter«, als ordnendes Medium.

Selbstkommentaren zu eigenen Texten kann etwas Besserwisserisches oder Rechtfertigendes anhaften. Auch in seinen späteren poetologischen Ausführungen zu einzelnen Arbeiten wie »Zu dem Text ›perkussion‹« von 1992 (S. 259–261) gelingt es Mon, den Blick ganz auf Textgenese und -prozess zu richten und die sedimentierende Gestaltwerdung eines Gedichts aus scheinbar nichts als idiomatischen Wendungen, Sprichwörtern, phraseologischen Versatzstücken oder biblischen Zitaten nachzuzeichnen.

Ein dokumentarisches Fundstück und Debatten-Kuriosum ist der um Franz Mon zentrierte Ausschnitt aus *Lyrik heute* (1960) (S. 231–254), eine Diskussionsrunde über die Diversifikation der Lyrik nach 1945 und die Frage nach dem »notwendigen Gedicht«, mit Walter Höllerer als Spiritus Rector und den Kombattanten Hans Magnus Enzensberger, Günter Bruno Fuchs, Harald Hartung, Helmut Heißenbüttel, Günter Grass, Franz Mon und Peter Rühmkorf. Die Diskussion entzündet sich an dem Gedicht »Entwicklung einer Frage« und dem folgenden poetologischen Statement von Mon über Plan, Material, Anfänglichkeit, Textprozess, Sprachbewusstsein, Erinnerung, das Entsetzliche und nicht zuletzt das Verhältnis von Realität und Sprache. Die protokollarische Mitschrift, bislang nur an entlegener Stelle veröffentlicht,[6] entbehrt nicht der Komik des Missverstehens und aneinander Vorbeiredens, sie informiert aber prägnanter und aufschlussreicher über die heterogenen, teils unversöhnlichen ›lyrischen‹ Mentalitäten zu Anfang der sechziger Jahre als so mancher Sekundärtext. Mag der Leser entscheiden, wer den Ring hocherhobenen Hauptes verlassen kann und wer sich blamiert hat.

Schrift und Collage

Unter der Rubrik »Sprache wird Schrift – Schrift wird Bild – Bild wird Text« sind Essays versammelt, die sich historisch, ästhetisch und medientheoretisch dem Komplex der unterschiedlichen Funktionen, graphischen Erscheinungsformen und medialen Ausdifferenzierungen von Schrift widmen. Sie bilden ein Kompendium der Geschichte der Schrift von der Keilschrift und den Hieroglyphen über die chinesischen Piktogramme und die japanische Schriftkunst Sho bis hin zur Alphabetschrift, den Folgen des Buchdrucks und den systematischen oder künstlerischen Schrifterfindungen der Moderne (Klee, Michaux, Baumeister, Mathieu u. a.) bzw. zu den Schrift- und Buchstabenkünsten der historischen und Nachkriegs-Avantgarden (Expressionismus, russischer und italienischer Futurismus, Dadaismus, Lettrismus). Mon leistet hier archäologisierende Erinnerungsarbeit, wenn er zum Beispiel auf die mittelalterlichen Kopisten und Schreibmeister und die mit den zeitaufwendig erstellten Kopien parallel laufende längere Verweildauer des Rezipienten auf einer geschriebenen Buchseite zu sprechen kommt, beschreibt die ökonomisierende Evolutionsgeschichte der Schrift und ihre gegenläufigen Bewegungen wie Kalligraphie, Arabeskisierung, Fragmentarisierung und die Einführung neuer Schrifttypen, betont die gegenüber der Lautsprache eigenständigen optischen Valenzen von Schrift und gibt einen Einblick in seine eigene Schrift-Werkstatt der »zentrierten Collagen«, der Streifen- und Presstexte (S. 297–302) sowie der visuellen Permutationen seiner Wortbilder (S. 329–331).

Mons Versalcollagen sind Schichtungen aus spannend in Beziehung gesetzten Buchstabenfragmentierungen, Bildelementen und in Buchstabenkontur handgerissenen Foto- oder Illustriertenausschnitten. Als Bild-Schrift-Rematerialisierung verweist die das Alphabet zum Helden machende Versalcollage nicht zuletzt auf den wechselseitigen Bezug akustischer und visueller Notate.

Mit Otto Nebel, Raoul Hausmann und zum Beispiel Kurt Schwitters benennt Mon Autoren, die für sein eigenes produktives Schriftverständnis und seine Buchstabenkunst von großer Bedeutung waren.

Ohne das Prinzip Collage ist die intermediale Kunst von Franz Mon nicht zu denken. Dass die Auseinandersetzung mit der Literatur-, Musik- und Kunstgeschichte und theoriefundierter Methodik produktiv umschlagen kann in eine eigene und eigenständige Praxis, zeigt sein Essay »Collagetexte und Sprachcollagen«, der, ausgehend von einer Diversifikation des Begriffs »Collage«, auch in Abgrenzung vom Begriff der »Montage«, seine unterschiedlichen künstlerischen Manifestationen von Kurt Schwitters, Tristan Tzara, Hans Arp, Karl Kraus über Alfred Döblin bis zu Helmut Heißenbüttels *Deutschland 1944* und Allan Kaprows Happenings auffächert. Konsequenterweise nimmt die anschließende Studie über Ror Wolf den größten Raum ein (S. 353–374), sind doch im Gesamtwerk von Ror Wolf Montage und Collage wie bei keinem anderen Autor der Gegenwart das wesentliche Text und Bild generierende Verfahren bzw. das Kernmoment seiner kompositionellen Ästhetik, ob er nun Hörspiele macht, Bildcollagen herstellt, Prosa schreibt oder Bild- und Textcollagen in seinen Büchern wie der monumentalen *Enzyklopädie für unerschrockene Leser* kombiniert.

»Claus lesen« handelt von den »Sprachblättern« und »Denklandschaften« des in der Einbringung von Körper und Geist radikalsten intermedialen Schrift-Bild-Künstlers des 20. Jahrhunderts, der ›Experiment‹ immer als Selbst-Experiment verstanden hat. Mon insistiert mit Carlfriedrich Claus auf die Lesbarkeit des scheinbar Unleserlichen von dessen zum Teil beidhändig hervorgebrachten Texturen, lotet unter Verweis des Einflusses von Ernst Bloch und u. a. Jakob Böhme ihre Poetik der Allegorie und Utopie aus, analysiert die Implementierung von Realsymbolen wie dem Auge in die skripturalen Verläufe seiner visuellen Arbeiten und bietet, im Rückbezug auf Claus' paratextuelle Kommentare zu seinen Blättern und trotz aller attestierten Unwägbarkeiten einer diskursiven Auslegung, hermeneutische Lesarten dieser so enigmatischen und gleichzeitig kein Geheimnis um sich machenden Schrift-Bild-Texte an.

Akustische Literatur

Was passiert beim Übertritt der mündlichen Kultur und mit ihr der oralen Literatur in eine Kultur und Literatur der Schrift(lichkeit) – mit eben dieser Kultur und Literatur, vor allem aber mit der Gesellschaft? Dieser Frage geht Franz Mon im Essay »Literatur zwischen den Stühlen« nach, mit dem das für sein Gesamtwerk so wichtige Kapitel der »Akustischen Literatur« aufgeschlagen wird, das theoretisch zu umreißen und mit eigenen Arbeiten im Bereich von phonetischer Poesie, Hörspielen und multimedialen Performancestücken zu bereichern Franz Mon über Jahrzehnte nicht müde geworden ist. Was die gesellschaftspolitische Dimension der zunehmenden Realitätsvertextung betrifft, spricht Mon im Hinblick auf den Nationalsozialismus und seine geradezu perfektionistische Textbürokratie von einer »Kopulation von Gewalt und utopischer Vertextung« (S. 407): »Es lässt sich nicht übersehen, dass der Praxis der Vertextung, wo immer sie auch auftritt, ein Hang zur Komplettierung, zur Perfektionierung innewohnt. Die Fehlerreste, die Unauffindbarkeit auch nur weniger Prozentpunkte machen Kribbeln. (...) Man kann an Modelluntersuchungen zur Praxis der Machtergreifung 1933 in kleineren Städten wie unter dem Mikroskop betrachten, wie allein noch die Sprachphantasmen der blanken Utopie die blanke Gewaltanwendung bei der Usurpation der Macht abdeckt. Das utopischkonzipierte Textsystem tritt dabei in Konkurrenz mit dem zivilisatorisch üblichen, nutzt dessen Funktionen, ohne sich doch an die – ebenfalls kodierten – Spielregeln zu halten.« (S. 406) Wie Autoren und Komponisten in Reaktion auf historische Krisensituationen (ihre) Sprache radikalisierten und somit politisierten, zeigt Mon an Velimir Chlebnikovs Sa-um-Sprache, der futuristischen und dadaistischen Lautpoesie und an den Hörstücken der zeitgenössischen Autoren bzw. Komponisten Helmut Heißenbüttel (*Deutschland 1944*), Gerhard Rühm (*Zensurierte Rede*), Mauricio Kagel (*Der Tribun*), Ferdinand Kriwet (*Apollo Amerika*) und Ernst Jandl (*das röcheln der mona lisa*). Ihren politischen Charakter gewinnen die genannten Stücke u. a. durch Zitatmontagen öffentlicher Rede bzw. ihrer Unterdrückung bis hin zur Bloßstellung und Umwertung der dort propagierten Werte.

Mit »Literatur im Schallraum. Zur Entwicklung der phonetischen Poesie« liefert Mon einen frühen analytischen Beitrag zur Geschichte der internationalen Lautpoesie in ihren rein vokalen (stimmlich-geräuschhaften), multimedialen oder elektroakustischen Spielformen. Prototypisch für die Letztere mit ihrer durch den Einsatz des Tonbandgerätes bewirkten Eingriffe in die Linearität von Schrift und Stimme steht der Franzose Henri Chopin mit seiner »poésie sonore«, aber auch Franz Mon mit seinen oben erwähnten phonetischen Stücken (»erge erekt« u. a.) selbst. Bei Chopin, der ab 1957 seine »poésie sonore« ohne ausgearbeitete Partitur direkt auf Tonband ›notierte‹ und sie als Hörbarmachung der »Fabrik des Körpers« verstand, lässt sich beobachten, wie durch die Montagetechnik der mehrfachen Überlagerung einzelner Tonbandspuren und durch die Verschaltung von Maschine und Körper bzw. Stimme stimmliche und elektroakustische Eigenanteile nicht mehr so ohne weiteres auseinanderzuhören sind.

Franz Mon ist ein Pionier des Neuen Hörspiels in Theorie und Praxis. Die im Kapitel »Akustische Literatur« versammelten Aufsätze »Hörspiele werden gemacht«, »Über radiophone Poesie«, »Auf Stimmenfang. Ein Bericht« und »Hörspiel ist Sprechspiel« sind basale Texte der Hörspieltheorie, mit denen sich jeder Hörspielmacher auseinandersetzen sollte. Mons Hörspiele sind Extensionen seiner frühen phonetischen Poesie, deren sprachgestaltender artikulatorischer Spielraum ihm sprichwörtlich zu eng geworden war. Sie ermöglichten ihm einen großen Schritt hinaus ins offene Sprachgelände mit all seinen akustischen, gestischen, semantischen oder zum Beispiel sprachgeschichtlichen Hallräumen. *das gras wies wächst* (1969), *bringen um zu kommen* (1970), *da du der bist* (1973), *hören und sehen vergehen* (1976), *Wenn einer allein in einem Raum ist* (1982), *Von den Fahrplänen braucht man nicht zu reden* (1996), *Käm ein Vogel geflogen* (2005), *ausgeartetes auspunkten* (2007), *Es, im Zustand wie gesehen* (2010) oder *Woher kennen wir den?* (2011) gehören zum Grundbestand deutschsprachiger Hörspiele. Umso konsequenter erscheint es, auch in Anbetracht der weitgehenden Marginalisierung des Hörspiels im Kulturbetrieb, die »Vortexte« und »Vorspänne« in den Essayband aufzunehmen, sind sie doch eine einmalige Gelegenheit, die Erarbeitung von Studioproduktionen im Spannungsverhältnis von Autorenintention, produktionstechnischen Bedingungen und hörspielgeschichtlichem Hintergrund gewissermaßen an der Quelle mitzuverfolgen.

»Das Uneindeutige ist das Konkrete«

Franz Mon bedient sich einer präzisen, ihren Gegenstand klar konturierenden Sprache von berückender Luzidität, mit der er komplexe Sachverhalte nicht einfach nivelliert, sondern als Herausforderung begreift, sie entgegen »unseren eingewohnten Begriffen« (S. 29) plausibel zu vermitteln.

Hierbei gelangt er zu pointierten Paradoxien, die seine Poetologie in nuce enthalten: »Das Uneindeutige ist das Konkrete«; »Das Konkrete ist das, an das nicht gedacht wird« (S. 29). In seinen eigenen poetischen Arbeiten hat Franz Mon stets die alltagspragmatische Vernutzung von Sprache im Blick, aus deren Ordnungen er seine Ordnungen der Abweichung gewinnt. Hier nun, in seinen Essays, scheint eine programmatische Sehnsucht nach einer adamitischen, primordialen Sprache durch, einer Wörtlichkeit an sich, die nicht mehr durch subjektaffizierte Prägungen verstellt ist, sondern gesteuert wird durch einen assoziativ schweifenden Automatismus, der das Subjekt nur noch als intentionsloses Durchgangssyndrom betrachtet: »Die Beschreibung von Oberfläche mit Wörtern, die sich ihrer gar nicht erinnern, ist eine Methode, sie nicht zu verscheuchen. Doch wer macht das schon. Noch zuverlässiger ist die Methode, es gar nicht auf die Oberfläche abzusehen – nicht einmal in Gedanken und Heimlichkeit (: sie merkte es doch), sondern sie kommen zu lassen, ohne hinzusehen, ohne hinzudenken, indem man nur die Wörter (oder ihnen Äquivalentes) kommen lässt.« (Ebda.) Die Stimmbänder können als eine solche Oberfläche betrachtet werden. Unabsehbarkeit ist eine Kategorie, die den ästhetischen Prozess über alle Unabwägbarkeiten des – auch einkalkulierten – Misslingens offen hält.

In den Essays von Franz Mon weitet sich die Surrogatform der Autorenpoetologie zu einer anderen Literaturgeschichte, die der Wahrnehmung und des Bewusstseins im Spannungsfeld des Imaginären und des Realen. *Sprache lebenslänglich* ist ein Grundbuch der deutschsprachigen Essayistik nach 1945. Es zeigt und analysiert nicht nur die Verflechtungen von Franz Mon in die deutschsprachige, aber auch internationale Literatur-, Musik- und Kunstgeschichte von 1956 bis 2015, an der er als intermedialer Dichter und Künstler wesentlich beteiligt war, sondern weitet den Blick auf kulturanthropologische Bedingtheiten in der Relation von Kunst, Subjekt und Gesellschaft. »Symbolvollzug«, so Franz Mon, kann schon »Existenzvollzug« sein (vgl. S. 88).

Anmerkungen
1 Im vorliegenden Band, S. 289
2 Peter-André Alt: Imaginäres Geheimwissen. Untersuchungen zum Hermetismus in literarischen Texten der Frühen Neuzeit. Göttingen 2012, S. 45. Vgl. auch Winfried Barner: Einleitung. In: Ders. (Hg.): Tradition, Norm, Innovation. Soziales und literarisches Traditionsverhalten in der Frühzeit der deutschen Aufklärung. München 1989, S. IX–XIV
3 Vgl. Ingrid Mössinger u. Brigitta Milde (Hg.): ... eine nahezu lautlose Schwingungs-Symbiose. Die Künstlerfreundschaft zwischen Franz Mon und Carlfriedrich Claus. Briefwechsel 1959–1997. Visuelle Texte. Sprachblätter. Bielefeld 2013
4 Franz Mon: artikulationen. Pfullingen 1959
5 »hänk«, artikulatorische Etüde. Auf: anastasia bitzos (Hg.): KONKRETE POESIE – SOUND POETRY – ARTIKULATIONEN. LP. Bern 1966; erge erekt (1962). Auf: Franz Mon (Hg.): PHONETISCHE POESIE. LP. Neuwied u. Berlin 1971; »Articulation«. Auf: poesia sonora. Antologia internazionale di ricerche fonetiche a cura di Maurizio Nannucci. LP. Mailand 1975
6 Lyrik heute. Ein Symposium aus der Berliner Kongresshalle. Beiträge von Günter Grass, Rudolf Hartung, Helmut Heißenbüttel, Walter Höllerer, Franz Mon, Peter Rühmkorf, Günter Bruno Fuchs. In: Walter Höllerer u. Hans Bender (Hg.): Akzente. Zeitschrift für Dichtung. 8. Jahrgang, Heft 1. München 1961

Quellenverzeichnis

Für die vorliegende Ausgabe wurden folgende Bücher von Franz Mon verwendet:

Franz Mon: artikulationen. Verlag Günther Neske, Pfullingen 1959 (=artikulationen)
Franz Mon: Texte über Texte. Luchterhand Verlag, Darmstadt u. Neuwied 1970 (= Texte über Texte)
Fanz Mon: fallen stellen. texte aus mehr als elf Jahren. Verlag Klaus Ramm, Sprenge 1981
Franz Mon: Gesammelte Texte 1: Essays. Gerhard Wolf janus Press, Berlin 1994 (= Essays)

1. Ränder

Das Glück der Wörter (2009): Valerio 9: Lob der deutschen Sprache. Hg. von Hans-Martin Gauger. Göttingen 2009, S. 81.
Lesen ist schön (1997): Frankfurter Rundschau, 18. 3. 1998.
Lehrmeister Arno Holz (2006): Olaf Kutzmutz u. Stephan Porombka (Hg.): Erst lesen. Dann schreiben. 22 Autoren und ihre Lehrmeister. München 2007, S. 99–107.
Stichworte bei meiner Lektüre: Raymond Roussel ›Locus Solus‹ (1968): Hessischer Rundfunk, Kulturelles Wort, 14. 9. 1968.
Texte in den Zwischenräumen (1961): Essays, S. 75–77; serielle manifeste 66. St. Gallen 1966, S. 90 f.
Beispiele (1965): Texte über Texte, S. 66–85; Westdeutscher Rundfunk, 1965.
Text als Prozess (1966): Essays, S. 191–203; Vortrag auf dem 5. Seminar des Arbeitskreises Grafik und Wirtschaft der Gruppe 56, Stuttgart, April 1966.
An eine Säge denken (1968): Essays, S. 203–208; Akzente 5/1968, S. 429 ff.
Überlegungen zu einer Theorie der modernen Künste (1959): Der Bund Wuppertal, Drei Vorträge, Dezember 1959.

2. Experimentelle Poesie nach 1945

Meine 50er Jahre (1979): Essays, S. 5–18; Vortrag auf einer Tagung der Katholischen Akademie in Schwerte zum Symposium ›Literatur der 50er Jahre, konkrete und experimentelle Poesie‹, April 1979.
Die Poesie wird konkret. Die Anfänge des experimentellen Schreibens in den fünfziger Jahren (2009): Doppelleben. Hg. von der Deutschen Akademie für Sprache und Dichtung. Göttingen 2009, S. 403–422.
Über konkrete Poesie (1969): Essays, S. 106–112; Ausstellungskatalog ›mostra di poesia concreta‹, La Biennale di Venezia 1969 (ital.); Texte über Texte, S. 136 ff.
Helmut Heißenbüttel: Entwurf neuer Realitätszusammenhänge (2012): Helmut Heißenbüttel: Literatur für alle. Begleitheft zur Ausstellung in den Literaturhäusern

Berlin u. Stuttgart sowie in der Staats- und Universitätsbibliothek Hamburg, 2012/13, S. 32–34.

»eine Art Erinnerung hatte sich erhalten« – Zu ›Deutschland 1944‹ von Helmut Heißenbüttel (1980): Essays, S. 287–291; Text+Kritik, Heft 69/70: Helmut Heißenbüttel. München 1981, S. 55 ff.

»von einen sprachen«. Über Ernst Jandls »heruntergekommene Sprache« (2005): Vortrag, Kolloquium in der Alten Schmiede, Wien, 9.6.2005.

»die krimgotische Schleuse sich entfächern zu lassen« (1996): Der Literaturbote, Heft 76, Dezember 2004.

Dieses undefinierbare Etwas von Sprache. Über Hartmut Geerkens ›Kant‹ (1999/2000): Festschrift für die Poetikdozentur der Akademie der Wissenschaften und der Literatur an der Johannes Gutenberg-Universität Mainz, Prof. Dr. Bruno Hillebrand

Durchblick und Draufblick. Über das Bielefelder Colloquium Neue Poesie 1978 – 1997 (1997): Neue Poesie. 20 Jahre Bielefelder Colloquium. Katalog der Kunsthalle Bielefeld, Bielefeld 1997, S. 9–23.

3. Schreibwerkstatt

Der nie begonnene Beginn (ca. 1959): Essays, S. 31 f.; artikulationen, S. 54 f.

Artikulationen (1958): Texte über Texte, S. 11–14; movens. Dokumente und Analysen zur Dichtung, bildenden Kunst, Musik, Architektur, 1960, S. 11

Gruppe und Reihe (ca. 1959): Essays, S. 27 f.; artikulationen, S. 20 f.

Die zwei Ebenen des Gedichts (1957): Essays, S. 19–22; Akzente 3/1957, S. 224 ff.

Zur Poesie der Fläche (1963): Texte über Texte, S. 44–47; serielle manifeste 66. St. Gallen 1966, S. 87 f.

Werkstattnotizen (ca. 1956/57): unveröffentl. Manuskript, 1956/57.

Lyrik heute (1960): Akzente 1/1961, S. 2, 26–32, 38–53.

Über den Zufall (1991): Essays, S. 231–233; Teilabdruck in dem Ausstellungskatalog ›Zufall als Prinzip‹. Hg. von Bernhard Holoczek u. Lida v. Mengden, Wilhelm Hack-Museum Ludwigshafen, 18.1.–15.3.1992, S. 342.

Zu dem Text ›perkussion‹ (1992): fallen stellen, S. 51; Manuskript zur Schulfunksendung des Bayrischen Rundfunks am 3.11.1992.

Der Eigensinn der Wörter (1985): unveröffentl. Manuskript, 1985.

4. Sprache wird Schrift – Schrift wird Bild – Bild wird Text

Schrift als Sprache (1963): Essays, S. 87–103; Hessischer Rundfunk, Januar 1964.

Text wird Bild wird Text (1986): Essays, S. 113–123; Ausstellungskatalog ›Franz Mon‹. Frankfurter Kunstverein, 5.5.–1.6.1986, S. 6 ff.

Die Buchstaben beim Wort genommen (1987): Essays, S. 123–143; Der Deutschunterricht, III, 1987, Lyrik, hg. von Franz Hebel, S. 5 ff.

Wort Worte Wörter (2008/15): unveröffentl. Manuskript mit drei Wortbildern: ›Aurora‹, ›Haare‹, ›Unikat‹.

Collagetexte und Sprachcollagen (1968): Essays, S. 211–226; Vortrag auf der Tagung
›Prinzip Collage‹ des Instituts für moderne Kunst, Nürnberg 1968.

»Es gibt also Löcher in meinem Gedächtnis«. Bilder und Wörter: Das Prinzip
Collage in zwei Büchern Ror Wolfs (2001/02): Oliver Jahn u. Kai U. Jürgens (Hg.):
Ähnliches ist nicht dasselbe. Eine rasante Revue für Ror Wolf. Kiel 2002,
S. 278–300.

Claus lesen (2004/05): Ingrid Mössinger u. Brigitta Milde (Hg.): Carlfriedrich Claus.
Schrift. Zeichen. Geste. Kunstsammlungen Chemnitz. Köln 2006, S. 38–45.

Quadratur als Ideogramm. Zu einer Arbeit von Eugen Gomringer (1997): unveröffentlichtes Manuskript, 1997

5. *Akustische Literatur*

Literatur zwischen den Stühlen (1985/86): Essays, 303–321; Deutsche Akademie für Sprache und Dichtung, Jahrbuch 1985, Köln 1986, S. 74 ff.; Sprache im technischen Zeitalter 97/1986, S. 37 ff.; Westdeutscher Rundfunk, 2.12.1986.

Literatur im Schallraum. Zur Entwicklung der phonetischen Poesie (1966/67): Essays, S. 240–251; Texte über Texte, S. 108 ff.; Sender Freies Berlin, 1967.

Hörspiele werden gemacht (1974): Essays, S. 264–274; Norddeutscher Rundfunk u. Westdeutscher Rundfunk, 24. 5.1974; Text+Kritik, Heft 60: Franz Mon. München 1978, S. 50 ff.; Klaus Schöning (Hg.): Spuren des neuen Hörspiels. Frankfurt/M. 1982, S. 81 ff.

Über radiophone Poesie (1977): Essays, S. 275–277.

Auf Stimmenfang (2000): Andreas Stuhlmann (Hg.): Radio-Kultur und Hör-Kunst. Zwischen Avantgarde und Populärkultur 1923–2001. Würzburg 2001, S. 268–278.

Hörspiel ist Sprechspiel (2009): unveröffentl. Manuskript, 2009.

Hörspielpraxis

Vorspann zu ›wer ist dran‹ (1962): Essays, S. 236–238.

Bemerkungen nachträglich zum Hörspiel ›das gras wächst wies wächst‹ (1983): Essays, S. 253–255.

Hörspielkonzepte ›blaiberg funeral‹ und ›bringen um zu kommen‹ (1970): Essays, S. 255–257.

Vorspann zu ›pinco pallino in verletzlicher umwelt‹ (1972/73): Essays, S. 258–259.

Vortext zu dem Hörspiel ›da du der bist‹ (1983): Essays, S. 260–263.

Anmerkungen zu dem Hörspiel ›hören und sehen vergehen‹ (1977): Essays, S. 277–280.

Vorspann zu dem Hörspiel ›Wenn einer allein in einem Raum ist‹ (1982): Essays, S. 281–282.

Vorspann zu ›Montagnacht‹ (1987): unveröffentl. Manuskript, 1987.

Vorspann zu dem Hörspiel ›Von den Fahrplänen braucht man nicht zu reden‹ (1996): unveröffentl. Manuskript, 1996.

Vorspann zu dem Hörspiel ›Käm ein Vogel geflogen‹ (2005): unveröffentl. Manuskript, 2005.

Vorspann zu dem Hörspiel ›ausgeartetes auspinkten‹ (2006): unveröffentl. Manuskript, 2006.

Vorspann zu dem Hörspiel ›Es, im Zustand wie gesehen‹ (2010): unveröffentl. Manuskript, 2010.

Vorspann zu dem Hörspiel ›Woher kennen wir den?‹ (2011): unveröffentl. Manuskript, 2011.

»Das Lachen vollzieht sich im Innern der Kapsel«. Über Ernst Jandls Hörspiel ›das röcheln der mona lisa‹ (1990): Essays, S. 292–297; Klaus Siblewski (Hg.): Ernst Jandl. Texte, Daten, Bilder. Frankfurt/M. 1990, S. 134 ff.

»Auf die Sprache ist Verlass, während oder wenn ich schon verlassen bin«. Die vokale Literatur von Michael Lentz (2015): unveröffentl. Manuskript, 2015.

Haus des Ohres. Eine Utopie mit Anker (2008): Anne Hamilton u. Peter Sillem (Hg.): Die fünf Sinne. Von unserer Wahrnehmung der Welt. Frankfurt/M. 2008, S. 71–78.

6. Bilder denken

Diese Toten haben ihre eigene Welt. Über die späten Bilder Alexej von Jawlenskys (1988): ZEITmagazin, 3.3.1989, S. 6 f.; Fritz J. Raddatz (Hg.): ZEITmuseum der 100 Bilder. Frankfurt/M. 1989, S. 156–159.

Der Bilddenker. Dietrich Mahlows kunstkuratorisches Lebenswerk (2015): unveröffentl. Manuskript, 2015.

»um Anonymes und Überraschendes ins Bild zu locken«. Zum hundertsten Geburtstag von Karl Otto Götz am 22. Februar 2014 (2013): Neue Rundschau 1/2014, S. 279–314.

7. Kadenz

Vom Ding und Unding des Schönen (2004): Akzente 3/2005, S. 195–212.

Die Orthographie der Texte wurde für die vorliegende Ausgabe behutsam modernisiert.

Personenregister

Achleitner, Friedrich 104, 120, 124, 438
Adorno, Theodor W. 153, 627
Apollinaire, Guillaume 40f., 102, 116, 2294, 402
Arp, Hans 41, 96, 101–103, 108f., 115f., 335, 428, 581, 583, 598, 603f., 641, 647
Artaud, Antonin 101f., 116
Artmann, H.C. 103, 116, 119f., 124, 133, 473

Ball, Hugo 115, 124, 311f., 318, 416–418, 426, 428–432, 434, 459
Baudelaire, Charles 309, 599, 615–620
Baumeister, Willi 98, 283, 285, 581, 646
Bayer, Konrad 103, 119–123, 134, 137, 334, 464
Belloli, Carlo 104, 139, 143, 145
Benn, Gottfried 113, 116f., 135, 151
Bense, Max 104, 107, 134f., 640
Bezzel, Chris 187, 200
Bingel, Horst 99, 598
Bloch, Ernst 123, 377f., 380f., 383, 386–390, 648
Blümner, Rudolf 311, 318
Braque, Georges 96, 281, 331
Bremer, Claus 43–45, 102–104, 129
Breton, André 101f., 116, 140, 577, 582, 590, 623f.
Buchheister, Carl 99, 133, 459, 596f.
Büchner, Georg 55, 531–533
Butor, Michel 339–341, 343

Cage, John 541, 641
Campos, Augusto de 144f.
Cassirer, Ernst 79, 632
Celan, Paul 102, 117, 119, 131, 627
Char, Réne 102, 581
Chlebnikov, Velimir 70, 293, 309–311, 318, 417f., 426, 649

Chopin, Henri 188, 199, 426, 439, 649
Claus, Carlfriedrich 106, 134, 188, 201, 322, 324, 374–390, 473, 555, 641, 648
Creeley, Robert 102, 134, 641

Dencker, Klaus Peter 288, 328f.
Dick, Uwe 521f., 529f.
Döblin, Alfred 17, 333, 339f., 647
Drews, Jörg 190, 194, 197, 201, 512
Dufrêne, François 171, 320, 426f.

Eich, Günter 96, 473
Ernst, Max 28, 101, 103, 108, 116, 124, 280, 334, 355

Finlay, Ian Hamilton 142
Franck, Klaus 98f., 131, 573, 583
Freyer, Hans 51, 82, 234

Gappmayr, Heinz 143, 145, 192, 196, 201, 327
Garnier, Ilse 188, 196
Garnier, Pierre 102, 187f., 192
Geerken, Hartmut 176–185, 201, 204, 642
Geisse, Gunnar 527, 529f., 536
Gerhardt, Rainer Maria 102f., 116, 128
Gerz, Jochen 187, 196
Giedion-Welcker, Carola 1109, 115, 459
Goethe, Johann Wolfgang 53, 55, 527, 613, 634
Goll, Iwan 1102, 116
Gomringer, Eugen 104, 120, 127–131, 133, 140, 144f., 187, 195, 200, 392–396, 643
Götz, Karl Otto 98–102, 106f., 118, 131–133, 550, 553, 573–608, 640f.
Goyert, Georg 17, 116
Greenham, Lilly 187f., 560

Hager, Anneliese 98, 102, 573, 593, 597
Hals, Frans 35, 277
Harig, Ludwig 117, 135–199, 443, 640
Hausmann, Raoul 99, 109, 124, 133, 213, 216, 309, 311 f., 320, 332, 418 f., 426, 431–440, 459 f., 597 f., 641 f., 647
Heidsieck, Bernard 188, 199
Heißenbüttel, Helmut 104, 107, 130 f., 146–156, 187–189, 192, 195 f., 199, 202, 242, 245, 252, 312, 339, 343, 345, 347, 408 f., 411, 635, 642, 647, 649
Höllerer, Walter 99, 105–107, 109, 113, 120, 133, 224, 231, 237–253, 594, 598, 640, 646
Holz, Arno 16, 17–25, 47 f., 64, 68, 108, 113, 293, 317, 641 f.
Hölzer, Max 101 f., 117
Horaz 294
Hübner, Johannes 102, 581
Huch, Ricarda 16, 96
Humboldt, Wilhelm von 59, 73, 460

Isou, Isidore 320, 419

Jaguer, Edouard 100, 576 f.
Jakobson, Roman 311
Jandl, Ernst 103 f., 125, 127, 157–167, 187–189, 192, 201, 325, 412 f., 426, 431, 434, 437, 473, 511–519, 543, 627 f., 642, 649
Jappe, Georg 193 f., 196, 200
Jawlensky, Alexej von 546–549
Jené, Edgar 101, 117
Joyce, James 17, 96, 117, 437
Jünger, Ernst 151–155
Jünger, Friedrich Georg 151–155

Kagel, Mauricio 410 f., 413, 445, 649
Kandinsky, Wassily 96, 98, 140, 215, 281, 460, 542
Kaprow, Allan 349–351, 647
Klee, Paul 96, 280, 283–285, 553, 626, 645

Klünner, Lothar 102, 581
Kolář, Jiří 144 f.
Kraus, Karl 154, 296, 319, 338 f., 351, 416, 647
Kriwet, Ferdinand 145, 411 f., 522, 528 f., 533, 649
Kručenych, Aleksej 70, 309, 417, 426

Lasker-Schüler, Else 430–432
Lautréamont 66, 98, 101 f., 118, 219, 333 f., 595, 618, 620 f., 623
Lax, Robert 188, 200
Lentz, Michael 138, 471, 520–537, 612
Lessing, Gotthold Ephraim 38, 294

Mahlow, Dietrich 254, 260, 331, 550–572
Majakowski, Wladimir 318, 418
Mallarmé, Stéphane 34, 39, 59, 140, 221, 282 f., 294 f., 312, 400–402, 599, 642, 645
Marinetti, Filippo Tommaso 96, 140, 282, 293, 309, 312, 318, 419 f.
Marez Oyens, Tera de 468 f., 490, 492 f.
May, Karl 13 f.
May, Kurt 105, 133
Mayröcker, Friederike 103, 119, 187, 191, 195
Michaux, Henri 102, 116, 285 f., 321 f., 646
Morgan, Edwin 104, 144
Morgenstern, Christian 430 f., 434
Motte, Manfred de la 105, 640
Müller, Herta 533–535

Nebel, Otto 315, 317 f., 324, 647
Niedermayer, Max 106, 113

Pastior, Oskar 119, 167–175, 187, 200, 325, 543, 642
Pignatari, Décio 142, 325
Pirandello, Luigi 41–45
Pound, Ezra 96, 102, 116
Prigent, Christian 188, 199

Ramm, Klaus 149, 178, 194 f., 197, 201, 204, 311, 389, 425, 481
Reverdy, Pierre 58 f., 623
Riedl, Josef Anton 521, 523, 533 f.
Rilke, Rainer Maria 34, 64, 527, 625 f.
Rimbaud, Arthur 40, 294, 309, 599
Roth, Dieter 522, 525, 527
Roussel, Raymond 26–28, 642
Rühm, Gerhard 103 f., 116, 120 f., 124 f., 134, 142, 145, 187, 197, 204, 334, 347, 411, 426, 438, 473, 635, 649
Rühmkorf, Peter 238–253, 646

Schade, Johann Caspar 37, 641
Schäuffelen, Konrad Balder 187, 200
Scherstjanoi, Valerie 188, 199
Schiller, Friedrich 55, 500, 511, 613, 628, 634 f.
Schmatz, Ferdinand 192, 199
Schmidt, Siegfried J. 187, 189
Schmidt, Wolfgang 68 f., 557
Schneidler, Ernst 279–281
Schöning, Klaus 398, 474 f., 478, 503
Schottel, Justus Georg 133, 219, 296
Schultze, Bernard 106, 332, 583, 641
Schwitters, Ernst 98, 597

Schwitters, Kurt 45–50, 55, 98 f., 108 f., 115, 124, 133 f., 282 f., 312–315, 332 f., 347, 418, 426, 431, 435, 445, 459 f., 597 f., 604, 641 f., 647
Siebert, Sophia 524, 531
Spoerri, Daniel 104, 106, 641
Stein, Gertrude 130, 134, 641

Tamm, André 98, 577
Tinguely, Jean 51, 332, 641
Tzara, Tristan 115, 334, 337, 339, 350, 647

Ulrich, Timm 187, 200

Valéry, Paul 59, 76, 225, 295
Vostell, Wolf 51 f., 348

Weigel, Valentin 377 f., 385
Weyrauch, Wolfgang 96, 102, 115
Wiener, Oswald 120, 187, 197
Wilhelm, Jean Pierre 105, 533, 593
Williams, Emmet 104, 139, 641
Wolf, Ror 119, 124, 269, 353–374, 473, 478, 647

Zürn, Unica 118, 280, 325